Statistiques des recettes publiques 2019

1965-2018

OCDE

DES POLITIQUES MEILLEURES POUR UNE VIE MEILLEURE

Ce document, ainsi que les données et cartes qu'il peut comprendre, sont sans préjudice du statut de tout territoire, de la souveraineté s'exerçant sur ce dernier, du tracé des frontières et limites internationales, et du nom de tout territoire, ville ou région.

Les données statistiques concernant Israël sont fournies par et sous la responsabilité des autorités israéliennes compétentes. L'utilisation de ces données par l'OCDE est sans préjudice du statut des hauteurs du Golan, de Jérusalem-Est et des colonies de peuplement israéliennes en Cisjordanie aux termes du droit international.

Merci de citer cet ouvrage comme suit :
OCDE (2019), *Statistiques des recettes publiques 2019*, Éditions OCDE, Paris, *https://doi.org/10.1787/df3c3b17-fr*.

ISBN 978-92-64-35680-1 (imprimé)
ISBN 978-92-64-92655-4 (pdf)

Statistiques des recettes publiques
ISSN 2522-7084 (imprimé)
ISSN 2522-7092 (en ligne)

Avant-propos

Cette publication annuelle fournit des informations sur les niveaux d'imposition et la structure de la fiscalité dans les pays de l'OCDE. Elle a été préparée sous les auspices du Groupe de travail sur l'analyse des politiques et des statistiques fiscales du Comité des affaires fiscales; elle est publiée sous la responsabilité du Secrétaire général de l'OCDE.

Remerciements

Les Statistiques des recettes publiques sont une publication annuelle du Centre de politique et d'administration fiscales (CTPA) de l'Organisation de coopération et de développement économiques (OCDE), préparée sous les auspices du Groupe de travail n° 2 sur l'analyse des politiques et les statistiques fiscales (GT2) du Comité des affaires fiscales. La présente édition a été établie par Michelle Harding, Nicolás Miranda et Michael Sharratt. L'étude spéciale a été écrite par Miguel Cárdenas Rodríguez et Ivan Haščič à la Direction de l'Environnement et par Michelle Harding.

Les auteurs tiennent à remercier leurs collègues de l'OCDE pour leurs observations précieuses ainsi que leur aide lors de la finalisation de cette publication, notamment David Bradbury, Karena Garnier, Natalie Lagorce, et Violet Sochay au sein du CTPA ; Frederic Parrot et Bettina Wistrom, de la Direction des statistiques et des données ; ainsi que l'équipe des éditeurs de données statistiques et de gestion du contenu de la Direction des relations extérieures et de la communication. Marie-Aurélie Elkurd, du CTPA, a participé à la production et à la publication de ce rapport, et Stephanie Coic, de la Direction de la coopération pour le développement (DCD), en a réalisé la couverture. Les auteurs souhaitent également remercier les délégués du GT2 et leurs collègues travaillant dans les différentes administrations nationales pour leurs contributions et observations avisées.

Table des matières

GRAPHIQUES

TABLEAUX

Chapitres supplémentaires

Deux chapitres supplémentaires sont disponibles en ligne: https://doi.org/10.1787/df3c3b17-fr

- Chapitre 5. Tableaux détaillés par pays, 1965-2016
- Chapitre 6. Recettes fiscales par sous-secteur d'administration

Ce livre contient des... StatLinks

Accédez aux fichiers Excel® à partir des livres imprimés !

En bas des tableaux ou graphiques de cet ouvrage, vous trouverez des *StatLinks*. Pour télécharger le fichier Excel® correspondant, il vous suffit de retranscrire dans votre navigateur internet le lien commençant par : *https://doi.org*, ou de cliquer sur le lien depuis la version PDF de l'ouvrage.

Résumé

Le ratio impôts/PIB moyen dans les pays de l'OCDE n'a pratiquement pas changé en 2018 par rapport à 2017, l'augmentation (s'élevant à 0.02 point de pourcentage) pouvant être considérée comme presque insignifiante. Cette stabilité marque une interruption de la tendance à la hausse observée depuis 2009 dans le sillage de la crise financière. Le ralentissement de la croissance du ratio impôts/PIB moyen dans la zone OCDE résulte avant tout des effets de la forte baisse du ratio aux États-Unis dûe aux réformes fiscales conduites par le pays. Les chiffres étant arrondis, le ratio moyen pour les pays de l'OCDE s'établit toutefois à 34.3 % en 2018 contre 34.2 % en 2017.

Dans la présente publication, les impôts désignent les versements obligatoires sans contrepartie aux administrations publiques. Les impôts sont sans contrepartie car les prestations fournies par les administrations aux contribuables ne sont généralement pas proportionnelles à leurs paiements. Les impôts sont ventilés en fonction de l'assiette : revenu, bénéfices et gains en capital ; salaires ; patrimoine ; biens et services ; et autres impôts. Les cotisations obligatoires de sécurité sociale versées aux administrations publiques sont aussi traitées comme des impôts. Les recettes sont analysées par niveau d'administration : État fédéral ou administration centrale, administration d'un État fédéré, administrations locales et caisses de sécurité sociale. Le Guide d'interprétation à l'annexe A contient des informations détaillées sur la classification des impôts

Niveaux d'imposition en 2018

Dans les pays de l'OCDE, le ratio impôts/PIB s'échelonne en 2018 de 16.1 % au Mexique à 46.1 % en France. La moitié des pays de l'OCDE affichent des ratios impôts/PIB se situant entre 32 % et 40 % en 2018, un quart d'entre eux des pourcentages plus élevés et le dernier quart des ratios moins élevés. Entre 2017 et 2018, le ratio impôts/PIB moyen des recettes fiscales au PIB dans la zone OCDE est demeuré quasiment inchangé (puisqu'il n'a progressé que de 0.02 point de pourcentage) même si, les données chiffrées étant arrondies, il est passé de 34.2 % (34.24 %) à 34. 3 % (34.26 %).

On constate également une augmentation du ratio impôts/PIB entre 2017 et 2018 dans 19 des 34 pays pour lesquels des données préliminaires pour 2018 sont disponibles. Dans tous ces pays, cette dynamique s'explique par le fait qu'en valeur nominal, les recettes fiscales ont augmenté plus vite que le PIB. C'est en Corée et au Luxembourg que la progression a été la plus forte (1.5 et 1.3 point de pourcentage respectivement), sous l'effet d'un accroissement des recettes générées par les impôts sur les sociétés dans ces deux pays ainsi que d'un accroissement des recettes générées par les impôts sur le revenu dans le cas du Luxembourg. Les hausses ont dans tous les autres pays été inférieures à un point de pourcentage.

Quinze pays ont vu leur ratio des impôts/PIB diminuer en 2018 par rapport à 2017. Les États-Unis enregistrent le recul le plus marqué (2.5 points de pourcentage), à la suite des réformes de l'impôt sur les sociétés et de l'impôt sur le revenu des personnes physiques et de l'adoption du *Tax Cuts and Jobs Act* actant l'instauration de l'impôt de rapatriement unique sur les bénéfices réalisés à l'étranger. Des baisses de plus d'un point de pourcentage ont également été observées en Hongrie et en Israël (1.6 et 1.4 point de pourcentage, respectivement) tandis qu'au Danemark, en Finlande, en France, en Grèce, en Irlande, en Islande, en Italie, en Lettonie, en République slovaque, en Suède, en Suisse et en Turquie, les baisses ont été de moindre ampleur. Dans la plupart des pays, le fléchissement trouve son origine dans une progression des recettes fiscales moindre que celle du PIB, en valeur nominal, excepté pour Israël et les États-Unis où les recettes fiscales ont reculé par rapport à 2017 alors que le PIB nominal a augmenté.

Au cours de la dernière décennie, on s'aperçoit que 26 pays de l'OCDE affichent, en 2018, des ratios impôts/PIB supérieurs à ce qu'ils étaient en 2008, les progressions les plus marquées concernant la Grèce et la République slovaque. Parmi les dix pays restants, le ratio impôts/PIB de 2018 demeure inférieur à celui de 2008, de plus de six points de pourcentage en Irlande, et de plus de deux points de pourcentage en Hongrie et en Norvège.

Composition des recettes fiscales en 2018

En 2017, dernière année pour laquelle on dispose de données définitives pour tous les pays, les cotisations de sécurité sociale ont représenté la part la plus large du total des recettes fiscales dans la zone OCDE, soit un peu plus d'un quart de ce montant (26.0 %), devant les impôts sur le revenu des personnes physiques (23.9 %). Ainsi ces deux catégories de prélèvements ont procuré en moyenne près de la moitié des recettes fiscales des pays de l'OCDE. Un cinquième du total des recettes (20.2 %) provient des taxes sur la valeur ajoutée. Quant aux autres impôts sur la consommation et aux impôts sur les bénéfices des sociétés, leur contribution a été moindre (12.2 % et 9.3 %, respectivement). Les impôts sur le patrimoine (5.8 %) et les autres impôts représentaient la part restante des recettes fiscales.

Depuis 2016, la part des recettes tirées des impôts sur le revenu dans le total des recettes fiscales a augmenté de 0.7 point de pourcentage, cette proportion se répartissant de manière relativement équilibrée entre les impôts sur le revenu des personnes physiques et les impôts sur les bénéfices des sociétés (soit 0.4 et 0.3 point de pourcentage, respectivement). Cela s'inscrit dans le prolongement de la récente augmentation des recettes provenant de l'imposition des sociétés, passée de 8.8 % des recettes fiscales totales en 2014 et 2015 à 9.0 % en 2016, puis 9.3 % en 2017. Depuis 2016, la fraction des recettes imputable aux impôts sur les biens et les services a légèrement décliné, la hausse des recettes de TVA de 0.2 point de pourcentage ayant été contrebalancée par un repli de la part d'autres impôts sur les biens et services (0.3 point de pourcentage). Les recettes tirées des impôts sur le patrimoine accusent la contraction la plus nette entre 2016 et 2017 (0.7 point de pourcentage) même si celle-ci traduit les effets des « contributions à la stabilité » versées par les représentants des banques Islande en 2016, entrainant ainsi l'augmentation de la part des impôts sur le patrimoine cette même année en Islande.

Variations par niveau d'administration

La répartition des recettes fiscales par niveaux d'administration est restée stable en 2017 par rapport à 2016, à la fois en moyenne au niveau de l'OCDE et dans les différents pays. En 2017, la part des recettes de l'administration fédérale représentait 53.8 % du total des recettes des administrations publiques dans les pays fédéraux, et 63.8 % dans les pays unitaires. Dans les pays fédéraux, 25.1 % des recettes étaient perçues par les administrations infranationales en moyenne (s'élevant entre 4.6 % en Autriche et 50.2 % au Canada), avec approximativement deux tiers des recettes en moyenne revenant aux administrations des états fédérés et un tiers aux collectivités locales. Dans les pays unitaires, la part des recettes perçues par les collectivités locales s'établissait à 11.2 % en moyenne, l'éventail allant de moins de 0.9 % en Estonie à 35.3 % en Suède.

Recettes fiscales liées à l'environnement dans les pays de l'OCDE

Une Étude spéciale contenue dans la présente publication examine le rapprochement des données relatives aux taxes liées à l'environnement figurant respectivement dans les Statistiques des recettes publiques, la base de données de l'OCDE sur les instruments de la politique de l'environnement (PINE) et les Listes nationales des impôts d'Eurostat. La réconciliation entre ces différentes sources garantit la cohérence et la comparabilité des données, et concourt de ce fait à l'amélioration de la qualité des données disponibles à des fins d'analyse des politiques.

Il ressort de cette Étude spéciale qu'en 2017, les recettes fiscales liées à l'environnement ont procuré aux pays de l'OCDE une part de leurs recettes fiscales totales variant entre 2.8 % aux États-Unis et 12.5 % en Slovénie et en Turquie, pour une moyenne de 6.9 %. Elles ont représenté 2.3 % du PIB en moyenne, ce chiffre pouvant varier entre 0.7 % aux États-Unis et 4.5 % en Slovénie. Depuis 1995, les pays de l'OCDE n'ont pas cherché à tirer une plus grande part de leurs recettes fiscales de bases d'imposition liées à l'environnement. Dans la zone OCDE, la majeure partie des recettes fiscales liées à l'environnement provient en 2017 des taxes sur l'énergie.

Introduction

Le but de cette publication annuelle est de présenter des données permettant d'effectuer des comparaisons internationales sur les niveaux d'imposition et la structure de la fiscalité dans les différents pays membres de l'OCDE. Les impôts perçus dans chaque pays sont présentés sous une forme normalisée selon le modèle de classification des impôts de l'OCDE et son guide d'interprétation qui figure à l'Annexe A de ce rapport.

Les données utilisées ont été fournies pour la plupart par les Délégués du Groupe de travail n°2 du Comité des affaires fiscales sur l'analyse des politiques et les statistiques fiscales. L'OCDE remercie de sa coopération le Fonds monétaire international dont la classification des recettes publiques — bien qu'elle soit, à certains égards, moins détaillée — est à bien des égards semblable à celle de l'OCDE[1]. Parmi les autres classifications actuellement utilisées, les plus importantes sont le Système de comptabilité nationale (appelé ci-après SCN) et le Système européen de comptes économiques intégrés des États membres de l'Union européenne (appelé ci-après SEC) qui constitue essentiellement un approfondissement du SCN bien qu'il en diffère à certains égards. Sous réserve de quelques exceptions mineures, les chiffres du SCN ou du SEC peuvent être rattachés directement à ceux de la présente étude car les critères et définitions du SCN ont été adoptées sauf mention contraire expresse.

Cette publication comprend six chapitres. Le chapitre 1 indique succinctement l'évolution de la fiscalité au cours des 50 dernières années en mettant l'accent successivement sur les niveaux d'imposition (section 1.1), sur les structures fiscales (section 1.2) et sur la répartition des impôts par niveau d'administration (section 1.3). La section 1.4 discute l'impact des différents traitements des crédits d'impôts récupérables. La publication de cette année comporte également dans son chapitre 2 une étude spéciale sur « Identifier les recettes fiscales liées à l'environnement dans les statistiques de recettes publiques ». Le chapitre 3 contient une série de tableaux statistiques comparatifs pour les années 1965-2018. Le chapitre 4 contient des tableaux statistiques comportant pour chaque pays une ventilation des recettes fiscales et des ratios impôts/PIB pour une sélection de catégories d'impôts et par niveau d'administration pour les années comprises entre 1965 et 2017 (section 4.1)[2]. Deux tableaux pour mémoire indiquent comment les pays financent leurs régimes de prestations sociales et comment ils reportent les impôts et cotisations sociales versés par les administrations (section 4.2). Le chapitre 5, qui est disponible en ligne uniquement, contient des tableaux statistiques comportant une ventilation détaillée des recettes fiscales par pays pour les années comprises entre 1965 et 2017 (section 5.1). Deux tableaux pour mémoire indiquent comment les pays financent leurs régimes de prestations sociales et comment ils reportent les impôts et cotisations sociales versés par les administrations (section 4.2). Le chapitre 6, qui est lui aussi disponible en ligne uniquement, ventile les recettes publiques entre les sous-secteurs ci-après : administration fédérale ou centrale, administration des États, administrations locales et de sécurité sociale. Il contient une série de tableaux statistiques comparatifs pour les années 1975-2017 (section 6.1) et une deuxième série de tableaux statistiques comportant une ventilation détaillée des recettes fiscales par pays pour les années comprises entre 1975 et 2017 (section 6.2).

Notes

[1] Voir, FMI, *Government Finance Statistics Manual* 2014 (Washington D.C.: Fonds Monétaire International 2014).

[2] En raison du manque de place, les données indiquées concernent une sélection d'années entre 1965 et 2017. Les données portant sur les autres années sont disponibles en ligne.

1 Tendances des recettes fiscales, 1965-2018

Le chapitre 1 fournit un aperçu sur les tendances des recettes fiscales dans les pays membres de l'OCDE de 1965 à 2018, dont les évolutions des ratios impôts/PIB, la composition des recettes fiscales, la répartition des recettes fiscales par sous-secteurs d'administration et les crédits d'impôts récupérables.

L'édition 2019 des *Statistiques des recettes publiques* présente des données détaillées permettant de comparer, à l'échelle internationale, les recettes fiscales perçues par tous les niveaux d'administration dans les pays de l'OCDE. La dernière édition fournit des informations définitives sur les recettes fiscales au cours de la période 1965-2018. En outre, des estimations provisoires relatives aux recettes fiscales pour l'année 2018 sont indiquées pour la plupart des pays de l'OCDE[1].

Encadré 1.1. Statistiques des recettes publiques dans les pays de l'OCDE – définitions et classifications

Dans l'édition 2019 des *Statistiques des recettes publiques*, les impôts désignent les versements obligatoires sans contrepartie aux administrations publiques. Les impôts sont sans contrepartie en ce sens que les prestations fournies par les administrations ne sont pas normalement proportionnelles à leurs paiements.

Dans la classification de l'OCDE, les impôts sont ventilés en fonction de leur base :

- Revenus et bénéfices (rubrique 1000) ;
- Cotisations obligatoires de sécurité sociale versées aux administrations publiques, qui sont traitées comme des impôts (rubrique 2000) ;
- Salaire et main-d'œuvre (rubrique 3000) ;
- Patrimoine (rubrique 4000) ;
- Biens et services (rubrique 5000) ;
- Autres impôts (rubrique 6000).

On trouvera des précisions sur la notion d'impôt, la classification des impôts et l'enregistrement sur la base des droits constatés dans le Guide d'interprétation de l'OCDE qui figure à l'Annexe A du présent rapport.

Les moyennes présentées dans ce rapport ne sont pas pondérées.

Ratios impôts/PIB

Niveaux d'imposition pour 2018 (données provisoires)

Les nouvelles données de l'OCDE qui figurent dans l'édition 2019 des *Statistiques des recettes publiques* montrent qu'en moyenne les recettes fiscales exprimées en pourcentage du PIB (c'est-à-dire le ratio impôts/PIB) n'a pratiquement pas changé en 2018, avec une très légère augmentation d'un peu moins de 0.02 point de PIB par rapport à 2017. Cette stabilité marque une interruption de la tendance à la hausse observée depuis 2009 dans le sillage de la crise financière, exception faite de 2016, qui était une année particulière du fait des contributions ponctuelles à la stabilité comptabilisées en Islande au cours de cette année[2]. Le ralentissement de la croissance qui a été enregistrée en 2018 était imputable en grande partie à la baisse de 2.5 points du ratio des recettes fiscales rapportées au PIB dans un pays (les États-Unis, suite à la mise en œuvre de la réforme fiscale décrites ci-après) (Graphique 1.1). Malgré une hausse très modeste du ratio moyen impôts/PIB, pour des raisons d'arrondis, la moyenne est passée de 34.2 % en 2017 à 34.3 % en 2018 (de 34.24 % à 34.26 %).

Graphique 1.1. Tendances des ratios impôts/PIB, 1965-2018p (en % du PIB)

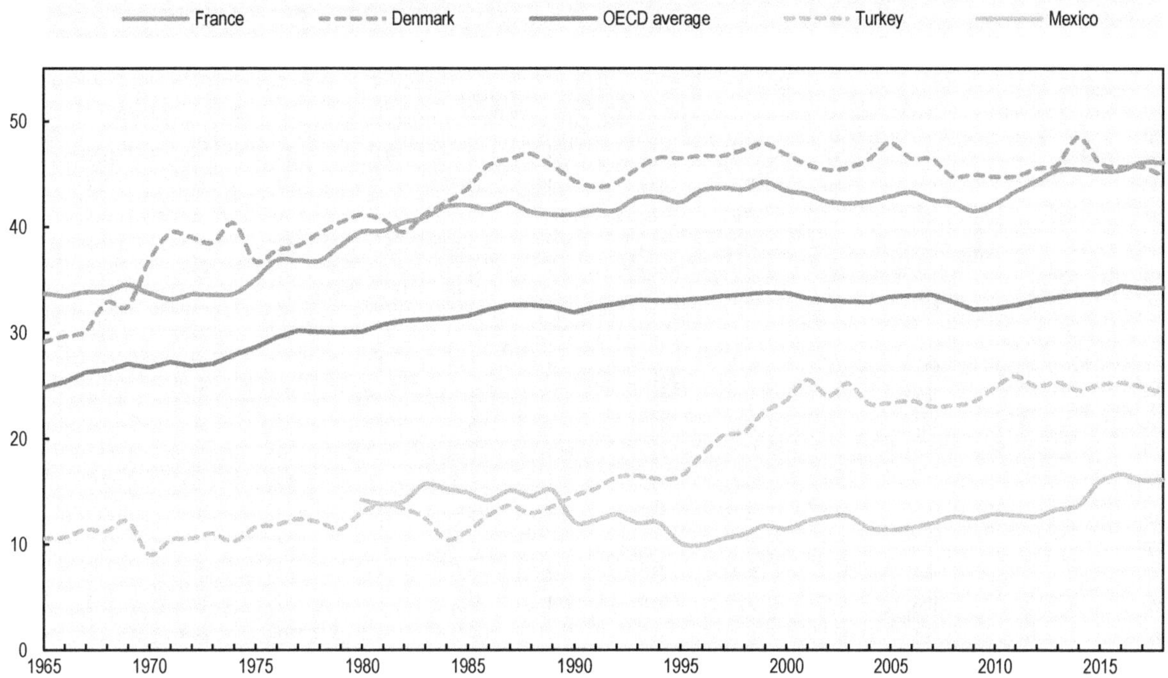

1. Les données pour 2018 sont préliminaires. La moyenne de l'OCDE en 2018 est calculée en appliquant le pourcentage moyen non pondéré de variation pour 2018 dans les 34 pays qui ont communiqué des données pour cette année au ratio moyen global impôts/PIB en 2017.
2. Le ratio impôts/PIB moyen des pays de l'OCDE en 2016 inclut les contributions ponctuelles à la stabilité ponctuelles en Islande. Sans ces recettes, la moyenne du ratio impôts/PIB aurait été de 34,0 % en 2016.
Source : Tableau 3.1.

StatLink http://dx.doi.org/10.1787/888934058369

Tableau 1.1. Résumé des principaux ratios relatifs aux recettes fiscales dans les pays de l'OCDE

	Recettes fiscales en % du PIB				Recettes fiscales en % du total des recettes fiscales en 2017						
	2018p	2017	2016	2000	1100 Impôts sur le revenu, personnes physiques	1200 Impôts sur le revenu, sociétés	2000 Cotisations de sécurité sociale (CSS)	4000 Impôts sur le patrimoine	5111 Taxes sur la valeur ajoutée	Autres impôts sur la con-sommation[7]	Ensemble des autres impôts[8]
Moyenne - OCDE[1]	**34.3**	**34.2**	**34.4**	**33.8**	**23.9**	**9.3**	**26.0**	**5.8**	**20.2**	**12.2**	**2.6**
Australie	..	28.5	27.6	30.5	40.3	18.5	0.0	10.3	12.2	13.9	4.8
Autriche	42.2	41.8	41.9	42.3	21.7	5.9	34.9	1.3	18.3	9.8	8.1
Belgique	44.8	44.5	43.9	43.5	27.2	9.3	30.5	7.9	15.2	9.0	0.9
Canada	33.0	32.8	33.2	34.7	35.7	11.4	14.1	12.0	13.7	9.9	3.2
Chili	21.1	20.1	20.1	18.8	9.7	21.1	7.3	5.4	41.6	13.2	1.8
République tchèque	35.3	34.9	34.2	32.4	11.5	10.7	43.0	1.4	22.0	10.9	0.5
Danemark[2]	44.9	45.7	45.7	46.9	52.9	7.2	0.1	3.9	20.7	11.1	4.1
Estonie	33.2	32.8	33.5	31.1	17.4	4.7	34.1	0.7	27.8	14.8	0.5
Finlande	42.7	43.3	44.0	45.8	29.2	6.3	27.8	3.6	21.0	11.8	0.2
France[2]	46.1	46.1	45.4	43.4	18.6	5.1	36.4	9.5	15.3	9.2	6.0
Allemagne[3]	38.2	37.6	37.4	36.2	27.1	5.4	37.9	2.7	18.4	7.9	0.6
Grèce	38.7	38.9	38.7	33.4	16.0	5.0	29.6	7.9	20.9	18.5	2.1
Hongrie	36.6	38.2	39.1	38.5	14.2	5.5	32.1	2.8	24.8	18.2	2.5
Islande	36.7	37.5	50.8	36.0	38.0	8.2	9.1	5.5	23.8	9.9	5.5
Irlande	22.3	22.5	23.4	30.8	31.2	12.3	17.1	5.7	19.6	12.8	1.3
Israël[4]	31.1	32.5	31.1	34.9	20.7	10.1	16.2	10.0	22.9	11.8	8.4
Italie	42.1	42.1	42.3	40.6	25.7	5.0	30.3	6.2	14.8	13.6	4.4
Japon	..	31.4	30.7	25.8	18.8	11.8	39.9	8.2	13.0	8.0	0.2
Corée	28.4	26.9	26.2	21.5	17.9	14.2	25.7	11.7	16.0	11.8	2.8
Lettonie	30.7	31.1	31.2	29.1	21.1	5.1	26.9	3.3	25.7	17.3	0.6
Lituanie[2]	30.3	29.5	29.7	30.8	13.1	5.1	41.5	1.0	26.6	12.0	0.8
Luxembourg	40.1	38.7	37.9	36.9	23.6	13.6	28.6	9.6	15.9	8.4	0.3
Mexique[5]	16.1	16.1	16.6	11.5	21.4	21.8	13.3	1.9	23.1	13.2	5.3
Pays-Bas	38.8	38.7	38.4	36.9	21.6	8.5	35.7	4.0	17.4	11.7	1.1
Nouvelle-Zélande	32.7	32.1	31.7	32.5	37.8	14.7	0.0	6.0	30.2	8.3	3.1
Norvège	39.0	38.8	38.7	41.9	26.5	12.5	26.6	3.3	22.1	8.8	0.1
Pologne	35.0	34.1	33.5	32.9	14.6	5.6	37.5	4.0	22.8	14.1	1.3
Portugal	35.4	34.4	34.1	31.1	18.8	9.4	26.8	3.9	25.1	14.9	1.1
République slovaque	33.1	33.1	32.3	33.6	10.2	10.4	43.9	1.3	21.1	12.1	1.1
Slovénie	36.4	36.3	36.5	36.6	14.2	4.9	40.0	1.8	22.3	16.3	0.5
Espagne[2]	34.4	33.7	33.3	33.2	21.8	6.8	34.0	7.5	19.1	10.2	0.5
Suède	43.9	44.4	44.2	48.9	29.9	6.3	21.8	2.2	20.9	6.9	11.9
Suisse[2]	27.9	28.4	27.7	27.6	30.3	10.7	23.6	7.6	12.0	9.1	6.8
Turquie	24.4	24.9	25.3	23.6	14.5	6.8	29.3	4.5	20.1	23.3	1.3
Royaume-Uni[6]	33.5	33.3	32.7	32.9	27.2	8.5	19.2	12.5	20.7	11.1	0.8
États-Unis	24.3	26.8	25.9	28.3	38.7	6.5	23.0	16.0	0.0	15.7	0.0

1. Moyenne 2018 provisoire calculée en appliquant le pourcentage moyen non pondéré de variation pour 2018 dans les 34 pays qui ont communiqué des données pour cette année au ratio moyen global impôts/PIB en 2017. Le ratio impôts/PIB moyen des pays de l'OCDE en 2016 inclut les contributions ponctuelles à la stabilité en Islande.

2. Le total des recettes fiscales a été diminué du montant de tout transfert en capital représentant les impôts non perçus.

3. Depuis 1991, les chiffres se rapportent à l'Allemagne unifiée.

4. Les données statistiques concernant Israël sont fournies par et sous la responsabilité des autorités israéliennes compétentes. L'utilisation de ces données par l'OCDE est sans préjudice du statut des hauteurs du Golan, de Jérusalem Est et des colonies de peuplement israéliennes en Cisjordanie aux termes du droit international.

5. Données provisoires pour l'année 2018 : estimation du Secrétariat, incluant les recettes escomptées collectées par les administrations d'État et locales.

6. Les recettes de l'impôt sur les sociétés pour le Royaume-Uni sont basées sur les données fournies en juillet; elles étaient antérieures aux révisions apportées aux données historiques sur l'impôt des sociétés en septembre, de sorte que les révisions ne sont pas prises en compte ici. Pour les données les plus récentes sur l'impôt sur les sociétés au Royaume-Uni, veuillez consulter : www.gov.uk/government/statistics/corporation-tax-statistics-2019 les principales révisions sont expliquées à la page 13 de https://assets.publishing.service.gov.uk/government/uploads/system/uploads/attachment_data/file/833371/Aug19_Receipts_NS_Bulletin_Final.odt.
7. Calculé comme la différence entre 5000 Impôts sur les biens et services et 5111 Taxes sur la valeur ajoutée.
8. Inclut 1300 Non-ventilables entre l'impôt sur le revenu des personnes physiques et des sociétés, 3000 Impôts sur les salaires ou main d'œuvre et 6000 Autres impôts.

StatLink http://dx.doi.org/10.1787/888934058540

En 2018, les ratios impôts/PIB variaient beaucoup (Tableau 1.1) d'un pays à l'autre mais aussi par rapport à 2017. Les principales observations sont les suivantes :

- En 2018, la France enregistrait le ratio le plus élevé (46.1 %). Le Danemark, qui affichait le ratio le plus élevé des pays de l'OCDE entre 2002 et 2016, avait le deuxième ratio le plus élevé en 2018 (44.9 %). Le Mexique enregistrait le ratio impôts/PIB le plus faible (16.1 %).
- Sur les 34 pays pour lesquels on dispose de données se rapportant à 2018, le ratio des recettes fiscales rapportées au PIB a, depuis 2017, augmenté dans 19 pays et diminué dans 15.
- Entre 2017 et 2018, les hausses les plus prononcées du ratio ont été constatées en Corée et au Luxembourg (+1.5 et +1.3 point respectivement). En Corée, la hausse s'explique par une augmentation des recettes de l'impôt sur les revenus (1.1 point, provenant essentiellement des recettes tirées de l'impôt sur les bénéfices suite au relèvement du taux de l'impôt sur les bénéfices de 24.2 % en 2017 à 27.5 % en 2018), ainsi que par des augmentations modérées des cotisations de sécurité sociale et des impôts sur le patrimoine. Dans le cas du Luxembourg, la hausse est imputable essentiellement à une augmentation des recettes de l'impôt sur les revenus (1.0 point, réparti entre l'impôt sur le revenu des personnes physiques et l'impôt sur les bénéfices des sociétés) et à des augmentations moins importantes des impôts sur le patrimoine et de la TVA. Aucun autre pays n'a enregistré de hausse supérieure à 1 point (Graphique 1.2).
- La baisse la plus importante du ratio impôts/PIB entre 2017 et 2018 a été constatée aux États-Unis. Elle s'explique par les réformes fiscales mises en œuvre dans le cadre de la Loi sur les réductions d'impôts et les emplois (*Tax Cuts and Jobs Act*), qui s'est traduite par une baisse du taux l'impôt sur les bénéfices des sociétés de 38.9 % en 2017 à 25.8 % en 2018, ainsi que par une réduction du coin fiscal sur les revenus du travail moyennant une diminution des taux d'imposition et une hausse de la déduction forfaitaire et du crédit d'impôt pour enfant à charge. Ces changements ont entraîné une diminution de 1.1 point de l'imposition des revenus (0.5 point pour l'impôt sur le revenu des personnes physiques et 0.7 point pour l'impôt sur les bénéfices des sociétés). En outre, on observe une diminution de 1.3 point des recettes tirées des impôts sur le patrimoine, du fait de l'impôt unique sur le rapatriement présumé des revenus réalisés à l'étranger dans le cadre de la *Tax Cuts and Jobs Act*[3].
- Des baisses supérieures à 1 point ont également été observées en Hongrie (1.6 point) et en Israël (1.4 point). En Hongrie, la baisse est due à une diminution des recettes provenant de l'impôt sur les bénéfices des sociétés (0.9 point) ainsi qu'à de légères réductions de l'impôt sur le revenu des personnes physiques, des cotisations de sécurité sociale et de la TVA. Aucun autre pays n'a enregistré de baisse supérieure à 1 point.

Graphique 1.2. Variations des ratios impôts/PIB, p.p., 2017-18p et 2008-18p

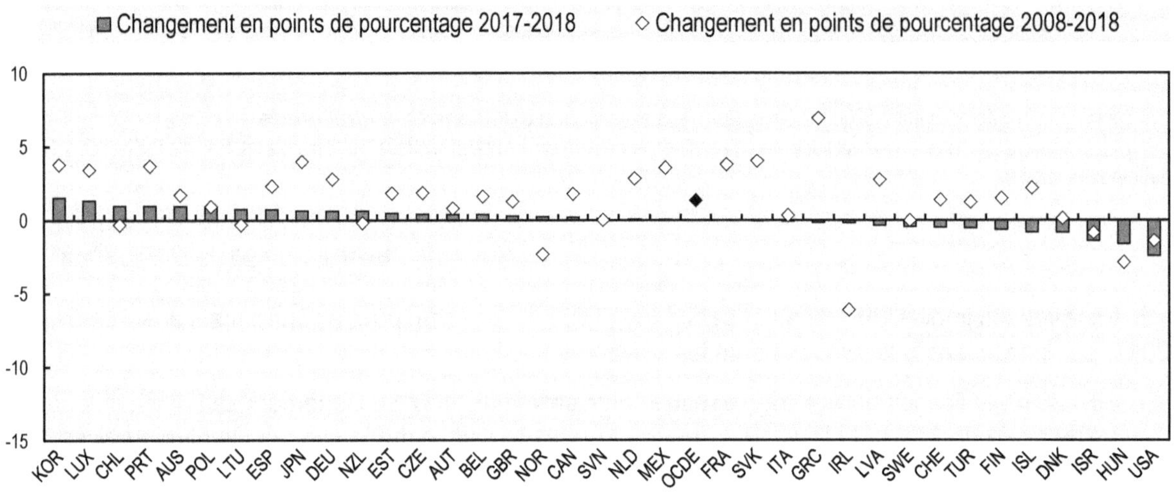

1. Les données provisoires pour 2018 n'étaient pas disponibles dans le cas de l'Australie et du Japon. Pour ces pays, la comparaison porte sur les données relatives aux années 2016 à 2017 et 2008 à 2017.

Source : Calculs du Secrétariat basés sur le Tableau 3.1.

StatLink http://dx.doi.org/10.1787/888934058388

Encadré 1.2. Méthodologie : le ratio impôts/PIB

Les ratios impôts/PIB indiqués dans ce rapport expriment les recettes fiscales globales en pourcentage du PIB. La valeur de ce ratio dépend de son dénominateur (PIB) et de son numérateur (recettes fiscales), le dénominateur étant sujet à des révisions historiques.

Le numérateur (recettes fiscales)

- En ce qui concerne le numérateur, le Secrétariat de l'OCDE utilise pour ce Rapport les données relatives aux recettes fiscales qui lui sont fournies annuellement par les correspondants des ministères des Finances, des administrations fiscales nationales ou des services nationaux de statistiques. Bien que pour la plupart des pays, des chiffres provisoires soient disponibles avec un décalage d'environ six mois, les données finalisées le sont dans un délai d'environ dix-huit mois. Ainsi, les données définitives pour 2017 ont été reçues entre mai et août 2019.
- Dans trente-trois pays de l'OCDE, l'année fiscale coïncide avec l'année civile. Elle en diffère dans trois pays : Australie, Japon et Nouvelle-Zélande. Les déclarations pour l'année 2017 couvrent respectivement la période T2/2017-T1/2018 (Japon) et la période T3/2017-T2/2018 (Australie, Nouvelle-Zélande) (T = trimestre).

Le dénominateur (PIB)

- En ce qui concerne le dénominateur, ce Rapport utilise les chiffres du PIB les plus récents dont on disposait en septembre 2019. À cette date, les chiffres du PIB pour 2017 et 2018 étaient disponibles pour tous les pays de l'OCDE.
- L'utilisation de ces PIB harmonisés assure un maximum de cohérence et de comparabilité internationale aux ratios impôts/PIB.
- Les chiffres du PIB proviennent des Comptes nationaux annuels des pays membres de l'OCDE (CNA-SCN) pour les pays où l'année fiscale coïncide avec l'année civile.

Lorsque l'année fiscale diffère de l'année civile, les estimations annuelles du PIB sont obtenues par l'agrégation des données fournies par la Direction des statistiques de l'OCDE pour les trimestres correspondants aux années fiscales de chacun des pays.

Sur une période plus longue, le ratio moyen impôts/PIB des pays de l'OCDE a été plus élevé en 2018 qu'en 2008, année où il s'établissait à 32.9 % du PIB en moyenne. Le ratio impôts/PIB a été plus élevé en 2018 qu'en 2008 dans 26 pays. C'est en Grèce que la hausse a été la plus importante (6.9 points). Des augmentations supérieures à 3 points ont aussi été enregistrées en Corée, au Luxembourg, au Portugal, au Mexique, en France et République slovaque. Depuis 2008, des baisses ont été observées dans les 10 pays restants. La baisse la plus marquée s'est produite en Irlande, où le ratio est passé de 28.5 % du PIB en 2008 à 22.3 % du PIB en 2018, en grande partie sous l'effet de l'augmentation exceptionnelle du PIB en 2015. Des baisses importantes ont aussi été enregistrées en Hongrie (2.9 points), en Norvège (2.3) et aux États-Unis (1.4) (Graphique 1.2).

Les évolutions du ratio des recettes fiscales rapportées au PIB s'expliquent par les variations relatives des recettes fiscales nominales et du PIB nominal. Si les recettes fiscales augmentent plus (ou baissent moins) que le PIB d'une année sur l'autre, le ratio impôts/PIB augmentera. Si, à l'inverse, les recettes fiscales augmentent moins que le PIB, ou baissent plus que le PIB, le ratio diminuera. Aussi, le ratio impôts/PIB ne signifie pas forcément que le montant total des recettes fiscales a augmenté en valeur nominale, voire même en valeur réelle.

En 2018, 19 pays de l'OCDE ont vu leur ratio impôts/PIB augmenter par rapport à 2017. Dans tous ces pays, la croissance du PIB a été positive, mais moins forte que celle des recettes fiscales. Sur les 15 pays de l'OCDE qui ont enregistré un recul de leur ratio impôts/PIB en 2018, 13 affichaient des niveaux plus élevés de recettes fiscales en valeur nominale par rapport à l'année précédente, mais la hausse des recettes fiscales nominales était inférieure à la croissance du PIB nominal. Deux pays (les États-Unis et Israël) enregistraient à la fois un taux de croissance positif du PIB nominal et un taux de croissance négatif des recettes fiscales ; aucun pays n'associait une baisse de ses recettes fiscales nominales et de son PIB (Graphique 1.3). En outre, le Graphique 1.3 illustre les variations intervenues entre 2016 et 2017 en Australie et au Japon, où le ratio impôts/PIB n'est pas disponible pour 2018. Dans ces deux pays, les recettes fiscales nominales ont progressé à un rythme plus soutenu que le PIB, entraînant une augmentation du ratio impôts/PIB.

Graphique 1.3. Variations relatives des recettes fiscales nominales et du PIB nominal, en %, 2017-18p

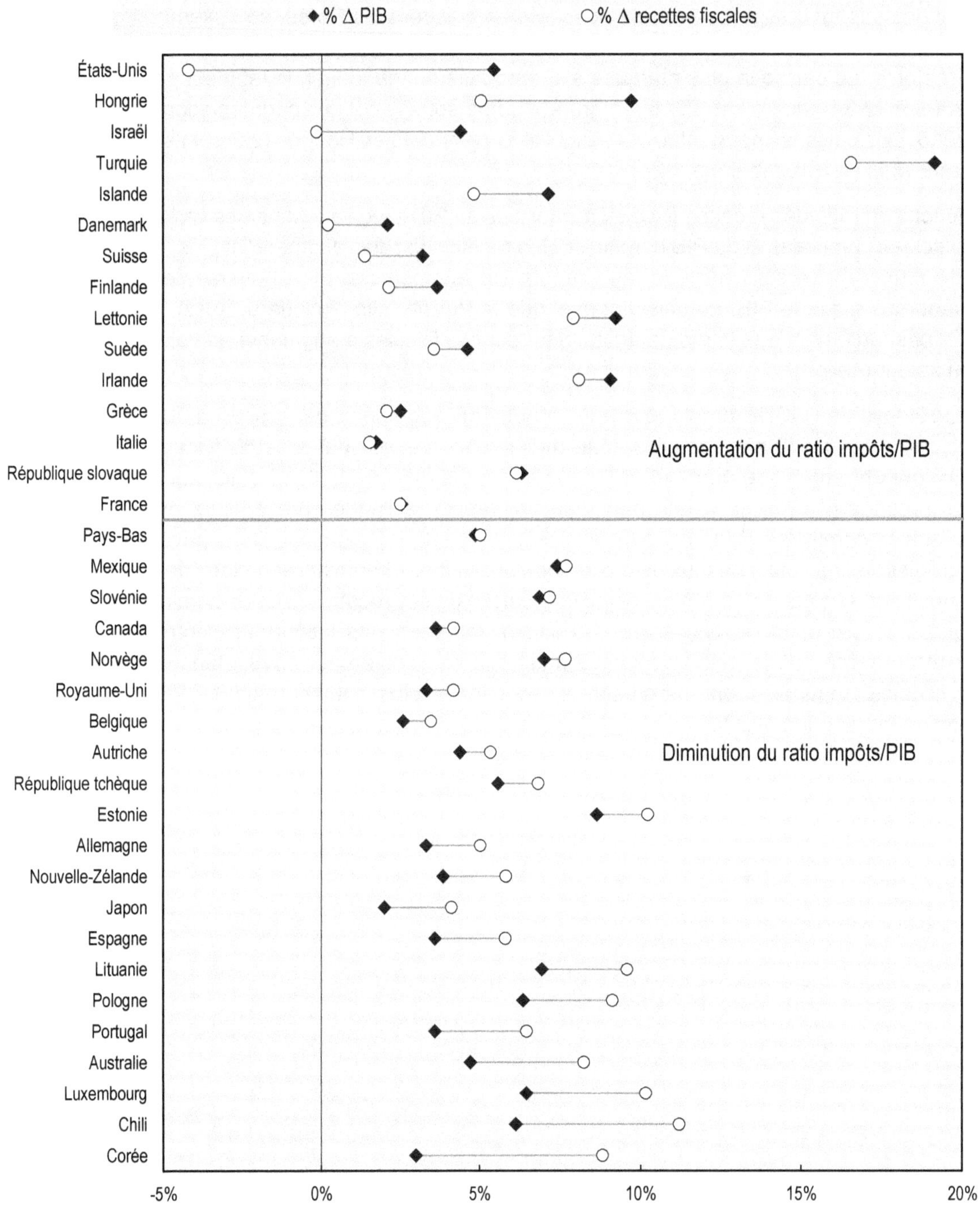

1. Les données concernant l'Australie et le Japon illustrent l'évolution intervenue entre 2016 et 2017, car les données préliminaires pour 2018 ne sont pas disponibles dans le cas de ces deux pays. Les données de 2018 concernant le Mexique incluent une estimation du Secrétariat, notamment les recettes escomptées collectées par les administrations des États et les collectivités locales.

Source : Calculs du Secrétariat basés sur le chapitre 4 (recettes fiscales) et sur le Tableau 3.19 (PIB)

StatLink http://dx.doi.org/10.1787/888934058407

Graphique 1.4. Ratios impôts/PIB en 2017 et 2018p (en % du PIB)

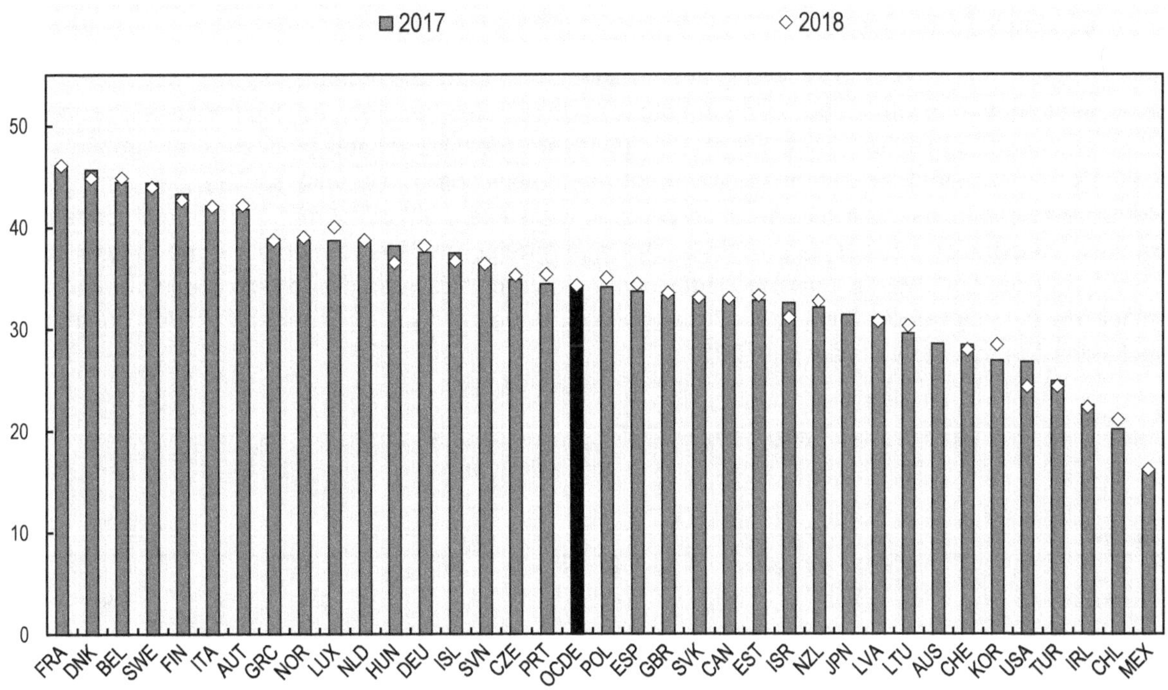

1. Les données provisoires pour 2018 n'étaient pas disponibles dans le cas de l'Australie et du Japon.
Source : Calculs du Secrétariat basés sur le Tableau 3.1.

StatLink http://dx.doi.org/10.1787/888934058426

Niveaux d'imposition pour 2017 (données définitives)

La dernière année pour laquelle on dispose de ratios des recettes fiscales rapportées au PIB fondés sur des recettes fiscales définitives pour tous les pays de l'OCDE est 2017 (Graphique 1.4). Les chiffres montrent que ces ratios diffèrent sensiblement selon les pays :

- En 2017, la France enregistrait le ratio le plus élevé (46.1 %), suivie du Danemark (45.7 %). Cinq autres pays affichaient aussi des ratios impôts/PIB supérieurs à 40 % (Belgique, Suède, Finlande, Italie et Autriche).
- Le Mexique affichait le ratio le plus faible à 16.1 %, suivi du Chili (20.1 %), de l'Irlande (22.5 %) et de la Turquie (24.9 %). Aucun autre pays n'enregistrait un ratio impôts/PIB inférieur à 25 % en 2017, mais cinq autres pays affichaient des ratios inférieurs à 30 % (États-Unis, Corée, Suisse, Australie et Lituanie).
- Le ratio des recettes fiscales rapportées au PIB de la zone OCDE (moyenne non pondérée) atteignait 34.2 % en 2017. En 2016, il s'élevait à 34.4 % compte tenu des contributions ponctuelles à la stabilité comptabilisées en Islande, ou à 34.0 % si l'on ne tient pas compte de ces contributions[4].
- Par rapport à 2016, la charge fiscale globale a augmenté dans 22 pays membres de l'OCDE et a diminué dans 14.
- Les augmentations les plus importantes du ratio ont été constatées en Israël (1.4 point) ainsi qu'en Australie et aux États-Unis (0.9).

- Les baisses les plus importantes ont été enregistrées en Islande (13.3 points, du fait des contributions ponctuelles à la stabilité prélevées en 2016), en Hongrie (1.0) ainsi qu'en Estonie et en Irlande (0.8).

Entre 2016 et 2017, les principaux changements affectant le ratio des recettes fiscales rapportées au PIB s'expliquent en grande partie par des augmentations de recettes générées par les impôts sur les revenus (0.2 point, réparti également entre l'impôt sur le revenu des personnes physiques et l'impôt sur les bénéfices des sociétés). Les recettes provenant des cotisations de sécurité sociale, des impôts sur le patrimoine et des taxes sur les biens et services sont restées stables, même si en ce qui concerne les taxes sur les biens et services, la part de la TVA a augmenté modérément et la part de la taxe sur des biens et services spécifiques a diminué légèrement. Les recettes tirées des impôts sur le patrimoine ont diminué de 0.4 point entre 2016 et 2017, ce qui s'explique presque entièrement par les contributions ponctuelles à la stabilité en Islande en 2016.

Tableau 1.2. Structure fiscale dans la zone OCDE, années retenues (moyenne non-pondérée en % du PIB)

Pour cent

	1965	1990	2000	2007	2010	2013	2015	2016	2017
Recettes fiscales totales	24.9	31.9	33.8	33.6	32.3	33.4	33.7	34.4	34.2
1000 Impôts sur le revenu, les bénéfices et les gains en capital	8.7	12.1	11.9	12.1	10.6	11.1	11.3	11.3	11.6
dont :									
1100 Impôts sur le revenu, les bénéfices et les gains en capital des personnes physiques	6.8	9.7	8.7	8.2	7.6	8.0	8.3	8.2	8.3
1200 Impôts sur le revenu, les bénéfices et les gains en capital des sociétés	2.1	2.5	3.2	3.6	2.7	2.8	2.8	2.9	3.0
2000 Cotisations de sécurité sociale (CSS)	4.5	7.3	8.6	8.4	8.8	9.0	9.0	9.1	9.1
3000 Impôts sur les salaires et la main-d'oeuvre	0.3	0.3	0.4	0.3	0.3	0.4	0.4	0.4	0.4
4000 Impôts sur le patrimoine	1.9	1.8	1.8	1.8	1.7	1.8	1.9	2.3	1.9
5000 Impôts sur les biens et services	9.4	10.0	10.9	10.6	10.6	10.8	10.9	11.0	10.9
dont :									
5111 Taxes sur la valeur ajoutée	0.4	5.2	6.4	6.5	6.5	6.6	6.7	6.8	6.8
5121 Accises	3.5	2.6	2.9	2.6	2.7	2.6	2.6	2.6	2.5
6000 Autres impôts	0.1	0.3	0.2	0.2	0.2	0.2	0.2	0.2	0.1

Note : Part des principales catégories d'impôts dans le PIB (en pourcentage). Les données sont incluses depuis 1965 pour l'Australie, l'Autriche, la Belgique, le Canada, le Danemark, la Finlande, la France, l'Allemagne, la Grèce, l'Islande, l'Irlande, l'Italie, le Japon, le Luxembourg, les Pays-Bas, la Nouvelle-Zélande, la Norvège, le Portugal, l'Espagne, la Suède, la Suisse, la Turquie, le Royaume-Uni et les États-Unis. Les données sont incluses depuis 1972 pour la Corée, depuis 1980 pour le Mexique, depuis 1990 pour le Chili, depuis 1991 pour la Hongrie et la Pologne, depuis 1993 pour la République tchèque, depuis 1995 pour l'Estonie, Israël, la Lettonie, la Lituanie, la République slovaque et la Slovénie. La moyenne de l'OCDE en 2016 inclus les recettes ponctuelles des contributions à la stabilité en Islande.
Source : OECD (2019), "Recettes fiscales: Tableaux comparatifs", Statistiques fiscales de l'OCDE (database), DOI : http://dx.doi.org/10.1787/data-00262-fr

StatLink http://dx.doi.org/10.1787/888934058559

Variations de la charge fiscale entre 1965 et 2017

Le coefficient moyen dans la zone OCDE a augmenté de 24.9 % à 34.2 % (soit une hausse de 9.4 points, la différence étant due à l'arrondis) entre 1965 et 2017 (Graphique 1.1).

Avant le premier choc pétrolier (1973-74), une croissance des revenus forte et presque ininterrompue a permis aux niveaux d'imposition d'augmenter dans tous les pays de l'OCDE. Les niveaux d'imposition ont augmenté automatiquement sous l'effet de la progressivité des barèmes de l'impôt sur le revenu des personnes physiques. Entre 1975 et 1985, la charge fiscale dans la zone OCDE a augmenté de 2.9 points. Après le milieu des années 70, le ralentissement de la croissance des revenus réels, combiné à l'augmentation du chômage, ont limité la capacité des pouvoirs publics à prélever des recettes. Cependant, à partir de la profonde récession qui a suivi le second choc pétrolier (1980), les pays européens ont été amenés à augmenter leurs impôts pour financer la hausse des dépenses de sécurité sociale et s'efforcer de maîtriser les déficits budgétaires.

Après le milieu des années 80, la plupart des pays de l'OCDE ont sensiblement réduit les taux de leurs impôts sur le revenu des personnes physiques et sur les bénéfices des sociétés, mais l'incidence sur les recettes publiques des vastes réformes fiscales qui ont été engagées est restée limitée dans la mesure où, en même temps, la base de ces impôts était élargie par une réduction ou une suppression des déductions fiscales. En 1999, le taux moyen d'imposition dans la zone OCDE avait atteint 33.8 %, soit le niveau le plus élevé enregistré à cette époque. Il s'est ensuite légèrement replié entre 2001 et 2004, avant de repartir à la hausse entre 2005 et 2007, puis de retomber sous l'effet de la crise. En résumé, la charge fiscale moyenne dans la zone OCDE a augmenté de 1.2 point entre 1995 et 2017 (Graphique 1.1).

La moyenne de l'OCDE masque de grandes variations des ratios nationaux. En 1965, les ratios des pays de l'OCDE étaient compris entre 10.6 % en Turquie et 33.7 % en France. En 2017, ces niveaux oscillaient entre 16.1 % au Mexique et 46.1 % en France. La tendance continue à l'augmentation des niveaux d'imposition reflète le besoin de financer l'augmentation considérable des dépenses du secteur public dans presque tous les pays de l'OCDE.

Structures fiscales

Les structures fiscales sont mesurées par la part des principaux impôts dans les recettes fiscales totales. En 2017, les structures fiscales des pays de l'OCDE affichaient des différences. Dix-huit pays ont tiré l'essentiel de leurs recettes des impôts sur le revenu et sur les bénéfices, onze pays des cotisations de sécurité sociale, et sept pays des impôts sur la consommation (TVA comprise). En 2017, les impôts sur le patrimoine et les impôts sur les salaires jouaient un faible rôle dans la structure des recettes des pays de l'OCDE, tant en moyenne que dans la plupart des pays (Graphique 1.5).

Si, en moyenne, les niveaux d'imposition ont généralement augmenté, la structure fiscale ou le « dosage » des impôts a fait preuve d'une stabilité remarquable dans le temps. Néanmoins, plusieurs tendances se manifestent jusqu'en 2017 (dernière année pour laquelle on dispose de données concernant les 36 pays de l'OCDE). Ces deux approches sont examinées plus en détail ci-dessous.

Impôts sur le revenu et les bénéfices

En moyenne, en 2017, les pays de l'OCDE collectaient 34.0 % de leurs recettes fiscales *via* les impôts sur le revenu et les bénéfices (somme des impôts sur le revenu des personnes physiques et sur les bénéfices des sociétés). Ces impôts restent la principale source de recettes utilisées pour financer les dépenses publiques dans 18 des pays de l'OCDE, tandis que dans 9 d'entre eux – Australie, Canada, Danemark, États-Unis, Irlande, Islande, Mexique, Nouvelle-Zélande et Suisse – leur part dans le total des impôts en 2017 excède 40 %.

Graphique 1.5. Structures fiscales en 2017 (en % du total des recettes fiscales)

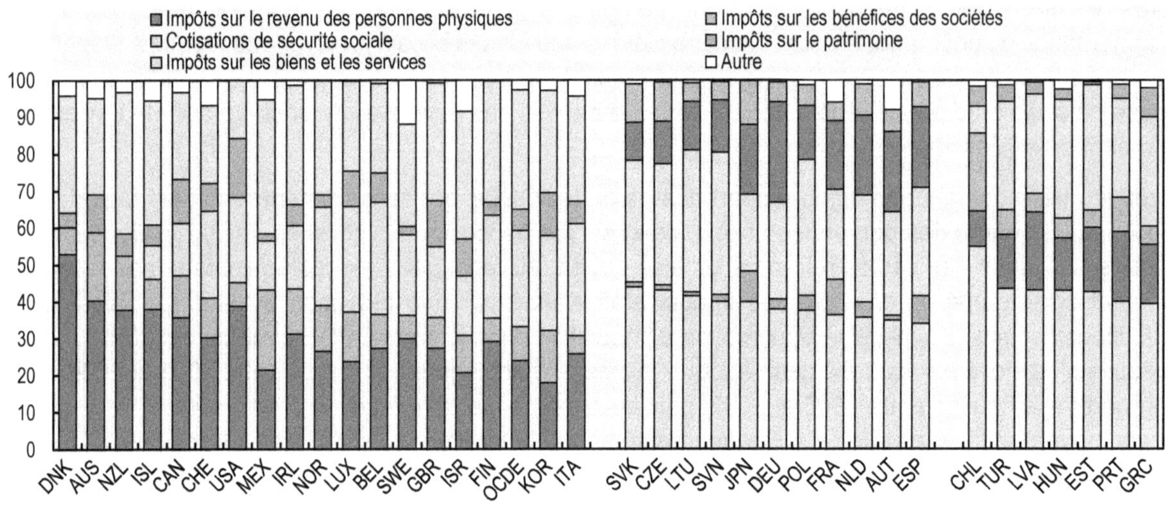

1. Les pays sont groupés et classés en fonction de ceux dans lesquels les recettes de l'impôt sur le revenu (revenu des personnes physiques et bénéfices des sociétés) génèrent la fraction la plus élevée du total des recettes fiscales, suivis de ceux dans lesquels les cotisations de sécurité sociale ou les impôts sur les biens et services représentent la part la plus élevée.
Source : Calculs du Secrétariat basés sur les données figurant au chapitre 4.

StatLink http://dx.doi.org/10.1787/888934058445

Graphique 1.6. Tendances des structures fiscales (1965-2017, en % du total des recettes fiscales)

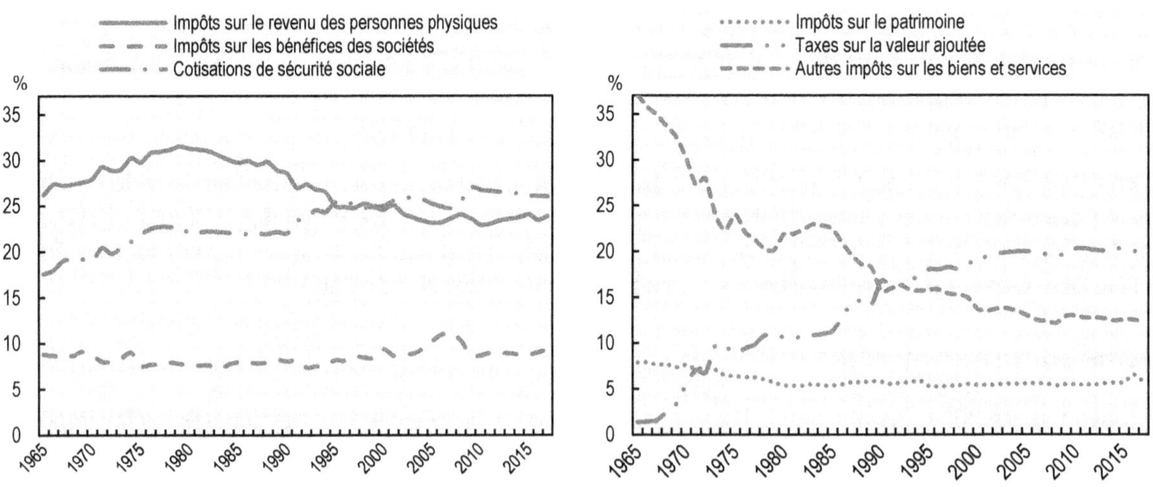

1. Les recettes publiques moyennes de l'OCDE en 2016 pour les catégories principales incluent les recettes ponctuelles des contributions à la stabilité en Islande. Ce facteur concerne principalement les recettes moyennes provenant de l'impôt sur le patrimoine, exprimées en pourcentage du total des recettes fiscales au cours de cette année uniquement.
Source : Calculs du Secrétariat basés sur les Tableaux 3.8 à 3.14.

StatLink http://dx.doi.org/10.1787/888934058464

Au sein de la catégorie des impôts sur le revenu et les bénéfices, la part de l'IRPP et de l'IS varie :

- En 2017, les recettes issues de l'impôt sur le revenu des personnes physiques représentent en moyenne 23.9 % du total des recettes, contre 30 % environ au cours des années 1980. Dans cette baisse, deux points environ peuvent être attribués à l'inclusion dans la zone OCDE de pays d'Europe de l'Est pour lesquels les données relatives aux recettes fiscales ne sont disponibles qu'à partir des années 90. Dans ces pays, les recettes générées par l'impôt sur le revenu sont relativement faibles, alors que celles liées aux cotisations de sécurité sociale sont plus élevées, mais l'effet de l'inclusion de ces pays concerne seulement les données postérieures à l'année 1990.
- Les différences observées entre les pays sont considérables pour ce qui est de l'importance de l'impôt sur le revenu des personnes physiques. En 2017, la part de cet impôt allait d'un minimum de 9.7 % au Chili à 40.3 % en Australie et 52.9 % au Danemark (Graphique 1.5).
- Les recettes provenant de l'impôt sur les bénéfices des sociétés représentaient entre 7 % et 9 % du total des recettes fiscales en moyenne au cours de la période 1965 à 2003. Elles ont ensuite augmenté pour atteindre un maximum de 11.1 % en 2017, avant de retomber à 8.6 % en 2010, tout de suite après la crise financière. Elles ont oscillé entre 8.6 % et 9.0 % du total des recettes fiscales jusqu'en 2017 où elles représentaient en moyenne 9.3 % des recettes fiscales totales.
- La part des impôts sur les bénéfices des sociétés dans les recettes fiscales totales affiche une dispersion considérable, de moins de 5 % environ (Estonie, Italie et Slovénie) à 21.8 % (Mexique) et 21.1 % (Chili) en 2017. Hormis la dispersion des taux légaux d'imposition des sociétés, ces différences sont au moins partiellement imputables à des facteurs institutionnels ou spécifiques aux pays, tels que :
  - La proportion des entreprises constituées sous forme de sociétés,
  - L'érosion de la base d'imposition des sociétés consécutive, par exemple, à des méthodes généreuses de calcul de l'amortissement et à des incitations fiscales,
  - Le caractère cyclique du système de l'impôt sur les sociétés, conditionné en partie par les dispositions relatives à la compensation des pertes,
  - Le degré de dépendance à l'égard des recettes fiscales tirées de l'exploitation de gisements pétroliers et/ou de minerais, et
  - D'autres instruments permettant de différer l'imposition des bénéfices.

Cotisations de sécurité sociale

En 2017, les cotisations de sécurité sociale représentaient 26.0 % du total des recettes fiscales en moyenne dans la zone OCDE. Elles étaient les plus élevées en République slovaque et en République tchèque (respectivement 43.9 % et 43.0 %). En revanche, l'Australie et la Nouvelle-Zélande ne collectent pas de cotisations de sécurité sociale.

On observe par ailleurs de grandes différences entre les pays de l'OCDE pour ce qui est des parts relatives des cotisations de sécurité sociale versées par les salariés et par les employeurs (Graphique 1.7) :

- Neuf pays (Chili, Danemark, Grèce, Hongrie, Israël, Luxembourg, Pays-Bas, Pologne et Slovénie) mobilisent davantage de recettes grâce aux cotisations salariales de sécurité sociale, tandis que les autres pays en collectent davantage grâce aux cotisations patronales.
- C'est en Slovénie que la part des recettes provenant des cotisations salariales de sécurité sociale est la plus élevée, puisqu'elle atteint 20.8 % du total des recettes. L'Allemagne, la Grèce, la Hongrie, le Japon et la Pologne enregistrent également des recettes issues des cotisations salariales supérieures à 15 % du total des recettes fiscales. C'est au Danemark que cette part est la plus faible, à 0.1 % du total des recettes. Outre le Danemark, l'Estonie est le seul autre pays où les cotisations salariales de sécurité sociale généraient moins de 5 % du total des recettes.

- L'Estonie est le pays où la part des recettes fiscales totales générées par les cotisations patronales de sécurité sociale est la plus élevée (32.4 %). Cette part dépasse également 25 % des recettes totales en Lituanie (28.2 %), en République tchèque (27.5 %) et en République slovaque (25.6 %). Le Danemark et le Chili enregistrent les parts les plus faibles, respectivement à 0.03 % et 0.2 % du total des recettes.
- C'est aux Pays-Bas et en République slovaque que la part des cotisations de sécurité sociale acquittée par les travailleurs indépendants et les chômeurs dans le total des recettes fiscales est la plus élevée, à respectivement 8.6 % et 7.8 %.

Graphique 1.7. Composition des cotisations de sécurité sociale, en pourcentage du total des cotisations de sécurité sociale, 2017

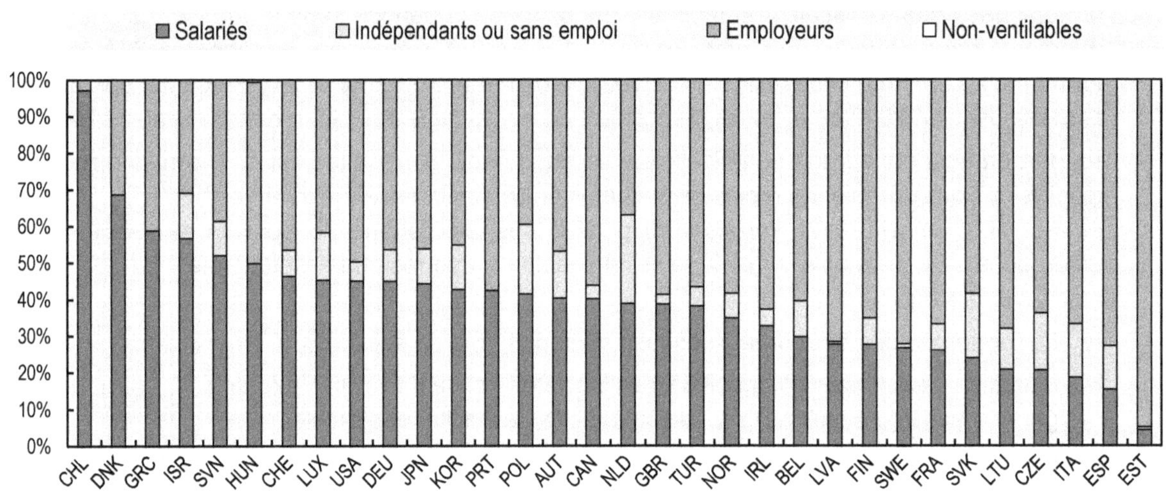

1. L'Australie, l'Islande, le Mexique et la Nouvelle-Zélande ne sont pas inclus dans le graphique 1.7. Bien que l'Islande et le Mexique collectent des cotisations de sécurité sociale, les données désagrégées ne sont pas disponibles. L'Australie et la Nouvelle-Zélande ne prélèvent pas de cotisations de sécurité sociale.

Source : Calculs du Secrétariat basés sur les données figurant au chapitre 4.

StatLink http://dx.doi.org/10.1787/888934058483

Impôts sur le patrimoine

Entre 1965 et 2017, la part des impôts sur le patrimoine a été ramenée de 7.9 % à 5.8 % du total des recettes fiscales en moyenne dans les pays de l'OCDE (Graphique 1.6). En 2017, c'est aux États-Unis que la part des recettes générées par les impôts sur le patrimoine a été la plus élevée (16.0 % du total des recettes), bien que cette situation s'explique par l'impact de l'impôt unique sur le rapatriement présumé des revenus réalisés à l'étranger comptabilisé en 2017[5]. Les recettes provenant des impôts sur le patrimoine représentaient aussi plus de 10 % des recettes totales en Australie, au Canada, au Royaume-Uni et en Corée. À l'inverse, les impôts sur le patrimoine représentaient 0.7 % du total des recettes en Estonie, le ratio le plus bas des pays de l'OCDE, et moins de 2 % dans six autres pays (Autriche, Lituanie, Mexique, République slovaque, République tchèque et Slovénie).

Impôts sur la consommation

- La part des impôts sur la consommation (impôts généraux sur la consommation plus impôts spécifiques sur la consommation) a diminué de 38.4 % à 32.4 % entre 1965 et 2017 (Graphique 1.6).

- Pendant cette période, la composition des taxes sur les biens et services s'est profondément modifiée. Les impôts généraux sur la consommation ont vu leur importance en tant que source de recettes s'affirmer rapidement, notamment pour la taxe sur la valeur ajoutée (TVA) qui est désormais prélevée dans 35 des 36 pays de l'OCDE[6].
- Les impôts généraux sur la consommation représentent 20.8 % des recettes fiscales totales, contre seulement 11.5 % au milieu des années 1960. En 2017, elles provenaient principalement de la TVA (20.2 % du total des recettes fiscales) (Graphique 1.6).
- La montée en puissance de la taxe sur la valeur ajoutée a contribué à compenser la diminution de la part des impôts spécifiques sur la consommation, tels que les droits d'accise et les droits de douane.
- Entre 1975 et 2017, la part des impôts spécifiques sur la consommation (surtout sur le tabac, les boissons alcoolisées et le carburant, ainsi que certaines taxes environnementales) a été réduite de près de moitié, passant de 17.7 % à 9.6 % du total des recettes. En 2017, les droits d'accise constituaient la principale catégorie et généraient 7.6 % du total des recettes (Graphique 1.8).
- Les taux des impôts sur les produits importés ont fortement baissé dans tous les pays de l'OCDE, ce qui s'explique par la tendance générale à la suppression des obstacles aux échanges.
- Néanmoins, des pays tels que l'Estonie, le Mexique, la Pologne, la Slovénie (environ 13 %) et la Turquie (environ 22 %) collectent encore une fraction relativement importante de leurs recettes fiscales totales grâce aux taxes sur des biens et services spécifiques.

Graphique 1.8. Part des recettes tirées des impôts généraux sur la consommation (gauche) et impôts spécifiques sur la consommation (droite) en % du total des recettes fiscales, 1975-2017

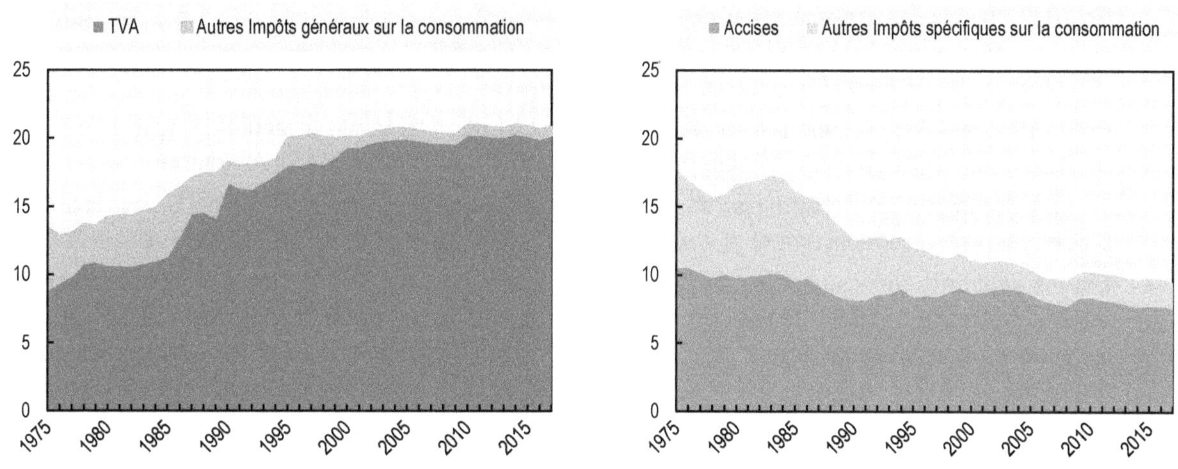

1. La moyenne non pondérée pour chaque année comprend tous les pays qui communiquent des chiffres sur les recettes dans les catégories indiquées cette même année. Les moyennes de l'OCDE pour 2016 incluent les recettes ponctuelles des contributions à la stabilité en Islande.
Source : Calculs du Secrétariat basés sur le chapitre 4.

StatLink http://dx.doi.org/10.1787/888934058502

Répartition des impôts par niveaux d'administration

Cette section examine la part relative des recettes fiscales attribuées aux différents sous-secteurs des administrations publiques en 2017. Les sous--secteurs sont les suivants :

- Administration centrale
- Collectivités régionales ou provinciales (pays fédéraux ou régionaux uniquement)
- Collectivités locales
- Caisses de sécurité sociale
- Supranationale (pays de l'UE uniquement)

Les directives suivies pour attribuer ces parts des recettes aux différents niveaux d'administration s'appuient sur la version finale du Système des comptes nationaux de 2008. Ces directives sont examinées dans l'Étude spéciale S.1 de l'édition 2011 des *Statistiques des recettes publiques* de l'OCDE.

Recettes des administrations infranationales

Huit pays de l'OCDE ont une structure fédérale. Dans ces pays, en 2017, les administrations centrales ont perçu 53.8 % des recettes totales en moyenne. Viennent ensuite les caisses de sécurité sociale, qui constituent un sous-secteur de l'administration centrale et qui ont reçu 21.0 % des recettes totales, suivies des collectivités régionales ou provinciales (17.3 %) et des collectivités locales (7.7 %) (Tableau 1.3). Toutefois, on constate des variations considérables par rapport à ces moyennes dans les différents pays :

- En 2017, dans les huit pays fédéraux de l'OCDE, la part des recettes de l'administration centrale variait de 29.5 % en Allemagne à 80.6 % en Australie.
- En 2017, la part des collectivités régionales ou provinciales s'échelonnait entre 1.6 % en Autriche, 4.1 % au Mexique, 10.8 % en Belgique et 39.8 % au Canada. La part des collectivités locales était comprise entre 1.6 % au Mexique et 15.3 % en Suisse.
- Entre 1975 et 2017, la part des recettes de l'administration fédérale a reculé d'environ 15 points en Belgique, tandis qu'elle a décliné moins rapidement au Canada et en Allemagne.
- La part des recettes de l'administration fédérale a augmenté en Autriche et en Suisse de 15 et 5 points environ respectivement. Il y a eu peu de changement en Australie et au Mexique.
- Sur les sept pays fédéraux dotés de caisses de sécurité sociale, cinq ont vu leur part des recettes augmenter entre 1975 et 2017. Les exceptions sont le Canada et le Mexique, où la part des recettes a légèrement diminué entre 1975 (1980 pour le Mexique en raison de la disponibilité des données) et 2017.

L'Espagne est constitutionnellement un pays non fédéral mais avec une structure politique très décentralisée. En 2017, la part des recettes de l'administration centrale s'élevait à 41.3 %, contre 15.2 % pour les collectivités régionales. Entre 1975 et 2017, la part des recettes des collectivités locales a augmenté de 4 % à 10 % environ et la part des caisses de sécurité sociale a baissé de 47.5 % à 33.1 %.

Tableau 1.3. Recettes fiscales des sous-secteurs des administrations publiques en % du total des recettes fiscales, pays fédéraux

	Supranationale			Administration centrale			Administrations d'États fédérés/Régions			Administrations locales			Administrations de sécurité sociale		
	1975	1995	2017	1975	1995	2017	1975	1995	2017	1975	1995	2017	1975	1995	2017
Pays fédéraux															
Australie	..	..	..	80.1	77.5	80.6	15.7	19.0	16.0	4.2	3.4	3.4	0.0	0.0	0.0
Autriche	..	0.4	0.4	51.7	64.7	65.8	10.6	1.8	1.6	12.4	4.1	3.0	25.3	29.0	29.2
Belgique	1.4	1.0	1.0	65.3	60.1	51.4	..	1.8	10.8	4.4	4.8	4.9	28.8	32.2	32.0
Canada	..	..	..	47.6	39.1	40.9	32.5	37.1	39.8	9.9	9.8	10.3	10.0	14.0	9.1
Allemagne	1.2	0.6	0.6	33.5	31.4	29.5	22.3	21.6	23.5	9.0	7.4	8.6	34.0	39.0	37.9
Mexique	..	..	..	..	73.9	81.1	..	2.8	4.1	..	1.5	1.6	..	21.8	13.3
Suisse[2]	..	..	..	30.7	31.2	36.5	27.0	24.3	24.6	20.3	17.7	15.3	22.0	26.8	23.6
États-Unis	..	..	..	45.4	41.4	44.5	19.5	20.0	18.3	14.7	13.3	14.2	20.5	25.2	23.0
Moyenne non pondérée	1.3	0.7	0.7	50.6	52.4	53.8	21.3	16.1	17.3	10.7	7.8	7.7	20.1	23.5	21.0
Pays régional															
Espagne[1,2]	..	0.5	0.7	48.2	51.5	41.3	..	4.7	15.2	4.3	8.6	9.7	47.5	34.7	33.1

1. L'Espagne est constitutionnellement un pays non fédéral mais avec une structure politique très décentralisée.
2. Le total des recettes fiscales a été diminué du montant de tout transfert en capital représentant les impôts non perçus.

StatLink http://dx.doi.org/10.1787/888934058578

Les vingt-six autres pays de l'OCDE ont une structure unitaire. Dans ces pays, 63.8 % des recettes en moyenne provenaient de l'administration centrale, tandis que les caisses de sécurité sociale généraient 24.6 % des recettes et que 11.2 % étaient recouvrées par les collectivités locales. Dans les pays unitaires de l'OCDE :

- La part des recettes de l'administration centrale en 2017 se situait entre 34.2 % en France, 36.5 % en Suisse et 93,4 % en Nouvelle-Zélande.
- La part des collectivités locales variait de 0.9 % en Estonie à 35.3 % en Suède.
- Entre 1975 et 2017, les transferts aux collectivités locales ont augmenté de 5 points ou plus dans cinq pays – Corée, France, Islande Italie, Portugal et Suède – mais ont moins progressé aux Pays-Bas. Une diminution des transferts de 5 points ou plus a été enregistrée dans trois pays – Irlande, Norvège et Royaume-Uni[7].
- Entre 1975 et 2017, la part des caisses de sécurité sociale a progressé de 7 points ou plus dans quatre pays – Corée, Finlande, France et Japon – tandis qu'elle enregistrait des baisses du même ordre de grandeur dans quatre autres pays – Italie, Norvège, Portugal et Suède.

Tableau 1.4. Recettes fiscales des sous-secteurs des administrations publiques en % du total des recettes fiscales, pays unitaires

	Supranationale			Administration centrale			Administrations d'États fédérés/Régions			Administrations locales			Administrations de sécurité sociale		
	1975	1995	2017	1975	1995	2017	1975	1995	2017	1975	1995	2017	1975	1995	2017
Pays unitaires															
Chili	..	..	..	..	89.9	86.3	..	..	..	..	6.5	7.8	..	3.6	5.9
République tchèque	..	..	0.5	..	57.7	55.4	..	..	..	..	0.9	1.1	..	41.4	43.0
Danemark[1]	1.0	0.5	0.3	69.1	68.4	73.2	..	..	..	29.8	31.1	26.4	0.1	0.0	0.0
Estonie	..	..	0.6	..	84.3	82.0	..	..	..	..	0.8	0.9	..	14.9	16.6
Finlande	..	0.4	0.3	56.0	46.6	48.4	..	..	..	23.5	22.3	23.5	20.4	30.8	27.8
France[1]	0.7	0.4	0.4	51.2	42.6	34.2	..	..	..	7.6	10.9	13.3	40.6	46.0	52.1
Grèce	..	0.6	0.5	67.1	66.4	67.4	..	..	..	3.4	2.0	2.4	29.5	31.1	29.6
Hongrie	..	..	0.3	..	63.8	62.4	..	..	..	..	2.5	5.8	..	33.6	31.5
Islande	..	..	..	81.3	79.2	73.5	..	..	..	18.7	20.8	26.5	0.0	0.0	0.0
Irlande	2.3	1.5	0.6	77.4	83.1	82.5	..	..	..	7.3	2.7	2.2	13.1	12.7	14.7
Israël	..	..	..	..	79.6	76.2	..	..	..	..	6.4	7.6	..	14.0	16.2
Italie	..	0.4	0.6	53.2	62.7	53.6	..	..	..	0.9	5.4	15.5	45.9	31.5	30.3
Japon	..	..	..	45.5	41.2	37.4	..	..	..	25.6	25.2	22.7	29.0	33.6	39.9
Corée	..	..	..	89.0	69.2	57.0	..	..	..	10.1	18.7	17.3	0.9	12.1	25.7
Lettonie	..	..	0.6	..	43.5	53.2	..	..	..	..	19.5	19.2	..	36.9	26.9
Lituanie[1]	..	..	0.9	..	71.7	56.4	..	..	..	..	2.3	1.2	..	26.1	41.5
Luxembourg	0.8	0.4	0.6	63.6	66.5	67.5	..	..	..	6.7	6.5	4.1	29.0	26.6	27.9
Pays-Bas	1.5	1.3	1.1	58.9	56.0	60.2	..	..	..	1.2	3.1	3.0	38.4	39.5	35.7
Nouvelle-Zélande	..	..	..	92.3	94.7	93.4	..	..	..	7.7	5.3	6.6	0.0	0.0	0.0
Norvège	..	..	..	50.6	58.4	84.1	..	..	..	22.4	19.6	15.9	27.0	22.0	0.0
Pologne	..	..	0.5	..	61.2	49.2	..	..	..	..	8.5	12.7	..	30.3	37.5
Portugal	..	0.8	0.5	65.4	72.3	72.9	..	..	..	0.0	5.4	7.1	34.6	21.5	19.5
République slovaque	..	..	0.5	..	62.5	55.0	..	..	..	..	1.3	1.9	..	36.2	42.5
Slovénie	..	..	0.4	..	51.8	50.7	..	..	..	..	6.3	9.4	..	41.9	39.6
Suède	..	0.4	0.3	51.3	46.9	52.4	..	..	..	29.2	30.9	35.3	19.5	21.8	12.1
Turquie	..	..	..	..	75.1	61.2	..	..	..	..	12.8	9.5	..	12.1	29.3
Royaume-Uni	1.0	1.0	0.5	70.5	77.5	75.5	..	..	..	11.1	3.7	4.9	17.5	17.8	19.2
Moyenne non pondérée	1.2	0.7	0.5	65.2	65.7	63.8	..	..	..	12.8	10.4	11.2	21.6	23.6	24.6

1. Le total des recettes fiscales a été diminué du montant de tout transfert en capital représentant les impôts non perçus.

StatLink http://dx.doi.org/10.1787/888934058597

Les vingt-trois États membres de l'UE qui sont membres de l'OCDE collectent des impôts pour le compte de l'Union européenne. Ces impôts comprennent les droits de douane (Tableau 1.5) et les contributions au fonds de résolution unique (Tableau 1.6). Pour les années antérieures à 1998, les droits de douane collectés pour le compte de l'Union européenne par les administrations fiscales des États membres de l'UE figurent dans la rubrique 5123. À partir de 1998, ces droits de douane sont indiqués en tant que poste « pour mémoire », car ils sont en fait imposés par l'Union européenne et collectés pour son compte par les administrations fiscales nationales.

Tableau 1.5. Droits de douane collectés pour le compte de l'Union européenne

Millions de monnaie nationale

	2000	2005	2007	2010	2013	2014	2015	2016	2017	2018p
Autriche[1]	356	325	397	339	328	369	415	449	468	464
Belgique[1]	960	1 208	1 388	1 234	1 185	1 250	1 367	1 575	1 652	1 766
République tchèque	..	5 586	6 443	6 573	5 556	6 970	7 912	8 033	8 271	8 296
Danemark	2 318	2 823	3 271	3 228	2 775	2 945	3 219	3 039	3 109	3 155
Estonie[1]	..	22	35	24	29	30	34	34	38	43
Finlande[1]	129	148	199	151	166	170	165	163	174	174
France[1]	1 505	1 574	1 646	1 741	1 830	1 815	1 919	1 807	1 896	2 056
Allemagne[1]	3 394	3 433	3 972	4 234	4 251	4 608	5 195	5 089	5 043	5 018
Grèce[1]	210	262	307	278	140	163	181	197	266	..
Hongrie	..	26 572	27 981	25 004	26 337	31 947	38 960	41 620	45 403	63 431
Irlande[1]	208	226	273	229	247	275	327	311	334	325
Italie[1]	1 536	1 785	2 261	2 225	1 890	2 022	2 246	2 233	2 295	2 295
Lettonie[1]	..	26	37	25	28	36	40	47	46	53
Lituanie	..	44	61	52	68	86	99	95	101	116
Luxembourg[1]	27	21	23	18	15	19	23	25	27	24
Pays-Bas[1]	1 310	1 265	1 679	1 732	1 756	2 046	2 266	2 353	2 420	2 498
Pologne	..	1 285	1 760	1 627	1 977	2 316	2 823	3 292	3 485	..
Portugal[1]	204	145	185	177	144	149	158	174	187	226
République slovaque[1]	..	75	136	143	115	127	119	124	136	117
Slovénie[1]	..	34	85	59	52	52	52	53	54	57
Espagne[1]	956	1 419	1 701	1 472	1 290	1 494	1 779	1 852	1 914	1 903
Suède	3 450	4 327	5 099	5 412	4 976	5 737	6 243	6 044	6 225	6 498
Royaume-Uni	1 800	1 908	2 074	2 933	2 914	2 949	3 077	3 318	3 419	3 335

1. Pour les pays de la zone euro, les montants sont exprimés en euros pour toutes les années.

StatLink http://dx.doi.org/10.1787/888934058616

En plus, le Fonds de résolution unique a été mis en place en 2015 et les États membres de la zone euro doivent l’alimenter par des contributions en vertu du mécanisme de résolution unique (Règlement (UE) n °806/2014). Les contributions sont versées sur une base ex-ante et transférées au Fonds de résolution unique par les autorités nationales. Jusqu'à présent, des contributions ont été collectées pour la période 2015-2018. Les montants figurent dans les Statistiques des recettes publiques, généralement à la rubrique 5126, et sont synthétisés dans le Tableau 1.6.

Tableau 1.6. Contributions au Fonds de résolution unique collectées au nom de l'Union européenne

Millions en monnaie nationale

	2015	2016	2017	2018
Autriche	198	204	188	199
Belgique	235	278	250	285
Estonie	..	5	5	5
Finlande	76	112	122	55
France	910	1565	1910	2277
Allemagne	1578	1760	1710	1986
Grèce	..	98	89	..
Irlande[1]	..	175	98	107
Italie[2]	..	767	2273	1447
Lettonie	8	7	7	7
Lituanie	10	7	7	7
Luxembourg	29	77	100	129
Pays-Bas	454	502	545	621
Portugal	..	145	130	132
République slovaque	..	22	18	19
Slovénie	16	13	9	10
Espagne	681	719	671	728

Note : Ces chiffres peuvent différer légèrement de ceux publiés sur le site Web du CRU. Ces différences sont principalement dues aux écarts temporaires dans le traitement des données.

1. En 2016, le chiffre inclut le paiement de 2016 de 99,12 et également un paiement de 75,89 qui était dû au quatrième trimestre de 2015 mais qui a été payé au premier trimestre de 2016. Les chiffres figurant dans ce tableau ont été communiqués par l'Office central des statistiques et sont des montants bruts ; par conséquent, en raison d'ajustements, ils diffèrent des chiffres figurant sur le site Web du CRU, qui sont des chiffres nets.

2. Le montant de la "contribution de la banque au fonds européen de résolution unique" comprend non seulement le fonds européen mais aussi le fonds national de résolution, comme l'exige la classification Eurostat.

Source : Statistiques des recettes publiques 2019, complétées par des discussions avec les délégués.

StatLink http://dx.doi.org/10.1787/888934058635

Composition des recettes de l'administration centrale et des administrations infranationales

Le Graphique 1.9 montre la répartition des recettes de l'administration centrale et des administrations infranationales pour chacune des principales catégories de recettes fiscales. Pour les pays à structure fédérale et régionale, le niveau infranational englobe les recettes perçues à la fois par les collectivités régionales et locales. Le Graphique 1.9 montre que :

- Dans pratiquement tous les pays de l'OCDE, les recettes de l'administration centrale proviennent essentiellement des impôts sur le revenu et des impôts sur les biens et services, tandis que les impôts sur le patrimoine ne représentent qu'une part négligeable.
- Au niveau infranational, les recettes issues des impôts sur le patrimoine procurent une part des recettes totales beaucoup plus élevée qu'au niveau central, et représentent plus de 90 % du total dans quatre pays (Irlande, Israël, Grèce et Royaume-Uni).
- À l'inverse, la part des impôts sur le revenu et des impôts sur les biens et services est plus faible au niveau infranational, à l'exception de la Finlande, du Luxembourg et de la Suède, où plus de 90 % des recettes perçues par les administrations infranationales proviennent des impôts sur le revenu.

Graphique 1.9. Composition des recettes de l'administration fédérale ou centrale (gauche) et des administrations infranationales (droite), 2017

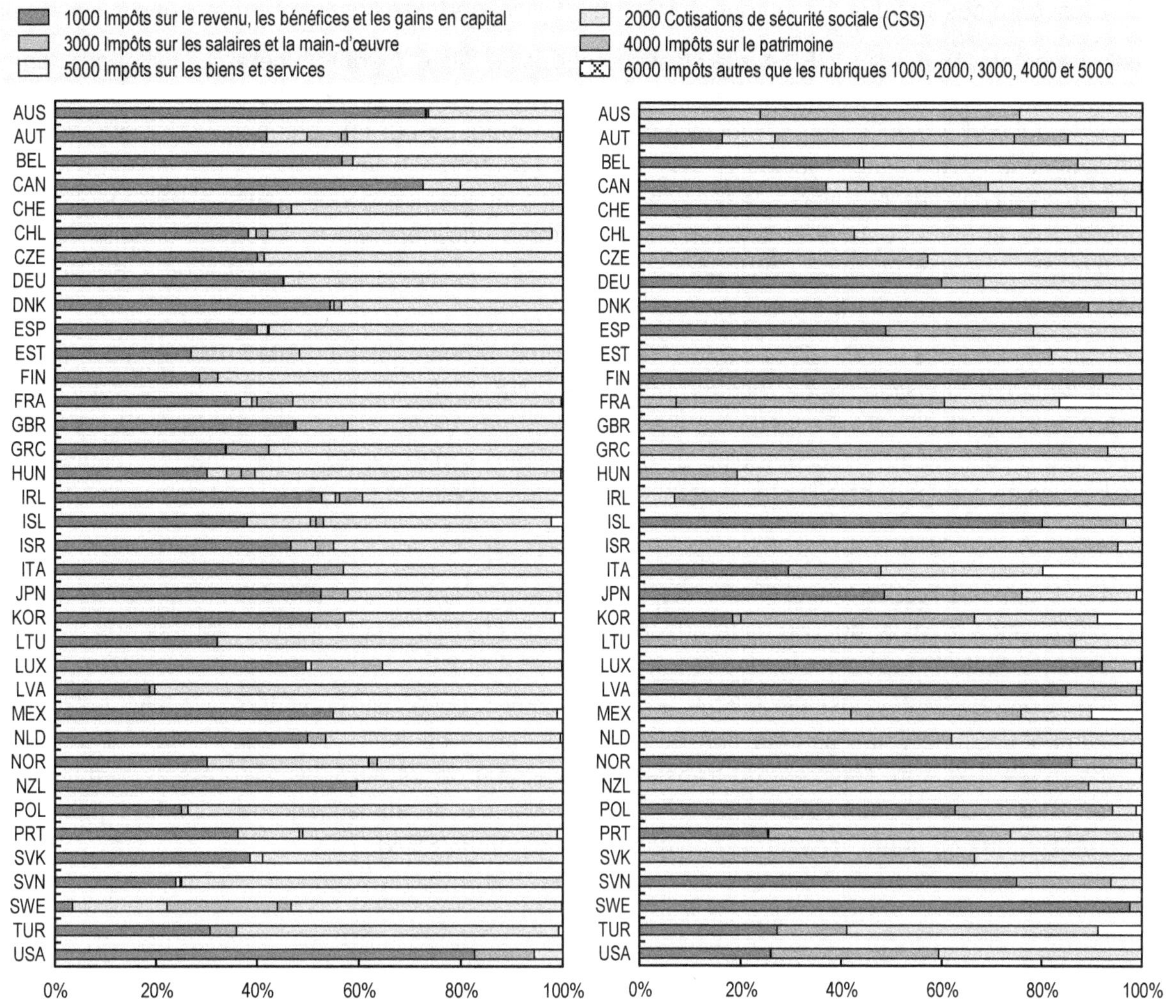

1. Le diagramme de gauche (a) ne tient compte que des impôts des administrations centrales. Les cotisations de sécurité sociale versées au profit des caisses de sécurité sociale sont exclues. Le diagramme de droite (b) ne tient compte que des impôts des administrations infranationales (impôts des collectivités locales et, le cas échéant, régionales ou provinciales). Les cotisations de sécurité sociale versées au profit des caisses de sécurité sociale sont exclues.
Source : Calculs du Secrétariat basés sur les Tableaux 3.16 à 3.18.

StatLink http://dx.doi.org/10.1787/888934058521

Crédits d'impôts récupérables

Il existe deux types de crédits d’impôt qui s’appliquent aux impôts sur le revenu (revenu des personnes physiques et bénéfices des sociétés) :

- Les crédits d’impôt non récupérables (ou non remboursables) ne peuvent être utilisés que pour réduire ou éliminer le montant de l’impôt à payer. Ils ne peuvent donner lieu à un versement sous forme d’avantage monétaire au profit des contribuables, qu’ils soient imposables ou non. Ils sont donc équivalents aux abattements ou déductions fiscales.

- Au contraire, il existe deux sortes de crédits d'impôt récupérables (ou remboursables). L'une sert à réduire, voire éliminer, le montant de l'impôt à payer de la même manière qu'un crédit d'impôt non remboursable. L'autre peut donner lieu à un paiement direct au récipiendaire sous forme monétaire dès lors que le montant de l'avantage fiscal dépasse celui de l'impôt à payer.

La méthode employée par l'OCDE pour le classement des crédits d'impôt récupérables est décrite dans les paragraphes 19 et 20 du *Guide d'interprétation*. Elle prévoit que seule la fraction du crédit d'impôt récupérable qui sert à réduire ou éliminer le montant de l'impôt dû par un contribuable doit être déduite dans la déclaration des recettes fiscales. Elle est appelée « composante fiscale » ou « élément de dépense fiscale » du crédit d'impôt. À l'inverse, la fraction du crédit d'impôt qui excède le montant de l'impôt dû par ce contribuable et qui lui est payée est considérée comme une dépense et n'est pas déduite dans la déclaration des recettes fiscales. Cette partie est appelée « composante transfert » ou « élément de transfert ».

Le Tableau 1.7. livre des informations sur les crédits d'impôt récupérables en 2017 pour les pays qui les déclarent dans les *Statistiques des recettes publiques 2018* (bien qu'il soit possible que certains pays accordant des crédits d'impôt récupérables n'apparaissent pas dans ce tableau). Ce tableau indique le montant des crédits d'impôt récupérables et de leurs deux composantes, ainsi que les résultats de l'utilisation des chiffres pour calculer le montant des recettes fiscales et les ratios recettes fiscales-PIB.

Le Tableau 1.7. fait également ressortir deux traitements possibles :

- La « comptabilisation en chiffres nets », qui assimile les crédits d'impôt récupérables à des dispositions fiscales, de telle sorte que la totalité du crédit d'impôt réduit le montant des recettes fiscales déclarées, comme le montrent les colonnes 4 et 7.
- La « comptabilisation en chiffres bruts » en est l'exact opposé ; elle considère la totalité des crédits d'impôts récupérables comme des dépenses directes, de sorte que, comme le montrent les colonnes 6 et 9, ni l'élément de transfert, ni l'élément de dépense fiscale ne sont déduits des recettes fiscales. C'est l'approche suivie par le Manuel de statistiques des finances publiques (MSFP) du FMI et par le système des comptes nationaux (SCN).

Tableau 1.7. Effets des différents traitements possibles des crédits d'impôts récupérables, 2017

	Crédits d'impôts récupérables en milliards de monnaie nationale			Recettes fiscales totales en milliards de monnaie nationale			Recettes fiscale totales en pourcentage du PIB		
	Valeur totale	Élément de transfert	Élément de dépense fiscale	Base nette	Base décomposée	Base brute	Base nette	Base décomposée	Base brute
Australie	9.5	7.0	2.4	520.1	527.2	529.6	28.2	28.5	28.7
Autriche[1]	0.3	0.1	0.2	154.5	154.6	154.8	41.8	41.8	41.9
Belgique	0.9	0.3	0.5	195.0	195.3	195.8	44.4	44.5	44.6
Canada[2]	11.6	10.5	1.1	692.2	702.7	703.8	32.3	32.8	32.9
Chili[3]	213.5	151.4	62.1	36 238.6	36 390.0	36 452.1	20.1	20.2	20.2
République tchèque	35.2	8.9	26.3	1 751.2	1 760.0	1 786.4	34.7	34.9	35.4
Danemark[4]	4.2	0.2	4.0	995.3	995.5	999.5	45.7	45.7	45.9
France[4]	28.9	14.6	14.3	1 043.8	1 058.4	1 072.7	45.5	46.1	46.7
Allemagne	43.5	15.3	28.2	1 216.0	1 231.3	1 259.4	37.1	37.6	38.4
Islande	2.8	2.3	0.4	979.0	981.4	981.8	37.4	37.5	37.5
Irlande	0.5	0.0	0.5	..	66.9	67.4	..	22.5	22.7
Israël[5]	1.6	1.6	0.0	411.8	413.4	413.4	32.4	32.5	32.5
Italie	10.3	1.2	9.1	726.6	727.8	736.8	42.1	42.1	42.7
Luxembourg[6]	0.2	..	..	..	..	21.4	..	..	38.7
Mexique	46.8	1.0	45.8	3 526.1	3 527.1	3 572.9	16.1	16.1	16.3
Nouvelle-Zélande	2.2	1.0	1.2	91.7	92.7	93.9	31.7	32.1	32.5
Norvège	4.0	3.2	0.8	1 278.7	1 282.0	1 282.7	38.7	38.8	38.8
République slovaque[6]	0.3	..	..	..	..	28.1	..	..	33.1
Espagne[4]	1.8	1.0	0.8	391.9	392.9	393.7	33.6	33.7	33.8
Royaume-Uni	29.5	26.0	3.5	655.9	681.9	685.4	32.0	33.3	33.4
États-Unis	177.0	127.6	49.4	5 099.7	5 227.3	5 276.7	26.1	26.8	27.0

Note : Dans les *Statistiques des recettes publiques 2018*, sauf indication contraire, les recettes fiscales sont comptabilisées avec la méthode de la base décomposée.

1. Le crédit d'impôt pour enfant à charge n'est pas considéré comme un crédit d'impôt dans les *Statistiques des recettes publiques* 2018 et est traité entièrement comme une provision de dépense.
2. Certains crédits d'impôts récupérables au Canada ne peuvent pas être ventilés entre l'élément de transfert et l'élément de dépense fiscale. Leur valeur totale a été ajoutée à l'élément de transfert.
3. Dans les *Statistiques des recettes publiques*, les recettes fiscales concernant le Chili sont comptabilisées avec la méthode de la base nette.
4. Le total des recettes fiscales a été diminué du montant de tout transfert en capital représentant les impôts non perçus.
5. Les données statistiques concernant Israël sont fournies par et sous la responsabilité des autorités israéliennes compétentes. L'utilisation de ces données par l'OCDE est sans préjudice du statut des hauteurs du Golan, de Jérusalem Est et des colonies de peuplement israéliennes en Cisjordanie aux termes du droit international.
6. Dans les *Statistiques des recettes publiques*, les recettes fiscales concernant le Luxembourg et le République slovaque sont comptabilisées avec la méthode de la base brute.

StatLink http://dx.doi.org/10.1787/888934058654

Le Tableau 1.7. montre cependant que, à quelques exceptions près, le choix de la méthode de comptabilisation des crédits d'impôt récupérables n'a qu'une faible incidence sur le ratio recettes fiscales-PIB. Dans les pays pour lesquels des données sont disponibles, l'écart entre les ratios calculés sur la base du solde net et du montant brut n'est supérieur ou égal à un point qu'en Allemagne, en France et au Royaume-Uni et il est compris entre un demi-point et un point en Australie, au Canada, aux États-Unis, en Italie, en Nouvelle Zélande et en République tchèque.

Notes

[1] Dans l'édition 2019 des *Statistiques des recettes publiques*, les données provisoires concernant l'Australie et les cotisations de sécurité sociale au Japon ne sont pas disponibles pour l'année 2018.

[2] En 2016, l'Islande a perçu des recettes provenant de contributions à la stabilité, de nature exceptionnelle, acquittées par des entités qui exerçaient des activités de banque commerciale ou de caisse d'épargne par le passé, et qui cessaient leurs activités. Les recettes provenant de ces contributions ont entraîné une augmentation particulièrement forte des recettes fiscales en 2016. Le ratio islandais des recettes fiscales rapportées au PIB est ainsi passé de 35.4 % en 2015, à 50.8 % en 2016, avant de se replier à 37.5 % en 2017. Il en est résulté un niveau artificiellement élevé de 34.4 % du ratio moyen impôts/PIB de la zone OCDE en 2016. Sans ces recettes exceptionnelles en Islande, la moyenne du ratio des recettes fiscales rapportées au PIB aurait été de 34,0 %, soit une augmentation de 0,2 point par rapport à 2015.

[3] En 2017, aux États-Unis, les bénéfices non distribués réalisés à l'étranger et non rapatriés ont fait l'objet d'une taxe du fait de l'entrée en vigueur de la nouvelle loi. Les contribuables américains concernés ont toutefois la possibilité d'étaler sur une période de huit ans le paiement de l'impôt dû au titre des revenus rapatriés, de sorte que l'on peut constater un écart important entre la charge fiscale due en 2017, telle qu'elle ressort de ces chiffres, et les recettes fiscales réelles.

[4] Voir la note 2 ci-dessus.

[5] Voir la note 3 ci-dessus.

[6] Les expressions « taxe sur la valeur ajoutée » et « TVA » désignent toute taxe nationale qui présente les caractéristiques fondamentales d'une taxe sur la valeur ajoutée, quel que soit son nom ou son acronyme, par exemple « taxe sur les produits et services » (« TPS »).

[7] Pour 1975, consultez Tableau 1.4 des *Statistiques des recettes publiques* de 2019.

2 Étude spéciale : Identifier les recettes fiscales liées à l'environnement dans les statistiques des recettes publiques

Le chapitre 2 fournit une étude spéciale sur l'identification des recettes fiscales liées à l'environnement dans les pays de l'OCDE de 1995-2017.

Introduction

En dehors du fait qu'elles sont un moyen d'accroître les recettes publiques, les taxes liées à l'environnement font partie des instruments essentiels dont disposent les responsables de l'action publique pour agir sur les résultats environnementaux. Depuis quelques années, elles suscitent de plus en plus l'intérêt de la part des décideurs et des chercheurs. L'internalisation des coûts environnementaux externes qui n'ont pas de prix sur le marché est un élément clé d'une politique environnementale efficace par rapport à son coût (OECD, 2017[1]). Un large consensus se dégage dans les ouvrages économiques autour de l'idée que la fiscalité permet d'atteindre cet objectif d'internalisation des coûts environnementaux externes d'une manière efficace sur le plan environnemental, économiquement efficiente[1] et socialement inclusive (à condition que les effets négatifs en termes de redistribution dont peuvent éventuellement pâtir les ménages vulnérables soient neutralisés à l'aide de mesures ciblées). De nombreux pays utilisent également les taxes liées à l'environnement en complément d'autres mesures visant à remédier aux externalités liées à la pollution.

Les données sur les recettes fiscales liées à l'environnement sont largement utilisées dans les examens par pays de l'OCDE (examens environnementaux, études économiques, par exemple), les rapports sur les indicateurs (*Panorama de l'environnement*, *Indicateurs de croissance verte*) et les travaux sur l'intégration des politiques et les politiques structurelles.

La présente Étude spéciale, qui prend appui sur les travaux du Comité des politiques d'environnement (EPOC) de l'OCDE, vise à rapprocher les données sur les taxes liées à l'environnement figurant dans la base de données de l'OCDE sur les instruments de la politique de l'environnement (PINE) de celles publiées par l'OCDE dans les statistiques de recettes publiques ainsi que des Listes nationales des impôts soumises à Eurostat. Des travaux connexes axés sur l'élaboration de lignes directrices méthodologiques de l'OCDE pour la compilation des comptes sur les recettes fiscales liées à l'environnement conformément au Système de comptabilité économique et environnementale (SCEE) ont été menés (OECD, 2019[2]).

Le rapprochement des données contenues dans les statistiques des recettes publiques et dans la base de données PINE et les bases Eurostat garantira la cohérence et la comparabilité de données provenant de multiples sources et de différents pays et servira ainsi l'amélioration de la qualité des données utilisées à des fins d'analyse des politiques.

Ce chapitre a pour objet d'examiner les différences, en termes de notification et de classification, entre les principales sources de données sur les recettes fiscales liées à l'environnement existant dans les pays de l'OCDE. Il vise ensuite à mettre en lumière les difficultés rencontrées lorsqu'il s'agit d'identifier les recettes fiscales liées à l'environnement à partir des données publiées dans les statistiques des recettes publiques, et de présenter des informations sur les taxes liées à l'environnement dans les pays de l'OCDE tirées de la base de données des statistiques des recettes publiques et de la base de données PINE. En conclusion du chapitre, des propositions visant à faciliter l'identification des recettes fiscales liées à l'environnement dans les futures éditions des statistiques des recettes publiques sont présentées.

Définition des impôts et des taxes liées à l'environnement

Le Guide d'interprétation de l'OCDE (OECD, 2018[3]) comporte une définition des impôts[2] compatible avec le Système de comptabilité nationale (SCN) (United Nations, 2009[4]), le Système de comptabilité économique et environnementale (SCEE) ((United Nations, 2014[5])), la base de données PINE de l'OCDE et les lignes directrices de l'OCDE pour la compilation des comptes sur les recettes fiscales liées à l'environnement (OECD, 2019[2]) :

> *Dans la classification de l'OCDE, le terme « impôts » désigne uniquement les versements obligatoires effectués sans contrepartie au profit des administrations publiques. ((OECD, 2018[3])*

Cette définition inclut également les recettes générées par les systèmes de permis d'émission (par exemple, mise aux enchères ou vente de permis ou de certificats d'émission de gaz à effet de serre ou d'effluents aqueux), qui sont classés dans la catégorie « impôts non périodiques sur l'utilisation de biens ou sur l'autorisation d'utiliser des biens ou d'exercer certaines activités » de la classification de l'OCDE.

Identification des taxes liées à l'environnement dans les statistiques des recettes publiques

La classification des recettes fiscales utilisée par l'OCDE dans les statistiques des recettes publiques, telle qu'elle figure dans le Guide d'interprétation, Annexe A, est établie selon la fonction économique de la base d'imposition (revenu, patrimoine, fourniture ou consommation de biens et de services) plutôt que selon le secteur de l'économie auquel l'impôt s'applique ou selon la finalité de l'impôt. Par exemple, une taxe sur les carburants est considérée comme une accise (catégorie 5121) au motif qu'il s'agit d'un impôt sur un bien ou un service spécifique, alors que les recettes tirées des impôts périodiques sur les véhicules à moteur sont comptabilisées dans les recettes provenant d'impôts périodiques sur l'utilisation de biens (5210). Du fait de la grande diversité des formes que peuvent prendre les taxes environnementales, il n'existe pas de classification unique, ni même d'ensemble commun de classifications, susceptible d'être utilisée pour identifier les recettes fiscales liées à l'environnement à partir de la classification utilisée pour les statistiques des recettes publiques. Il est nécessaire d'aller au-delà d'une classification selon la fonction économique des bases d'imposition pour réussir à identifier les recettes relevant de cette catégorie à l'intérieur du cadre des statistiques des recettes publiques.

Dans les ouvrages économiques, les taxes *environnementales* ont pour but d'internaliser des externalités en alignant les taux d'imposition sur les coûts externes marginaux ou, de façon plus large, en utilisant la fiscalité pour lutter contre les comportements préjudiciables à l'environnement[3]. Dans la pratique, les *taxes liées* à l'*environnement* sont identifiées en tenant compte de l'importance des bases d'imposition du point de vue de l'environnement ((OECD, 2006[6])), c'est-à-dire indépendamment de la fonction économique de la base d'imposition et sans qu'il soit nécessaire que l'application de ces taxes soit légitimée par des finalités environnementales ou que les taux d'imposition soient alignés sur les coûts externes marginaux. Ce sont ces considérations, conformes aux résultats des travaux déjà réalisés par l'OCDE sur cette question, qui ont abouti à la définition suivante des taxes liées à l'environnement :

> *Une taxe environnementale est une taxe dont l'assiette est une unité physique (ou une variable de substitution) de quelque chose qui a un impact négatif spécifique et avéré sur l'environnement. (United Nations, 2014[5])*

En principe, les bases d'imposition liées à l'environnement comprendront des unités physiques directement liées aux pressions environnementales (émissions, concentrations de polluants, notamment). Toutefois, pour des raisons d'ordre pratique ou administratif, ces bases d'imposition ne sont parfois pas directement imposées. Ce sont plutôt les intrants ou les extrants d'activités étroitement liées aux pressions environnementales (consommation de carburant, possession de voitures, par exemple) qui sont utilisés. En pareil cas, et conformément aux approches suivies actuellement, il conviendrait de se référer à ces bases d'imposition pour identifier les taxes liées à l'environnement. L'annexe 2.A (établie à partir du tableau 1 présenté in (OECD, 2019[2])) contient une liste des bases d'imposition permettant d'identifier les taxes liées à l'environnement. Cette liste décrit les bases d'imposition actuellement identifiées comme liées à l'environnement. Il n'existe pas de critère objectif simple qui puisse être utilisé pour définir les taxes « liées à l'environnement », puisque celles-ci transcendent la classification de référence des impôts qui figure dans le Guide d'interprétation de l'OCDE[4]. La liste des bases d'imposition liées à l'environnement constitue donc un moyen commode d'identifier les taxes liées à l'environnement. Dans les lignes directrices, une distinction est faite entre quatre catégories de bases d'imposition liées à l'environnement : l'énergie, les transports, la pollution et les ressources ; puis entre deux sous-catégories couvrant respectivement les émissions de gaz à effet de serre (GES) liées à l'énergie (*taxes sur l'énergie*) et les émissions de GES non liées à l'*énergie* (*taxes sur la pollution*).

Parce que les recettes fiscales liées à l'environnement transcendent la classification de référence des impôts utilisée dans les statistiques des recettes publiques, les quatre catégories de bases d'imposition ne sont pas directement comparables aux catégories d'impôts du SCN et des statistiques des recettes publiques. Il est toutefois probable que la grande majorité des recettes fiscales liées à l'environnement sont prises en compte dans les impôts sur la production et les importations du SCN (droits d'accise, taxes d'immatriculation des véhicules automobiles, taxes sur la pollution) et dans les impôts sur les biens et services des statistiques des recettes publiques (catégorie 5000 de la classification, englobant notamment les accises, les impôts périodiques sur les véhicules à moteur et les recettes provenant des échanges de permis d'émission).

Sources de données existantes sur les recettes fiscales liées à l'environnement

Les principales sources de données sur les recettes fiscales liées à l'environnement sont les statistiques des recettes publiques, la base de données PINE et les Listes nationales des impôts soumises à Eurostat. Celles-ci sont présentées plus en détail ci-après.

Statistiques des recettes publiques

Les statistiques des recettes publiques contiennent des données harmonisées et détaillées sur l'ensemble des recettes fiscales des pays de l'OCDE de 1965 à 2018, bien qu'on ne dispose pas de données pour tous les pays avant 1995 et que les données pour 2018 soient encore provisoires. Plus récemment, la publication intitulée *Statistiques des recettes publiques* a trouvé un prolongement sous la forme de trois publications régionales concernant respectivement les recettes publiques en Afrique, dans la région Asie-Pacifique, et en Amérique latine et dans les Caraïbes. Les données relatives à tous les pays depuis 1990 (lorsqu'elles sont disponibles) figurent dans la base de données mondiale des statistiques des recettes publiques. En 2018, des statistiques détaillées sur les recettes fiscales sont disponibles pour plus de 95 pays.

La large couverture par pays et l'utilisation du Guide d'interprétation de l'OCDE pour classer les données relatives à tous les pays intégrées dans la base de données mondiale des statistiques des recettes publiques garantissent l'accès à une source sans équivalent de données comparables et fiables sur les recettes fiscales, utilisables à des fins d'analyse et de réforme de la politique fiscale.

Bien que les données sur les recettes fiscales liées à l'environnement ne recoupent pas les catégories d'impôts communes décrites dans le Guide d'interprétation de l'OCDE, le niveau de désagrégation des données relatives aux impôts prélevés dans chaque pays en fonction des catégories communes décrites dans le Guide d'interprétation est élevé. Ces taxes spécifiques à chaque pays permettent d'identifier, pour chaque pays, un grand nombre de taxes liées à l'environnement.

Base de données PINE de l'OCDE

La base de données de l'OCDE sur les instruments d'action publique pour l'environnement (PINE), créée en 1998, héberge un ensemble unique d'informations détaillées sur plus de 3 500 instruments de politique environnementale utilisés dans plus d'une centaine de pays, dont actuellement des informations sur six types d'instruments d'action fondés sur le marché (impôts, droits et redevances, permis d'émission négociables, subventions à visées environnementales, systèmes de consigne et accords volontaires), répartis entre douze domaines environnementaux : biodiversité, gestion des sols, gestion des ressources naturelles, pollution de l'air, pollution de l'eau, gestion des déchets, contamination des terres ou des sols, bruit, couche d'ozone, changement climatique, transport et efficacité énergétique. Pour de plus amples informations, voir http://oe.cd/pine.

Le plus grand intérêt de la base de données PINE réside dans le fait qu'elle rassemble des informations détaillées et structurées pour chaque instrument et vient ainsi compléter utilement d'autres sources de statistiques plus agrégées. Pour les instruments fiscaux, en dehors des données sur les recettes annuelles, d'autres informations figurent dans la base, notamment des informations relatives à la base d'imposition, au taux d'imposition et aux exonérations. Ces informations sont indispensables pour évaluer les impacts environnementaux de la fiscalité. Les informations sont recueillies via un réseau d'experts nationaux, travaillant principalement au sein d'organismes publics. L'identification des bases d'imposition liées à l'environnement et leur classement en catégories sont conformes aux lignes directrices énoncées in (OECD, 2019[2]), voir Encadré 2.1.

L'annexe B propose un exemple de correspondance entre les données notifiées pour alimenter la base de données PINE de l'OCDE et les statistiques des recettes publiques.

Listes nationales des impôts soumises à EUROSTAT

Eurostat publie depuis 1995 des données, pays par pays, sur les recettes fiscales perçues par les 28 États membres de l'UE (Inventaire détaillé des taxes et impôts ou NTL) ainsi que par l'Islande, la Norvège et la Serbie[5]. Les données sont recueillies via le Système européen des comptes nationaux et régionaux (SEC 2010).

Les informations sur les fonctions économiques des bases d'imposition et les catégories d'impôts sont particulièrement utiles pour l'exercice de conciliation. Dans les données NTL d'Eurostat, une distinction est faite entre différentes catégories de taxes : impôts sur le patrimoine, impôts périodiques sur la propriété immobilière, taxes sur les boissons alcoolisées et le tabac et taxes liées à l'environnement[6]. La prise en compte de ces données est totalement compatible avec la définition de l'OCDE des taxes liées à l'environnement et avec le Système de comptabilité nationale.

La compilation des listes des impôts d'Eurostat s'effectue à partir des Listes nationales des impôts (les chiffres présentés ici ont été extraits le 14 janvier 2019). L'identification des taxes concernées s'effectue en utilisant les quatre catégories de taxes liées à l'environnement : énergie, transport, pollution et ressources. Au total, 650 postes de recettes fiscales sur 6 700 relèvent de la catégorie des recettes liées à l'environnement.

L'annexe 2.B donne un exemple de la correspondance entre les données notifiées pour alimenter la base de données PINE de l'OCDE et les données NTL d'Eurostat.

Encadré 2.1. Travaux de l'OCDE sur la comptabilité des recettes fiscales liées à l'environnement conformément au SCEE

Le Système de comptabilité économique et environnementale (SCEE) est un cadre statistique internationalement reconnu grâce auquel des données économiques et environnementales sont collectées de manière systématique, cohérente et comparable à l'échelle internationale de façon à produire un tableau complet et multidisciplinaire de la relation entre l'économie et l'environnement.

Les comptes sur les recettes fiscales liées à l'environnement sont une composante du SCEE. Ils peuvent parfaitement être intégrés à un large éventail de données économiques, environnementales et sociales classiques afin de faciliter les comparaisons internationales et les analyses intégrées des politiques. En outre, ils sont désagrégés entre les branche d'activité et les ménages et peuvent donc être utilisés dans des études portant sur les intrants et les produits ainsi que dans d'autres études au niveau des branches d'activité.

L'OCDE travaille depuis longtemps sur la fiscalité environnementale et elle a récemment élaboré des lignes directrices méthodologiques à visée concrète pour la compilation des comptes sur les recettes fiscales liées à l'environnement (OECD, 2019[2]). Ces lignes directrices ont pour objet de faciliter la constitution de bases de données mondiales conformes au SCEE et la poursuite de la mise en œuvre du SCEE. Elles sont compatibles avec le SCEE et le Système de comptabilité nationale (SCN) et s'inspirent des orientations existantes concernant l'application de ces systèmes par les pays. Elles assurent, dans la mesure du possible, la cohérence avec les sources de données et les manuels de comptabilité nationaux et internationaux existants, notamment les statistiques des recettes publiques, la base de données des instruments d'action de l'OCDE pour l'environnement (PINE) et le Manuel de statistiques de finances publiques du FMI.

De ce fait, les comptes sur les recettes fiscales liées à l'environnement concordent généralement avec les statistiques des recettes publiques car ils reposent sur une définition commune des impôts et sont établis selon le principe de la comptabilité d'exercice et en comptabilisant les recettes perçues à différents niveaux d'administration. Ils ne recoupent toutefois pas les catégories d'impôts de la classification de référence figurant dans le Guide d'interprétation de l'OCDE car ils sont axés sur les taxes liées à l'environnement. C'est pourquoi les catégories d'impôts utilisées dans les comptes sur les recettes fiscales liées à l'environnement (taxes sur l'énergie, les transports, la pollution et les ressources) ne sont pas directement comparables à la plupart des catégories d'impôts utilisées dans les statistiques des recettes publiques. Les recettes fiscales liées à l'environnement sont cependant implicitement couvertes par des catégories d'impôts plus agrégées regroupant des impôts sur des biens et services comptabilisés dans les statistiques des recettes publiques (droits d'accise, taxes périodiques sur les véhicules automobiles, par exemple).

Les travaux relatifs aux lignes directrices de l'OCDE ont débuté en 2018 ; ils ont donné l'occasion de réfléchir aux fondements conceptuels des méthodes comptables existantes et de mettre en évidence les aspects qui mériteraient d'être développés davantage à l'avenir :

- plus grande attention portée aux taxes sur les émissions de gaz à effet de serre (GES) ;
- introduction de quatre *postes pour mémoire* (c'est-à-dire d'éléments d'information non inclus dans le total) concernant certains impôts sur le patrimoine, les taxes sur l'extraction de pétrole et de gaz naturel, les impôts sur les rentes tirées des ressources naturelles et les taxes élevées sur la valeur ajoutée prélevées sur des bases d'imposition liées à l'environnement ;et
- une plateforme commune accessible aux responsables de la compilation de comptes sur les recettes fiscales liées à l'environnement au niveau des branches d'activité et de la notification des informations sur les instruments destinées à la base de données PINE.

Les lignes directrices ont été testées avec succès dans quatre pays pilotes. La prochaine étape consistera à collecter des chiffres sur les recettes fiscales liées à l'environnement auprès des pays membres de l'OCDE ainsi que des pays candidats à l'adhésion et des pays partenaires intéressés, et ce, à compter d'octobre 2019, en vue d'intégrer ces informations dans le processus régulier de collecte de données de l'OCDE déployé sous les auspices du Groupe de travail sur l'information environnementale.

Identifier les taxes liées à l'environnement dans les statistiques des recettes publiques

Un rapprochement entre les données sur les taxes liées à l'environnement figurant dans les statistiques des recettes publiques, celles de la base de données PINE et les Listes nationales des impôts de l'UE a été réalisé en 2018, à partir du document ENV/EPOC/WPEI(2018)7. Les concordances ont été validées par les pays (les délégués auprès du Groupe de travail n° 2 et des interlocuteurs responsables de la base de données PINE) et les résultats révisés concernant les recettes fiscales liées à l'environnement figurant dans les statistiques des recettes publiques et la base de données PINE sont résumés ci-après.

Données sur les recettes fiscales liées à l'environnement figurant dans les statistiques des recettes publiques et dans la base de données PINE

Les différences entre les statistiques des recettes publiques et la base de données PINE sont principalement dues à (i) l'absence, dans les statistiques des recettes publiques, de ventilation appropriée des flux de recettes permettant l'identification des recettes liées à l'environnement et (ii) l'utilisation, dans les statistiques des recettes publiques, d'un balisage générique ne permettant pas d'établir une concordance avec la description plus détaillée des taxes liées à l'environnement retenue dans la base de données PINE.

Pour combler les écarts entre ces sources, l'approche adoptée est la suivante :

1. Identification des taxes liées à l'environnement dans les statistiques des recettes publiques et, pour les États membres de l'UE, dans les Listes nationales des impôts soumises à Eurostat (ci-après Eurostat-NTL).
2. Comparaison avec la liste des impôts utilisée pour la base de données PINE de l'OCDE et construction de tableaux de correspondance.
3. Comparaison avec le niveau des recettes déclarées.

La première étape de l'exercice est spécifique à chaque source de données et conduite séparément pour chacune d'entre elles. Une fois que les listes de taxes liées à l'environnement ont été établies, la comparaison avec les listes d'impôts utilisée pour la base de données PINE, l'établissement du tableau de correspondance et la comparaison des niveaux de recettes sont effectués simultanément pour toutes les sources de données.

L'identification des taxes *liées à l'environnement* dans les statistiques des recettes publiques s'effectue à l'aide (i) de la nomenclature hiérarchisée du Guide d'interprétation de l'OCDE (figurant à l'Annexe A des *Statistiques des recettes publiques*) et (ii) d'une recherche par mot-clé sur les noms des 8250 impôts et taxes répertoriés dans la base de données mondiale des statistiques des recettes publiques (données extraites au 13 décembre 2018). Les mots-clés suivants ont été utilisés pour présélectionner les impôts et taxes *susceptibles d'être considérés* comme des taxes liées à l'environnement :

- **Énergie**, CO_2, électricité, hydroélectricité, pétrole, charbon, gaz naturel, gazole, combustible, électrique, essence, nucléaire, benzol, oléoduc.
- **Transport**, moteur, voiture, route, aérien, conduite, vol, parc, conducteur, autoroute, aviation, départ, voyage, sortie, automobile, bateau, véhicule, passager, trafic, quai, ferroviaire, navire, tonnage, plaque d'immatriculation, véhicule à moteur, aéronautique.
- **Pollution**, danger, jetable, CFC, plomb, insecte, plastique, herbe, ozone, engrais, pesticide, drainage, émission, pneumatique, déchets, soufre, azote, PVC, batterie, emballage, emballage, conditionnement, caoutchouc, bruit.
- **Ressources**, eau, chasse, poisson, brut, marin, exploitation minière, mine, bois, troncs d'arbre, Verre, forêt, sauvage, bauxite, titane, or, argent, métal, exploitation forestière, protégé, fourrure, animal.
- **Écologie**, environnement, vert, naturel, climat, Kyoto.

L'objectif de la recherche par mots-clés était d'identifier les impôts et taxes susceptibles d'être intégrés dans la base de données PINE et de repérer facilement d'*autres* impôts ou taxes susceptibles d'être intégrés dans les prochaines éditions des *Statistiques des recettes publiques*. Il convient de noter que ces *autres* impôts ou taxes pourraient apparaître soit en tant que tels, soit au titre d'une désagrégation d'impôts ou de taxes jusque-là présentés sous une forme agrégée.

Plusieurs catégories figurant dans le Guide d'interprétation de l'OCDE sont importantes pour l'identification des taxes liées à l'environnement. La catégorie des *impôts sur les biens et services* (5 000) en particulier est la plus pertinente. Elle comprend tous les *impôts et taxes sur la production, la vente, le transfert, la location ou la livraison des biens et la prestation de services* (5 100) et *les impôts sur l'utilisation des biens ou l'autorisation d'utiliser des biens ou d'exercer des activités* (5200). En outre, certaines taxes importantes pour l'environnement relèvent de la catégorie *Autres impôts* (6000), et quelques autres de la catégorie *Impôts sur la patrimoine* (4000), comme par exemple la taxe d'abattage, la taxe imposée aux propriétaires de bateaux, la taxe sur la mutation ou l'utilisation des parcelles boisées, les taxes sur le revenu forestier. On trouve à l'annexe 2.B un exemple de correspondance entre les données notifiées aux fins d'alimenter les statistiques des recettes publiques et la base de données PINE de l'OCDE.

Difficultés rencontrées et correspondances trouvées

La principale difficulté de l'exercice de conciliation réside dans l'agrégation des flux de recettes notifiés aux fins des statistiques des recettes publiques. Les données notifiées par certains pays correspondent seulement au troisième ou au quatrième niveau de la classification du Guide d'interprétation de l'OCDE et elles ne sont pas ventilées à un niveau propre à chaque pays. À de tels niveaux, les seules recettes liées à l'environnement qui peuvent être directement identifiées dans la classification de référence figurent dans les catégories de quatrième niveau, 5211 et 5212 : *impôts périodiques à la charge des ménages au titre de véhicules à moteur* et *à la charge d'autres agents au titre de véhicules à moteur*. Cette agrégation des données notifiées tient en partie à la nature de la classification des impôts établie par l'OCDE en fonction des caractéristiques économiques des impôts (revenu, salaires, patrimoine, biens), alors que l'identification des taxes liées à l'environnement repose sur l'importance de la base d'imposition pour l'environnement (extraction d'eau douce, utilisation de pesticides, produits énergétiques, gestion des déchets, par exemple). Dans l'idéal, les informations relatives à l'environnement présentées dans les statistiques des recettes publiques devraient être disponibles au niveau de chaque impôt et celles relatives aux taxes liées à l'environnement être notifiées séparément, c'est-à-dire au niveau le plus bas de la hiérarchie, qui est spécifique à chaque pays.

Même lorsqu'on ne dispose pas de ventilations par pays, certains flux de recettes fiscales par impôt sont notifiés sous forme d'agrégats et regroupés avec d'autres postes. Les statistiques des recettes publiques par exemple comprennent des entrées spécifiques à des pays telles que les « taxes écologiques », les « taxes sur la pollution/sur l'extraction de ressources », les « autres taxes environnementales » et « autres taxes sur l'environnement », qui ne permettent pas d'identifier facilement les différentes taxes. Des problèmes similaires se posent avec les Listes nationales des impôts (NTL) d'Eurostat qui comportent des entrées génériques intitulées « taxes sur la pollution », « autres taxes environnementales », « taxes et redevances sur l'environnement et la pollution ». Dans ces différents cas, le niveau de recettes correspondant à plusieurs entrées de la base de données PINE a été comparé à celui des flux de recettes agrégées, et une ventilation provisoire a été établie.

En outre, les flux de recettes fiscales par impôt sont parfois notifiés sous des intitulés plutôt génériques qui ne permettent pas de préciser de manière fiable la nature de la base d'imposition (c'est le cas notamment des taxes environnementales, des redevances à visée environnementale, des redevances incitatives en faveur de l'environnement ou des taxes écologiques). En pareil cas, les données sur les flux de recettes provenant des statistiques des recettes publiques ont été prises en compte pour la conciliation s'ils relevaient de la catégorie 5000 du Guide d'interprétation de l'OCDE, tandis que celles relatives aux flux de recettes provenant des Listes nationales des impôts d'Eurostat n'ont été prises en compte que sur la base de leur catégorisation environnementale, indépendamment de la rubrique à laquelle les recettes étaient rattachées. La comparaison avec les niveaux de recettes obtenus à parti des données issues de la base de données PINE a permis d'identifier certaines taxes pourtant classées sous des intitulés génériques, et même de détecter des erreurs dans l'étiquetage de certaines données (les droits d'accise sur l'essence notifiés dans la base de données PINE et dans les statistiques des recettes publiques correspondent par exemple à des droits d'accise sur le gaz dans la Liste nationale des impôts établie d'Eurostat concernant les Pays-Bas[7]). Des intitulés décrivant un peu mieux les impôts que concernent les données notifiées faciliteraient l'identification des flux de recettes liées à l'environnement.

Un autre problème pour la conciliation tient aux différences entre ces sources de données quant à la manière dont les recettes perçues à différents niveaux d'administration sont notifiées. Dans les statistiques des recettes publiques, les montants notifiés correspondent aux recettes collectées par l'administration fédérale ou centrale, auxquelles s'ajoute le montant cumulé des recettes perçues au niveau des États/régions et le montant cumulé des recettes recouvrées par les administrations locales. Les données sur les instruments d'action figurant dans la base de données PINE de l'OCDE sont enregistrées en fonction du niveau de l'administration qui les adopte et qui contrôle leur mise en œuvre. Dans la base de données PINE de l'OCDE, la plupart des informations sur les recettes sont donc collectées au niveau national pour les instruments économiques de portée nationale (et certains instruments supranationaux, comme le système communautaire d'échange de quotas d'émission de l'Union européenne (SCEQE)), tandis que des données sur les recettes fiscales collectées au niveau infranational sont disponibles pour chaque État ou chaque région car elles concernent des mesures infranationales (Belgique, par exemple).

Les résultats de l'exercice de conciliation conduit en 2018 sont les suivants :

- Construction d'un tableau de correspondance, qui met en regard, pour chaque impôt, les entrées dans les trois sources : statistiques des recettes publiques, base de données PINE de l'OCDE et Listes nationales des impôts soumises à Eurostat. Le tableau contient environ 700 correspondances entre la base de données PINE et les statistiques des recettes publiques et entre la base de données PINE et les Listes nationales des impôts. Il n'y a pas de correspondances pour les autres entrées, dont environ deux tiers sont des instruments d'action de portée infranationale (par exemple, pour l'Inde et les États-Unis) et un tiers sont des instruments nationaux. L'annexe 2.B présente un exemple de correspondances.
- L'exercice de conciliation a également permis d'intégrer les recettes tirées de la mise aux enchères de permis d'émissions négociables, qui avaient été auparavant exclues des agrégats pour la plupart des pays. Il s'agit en particulier d'inclure les recettes tirées de la mise aux enchères de permis dans le cadre du SCEQE. Il est important de mentionner que dans la base de données PINE, les informations sur les permis négociables sont présentées séparément des données sur les impôts alors que dans les statistiques des recettes publiques et les Listes nationales des impôts soumises à Eurostat, ces recettes sont notifiées dans une catégorie d'impôt.

Établissement de statistiques au niveau des pays

La liste des impôts établie après conciliation est une liste agrégée au niveau des pays de toutes les catégories de taxes liées à l'environnement (voir annexe 2.A pour une liste plus complète des bases d'imposition) :

- **Énergie** :
    - Produits énergétiques (combustibles fossiles et électricité), y compris ceux utilisés dans les transports (essence et gazole).
    - Taxes sur le CO_2
- **Transports :** taxes uniques sur l'importation ou la vente de matériel de transport, impôts périodiques sur le patrimoine, sur l'immatriculation ou l'utilisation des véhicules à moteur et autres taxes liées aux transports. (Il est à noter que cette définition exclut toutes les taxes sur les carburants automobiles.)
- ***Pollution*** :
    - *Pollution atmosphérique* : taxes sur les émissions d'oxydes de soufre (SO_x) et d'oxydes d'azote (NO_x).

- *Substances appauvrissant la couche d'ozone* : taxes sur des substances spécifiques, comme les chlorofluorocarbones (CFC), le tétrachlorure de carbone, le chlorofluorométhane (HCFC) et d'autres substances qui appauvrissent la couche d'ozone.
- *Pollution de l'eau* : taxes sur les rejets d'eaux usées ; les pesticides et engrais.
- *Gestion des déchets* : taxes sur l'élimination finale des déchets solides, sur les emballages (sacs en plastique, par exemple) et autres taxes liées aux déchets (piles, pneus, par exemple).

- ***Ressources***:
  - *Activités extractives* : redevances minières, taxes sur l'excavation (par exemple, sable, gravier).
  - *Eau douce* : taxes sur les prélèvements d'eau douce et l'eau courante. (Les frais et redevances liés à l'approvisionnement en eau ne sont pas inclus.)
  - *Taxation de la chasse et de la pêche.*

La correspondance entre les taxes et permis négociables et les catégories à caractère environnemental présentées précédemment est établie en fonction de la base d'imposition de chaque instrument. Les informations contenues dans la base de données PINE sur l'adoption et la suppression d'instruments sont utilisées pour imputer un montant nul. En particulier, le champ intitulé « année d'adoption » est utilisé pour imputer un montant nul avant l'adoption de l'instrument. La dernière année apparaissant dans le champ « année de révision » est utilisée pour les instruments qui ont été abandonnés, et des montants nuls sont alors imputés pour les années suivantes.

Tendances de la fiscalité liée à l'environnement dans les pays de l'OCDE

Dans les pays de l'OCDE, le produit des taxes liées à l'environnement forme une part modeste, quoique non négligeable, des recettes fiscales totales : en 2017, cette proportion s'est élevée à 5.1 % en moyenne pondérée[8] et à 6.9 % en moyenne simple, pour des valeurs comprises entre 2.8 % (États-Unis) et 12.5 % (Slovénie et Turquie). Il en est de même lorsqu'il est rapporté au PIB : la moyenne pondérée atteint alors 1.6 % et la moyenne simple 2.3 %, pour des valeurs comprises entre 0.7 % (États-Unis) et 4.5 % (Slovénie) (tableau 1).

Depuis 1995, première année pour laquelle on dispose de statistiques sur les recettes publiques de tous les pays de l'OCDE, la plupart ont vu diminuer la part du produit des taxes liées à l'environnement dans leurs recettes fiscales, ce qui explique la chute des moyennes simple et pondérée (respectivement passées de 7.3 % à 6.9 % et de 6.1 % à 5.1 %). Entre 1995 et 2017, le poids des taxes liées à l'environnement a fondu dans 26 pays de l'OCDE, de 1.7 point de pourcentage en moyenne (Graphique 2.1, Tableau 2.1). Cette baisse tient probablement à un certain nombre de facteurs, dont il est question de façon plus détaillée dans Encadré 2.2.

Graphique 2.1. Recettes fiscales liées à l'environnement dans les pays de l'OCDE, 1995 et 2017

En % des recettes fiscales

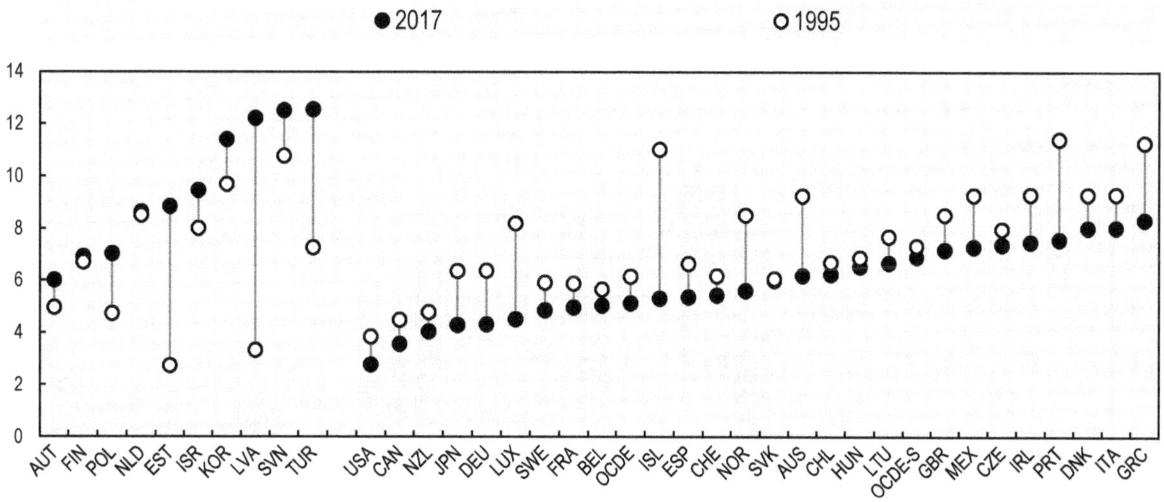

Note : OCDE-P désigne la moyenne pondérée (comme indiqué dans la base de données PINE de l'OCDE) et OCDE-S la moyenne simple. Faute de données dans la base de données de l'OCDE et compte tenu de l'impossibilité de circonscrire avec suffisamment de précision le produit des taxes liées à l'environnement dans les Statistiques sur les recettes publiques, les données relatives à 2014 ont été utilisées pour les années postérieures dans les cas du Canada, de la Corée et d'Israël. Pour la même raison, les données relatives à 2016 ont été utilisées pour 2017 dans les cas de l'Australie et des États-Unis.

Source : OECD Environment Statistics (database) (OECD, 2019[7]).

StatLink http://dx.doi.org/10.1787/888934058673

Dans les dix autres pays de l'OCDE, la part du produit des taxes liées à l'environnement dans les recettes fiscales totales a augmenté au cours de la période considérée, de 2.9 points de pourcentage en moyenne. Sa progression a été la plus forte dans les pays suivants :

- en Lettonie, où elle est passée de 3.3 % à 12.2 %, notamment sous l'effet d'une hausse de la fiscalité de l'énergie ;
- en Estonie, où elle est passée de 2.7 % à 8.8 %, du seul fait de l'augmentation des recettes des taxes sur l'énergie ; et
- en Turquie, où elle est passée de 7.2 % à 12.5 %, avec une progression à peu près égale des fiscalités de l'énergie et des transports.

Globalement, la distribution des pays de l'OCDE autour de ces moyennes s'est légèrement modifiée. En 2017, elle était étalée vers la gauche : en effet, les taxes liées à l'environnement représentaient entre 4 % et 8 % du total des recettes fiscales de 25 pays de l'OCDE. En 1995, en revanche, la distribution était plus uniforme puisque 22 pays affichaient un ratio compris entre 6 % et 10 % (Graphique 2.2). Cela signifie que, de manière générale, les taxes liées à l'environnement ne sont pas devenues une source de recettes dans les pays de l'OCDE.

Graphique 2.2. Distribution des recettes fiscales liées à l'environnement, en pourcentage des recettes fiscales totales des pays de l'OCDE, 1995 et 2017

Nombre de pays dans chaque tranche

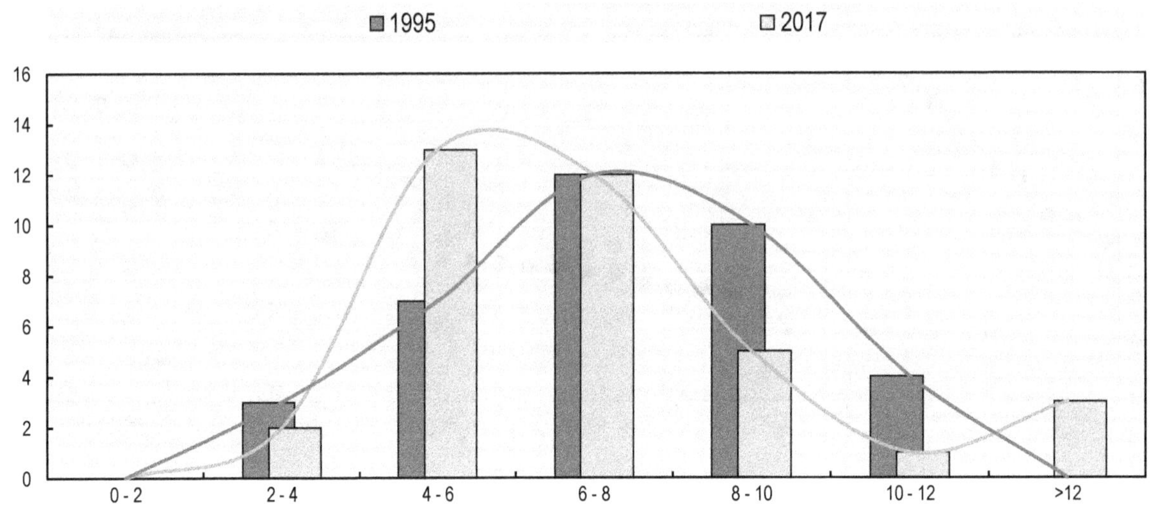

Note : Faute de données dans la base de données PINE de l'OCDE et compte tenu de l'impossibilité de circonscrire avec suffisamment de précision le produit des taxes liées à l'environnement dans les Statistiques sur les recettes publiques, les données relatives à 2014 ont été utilisées pour les années postérieures dans les cas du Canada, de la Corée et d'Israël. Pour la même raison, les données relatives à 2016 ont été utilisées pour 2017 dans les cas de l'Australie et des États-Unis.
Source : Statistiques de l'OCDE sur l'environnement (base de données) (OECD, 2019[7]).

StatLink http://dx.doi.org/10.1787/888934058711

Rapporté au PIB, le niveau des recettes fiscales liées à l'environnement des pays de l'OCDE est resté relativement stable entre 1995 et 2017, et aucune tendance claire ne se dessine. En moyenne simple, elles ont augmenté à la fin des années 90 pour culminer à 2.6 % du PIB en 1998 et 1999 (tout comme la moyenne pondérée, à 1.9 %), puis ont diminué à un rythme relativement constant jusqu'en 2008, avant de repartir à la hausse en 2009 pour croître lentement depuis lors. Dans la moitié des pays de l'OCDE, les recettes fiscales liées à l'environnement représentaient entre 2.1 % et 3.2 % du PIB en 1999, et entre 1.7 % et 2.9 % en 2017, conformément à l'intervalle interquartile illustré sur le graphique 3. L'écart interquartile s'est resserré jusqu'en 2008 pour s'agrandir progressivement par la suite. La courbe suivie par la médiane est similaire à celle de la moyenne simple pour l'ensemble de la période, si ce n'est qu'elle monte davantage dans le sillage de la crise financière et dessine une petite pointe en 2010, avant de fléchir plus fortement (Graphique 2.3).

Encadré 2.2. Taxes liées à l'environnement en pourcentage du PIB

Le ratio impôts/PIB est le principal indicateur utilisé dans les *Statistiques des recettes publiques* (pour en savoir plus, voir l'encadré 1.2 du chapitre 1). Rapporter les taxes au PIB permet non seulement d'établir des comparaisons entre les pays et dans le temps, mais aussi d'apprécier l'ampleur des recettes fiscales par rapport au produit de l'économie dont elles découlent. Cet indicateur est également appliqué à certaines catégories d'impôts, car, contrairement à la part des recettes fiscales totales, le produit d'un impôt ou d'une taxe rapporté au PIB ne dépend pas du poids des autres impôts dans l'économie.

Aussi utile soit-il, l'outil atteint ses limites dès lors qu'on l'applique aux recettes fiscales liées à l'environnement, dans la mesure où la matière imposable n'est pas nécessairement liée au PIB et peut suivre des tendances très différentes. En principe, les taxes liées à l'environnement frappent ce qui incarne le mieux les dommages écologiques, par exemple les rejets de CO_2 ou d'un polluant, ou encore l'achat, l'importation ou la consommation unitaire de carburants et combustibles. Il est possible qu'au fil du temps, le PIB et la base de la fiscalité liée à l'environnement se dissocient, par exemple à mesure que l'intensité carbone de l'économie s'atténue sous l'effet de la politique environnementale ou d'autres évolutions. Un tel découplage est notamment observé dans plusieurs pays dotés d'une fiscalité liée à l'environnement, parmi lesquels figurent la Suède et la Norvège. À terme, le ratio taxes liées à l'environnement/PIB reculera, ce qui est en en fait le but recherché de ces dispositifs. De même, ce ratio pourra être plus élevé dans un pays doté d'une économie à forte intensité carbone que dans un autre, moins émetteur de carbone, même si le niveau des taxes liées à l'environnement y est plus faible.

D'autres facteurs entrent en ligne de compte lorsqu'il s'agit d'interpréter la variation des recettes fiscales liées à l'environnement rapportées au PIB, laquelle peut résulter d'une modification de leur assiette. Ainsi, les recettes fiscales liées à l'environnement pâtiront d'une baisse structurelle de la fiscalité d'un combustible ou carburant. Elles pourront aussi se contracter avec le déploiement de nouvelles technologies, par exemple de production d'électricité solaire et éolienne, ou de chauffage à haut rendement.

Compte tenu de ce qui précède, les taux des taxes liées à l'environnement sont généralement définis en unités physiques (par exemple, pour une tonne) et, par conséquent, exprimés en termes nominaux. Sans correction de l'inflation, leur valeur réelle décroît dans le temps. Hormis quelques-uns, dont le Danemark, les Pays-Bas et la Suède, la plupart des pays de l'OCDE n'ont pris aucune disposition pour tenir compte de l'inflation.

Enfin, outre le ratio recettes fiscales liées à l'environnement/PIB, d'autres indicateurs doivent être pris en considération dans l'évaluation de la politique environnementale d'un pays. Une solution consiste à mettre en balance le niveau des taxes liées à l'environnement et les dommages écologiques associés à la matière imposable. Par exemple, dans ses publications *Taxing Energy Use and Effective Carbon Rates*, l'OCDE compare les taxes sur la consommation d'énergie et les prix du carbone résultant des systèmes d'échange de quotas d'émission à une valeur de référence du dommage climatique occasionné par la consommation des produits énergétiques. Les indicateurs élaborés à cet effet, comme le déficit de tarification du carbone, fournissent des renseignements complémentaires importantes pour comprendre l'action engagée dans les pays en matière de fiscalité liée à l'environnement et de tarification du carbone.

En 2017, dans les pays de l'OCDE, le niveau des recettes fiscales liées à l'environnement exprimé en pourcentage du PIB a oscillé entre 0.7 % aux États-Unis et 4.5 % en Slovénie (Tableau 2.1). Au cours de la période considérée, ce ratio a été le plus élevé au Danemark, de 1995 à 2011 (sauf en 1998), et en Slovénie, en 1998, puis de 2012 à 2017. Il a été le plus faible au Mexique en 1995 et 1996, puis de 2005 à 2014 (où il a même été négatif pendant plusieurs années)[9], et aux États-Unis de 1997 à 2004, puis à partir de 2015.

Tableau 2.1. Recettes fiscales liées à l'environnement dans les pays de l'OCDE (années retenues)

	En % des recettes fiscales totales					En % du PIB				
	1995	2005	2010	2015	2017	1995	2005	2010	2015	2017
AUS	9.2	7.2	7.4	6.5	6.2	2.6	2.2	1.9	1.8	1.7
AUT	5.0	6.7	6.0	5.8	6.0	2.0	2.8	2.5	2.5	2.5
BEL	5.7	5.7	5.2	4.7	5.0	2.4	2.5	2.2	2.1	2.2
CAN	4.5	3.7	3.8	3.6	3.6	1.6	1.2	1.2	1.1	1.1
CHL	6.7	6.2	5.3	5.9	6.2	1.2	1.3	1.0	1.2	1.3
CZE	7.9	8.1	8.4	7.8	7.3	2.8	2.8	2.7	2.6	2.6
DNK	9.3	10.5	9.2	8.5	8.0	4.3	5.1	4.1	4.0	3.7
EST	2.7	7.6	8.8	8.3	8.8	1.0	2.3	2.9	2.8	2.9
FIN	6.7	7.2	6.7	6.7	6.9	3.0	3.0	2.7	2.9	3.0
FRA	5.9	5.3	5.1	4.9	5.0	2.5	2.3	2.1	2.3	2.3
DEU	6.4	7.1	6.1	5.2	4.3	2.3	2.4	2.1	1.9	1.6
GRC	11.3	6.5	8.1	8.7	8.3	3.2	2.1	2.6	3.2	3.2
HUN	6.8	7.7	7.8	6.7	6.5	2.8	2.8	2.9	2.6	2.5
ISL	11.0	7.7	6.3	5.5	5.3	3.4	3.0	2.0	1.9	2.0
IRL	9.3	8.4	9.0	8.3	7.4	2.9	2.5	2.4	1.9	1.7
ISR	8.0	8.8	10.7	9.5	9.5	2.8	3.0	3.3	2.9	2.9
ITA	9.3	7.5	6.8	8.0	8.0	3.6	2.9	2.8	3.4	3.4
JPN	6.3	6.4	5.8	4.4	4.3	1.7	1.7	1.5	1.4	1.3
KOR	9.7	11.8	11.2	11.4	11.4	1.9	2.7	2.6	2.8	2.8
LVA	3.3	9.3	11.8	13.1	12.2	1.0	2.6	3.3	3.8	3.7
LTU	7.7	8.1	6.5	6.5	6.6	2.1	2.4	1.8	1.9	2.0
LUX	8.2	7.9	6.5	5.0	4.5	2.8	3.0	2.4	1.9	1.7
MEX	9.3	3.4	-1.6	8.6	7.3	0.9	0.4	-0.2	1.4	1.2
NLD	8.5	10.3	9.9	9.2	8.6	3.2	3.6	3.5	3.4	3.3
NZL	4.8	3.9	4.4	4.4	4.0	1.7	1.4	1.3	1.4	1.3
NOR	8.5	6.4	5.9	5.8	5.6	3.4	2.7	2.5	2.2	2.2
POL	4.7	7.7	7.6	7.6	7.0	1.7	2.5	2.4	2.5	2.4
PRT	11.4	9.4	8.0	7.0	7.6	3.3	2.9	2.4	2.4	2.6
SVK	6.1	8.0	7.2	6.2	6.0	2.4	2.5	2.0	2.0	2.0
SVN	10.8	8.6	10.2	12.8	12.5	4.1	3.3	3.8	4.7	4.5
ESP	6.6	5.7	5.5	5.7	5.4	2.1	2.0	1.8	1.9	1.8
SWE	5.9	5.8	6.0	5.1	4.9	2.7	2.7	2.6	2.2	2.1
CHE	6.2	7.6	6.5	6.0	5.4	1.6	2.0	1.7	1.7	1.5
TUR	7.2	17.0	15.0	13.2	12.5	1.2	4.0	3.7	3.3	3.1
GBR	8.5	6.9	7.7	7.6	7.2	2.5	2.3	2.5	2.4	2.4
USA	3.8	3.3	3.4	2.8	2.8	1.0	0.9	0.8	0.7	0.7
OECD-P	6.1	5.9	5.7	5.4	5.1	1.8	1.8	1.6	1.7	1.6
OECD-S	7.3	7.5	7.2	7.1	6.9	2.4	2.5	2.3	2.4	2.3

Note : OCDE-P désigne la moyenne pondérée et OCDE-S la moyenne simple. Faute de données dans la base de données PINE de l'OCDE et compte tenu de l'impossibilité de circonscrire avec suffisamment de précision le produit des taxes liées à l'environnement dans les *Statistiques sur les recettes publiques*, les données relatives à 2014 ont été utilisées pour les années postérieures dans les cas du Canada, de la Corée et d'Israël. Pour la même raison, les données relatives à 2016 ont été utilisées pour 2017 dans les cas de l'Australie et des États-Unis.

Source : OECD Environment Statistics (database) (OECD, 2019[7]).

StatLink http://dx.doi.org/10.1787/888934058692

En valeur monétaire, en l'occurrence en USD à parité de pouvoir d'achat, le plus haut montant de recettes fiscales a été levé aux États-Unis : 121 229 millions USD en 2016 (on ne dispose pas de données pour 2017). L'Italie se place au deuxième rang, avec 69 879 millions USD en 2017, suivie de trois autres pays (Japon, Royaume-Uni et Turquie), qui ont engrangé plus de 60 000 millions USD (Tableau 2.2).

Graphique 2.3. Distribution temporelle des recettes fiscales liées à l'environnement dans les pays de l'OCDE

En % du PIB

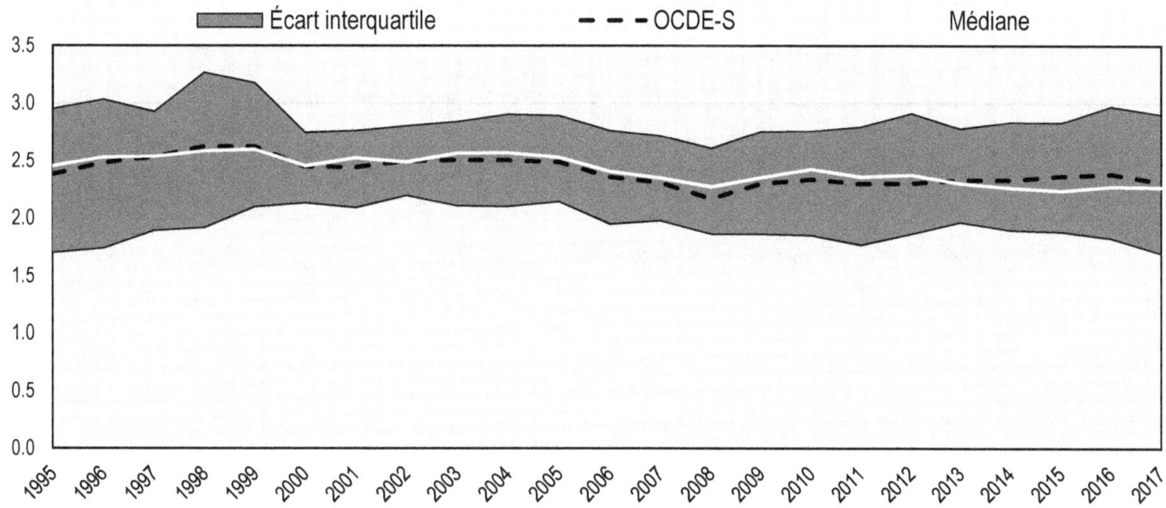

Note : OCDE-S désigne la moyenne simple. Faute de données dans la base de données PINE de l'OCDE et compte tenu de l'impossibilité de circonscrire avec suffisamment de précision le produit des taxes liées à l'environnement dans les Statistiques sur les recettes publiques, les données relatives à 2014 ont été utilisées pour les années postérieures dans les cas du Canada, de la Corée et d'Israël. Pour la même raison, les données relatives à 2016 ont été utilisées pour 2017 dans les cas de l'Australie et des États-Unis.
Source : OECD Environment Statistics (database) (OECD, 2019[7]).

StatLink http://dx.doi.org/10.1787/888934058730

En 2017, dans les pays de l'OCDE, les taxes énergétiques – et, surtout, les taxes sur les carburants routiers – ont constitué la première source de recettes fiscales liées à l'environnement, puisqu'elles ont procuré 71 % du total des recettes fiscales (moyennes simple et pondérée) et plus de 50 % du produit des taxes liées à l'environnement tous pays confondus (Tableau 2.2, Graphique 2.4).

La deuxième place est occupée par les taxes sur les transports (avec une moyenne pondérée de 26 % et une moyenne simple de 25 %) dans tous les pays, sauf en Estonie, en France, en Lituanie, en République slovaque et en Slovénie. Les taxes sur la pollution et les ressources naturelles sont une source plus modeste de recettes : en 2017, leur contribution au produit des taxes liées à l'environnement était inférieure à 5 % dans tous les pays de l'OCDE sauf huit (Estonie, France, Islande, Lituanie, Pays-Bas, Slovénie, République slovaque et République tchèque).

La situation n'a donc guère changé depuis 1995, où les taxes sur l'énergie fournissaient déjà l'essentiel des recettes fiscales liées à l'environnement : à hauteur de 73 % en moyenne pondérée et de 70 % en moyenne simple, mais dans une proportion inférieure à 50 % dans cinq pays (Graphique 2.4). La contribution des taxes sur les transports était alors légèrement moins importante : 26 %, en moyenne pondérée et 24 % en moyenne simple.

Graphique 2.4. Composition des recettes fiscales liées à l'environnement dans les pays de l'OCDE en 2017

En % du total des recettes fiscales liées à l'environnement

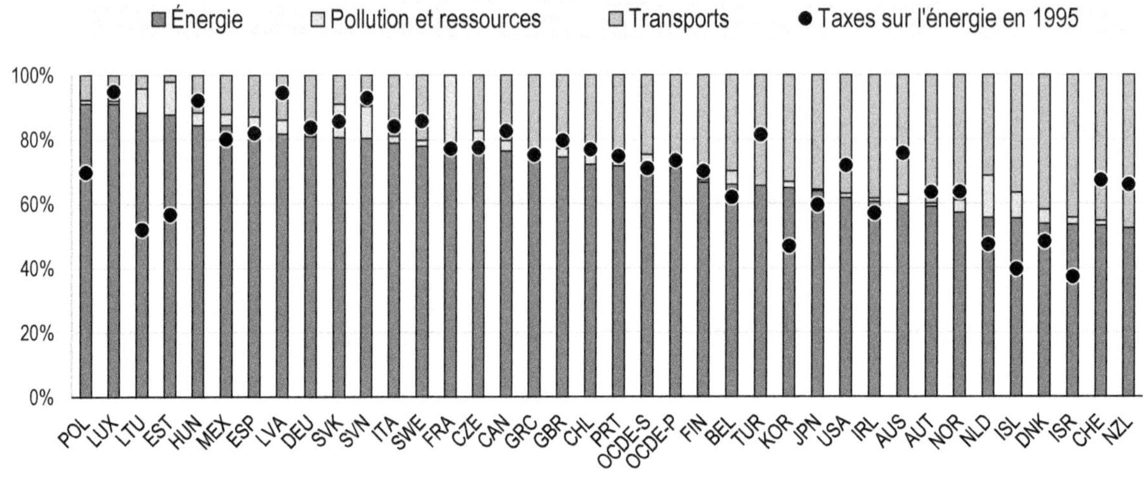

Note : OCDE-P désigne la moyenne pondérée et OCDE-S la moyenne simple. Faute de données dans la base de données PINE de l'OCDE et compte tenu de l'impossibilité de circonscrire avec suffisamment de précision le produit des taxes liées à l'environnement dans les Statistiques sur les recettes publiques, les données relatives à 2014 ont été utilisées pour les années postérieures dans les cas du Canada, de la Corée et d'Israël. Pour la même raison, les données relatives à 2016 ont été utilisées pour 2017 dans les cas de l'Australie et des États-Unis.
Source : OECD Environment Statistics (database) (OECD, 2019[7]).

StatLink http://dx.doi.org/10.1787/888934058768

Dans le sillage de la récente crise financière, l'importance relative des taxes sur l'énergie augmente alors que celle des taxes sur les transports diminue, que l'on considère les moyennes simples ou pondérées. Pour ces deux types de taxes, le niveau des recettes rapporté au PIB a chuté en 2008 et 2009. Cela dit, le produit des taxes énergétiques n'a pas tardé à renouer avec les niveaux d'avant la crise et continue de croître lentement. Les recettes des taxes sur les transports n'ont pas connu la même remontée ; en 2017, elles pesaient moins lourd, en moyenne, dans le produit total des taxes liées à l'environnement qu'au début de la période. Les disparités s'estompent entre les pays de l'OCDE : en 2017, par comparaison avec 1995, l'importance relative des recettes des taxes énergétiques dépassait celle du produit de la fiscalité des transports.

Enfin, les taxes sur la pollution et les ressources naturelles ne représentent qu'une fraction des recettes fiscales liées à l'environnement dans la plupart des pays et en moyenne. Il pourrait en être autrement dans l'avenir si les pays mettent davantage l'accent sur la lutte contre la pollution de l'eau, l'utilisation durable des ressources ou la conservation de la biodiversité.

Certes, l'étude comparative des recettes fiscales liées à l'environnement perçues dans les pays de l'OCDE forme une base utile pour analyser l'incidence de la fiscalité liée à l'environnement, mais leurs seuls montants ne sauraient donner un tableau complet de la politique environnementale d'un pays, puisqu'ils ne renseignent pas sur les taux d'imposition ou les exonérations en place. D'autres composantes de la base de données de l'OCDE sur les instruments de la politique de l'environnement (PINE), notamment les informations relatives aux taux d'imposition et aux exonérations, permettent d'évaluer de manière plus approfondie les répercussions environnementales des taxes. Par ailleurs, les pouvoirs publics peuvent choisir parmi d'autres instruments – par exemple, mise en place de droits et de redevances, engagement de dépenses (dépenses directes et subventions) et réglementation – dont certains sont traités en détail dans la base de données PINE (voir http://oe.cd/pine pour en savoir plus sur l'emploi réservé aux autres instruments dans chaque pays).

Graphique 2.5. Évolution de la composition des recettes fiscales liées à l'environnement (moyenne de l'OCDE), 1995-2017

En % des recettes fiscales liées à l'environnement

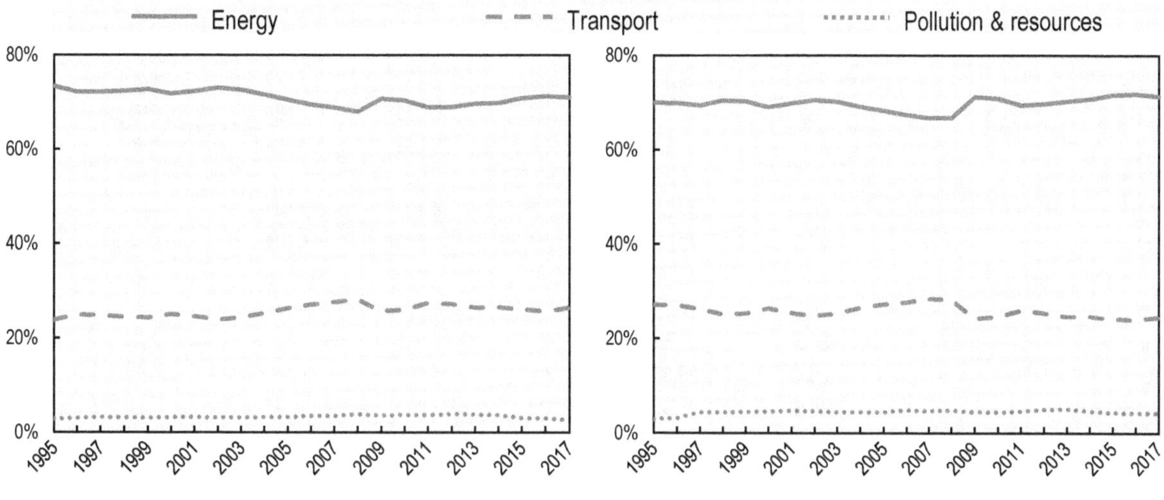

Note : Faute de données dans la base de données PINE de l'OCDE et compte tenu de l'impossibilité de circonscrire avec suffisamment de précision le produit des taxes liées à l'environnement dans les Statistiques sur les recettes publiques, les données relatives à 2014 ont été utilisées pour les années postérieures dans les cas du Canada, de la Corée et d'Israël. Pour la même raison, les données relatives à 2016 ont été utilisées pour 2017 dans les cas de l'Australie et des États-Unis.
OECD Environment Statistics (database) (OECD, 2019[7]).

StatLink http://dx.doi.org/10.1787/888934058787

Conclusion

En faisant concorder les données sur les recettes fiscales liées à l'environnement utilisées dans les *Statistiques des recettes publiques* avec celles de la base de données PINE, on rend plus cohérentes les données tirées de sources de renseignements similaires. L'exercice, qui nécessite de mettre en exergue les recettes fiscales liées à l'environnement dans les *Statistiques des recettes publiques*, peut être compliqué (i) par l'agrégation des sources de recettes et (ii) par l'utilisation de rubriques génériques dans les déclarations nationales. Les pays sont encouragés à faire état des sources de recettes liées à la fiscalité liée à l'environnement séparément dans les *Statistiques* des *recettes,* au titre d'une taxe qui leur est spécifique (ou en utilisant une ventilation calée sur les catégories de taxes liées à l'environnement) ainsi qu'à employer des appellations de nature à en faciliter l'identification (par exemple, « taxe sur les émissions de NO_x » au lieu de « taxe environnementale »).

Tableau 2.2. Composition des recettes fiscales liées à l'environnement dans les pays de l'OCDE, 2017

	En % des recettes fiscales liées à l'environnement			En USD à parité de pouvoir d'achat			
	Énergie	Transport	Pollution et ressources	Énergie	Transport	Pollution et ressources	Total
AUS	59.9	37.3	2.8	11 330	7 055	537	18 922
AUT	59.1	40.0	0.9	5 729	3 881	90	9 701
BEL	66.0	29.8	4.3	7 003	3 159	454	10 615
CAN	76.4	20.3	3.3	12 801	3 398	548	16 748
CHL	72.3	24.2	3.6	3 493	1 167	174	4 834
CZE	76.5	17.2	6.3	6 600	1 484	546	8 630
DNK	53.7	41.9	4.4	5 269	4 106	436	9 812
EST	87.7	2.1	10.2	949	23	110	1 082
FIN	66.7	32.5	0.8	4 393	2 144	53	6 590
FRA	77.2	10.2	12.6	45 089	5 901	7 384	58 374
DEU	81.0	19.0	0.0	47 679	11 185	10	58 874
GRC	75.3	24.7	0.0	6 308	2 072	0	8 380
HUN	84.5	11.5	4.0	5 315	723	251	6 290
ISL	55.4	36.5	8.1	174	115	25	315
IRL	60.6	38.4	1.0	3 114	1 975	53	5 142
ISR	53.5	44.3	2.2	4 009	3 322	167	7 498
ITA	78.9	18.9	2.1	55 166	13 230	1 483	69 879
JPN	64.0	35.6	0.5	41 636	23 167	300	65 102
KOR	65.0	33.1	1.9	30 866	15 749	905	47 520
LVA	81.8	13.8	4.3	1 409	238	75	1 722
LTU	88.4	4.2	7.5	1 385	65	117	1 568
LUX	91.0	7.9	1.1	821	72	9	902
MEX	84.5	12.0	3.5	20 888	2 970	865	24 723
NLD	55.6	31.2	13.2	15 152	8 497	3 601	27 250
NZL	52.4	47.6	0.0	1 150	1 045	0	2 195
NOR	57.1	39.0	3.8	3 970	2 711	267	6 948
POL	91.1	7.8	1.1	21 888	1 868	275	24 030
PRT	71.8	27.1	1.1	5 409	2 042	84	7 535
SVK	80.8	8.9	10.3	2 604	288	333	3 224
SVN	80.4	9.6	9.9	2 284	274	282	2 839
ESP	82.7	12.9	4.4	23 570	3 669	1 268	28 507
SWE	77.9	20.2	1.9	7 657	1 987	188	9 832
CHE	53.2	45.3	1.5	3 845	3 273	107	7 225
TUR	65.6	34.4	0.0	40 275	21 111	0	61 386
GBR	74.5	22.7	2.7	46 081	14 059	1 678	61 819
USA	61.7	36.9	1.4	74 792	44 691	1 745	121 229
OCDE-P	71.0	26.4	2.6				807 242[10]
OCDE-S	71.2	25.0	3.8	-	-	-	-

Note : OCDE-P désigne la moyenne pondérée et OCDE-S la moyenne simple. Faute de données dans la base de données PINE de l'OCDE et compte tenu de l'impossibilité de circonscrire avec suffisamment de précision le produit des taxes liées à l'environnement dans les *Statistiques sur les recettes publiques*, les données relatives à 2014 ont été utilisées pour les années postérieures dans les cas du Canada, de la Corée et d'Israël. Pour la même raison, les données relatives à 2016 ont été utilisées pour 2017 dans les cas de l'Australie et des États-Unis.
Source : OCDE (2019c), *Statistiques de l'OCDE sur l'environnement* (base de données).

StatLink http://dx.doi.org/10.1787/888934058749

Le calage des *Statistiques des recettes publiques* sur la base de données PINE de l'OCDE a permis de tirer plusieurs conclusions :

- En 2017, la part des taxes liées à l'environnement dans les recettes fiscales totales des pays de l'OCDE a oscillé entre 2.8 % (États-Unis) et 12.5 % (Slovénie et Turquie), pour s'élever à 5.1 % en moyenne pondérée et à 6.9 % en moyenne simple. De même, lorsqu'on rapporte au PIB les recettes fiscales à liées l'environnement, on obtient une moyenne pondérée de 1.6 % et une moyenne simple de 2.3 %, pour des valeurs comprises entre 0.7 % (États-Unis) et 4.5 % (Slovénie).
- La tendance observée depuis 1995 est que les pays de l'OCDE ne tirent pas des taxes liées à l'environnement une plus grosse partie de leurs recettes fiscales et que des disparités demeurent entre eux, que l'on rapporte les recettes fiscales liées à l'environnement aux recettes fiscales totales ou au PIB.
- En 2017, les taxes énergétiques ont constitué en moyenne la première source de recettes fiscales liées à l'environnement des pays de l'OCDE, à hauteur de près de 75 % dans la quasi-totalité des cas.
- Après la crise financière, les pays de l'OCDE sont devenus en moyenne plus tributaires des taxes sur l'énergie (en pourcentage du total des recettes fiscales liées à l'environnement), dont la hausse du produit est venue compenser l'érosion des recettes des taxes sur les transports.

Élaborant des lignes directrices méthodologiques pour l'établissement des comptes de recettes fiscales liées à l'environnement conformes au SCEE, l'OCDE travaille également à la mise en place d'une plateforme pour faire que les renseignements communiqués au sujet de chaque instrument de politique de l'environnement dans la base dédiée (PINE) concordent avec les agrégats statistiques déclarés dans les comptes de recettes fiscales liées à l'environnement. De même, l'un des objectifs de la présente Étude spéciale est d'assurer la cohérence entre, d'un côté, les *Statistiques des recettes publiques* et, de l'autre, la base de données PINE de l'OCDE et les comptes de recettes fiscales liées à l'environnement, en incitant à décomposer plus finement les données sur les recettes fiscales liées à l'environnement dans les *Statistiques des recettes*.

References

OECD (2019), « Environmental policy: Environmental policy instruments », *OECD Environment Statistics* (base de données), https://dx.doi.org/10.1787/data-00696-en (consulté le 25 novembre 2019). [7]

OECD (2019), *Environmentally related tax revenue accounts: OECD methodological guidelines in line with the SEEA*, OECD. [2]

OECD (2018), *Revenue Statistics 1965-2017: Interpretative Guide*, http://www.oecd.org/tax/tax-policy/oecd-classification-taxes-interpretative-guide.pdf (consulté le 25 novembre 2019). [3]

OECD (2017), *Environmental Fiscal Reform: Progress, prospects and pitfalls*, http://www.oecd.org/tax/tax-policy/tax-and-environment.htm. (consulté le 28 novembre 2019). [1]

OECD (2006), *The Political Economy of Environmentally Related Taxes*, OECD Publishing, Paris, https://dx.doi.org/10.1787/9789264025530-en. [6]

United Nations (2014), *System of Environmental-Economic Accounting 2012 Central Framework*, https://unstats.un.org/unsd/envaccounting/seeaRev/SEEA_CF_Final_en.pdf (consulté le 25 novembre 2019). [5]

United Nations (2009), *System of National Accounts 2008 European Commission International Monetary Fund*, https://unstats.un.org/unsd/nationalaccount/docs/SNA2008.pdf (consulté le 25 novembre 2019). [4]

Annex 2.A. Liste des matières imposables liées à l'environnement

Tableau d'annexe 2.A.1. Liste des matières imposables liées à l'environnement

Catégorie de matières imposables	Description	Matières imposables liées à l'environnement *(consommation, production et échanges, valeurs mesurées et estimées, le cas échéant)*
Énergie y compris carburant pour le transport	*Produits énergétiques utilisés dans les transports*	Essence sans plomb Essence au plomb Diesel Autres produits énergétiques utilisés dans les transports (GPL, gaz naturel, kérosène ou fioul, par exemple)
	Produits énergétiques utilisés dans les installations fixes	Fioul léger Fioul lourd Gaz naturel Charbon Coke Biocarburants Électricité Chauffage urbain Autres produits énergétiques utilisés dans les installations fixes
	Émissions de GES liées à la production/consommation d'énergie	Contenu carbone lié à la production/consommation d'énergie Émissions de CO_2 et autres GES liées à la production/consommation d'énergie (y compris, produits des systèmes de permis d'émission)
Transport hors carburant pour le transport		Véhicules motorisés : production, commerce ou vente (hors taxes), immatriculation ou utilisation (récurrente, par exemple, taxes annuelles), assurance automobile (hors taxes sur l'assurance générale) Réseau routier : utilisation (par exemple, redevance autoroutière), congestion (par exemple, redevances de congestion et péages urbains) Autres modes de transport : ferroviaire, voies navigables (taxes sur les navires, par exemple), aérien (par exemple, taxes sur les vols et billets d'avion)
Pollution	*Émissions de GES non liées à la production/consommation d'énergie*	Contenu carbone non lié à la production/consommation d'énergie (par exemple, tourbe), Émissions de CO_2 et autres GES non liées à la production/consommation d'énergie (par exemple, élevage bovin, riziculture, épandage d'engrais de synthèse, régimes carnés, fabrication de ciment, etc.), produits des systèmes de permis d'émission inclus)
	Rejets de polluants dans l'air	Émissions de NO_x Émissions de SO_x Rejets d'autres polluants atmosphériques (à l'exclusion des GES)

	Substances appauvrissant la couche d'ozone	Substances appauvrissant la couche d'ozone (par exemple, CFC, halons, HCFC)
	Rejets d'effluents dans l'eau	Effluents de matière oxydable (DBO, DCO) Autres effluents rejetés dans l'eau Collecte et traitement des effluents (taxes annuelles fixes)
	Sources non ponctuelles de pollution de l'eau	Pesticides (sur la base, par exemple, de la composition chimique, du prix ou du volume) Engrais artificiels (sur la base, par exemple, de la teneur en phosphore ou en azote ou du prix) Fumier (sur la base de l'azote libéré)
	Gestion des déchets	Collecte, traitement ou élimination des déchets Produits spécifiques (par exemple, batteries, piles, pneus, lubrifiants) Emballages (par exemple, récipients de boisson, sacs en plastique)
	Bruit	Bruit (par exemple, décollage et atterrissage d'aéronefs)
	Rayonnements	Rayonnements, matières radioactives
Ressources	*Extraction, prélèvement, exploitation*	Prélèvement d'eau douce Exploitation de ressources biologiques (par exemple, bois, élevage, espèces chassées et pêchées, plantes sauvages et animaux) Extraction de matières premières (à l'exclusion du pétrole et du gaz naturel), activités d'exploration incluses Transformation du paysage (par exemple, coupe d'arbres)

Source : (OECD, 2019[2])

Annex 2.B. Tableau de correspondance (exemple)

Tableau d'annexe 2.B.1. Correspondance entre la base de données PINE de l'OCDE, les *Statistiques des recettes publiques* de l'OCDE et la liste nationale des impôts établie par Eurostat pour la République tchèque

Type d'instrument	PINE	PINE	Statistiques des recettes publiques	Statistiques des recettes publiques	Eurostat	Eurostat
	Code	Intitulé	Code	Intitulé	Code	Intitulé
Fiscalité	344	Taxe sur l'électricité	5121_L8	Sur l'électricité	D2122C-C06	Taxe sur l'électricité
Fiscalité	344	Taxe sur l'électricité	5121_L8	Sur l'électricité	D214A-C07	Taxe sur l'électricité
Fiscalité	2107	Droits d'accise sur le carburant	5121_L1	Sur les huiles minérales	D2122C-C01	Droits d'accise sur les combustibles, carburants et lubrifiants hydrocarbonés
Fiscalité	2107	Droits d'accise sur le carburant	5121_L1	Sur les huiles minérales	D214A-C01	Droits d'accise sur les combustibles, carburants et lubrifiants hydrocarbonés
Fiscalité	1407	Taxe sur le gaz naturel	5121_L9	Sur le gaz naturel	D2122C-C07	Taxe sur le gaz naturel
Fiscalité	1407	Taxe sur le gaz naturel	5121_L9	Sur le gaz naturel	D214A-C08	Taxe sur le gaz naturel
Fiscalité	2279	Redevance d'élimination des déchets radioactifs	5213_L8	Redevance d'élimination des déchets radioactifs	D29F-C03	Redevance d'élimination des déchets radioactifs
Fiscalité	1399	Taxe sur les combustibles solides	5121_L10	Sur les combustibles solides	D2122C-C08	Taxe sur les combustibles solides
Fiscalité	1399	Taxe sur les combustibles solides	5121_L10	Sur les combustibles solides	D214A-C09	Taxe sur les combustibles solides
Fiscalité	1408	Redevance minière				
Fiscalité	2178	Droits sur les produits chimiques appauvrissant la couche d'ozone	5121_L6	Droit sur les CFC		
Fiscalité	3166	Redevance de pollution atmosphérique	5213_L5	Redevance de pollution atmosphérique	D29F-C02	Redevance de pollution atmosphérique

Fiscalité	396	Redevance de retrait des terres sylvicoles	5213_L11	Taxe sur le retrait temporaire de terres sylvicoles		
Fiscalité	396	Redevance de retrait des terres sylvicoles	5220_L2	Taxe sur le retrait de terres sylvicoles		
Fiscalité	936	Taxe sur le retrait de terres agricoles	5213_L7	Taxe sur le retrait temporaire de terres agricoles		
Fiscalité	936	Taxe sur le retrait de terres agricoles	5220_L1	Taxe sur le retrait de terres agricoles		
Fiscalité	3434	Taxe sur les activités touristiques et de loisirs	5213_L1	Taxe sur les activités touristiques et de loisirs		
Fiscalité	2173	Redevance d'immatriculation automobile destinée à participer au financement de la collecte, du traitement, de la valorisation et de l'élimination des épaves			D214D-C02	Redevance destinée à participer au financement de la collecte, du traitement, de la valorisation et de l'élimination de certaines épaves.
Fiscalité	351	Péage routier électronique				
Fiscalité	2276	Droit d'entrée dans des villes et lieux	5213_L3	Droit d'entrée des véhicules automobiles	D29A-C04	Droit d'entrée des véhicules automobiles
Fiscalité	2276	Droit d'entrée dans des villes et lieux	5213_L3	Droit d'entrée des véhicules automobiles	D59F-C02	Droit d'entrée des véhicules automobiles
Fiscalité	632	Redevance routière	5210_L1	Redevance routière		
Fiscalité	3897	Autorisation de transport par camion	5220_L6	Autorisation de transport par camion		
Fiscalité	677	Taxe routière	5212_L1	Taxe routière (commerciale)	D29B-C01	Taxe routière
Fiscalité	1418	Droit d'enregistrement des emballages et frais d'attestation	5213_L10	Redevances d'enregistrement des emballages		
Fiscalité	1418	Redevance de mise en décharge	5213_L6	Redevance de mise en décharge		
Fiscalité	710	Redevance d'évacuation des eaux usées dans les eaux de surface	5213_L4	Redevance de pollution de l'eau	D29F-C01	Redevance de pollution de l'eau
Fiscalité	2175	Redevance pour les rejets autorisés d'eaux usées dans les eaux souterraines			D29F-C04	Redevance de pollution des eaux souterraines
Permis négociable	4348	Système d'échange de quotas d'émission de l'Union européenne (SEQE-UE)			D29F-C06	Taxe sur les droits d'émission

Note : Tableau de correspondance établi à partir des renseignements extraits le 19 avril 2019. Il peut en être fourni un sur demande pour tout autre pays.
Source : ENV/EPOC/WPEI(2018)

Notes

[1] Les mesures incitatives partagées (par exemple entre propriétaires et locataires), la pente ascendante du coût marginal des dommages (liés par exemple à l'exposition à des substances dangereuses), etc., sont quelques-unes des exceptions bien connues des auteurs qui plaident généralement, dans leurs travaux, pour l'adoption d'instruments réglementaires (prenant par exemple la forme d'un plafonnement des émissions, de normes minimales de rendement et autres prescriptions technologiques) ou pour l'association des deux instruments (fiscalité et réglementation).

[2] Des travaux en cours pourraient conduire à la révision de la définition des impôts retenue par l'OCDE de façon à inclure également les paiements à des organismes supranationaux.

[3] Pour un examen plus détaillé, voir OCDE (2017).

[4] Dans le SCN par exemple, on distingue les impôts selon qu'il s'agit d'impôts sur la production et les importations, sur le revenu et le patrimoine ou sur le capital. Dans les statistiques des recettes publiques de l'OCDE, la classification des impôts est déterminée par le fait qu'il s'agit d'impôts sur le revenu, les bénéfices, les gains en capital, les salaires, la main-d'œuvre, le patrimoine, les biens et services, etc. Néanmoins, la grande majorité des recettes fiscales liées à l'environnement devraient faire partie des taxes sur la production et les importations dans le SCN et sur les biens et services dans les statistiques des recettes publiques de l'OCDE.

[5] Des statistiques agrégées sont également publiées pour le Liechtenstein et la Suisse.

[6] Appelées *taxes environnementales* par Eurostat.

[7] Cette confusion est née de la similarité, en anglais, entre les termes « gas » et « gazoline » (essence) et elle est corrigée dans les Listes nationales des impôts.

[8] La moyenne pondérée est calculée sur la base de la part de chaque pays, exprimée en USD à PPA. La raison pour laquelle ces valeurs diffèrent légèrement de celles de la base de données PINE de l'OCDE est expliquée plus loin dans une note de bas de page.

[9] Les recettes générées par le système de contrôle des prix des combustibles en place au Mexique de 2006 à 2014 sont traitées différemment dans la base de données de l'OCDE sur les statistiques des recettes publiques et dans celle relative aux instruments de la politique de l'environnement. Dans la première, seuls les éléments positifs sont comptabilisés comme des recettes, tandis que dans la seconde, il est également tenu compte de la subvention implicite. Les données utilisées pour le Mexique dans la présente Étude spéciale découlent des informations transmises par la délégation aux fins de la base de données PINE et ne sont donc pas nécessairement identiques à celles indiquées dans le reste de la publication *Statistiques des recettes publiques*.

[10] Cette valeur correspond, non pas à la moyenne pondérée, mais au total.

3 Niveaux et structures des impôts, 1965-2018

Le chapitre 3 fournit un aperçu des niveaux et structures des impôts dans les pays membres de l'OCDE de 1965-2018.

Dans tous les tableaux suivants, le symbole (...) signifie que l'information n'est pas disponible ou qu'elle n'est pas applicable. La principale série chronologique dans ce chapitre couvre les années 1965 à 2017. Pour des raisons d'espace, une sélection d'années est reportée dans ce chapitre. Une série complète est, cependant, disponible en ligne. Des séries complètes sont, cependant, disponible en ligne. La partie V dans l'édition 1998 de ce Rapport fournit des données pour les années 1955 et 1960 (pour dix-neuf pays de l'OCDE).

Les chiffres du Produit Intérieur Brut (PIB) se fondent sur le Système de comptabilité nationale de 2008 (SCN 2008) pour tous les pays membres de l'OCDE.

Dans ce chapitre, les moyens de l'OCDE en 2016 excluent les recettes ponctuelles des contributions à la stabilité en Islande.

Encadré 3.1. Traitements des transferts en capital

Les notes de bas de page des tableaux 3.1 à 3.18 se réfèrent au traitement des transferts en capital que certains pays effectuent pour tenir compte des impôts qui ont été évalués mais non recouvrés. Le transfert en capital a été soustrait des recettes fiscales totales et cette réduction a été répartie entre les différentes rubriques en pourcentage de leurs recettes.

C'est le cas pour les pays suivants :

- Danemark à partir de 1971.
- France à partir de 1992.
- Lituanie à partir de 1999.
- Espagne à partir de 1995.
- Suisse à partir de 1990.

Tableau 3.1. Total des recettes fiscales en % du PIB

	1965	1990	2000	2007	2010	2012	2014	2016	2017	2018p
Allemagne[1]	31.7	34.8	36.2	34.9	35.0	36.4	36.7	37.4	37.6	38.2
Australie	20.6	28.1	30.5	29.5	25.3	26.9	27.3	27.6	28.5	..
Autriche	33.5	39.3	42.3	40.5	41.0	41.8	42.7	41.9	41.8	42.2
Belgique	30.6	41.2	43.5	42.7	42.6	44.2	45.1	43.9	44.5	44.8
Canada	25.0	35.1	34.7	32.5	31.0	31.2	31.3	33.2	32.8	33.0
Chili	..	16.9	18.8	22.7	19.6	21.3	19.6	20.1	20.1	21.1
Corée	..	18.8	21.5	24.8	23.4	24.8	24.6	26.2	26.9	28.4
Danemark[2]	29.1	44.4	46.9	46.4	44.8	45.5	48.5	45.7	45.7	44.9
Espagne[2]	14.3	31.6	33.2	36.4	31.2	32.1	33.6	33.3	33.7	34.4
Estonie	..	..	31.1	31.3	33.3	31.7	32.1	33.5	32.8	33.2
États-Unis	23.6	26.0	28.3	26.8	23.5	24.0	25.9	25.9	26.8	24.3
Finlande	30.0	42.9	45.8	41.5	40.8	42.7	43.8	44.0	43.3	42.7
France[2]	33.7	41.2	43.4	42.5	42.1	44.4	45.4	45.4	46.1	46.1
Grèce	17.1	25.2	33.4	31.8	32.0	35.8	36.0	38.7	38.9	38.7
Hongrie	..	..	38.5	39.4	37.3	38.4	38.0	39.1	38.2	36.6
Irlande	24.5	32.4	30.8	30.4	27.0	27.6	28.5	23.4	22.5	22.3
Islande	25.7	30.4	36.0	38.6	32.3	34.0	37.3	50.8	37.5	36.7
Israël	..	..	34.9	34.2	30.7	30.0	31.0	31.1	32.5	31.1
Italie	24.7	36.4	40.6	41.7	41.9	43.9	43.5	42.3	42.1	42.1
Japon	17.6	28.2	25.8	27.5	26.5	28.2	30.3	30.7	31.4	..
Lettonie	..	..	29.1	28.3	28.8	29.2	29.8	31.2	31.1	30.7
Lituanie[2]	..	..	30.8	30.0	28.3	27.0	27.5	29.7	29.5	30.3
Luxembourg	26.4	33.5	36.9	36.1	37.4	38.4	37.6	37.9	38.7	40.1
Mexique	..	12.1	11.5	12.0	12.8	12.6	13.7	16.6	16.1	16.1
Norvège	29.4	40.2	41.9	42.1	41.9	41.5	38.8	38.7	38.8	39.0
Nouvelle-Zélande	24.5	36.2	32.5	33.9	30.3	31.6	31.3	31.7	32.1	32.7
Pays-Bas	30.5	39.7	36.9	35.7	35.7	35.6	37.0	38.4	38.7	38.8
Pologne	..	..	32.9	34.6	31.4	32.1	31.9	33.5	34.1	35.0
Portugal	15.7	26.5	31.1	31.8	30.4	31.8	34.3	34.1	34.4	35.4
République slovaque	..	..	33.6	29.2	28.1	28.3	31.1	32.3	33.1	33.1
République tchèque	..	..	32.4	34.2	32.5	33.7	33.1	34.2	34.9	35.3
Royaume-Uni	30.1	32.9	32.9	33.0	32.4	32.4	31.8	32.7	33.3	33.5
Slovénie	..	..	36.6	37.1	36.9	36.8	36.2	36.5	36.3	36.4
Suède	31.3	49.4	48.9	44.9	43.2	42.5	42.5	44.2	44.4	43.9
Suisse[2]	16.5	23.7	27.6	26.2	26.6	26.9	26.9	27.7	28.4	27.9
Turquie	10.6	14.5	23.6	23.1	24.8	24.9	24.6	25.3	24.9	24.4
Moyenne non pondérée										
Moyenne OCDE[3]	**24.9**	**31.9**	**33.8**	**33.6**	**32.3**	**33.1**	**33.6**	**34.4**	**34.2**	**34.3**

.. Non disponible

Note : Les séries temporelles complètes sont accessibles sur le site web http://oe.cd/series-temporelles-completes.

1. Depuis 1991, les chiffres se rapportent à l'Allemagne unifiée.

2. Le total des recettes fiscales a été diminué du montant de tout transfert en capital représentant les impôts non perçus. Le transfert en capital a été réparti entre les différentes rubriques en proportion des recettes fiscales.

3. 2018 : calculé en appliquant le pourcentage moyen non pondéré de variation pour 2018 dans les 34 pays qui ont communiqué des données pour cette année au ratio moyen global impôts/PIB en 2017. Le ratio impôts/PIB moyen de l'OCDE en 2016 inclus les recettes ponctuelles des cotisations de stabilité en Islande.

StatLink http://dx.doi.org/10.1787/888934058844

Tableau 3.2. Total des recettes fiscales en milliards de dollars des É-U au taux de change du marché

	1965	1990	2000	2007	2010	2012	2014	2016	2017	2018p
Allemagne[1]	..	577.4	706.9	1 200.5	1 196.3	1 290.2	1 429.9	1 307.4	1 388.0	1 526.0
Australie	5.6	90.9	124.4	290.8	328.3	428.0	399.3	362.0	404.0	..
Autriche	..	68.6	83.2	157.6	160.5	171.1	188.7	165.1	174.3	192.2
Belgique	..	89.4	103.6	201.6	206.1	220.0	239.2	206.0	220.1	238.4
Canada	14.2	209.2	262.8	477.2	501.4	570.1	564.6	507.6	541.3	564.8
Chili	..	5.8	14.6	39.4	42.8	57.0	51.1	50.4	55.9	62.8
Corée	..	52.6	120.5	278.2	256.2	303.2	347.0	371.1	411.7	460.4
Danemark[2]	3.0	61.4	76.9	148.3	144.2	149.0	171.1	142.6	150.8	158.0
Espagne[2]	..	131.6	197.9	538.0	446.8	429.4	462.6	411.9	442.8	490.5
Estonie	..	..	1.8	7.0	6.5	7.3	8.5	8.0	8.7	10.1
États-Unis	167.0	1 552.4	2 900.5	3 868.6	3 517.1	3 887.2	4 544.4	4 841.9	5 227.3	5 007.2
Finlande	..	49.6	57.5	106.0	101.1	109.6	119.4	105.2	109.3	116.9
France[2]	..	550.7	591.8	1 130.7	1 113.7	1 191.0	1 296.4	1 121.0	1 193.1	1 280.1
Grèce	..	14.6	43.5	101.3	95.9	88.0	85.3	75.5	79.1	84.4
Hongrie	..	..	18.2	55.1	48.8	49.1	53.2	49.3	53.3	56.9
Irlande	0.7	15.6	30.7	82.0	60.0	62.1	73.6	70.2	75.4	85.3
Islande	0.1	2.0	3.2	8.3	4.4	5.0	6.6	10.5	9.2	9.5
Israël	..	..	46.2	61.2	72.0	77.4	96.1	99.4	114.9	114.8
Italie	..	336.6	463.6	918.8	889.9	910.7	935.5	790.6	820.4	871.9
Japon	17.1	903.6	1 263.4	1 242.0	1 509.6	1 749.1	1 482.2	1 516.2	1 531.0	..
Lettonie	..	..	1.8	8.8	6.8	8.2	9.3	8.6	9.5	10.7
Lituanie[2]	..	..	3.8	11.9	10.5	11.6	13.3	12.8	14.0	16.1
Luxembourg	..	4.7	7.9	18.4	19.9	21.8	24.8	22.4	24.1	27.8
Mexique	..	35.9	81.2	126.5	135.9	152.2	179.9	179.5	186.9	..
Norvège	2.4	48.2	71.8	168.9	179.9	211.7	193.7	143.8	155.0	169.6
Nouvelle-Zélande	1.4	16.4	18.0	47.1	44.9	56.1	63.5	60.3	65.8	67.8
Pays-Bas	..	132.6	153.7	302.5	301.9	298.7	330.1	300.8	322.0	354.0
Pologne	..	..	56.6	148.7	150.6	160.7	173.8	158.3	179.7	205.2
Portugal	..	18.8	36.8	76.4	72.5	68.8	78.7	70.4	75.6	84.2
République slovaque	..	..	9.8	25.2	25.1	26.5	31.4	29.0	31.7	35.2
République tchèque	..	..	20.0	64.8	67.4	70.0	68.8	66.8	75.3	86.5
Royaume-Uni	30.6	359.4	542.9	1 016.8	794.1	870.1	966.3	869.9	878.0	947.4
Slovénie	..	..	6.4	17.8	17.7	17.1	18.1	16.3	17.6	19.7
Suède	7.8	127.7	127.3	219.4	211.2	231.7	244.4	226.6	237.8	242.1
Suisse[2]	2.6	61.3	75.1	125.8	155.3	179.8	190.9	185.7	193.1	197.1
Turquie	1.3	30.2	64.5	156.2	192.0	218.6	229.6	218.4	212.0	186.2
Moyenne non pondérée										
Moyenne OCDE	**19.5**	**205.4**	**233.0**	**373.5**	**363.5**	**398.8**	**427.0**	**410.6**	**435.8**	..

.. Non disponible

Note : Les séries temporelles complètes sont accessibles sur le site web http://oe.cd/series-temporelles-completes.

1. Depuis 1991, les chiffres se rapportent à l'Allemagne unifiée.

2. Le total des recettes fiscales a été diminué du montant de tout transfert en capital représentant les impôts non perçus. Le transfert en capital a été réparti entre les différentes rubriques en proportion des recettes fiscales.

StatLink http://dx.doi.org/10.1787/888934058863

Tableau 3.3. Recettes fiscales sous les principales rubriques en % du PIB, 2017

	1000 Revenu & bénéfices	2000 Sécurité sociale	3000 Salaires	4000 Patrimoine	5000 Biens & services	6000 Autres	UE droits de douane
Allemagne[1]	12.2	14.2	0.0	1.0	9.9	0.1	0.2
Australie	16.8	0.0	1.4	3.0	7.4	0.0	..
Autriche	11.8	14.6	2.8	0.5	11.8	0.2	0.1
Belgique	16.2	13.6	0.0	3.5	10.8	0.0	0.4
Canada	15.8	4.6	0.7	3.9	7.7	0.0	..
Chili	6.9	1.5	0.0	1.1	11.0	-0.4	..
Corée	8.6	6.9	0.1	3.1	7.5	0.7	..
Danemark[2]	28.9	0.0	0.3	1.8	14.5	0.0	0.1
Espagne[2]	9.6	11.5	0.0	2.5	9.9	0.0	0.2
Estonie	7.2	11.2	0.0	0.2	14.0	0.0	0.2
États-Unis	12.1	6.2	0.0	4.3	4.2	0.0	..
Finlande	15.4	12.1	0.0	1.5	14.2	0.0	0.1
France[2]	10.9	16.8	1.5	4.4	11.3	1.2	0.1
Grèce	8.9	11.5	0.0	3.1	15.3	0.0	0.1
Hongrie	7.5	12.3	0.7	1.1	16.4	0.1	0.1
Irlande	9.8	3.9	0.1	1.3	7.3	0.0	0.1
Islande	18.4	3.4	0.3	2.1	12.6	0.6	..
Israël	11.6	5.3	1.2	3.2	11.3	0.0	..
Italie	13.4	12.8	0.0	2.6	12.0	1.3	0.1
Japon	9.6	12.5	0.0	2.6	6.6	0.1	..
Lettonie	8.2	8.4	0.0	1.0	13.4	0.0	0.2
Lituanie[2]	5.4	12.3	0.0	0.3	11.4	0.0	0.2
Luxembourg	14.4	11.1	0.0	3.7	9.4	0.1	0.0
Mexique	7.2	2.1	0.4	0.3	5.9	0.2	..
Norvège	15.1	10.3	0.1	1.3	12.0	0.0	..
Nouvelle-Zélande	17.8	0.0	0.0	1.9	12.3	0.0	..
Pays-Bas	11.6	13.8	0.0	1.6	11.3	0.1	0.3
Pologne	6.9	12.8	0.2	1.4	12.6	0.1	0.2
Portugal	9.7	9.2	0.0	1.4	13.8	0.3	0.1
République slovaque	7.0	14.5	0.0	0.4	11.0	0.0	0.2
République tchèque	7.7	15.0	0.0	0.5	11.5	0.0	0.2
Royaume-Uni	11.9	6.4	0.1	4.2	10.6	0.0	0.2
Slovénie	6.9	14.5	0.1	0.6	14.0	0.0	0.1
Suède	16.1	9.7	5.1	1.0	12.3	0.0	0.1
Suisse[2]	13.5	6.7	0.0	2.2	6.0	0.1	..
Turquie	5.3	7.3	0.0	1.1	10.8	0.3	..
Moyenne non pondérée							
Moyenne OCDE	**11.6**	**9.1**	**0.4**	**1.9**	**10.9**	**0.1**	**0.2**

.. Non disponible

1. Depuis 1991, les chiffres se rapportent à l'Allemagne unifiée.

2. Le total des recettes fiscales a été diminué du montant de tout transfert en capital représentant les impôts non perçus. Le transfert en capital a été réparti entre les différentes rubriques en proportion des recettes fiscales.

StatLink http://dx.doi.org/10.1787/888934058882

Tableau 3.4. Recettes fiscales sous les principales rubriques en % du total des recettes fiscales, 2017

	1000 Revenu & bénéfices	2000 Sécurité sociale	3000 Salaires	4000 Patrimoine	5000 Biens & services	6000 Autres	UE droits de douane
Allemagne[1]	32.5	37.9	0.0	2.7	26.3	0.2	0.4
Australie	58.8	0.0	4.8	10.3	26.0	0.0	..
Autriche	28.3	34.9	6.6	1.3	28.1	0.5	0.3
Belgique	36.5	30.5	0.0	7.9	24.2	0.0	0.8
Canada	48.2	14.1	2.0	12.0	23.5	0.1	..
Chili	34.5	7.3	0.0	5.4	54.8	-2.0	..
Corée	32.1	25.7	0.3	11.7	27.7	2.5	..
Danemark[2]	63.3	0.1	0.5	3.9	31.8	0.0	0.3
Espagne[2]	28.6	34.0	0.0	7.5	29.3	0.0	0.5
Estonie	22.1	34.1	0.0	0.7	42.6	0.0	0.5
États-Unis	45.2	23.0	0.0	16.0	15.7	0.0	..
Finlande	35.5	27.8	0.0	3.6	32.9	0.1	0.2
France[2]	23.6	36.4	3.4	9.5	24.5	2.5	0.2
Grèce	22.8	29.6	0.0	7.9	39.3	0.0	0.4
Hongrie	19.6	32.1	1.9	2.8	42.9	0.3	0.3
Irlande	43.5	17.1	0.6	5.7	32.4	0.0	0.5
Islande	49.2	9.1	0.8	5.5	33.7	1.7	..
Israël	35.5	16.2	3.7	10.0	34.6	0.0	..
Italie	31.7	30.3	0.0	6.2	28.4	3.1	0.3
Japon	30.7	39.9	0.0	8.2	21.0	0.2	..
Lettonie	26.2	26.9	0.0	3.3	43.0	0.0	0.5
Lituanie[2]	18.1	41.5	0.0	1.0	38.5	0.0	0.8
Luxembourg	37.2	28.6	0.0	9.6	24.3	0.3	0.1
Mexique	44.6	13.3	2.4	1.9	36.4	1.5	..
Norvège	39.0	26.6	0.1	3.3	30.9	0.0	..
Nouvelle-Zélande	55.6	0.0	0.0	6.0	38.4	0.0	..
Pays-Bas	30.0	35.7	0.0	4.0	29.1	0.3	0.8
Pologne	20.2	37.5	0.7	4.0	36.9	0.1	0.5
Portugal	28.2	26.8	0.0	3.9	40.0	0.8	0.3
République slovaque	21.2	43.9	0.0	1.3	33.1	0.0	0.5
République tchèque	22.2	43.0	0.0	1.4	32.9	0.1	0.5
Royaume-Uni	35.7	19.2	0.3	12.5	31.9	0.0	0.5
Slovénie	19.1	40.0	0.1	1.8	38.6	0.0	0.3
Suède	36.3	21.8	11.5	2.2	27.8	0.1	0.3
Suisse[2]	47.3	23.6	0.0	7.6	21.1	0.5	..
Turquie	21.4	29.3	0.0	4.5	43.5	1.3	..
Moyenne non pondérée							
Moyenne OCDE	**34.0**	**26.0**	**1.1**	**5.8**	**32.4**	**0.4**	**0.4**

.. Non disponible

1. Depuis 1991, les chiffres se rapportent à l'Allemagne unifiée.
2. Le total des recettes fiscales a été diminué du montant de tout transfert en capital représentant les impôts non perçus. Le transfert en capital a été réparti entre les différentes rubriques en proportion des recettes fiscales.

StatLink http://dx.doi.org/10.1787/888934058901

Tableau 3.5. Recettes fiscales sous les principales rubriques en % du PIB, 2018p

	1000 Revenu & bénéfices	2000 Sécurité sociale	3000 Salaires	4000 Patrimoine	5000 Biens & services	6000 Autres	UE droits de douane
Allemagne[1]	12.5	14.4	0.0	1.0	10.0	0.1	0.1
Australie	..	..	..	..	..	..	..
Autriche	12.4	14.7	2.7	0.5	11.6	0.2	0.1
Belgique	16.5	13.5	0.0	3.5	10.9	0.0	0.4
Canada	16.1	4.6	0.7	3.9	7.7	0.0	..
Chili	7.5	1.5	0.0	1.1	11.2	-0.2	..
Corée	9.7	7.2	0.1	3.3	7.5	0.6	..
Danemark[2]	27.9	0.0	0.3	1.8	14.7	0.0	0.1
Espagne[2]	10.1	11.6	0.0	2.5	10.0	0.0	0.2
Estonie	7.5	11.6	0.0	0.2	13.7	0.0	0.2
États-Unis	11.0	6.1	0.0	3.0	4.3	0.0	..
Finlande	14.9	11.9	0.0	1.4	14.4	0.0	0.1
France[2]	11.6	16.1	1.5	4.1	11.5	1.2	0.1
Grèce	8.9	11.6	0.0	3.1	15.1	0.0	0.0
Hongrie	6.3	12.1	0.8	1.0	16.1	0.1	0.2
Irlande	10.2	3.8	0.2	1.3	6.7	0.0	0.1
Islande	18.3	3.5	0.3	2.0	12.0	0.6	..
Israël	10.2	5.2	1.2	3.2	11.3	0.0	..
Italie	13.0	13.1	0.0	2.6	11.9	1.3	0.1
Japon	10.1	..	0.0	2.6	6.2	0.1	..
Lettonie	6.9	9.0	0.0	0.9	13.7	0.0	0.2
Lituanie[2]	5.6	12.7	0.0	0.3	11.4	0.0	0.3
Luxembourg	15.4	11.0	0.0	3.9	9.6	0.1	0.0
Mexique	7.1	2.2	..	..	..	..	..
Norvège	15.8	10.1	0.1	1.3	11.7	0.0	..
Nouvelle-Zélande	18.2	0.0	0.0	2.0	12.6	0.0	..
Pays-Bas	11.5	14.0	0.0	1.6	11.3	0.1	0.3
Pologne	7.4	13.1	0.2	1.3	12.3	0.6	..
Portugal	10.0	9.5	0.0	1.4	14.0	0.3	0.1
République slovaque	7.0	14.6	0.0	0.4	10.9	0.0	0.1
République tchèque	7.8	15.6	0.0	0.5	11.3	0.0	0.2
Royaume-Uni	12.0	6.4	0.1	4.1	10.7	0.0	0.2
Slovénie	7.2	14.5	0.0	0.6	13.8	0.0	0.1
Suède	15.7	9.7	5.1	1.0	12.3	0.0	0.1
Suisse[2]	13.3	6.6	0.0	2.1	5.8	0.1	..
Turquie	5.9	7.3	0.0	1.1	9.9	0.3	..
Moyenne non pondérée							
Moyenne OCDE	..	..	..	..	..	..	..

.. Non disponible

1. Depuis 1991, les chiffres se rapportent à l'Allemagne unifiée.
2. Le total des recettes fiscales a été diminué du montant de tout transfert en capital représentant les impôts non perçus. Le transfert en capital a été réparti entre les différentes rubriques en proportion des recettes fiscales.

StatLink http://dx.doi.org/10.1787/888934058920

Tableau 3.6. Recettes fiscales sous les principales rubriques en % du total des recettes fiscales, 2018p

	1000 Revenu & bénéfices	2000 Sécurité sociale	3000 Salaires	4000 Patrimoine	5000 Biens & services	6000 Autres	UE droits de douane
Allemagne[1]	32.8	37.7	0.0	2.7	26.2	0.2	0.4
Australie	..	..	..	..	..	..	..
Autriche	29.3	34.8	6.4	1.3	27.5	0.5	0.3
Belgique	36.8	30.1	0.0	7.8	24.4	0.0	0.9
Canada	48.8	14.0	2.0	11.7	23.4	0.1	..
Chili	35.8	6.9	0.0	5.1	53.3	-1.1	..
Corée	34.1	25.4	0.3	11.6	26.3	2.3	..
Danemark[2]	62.2	0.1	0.6	4.1	32.7	0.0	0.3
Espagne[2]	29.3	33.8	0.0	7.3	29.1	0.0	0.5
Estonie	22.6	34.9	0.0	0.7	41.3	0.0	0.5
États-Unis	45.1	25.1	0.0	12.2	17.6	0.0	..
Finlande	34.8	27.9	0.0	3.4	33.6	0.0	0.2
France[2]	25.1	34.9	3.3	8.9	25.0	2.6	0.2
Grèce	23.0	30.1	0.0	7.9	39.0	0.0	0.0
Hongrie	17.3	33.2	2.1	2.7	44.0	0.2	0.4
Irlande	45.7	17.0	0.8	5.9	30.0	0.0	0.5
Islande	49.9	9.5	0.8	5.5	32.6	1.7	..
Israël	32.7	16.7	3.8	10.3	36.5	0.0	..
Italie	31.0	31.1	0.0	6.1	28.3	3.2	0.3
Japon	..	..	..	..	..	..	..
Lettonie	22.6	29.3	0.0	3.0	44.5	0.0	0.6
Lituanie[2]	18.5	42.1	0.0	1.0	37.5	0.0	0.9
Luxembourg	38.6	27.4	0.0	9.8	24.1	0.2	0.1
Mexique	..	..	..	..	..	..	..
Norvège	40.6	25.9	0.1	3.3	30.1	0.0	..
Nouvelle-Zélande	55.6	0.0	0.0	6.0	38.5	0.0	..
Pays-Bas	29.6	36.0	0.0	4.0	29.3	0.3	0.8
Pologne	21.2	37.5	0.6	3.8	35.1	1.8	..
Portugal	28.2	26.8	0.0	4.1	39.6	1.0	0.3
République slovaque	21.2	44.1	0.0	1.2	33.1	0.0	0.4
République tchèque	22.0	44.1	0.0	1.3	32.1	0.0	0.4
Royaume-Uni	35.8	19.1	0.4	12.3	32.0	0.0	0.5
Slovénie	19.9	40.0	0.1	1.7	38.0	0.0	0.3
Suède	35.8	22.0	11.6	2.2	28.0	0.1	0.3
Suisse[2]	47.5	23.6	0.0	7.6	20.8	0.5	..
Turquie	24.2	30.0	0.0	4.3	40.5	1.1	..
Moyenne non pondérée							
Moyenne OCDE	..	..	..	..	..	..	..

.. Non disponible

1. Depuis 1991, les chiffres se rapportent à l'Allemagne unifiée.

2. Le total des recettes fiscales a été diminué du montant de tout transfert en capital représentant les impôts non perçus. Le transfert en capital a été réparti entre les différentes rubriques en proportion des recettes fiscales.

StatLink http://dx.doi.org/10.1787/888934058939

Tableau 3.7. Impôts sur le revenu et les bénéfices (1000) en % du PIB et en % du total des recettes fiscales

	% du PIB					% du total des recettes fiscales				
	1990	2000	2010	2016	2017	1990	2000	2010	2016	2017
Allemagne[1]	11.3	10.9	10.0	11.9	12.2	32.4	30.1	28.5	31.8	32.5
Australie	16.1	17.6	14.3	15.8	16.8	57.1	57.9	56.5	57.2	58.8
Autriche	10.0	12.0	11.5	11.7	11.8	25.5	28.3	28.1	28.0	28.3
Belgique	15.2	16.8	14.6	15.6	16.2	36.9	38.6	34.2	35.6	36.5
Canada	17.0	17.4	14.5	15.9	15.8	48.6	50.1	46.6	48.0	48.2
Chili	3.9	4.4	7.5	6.8	6.9	23.2	23.3	38.1	33.5	34.5
Corée	6.2	6.2	6.6	8.2	8.6	32.8	28.8	28.0	31.2	32.1
Danemark[2]	27.1	28.8	27.5	28.7	28.9	61.2	61.4	61.5	62.8	63.3
Espagne[2]	9.7	9.4	8.8	9.4	9.6	30.6	28.3	28.1	28.2	28.6
Estonie	..	7.7	6.6	7.5	7.2	..	24.8	19.8	22.4	22.1
États-Unis	11.8	14.2	9.9	12.4	12.1	45.2	50.1	42.3	48.0	45.2
Finlande	16.8	19.7	14.5	15.2	15.4	39.2	43.1	35.5	34.6	35.5
France[2]	6.6	10.8	9.5	10.6	10.9	16.1	24.8	22.6	23.3	23.6
Grèce	5.0	9.0	7.1	9.1	8.9	19.9	26.8	22.0	23.4	22.8
Hongrie	..	9.3	7.7	7.6	7.5	..	24.3	20.7	19.3	19.6
Irlande	12.3	13.4	10.5	10.1	9.8	38.0	43.6	38.7	43.1	43.5
Islande	9.0	14.3	14.3	17.2	18.4	29.7	39.9	44.4	33.9	49.2
Israël	..	13.8	9.0	9.8	11.6	..	39.6	29.1	31.6	35.5
Italie	13.3	13.5	13.7	13.5	13.4	36.5	33.2	32.7	31.9	31.7
Japon	14.2	9.0	8.0	9.4	9.6	50.2	34.8	30.2	30.6	30.7
Lettonie	..	7.0	7.2	8.0	8.2	..	24.1	25.0	25.7	26.2
Lituanie[2]	..	8.2	4.6	5.6	5.4	..	26.7	16.1	18.8	18.1
Luxembourg	13.5	13.5	13.6	14.0	14.4	40.2	36.5	36.4	36.8	37.2
Mexique	4.1	4.1	5.1	7.1	7.2	34.0	36.0	39.8	42.7	44.6
Norvège	14.2	18.8	19.7	14.7	15.1	35.2	45.0	47.1	37.9	39.0
Nouvelle-Zélande	21.6	19.5	16.3	17.6	17.8	59.6	60.0	53.8	55.6	55.6
Pays-Bas	12.8	9.6	9.9	10.4	11.6	32.3	25.9	27.9	27.2	30.0
Pologne	..	6.7	6.3	6.7	6.9	..	20.4	20.0	19.9	20.2
Portugal	6.8	9.1	8.1	9.8	9.7	25.7	29.3	26.8	28.7	28.2
République slovaque	..	6.9	5.3	7.0	7.0	..	20.5	19.0	21.6	21.2
République tchèque	..	7.4	6.6	7.6	7.7	..	22.8	20.2	22.2	22.2
Royaume-Uni	12.9	13.1	12.2	11.7	11.9	39.3	39.6	37.7	35.7	35.7
Slovénie	..	6.8	7.4	6.9	6.9	..	18.5	20.1	18.8	19.1
Suède	20.6	19.9	15.3	15.9	16.1	41.6	40.8	35.5	36.0	36.3
Suisse[2]	11.2	12.2	12.1	12.9	13.5	47.1	44.2	45.7	46.6	47.3
Turquie	4.9	7.0	5.3	5.4	5.3	33.5	29.5	21.3	21.1	21.4
Moyenne non pondérée										
Moyenne OCDE	**12.1**	**11.9**	**10.6**	**11.3**	**11.6**	**37.5**	**34.8**	**32.8**	**33.2**	**34.0**

.. Non disponible

Note : Les séries temporelles complètes sont accessibles sur le site web http://oe.cd/series-temporelles-completes.

1. Depuis 1991, les chiffres se rapportent à l'Allemagne unifiée.

2. Le total des recettes fiscales a été diminué du montant de tout transfert en capital représentant les impôts non perçus. Le transfert en capital a été réparti entre les différentes rubriques en proportion des recettes fiscales.

StatLink http://dx.doi.org/10.1787/888934058958

Tableau 3.8. Impôts sur le revenu des personnes physiques (1100) en % du PIB et en % du total des recettes fiscales

	% du PIB					% du total des recettes fiscales				
	1990	2000	2010	2016	2017	1990	2000	2010	2016	2017
Allemagne[1]	9.6	9.2	8.5	9.9	10.2	27.6	25.3	24.3	26.5	27.1
Australie	12.1	11.5	9.8	11.3	11.5	43.0	37.7	38.6	40.8	40.3
Autriche	8.2	9.3	9.2	9.1	9.1	21.0	22.0	22.4	21.6	21.7
Belgique	13.2	13.7	12.0	12.1	12.1	32.0	31.4	28.2	27.7	27.2
Canada	14.3	12.8	10.9	11.9	11.7	40.8	36.8	35.0	35.8	35.7
Chili	0.9	1.4	1.3	1.8	1.9	5.6	7.6	6.8	8.8	9.7
Corée	3.8	3.1	3.3	4.6	4.8	20.0	14.6	14.2	17.6	17.9
Danemark[2]	24.0	24.7	23.2	24.3	24.2	54.0	52.7	51.9	53.1	52.9
Espagne[2]	6.9	6.4	6.8	7.1	7.3	21.7	19.2	21.9	21.4	21.8
Estonie	..	6.8	5.3	5.8	5.7	..	22.0	15.9	17.3	17.4
États-Unis	9.8	11.9	8.2	10.4	10.4	37.7	42.2	34.8	40.2	38.7
Finlande	14.9	14.0	12.1	13.0	12.6	34.7	30.6	29.5	29.6	29.2
France[2]	4.4	7.8	7.2	8.6	8.6	10.7	18.0	17.0	18.9	18.6
Grèce	3.6	4.3	4.0	5.9	6.2	14.1	13.0	12.5	15.2	16.0
Hongrie	..	7.2	6.5	5.2	5.4	..	18.6	17.4	13.3	14.2
Irlande	10.7	9.8	8.1	7.4	7.0	33.1	31.9	30.0	31.5	31.2
Islande	8.2	12.5	11.8	13.5	14.3	26.9	34.8	36.5	26.7	38.0
Israël	..	10.2	5.5	6.2	6.7	..	29.1	18.0	19.8	20.7
Italie	9.6	10.1	11.3	10.9	10.8	26.3	24.8	26.9	25.7	25.7
Japon	7.8	5.4	4.9	5.7	5.9	27.8	21.1	18.6	18.6	18.8
Lettonie	..	5.5	6.2	6.3	6.6	..	18.8	21.6	20.3	21.1
Lituanie[2]	..	7.6	3.6	4.0	3.9	..	24.6	12.6	13.4	13.1
Luxembourg	8.1	6.8	7.9	9.4	9.1	24.1	18.5	21.0	24.6	23.6
Mexique	..	..	2.3	3.4	3.4	..	..	18.3	20.4	21.4
Norvège	10.5	10.1	9.9	10.7	10.3	26.2	24.1	23.6	27.6	26.5
Nouvelle-Zélande	17.4	14.0	11.4	11.7	12.1	48.0	43.1	37.7	36.8	37.8
Pays-Bas	9.8	5.6	7.7	7.1	8.3	24.7	15.1	21.5	18.5	21.6
Pologne	..	4.3	4.4	4.8	5.0	..	13.2	13.9	14.4	14.6
Portugal	4.2	5.4	5.4	6.8	6.5	15.9	17.4	17.6	19.8	18.8
République slovaque	..	3.3	2.6	3.3	3.4	..	9.9	9.4	10.2	10.2
République tchèque	..	4.2	3.3	3.8	4.0	..	12.9	10.2	11.2	11.5
Royaume-Uni	9.7	9.6	9.3	9.0	9.1	29.4	29.0	28.6	27.4	27.2
Slovénie	..	5.5	5.6	5.3	5.1	..	15.0	15.1	14.4	14.2
Suède	19.0	16.3	12.0	13.2	13.3	38.5	33.2	27.9	29.8	29.9
Suisse[2]	7.7	8.2	8.5	8.6	8.6	32.6	29.7	31.8	31.0	30.3
Turquie	3.9	5.2	3.5	3.7	3.6	26.8	22.2	14.0	14.6	14.5
Moyenne non pondérée										
Moyenne OCDE	**9.7**	**8.7**	**7.6**	**8.2**	**8.3**	**28.6**	**24.6**	**22.9**	**23.5**	**23.9**

.. Non disponible

Note : Les séries temporelles complètes sont accessibles sur le site web http://oe.cd/series-temporelles-completes.

1. Depuis 1991, les chiffres se rapportent à l'Allemagne unifiée.

2. Le total des recettes fiscales a été diminué du montant de tout transfert en capital représentant les impôts non perçus. Le transfert en capital a été réparti entre les différentes rubriques en proportion des recettes fiscales.

StatLink http://dx.doi.org/10.1787/888934058977

Tableau 3.9. Impôts sur les bénéfices des sociétés (1200) en % du PIB et en % du total des recettes fiscales

	% du PIB					% du total des recettes fiscales				
	1990	2000	2010	2016	2017	1990	2000	2010	2016	2017
Allemagne[1]	1.7	1.8	1.5	2.0	2.0	4.8	4.8	4.3	5.3	5.4
Australie	4.0	6.2	4.5	4.5	5.3	14.1	20.2	17.9	16.5	18.5
Autriche	1.4	1.9	1.9	2.4	2.5	3.6	4.6	4.6	5.6	5.9
Belgique	2.0	3.1	2.5	3.4	4.1	4.8	7.2	5.9	7.8	9.3
Canada	2.5	4.2	3.2	3.7	3.7	7.0	12.2	10.5	11.3	11.4
Chili	2.1	2.1	4.0	4.2	4.3	12.4	11.2	20.4	20.9	21.1
Corée	2.4	3.0	3.2	3.6	3.8	12.8	14.1	13.8	13.6	14.2
Danemark[2]	1.7	3.2	2.3	2.8	3.3	3.8	6.8	5.0	6.2	7.2
Espagne[2]	2.8	3.0	1.9	2.3	2.3	8.8	9.1	6.2	6.8	6.8
Estonie	..	0.9	1.3	1.7	1.5	..	2.8	4.0	5.1	4.7
États-Unis	2.0	2.2	1.8	2.0	1.7	7.5	7.9	7.5	7.9	6.5
Finlande	1.9	5.7	2.4	2.2	2.7	4.5	12.5	6.0	5.0	6.3
France[2]	2.2	3.0	2.3	2.0	2.3	5.3	6.9	5.5	4.5	5.1
Grèce	1.4	4.0	2.5	2.5	1.9	5.5	11.9	7.9	6.4	5.0
Hongrie	..	2.2	1.2	2.3	2.1	..	5.7	3.3	6.0	5.5
Irlande	1.6	3.6	2.4	2.7	2.8	4.9	11.7	8.7	11.6	12.3
Islande	0.8	1.2	0.9	2.5	3.1	2.8	3.3	2.7	4.9	8.2
Israël	..	3.3	2.6	3.1	3.3	..	9.6	8.6	9.9	10.1
Italie	3.7	2.8	2.3	2.1	2.1	10.0	6.9	5.5	5.1	5.0
Japon	6.3	3.5	3.1	3.7	3.7	22.4	13.7	11.6	12.0	11.8
Lettonie	..	1.5	1.0	1.7	1.6	..	5.3	3.4	5.4	5.1
Lituanie[2]	..	0.7	1.0	1.6	1.5	..	2.2	3.5	5.4	5.1
Luxembourg	5.4	6.6	5.8	4.6	5.2	16.1	18.0	15.4	12.2	13.6
Mexique	..	..	1.8	3.5	3.5	..	..	14.4	21.0	21.8
Norvège	3.6	8.8	9.9	4.0	4.9	9.0	20.9	23.5	10.4	12.5
Nouvelle-Zélande	2.3	4.0	3.7	4.9	4.7	6.5	12.4	12.2	15.5	14.7
Pays-Bas	3.0	4.0	2.3	3.3	3.3	7.5	10.9	6.4	8.7	8.5
Pologne	..	2.4	1.9	1.8	1.9	..	7.3	6.2	5.5	5.6
Portugal	2.1	3.7	2.7	3.0	3.2	8.0	11.9	9.0	8.9	9.4
République slovaque	..	2.6	2.5	3.5	3.4	..	7.7	8.7	10.7	10.4
République tchèque	..	3.2	3.2	3.7	3.7	..	9.9	10.0	11.0	10.7
Royaume-Uni[3]	3.3	3.5	2.9	2.7	2.8	9.9	10.6	9.1	8.3	8.5
Slovénie	..	1.1	1.8	1.6	1.8	..	3.1	5.0	4.4	4.9
Suède	1.5	3.7	3.3	2.7	2.8	3.1	7.5	7.6	6.2	6.3
Suisse[2]	1.8	2.5	2.7	3.1	3.1	7.4	8.9	10.0	11.3	10.7
Turquie	1.0	1.7	1.8	1.6	1.7	6.7	7.3	7.3	6.5	6.8
Moyenne non pondérée										
Moyenne OCDE	**2.5**	**3.2**	**2.7**	**2.9**	**3.0**	**8.1**	**9.3**	**8.7**	**9.0**	**9.3**

.. Non disponible

Note : Les séries temporelles complètes sont accessibles sur le site web http://oe.cd/series-temporelles-completes.

1. Depuis 1991, les chiffres se rapportent à l'Allemagne unifiée.

2. Le total des recettes fiscales a été diminué du montant de tout transfert en capital représentant les impôts non perçus. Le transfert en capital a été réparti entre les différentes rubriques en proportion des recettes fiscales.

3. Les recettes de l'impôt sur les sociétés pour le Royaume-Uni sont basées sur les données fournies en juillet; elles étaient antérieures aux révisions apportées aux données historiques sur l'impôt des sociétés en septembre, de sorte que les révisions ne sont pas prises en compte ici. Pour les données les plus récentes sur l'impôt sur les sociétés au Royaume-Uni, veuillez consulter : www.gov.uk/government/statistics/corporation-tax-statistics-2019 les principales révisions sont expliquées à la page 13 de https://assets.publishing.service.gov.uk/government/uploads/system/uploads/attachment_data/file/833371/Aug19_Receipts_NS_Bulletin_Final.odt.

StatLink http://dx.doi.org/10.1787/888934058996

Tableau 3.10. Cotisations de sécurité sociale (2000) en % du PIB et en % du total des recettes fiscales

	% du PIB					% du total des recettes fiscales				
	1990	2000	2010	2016	2017	1990	2000	2010	2016	2017
Allemagne[1]	13.0	14.1	13.7	14.1	14.2	37.5	39.0	39.2	37.6	37.9
Australie	0.0	0.0	0.0	0.0	0.0	0.0	0.0	0.0	0.0	0.0
Autriche	12.9	14.3	14.0	14.5	14.6	32.9	33.8	34.2	34.7	34.9
Belgique	13.7	13.4	13.8	13.6	13.6	33.2	30.8	32.4	31.1	30.5
Canada	4.3	4.7	4.6	4.9	4.6	12.1	13.6	14.9	14.7	14.1
Chili	1.5	1.4	1.3	1.4	1.5	9.0	7.3	6.8	7.2	7.3
Corée	1.9	3.6	5.5	6.9	6.9	10.1	16.7	23.3	26.2	25.7
Danemark[2]	0.0	0.6	0.1	0.1	0.0	0.0	1.4	0.2	0.1	0.1
Espagne[2]	11.2	11.6	11.7	11.3	11.5	35.4	34.9	37.5	33.9	34.0
Estonie	..	10.9	12.8	11.2	11.2	..	35.1	38.4	33.4	34.1
États-Unis	6.7	6.7	6.1	6.2	6.2	25.6	23.6	26.1	23.8	23.0
Finlande	11.0	11.6	12.1	12.8	12.1	25.6	25.2	29.7	29.1	27.8
France[2]	18.1	15.6	16.1	16.7	16.8	44.1	35.9	38.3	36.8	36.4
Grèce	7.6	10.1	10.9	10.9	11.5	30.2	30.3	34.2	28.3	29.6
Hongrie	..	11.3	11.7	13.0	12.3	..	29.3	31.4	33.2	32.1
Irlande	4.6	3.6	5.0	3.9	3.9	14.1	11.8	18.6	16.9	17.1
Islande	1.0	2.8	3.8	3.4	3.4	3.1	7.7	11.8	6.7	9.1
Israël	..	5.1	5.2	5.2	5.3	..	14.6	16.9	16.6	16.2
Italie	12.0	11.6	13.0	12.8	12.8	32.9	28.5	31.1	30.2	30.3
Japon	7.5	9.1	10.9	12.4	12.5	26.5	35.2	41.1	40.4	39.9
Lettonie	..	9.8	8.7	8.3	8.4	..	33.5	30.1	26.5	26.9
Lituanie[2]	..	10.1	11.7	12.1	12.3	..	32.8	41.4	40.8	41.5
Luxembourg	9.2	9.6	10.8	10.8	11.1	27.5	26.1	29.0	28.4	28.6
Mexique	2.0	2.1	2.1	2.2	2.1	16.8	18.0	16.2	13.0	13.3
Norvège	10.6	8.8	9.4	10.6	10.3	26.3	20.9	22.4	27.4	26.6
Nouvelle-Zélande	0.0	0.0	0.0	0.0	0.0	0.0	0.0	0.0	0.0	0.0
Pays-Bas	14.9	14.3	12.9	14.7	13.8	37.4	38.7	36.3	38.2	35.7
Pologne	..	12.9	10.8	12.7	12.8	..	39.2	34.4	37.9	37.5
Portugal	7.2	7.9	8.6	9.1	9.2	27.2	25.5	28.3	26.6	26.8
République slovaque	..	14.0	12.1	14.1	14.5	..	41.5	43.0	43.5	43.9
République tchèque	..	14.4	14.5	14.7	15.0	..	44.3	44.8	42.9	43.0
Royaume-Uni	5.6	5.5	6.1	6.2	6.4	17.0	16.8	18.9	18.9	19.2
Slovénie	..	13.9	14.8	14.5	14.5	..	38.0	40.2	39.7	40.0
Suède	13.5	12.9	10.9	10.0	9.7	27.2	26.3	25.3	22.6	21.8
Suisse[2]	5.5	6.7	6.3	6.7	6.7	23.3	24.1	23.5	24.2	23.6
Turquie	2.9	4.4	6.2	7.3	7.3	19.7	18.7	24.9	28.8	29.3
Moyenne non pondérée										
Moyenne OCDE	**7.3**	**8.6**	**8.8**	**9.1**	**9.1**	**22.0**	**25.0**	**26.8**	**26.1**	**26.0**

.. Non disponible

Note : Les séries temporelles complètes sont accessibles sur le site web http://oe.cd/series-temporelles-completes.

1. Depuis 1991, les chiffres se rapportent à l'Allemagne unifiée.

2. Le total des recettes fiscales a été diminué du montant de tout transfert en capital représentant les impôts non perçus. Le transfert en capital a été réparti entre les différentes rubriques en proportion des recettes fiscales.

StatLink http://dx.doi.org/10.1787/888934059015

Tableau 3.11. Impôts sur les salaires ou la main-d'œuvre (3000) en % du PIB et en % du total des recettes fiscales

	% du PIB					% du total des recettes fiscales				
	1990	2000	2010	2016	2017	1990	2000	2010	2016	2017
Allemagne[1]	0.0	0.0	0.0	0.0	0.0	0.0	0.0	0.0	0.0	0.0
Australie	1.7	1.4	1.3	1.3	1.4	6.1	4.5	5.2	4.9	4.8
Autriche	2.4	2.7	2.8	2.9	2.8	6.0	6.4	6.9	7.0	6.6
Belgique	0.0	0.0	0.0	0.0	0.0	0.0	0.0	0.0	0.0	0.0
Canada	0.8	0.7	0.6	0.7	0.7	2.3	2.1	2.1	2.1	2.0
Chili	0.0	0.0	0.0	0.0	0.0	0.0	0.0	0.0	0.0	0.0
Corée	0.1	0.0	0.1	0.1	0.1	0.4	0.2	0.2	0.3	0.3
Danemark[2]	0.3	0.2	0.2	0.3	0.3	0.7	0.4	0.5	0.6	0.5
Espagne[2]	0.0	0.0	0.0	0.0	0.0	0.0	0.0	0.0	0.0	0.0
Estonie	..	0.0	0.0	0.0	0.0	..	0.0	0.0	0.0	0.0
États-Unis	0.0	0.0	0.0	0.0	0.0	0.0	0.0	0.1	0.0	0.0
Finlande	0.0	0.0	0.0	0.0	0.0	0.0	0.0	0.0	0.0	0.0
France[2]	0.8	1.0	1.3	1.5	1.5	1.9	2.3	3.2	3.4	3.4
Grèce	0.2	0.0	0.0	0.0	0.0	0.7	0.0	0.0	0.0	0.0
Hongrie	..	1.4	0.4	0.6	0.7	..	3.6	1.1	1.6	1.9
Irlande	0.4	0.0	0.2	0.1	0.1	1.3	0.0	0.7	0.6	0.6
Islande	1.1	0.0	0.2	0.3	0.3	3.5	0.1	0.5	0.6	0.8
Israël	..	1.3	1.2	1.1	1.2	..	3.6	3.8	3.7	3.7
Italie	0.1	0.0	0.0	0.0	0.0	0.3	0.0	0.0	0.0	0.0
Japon	0.0	0.0	0.0	0.0	0.0	0.0	0.0	0.0	0.0	0.0
Lettonie	..	0.0	0.0	0.0	0.0	..	0.0	0.1	0.0	0.0
Lituanie[2]	..	0.0	0.0	0.0	0.0	..	0.0	0.0	0.0	0.0
Luxembourg	0.0	0.0	0.0	0.0	0.0	0.0	0.0	0.0	0.0	0.0
Mexique	0.2	0.2	0.3	0.4	0.4	1.8	1.5	2.2	2.3	2.4
Norvège	0.0	0.0	0.0	0.0	0.1	0.0	0.0	0.0	0.0	0.1
Nouvelle-Zélande	0.0	0.0	0.0	0.0	0.0	0.0	0.0	0.0	0.0	0.0
Pays-Bas	0.0	0.0	0.0	0.0	0.0	0.0	0.0	0.0	0.0	0.0
Pologne	..	0.2	0.3	0.2	0.2	..	0.7	0.8	0.7	0.7
Portugal	0.0	0.0	0.0	0.0	0.0	0.0	0.0	0.0	0.0	0.0
République slovaque	..	0.0	0.0	0.0	0.0	..	0.0	0.0	0.0	0.0
République tchèque	..	0.0	0.0	0.0	0.0	..	0.0	0.0	0.0	0.0
Royaume-Uni	0.0	0.0	0.0	0.0	0.1	0.0	0.0	0.0	0.0	0.3
Slovénie	..	1.5	0.1	0.0	0.1	..	4.2	0.2	0.1	0.1
Suède	1.2	2.1	3.1	4.6	5.1	2.5	4.3	7.1	10.5	11.5
Suisse[2]	0.0	0.0	0.0	0.0	0.0	0.0	0.0	0.0	0.0	0.0
Turquie	0.0	0.0	0.0	0.0	0.0	0.0	0.0	0.0	0.0	0.0
Moyenne non pondérée										
Moyenne OCDE	**0.3**	**0.4**	**0.3**	**0.4**	**0.4**	**1.0**	**0.9**	**1.0**	**1.1**	**1.1**

.. Non disponible

Note : Les séries temporelles complètes sont accessibles sur le site web http://oe.cd/series-temporelles-completes.

1. Depuis 1991, les chiffres se rapportent à l'Allemagne unifiée.

2. Le total des recettes fiscales a été diminué du montant de tout transfert en capital représentant les impôts non perçus. Le transfert en capital a été réparti entre les différentes rubriques en proportion des recettes fiscales.

StatLink http://dx.doi.org/10.1787/888934059034

Tableau 3.12. Impôts sur le patrimoine (4000) en % du PIB et en % du total des recettes fiscales

	% du PIB					% du total des recettes fiscales				
	1990	2000	2010	2016	2017	1990	2000	2010	2016	2017
Allemagne[1]	1.2	0.8	0.8	1.1	1.0	3.4	2.3	2.3	2.8	2.7
Australie	2.5	2.7	2.4	3.0	3.0	9.0	8.8	9.4	10.8	10.3
Autriche	1.1	0.6	0.5	0.5	0.5	2.7	1.3	1.3	1.3	1.3
Belgique	1.6	2.0	3.1	3.5	3.5	3.8	4.7	7.2	8.0	7.9
Canada	3.5	3.3	3.8	4.0	3.9	10.0	9.5	12.3	12.1	12.0
Chili	1.0	1.3	0.8	1.0	1.1	6.2	7.0	4.1	5.1	5.4
Corée	2.2	2.7	2.6	3.0	3.1	11.8	12.4	11.3	11.6	11.7
Danemark[2]	1.9	1.6	1.8	1.8	1.8	4.3	3.3	4.1	4.0	3.9
Espagne[2]	1.7	2.1	2.1	2.6	2.5	5.5	6.4	6.6	7.7	7.5
Estonie	..	0.4	0.3	0.3	0.2	..	1.2	1.0	0.8	0.7
États-Unis	3.1	2.9	3.2	3.0	4.3	11.8	10.3	13.5	11.5	16.0
Finlande	1.1	1.1	1.1	1.4	1.5	2.4	2.4	2.7	3.2	3.6
France[2]	2.6	3.1	3.6	4.2	4.4	6.3	7.2	8.6	9.3	9.5
Grèce	1.2	2.6	1.7	3.1	3.1	4.6	7.7	5.2	8.0	7.9
Hongrie	..	0.7	1.1	1.1	1.1	..	1.7	3.1	2.8	2.8
Irlande	1.5	1.8	1.4	1.4	1.3	4.6	5.7	5.3	6.1	5.7
Islande[3]	2.6	2.8	2.3	17.4	2.1	8.4	7.9	7.0	34.2	5.5
Israël	..	3.1	3.3	3.2	3.2	..	9.0	10.7	10.3	10.0
Italie	0.8	1.9	2.0	2.8	2.6	2.3	4.6	4.8	6.6	6.2
Japon	2.7	2.7	2.6	2.6	2.6	9.4	10.5	9.7	8.3	8.2
Lettonie	..	1.1	0.9	1.1	1.0	..	3.8	3.0	3.4	3.3
Lituanie[2]	..	0.5	0.4	0.3	0.3	..	1.5	1.3	1.1	1.0
Luxembourg	2.8	3.9	2.6	3.5	3.7	8.4	10.7	7.1	9.3	9.6
Mexique	0.2	0.2	0.3	0.3	0.3	1.9	1.8	2.3	1.9	1.9
Norvège	1.2	1.0	1.2	1.3	1.3	2.9	2.3	2.8	3.2	3.3
Nouvelle-Zélande	2.5	1.7	2.0	1.9	1.9	6.8	5.3	6.6	6.1	6.0
Pays-Bas	1.5	1.9	1.4	1.5	1.6	3.7	5.3	3.8	4.0	4.0
Pologne	..	1.4	1.3	1.4	1.4	..	4.3	4.2	4.1	4.0
Portugal	0.7	1.1	1.1	1.3	1.4	2.7	3.7	3.5	3.7	3.9
République slovaque	..	0.6	0.4	0.4	0.4	..	1.8	1.5	1.3	1.3
République tchèque	..	0.5	0.4	0.5	0.5	..	1.4	1.3	1.4	1.4
Royaume-Uni	2.7	3.8	3.9	4.1	4.2	8.2	11.5	12.0	12.6	12.5
Slovénie	..	0.6	0.6	0.6	0.6	..	1.7	1.7	1.7	1.8
Suède	1.7	1.7	1.0	1.1	1.0	3.5	3.4	2.4	2.4	2.2
Suisse[2]	2.1	2.7	2.0	2.0	2.2	8.9	9.7	7.6	7.4	7.6
Turquie	0.3	0.7	1.0	1.2	1.1	2.3	3.2	4.1	4.8	4.5
Moyenne non pondérée										
Moyenne OCDE	**1.8**	**1.8**	**1.7**	**2.3**	**1.9**	**5.8**	**5.4**	**5.4**	**6.5**	**5.8**

.. Non disponible

Note : Les séries temporelles complètes sont accessibles sur le site web http://oe.cd/series-temporelles-completes.

1. Depuis 1991, les chiffres se rapportent à l'Allemagne unifiée.
2. Le total des recettes fiscales a été diminué du montant de tout transfert en capital représentant les impôts non perçus. Le transfert en capital a été réparti entre les différentes rubriques en proportion des recettes fiscales.
3. Le chiffre de 2016 inclus les recettes ponctuelles des cotisations de stabilité.

StatLink http://dx.doi.org/10.1787/888934059053

Tableau 3.13. Impôts sur les biens et services (5000) en % du PIB en % du total des recettes fiscales

	% du PIB					% du total des recettes fiscales				
	1990	2000	2010	2016	2017	1990	2000	2010	2016	2017
Allemagne[1]	9.3	10.2	10.3	10.1	9.9	26.7	28.1	29.5	27.1	26.3
Australie	7.8	8.8	7.3	7.5	7.4	27.8	28.8	29.0	27.1	26.0
Autriche	12.4	12.2	11.6	11.8	11.8	31.5	28.9	28.4	28.2	28.1
Belgique	10.7	10.9	10.8	10.8	10.8	26.1	25.0	25.3	24.5	24.2
Canada	9.1	8.4	7.4	7.6	7.7	25.8	24.2	24.0	23.1	23.5
Chili	10.6	12.0	10.0	11.0	11.0	62.9	63.8	51.2	54.6	54.8
Corée	8.3	8.2	7.9	7.4	7.5	44.3	38.4	33.7	28.1	27.7
Danemark[2]	15.1	15.5	14.9	14.7	14.5	33.9	33.1	33.3	32.1	31.8
Espagne[2]	9.0	10.0	8.5	9.9	9.9	28.4	30.0	27.2	29.8	29.3
Estonie	..	12.1	13.4	14.4	14.0	..	38.8	40.2	42.9	42.6
États-Unis	4.6	4.5	4.2	4.3	4.2	17.5	16.0	18.1	16.6	15.7
Finlande	14.0	13.3	13.0	14.5	14.2	32.5	29.0	31.8	32.8	32.9
France[2]	11.7	11.2	10.5	11.1	11.3	28.4	25.8	24.8	24.4	24.5
Grèce	11.2	11.6	12.3	15.5	15.3	44.5	34.8	38.2	40.0	39.3
Hongrie	..	15.6	16.0	16.6	16.4	..	40.5	42.9	42.4	42.9
Irlande	13.6	11.7	9.8	7.6	7.3	41.9	38.2	36.2	32.5	32.4
Islande	15.6	15.9	11.4	11.9	12.6	51.3	44.1	35.2	23.4	33.7
Israël	..	11.6	12.1	11.8	11.3	..	33.1	39.4	37.8	34.6
Italie	10.2	11.3	11.0	11.9	12.0	28.0	27.9	26.3	28.2	28.4
Japon	3.9	5.0	5.0	6.3	6.6	13.7	19.3	18.7	20.4	21.0
Lettonie	..	11.2	11.9	13.6	13.4	..	38.6	41.3	43.7	43.0
Lituanie[2]	..	12.0	11.5	11.4	11.4	..	39.0	40.6	38.4	38.5
Luxembourg	7.9	9.7	10.2	9.6	9.4	23.6	26.3	27.3	25.3	24.3
Mexique	5.3	4.8	4.9	6.4	5.9	44.0	41.7	38.0	38.8	36.4
Norvège	14.3	13.3	11.6	12.1	12.0	35.5	31.8	27.7	31.4	30.9
Nouvelle-Zélande	12.1	11.3	12.0	12.1	12.3	33.6	34.7	39.6	38.3	38.4
Pays-Bas	10.5	10.7	11.0	11.3	11.3	26.4	28.9	30.8	29.5	29.1
Pologne	..	11.6	12.6	12.3	12.6	..	35.3	40.1	36.8	36.9
Portugal	11.7	12.5	12.2	13.5	13.8	44.2	40.3	40.2	39.7	40.0
République slovaque	..	12.2	10.1	10.7	11.0	..	36.2	35.8	33.1	33.1
République tchèque	..	10.2	10.8	11.3	11.5	..	31.5	33.2	33.0	32.9
Royaume-Uni	10.2	10.4	10.0	10.6	10.6	31.0	31.6	30.8	32.3	31.9
Slovénie	..	13.8	13.8	14.4	14.0	..	37.6	37.3	39.3	38.6
Suède	12.3	12.1	12.7	12.4	12.3	25.0	24.8	29.3	28.1	27.8
Suisse[2]	4.9	6.0	6.1	5.9	6.0	20.6	21.8	22.8	21.4	21.1
Turquie	4.1	9.9	11.8	11.0	10.8	27.9	42.0	47.7	43.6	43.5
Moyenne non pondérée										
Moyenne OCDE	**10.0**	**10.9**	**10.6**	**11.0**	**10.9**	**32.5**	**33.0**	**33.2**	**32.5**	**32.4**

.. Non disponible

Note : Les séries temporelles complètes sont accessibles sur le site web http://oe.cd/series-temporelles-completes.

1. Depuis 1991, les chiffres se rapportent à l'Allemagne unifiée.

2. Le total des recettes fiscales a été diminué du montant de tout transfert en capital représentant les impôts non perçus. Le transfert en capital a été réparti entre les différentes rubriques en proportion des recettes fiscales.

StatLink http://dx.doi.org/10.1787/888934059072

Tableau 3.14. Taxes sur la valeur ajoutée (5111) en % du PIB en % du total des recettes fiscales

	% du PIB					% du total des recettes fiscales				
	1990	2000	2010	2016	2017	1990	2000	2010	2016	2017
Allemagne[1]	5.8	6.7	7.0	6.9	6.9	16.6	18.4	20.0	18.5	18.4
Australie	0.0	3.4	3.4	3.6	3.5	0.0	11.1	13.4	12.9	12.2
Autriche	8.2	7.9	7.7	7.7	7.7	20.8	18.7	18.7	18.3	18.3
Belgique	6.8	7.0	6.9	6.8	6.8	16.4	16.1	16.2	15.4	15.2
Canada	0.0	3.2	4.2	4.5	4.5	0.0	9.2	13.7	13.4	13.7
Chili	6.3	7.9	7.5	8.3	8.4	37.4	41.8	38.5	41.2	41.6
Corée	3.5	3.7	4.1	4.2	4.3	18.7	17.0	17.5	15.8	16.0
Danemark[2]	8.4	9.2	9.4	9.4	9.5	18.9	19.5	21.1	20.5	20.7
Espagne[2]	5.0	5.9	5.3	6.4	6.4	15.7	17.7	16.9	19.2	19.1
Estonie	..	8.4	8.5	9.1	9.1	..	27.1	25.7	27.2	27.8
États-Unis	0.0	0.0	0.0	0.0	0.0	0.0	0.0	0.0	0.0	0.0
Finlande	8.3	8.0	8.3	9.1	9.1	19.3	17.4	20.4	20.7	21.0
France[2]	7.6	7.2	6.8	6.9	7.0	18.4	16.7	16.1	15.2	15.3
Grèce	6.2	6.3	7.1	8.1	8.1	24.6	18.9	22.0	21.0	20.9
Hongrie	..	8.6	8.5	9.3	9.5	..	22.4	22.9	23.7	24.8
Irlande	6.6	7.1	6.0	4.7	4.4	20.4	22.9	22.2	20.2	19.6
Islande	8.7	10.3	7.3	8.2	8.9	28.5	28.5	22.7	16.2	23.8
Israël	..	7.4	7.5	7.5	7.4	..	21.1	24.4	24.1	22.9
Italie	5.3	6.3	6.1	6.1	6.2	14.7	15.4	14.5	14.3	14.8
Japon	1.2	2.3	2.5	4.1	4.1	4.4	9.1	9.6	13.3	13.0
Lettonie	..	7.0	6.7	8.1	8.0	..	23.9	23.3	26.0	25.7
Lituanie[2]	..	7.4	7.7	7.8	7.8	..	24.2	27.4	26.2	26.6
Luxembourg	4.0	4.9	6.4	6.4	6.2	12.1	13.4	17.0	16.8	15.9
Mexique	3.2	2.8	3.8	3.9	3.7	26.1	24.7	29.4	23.7	23.1
Norvège	7.6	8.2	7.8	8.6	8.6	18.8	19.7	18.5	22.3	22.1
Nouvelle-Zélande	8.1	8.1	9.3	9.5	9.7	22.4	24.9	30.7	29.8	30.2
Pays-Bas	6.5	6.4	6.7	6.8	6.8	16.5	17.3	18.7	17.6	17.4
Pologne	..	6.9	7.6	7.2	7.8	..	21.0	24.2	21.6	22.8
Portugal	5.2	7.6	7.5	8.5	8.6	19.6	24.4	24.7	24.8	25.1
République slovaque	..	6.9	6.2	6.7	7.0	..	20.4	22.0	20.6	21.1
République tchèque	..	5.9	6.6	7.4	7.7	..	18.3	20.5	21.7	22.0
Royaume-Uni	5.5	5.9	6.0	6.8	6.9	16.9	17.9	18.7	20.8	20.7
Slovénie	..	8.5	8.1	8.2	8.1	..	23.3	21.9	22.5	22.3
Suède	7.3	8.3	9.2	9.2	9.3	14.9	16.9	21.2	20.9	20.9
Suisse[2]	2.7	3.6	3.4	3.4	3.4	11.6	13.0	12.7	12.2	12.0
Turquie	2.7	5.7	5.4	5.0	5.0	18.3	24.2	21.7	19.8	20.1
Moyenne non pondérée										
Moyenne OCDE	**5.2**	**6.4**	**6.5**	**6.8**	**6.8**	**16.7**	**19.3**	**20.3**	**20.0**	**20.2**

.. Non disponible

Note : Les séries temporelles complètes sont accessibles sur le site web http://oe.cd/series-temporelles-completes.

1. Depuis 1991, les chiffres se rapportent à l'Allemagne unifiée.

2. Le total des recettes fiscales a été diminué du montant de tout transfert en capital représentant les impôts non perçus. Le transfert en capital a été réparti entre les différentes rubriques en proportion des recettes fiscales.

StatLink http://dx.doi.org/10.1787/888934059091

Tableau 3.15. Recettes fiscales des sous-secteurs de l'administration en % du total des recettes fiscales

	Supranationale			Administration centrale			Administrations d'États fédérés/Régions			Administrations locales			Administrations de sécurité sociale		
	1975	1995	2017	1975	1995	2017	1975	1995	2017	1975	1995	2017	1975	1995	2017
Pays fédéraux															
Allemagne	1.2	0.6	0.6	33.5	31.4	29.5	22.3	21.6	23.5	9.0	7.4	8.6	34.0	39.0	37.9
Australie	..	..	..	80.1	77.5	80.6	15.7	19.0	16.0	4.2	3.4	3.4	0.0	0.0	0.0
Autriche	..	0.4	0.4	51.7	64.7	65.8	10.6	1.8	1.6	12.4	4.1	3.0	25.3	29.0	29.2
Belgique	1.4	1.0	1.0	65.3	60.1	51.4	..	1.8	10.8	4.4	4.8	4.9	28.8	32.2	32.0
Canada	..	..	..	47.6	39.1	40.9	32.5	37.1	39.8	9.9	9.8	10.3	10.0	14.0	9.1
États-Unis	..	..	..	45.4	41.4	44.5	19.5	20.0	18.3	14.7	13.3	14.2	20.5	25.2	23.0
Mexique	..	..	..	..	73.9	81.1	..	2.8	4.1	..	1.5	1.6	..	21.8	13.3
Suisse[1]	..	..	..	30.7	31.2	36.5	27.0	24.3	24.6	20.3	17.7	15.3	22.0	26.8	23.6
Moyenne non pondérée	1.3	0.7	0.7	50.6	52.4	53.8	21.3	16.1	17.3	10.7	7.8	7.7	20.1	23.5	21.0
Pays régional															
Espagne[1, 2]	..	0.5	0.7	48.2	51.5	41.3	..	4.7	15.2	4.3	8.6	9.7	47.5	34.7	33.1
Pays unitaires															
Chili	..	..	..	..	89.9	86.3	..	..	..	..	6.5	7.8	..	3.6	5.9
Corée	..	..	..	89.0	69.2	57.0	..	..	..	10.1	18.7	17.3	0.9	12.1	25.7
Danemark[1]	1.0	0.5	0.3	69.1	68.4	73.2	..	..	..	29.8	31.1	26.4	0.1	0.0	0.0
Estonie	..	..	0.6	..	84.3	82.0	..	..	..	..	0.8	0.9	..	14.9	16.6
Finlande	..	0.4	0.3	56.0	46.6	48.4	..	..	..	23.5	22.3	23.5	20.4	30.8	27.8
France[1]	0.7	0.4	0.4	51.2	42.6	34.2	..	..	..	7.6	10.9	13.3	40.6	46.0	52.1
Grèce	..	0.6	0.5	67.1	66.4	67.4	..	..	..	3.4	2.0	2.4	29.5	31.1	29.6
Hongrie	..	..	0.3	..	63.8	62.4	..	..	..	..	2.5	5.8	..	33.6	31.5
Irlande	2.3	1.5	0.6	77.4	83.1	82.5	..	..	..	7.3	2.7	2.2	13.1	12.7	14.7
Islande	..	..	..	81.3	79.2	73.5	..	..	..	18.7	20.8	26.5	0.0	0.0	0.0
Israël	..	..	..	..	79.6	76.2	..	..	..	..	6.4	7.6	..	14.0	16.2
Italie	..	0.4	0.6	53.2	62.7	53.6	..	..	..	0.9	5.4	15.5	45.9	31.5	30.3
Japon	..	..	..	45.5	41.2	37.4	..	..	..	25.6	25.2	22.7	29.0	33.6	39.9
Lettonie	..	..	0.6	..	43.5	53.2	..	..	..	..	19.5	19.2	..	36.9	26.9
Lituanie[1]	..	..	0.9	..	71.7	56.4	..	..	..	..	2.3	1.2	..	26.1	41.5
Luxembourg	0.8	0.4	0.6	63.6	66.5	67.5	..	..	..	6.7	6.5	4.1	29.0	26.6	27.9
Norvège	..	..	..	50.6	58.4	84.1	..	..	..	22.4	19.6	15.9	27.0	22.0	0.0
Nouvelle-Zélande	..	..	..	92.3	94.7	93.4	..	..	..	7.7	5.3	6.6	0.0	0.0	0.0
Pays-Bas	1.5	1.3	1.1	58.9	56.0	60.2	..	..	..	1.2	3.1	3.0	38.4	39.5	35.7
Pologne	..	..	0.5	..	61.2	49.2	..	..	..	..	8.5	12.7	..	30.3	37.5
Portugal	..	0.8	0.5	65.4	72.3	72.9	..	..	..	0.0	5.4	7.1	34.6	21.5	19.5
République slovaque	..	..	0.5	..	62.5	55.0	..	..	..	..	1.3	1.9	..	36.2	42.5
République tchèque	..	..	0.5	..	57.7	55.4	..	..	..	..	0.9	1.1	..	41.4	43.0
Royaume-Uni	1.0	1.0	0.5	70.5	77.5	75.5	..	..	..	11.1	3.7	4.9	17.5	17.8	19.2
Slovénie	..	..	0.4	..	51.8	50.7	..	..	..	..	6.3	9.4	..	41.9	39.6
Suède	..	0.4	0.3	51.3	46.9	52.4	..	..	..	29.2	30.9	35.3	19.5	21.8	12.1
Turquie	..	..	..	..	75.1	61.2	..	..	..	..	12.8	9.5	..	12.1	29.3
Moyenne non pondérée	1.2	0.7	0.5	65.2	65.7	63.8	..	..	..	12.8	10.4	11.2	21.6	23.6	24.6

.. Non disponible

1. Le total des recettes fiscales a été diminué du montant de tout transfert en capital représentant les impôts non perçus.

2. L'Espagne est constitutionnellement un pays non fédéral mais avec une structure politique très décentralisée.

StatLink http://dx.doi.org/10.1787/888934059110

Tableau 3.16. Principales recettes de l'administration centrale en % du total des recettes fiscales de l'administration centrale, 2017

	1000 Revenu & bénéfices	2000 Sécurité sociale[2]	3000 Salaires	4000 Patrimoine	5000 Biens & services	6000 Autres
Pays fédéraux						
Allemagne	45.1	0.0	0.0	0.1	54.8	0.0
Australie	73.0	0.0	0.3	0.4	26.4	0.0
Autriche	41.9	7.9	6.7	1.2	41.8	0.5
Belgique	56.6	0.1	0.0	2.1	41.3	0.0
Canada	72.6	7.3	0.0	0.0	20.2	0.0
États-Unis	82.6	0.0	0.0	11.7	5.6	0.0
Mexique	55.0	0.0	0.0	0.0	43.9	1.1
Suisse[1]	44.2	0.0	0.0	2.5	53.2	0.1
Moyenne non pondérée	58.9	1.9	0.9	2.2	35.9	0.2
Pays régional						
Espagne[1]	40.0	2.1	0.0	0.3	57.6	0.0
Pays unitaires						
Chili	40.0	1.6	0.0	2.4	58.3	-2.3
Corée	50.8	0.0	0.0	6.4	41.2	1.7
Danemark[1]	54.3	0.1	0.7	1.5	43.4	0.0
Estonie	27.0	21.4	0.0	0.0	51.7	0.0
Finlande	28.6	0.0	0.0	3.6	67.7	0.1
France[1]	36.6	2.3	1.0	7.0	52.7	0.3
Grèce	33.7	0.2	0.0	8.4	57.7	0.0
Hongrie	30.1	3.9	2.9	2.7	60.0	0.4
Irlande	52.7	2.7	0.8	4.5	39.3	0.0
Islande	38.0	12.4	1.1	1.5	44.7	2.3
Israël	46.6	0.0	4.8	3.6	45.0	0.0
Italie	50.7	0.0	0.0	6.2	43.1	0.0
Japon	52.6	0.0	0.0	5.2	42.2	0.0
Lettonie	18.6	0.0	0.1	1.0	80.3	0.0
Lituanie[1]	32.1	0.0	0.0	0.0	67.9	0.0
Luxembourg	49.6	1.1	0.0	13.9	35.3	0.2
Norvège	30.1	31.7	0.2	1.5	36.5	0.0
Nouvelle-Zélande	59.5	0.0	0.0	0.1	40.4	0.0
Pays-Bas	49.9	0.0	0.0	3.6	46.0	0.5
Pologne	25.0	0.0	1.3	0.0	73.7	0.0
Portugal	36.2	12.1	0.0	0.7	49.9	1.1
République slovaque	38.6	2.5	0.0	0.0	58.9	0.0
République tchèque	40.0	0.0	0.0	1.3	58.5	0.1
Royaume-Uni	47.2	0.0	0.4	10.2	42.2	0.0
Slovénie	23.8	0.8	0.3	0.0	75.0	0.0
Suède	3.5	18.6	21.9	2.7	53.1	0.2
Turquie	30.7	0.0	0.0	5.2	63.3	0.8
Moyenne non pondérée	38.0	4.3	1.3	3.5	52.9	0.2

Note *:* Sont exclues les cotisations de sécurité sociale versées aux administrations de sécurité sociale.

1. Le total des recettes fiscales a été diminué du montant de tout transfert en capital représentant les impôts non perçus. Le transfert en capital a été réparti entre les différentes rubriques en proportion des recettes fiscales.

2. Ne sont incluses que les cotisations de sécurité sociale versées à l'administration centrale.

StatLink http://dx.doi.org/10.1787/888934059129

Tableau 3.17. Principaux impôts des administrations d'États fédérés en % du total des recettes fiscales des administrations d'États fédérés, 2017

	1000 Revenu & bénéfices	2000 Sécurité sociale	3000 Salaires	4000 Patrimoine	5000 Biens & services	6000 Autres
Pays fédéraux						
Allemagne[1]	52.9	0.0	0.0	6.7	40.4	0.0
Australie	0.0	0.0	29.0	41.4	29.6	0.0
Autriche[1]	47.1	19.8	8.5	2.1	18.2	4.2
Belgique[1]	47.3	1.1	0.0	36.0	15.6	0.0
Canada	46.7	5.3	5.1	4.9	38.0	0.0
États-Unis	41.6	0.0	0.2	3.3	54.9	0.0
Mexique	0.0	0.0	58.3	18.1	18.6	5.0
Suisse[2]	76.1	0.0	0.0	16.9	6.3	0.7
Moyenne non pondérée	39.0	3.3	12.6	16.2	27.7	1.2
Pays régional						
Espagne[1, 2, 3]	69.4	0.0	0.0	20.0	10.6	0.0
Pays unitaires						
Chili	..	..	..	..	..	..
Corée	..	..	..	..	..	..
Danemark	..	..	..	..	..	..
Estonie	..	..	..	..	..	..
Finlande	..	..	..	..	..	..
France	..	..	..	..	..	..
Grèce	..	..	..	..	..	..
Hongrie	..	..	..	..	..	..
Irlande	..	..	..	..	..	..
Islande	..	..	..	..	..	..
Israël	..	..	..	..	..	..
Italie	..	..	..	..	..	..
Japon	..	..	..	..	..	..
Lettonie	..	..	..	..	..	..
Lituanie	..	..	..	..	..	..
Luxembourg	..	..	..	..	..	..
Norvège	..	..	..	..	..	..
Nouvelle-Zélande	..	..	..	..	..	..
Pays-Bas	..	..	..	..	..	..
Pologne	..	..	..	..	..	..
Portugal	..	..	..	..	..	..
République slovaque	..	..	..	..	..	..
République tchèque	..	..	..	..	..	..
Royaume-Uni	..	..	..	..	..	..
Slovénie	..	..	..	..	..	..
Suède	..	..	..	..	..	..
Turquie	..	..	..	..	..	..
Moyenne non pondérée	..	..	..	..	..	..

.. Non disponible

1. Les versements à L'Union européenne ne sont pas retenus dans ces comparaisons.
2. Le total des recettes fiscales a été diminué du montant de tout transfert en capital représentant les impôts non perçus. Le transfert en capital a été réparti entre les différentes rubriques en proportion des recettes fiscales.
3. L'Espagne est constitutionnellement un pays non fédéral mais avec une structure politique très décentralisée.

StatLink http://dx.doi.org/10.1787/888934059148

Tableau 3.18. Principaux impôts locaux en % du total des recettes fiscales des administrations locales, 2017

	1000 Revenu & bénéfices	2000 Sécurité sociale	3000 Salaires	4000 Patrimoine	5000 Biens & services	6000 Autres
Pays fédéraux						
Allemagne[1]	79.4	0.0	0.0	13.2	7.2	0.2
Australie	0.0	0.0	0.0	100.0	0.0	0.0
Autriche[1]	0.0	5.5	68.5	15.1	7.9	3.0
Belgique[1]	35.4	0.2	0.0	57.6	6.8	0.0
Canada	0.0	0.0	0.0	97.3	1.6	1.0
États-Unis	5.8	0.0	0.0	72.0	22.2	0.0
Mexique	0.0	0.0	0.0	74.6	2.5	22.9
Suisse[2]	81.2	0.0	0.0	16.3	0.5	1.9
Moyenne non pondérée	25.2	0.7	9.8	55.8	6.1	3.6
Pays régional						
Espagne[1, 2, 3]	16.3	0.0	0.0	44.7	38.8	0.1
Pays unitaires						
Chili	0.0	0.0	0.0	42.6	57.4	0.0
Corée	18.3	0.0	1.7	46.6	24.5	8.9
Danemark[1, 2]	89.3	0.0	0.0	10.7	0.0	0.0
Estonie[1]	0.0	0.0	0.0	81.9	18.1	0.0
Finlande[1]	92.1	0.1	0.0	7.8	0.0	0.0
France[1, 2]	0.0	0.0	7.3	53.2	23.0	16.5
Grèce[1]	0.0	0.0	0.0	93.2	6.8	0.0
Hongrie[1]	0.0	0.0	0.0	19.3	80.7	0.0
Irlande[1]	0.0	6.9	0.0	93.1	0.0	0.0
Islande	80.1	0.0	0.0	16.6	3.3	0.0
Israël	0.0	0.0	0.0	95.2	4.8	0.0
Italie[1]	29.4	0.0	0.0	18.4	32.5	19.7
Japon	48.5	0.0	0.0	27.6	22.8	1.1
Lettonie[1]	84.8	0.0	0.0	14.1	1.1	0.0
Lituanie[2]	0.0	0.0	0.0	86.5	13.5	0.0
Luxembourg[1]	92.1	0.0	0.0	6.7	1.1	0.2
Norvège	86.0	0.0	0.0	12.9	1.1	0.0
Nouvelle-Zélande	0.0	0.0	0.0	89.4	10.6	0.0
Pays-Bas[1]	0.0	0.0	0.0	61.9	38.1	0.0
Pologne[1]	62.7	0.0	0.0	31.4	4.7	1.1
Portugal[1]	25.3	0.2	0.0	48.3	25.8	0.4
République slovaque[1]	0.0	0.0	0.0	66.6	33.4	0.0
République tchèque[1]	0.0	0.0	0.0	57.2	42.8	0.0
Royaume-Uni[1]	0.0	0.0	0.0	100.0	0.0	0.0
Slovénie[1]	75.0	0.0	0.0	18.8	6.2	0.0
Suède[1]	97.6	0.0	0.0	2.4	0.0	0.0
Turquie	27.2	0.0	0.0	13.9	50.1	8.7
Moyenne non pondérée	33.6	0.3	0.3	45.0	18.6	2.1

1. Les versements à L'Union européenne ne sont pas retenus dans ces comparaisons.
2. Le total des recettes fiscales a été diminué du montant de tout transfert en capital représentant les impôts non perçus. Le transfert en capital a été réparti entre les différentes rubriques en proportion des recettes fiscales.
3. L'Espagne est constitutionnellement un pays non fédéral mais avec une structure politique très décentralisée.

StatLink http://dx.doi.org/10.1787/888934059167

Tableau 3.19. Produit intérieur brut pour les années de déclaration fiscale au prix du marché, en milliards de monnaie nationale

		1965	1990	2000	2007	2010	2012	2014	2016	2017	2018p
Allemagne	EUR	234.8	1 306.7	2 116.5	2 513.2	2 580.1	2 758.3	2 938.6	3 159.8	3 277.3	3 386.0
Australie[1]	AUD	24.3	414.5	705.1	1 177.3	1 416.6	1 536.3	1 624.4	1 764.5	1 847.7	1 938.8
Autriche	EUR	18.5	137.5	213.6	284.0	295.9	318.7	333.1	356.2	369.9	386.1
Belgique	EUR	21.0	171.0	258.2	344.7	365.1	387.5	400.1	424.6	439.2	450.5
Canada	CAD	61.3	696.1	1 125.4	1 577.7	1 666.0	1 827.2	1 994.9	2 028.2	2 141.5	2 219.1
Chili	CLP	..	10 522.7	42 005.2	90 702.9	111 508.6	129 947.3	148 599.5	169 469.5	180 211.3	191 248.7
Corée	KRW	831.3	197 712.3	635 184.6	1 043 257.8	1 265 308.0	1 377 456.7	1 486 079.3	1 641 786.0	1 730 398.5	1 782 268.8
Danemark	DKK	71.5	855.6	1 326.9	1 738.8	1 810.9	1 895.0	1 981.2	2 100.2	2 178.1	2 223.1
Espagne	EUR	8.7	327.8	646.3	1 080.8	1 080.9	1 039.8	1 037.8	1 118.7	1 166.3	1 208.2
Estonie	EUR	..	..	6.2	16.2	14.7	17.9	20.1	21.7	23.6	25.7
États-Unis	USD	709.0	5 963.1	10 252.3	14 451.9	14 992.1	16 197.0	17 527.3	18 715.0	19 519.4	20 580.2
Finlande	EUR	4.5	91.0	136.3	186.6	187.1	199.8	205.5	216.1	223.9	232.1
France	EUR	76.4	1 053.5	1 478.6	1 941.4	1 995.3	2 088.8	2 149.8	2 234.1	2 295.1	2 353.1
Grèce	EUR	0.7	45.5	141.2	232.7	226.0	191.2	178.7	176.5	180.2	184.7
Hongrie	HUF	..	..	13 350.1	25 680.2	27 224.6	28 781.1	32 583.4	35 474.2	38 355.1	42 072.8
Irlande	EUR	1.3	37.9	108.4	197.2	167.7	175.1	194.8	271.7	297.1	324.0
Islande	ISK	0.2	377.6	707.8	1 378.1	1 672.7	1 841.7	2 073.6	2 490.9	2 616.8	2 803.0
Israël	ILS	..	118.8	539.2	734.3	873.9	992.6	1 109.2	1 226.6	1 271.6	1 327.4
Italie	EUR	22.3	728.5	1 239.3	1 609.6	1 604.5	1 613.3	1 621.8	1 689.8	1 727.4	1 757.0
Japon[1]	JPY	35 108.0	464 025.4	528 446.7	530 922.8	499 429.1	494 369.7	518 235.1	536 807.9	547 495.7	550 098.7
Lettonie	EUR	..	..	6.9	22.6	17.9	21.9	23.6	25.0	27.0	29.5
Lituanie	EUR	..	..	13.4	29.0	28.0	33.3	36.6	38.8	42.2	45.1
Luxembourg	EUR	1.0	11.0	23.1	37.2	40.2	44.1	49.8	53.3	55.3	58.9
Mexique	MXN	..	843.6	6 693.7	11 504.1	13 366.4	15 817.8	17 473.8	20 116.7	21 921.2	23 542.7
Norvège	NOK	57.2	749.9	1 507.9	2 351.0	2 593.7	2 968.3	3 146.7	3 119.3	3 304.4	3 535.6
Nouvelle-Zélande[1]	NZD	4.1	75.9	122.2	189.1	205.8	218.8	244.8	273.4	288.8	300.0
Pays-Bas	EUR	35.6	263.0	452.0	619.2	639.2	653.0	671.6	708.3	738.1	774.0
Pologne	PLN	..	62.7	747.0	1 187.6	1 445.3	1 629.4	1 720.4	1 861.1	1 989.3	2 115.7
Portugal	EUR	0.6	56.0	128.5	175.5	179.9	168.4	173.1	186.5	194.6	201.6
République slovaque	EUR	..	10.0	31.6	63.1	67.6	72.7	76.1	81.2	84.9	90.2
République tchèque	CZK	..	726.7	2 379.4	3 840.1	3 962.5	4 059.9	4 313.8	4 768.0	5 047.3	5 328.7
Royaume-Uni	GBP	36.4	615.7	1 089.3	1 541.4	1 587.5	1 694.4	1 844.3	1 969.5	2 049.6	2 117.7
Slovénie	EUR	..	0.9	18.9	35.2	36.3	36.1	37.6	40.4	43.0	45.9
Suède	SEK	127.7	1 529.7	2 383.6	3 301.0	3 523.8	3 688.9	3 940.9	4 385.5	4 578.8	4 789.9
Suisse	CHF	68.1	358.5	459.4	576.1	608.8	626.4	649.7	660.4	668.6	689.9
Turquie	TRY	0.0	0.5	170.7	880.5	1 160.0	1 569.7	2 044.5	2 608.5	3 106.5	3 701.0

.. Non disponible

Note : Ce tableau est basé sur les archives des données du Produit intérieur brut (PIB) à la date du 27 juin 2019, avant les révisions de référence de 2019. Les pays étant susceptibles de publier des données pour une période de temps limitée à l'occasion de la première publication des résultats de leur révision de référence, cet ensemble de données fournit aux utilisateurs des séries longues basées sur la méthodologie utilisée avant la révision de référence.

1. PIB se référant à l'année fiscale. L'année A est calculée (taux annuel) comme la moyenne de: T2(A) à T1(A+1) pour le Japon; et T3(A) à T2(A+1) pour l'Australie et la Nouvelle-Zélande.

Source : Comptes nationaux de l'OCDE.

StatLink http://dx.doi.org/10.1787/888934059186

Tableau 3.20. Taux de change utilisés, unités de monnaie nationale par dollar des É-U au taux de change du marché

		1965	1990	2000	2007	2010	2012	2014	2016	2017	2018p
Allemagne	EUR	..	0.788	1.085	0.730	0.755	0.778	0.754	0.904	0.887	0.847
Australie	AUD	0.893	1.282	1.727	1.195	1.090	0.966	1.109	1.345	1.305	1.339
Autriche	EUR	..	0.788	1.085	0.730	0.755	0.778	0.754	0.904	0.887	0.847
Belgique	EUR	..	0.788	1.085	0.730	0.755	0.778	0.754	0.904	0.887	0.847
Canada	CAD	1.078	1.167	1.485	1.074	1.030	0.999	1.105	1.325	1.298	1.296
Chili	CLP	0.003	304.903	539.388	522.228	509.982	485.984	570.636	676.541	648.677	641.896
Corée	KRW	266.250	707.995	1 130.640	929.450	1 155.431	1 125.935	1 053.064	1 160.589	1 130.635	1 100.186
Danemark	DKK	6.915	6.186	8.088	5.443	5.622	5.790	5.619	6.731	6.602	6.314
Espagne	EUR	..	0.788	1.085	0.730	0.755	0.778	0.754	0.904	0.887	0.847
Estonie	EUR	..	0.788	1.085	0.730	0.755	0.778	0.754	0.904	0.887	0.847
États-Unis	USD	1.000	1.000	1.000	1.000	1.000	1.000	1.000	1.000	1.000	1.000
Finlande	EUR	..	0.788	1.085	0.730	0.755	0.778	0.754	0.904	0.887	0.847
France	EUR	..	0.788	1.085	0.730	0.755	0.778	0.754	0.904	0.887	0.847
Grèce	EUR	..	0.788	1.085	0.730	0.755	0.778	0.754	0.904	0.887	0.847
Hongrie	HUF	..	63.206	282.286	183.595	207.764	224.823	232.619	281.521	274.476	270.221
Irlande	EUR	0.454	0.788	1.085	0.730	0.755	0.778	0.754	0.904	0.887	0.847
Islande	ISK	0.431	58.378	78.845	64.075	122.242	125.118	116.688	120.835	106.823	108.269
Israël	ILS	0.000	2.016	4.077	4.109	3.731	3.850	3.577	3.839	3.599	3.595
Italie	EUR	..	0.788	1.085	0.730	0.755	0.778	0.754	0.904	0.887	0.847
Japon	JPY	361.491	144.796	107.835	117.755	87.761	79.814	105.848	108.803	112.183	110.438
Lettonie	EUR	..	0.788	1.085	0.730	0.755	0.778	0.754	0.904	0.887	0.847
Lituanie	EUR	..	0.788	1.085	0.730	0.755	0.778	0.754	0.904	0.887	0.847
Luxembourg	EUR	..	0.788	1.085	0.730	0.755	0.778	0.754	0.904	0.887	0.847
Mexique	MXN	0.013	2.841	9.453	10.929	12.632	13.150	13.305	18.627	18.871	19.178
Norvège	NOK	7.151	6.258	8.797	5.858	6.042	5.815	6.302	8.400	8.271	8.135
Nouvelle-Zélande	NZD	0.722	1.678	2.205	1.361	1.388	1.235	1.206	1.437	1.407	1.446
Pays-Bas	EUR	..	0.788	1.085	0.730	0.755	0.778	0.754	0.904	0.887	0.847
Pologne	PLN	0.000	0.950	4.346	2.765	3.015	3.252	3.154	3.944	3.779	3.611
Portugal	EUR	..	0.788	1.085	0.730	0.755	0.778	0.754	0.904	0.887	0.847
République slovaque	EUR	..	0.788	1.085	0.730	0.755	0.778	0.754	0.904	0.887	0.847
République tchèque	CZK	..	..	38.637	20.289	19.080	19.538	20.758	24.441	23.385	21.730
Royaume-Uni	GBP	0.358	0.563	0.661	0.500	0.647	0.631	0.607	0.741	0.777	0.750
Slovénie	EUR	..	0.788	1.085	0.730	0.755	0.778	0.754	0.904	0.887	0.847
Suède	SEK	5.158	5.918	9.161	6.758	7.202	6.769	6.860	8.556	8.547	8.690
Suisse	CHF	4.328	1.389	1.688	1.200	1.043	0.937	0.915	0.985	0.985	0.978
Turquie	TRY	0.000	0.003	0.624	1.300	1.499	1.792	2.189	3.022	3.649	4.840

.. Non disponible

Source : Indicateurs financiers de l'OCDE.

StatLink http://dx.doi.org/10.1787/888934059205

4 Tableaux par pays, 1990-2017

Le chapitre 4 fournit un aperçu des recettes fiscales par catégorie et par sous-secteur d'administration pour chaque pays membre de l'OCDE de 1990-2017.

4.1. Recettes fiscales et % du PIB pour une sélection de catégories d'impôts et par niveau d'administration

Dans tous les tableaux suivants, le symbole (...) signifie que l'information n'est pas disponible ou qu'elle n'est pas applicable. La principale série chronologique dans ce chapitre couvre les années 1990 à 2017. Pour des raisons d'espace, les chiffres de 1966-1989, 1991-1999, 2001-2009, 2011-2014 ont été omis. Des séries complètes sont, cependant, disponible en ligne. La partie V dans l'édition 1998 de ce Rapport fournit des données pour les années 1955 et 1960 (pour dix-neuf pays de l'OCDE).

Les chiffres du Produit Intérieur Brut (PIB) se fondent sur le Système de comptabilité nationale de 2008 (SCN 2008) pour tous les pays membres de l'OCDE.

Encadré 4.1. Traitements des transferts en capital.

Les notes de bas de page de certains tableaux se réfèrent au traitement des transferts en capital que certains pays effectuent pour tenir compte des impôts qui ont été évalués mais non recouvrés. Le transfert en capital a été soustrait des recettes fiscales totales et cette réduction a été répartie entre les différentes rubriques en pourcentage de leurs recettes.

C'est le cas pour les pays suivants :

- Danemark à partir de 1971.
- France à partir de 1992.
- Lituanie à partir de 1999.
- Espagne à partir de 1995.
- Suisse à partir de 1990.

Tableau 4.1. Australie, recettes fiscales et % du PIB (sélection de catégories d'impôts)

	Milliard AUD					% du PIB				
	1990	2000	2010	2016	2017	1990	2000	2010	2016	2017
Recettes fiscales totales	**116.5**	**214.8**	**358.0**	**487.1**	**527.2**	**28.1**	**30.5**	**25.3**	**27.6**	**28.5**
1000 Impôts sur le revenu, les bénéfices et les gains en capital	**66.5**	**124.4**	**202.2**	**278.8**	**310.0**	**16.1**	**17.6**	**14.3**	**15.8**	**16.8**
1100 Des personnes physiques	50.1	81.0	138.2	198.5	212.5	12.1	11.5	9.8	11.3	11.5
1200 Des sociétés	16.5	43.4	64.0	80.2	97.5	4.0	6.2	4.5	4.5	5.3
1300 Non-ventilables entre 1100 et 1200	0.0	0.0	0.0	0.0	0.0	0.0	0.0	0.0	0.0	0.0
2000 Cotisations de sécurité sociale	**0.0**	**0.0**	**0.0**	**0.0**	**0.0**	**0.0**	**0.0**	**0.0**	**0.0**	**0.0**
2100 À la charge des salariés	0.0	0.0	0.0	0.0	0.0	0.0	0.0	0.0	0.0	0.0
2200 À la charge des employeurs	0.0	0.0	0.0	0.0	0.0	0.0	0.0	0.0	0.0	0.0
2300 À la charge des indép. ou sans emploi	0.0	0.0	0.0	0.0	0.0	0.0	0.0	0.0	0.0	0.0
2400 Non-ventilables entre 2100, 2200 et 2300	0.0	0.0	0.0	0.0	0.0	0.0	0.0	0.0	0.0	0.0
3000 Sur les salaires ou main d'œuvre	**7.1**	**9.6**	**18.5**	**23.8**	**25.5**	**1.7**	**1.4**	**1.3**	**1.3**	**1.4**
4000 Impôts sur le patrimoine	**10.4**	**18.8**	**33.5**	**52.6**	**54.5**	**2.5**	**2.7**	**2.4**	**3.0**	**3.0**
4100 Impôts périodiques sur la propriété immobilière	6.1	9.1	19.9	29.2	30.3	1.5	1.3	1.4	1.7	1.6
4200 Impôts périodiques sur l'actif net	0.0	0.0	0.0	0.0	0.0	0.0	0.0	0.0	0.0	0.0
4300 Impôts sur mut. par décès, succ. et donations	0.0	0.0	0.0	0.0	0.0	0.0	0.0	0.0	0.0	0.0
4400 Impôts sur transact. mobilières et immob.	4.3	9.8	13.6	23.4	24.2	1.0	1.4	1.0	1.3	1.3
4500 Impôts non périodiques sur	0.0	0.0	0.0	0.0	0.0	0.0	0.0	0.0	0.0	0.0
4600 Autres impôts périodiques sur patrimoine	0.0	0.0	0.0	0.0	0.0	0.0	0.0	0.0	0.0	0.0
5000 Impôts sur les biens et services	**32.4**	**61.9**	**103.8**	**131.9**	**137.1**	**7.8**	**8.8**	**7.3**	**7.5**	**7.4**
5100 Impôts sur production, vente, transfert, etc.	27.2	56.2	92.0	113.2	117.3	6.6	8.0	6.5	6.4	6.4
5110 Impôts généraux	9.4	25.8	49.3	64.3	65.7	2.3	3.7	3.5	3.6	3.6
5111 Taxes sur la valeur ajoutée	0.0	23.9	48.1	62.7	64.1	0.0	3.4	3.4	3.6	3.5
5120 Impôts sur biens et services déterminés	17.8	30.3	42.7	48.9	51.6	4.3	4.3	3.0	2.8	2.8
5121 Accises	12.0	19.8	26.7	22.8	23.7	2.9	2.8	1.9	1.3	1.3
5200 Impôts sur utilisation des biens et exerc. activités	5.2	5.7	11.7	18.8	19.8	1.3	0.8	0.8	1.1	1.1
5300 Non-ventilables entre 5100 et 5200	0.0	0.0	0.0	0.0	0.0	0.0	0.0	0.0	0.0	0.0
6000 Autres impôts	**0.0**	**0.0**	**0.0**	**0.0**	**0.0**	**0.0**	**0.0**	**0.0**	**0.0**	**0.0**
Crédits d'impôts récupérables										
Crédits d'impôts récupérables contre 1000	..	0.2	6.7	9.1	9.5	..	0.0	0.5	0.5	0.5
Composante transfert	..	0.0	4.4	6.7	7.0	..	0.0	0.3	0.4	0.4
Composante fiscale	..	0.2	2.4	2.4	2.4	..	0.0	0.2	0.1	0.1

.. Non disponible

Note : Des données et des notes plus détaillées par pays sont disponibles dans le chapitre 5 "Tableaux par pays, 1965-2017" accessible en ligne : https://doi.org/10.1787/df3c3b17-fr. Les séries temporelles complètes sont accessibles sur le site web http://oe.cd/series-temporelles-completes.

Source : Australian Bureau of Statistics.

StatLink http://dx.doi.org/10.1787/888934059224

Tableau 4.2. Australie, recettes fiscales et % du PIB par niveaux d'administration (principaux impôts)

	Milliard AUD					% du PIB				
	1990	2000	2010	2016	2017	1990	2000	2010	2016	2017
Administrations fédérale ou centrale										
Recettes fiscales totales	**92.6**	**175.7**	**287.1**	**387.4**	**424.8**	**22.3**	**24.9**	**20.3**	**22.0**	**23.0**
1000 Impôts sur revenu, bénéfices et gains en capital	66.5	124.4	202.2	278.8	310.0	16.1	17.6	14.3	15.8	16.8
2000 Cotisations de sécurité sociale	0.0	0.0	0.0	0.0	0.0	0.0	0.0	0.0	0.0	0.0
3000 Sur salaires ou main d'œuvre	1.3	0.1	0.5	0.6	1.1	0.3	0.0	0.0	0.0	0.1
4000 Impôts sur le patrimoine	0.2	0.0	0.0	0.0	1.5	0.1	0.0	0.0	0.0	0.1
5000 Impôts sur les biens et services	24.5	51.1	84.4	108.0	112.1	5.9	7.2	6.0	6.1	6.1
6000 Autres impôts	0.0	0.0	0.0	0.0	0.0	0.0	0.0	0.0	0.0	0.0
Administrations d'un État/Régions										
Recettes fiscales totales	**19.7**	**32.7**	**58.4**	**82.3**	**84.3**	**4.7**	**4.6**	**4.1**	**4.7**	**4.6**
1000 Impôts sur revenu, bénéfices et gains en capital	0.0	0.0	0.0	0.0	0.0	0.0	0.0	0.0	0.0	0.0
2000 Cotisations de sécurité sociale	0.0	0.0	0.0	0.0	0.0	0.0	0.0	0.0	0.0	0.0
3000 Sur salaires ou main d'œuvre	5.8	9.5	18.0	23.2	24.4	1.4	1.3	1.3	1.3	1.3
4000 Impôts sur le patrimoine	6.0	12.4	21.1	35.2	34.9	1.4	1.8	1.5	2.0	1.9
5000 Impôts sur les biens et services	7.9	10.8	19.3	23.9	25.0	1.9	1.5	1.4	1.4	1.4
6000 Autres impôts	0.0	0.0	0.0	0.0	0.0	0.0	0.0	0.0	0.0	0.0
Administrations locales										
Recettes fiscales totales	**4.2**	**6.4**	**12.4**	**17.4**	**18.1**	**1.0**	**0.9**	**0.9**	**1.0**	**1.0**
1000 Impôts sur revenu, bénéfices et gains en capital	0.0	0.0	0.0	0.0	0.0	0.0	0.0	0.0	0.0	0.0
2000 Cotisations de sécurité sociale	0.0	0.0	0.0	0.0	0.0	0.0	0.0	0.0	0.0	0.0
3000 Sur salaires ou main d'œuvre	0.0	0.0	0.0	0.0	0.0	0.0	0.0	0.0	0.0	0.0
4000 Impôts sur le patrimoine	4.2	6.4	12.4	17.4	18.1	1.0	0.9	0.9	1.0	1.0
5000 Impôts sur les biens et services	0.0	0.0	0.0	0.0	0.0	0.0	0.0	0.0	0.0	0.0
6000 Autres impôts	0.0	0.0	0.0	0.0	0.0	0.0	0.0	0.0	0.0	0.0
Administrations de sécurité sociale										
Recettes fiscales totales	**0.0**	**0.0**	**0.0**	**0.0**	**0.0**	**0.0**	**0.0**	**0.0**	**0.0**	**0.0**
1000 Impôts sur revenu, bénéfices et gains en capital	0.0	0.0	0.0	0.0	0.0	0.0	0.0	0.0	0.0	0.0
2000 Cotisations de sécurité sociale	0.0	0.0	0.0	0.0	0.0	0.0	0.0	0.0	0.0	0.0
3000 Sur salaires ou main d'œuvre	0.0	0.0	0.0	0.0	0.0	0.0	0.0	0.0	0.0	0.0
4000 Impôts sur le patrimoine	0.0	0.0	0.0	0.0	0.0	0.0	0.0	0.0	0.0	0.0
5000 Impôts sur les biens et services	0.0	0.0	0.0	0.0	0.0	0.0	0.0	0.0	0.0	0.0
6000 Autres impôts	0.0	0.0	0.0	0.0	0.0	0.0	0.0	0.0	0.0	0.0

Note : Des données et des notes plus détaillées par pays sont disponibles dans le chapitre 6 "Recettes fiscales des sous-secteurs de l'administration" accessible en ligne : https://doi.org/10.1787/df3c3b17-fr. Les séries temporelles complètes sont accessibles sur le site web http://oe.cd/series-temporelles-completes.

Source : Australian Bureau of Statistics.

StatLink http://dx.doi.org/10.1787/888934059243

Tableau 4.3. Autriche, recettes fiscales et % du PIB (sélection de catégories d'impôts)

	Milliard EUR					% du PIB				
	1990	2000	2010	2016	2017	1990	2000	2010	2016	2017
Recettes fiscales totales	**54.0**	**90.3**	**121.2**	**149.3**	**154.6**	**39.3**	**42.3**	**41.0**	**41.9**	**41.8**
1000 Impôts sur le revenu, les bénéfices et les gains en capital	**13.8**	**25.6**	**34.0**	**41.8**	**43.7**	**10.0**	**12.0**	**11.5**	**11.7**	**11.8**
1100 Des personnes physiques	11.3	19.9	27.1	32.3	33.5	8.2	9.3	9.2	9.1	9.1
1200 Des sociétés	1.9	4.2	5.5	8.4	9.1	1.4	1.9	1.9	2.4	2.5
1300 Non-ventilables entre 1100 et 1200	0.5	1.5	1.4	1.1	1.1	0.4	0.7	0.5	0.3	0.3
2000 Cotisations de sécurité sociale	**17.8**	**30.5**	**41.4**	**51.8**	**53.9**	**12.9**	**14.3**	**14.0**	**14.5**	**14.6**
2100 À la charge des salariés	7.5	12.5	16.8	20.9	21.7	5.5	5.8	5.7	5.9	5.9
2200 À la charge des employeurs	8.8	14.7	19.4	24.3	25.3	6.4	6.9	6.6	6.8	6.8
2300 À la charge des indép. ou sans emploi	1.5	3.4	5.2	6.6	6.9	1.1	1.6	1.7	1.9	1.9
2400 Non-ventilables entre 2100, 2200 et 2300	0.0	0.0	0.0	0.0	0.0	0.0	0.0	0.0	0.0	0.0
3000 Sur les salaires ou main d'œuvre	**3.3**	**5.8**	**8.4**	**10.4**	**10.2**	**2.4**	**2.7**	**2.8**	**2.9**	**2.8**
4000 Impôts sur le patrimoine	**1.5**	**1.2**	**1.6**	**2.0**	**1.9**	**1.1**	**0.6**	**0.5**	**0.5**	**0.5**
4100 Impôts périodiques sur la propriété immobilière	0.4	0.5	0.7	0.8	0.8	0.3	0.2	0.2	0.2	0.2
4200 Impôts périodiques sur l'actif net	0.6	0.0	0.0	0.0	0.0	0.5	0.0	0.0	0.0	0.0
4300 Impôts sur mut. par décès, succ. et donations	0.1	0.1	0.0	0.0	0.0	0.1	0.1	0.0	0.0	0.0
4400 Impôts sur transact. mobilières et immob.	0.4	0.6	0.8	1.1	1.1	0.3	0.3	0.3	0.3	0.3
4500 Impôts non périodiques sur	0.0	0.0	0.0	0.1	0.0	0.0	0.0	0.0	0.0	0.0
4600 Autres impôts périodiques sur patrimoine	0.0	0.0	0.0	0.0	0.0	0.0	0.0	0.0	0.0	0.0
5000 Impôts sur les biens et services	**17.0**	**26.1**	**34.4**	**42.2**	**43.5**	**12.4**	**12.2**	**11.6**	**11.8**	**11.8**
5100 Impôts sur production, vente, transfert, etc.	16.2	24.3	31.8	38.7	39.8	11.8	11.4	10.7	10.9	10.8
5110 Impôts généraux	11.2	16.9	22.7	27.3	28.3	8.2	7.9	7.7	7.7	7.7
5111 Taxes sur la valeur ajoutée	11.2	16.9	22.7	27.3	28.3	8.2	7.9	7.7	7.7	7.7
5120 Impôts sur biens et services déterminés	4.9	7.4	9.1	11.3	11.5	3.5	3.4	3.1	3.2	3.1
5121 Accises	3.3	5.5	6.9	7.9	8.3	2.4	2.6	2.3	2.2	2.2
5200 Impôts sur utilisation des biens et exerc. activités	0.9	1.9	2.6	3.5	3.7	0.6	0.9	0.9	1.0	1.0
5300 Non-ventilables entre 5100 et 5200	0.0	0.0	0.0	0.0	0.0	0.0	0.0	0.0	0.0	0.0
6000 Autres impôts	**0.7**	**0.8**	**1.1**	**0.8**	**0.8**	**0.5**	**0.4**	**0.4**	**0.2**	**0.2**
Crédits d'impôts récupérables										
Crédits d'impôts récupérables contre 1000	..	0.7	0.7	0.5	0.3	..	0.3	0.2	0.2	0.1
Composante transfert	..	0.1	0.2	0.3	0.1	..	0.0	0.1	0.1	0.0
Composante fiscale	..	0.6	0.4	0.2	0.2	..	0.3	0.1	0.1	0.1

.. Non disponible
Note : Des données et des notes plus détaillées par pays sont disponibles dans le chapitre 5 "Tableaux par pays, 1965-2017" accessible en ligne : https://doi.org/10.1787/df3c3b17-fr. Les séries temporelles complètes sont accessibles sur le site web http://oe.cd/series-temporelles-completes.
Source : Statistics Austria.

StatLink http://dx.doi.org/10.1787/888934059262

Tableau 4.4. Autriche, recettes fiscales et % du PIB par niveaux d'administration (principaux impôts)

	Milliard EUR					% du PIB				
	1990	2000	2010	2016	2017	1990	2000	2010	2016	2017
Administrations fédérale ou centrale										
Recettes fiscales totales	**27.2**	**60.5**	**80.7**	**98.5**	**101.7**	**19.8**	**28.3**	**27.3**	**27.6**	**27.5**
1000 Impôts sur revenu, bénéfices et gains en capital	8.6	24.9	33.1	40.6	42.6	6.3	11.7	11.2	11.4	11.5
2000 Cotisations de sécurité sociale	2.4	5.1	6.3	7.8	8.0	1.7	2.4	2.1	2.2	2.2
3000 Sur salaires ou main d'œuvre	2.6	3.9	5.8	7.1	6.8	1.9	1.8	1.9	2.0	1.8
4000 Impôts sur le patrimoine	0.9	0.7	0.9	1.2	1.2	0.6	0.3	0.3	0.3	0.3
5000 Impôts sur les biens et services	12.3	25.3	33.7	41.2	42.5	8.9	11.8	11.4	11.6	11.5
6000 Autres impôts	0.5	0.6	0.9	0.5	0.6	0.4	0.3	0.3	0.1	0.1
Administrations d'un État/Régions										
Recettes fiscales totales	**5.8**	**1.4**	**2.0**	**2.4**	**2.5**	**4.2**	**0.7**	**0.7**	**0.7**	**0.7**
1000 Impôts sur revenu, bénéfices et gains en capital	2.8	0.6	0.9	1.1	1.2	2.0	0.3	0.3	0.3	0.3
2000 Cotisations de sécurité sociale	0.2	0.4	0.5	0.5	0.5	0.2	0.2	0.2	0.1	0.1
3000 Sur salaires ou main d'œuvre	0.0	0.1	0.2	0.2	0.2	0.0	0.1	0.1	0.1	0.1
4000 Impôts sur le patrimoine	0.1	0.0	0.0	0.0	0.1	0.0	0.0	0.0	0.0	0.0
5000 Impôts sur les biens et services	2.7	0.2	0.3	0.4	0.4	2.0	0.1	0.1	0.1	0.1
6000 Autres impôts	0.0	0.1	0.1	0.1	0.1	0.0	0.0	0.0	0.0	0.0
Administrations locales										
Recettes fiscales totales	**6.1**	**3.2**	**3.8**	**4.5**	**4.7**	**4.4**	**1.5**	**1.3**	**1.3**	**1.3**
1000 Impôts sur revenu, bénéfices et gains en capital	2.4	0.0	0.0	0.0	0.0	1.8	0.0	0.0	0.0	0.0
2000 Cotisations de sécurité sociale	0.2	0.3	0.3	0.3	0.3	0.1	0.1	0.1	0.1	0.1
3000 Sur salaires ou main d'œuvre	0.7	1.8	2.4	3.1	3.2	0.5	0.8	0.8	0.9	0.9
4000 Impôts sur le patrimoine	0.5	0.5	0.6	0.7	0.7	0.4	0.2	0.2	0.2	0.2
5000 Impôts sur les biens et services	2.1	0.6	0.4	0.4	0.4	1.5	0.3	0.1	0.1	0.1
6000 Autres impôts	0.2	0.1	0.1	0.1	0.1	0.1	0.0	0.0	0.0	0.0
Administrations de sécurité sociale										
Recettes fiscales totales	**15.0**	**24.8**	**34.4**	**43.3**	**45.1**	**10.9**	**11.6**	**11.6**	**12.1**	**12.2**
1000 Impôts sur revenu, bénéfices et gains en capital	0.0	0.0	0.0	0.0	0.0	0.0	0.0	0.0	0.0	0.0
2000 Cotisations de sécurité sociale	15.0	24.8	34.4	43.3	45.1	10.9	11.6	11.6	12.1	12.2
3000 Sur salaires ou main d'œuvre	0.0	0.0	0.0	0.0	0.0	0.0	0.0	0.0	0.0	0.0
4000 Impôts sur le patrimoine	0.0	0.0	0.0	0.0	0.0	0.0	0.0	0.0	0.0	0.0
5000 Impôts sur les biens et services	0.0	0.0	0.0	0.0	0.0	0.0	0.0	0.0	0.0	0.0
6000 Autres impôts	0.0	0.0	0.0	0.0	0.0	0.0	0.0	0.0	0.0	0.0

Note : Des données et des notes plus détaillées par pays sont disponibles dans le chapitre 6 "Recettes fiscales des sous-secteurs de l'administration" accessible en ligne : https://doi.org/10.1787/df3c3b17-fr. Les séries temporelles complètes sont accessibles sur le site web http://oe.cd/series-temporelles-completes.
Source : Statistics Austria.

StatLink http://dx.doi.org/10.1787/888934059281

Tableau 4.5. Belgique, recettes fiscales et % du PIB (sélection de catégories d'impôts)

	Milliard EUR					% du PIB				
	1990	2000	2010	2016	2017	1990	2000	2010	2016	2017
Recettes fiscales totales	**70.4**	**112.4**	**155.6**	**186.3**	**195.3**	**41.2**	**43.5**	**42.6**	**43.9**	**44.5**
1000 Impôts sur le revenu, les bénéfices et les gains en capital	**26.0**	**43.4**	**53.2**	**66.2**	**71.3**	**15.2**	**16.8**	**14.6**	**15.6**	**16.2**
1100 Des personnes physiques	22.5	35.3	44.0	51.6	53.1	13.2	13.7	12.0	12.1	12.1
1200 Des sociétés	3.4	8.1	9.2	14.6	18.1	2.0	3.1	2.5	3.4	4.1
1300 Non-ventilables entre 1100 et 1200	0.0	0.1	0.0	0.1	0.1	0.0	0.0	0.0	0.0	0.0
2000 Cotisations de sécurité sociale	**23.4**	**34.6**	**50.4**	**57.9**	**59.6**	**13.7**	**13.4**	**13.8**	**13.6**	**13.6**
2100 À la charge des salariés	7.2	10.9	15.0	17.1	17.7	4.2	4.2	4.1	4.0	4.0
2200 À la charge des employeurs	14.7	20.8	30.8	35.2	36.0	8.6	8.1	8.4	8.3	8.2
2300 À la charge des indép. ou sans emploi	1.5	2.9	4.6	5.7	5.8	0.9	1.1	1.3	1.3	1.3
2400 Non-ventilables entre 2100, 2200 et 2300	0.0	0.0	0.0	0.0	0.0	0.0	0.0	0.0	0.0	0.0
3000 Sur les salaires ou main d'œuvre	**0.0**	**0.0**	**0.0**	**0.0**	**0.0**	**0.0**	**0.0**	**0.0**	**0.0**	**0.0**
4000 Impôts sur le patrimoine	**2.7**	**5.3**	**11.3**	**14.9**	**15.4**	**1.6**	**2.0**	**3.1**	**3.5**	**3.5**
4100 Impôts périodiques sur la propriété immobilière	0.6	1.2	4.6	5.6	5.8	0.4	0.5	1.3	1.3	1.3
4200 Impôts périodiques sur l'actif net	0.0	0.1	0.2	1.0	0.9	0.0	0.0	0.1	0.2	0.2
4300 Impôts sur mut. par décès, succ. et donations	0.5	1.1	2.3	2.9	3.1	0.3	0.4	0.6	0.7	0.7
4400 Impôts sur transact. mobilières et immob.	1.5	2.7	3.5	4.5	4.8	0.9	1.0	1.0	1.1	1.1
4500 Impôts non périodiques sur	0.0	0.1	0.3	0.4	0.5	0.0	0.0	0.1	0.1	0.1
4600 Autres impôts périodiques sur patrimoine	0.1	0.2	0.3	0.4	0.3	0.1	0.1	0.1	0.1	0.1
5000 Impôts sur les biens et services	**18.4**	**28.1**	**39.4**	**45.7**	**47.3**	**10.7**	**10.9**	**10.8**	**10.8**	**10.8**
5100 Impôts sur production, vente, transfert, etc.	17.4	26.0	37.0	43.2	44.7	10.2	10.1	10.1	10.2	10.2
5110 Impôts généraux	11.6	18.2	25.5	29.0	30.0	6.8	7.1	7.0	6.8	6.8
5111 Taxes sur la valeur ajoutée	11.5	18.1	25.3	28.7	29.8	6.8	7.0	6.9	6.8	6.8
5120 Impôts sur biens et services déterminés	5.8	7.8	11.5	14.3	14.8	3.4	3.0	3.1	3.4	3.4
5121 Accises	3.5	5.7	7.8	9.4	9.9	2.0	2.2	2.1	2.2	2.3
5200 Impôts sur utilisation des biens et exerc. activités	1.0	2.1	2.4	2.5	2.5	0.6	0.8	0.7	0.6	0.6
5300 Non-ventilables entre 5100 et 5200	0.0	0.0	0.0	0.0	0.0	0.0	0.0	0.0	0.0	0.0
6000 Autres impôts	**0.0**	**0.0**	**0.0**	**0.0**	**0.0**	**0.0**	**0.0**	**0.0**	**0.0**	**0.0**
Crédits d'impôts récupérables										
Crédits d'impôts récupérables contre 1000	..	..	1.0	0.8	0.9	..	..	0.3	0.2	0.2
Composante transfert	..	..	0.4	0.3	0.3	..	..	0.1	0.1	0.1
Composante fiscale	..	..	0.6	0.5	0.5	..	..	0.2	0.1	0.1

.. Non disponible
Note : Des données et des notes plus détaillées par pays sont disponibles dans le chapitre 5 "Tableaux par pays, 1965-2017" accessible en ligne : https://doi.org/10.1787/df3c3b17-fr. Les séries temporelles complètes sont accessibles sur le site web http://oe.cd/series-temporelles-completes.
Source : Service Public Fédéral Finances.

StatLink http://dx.doi.org/10.1787/888934059300

Tableau 4.6. Belgique, recettes fiscales et % du PIB par niveaux d'administration (principaux impôts)

	Milliard EUR					% du PIB				
	1990	2000	2010	2016	2017	1990	2000	2010	2016	2017
Administrations fédérale ou centrale										
Recettes fiscales totales	**42.5**	**69.4**	**87.8**	**94.4**	**100.3**	**24.9**	**26.9**	**24.0**	**22.2**	**22.8**
1000 Impôts sur revenu, bénéfices et gains en capital	23.9	39.6	49.3	52.0	56.8	13.9	15.3	13.5	12.3	12.9
2000 Cotisations de sécurité sociale	0.9	1.3	2.5	0.1	0.1	0.5	0.5	0.7	0.0	0.0
3000 Sur salaires ou main d'œuvre	0.0	0.0	0.0	0.0	0.0	0.0	0.0	0.0	0.0	0.0
4000 Impôts sur le patrimoine	1.1	2.3	0.9	2.1	2.1	0.6	0.9	0.3	0.5	0.5
5000 Impôts sur les biens et services	16.7	26.3	35.0	40.2	41.4	9.8	10.2	9.6	9.5	9.4
6000 Autres impôts	0.0	0.0	0.0	0.0	0.0	0.0	0.0	0.0	0.0	0.0
Administrations d'un État/Régions										
Recettes fiscales totales	**1.2**	**2.4**	**8.1**	**19.9**	**21.0**	**0.7**	**0.9**	**2.2**	**4.7**	**4.8**
1000 Impôts sur revenu, bénéfices et gains en capital	0.0	0.1	0.0	9.7	9.9	0.0	0.0	0.0	2.3	2.3
2000 Cotisations de sécurité sociale	0.0	0.0	0.0	0.2	0.2	0.0	0.0	0.0	0.1	0.1
3000 Sur salaires ou main d'œuvre	0.0	0.0	0.0	0.0	0.0	0.0	0.0	0.0	0.0	0.0
4000 Impôts sur le patrimoine	0.9	1.9	5.6	7.1	7.6	0.5	0.7	1.5	1.7	1.7
5000 Impôts sur les biens et services	0.2	0.5	2.4	3.0	3.3	0.1	0.2	0.7	0.7	0.7
6000 Autres impôts	0.0	0.0	0.0	0.0	0.0	0.0	0.0	0.0	0.0	0.0
Administrations locales										
Recettes fiscales totales	**3.1**	**4.6**	**7.9**	**9.4**	**9.5**	**1.8**	**1.8**	**2.2**	**2.2**	**2.2**
1000 Impôts sur revenu, bénéfices et gains en capital	2.1	3.1	2.9	3.3	3.4	1.2	1.2	0.8	0.8	0.8
2000 Cotisations de sécurité sociale	0.1	0.0	0.0	0.0	0.0	0.1	0.0	0.0	0.0	0.0
3000 Sur salaires ou main d'œuvre	0.0	0.0	0.0	0.0	0.0	0.0	0.0	0.0	0.0	0.0
4000 Impôts sur le patrimoine	0.6	1.0	4.4	5.3	5.5	0.3	0.4	1.2	1.3	1.2
5000 Impôts sur les biens et services	0.3	0.4	0.6	0.6	0.6	0.2	0.2	0.2	0.2	0.1
6000 Autres impôts	0.0	0.0	0.0	0.0	0.0	0.0	0.0	0.0	0.0	0.0
Administrations de sécurité sociale										
Recettes fiscales totales	**22.7**	**34.9**	**50.6**	**60.8**	**62.5**	**13.3**	**13.5**	**13.9**	**14.3**	**14.2**
1000 Impôts sur revenu, bénéfices et gains en capital	0.0	0.6	1.0	1.2	1.2	0.0	0.2	0.3	0.3	0.3
2000 Cotisations de sécurité sociale	22.4	33.3	47.9	57.6	59.3	13.1	12.9	13.1	13.6	13.5
3000 Sur salaires ou main d'œuvre	0.0	0.0	0.0	0.0	0.0	0.0	0.0	0.0	0.0	0.0
4000 Impôts sur le patrimoine	0.1	0.2	0.3	0.3	0.3	0.1	0.1	0.1	0.1	0.1
5000 Impôts sur les biens et services	0.2	0.8	1.3	1.6	1.7	0.1	0.3	0.4	0.4	0.4
6000 Autres impôts	0.0	0.0	0.0	0.0	0.0	0.0	0.0	0.0	0.0	0.0

Note : Des données et des notes plus détaillées par pays sont disponibles dans le chapitre 6 "Recettes fiscales des sous-secteurs de l'administration" accessible en ligne : https://doi.org/10.1787/df3c3b17-fr. Les séries temporelles complètes sont accessibles sur le site web http://oe.cd/series-temporelles-completes.
Source : Service Public Fédéral Finances.

StatLink http://dx.doi.org/10.1787/888934059319

Tableau 4.7. Canada, recettes fiscales et % du PIB (sélection de catégories d'impôts)

	Milliard CAD					% du PIB				
	1990	2000	2010	2016	2017	1990	2000	2010	2016	2017
Recettes fiscales totales	**244.2**	**390.2**	**516.6**	**672.8**	**702.7**	**35.1**	**34.7**	**31.0**	**33.2**	**32.8**
1000 Impôts sur le revenu, les bénéfices et les gains en capital	**118.6**	**195.3**	**241.0**	**323.1**	**338.9**	**17.0**	**17.4**	**14.5**	**15.9**	**15.8**
1100 Des personnes physiques	99.7	143.7	180.9	240.6	251.1	14.3	12.8	10.9	11.9	11.7
1200 Des sociétés	17.2	47.6	54.1	75.7	80.1	2.5	4.2	3.2	3.7	3.7
1300 Non-ventilables entre 1100 et 1200	1.7	4.0	6.0	6.7	7.7	0.2	0.4	0.4	0.3	0.4
2000 Cotisations de sécurité sociale	**29.7**	**53.1**	**76.8**	**99.0**	**99.3**	**4.3**	**4.7**	**4.6**	**4.9**	**4.6**
2100 À la charge des salariés	10.6	21.4	30.6	39.6	39.9	1.5	1.9	1.8	2.0	1.9
2200 À la charge des employeurs	18.4	30.3	43.5	56.0	55.9	2.7	2.7	2.6	2.8	2.6
2300 À la charge des indép. ou sans emploi	0.6	1.4	2.6	3.4	3.6	0.1	0.1	0.2	0.2	0.2
2400 Non-ventilables entre 2100, 2200 et 2300	0.0	0.0	0.0	0.0	0.0	0.0	0.0	0.0	0.0	0.0
3000 Sur les salaires ou main d'œuvre	**5.5**	**8.0**	**10.8**	**13.8**	**14.3**	**0.8**	**0.7**	**0.6**	**0.7**	**0.7**
4000 Impôts sur le patrimoine	**24.5**	**37.2**	**63.7**	**81.2**	**84.0**	**3.5**	**3.3**	**3.8**	**4.0**	**3.9**
4100 Impôts périodiques sur la propriété immobilière	20.2	30.2	51.7	65.2	66.8	2.9	2.7	3.1	3.2	3.1
4200 Impôts périodiques sur l'actif net	1.9	4.2	1.5	0.4	0.4	0.3	0.4	0.1	0.0	0.0
4300 Impôts sur mut. par décès, succ. et donations	0.0	0.0	0.2	0.3	0.3	0.0	0.0	0.0	0.0	0.0
4400 Impôts sur transact. mobilières et immob.	0.0	0.0	3.1	6.3	6.9	0.0	0.0	0.2	0.3	0.3
4500 Impôts non périodiques sur	2.4	2.7	7.3	9.0	9.5	0.3	0.2	0.4	0.4	0.4
4600 Autres impôts périodiques sur patrimoine	0.0	0.0	0.0	0.0	0.0	0.0	0.0	0.0	0.0	0.0
5000 Impôts sur les biens et services	**63.1**	**94.5**	**123.8**	**155.1**	**165.4**	**9.1**	**8.4**	**7.4**	**7.6**	**7.7**
5100 Impôts sur production, vente, transfert, etc.	59.6	88.9	116.2	146.1	153.7	8.6	7.9	7.0	7.2	7.2
5110 Impôts généraux	34.5	55.3	72.1	93.9	99.9	5.0	4.9	4.3	4.6	4.7
5111 Taxes sur la valeur ajoutée	0.0	35.9	70.7	90.4	96.2	0.0	3.2	4.2	4.5	4.5
5120 Impôts sur biens et services déterminés	25.2	33.6	44.0	52.3	53.8	3.6	3.0	2.6	2.6	2.5
5121 Accises	14.5	18.4	23.3	25.9	27.2	2.1	1.6	1.4	1.3	1.3
5200 Impôts sur utilisation des biens et exerc. activités	3.5	5.6	7.6	9.0	11.7	0.5	0.5	0.5	0.4	0.5
5300 Non-ventilables entre 5100 et 5200	0.0	0.0	0.0	0.0	0.0	0.0	0.0	0.0	0.0	0.0
6000 Autres impôts	**2.9**	**2.2**	**0.6**	**0.7**	**0.7**	**0.4**	**0.2**	**0.0**	**0.0**	**0.0**
Crédits d'impôts récupérables										
Crédits d'impôts récupérables contre 1000	..	3.4	11.1	11.4	11.6	..	0.3	0.7	0.6	0.5
Composante transfert	..	3.1	10.2	10.3	10.5	..	0.3	0.6	0.5	0.5
Composante fiscale	..	0.3	0.9	1.1	1.1	..	0.0	0.1	0.1	0.1

.. Non disponible
Note : Des données et des notes plus détaillées par pays sont disponibles dans le chapitre 5 "Tableaux par pays, 1965-2017" accessible en ligne : https://doi.org/10.1787/df3c3b17-fr. Les séries temporelles complètes sont accessibles sur le site web http://oe.cd/series-temporelles-completes.
Source : Statistics Canada.

StatLink http://dx.doi.org/10.1787/888934059338

Tableau 4.8. Canada, recettes fiscales et % du PIB par niveaux d'administration (principaux impôts)

	Milliard CAD					% du PIB				
	1990	2000	2010	2016	2017	1990	2000	2010	2016	2017
Administrations fédérale ou centrale										
Recettes fiscales totales	**101.7**	**184.4**	**212.8**	**274.9**	**287.3**	**14.6**	**16.4**	**12.8**	**13.6**	**13.4**
1000 Impôts sur revenu, bénéfices et gains en capital	73.6	126.3	148.7	195.6	208.5	10.6	11.2	8.9	9.6	9.7
2000 Cotisations de sécurité sociale	0.0	18.8	17.9	24.1	20.9	0.0	1.7	1.1	1.2	1.0
3000 Sur salaires ou main d'œuvre	0.0	0.0	0.0	0.0	0.0	0.0	0.0	0.0	0.0	0.0
4000 Impôts sur le patrimoine	0.0	0.0	0.0	0.0	0.0	0.0	0.0	0.0	0.0	0.0
5000 Impôts sur les biens et services	28.1	39.4	46.2	55.2	58.0	4.0	3.5	2.8	2.7	2.7
6000 Autres impôts	0.0	0.0	0.0	0.0	0.0	0.0	0.0	0.0	0.0	0.0
Administrations d'un État/Régions										
Recettes fiscales totales	**89.3**	**148.2**	**201.1**	**267.6**	**279.5**	**12.8**	**13.2**	**12.1**	**13.2**	**13.1**
1000 Impôts sur revenu, bénéfices et gains en capital	44.9	69.0	92.2	127.5	130.4	6.5	6.1	5.5	6.3	6.1
2000 Cotisations de sécurité sociale	0.0	8.3	11.7	14.6	14.9	0.0	0.7	0.7	0.7	0.7
3000 Sur salaires ou main d'œuvre	5.5	8.0	10.8	13.8	14.3	0.8	0.7	0.6	0.7	0.7
4000 Impôts sur le patrimoine	4.2	8.4	9.8	13.0	13.6	0.6	0.7	0.6	0.6	0.6
5000 Impôts sur les biens et services	34.6	54.5	76.7	98.7	106.2	5.0	4.8	4.6	4.9	5.0
6000 Autres impôts	0.0	0.0	0.0	0.0	0.0	0.0	0.0	0.0	0.0	0.0
Administrations locales										
Recettes fiscales totales	**23.5**	**31.5**	**55.4**	**70.1**	**72.3**	**3.4**	**2.8**	**3.3**	**3.5**	**3.4**
1000 Impôts sur revenu, bénéfices et gains en capital	0.0	0.0	0.0	0.0	0.0	0.0	0.0	0.0	0.0	0.0
2000 Cotisations de sécurité sociale	0.0	0.0	0.0	0.0	0.0	0.0	0.0	0.0	0.0	0.0
3000 Sur salaires ou main d'œuvre	0.0	0.0	0.0	0.0	0.0	0.0	0.0	0.0	0.0	0.0
4000 Impôts sur le patrimoine	20.3	28.8	53.9	68.2	70.4	2.9	2.6	3.2	3.4	3.3
5000 Impôts sur les biens et services	0.4	0.6	0.9	1.2	1.2	0.1	0.1	0.1	0.1	0.1
6000 Autres impôts	2.9	2.2	0.6	0.7	0.7	0.4	0.2	0.0	0.0	0.0
Administrations de sécurité sociale										
Recettes fiscales totales	**29.7**	**26.0**	**47.2**	**60.3**	**63.6**	**4.3**	**2.3**	**2.8**	**3.0**	**3.0**
1000 Impôts sur revenu, bénéfices et gains en capital	0.0	0.0	0.0	0.0	0.0	0.0	0.0	0.0	0.0	0.0
2000 Cotisations de sécurité sociale	29.7	26.0	47.2	60.3	63.6	4.3	2.3	2.8	3.0	3.0
3000 Sur salaires ou main d'œuvre	0.0	0.0	0.0	0.0	0.0	0.0	0.0	0.0	0.0	0.0
4000 Impôts sur le patrimoine	0.0	0.0	0.0	0.0	0.0	0.0	0.0	0.0	0.0	0.0
5000 Impôts sur les biens et services	0.0	0.0	0.0	0.0	0.0	0.0	0.0	0.0	0.0	0.0
6000 Autres impôts	0.0	0.0	0.0	0.0	0.0	0.0	0.0	0.0	0.0	0.0

Note : Des données et des notes plus détaillées par pays sont disponibles dans le chapitre 6 "Recettes fiscales des sous-secteurs de l'administration" accessible en ligne : https://doi.org/10.1787/df3c3b17-fr. Les séries temporelles complètes sont accessibles sur le site web http://oe.cd/series-temporelles-completes.
Source : Statistics Canada.

StatLink http://dx.doi.org/10.1787/888934059357

Tableau 4.9. Chili, recettes fiscales et % du PIB (sélection de catégories d'impôts)

	Milliard CLP					% du PIB				
	1990	2000	2010	2016	2017	1990	2000	2010	2016	2017
Recettes fiscales totales	**1 777.2**	**7 902.0**	**21 845.7**	**34 129.3**	**36 238.6**	**16.9**	**18.8**	**19.6**	**20.1**	**20.1**
1000 Impôts sur le revenu, les bénéfices et les gains en capital	**413.0**	**1 841.6**	**8 329.1**	**11 444.6**	**12 516.2**	**3.9**	**4.4**	**7.5**	**6.8**	**6.9**
1100 Des personnes physiques	99.2	604.1	1 492.8	2 990.7	3 500.0	0.9	1.4	1.3	1.8	1.9
1200 Des sociétés	219.6	882.9	4 448.7	7 146.7	7 658.4	2.1	2.1	4.0	4.2	4.3
1300 Non-ventilables entre 1100 et 1200	94.2	354.6	2 387.5	1 307.3	1 357.7	0.9	0.8	2.1	0.8	0.8
2000 Cotisations de sécurité sociale	**159.6**	**576.8**	**1 494.0**	**2 441.4**	**2 627.6**	**1.5**	**1.4**	**1.3**	**1.4**	**1.5**
2100 À la charge des salariés	154.0	553.9	1 433.2	2 373.8	2 553.9	1.5	1.3	1.3	1.4	1.4
2200 À la charge des employeurs	5.5	22.8	60.8	67.6	73.6	0.1	0.1	0.1	0.0	0.0
2300 À la charge des indép. ou sans emploi	0.0	0.0	0.0	0.0	0.0	0.0	0.0	0.0	0.0	0.0
2400 Non-ventilables entre 2100, 2200 et 2300	0.0	0.0	0.0	0.0	0.0	0.0	0.0	0.0	0.0	0.0
3000 Sur les salaires ou main d'œuvre	**0.0**	**0.0**	**0.0**	**0.0**	**0.0**	**0.0**	**0.0**	**0.0**	**0.0**	**0.0**
4000 Impôts sur le patrimoine	**109.3**	**554.0**	**898.6**	**1 731.7**	**1 950.2**	**1.0**	**1.3**	**0.8**	**1.0**	**1.1**
4100 Impôts périodiques sur la propriété immobilière	60.0	302.2	662.4	1 171.4	1 229.2	0.6	0.7	0.6	0.7	0.7
4200 Impôts périodiques sur l'actif net	0.0	0.0	0.0	0.0	0.0	0.0	0.0	0.0	0.0	0.0
4300 Impôts sur mut. par décès, succ. et donations	3.4	10.9	39.3	100.5	202.4	0.0	0.0	0.0	0.1	0.1
4400 Impôts sur transact. mobilières et immob.	45.9	240.9	196.9	459.8	518.6	0.4	0.6	0.2	0.3	0.3
4500 Impôts non périodiques sur	0.0	0.0	0.0	0.0	0.0	0.0	0.0	0.0	0.0	0.0
4600 Autres impôts périodiques sur patrimoine	0.0	0.0	0.0	0.0	0.0	0.0	0.0	0.0	0.0	0.0
5000 Impôts sur les biens et services	**1 118.7**	**5 041.8**	**11 185.2**	**18 629.6**	**19 858.9**	**10.6**	**12.0**	**10.0**	**11.0**	**11.0**
5100 Impôts sur production, vente, transfert, etc.	1 074.0	4 789.8	10 532.9	17 449.2	18 597.2	10.2	11.4	9.4	10.3	10.3
5110 Impôts généraux	664.4	3 306.4	8 399.9	14 073.1	15 069.5	6.3	7.9	7.5	8.3	8.4
5111 Taxes sur la valeur ajoutée	664.4	3 306.4	8 399.9	14 073.1	15 069.5	6.3	7.9	7.5	8.3	8.4
5120 Impôts sur biens et services déterminés	409.6	1 483.5	2 133.0	3 376.2	3 527.6	3.9	3.5	1.9	2.0	2.0
5121 Accises	166.0	816.2	1 561.2	2 568.9	2 682.7	1.6	1.9	1.4	1.5	1.5
5200 Impôts sur utilisation des biens et exerc. activités	44.7	251.9	652.3	1 180.4	1 261.7	0.4	0.6	0.6	0.7	0.7
5300 Non-ventilables entre 5100 et 5200	0.0	0.0	0.0	0.0	0.0	0.0	0.0	0.0	0.0	0.0
6000 Autres impôts	**-23.4**	**-112.2**	**-61.1**	**-118.0**	**-714.3**	**-0.2**	**-0.3**	**-0.1**	**-0.1**	**-0.4**
Crédits d'impôts récupérables										
Crédits d'impôts récupérables contre 1000	0.0	0.0	0.0	179.6	213.5	0.0	0.0	0.0	0.1	0.1
Composante transfert	..	..	..	129.6	151.4	..	..	..	0.1	0.1
Composante fiscale	..	..	..	50.1	62.1	..	..	..	0.0	0.0

.. Non disponible

Note : Des données et des notes plus détaillées par pays sont disponibles dans le chapitre 5 "Tableaux par pays, 1965-2017" accessible en ligne : https://doi.org/10.1787/df3c3b17-fr. Les séries temporelles complètes sont accessibles sur le site web http://oe.cd/series-temporelles-completes.

Source : Servicio de Impuestos internos (Chile's Tax Service).

StatLink http://dx.doi.org/10.1787/888934059376

Tableau 4.10. Chili, recettes fiscales et % du PIB par niveaux d'administration (principaux impôts)

	Milliard CLP					% du PIB				
	1990	2000	2010	2016	2017	1990	2000	2010	2016	2017
Administrations fédérale ou centrale										
Recettes fiscales totales	**1 579.7**	**6 936.8**	**19 214.8**	**29 493.6**	**31 274.2**	**15.0**	**16.5**	**17.2**	**17.4**	**17.4**
1000 Impôts sur revenu, bénéfices et gains en capital	413.0	1 841.6	8 329.1	11 444.6	12 516.2	3.9	4.4	7.5	6.8	6.9
2000 Cotisations de sécurité sociale	66.7	232.7	371.4	483.1	506.0	0.6	0.6	0.3	0.3	0.3
3000 Sur salaires ou main d'œuvre	0.0	0.0	0.0	0.0	0.0	0.0	0.0	0.0	0.0	0.0
4000 Impôts sur le patrimoine	59.7	255.4	245.0	576.8	738.3	0.6	0.6	0.2	0.3	0.4
5000 Impôts sur les biens et services	1 063.7	4 719.3	10 330.4	17 107.1	18 228.0	10.1	11.2	9.3	10.1	10.1
6000 Autres impôts	-23.4	-112.2	-61.1	-118.0	-714.3	-0.2	-0.3	-0.1	-0.1	-0.4
Administrations d'un État/Régions										
Recettes fiscales totales	..	..	..	..	..	..	..	..	..	..
1000 Impôts sur revenu, bénéfices et gains en capital	..	..	..	..	..	..	..	..	..	..
2000 Cotisations de sécurité sociale	..	..	..	..	..	..	..	..	..	..
3000 Sur salaires ou main d'œuvre	..	..	..	..	..	..	..	..	..	..
4000 Impôts sur le patrimoine	..	..	..	..	..	..	..	..	..	..
5000 Impôts sur les biens et services	..	..	..	..	..	..	..	..	..	..
6000 Autres impôts	..	..	..	..	..	..	..	..	..	..
Administrations locales										
Recettes fiscales totales	**104.7**	**621.2**	**1 508.3**	**2 677.4**	**2 842.8**	**1.0**	**1.5**	**1.4**	**1.6**	**1.6**
1000 Impôts sur revenu, bénéfices et gains en capital	0.0	0.0	0.0	0.0	0.0	0.0	0.0	0.0	0.0	0.0
2000 Cotisations de sécurité sociale	0.0	0.0	0.0	0.0	0.0	0.0	0.0	0.0	0.0	0.0
3000 Sur salaires ou main d'œuvre	0.0	0.0	0.0	0.0	0.0	0.0	0.0	0.0	0.0	0.0
4000 Impôts sur le patrimoine	49.6	298.7	653.6	1 154.9	1 211.9	0.5	0.7	0.6	0.7	0.7
5000 Impôts sur les biens et services	55.0	322.5	854.8	1 522.5	1 630.9	0.5	0.8	0.8	0.9	0.9
6000 Autres impôts	0.0	0.0	0.0	0.0	0.0	0.0	0.0	0.0	0.0	0.0
Administrations de sécurité sociale										
Recettes fiscales totales	**92.8**	**344.0**	**1 122.6**	**1 958.4**	**2 121.5**	**0.9**	**0.8**	**1.0**	**1.2**	**1.2**
1000 Impôts sur revenu, bénéfices et gains en capital	0.0	0.0	0.0	0.0	0.0	0.0	0.0	0.0	0.0	0.0
2000 Cotisations de sécurité sociale	92.8	344.0	1 122.6	1 958.4	2 121.5	0.9	0.8	1.0	1.2	1.2
3000 Sur salaires ou main d'œuvre	0.0	0.0	0.0	0.0	0.0	0.0	0.0	0.0	0.0	0.0
4000 Impôts sur le patrimoine	0.0	0.0	0.0	0.0	0.0	0.0	0.0	0.0	0.0	0.0
5000 Impôts sur les biens et services	0.0	0.0	0.0	0.0	0.0	0.0	0.0	0.0	0.0	0.0
6000 Autres impôts	0.0	0.0	0.0	0.0	0.0	0.0	0.0	0.0	0.0	0.0

.. Non disponible

Note : Des données et des notes plus détaillées par pays sont disponibles dans le chapitre 6 "Recettes fiscales des sous-secteurs de l'administration" accessible en ligne : https://doi.org/10.1787/df3c3b17-fr. Les séries temporelles complètes sont accessibles sur le site web http://oe.cd/series-temporelles-completes.

Source : Servicio de Impuestos internos (Chile's Tax Service).

StatLink http://dx.doi.org/10.1787/888934059395

Tableau 4.11. République tchèque, recettes fiscales et % du PIB (sélection de catégories d'impôts)

	Milliard CZK					% du PIB				
	1990	2000	2010	2016	2017	1990	2000	2010	2016	2017
Recettes fiscales totales	..	**771.6**	**1 286.9**	**1 632.4**	**1 760.0**	..	**32.4**	**32.5**	**34.2**	**34.9**
1000 Impôts sur le revenu, les bénéfices et les gains en capital	..	**175.8**	**259.9**	**361.9**	**390.6**	..	**7.4**	**6.6**	**7.6**	**7.7**
1100 Des personnes physiques	..	99.7	131.7	183.1	202.2	..	4.2	3.3	3.8	4.0
1200 Des sociétés	..	76.2	128.2	178.8	188.3	..	3.2	3.2	3.7	3.7
1300 Non-ventilables entre 1100 et 1200	..	0.0	0.0	0.0	0.0	..	0.0	0.0	0.0	0.0
2000 Cotisations de sécurité sociale	..	**341.5**	**576.0**	**699.6**	**757.2**	..	**14.4**	**14.5**	**14.7**	**15.0**
2100 À la charge des salariés	..	77.3	116.8	143.7	155.8	..	3.2	2.9	3.0	3.1
2200 À la charge des employeurs	..	220.2	363.1	444.2	483.4	..	9.3	9.2	9.3	9.6
2300 À la charge des indép. ou sans emploi	..	44.1	96.1	111.7	117.9	..	1.9	2.4	2.3	2.3
2400 Non-ventilables entre 2100, 2200 et 2300	..	0.0	0.0	0.0	0.0	..	0.0	0.0	0.0	0.0
3000 Sur les salaires ou main d'œuvre	..	**0.0**	**0.0**	**0.0**	**0.0**	..	**0.0**	**0.0**	**0.0**	**0.0**
4000 Impôts sur le patrimoine	..	**10.9**	**16.4**	**23.4**	**23.8**	..	**0.5**	**0.4**	**0.5**	**0.5**
4100 Impôts périodiques sur la propriété immobilière	..	4.5	8.8	10.6	10.8	..	0.2	0.2	0.2	0.2
4200 Impôts périodiques sur l'actif net	..	0.0	0.0	0.0	0.0	..	0.0	0.0	0.0	0.0
4300 Impôts sur mut. par décès, succ. et donations	..	0.6	0.2	0.0	0.0	..	0.0	0.0	0.0	0.0
4400 Impôts sur transact. mobilières et immob.	..	5.8	7.4	12.8	13.1	..	0.2	0.2	0.3	0.3
4500 Impôts non périodiques sur	..	0.0	0.0	0.0	0.0	..	0.0	0.0	0.0	0.0
4600 Autres impôts périodiques sur patrimoine	..	0.0	0.0	0.0	0.0	..	0.0	0.0	0.0	0.0
5000 Impôts sur les biens et services	..	**243.0**	**427.8**	**539.0**	**579.3**	..	**10.2**	**10.8**	**11.3**	**11.5**
5100 Impôts sur production, vente, transfert, etc.	..	226.4	402.1	512.7	552.0	..	9.5	10.1	10.8	10.9
5110 Impôts généraux	..	141.2	263.5	353.9	387.5	..	5.9	6.6	7.4	7.7
5111 Taxes sur la valeur ajoutée	..	141.2	263.5	353.9	387.5	..	5.9	6.6	7.4	7.7
5120 Impôts sur biens et services déterminés	..	85.1	138.6	158.7	164.5	..	3.6	3.5	3.3	3.3
5121 Accises	..	71.4	138.4	158.4	164.1	..	3.0	3.5	3.3	3.3
5200 Impôts sur utilisation des biens et exerc. activités	..	16.6	25.7	26.3	27.2	..	0.7	0.7	0.6	0.5
5300 Non-ventilables entre 5100 et 5200	..	0.0	0.0	0.0	0.0	..	0.0	0.0	0.0	0.0
6000 Autres impôts	..	**0.4**	**0.1**	**0.6**	**0.9**	..	**0.0**	**0.0**	**0.0**	**0.0**
Crédits d'impôts récupérables										
Crédits d'impôts récupérables contre 1000	..	0.0	25.7	32.8	35.2	..	0.0	0.6	0.7	0.7
Composante transfert	..	..	7.8	8.6	8.9	..	..	0.2	0.2	0.2
Composante fiscale	..	..	17.9	24.2	26.3	..	..	0.5	0.5	0.5

.. Non disponible

Note : Des données et des notes plus détaillées par pays sont disponibles dans le chapitre 5 "Tableaux par pays, 1965-2017" accessible en ligne : https://doi.org/10.1787/df3c3b17-fr. Les séries temporelles complètes sont accessibles sur le site web http://oe.cd/series-temporelles-completes.

Source : Ministry of Finance, Economic Department.

StatLink http://dx.doi.org/10.1787/888934059414

Tableau 4.12. République tchèque, recettes fiscales et % du PIB par niveaux d'administration (principaux impôts)

	Milliard CZK					% du PIB				
	1990	2000	2010	2016	2017	1990	2000	2010	2016	2017
Administrations fédérale ou centrale										
Recettes fiscales totales	..	**423.4**	**687.3**	**906.4**	**975.8**	..	**17.8**	**17.3**	**19.0**	**19.3**
1000 Impôts sur revenu, bénéfices et gains en capital	..	175.8	259.9	361.9	390.6	..	7.4	6.6	7.6	7.7
2000 Cotisations de sécurité sociale	..	0.0	0.0	0.0	0.0	..	0.0	0.0	0.0	0.0
3000 Sur salaires ou main d'œuvre	..	0.0	0.0	0.0	0.0	..	0.0	0.0	0.0	0.0
4000 Impôts sur le patrimoine	..	6.4	7.6	12.8	13.1	..	0.3	0.2	0.3	0.3
5000 Impôts sur les biens et services	..	241.0	419.6	531.1	571.2	..	10.1	10.6	11.1	11.3
6000 Autres impôts	..	0.1	0.1	0.6	0.9	..	0.0	0.0	0.0	0.0
Administrations d'un État/Régions										
Recettes fiscales totales	..	..	..	..	..	..	..	..	..	..
1000 Impôts sur revenu, bénéfices et gains en capital	..	..	..	..	..	..	..	..	..	..
2000 Cotisations de sécurité sociale	..	..	..	..	..	..	..	..	..	..
3000 Sur salaires ou main d'œuvre	..	..	..	..	..	..	..	..	..	..
4000 Impôts sur le patrimoine	..	..	..	..	..	..	..	..	..	..
5000 Impôts sur les biens et services	..	..	..	..	..	..	..	..	..	..
6000 Autres impôts	..	..	..	..	..	..	..	..	..	..
Administrations locales										
Recettes fiscales totales	..	**6.7**	**17.0**	**18.5**	**18.8**	..	**0.3**	**0.4**	**0.4**	**0.4**
1000 Impôts sur revenu, bénéfices et gains en capital	..	0.0	0.0	0.0	0.0	..	0.0	0.0	0.0	0.0
2000 Cotisations de sécurité sociale	..	0.0	0.0	0.0	0.0	..	0.0	0.0	0.0	0.0
3000 Sur salaires ou main d'œuvre	..	0.0	0.0	0.0	0.0	..	0.0	0.0	0.0	0.0
4000 Impôts sur le patrimoine	..	4.5	8.7	10.6	10.8	..	0.2	0.2	0.2	0.2
5000 Impôts sur les biens et services	..	2.0	8.2	7.9	8.0	..	0.1	0.2	0.2	0.2
6000 Autres impôts	..	0.3	0.0	0.0	0.0	..	0.0	0.0	0.0	0.0
Administrations de sécurité sociale										
Recettes fiscales totales	..	**341.5**	**576.0**	**699.6**	**757.2**	..	**14.4**	**14.5**	**14.7**	**15.0**
1000 Impôts sur revenu, bénéfices et gains en capital	..	0.0	0.0	0.0	0.0	..	0.0	0.0	0.0	0.0
2000 Cotisations de sécurité sociale	..	341.5	576.0	699.6	757.2	..	14.4	14.5	14.7	15.0
3000 Sur salaires ou main d'œuvre	..	0.0	0.0	0.0	0.0	..	0.0	0.0	0.0	0.0
4000 Impôts sur le patrimoine	..	0.0	0.0	0.0	0.0	..	0.0	0.0	0.0	0.0
5000 Impôts sur les biens et services	..	0.0	0.0	0.0	0.0	..	0.0	0.0	0.0	0.0
6000 Autres impôts	..	0.0	0.0	0.0	0.0	..	0.0	0.0	0.0	0.0

.. Non disponible

Note : Des données et des notes plus détaillées par pays sont disponibles dans le chapitre 6 "Recettes fiscales des sous-secteurs de l'administration" accessible en ligne : https://doi.org/10.1787/df3c3b17-fr. Les séries temporelles complètes sont accessibles sur le site web http://oe.cd/series-temporelles-completes.

Source : Ministry of Finance, Economic Department.

StatLink http://dx.doi.org/10.1787/888934059433

Tableau 4.13. Danemark, recettes fiscales et % du PIB (sélection de catégories d'impôts)

	Milliard DKK					% du PIB				
	1990	2000	2010	2016	2017	1990	2000	2010	2016	2017
Recettes fiscales totales	**379.8**	**622.0**	**810.5**	**959.6**	**995.5**	**44.4**	**46.9**	**44.8**	**45.7**	**45.7**
1000 Impôts sur le revenu, les bénéfices et les gains en capital	**232.3**	**382.1**	**498.1**	**602.9**	**630.3**	**27.1**	**28.8**	**27.5**	**28.7**	**28.9**
1100 Des personnes physiques	205.2	327.5	420.9	509.5	527.0	24.0	24.7	23.2	24.3	24.2
1200 Des sociétés	14.6	42.1	40.9	59.8	71.3	1.7	3.2	2.3	2.8	3.3
1300 Non-ventilables entre 1100 et 1200	12.5	12.4	36.4	33.7	32.0	1.5	0.9	2.0	1.6	1.5
2000 Cotisations de sécurité sociale	**0.1**	**8.4**	**1.8**	**1.2**	**1.1**	**0.0**	**0.6**	**0.1**	**0.1**	**0.0**
2100 À la charge des salariés	0.1	8.2	0.9	0.7	0.7	0.0	0.6	0.1	0.0	0.0
2200 À la charge des employeurs	0.0	0.2	0.9	0.5	0.3	0.0	0.0	0.1	0.0	0.0
2300 À la charge des indép. ou sans emploi	0.0	0.0	0.0	0.0	0.0	0.0	0.0	0.0	0.0	0.0
2400 Non-ventilables entre 2100, 2200 et 2300	0.0	0.0	0.0	0.0	0.0	0.0	0.0	0.0	0.0	0.0
3000 Sur les salaires ou main d'œuvre	**2.5**	**2.3**	**4.1**	**5.8**	**5.4**	**0.3**	**0.2**	**0.2**	**0.3**	**0.3**
4000 Impôts sur le patrimoine	**16.2**	**20.7**	**33.4**	**38.3**	**38.9**	**1.9**	**1.6**	**1.8**	**1.8**	**1.8**
4100 Impôts périodiques sur la propriété immobilière	8.8	13.5	24.1	28.2	28.2	1.0	1.0	1.3	1.3	1.3
4200 Impôts périodiques sur l'actif net	0.9	0.0	0.0	0.0	0.0	0.1	0.0	0.0	0.0	0.0
4300 Impôts sur mut. par décès, succ. et donations	2.2	2.9	3.6	4.2	4.3	0.3	0.2	0.2	0.2	0.2
4400 Impôts sur transact. mobilières et immob.	4.1	4.2	5.7	6.0	6.4	0.5	0.3	0.3	0.3	0.3
4500 Impôts non périodiques sur	0.1	0.1	0.0	0.0	0.0	0.0	0.0	0.0	0.0	0.0
4600 Autres impôts périodiques sur patrimoine	0.0	0.0	0.0	0.0	0.0	0.0	0.0	0.0	0.0	0.0
5000 Impôts sur les biens et services	**128.8**	**205.9**	**269.6**	**308.0**	**316.4**	**15.1**	**15.5**	**14.9**	**14.7**	**14.5**
5100 Impôts sur production, vente, transfert, etc.	122.9	195.1	250.0	283.9	291.2	14.4	14.7	13.8	13.5	13.4
5110 Impôts généraux	80.1	121.6	170.9	197.1	205.9	9.4	9.2	9.4	9.4	9.5
5111 Taxes sur la valeur ajoutée	71.7	121.6	170.9	197.1	205.9	8.4	9.2	9.4	9.4	9.5
5120 Impôts sur biens et services déterminés	42.7	73.5	79.1	86.8	85.3	5.0	5.5	4.4	4.1	3.9
5121 Accises	38.1	68.8	73.7	82.2	80.7	4.5	5.2	4.1	3.9	3.7
5200 Impôts sur utilisation des biens et exerc. activités	4.4	7.4	14.7	16.1	16.7	0.5	0.6	0.8	0.8	0.8
5300 Non-ventilables entre 5100 et 5200	1.6	3.4	4.9	8.0	8.5	0.2	0.3	0.3	0.4	0.4
6000 Autres impôts	**0.0**	**0.4**	**0.2**	**0.3**	**0.3**	**0.0**	**0.0**	**0.0**	**0.0**	**0.0**
Crédits d'impôts récupérables										
Crédits d'impôts récupérables contre 1000	..	..	5.0	4.2	4.2	..	..	0.3	0.2	0.2
Composante transfert	..	..	0.2	0.2	0.2	..	..	0.0	0.0	0.0
Composante fiscale	..	..	4.7	4.0	4.0	..	..	0.3	0.2	0.2

.. Non disponible
Note : Des données et des notes plus détaillées par pays sont disponibles dans le chapitre 5 "Tableaux par pays, 1965-2017" accessible en ligne : https://doi.org/10.1787/df3c3b17-fr. Les séries temporelles complètes sont accessibles sur le site web http://oe.cd/series-temporelles-completes.
Le total des recettes fiscales a été diminué du montant de tout transfert en capital représentant les impôts non perçus. Le transfert en capital a été réparti entre les différentes rubriques en proportion des recettes fiscales. Par conséquent, les montants des recettes fiscales sont différents de ceux présentés dans le chapitre 5 "Tableaux par pays, 1965-2017" accessible en ligne.
Source : Danmarks Statistik.

StatLink http://dx.doi.org/10.1787/888934059452

Tableau 4.14. Danemark, recettes fiscales et % du PIB par niveaux d'administration (principaux impôts)

	Milliard DKK					% du PIB				
	1990	2000	2010	2016	2017	1990	2000	2010	2016	2017
Administrations fédérale ou centrale										
Recettes fiscales totales	**260.3**	**421.2**	**590.0**	**701.1**	**729.1**	**30.4**	**31.7**	**32.6**	**33.4**	**33.5**
1000 Impôts sur revenu, bénéfices et gains en capital	124.0	204.5	305.9	376.1	395.6	14.5	15.4	16.9	17.9	18.2
2000 Cotisations de sécurité sociale	0.1	1.4	0.9	0.7	0.7	0.0	0.1	0.1	0.0	0.0
3000 Sur salaires ou main d'œuvre	2.5	2.3	4.1	5.8	5.4	0.3	0.2	0.2	0.3	0.3
4000 Impôts sur le patrimoine	7.5	7.2	9.3	10.2	10.7	0.9	0.5	0.5	0.5	0.5
5000 Impôts sur les biens et services	126.2	205.6	269.6	308.0	316.4	14.7	15.5	14.9	14.7	14.5
6000 Autres impôts	0.0	0.4	0.2	0.3	0.3	0.0	0.0	0.0	0.0	0.0
Administrations d'un État/Régions										
Recettes fiscales totales	..	..	..	..	..	..	..	..	..	..
1000 Impôts sur revenu, bénéfices et gains en capital	..	..	..	..	..	..	..	..	..	..
2000 Cotisations de sécurité sociale	..	..	..	..	..	..	..	..	..	..
3000 Sur salaires ou main d'œuvre	..	..	..	..	..	..	..	..	..	..
4000 Impôts sur le patrimoine	..	..	..	..	..	..	..	..	..	..
5000 Impôts sur les biens et services	..	..	..	..	..	..	..	..	..	..
6000 Autres impôts	..	..	..	..	..	..	..	..	..	..
Administrations locales										
Recettes fiscales totales	**116.9**	**191.1**	**216.3**	**255.0**	**262.9**	**13.7**	**14.4**	**11.9**	**12.1**	**12.1**
1000 Impôts sur revenu, bénéfices et gains en capital	108.3	177.6	192.3	226.8	234.7	12.7	13.4	10.6	10.8	10.8
2000 Cotisations de sécurité sociale	0.0	0.0	0.0	0.0	0.0	0.0	0.0	0.0	0.0	0.0
3000 Sur salaires ou main d'œuvre	0.0	0.0	0.0	0.0	0.0	0.0	0.0	0.0	0.0	0.0
4000 Impôts sur le patrimoine	8.7	13.5	24.1	28.2	28.2	1.0	1.0	1.3	1.3	1.3
5000 Impôts sur les biens et services	0.0	0.0	0.0	0.0	0.0	0.0	0.0	0.0	0.0	0.0
6000 Autres impôts	0.0	0.0	0.0	0.0	0.0	0.0	0.0	0.0	0.0	0.0
Administrations de sécurité sociale										
Recettes fiscales totales	**0.0**	**7.1**	**0.9**	**0.4**	**0.3**	**0.0**	**0.5**	**0.1**	**0.0**	**0.0**
1000 Impôts sur revenu, bénéfices et gains en capital	0.0	0.0	0.0	0.0	0.0	0.0	0.0	0.0	0.0	0.0
2000 Cotisations de sécurité sociale	0.0	7.1	0.9	0.4	0.3	0.0	0.5	0.1	0.0	0.0
3000 Sur salaires ou main d'œuvre	0.0	0.0	0.0	0.0	0.0	0.0	0.0	0.0	0.0	0.0
4000 Impôts sur le patrimoine	0.0	0.0	0.0	0.0	0.0	0.0	0.0	0.0	0.0	0.0
5000 Impôts sur les biens et services	0.0	0.0	0.0	0.0	0.0	0.0	0.0	0.0	0.0	0.0
6000 Autres impôts	0.0	0.0	0.0	0.0	0.0	0.0	0.0	0.0	0.0	0.0

.. Non disponible

Note : Des données et des notes plus détaillées par pays sont disponibles dans le chapitre 6 "Recettes fiscales des sous-secteurs de l'administration" accessible en ligne : https://doi.org/10.1787/df3c3b17-fr. Les séries temporelles complètes sont accessibles sur le site web http://oe.cd/series-temporelles-completes.

Le total des recettes fiscales a été diminué du montant de tout transfert en capital représentant les impôts non perçus. Le transfert en capital a été réparti entre les différentes rubriques en proportion des recettes fiscales. Par conséquent, les montants des recettes fiscales sont différents de ceux présentés dans le chapitre 6 "Recettes fiscales des sous-secteurs de l'administration" accessible en ligne.

Source : Danmarks Statistik.

StatLink http://dx.doi.org/10.1787/888934059471

Tableau 4.15. Estonie, recettes fiscales et % du PIB (sélection de catégories d'impôts)

	Milliard EUR					% du PIB				
	1990	2000	2010	2016	2017	1990	2000	2010	2016	2017
Recettes fiscales totales	..	**1.9**	**4.9**	**7.3**	**7.7**	..	**31.1**	**33.3**	**33.5**	**32.8**
1000 Impôts sur le revenu, les bénéfices et les gains en capital	..	**0.5**	**1.0**	**1.6**	**1.7**	..	**7.7**	**6.6**	**7.5**	**7.2**
1100 Des personnes physiques	..	0.4	0.8	1.3	1.3	..	6.8	5.3	5.8	5.7
1200 Des sociétés	..	0.1	0.2	0.4	0.4	..	0.9	1.3	1.7	1.5
1300 Non-ventilables entre 1100 et 1200	..	0.0	0.0	0.0	0.0	..	0.0	0.0	0.0	0.0
2000 Cotisations de sécurité sociale	..	**0.7**	**1.9**	**2.4**	**2.6**	..	**10.9**	**12.8**	**11.2**	**11.2**
2100 À la charge des salariés	..	0.0	0.1	0.1	0.1	..	0.0	0.8	0.5	0.5
2200 À la charge des employeurs	..	0.7	1.7	2.3	2.5	..	10.7	11.8	10.6	10.6
2300 À la charge des indép. ou sans emploi	..	0.0	0.0	0.0	0.0	..	0.2	0.1	0.1	0.1
2400 Non-ventilables entre 2100, 2200 et 2300	..	0.0	0.0	0.0	0.0	..	0.0	0.0	0.0	0.0
3000 Sur les salaires ou main d'œuvre	..	**0.0**	**0.0**	**0.0**	**0.0**	..	**0.0**	**0.0**	**0.0**	**0.0**
4000 Impôts sur le patrimoine	..	**0.0**	**0.1**	**0.1**	**0.1**	..	**0.4**	**0.3**	**0.3**	**0.2**
4100 Impôts périodiques sur la propriété immobilière	..	0.0	0.1	0.1	0.1	..	0.4	0.3	0.3	0.2
4200 Impôts périodiques sur l'actif net	..	0.0	0.0	0.0	0.0	..	0.0	0.0	0.0	0.0
4300 Impôts sur mut. par décès, succ. et donations	..	0.0	0.0	0.0	0.0	..	0.0	0.0	0.0	0.0
4400 Impôts sur transact. mobilières et immob.	..	0.0	0.0	0.0	0.0	..	0.0	0.0	0.0	0.0
4500 Impôts non périodiques sur	..	0.0	0.0	0.0	0.0	..	0.0	0.0	0.0	0.0
4600 Autres impôts périodiques sur patrimoine	..	0.0	0.0	0.0	0.0	..	0.0	0.0	0.0	0.0
5000 Impôts sur les biens et services	..	**0.7**	**2.0**	**3.1**	**3.3**	..	**12.1**	**13.4**	**14.4**	**14.0**
5100 Impôts sur production, vente, transfert, etc.	..	0.7	1.9	3.0	3.2	..	11.7	13.0	13.9	13.5
5110 Impôts généraux	..	0.5	1.3	2.0	2.1	..	8.4	8.6	9.1	9.1
5111 Taxes sur la valeur ajoutée	..	0.5	1.3	2.0	2.1	..	8.4	8.5	9.1	9.1
5120 Impôts sur biens et services déterminés	..	0.2	0.7	1.0	1.0	..	3.3	4.4	4.8	4.4
5121 Accises	..	0.2	0.6	1.0	1.0	..	3.0	4.2	4.6	4.2
5200 Impôts sur utilisation des biens et exerc. activités	..	0.0	0.1	0.1	0.1	..	0.4	0.4	0.5	0.5
5300 Non-ventilables entre 5100 et 5200	..	0.0	0.0	0.0	0.0	..	0.0	0.0	0.0	0.0
6000 Autres impôts	..	**0.0**	**0.0**	**0.0**	**0.0**	..	**0.0**	**0.0**	**0.0**	**0.0**
Crédits d'impôts récupérables										
Crédits d'impôts récupérables contre 1000	..	..	..	..	..	..	..	..	..	..
Composante transfert	..	..	..	..	..	..	..	..	..	..
Composante fiscale	..	..	..	..	..	..	..	..	..	..

.. Non disponible

Note : Des données et des notes plus détaillées par pays sont disponibles dans le chapitre 5 "Tableaux par pays, 1965-2017" accessible en ligne : https://doi.org/10.1787/df3c3b17-fr. Les séries temporelles complètes sont accessibles sur le site web http://oe.cd/series-temporelles-completes.

Source : Statistics Estonia.

StatLink http://dx.doi.org/10.1787/888934059490

Tableau 4.16. Estonie, recettes fiscales et % du PIB par niveaux d'administration (principaux impôts)

	Milliard EUR					% du PIB				
	1990	2000	2010	2016	2017	1990	2000	2010	2016	2017
Administrations fédérale ou centrale										
Recettes fiscales totales	..	**1.6**	**3.9**	**6.0**	**6.3**	..	**26.3**	**26.7**	**27.6**	**26.9**
1000 Impôts sur revenu, bénéfices et gains en capital	..	0.5	1.0	1.6	1.7	..	7.7	6.6	7.5	7.2
2000 Cotisations de sécurité sociale	..	0.4	1.0	1.3	1.4	..	6.6	6.8	5.8	5.7
3000 Sur salaires ou main d'œuvre	..	0.0	0.0	0.0	0.0	..	0.0	0.0	0.0	0.0
4000 Impôts sur le patrimoine	..	0.0	0.0	0.0	0.0	..	0.0	0.0	0.0	0.0
5000 Impôts sur les biens et services	..	0.7	2.0	3.1	3.3	..	12.0	13.3	14.3	13.9
6000 Autres impôts	..	0.0	0.0	0.0	0.0	..	0.0	0.0	0.0	0.0
Administrations d'un État/Régions										
Recettes fiscales totales	..	..	..	..	..	..	..	..	..	..
1000 Impôts sur revenu, bénéfices et gains en capital	..	..	..	..	..	..	..	..	..	..
2000 Cotisations de sécurité sociale	..	..	..	..	..	..	..	..	..	..
3000 Sur salaires ou main d'œuvre	..	..	..	..	..	..	..	..	..	..
4000 Impôts sur le patrimoine	..	..	..	..	..	..	..	..	..	..
5000 Impôts sur les biens et services	..	..	..	..	..	..	..	..	..	..
6000 Autres impôts	..	..	..	..	..	..	..	..	..	..
Administrations locales										
Recettes fiscales totales	..	**0.0**	**0.1**	**0.1**	**0.1**	..	**0.5**	**0.5**	**0.3**	**0.3**
1000 Impôts sur revenu, bénéfices et gains en capital	..	0.0	0.0	0.0	0.0	..	0.0	0.0	0.0	0.0
2000 Cotisations de sécurité sociale	..	0.0	0.0	0.0	0.0	..	0.0	0.0	0.0	0.0
3000 Sur salaires ou main d'œuvre	..	0.0	0.0	0.0	0.0	..	0.0	0.0	0.0	0.0
4000 Impôts sur le patrimoine	..	0.0	0.1	0.1	0.1	..	0.4	0.3	0.3	0.2
5000 Impôts sur les biens et services	..	0.0	0.0	0.0	0.0	..	0.1	0.1	0.1	0.1
6000 Autres impôts	..	0.0	0.0	0.0	0.0	..	0.0	0.0	0.0	0.0
Administrations de sécurité sociale										
Recettes fiscales totales	..	**0.3**	**0.9**	**1.2**	**1.3**	..	**4.3**	**5.9**	**5.4**	**5.4**
1000 Impôts sur revenu, bénéfices et gains en capital	..	0.0	0.0	0.0	0.0	..	0.0	0.0	0.0	0.0
2000 Cotisations de sécurité sociale	..	0.3	0.9	1.2	1.3	..	4.3	5.9	5.4	5.4
3000 Sur salaires ou main d'œuvre	..	0.0	0.0	0.0	0.0	..	0.0	0.0	0.0	0.0
4000 Impôts sur le patrimoine	..	0.0	0.0	0.0	0.0	..	0.0	0.0	0.0	0.0
5000 Impôts sur les biens et services	..	0.0	0.0	0.0	0.0	..	0.0	0.0	0.0	0.0
6000 Autres impôts	..	0.0	0.0	0.0	0.0	..	0.0	0.0	0.0	0.0

.. Non disponible

Note : Des données et des notes plus détaillées par pays sont disponibles dans le chapitre 6 "Recettes fiscales des sous-secteurs de l'administration" accessible en ligne : https://doi.org/10.1787/df3c3b17-fr. Les séries temporelles complètes sont accessibles sur le site web http://oe.cd/series-temporelles-completes.

Source : Statistics Estonia.

StatLink http://dx.doi.org/10.1787/888934059509

Tableau 4.17. Finlande, recettes fiscales et % du PIB (sélection de catégories d'impôts)

	Milliard EUR					% du PIB				
	1990	2000	2010	2016	2017	1990	2000	2010	2016	2017
Recettes fiscales totales	**39.1**	**62.4**	**76.3**	**95.1**	**97.0**	**42.9**	**45.8**	**40.8**	**44.0**	**43.3**
1000 Impôts sur le revenu, les bénéfices et les gains en capital	**15.3**	**26.9**	**27.1**	**32.9**	**34.4**	**16.8**	**19.7**	**14.5**	**15.2**	**15.4**
1100 Des personnes physiques	13.6	19.1	22.5	28.1	28.3	14.9	14.0	12.1	13.0	12.6
1200 Des sociétés	1.8	7.8	4.6	4.8	6.1	1.9	5.7	2.4	2.2	2.7
1300 Non-ventilables entre 1100 et 1200	0.0	0.0	0.0	0.0	0.0	0.0	0.0	0.0	0.0	0.0
2000 Cotisations de sécurité sociale	**10.0**	**15.8**	**22.6**	**27.6**	**27.0**	**11.0**	**11.6**	**12.1**	**12.8**	**12.1**
2100 À la charge des salariés	1.2	2.9	4.7	6.8	7.5	1.3	2.1	2.5	3.2	3.3
2200 À la charge des employeurs	8.1	11.6	16.0	18.8	17.6	8.9	8.5	8.6	8.7	7.9
2300 À la charge des indép. ou sans emploi	0.7	1.3	1.9	2.0	1.9	0.8	0.9	1.0	0.9	0.9
2400 Non-ventilables entre 2100, 2200 et 2300	0.0	0.0	0.0	0.0	0.0	0.0	0.0	0.0	0.0	0.0
3000 Sur les salaires ou main d'œuvre	**0.0**	**0.0**	**0.0**	**0.0**	**0.0**	**0.0**	**0.0**	**0.0**	**0.0**	**0.0**
4000 Impôts sur le patrimoine	**1.0**	**1.5**	**2.1**	**3.1**	**3.5**	**1.1**	**1.1**	**1.1**	**1.4**	**1.5**
4100 Impôts périodiques sur la propriété immobilière	0.1	0.6	1.2	1.7	1.8	0.1	0.4	0.6	0.8	0.8
4200 Impôts périodiques sur l'actif net	0.0	0.2	0.0	0.0	0.0	0.0	0.1	0.0	0.0	0.0
4300 Impôts sur mut. par décès, succ. et donations	0.1	0.4	0.4	0.5	0.9	0.2	0.3	0.2	0.2	0.4
4400 Impôts sur transact. mobilières et immob.	0.7	0.4	0.5	0.9	0.8	0.8	0.3	0.3	0.4	0.3
4500 Impôts non périodiques sur	0.0	0.0	0.0	0.0	0.0	0.0	0.0	0.0	0.0	0.0
4600 Autres impôts périodiques sur patrimoine	0.0	0.0	0.0	0.0	0.0	0.0	0.0	0.0	0.0	0.0
5000 Impôts sur les biens et services	**12.7**	**18.1**	**24.3**	**31.2**	**31.9**	**14.0**	**13.3**	**13.0**	**14.5**	**14.2**
5100 Impôts sur production, vente, transfert, etc.	12.6	17.7	23.5	30.0	30.6	13.8	13.0	12.6	13.9	13.7
5110 Impôts généraux	7.5	10.9	15.5	19.7	20.4	8.3	8.0	8.3	9.1	9.1
5111 Taxes sur la valeur ajoutée	7.5	10.9	15.5	19.7	20.4	8.3	8.0	8.3	9.1	9.1
5120 Impôts sur biens et services déterminés	5.0	6.8	8.0	10.3	10.2	5.5	5.0	4.3	4.8	4.5
5121 Accises	3.8	5.6	6.3	8.2	8.0	4.2	4.1	3.4	3.8	3.6
5200 Impôts sur utilisation des biens et exerc. activités	0.2	0.4	0.8	1.2	1.3	0.2	0.3	0.4	0.6	0.6
5300 Non-ventilables entre 5100 et 5200	0.0	0.0	0.0	0.0	0.0	0.0	0.0	0.0	0.0	0.0
6000 Autres impôts	**0.0**	**0.0**	**0.1**	**0.1**	**0.1**	**0.1**	**0.0**	**0.0**	**0.0**	**0.0**
Crédits d'impôts récupérables										
Crédits d'impôts récupérables contre 1000	..	..	..	..	..	..	..	..	..	..
Composante transfert	..	..	..	..	..	..	..	..	..	..
Composante fiscale	..	..	..	..	..	..	..	..	..	..

.. Non disponible

Note : Des données et des notes plus détaillées par pays sont disponibles dans le chapitre 5 "Tableaux par pays, 1965-2017" accessible en ligne : https://doi.org/10.1787/df3c3b17-fr. Les séries temporelles complètes sont accessibles sur le site web http://oe.cd/series-temporelles-completes.

Source : Bulletin of Statistics; Central Statistical Office (for Central Government revenues); the Annual report of the National Pension Institute and Official Statistics of Finland Series XXIIA published by the Ministry and Social Affairs (for the Social Security and private pension respectively); supplementary information from unpublished sources.

StatLink http://dx.doi.org/10.1787/888934059528

Tableau 4.18. Finlande, recettes fiscales et % du PIB par niveaux d'administration (principaux impôts)

	Milliard EUR					% du PIB				
	1990	2000	2010	2016	2017	1990	2000	2010	2016	2017
Administrations fédérale ou centrale										
Recettes fiscales totales	**20.7**	**33.1**	**35.0**	**45.3**	**46.9**	**22.7**	**24.3**	**18.7**	**21.0**	**21.0**
1000 Impôts sur revenu, bénéfices et gains en capital	7.0	14.0	9.8	12.7	13.4	7.7	10.3	5.2	5.9	6.0
2000 Cotisations de sécurité sociale	0.0	0.0	0.0	0.0	0.0	0.0	0.0	0.0	0.0	0.0
3000 Sur salaires ou main d'œuvre	0.0	0.0	0.0	0.0	0.0	0.0	0.0	0.0	0.0	0.0
4000 Impôts sur le patrimoine	0.9	0.9	0.9	1.4	1.7	1.0	0.7	0.5	0.6	0.8
5000 Impôts sur les biens et services	12.7	18.1	24.3	31.1	31.8	14.0	13.3	13.0	14.4	14.2
6000 Autres impôts	0.0	0.0	0.1	0.1	0.1	0.1	0.0	0.0	0.0	0.0
Administrations d'un État/Régions										
Recettes fiscales totales	..	..	..	..	..	..	..	..	..	..
1000 Impôts sur revenu, bénéfices et gains en capital	..	..	..	..	..	..	..	..	..	..
2000 Cotisations de sécurité sociale	..	..	..	..	..	..	..	..	..	..
3000 Sur salaires ou main d'œuvre	..	..	..	..	..	..	..	..	..	..
4000 Impôts sur le patrimoine	..	..	..	..	..	..	..	..	..	..
5000 Impôts sur les biens et services	..	..	..	..	..	..	..	..	..	..
6000 Autres impôts	..	..	..	..	..	..	..	..	..	..
Administrations locales										
Recettes fiscales totales	**8.4**	**13.5**	**18.5**	**22.0**	**22.8**	**9.2**	**9.9**	**9.9**	**10.2**	**10.2**
1000 Impôts sur revenu, bénéfices et gains en capital	8.3	12.9	17.3	20.3	21.0	9.1	9.5	9.3	9.4	9.4
2000 Cotisations de sécurité sociale	0.0	0.0	0.0	0.0	0.0	0.0	0.0	0.0	0.0	0.0
3000 Sur salaires ou main d'œuvre	0.0	0.0	0.0	0.0	0.0	0.0	0.0	0.0	0.0	0.0
4000 Impôts sur le patrimoine	0.1	0.6	1.2	1.7	1.8	0.1	0.4	0.6	0.8	0.8
5000 Impôts sur les biens et services	0.0	0.0	0.0	0.0	0.0	0.0	0.0	0.0	0.0	0.0
6000 Autres impôts	0.0	0.0	0.0	0.0	0.0	0.0	0.0	0.0	0.0	0.0
Administrations de sécurité sociale										
Recettes fiscales totales	**10.0**	**15.7**	**22.6**	**27.6**	**27.0**	**11.0**	**11.6**	**12.1**	**12.8**	**12.1**
1000 Impôts sur revenu, bénéfices et gains en capital	0.0	0.0	0.0	0.0	0.0	0.0	0.0	0.0	0.0	0.0
2000 Cotisations de sécurité sociale	10.0	15.7	22.6	27.6	27.0	11.0	11.6	12.1	12.8	12.1
3000 Sur salaires ou main d'œuvre	0.0	0.0	0.0	0.0	0.0	0.0	0.0	0.0	0.0	0.0
4000 Impôts sur le patrimoine	0.0	0.0	0.0	0.0	0.0	0.0	0.0	0.0	0.0	0.0
5000 Impôts sur les biens et services	0.0	0.0	0.0	0.0	0.0	0.0	0.0	0.0	0.0	0.0
6000 Autres impôts	0.0	0.0	0.0	0.0	0.0	0.0	0.0	0.0	0.0	0.0

.. Non disponible

Note : Des données et des notes plus détaillées par pays sont disponibles dans le chapitre 6 "Recettes fiscales des sous-secteurs de l'administration" accessible en ligne : https://doi.org/10.1787/df3c3b17-fr. Les séries temporelles complètes sont accessibles sur le site web http://oe.cd/series-temporelles-completes.

Source : Bulletin of Statistics; Central Statistical Office (for Central Government revenues); the Annual report of the National Pension Institute and Official Statistics of Finland Series XXIIA published by the Ministry and Social Affairs (for the Social Security and private pension respectively); supplementary information from unpublished sources.

StatLink http://dx.doi.org/10.1787/888934059547

Tableau 4.19. France, recettes fiscales et % du PIB (sélection de catégories d'impôts)

	Milliard EUR					% du PIB				
	1990	2000	2010	2016	2017	1990	2000	2010	2016	2017
Recettes fiscales totales	**433.8**	**642.2**	**840.9**	**1 013.7**	**1 058.4**	**41.2**	**43.4**	**42.1**	**45.4**	**46.1**
1000 Impôts sur le revenu, les bénéfices et les gains en capital	**69.6**	**159.5**	**189.9**	**236.6**	**250.1**	**6.6**	**10.8**	**9.5**	**10.6**	**10.9**
1100 Des personnes physiques	46.3	115.3	143.2	191.2	196.6	4.4	7.8	7.2	8.6	8.6
1200 Des sociétés	23.1	44.2	46.6	45.4	53.5	2.2	3.0	2.3	2.0	2.3
1300 Non-ventilables entre 1100 et 1200	0.3	0.0	0.0	0.0	0.0	0.0	0.0	0.0	0.0	0.0
2000 Cotisations de sécurité sociale	**191.1**	**230.7**	**321.7**	**373.1**	**385.0**	**18.1**	**15.6**	**16.1**	**16.7**	**16.8**
2100 À la charge des salariés	57.3	57.4	77.8	96.0	100.3	5.4	3.9	3.9	4.3	4.4
2200 À la charge des employeurs	118.1	158.6	218.3	249.3	257.0	11.2	10.7	10.9	11.2	11.2
2300 À la charge des indép. ou sans emploi	15.7	14.6	25.7	27.7	27.7	1.5	1.0	1.3	1.2	1.2
2400 Non-ventilables entre 2100, 2200 et 2300	0.0	0.0	0.0	0.0	0.0	0.0	0.0	0.0	0.0	0.0
3000 Sur les salaires ou main d'œuvre	**8.3**	**14.8**	**26.8**	**34.6**	**35.5**	**0.8**	**1.0**	**1.3**	**1.5**	**1.5**
4000 Impôts sur le patrimoine	**27.4**	**45.9**	**72.6**	**94.6**	**100.3**	**2.6**	**3.1**	**3.6**	**4.2**	**4.4**
4100 Impôts périodiques sur la propriété immobilière	14.8	29.3	49.7	62.3	63.7	1.4	2.0	2.5	2.8	2.8
4200 Impôts périodiques sur l'actif net	2.6	2.4	4.4	4.8	5.0	0.2	0.2	0.2	0.2	0.2
4300 Impôts sur mut. par décès, succ. et donations	4.1	6.9	7.7	12.4	14.3	0.4	0.5	0.4	0.6	0.6
4400 Impôts sur transact. mobilières et immob.	5.9	7.3	10.8	15.1	17.3	0.6	0.5	0.5	0.7	0.8
4500 Impôts non périodiques sur	0.0	0.0	0.0	0.0	0.0	0.0	0.0	0.0	0.0	0.0
4600 Autres impôts périodiques sur patrimoine	0.0	0.0	0.0	0.0	0.0	0.0	0.0	0.0	0.0	0.0
5000 Impôts sur les biens et services	**123.2**	**165.7**	**208.7**	**247.2**	**259.0**	**11.7**	**11.2**	**10.5**	**11.1**	**11.3**
5100 Impôts sur production, vente, transfert, etc.	119.2	161.2	202.4	240.1	251.6	11.3	10.9	10.1	10.7	11.0
5110 Impôts généraux	81.3	109.7	140.3	157.9	165.3	7.7	7.4	7.0	7.1	7.2
5111 Taxes sur la valeur ajoutée	80.0	106.9	135.3	154.4	161.7	7.6	7.2	6.8	6.9	7.0
5120 Impôts sur biens et services déterminés	37.9	51.4	62.1	82.1	86.3	3.6	3.5	3.1	3.7	3.8
5121 Accises	26.8	39.6	45.5	58.5	61.6	2.5	2.7	2.3	2.6	2.7
5200 Impôts sur utilisation des biens et exerc. activités	4.0	4.6	6.3	7.2	7.5	0.4	0.3	0.3	0.3	0.3
5300 Non-ventilables entre 5100 et 5200	0.0	0.0	0.0	0.0	0.0	0.0	0.0	0.0	0.0	0.0
6000 Autres impôts	**14.1**	**24.0**	**19.5**	**25.9**	**26.6**	**1.3**	**1.6**	**1.0**	**1.2**	**1.2**
Crédits d'impôts récupérables										
Crédits d'impôts récupérables contre 1000	..	0.5	17.4	25.9	28.9	..	0.0	0.9	1.2	1.3
Composante transfert	..	..	7.9	11.6	14.6	..	..	0.4	0.5	0.6
Composante fiscale	..	..	9.5	14.3	14.3	..	..	0.5	0.6	0.6

.. Non disponible

Note : Des données et des notes plus détaillées par pays sont disponibles dans le chapitre 5 "Tableaux par pays, 1965-2017" accessible en ligne : https://doi.org/10.1787/df3c3b17-fr. Les séries temporelles complètes sont accessibles sur le site web http://oe.cd/series-temporelles-completes.

Le total des recettes fiscales a été diminué du montant de tout transfert en capital représentant les impôts non perçus. Le transfert en capital a été réparti entre les différentes rubriques en proportion des recettes fiscales. Par conséquent, les montants des recettes fiscales sont différents de ceux présentés dans le chapitre 5 "Tableaux par pays, 1965-2017" accessible en ligne.

Source : Compte général de l'Administration des finances pour les chiffres de recettes fiscales. OSCE pour les chiffres de sécurité sociale de 1965 à 1969 et SEC pour les années suivantes.

StatLink http://dx.doi.org/10.1787/888934059566

Tableau 4.20. France, recettes fiscales et % du PIB par niveaux d'administration (principaux impôts)

	Milliard EUR					% du PIB				
	1990	2000	2010	2016	2017	1990	2000	2010	2016	2017
Administrations fédérale ou centrale										
Recettes fiscales totales	**200.1**	**270.0**	**299.6**	**338.7**	**362.0**	**19.0**	**18.3**	**15.0**	**15.2**	**15.8**
1000 Impôts sur revenu, bénéfices et gains en capital	69.6	94.3	97.0	122.8	132.7	6.6	6.4	4.9	5.5	5.8
2000 Cotisations de sécurité sociale	3.2	5.4	7.6	8.0	8.3	0.3	0.4	0.4	0.4	0.4
3000 Sur salaires ou main d'œuvre	6.2	10.6	4.2	4.0	3.7	0.6	0.7	0.2	0.2	0.2
4000 Impôts sur le patrimoine	8.6	13.4	15.9	23.1	25.4	0.8	0.9	0.8	1.0	1.1
5000 Impôts sur les biens et services	112.1	143.3	157.2	179.9	190.8	10.6	9.7	7.9	8.1	8.3
6000 Autres impôts	0.4	3.1	17.6	0.9	1.1	0.0	0.2	0.9	0.0	0.0
Administrations d'un État/Régions										
Recettes fiscales totales	..	..	..	..	..	..	..	..	..	..
1000 Impôts sur revenu, bénéfices et gains en capital	..	..	..	..	..	..	..	..	..	..
2000 Cotisations de sécurité sociale	..	..	..	..	..	..	..	..	..	..
3000 Sur salaires ou main d'œuvre	..	..	..	..	..	..	..	..	..	..
4000 Impôts sur le patrimoine	..	..	..	..	..	..	..	..	..	..
5000 Impôts sur les biens et services	..	..	..	..	..	..	..	..	..	..
6000 Autres impôts	..	..	..	..	..	..	..	..	..	..
Administrations locales										
Recettes fiscales totales	**40.2**	**64.4**	**88.7**	**135.8**	**140.7**	**3.8**	**4.4**	**4.4**	**6.1**	**6.1**
1000 Impôts sur revenu, bénéfices et gains en capital	0.0	0.0	0.1	0.0	0.0	0.0	0.0	0.0	0.0	0.0
2000 Cotisations de sécurité sociale	0.0	0.0	0.0	0.0	0.0	0.0	0.0	0.0	0.0	0.0
3000 Sur salaires ou main d'œuvre	1.7	3.8	7.4	9.6	10.2	0.2	0.3	0.4	0.4	0.4
4000 Impôts sur le patrimoine	18.8	32.5	56.7	71.5	74.9	1.8	2.2	2.8	3.2	3.3
5000 Impôts sur les biens et services	6.0	7.2	22.9	31.6	32.3	0.6	0.5	1.1	1.4	1.4
6000 Autres impôts	13.7	20.8	1.6	23.1	23.2	1.3	1.4	0.1	1.0	1.0
Administrations de sécurité sociale										
Recettes fiscales totales	**190.9**	**305.9**	**450.6**	**535.6**	**551.8**	**18.1**	**20.7**	**22.6**	**24.0**	**24.0**
1000 Impôts sur revenu, bénéfices et gains en capital	0.0	65.2	92.8	113.7	117.4	0.0	4.4	4.7	5.1	5.1
2000 Cotisations de sécurité sociale	187.9	225.3	314.1	365.1	376.7	17.8	15.2	15.7	16.3	16.4
3000 Sur salaires ou main d'œuvre	0.4	0.4	15.1	21.0	21.6	0.0	0.0	0.8	0.9	0.9
4000 Impôts sur le patrimoine	0.0	0.0	0.0	0.0	0.0	0.0	0.0	0.0	0.0	0.0
5000 Impôts sur les biens et services	2.5	14.9	28.4	35.6	35.7	0.2	1.0	1.4	1.6	1.6
6000 Autres impôts	0.0	0.1	0.2	0.3	0.4	0.0	0.0	0.0	0.0	0.0

.. Non disponible

Note : Des données et des notes plus détaillées par pays sont disponibles dans le chapitre 6 "Recettes fiscales des sous-secteurs de l'administration" accessible en ligne : https://doi.org/10.1787/df3c3b17-fr. Les séries temporelles complètes sont accessibles sur le site web http://oe.cd/series-temporelles-completes.

Le total des recettes fiscales a été diminué du montant de tout transfert en capital représentant les impôts non perçus. Le transfert en capital a été réparti entre les différentes rubriques en proportion des recettes fiscales. Par conséquent, les montants des recettes fiscales sont différents de ceux présentés dans le chapitre 6 "Recettes fiscales des sous-secteurs de l'administration" accessible en ligne.

Source : Compte général de l'Administration des finances pour les chiffres de recettes fiscales. OSCE pour les chiffres de sécurité sociale de 1965 à 1969 et SEC pour les années suivantes.

StatLink http://dx.doi.org/10.1787/888934059585

Tableau 4.21. Allemagne, recettes fiscales et % du PIB (sélection de catégories d'impôts)

	Milliard EUR					% du PIB				
	1990	2000	2010	2016	2017	1990	2000	2010	2016	2017
Recettes fiscales totales	**454.8**	**767.1**	**903.3**	**1 182.3**	**1 231.3**	**34.8**	**36.2**	**35.0**	**37.4**	**37.6**
1000 Impôts sur le revenu, les bénéfices et les gains en capital	**147.3**	**231.2**	**257.8**	**376.3**	**400.6**	**11.3**	**10.9**	**10.0**	**11.9**	**12.2**
1100 Des personnes physiques	125.3	194.2	219.4	313.8	334.1	9.6	9.2	8.5	9.9	10.2
1200 Des sociétés	22.0	37.1	38.4	62.4	66.5	1.7	1.8	1.5	2.0	2.0
1300 Non-ventilables entre 1100 et 1200	0.0	0.0	0.0	0.0	0.0	0.0	0.0	0.0	0.0	0.0
2000 Cotisations de sécurité sociale	**170.4**	**299.4**	**354.0**	**445.0**	**466.5**	**13.0**	**14.1**	**13.7**	**14.1**	**14.2**
2100 À la charge des salariés	73.6	131.6	155.3	199.4	209.6	5.6	6.2	6.0	6.3	6.4
2200 À la charge des employeurs	86.7	147.4	167.2	206.9	216.4	6.6	7.0	6.5	6.5	6.6
2300 À la charge des indép. ou sans emploi	10.2	20.4	31.5	38.7	40.5	0.8	1.0	1.2	1.2	1.2
2400 Non-ventilables entre 2100, 2200 et 2300	0.0	0.0	0.0	0.0	0.0	0.0	0.0	0.0	0.0	0.0
3000 Sur les salaires ou main d'œuvre	**0.0**	**0.0**	**0.0**	**0.0**	**0.0**	**0.0**	**0.0**	**0.0**	**0.0**	**0.0**
4000 Impôts sur le patrimoine	**15.3**	**17.5**	**21.0**	**33.4**	**33.6**	**1.2**	**0.8**	**0.8**	**1.1**	**1.0**
4100 Impôts périodiques sur la propriété immobilière	4.5	8.8	11.3	13.7	14.0	0.3	0.4	0.4	0.4	0.4
4200 Impôts périodiques sur l'actif net	6.2	0.4	0.0	0.4	0.4	0.5	0.0	0.0	0.0	0.0
4300 Impôts sur mut. par décès, succ. et donations	1.5	3.0	4.4	7.0	6.1	0.1	0.1	0.2	0.2	0.2
4400 Impôts sur transact. mobilières et immob.	3.1	5.2	5.3	12.4	13.1	0.2	0.2	0.2	0.4	0.4
4500 Impôts non périodiques sur	0.0	0.0	0.0	0.0	0.0	0.0	0.0	0.0	0.0	0.0
4600 Autres impôts périodiques sur patrimoine	0.0	0.0	0.0	0.0	0.0	0.0	0.0	0.0	0.0	0.0
5000 Impôts sur les biens et services	**121.6**	**215.3**	**266.1**	**320.5**	**323.6**	**9.3**	**10.2**	**10.3**	**10.1**	**9.9**
5100 Impôts sur production, vente, transfert, etc.	117.2	208.1	256.9	301.6	311.7	9.0	9.8	10.0	9.5	9.5
5110 Impôts généraux	75.5	140.9	180.5	219.1	226.9	5.8	6.7	7.0	6.9	6.9
5111 Taxes sur la valeur ajoutée	75.5	140.9	180.5	219.1	226.9	5.8	6.7	7.0	6.9	6.9
5120 Impôts sur biens et services déterminés	41.7	67.2	76.1	82.3	84.5	3.2	3.2	2.9	2.6	2.6
5121 Accises	31.2	57.2	63.5	64.9	66.5	2.4	2.7	2.5	2.1	2.0
5200 Impôts sur utilisation des biens et exerc. activités	4.4	7.2	9.2	18.8	11.9	0.3	0.3	0.4	0.6	0.4
5300 Non-ventilables entre 5100 et 5200	0.0	0.0	0.0	0.0	0.0	0.0	0.0	0.0	0.0	0.0
6000 Autres impôts	**0.2**	**0.2**	**0.2**	**2.0**	**2.0**	**0.0**	**0.0**	**0.0**	**0.1**	**0.1**
Crédits d'impôts récupérables										
Crédits d'impôts récupérables contre 1000	..	39.3	46.3	42.9	43.5	..	1.9	1.8	1.4	1.3
Composante transfert	..	..	17.7	15.3	15.3	..	..	0.7	0.5	0.5
Composante fiscale	..	..	28.6	27.6	28.2	..	..	1.1	0.9	0.9

.. Non disponible

Note : Des données et des notes plus détaillées par pays sont disponibles dans le chapitre 5 "Tableaux par pays, 1965-2017" accessible en ligne : https://doi.org/10.1787/df3c3b17-fr. Les séries temporelles complètes sont accessibles sur le site web http://oe.cd/series-temporelles-completes.

Source : Finanzbericht, Bonn; Tax Statistics. Unpublished estimates by the Ministry of Finance.

StatLink http://dx.doi.org/10.1787/888934059604

Tableau 4.22. Allemagne, recettes fiscales et % du PIB par niveaux d'administration (principaux impôts)

	Milliard EUR					% du PIB				
	1990	2000	2010	2016	2017	1990	2000	2010	2016	2017
Administrations fédérale ou centrale										
Recettes fiscales totales	**143.9**	**234.8**	**283.0**	**350.8**	**363.6**	**11.0**	**11.1**	**11.0**	**11.1**	**11.1**
1000 Impôts sur revenu, bénéfices et gains en capital	58.2	97.9	104.5	153.4	164.1	4.5	4.6	4.1	4.9	5.0
2000 Cotisations de sécurité sociale	0.0	0.0	0.0	0.0	0.0	0.0	0.0	0.0	0.0	0.0
3000 Sur salaires ou main d'œuvre	0.0	0.0	0.0	0.0	0.0	0.0	0.0	0.0	0.0	0.0
4000 Impôts sur le patrimoine	1.2	0.0	0.0	0.4	0.4	0.1	0.0	0.0	0.0	0.0
5000 Impôts sur les biens et services	84.6	136.9	178.5	197.1	199.1	6.5	6.5	6.9	6.2	6.1
6000 Autres impôts	0.0	0.0	0.0	0.0	0.0	0.0	0.0	0.0	0.0	0.0
Administrations d'un État/Régions										
Recettes fiscales totales	**97.8**	**172.1**	**190.6**	**279.5**	**289.0**	**7.5**	**8.1**	**7.4**	**8.8**	**8.8**
1000 Impôts sur revenu, bénéfices et gains en capital	58.2	88.9	97.6	143.0	152.9	4.5	4.2	3.8	4.5	4.7
2000 Cotisations de sécurité sociale	0.0	0.0	0.0	0.0	0.0	0.0	0.0	0.0	0.0	0.0
3000 Sur salaires ou main d'œuvre	0.0	0.0	0.0	0.0	0.0	0.0	0.0	0.0	0.0	0.0
4000 Impôts sur le patrimoine	7.0	8.5	9.7	19.4	19.3	0.5	0.4	0.4	0.6	0.6
5000 Impôts sur les biens et services	32.6	74.6	83.4	117.1	116.9	2.5	3.5	3.2	3.7	3.6
6000 Autres impôts	0.0	0.0	0.0	0.0	0.0	0.0	0.0	0.0	0.0	0.0
Administrations locales										
Recettes fiscales totales	**38.4**	**57.0**	**71.4**	**100.0**	**105.4**	**2.9**	**2.7**	**2.8**	**3.2**	**3.2**
1000 Impôts sur revenu, bénéfices et gains en capital	30.9	44.4	55.7	79.9	83.7	2.4	2.1	2.2	2.5	2.6
2000 Cotisations de sécurité sociale	0.0	0.0	0.0	0.0	0.0	0.0	0.0	0.0	0.0	0.0
3000 Sur salaires ou main d'œuvre	0.0	0.0	0.0	0.0	0.0	0.0	0.0	0.0	0.0	0.0
4000 Impôts sur le patrimoine	7.2	9.0	11.3	13.7	14.0	0.5	0.4	0.4	0.4	0.4
5000 Impôts sur les biens et services	0.3	3.4	4.3	6.3	7.5	0.0	0.2	0.2	0.2	0.2
6000 Autres impôts	0.2	0.1	0.1	0.2	0.3	0.0	0.0	0.0	0.0	0.0
Administrations de sécurité sociale										
Recettes fiscales totales	**170.4**	**299.4**	**354.0**	**445.0**	**466.5**	**13.0**	**14.1**	**13.7**	**14.1**	**14.2**
1000 Impôts sur revenu, bénéfices et gains en capital	0.0	0.0	0.0	0.0	0.0	0.0	0.0	0.0	0.0	0.0
2000 Cotisations de sécurité sociale	170.4	299.4	354.0	445.0	466.5	13.0	14.1	13.7	14.1	14.2
3000 Sur salaires ou main d'œuvre	0.0	0.0	0.0	0.0	0.0	0.0	0.0	0.0	0.0	0.0
4000 Impôts sur le patrimoine	0.0	0.0	0.0	0.0	0.0	0.0	0.0	0.0	0.0	0.0
5000 Impôts sur les biens et services	0.0	0.0	0.0	0.0	0.0	0.0	0.0	0.0	0.0	0.0
6000 Autres impôts	0.0	0.0	0.0	0.0	0.0	0.0	0.0	0.0	0.0	0.0

Note : Des données et des notes plus détaillées par pays sont disponibles dans le chapitre 6 "Recettes fiscales des sous-secteurs de l'administration" accessible en ligne : https://doi.org/10.1787/df3c3b17-fr. Les séries temporelles complètes sont accessibles sur le site web http://oe.cd/series-temporelles-completes.

Source : Finanzbericht, Bonn; Tax Statistics. Unpublished estimates by the Ministry of Finance.

StatLink https://doi.org/10.1787/888934059623

Tableau 4.23. Grèce, recettes fiscales et % du PIB (sélection de catégories d'impôts)

	Milliard EUR					% du PIB				
	1990	2000	2010	2016	2017	1990	2000	2010	2016	2017
Recettes fiscales totales	**11.5**	**47.2**	**72.4**	**68.3**	**70.1**	**25.2**	**33.4**	**32.0**	**38.7**	**38.9**
1000 Impôts sur le revenu, les bénéfices et les gains en capital	**2.3**	**12.7**	**16.0**	**16.0**	**16.0**	**5.0**	**9.0**	**7.1**	**9.1**	**8.9**
1100 Des personnes physiques	1.6	6.1	9.0	10.4	11.2	3.6	4.3	4.0	5.9	6.2
1200 Des sociétés	0.6	5.6	5.7	4.4	3.5	1.4	4.0	2.5	2.5	1.9
1300 Non-ventilables entre 1100 et 1200	0.0	0.9	1.2	1.2	1.2	0.1	0.6	0.5	0.7	0.7
2000 Cotisations de sécurité sociale	**3.5**	**14.3**	**24.7**	**19.3**	**20.7**	**7.6**	**10.1**	**10.9**	**10.9**	**11.5**
2100 À la charge des salariés	1.7	7.6	13.3	11.6	12.2	3.8	5.4	5.9	6.6	6.8
2200 À la charge des employeurs	1.7	6.7	11.5	7.7	8.5	3.8	4.7	5.1	4.4	4.7
2300 À la charge des indép. ou sans emploi	0.0	0.0	0.0	0.0	0.0	0.0	0.0	0.0	0.0	0.0
2400 Non-ventilables entre 2100, 2200 et 2300	0.0	0.0	0.0	0.0	0.0	0.0	0.0	0.0	0.0	0.0
3000 Sur les salaires ou main d'œuvre	**0.1**	**0.0**	**0.0**	**0.0**	**0.0**	**0.2**	**0.0**	**0.0**	**0.0**	**0.0**
4000 Impôts sur le patrimoine	**0.5**	**3.6**	**3.7**	**5.5**	**5.6**	**1.2**	**2.6**	**1.7**	**3.1**	**3.1**
4100 Impôts périodiques sur la propriété immobilière	0.0	0.4	0.6	3.7	3.7	0.0	0.3	0.2	2.1	2.0
4200 Impôts périodiques sur l'actif net	0.0	0.7	1.3	1.1	1.2	0.0	0.5	0.6	0.6	0.6
4300 Impôts sur mut. par décès, succ. et donations	0.1	0.4	0.2	0.1	0.2	0.3	0.3	0.1	0.1	0.1
4400 Impôts sur transact. mobilières et immob.	0.4	2.0	1.1	0.5	0.6	0.8	1.4	0.5	0.3	0.3
4500 Impôts non périodiques sur	0.0	0.0	0.0	0.0	0.0	0.0	0.0	0.0	0.0	0.0
4600 Autres impôts périodiques sur patrimoine	0.0	0.1	0.6	0.0	0.0	0.0	0.1	0.3	0.0	0.0
5000 Impôts sur les biens et services	**5.1**	**16.4**	**27.7**	**27.3**	**27.6**	**11.2**	**11.6**	**12.3**	**15.5**	**15.3**
5100 Impôts sur production, vente, transfert, etc.	4.9	14.6	25.2	23.2	23.3	10.7	10.3	11.2	13.1	12.9
5110 Impôts généraux	3.0	9.2	16.5	14.6	14.9	6.7	6.5	7.3	8.3	8.3
5111 Taxes sur la valeur ajoutée	2.8	8.9	16.0	14.3	14.6	6.2	6.3	7.1	8.1	8.1
5120 Impôts sur biens et services déterminés	1.8	5.3	8.6	8.4	8.2	3.9	3.8	3.8	4.8	4.6
5121 Accises	1.4	4.1	7.6	7.1	6.9	3.0	2.9	3.3	4.0	3.8
5200 Impôts sur utilisation des biens et exerc. activités	0.2	1.3	1.7	3.2	3.4	0.5	0.9	0.7	1.8	1.9
5300 Non-ventilables entre 5100 et 5200	0.0	0.5	0.8	1.0	0.9	0.0	0.4	0.3	0.5	0.5
6000 Autres impôts	**0.0**	**0.0**	**0.0**	**0.0**	**0.0**	**0.0**	**0.0**	**0.0**	**0.0**	**0.0**
Crédits d'impôts récupérables										
Crédits d'impôts récupérables contre 1000	..	..	..	..	..	..	..	..	..	..
Composante transfert	..	..	..	..	..	..	..	..	..	..
Composante fiscale	..	..	..	..	..	..	..	..	..	..

.. Non disponible

Note : Des données et des notes plus détaillées par pays sont disponibles dans le chapitre 5 "Tableaux par pays, 1965-2017" accessible en ligne : https://doi.org/10.1787/df3c3b17-fr. Les séries temporelles complètes sont accessibles sur le site web http://oe.cd/series-temporelles-completes.

Le total des recettes fiscales a été diminué du montant de tout transfert en capital représentant les impôts non perçus. Le transfert en capital a été réparti entre les différentes rubriques en proportion des recettes fiscales. Par conséquent, les montants des recettes fiscales sont différents de ceux présentés dans le chapitre 5 "Tableaux par pays, 1965-2017" accessible en ligne.

Source : Ministry of Finance, General accounting Office, 20th Directorate of Budget except the heading 2000 provided by the National Statistics Bureau.

StatLink https://doi.org/10.1787/888934059642

Tableau 4.24. Grèce, recettes fiscales et % du PIB par niveaux d'administration (principaux impôts)

	Milliard EUR					% du PIB				
	1990	2000	2010	2016	2017	1990	2000	2010	2016	2017
Administrations fédérale ou centrale										
Recettes fiscales totales	**7.8**	**31.9**	**46.5**	**47.6**	**47.3**	**17.1**	**22.6**	**20.6**	**27.0**	**26.2**
1000 Impôts sur revenu, bénéfices et gains en capital	2.3	12.7	15.9	16.0	16.0	5.0	9.0	7.0	9.1	8.9
2000 Cotisations de sécurité sociale	0.0	0.7	1.3	0.7	0.1	0.1	0.5	0.6	0.4	0.0
3000 Sur salaires ou main d'œuvre	0.0	0.0	0.0	0.0	0.0	0.0	0.0	0.0	0.0	0.0
4000 Impôts sur le patrimoine	0.5	2.6	2.1	3.9	4.0	1.2	1.8	0.9	2.2	2.2
5000 Impôts sur les biens et services	4.9	16.0	27.1	27.0	27.3	10.9	11.3	12.0	15.3	15.1
6000 Autres impôts	0.0	0.0	0.0	0.0	0.0	0.0	0.0	0.0	0.0	0.0
Administrations d'un État/Régions										
Recettes fiscales totales	..	..	..	..	..	..	..	..	..	..
1000 Impôts sur revenu, bénéfices et gains en capital	..	..	..	..	..	..	..	..	..	..
2000 Cotisations de sécurité sociale	..	..	..	..	..	..	..	..	..	..
3000 Sur salaires ou main d'œuvre	..	..	..	..	..	..	..	..	..	..
4000 Impôts sur le patrimoine	..	..	..	..	..	..	..	..	..	..
5000 Impôts sur les biens et services	..	..	..	..	..	..	..	..	..	..
6000 Autres impôts	..	..	..	..	..	..	..	..	..	..
Administrations locales										
Recettes fiscales totales	**0.1**	**1.0**	**1.7**	**1.6**	**1.7**	**0.3**	**0.7**	**0.8**	**0.9**	**0.9**
1000 Impôts sur revenu, bénéfices et gains en capital	0.0	0.0	0.0	0.0	0.0	0.0	0.0	0.0	0.0	0.0
2000 Cotisations de sécurité sociale	0.0	0.0	0.0	0.0	0.0	0.0	0.0	0.0	0.0	0.0
3000 Sur salaires ou main d'œuvre	0.1	0.0	0.0	0.0	0.0	0.2	0.0	0.0	0.0	0.0
4000 Impôts sur le patrimoine	0.0	0.8	1.5	1.5	1.6	0.0	0.6	0.7	0.9	0.9
5000 Impôts sur les biens et services	0.1	0.2	0.2	0.1	0.1	0.1	0.1	0.1	0.1	0.1
6000 Autres impôts	0.0	0.0	0.0	0.0	0.0	0.0	0.0	0.0	0.0	0.0
Administrations de sécurité sociale										
Recettes fiscales totales	**3.4**	**14.1**	**24.0**	**18.7**	**20.8**	**7.5**	**10.0**	**10.6**	**10.6**	**11.5**
1000 Impôts sur revenu, bénéfices et gains en capital	0.0	0.0	0.0	0.0	0.0	0.0	0.0	0.0	0.0	0.0
2000 Cotisations de sécurité sociale	3.4	13.6	23.4	18.6	20.7	7.5	9.6	10.4	10.5	11.5
3000 Sur salaires ou main d'œuvre	0.0	0.0	0.0	0.0	0.0	0.0	0.0	0.0	0.0	0.0
4000 Impôts sur le patrimoine	0.0	0.2	0.1	0.0	0.0	0.0	0.1	0.1	0.0	0.0
5000 Impôts sur les biens et services	0.0	0.3	0.4	0.1	0.1	0.0	0.2	0.2	0.1	0.1
6000 Autres impôts	0.0	0.0	0.0	0.0	0.0	0.0	0.0	0.0	0.0	0.0

.. Non disponible

Note : Des données et des notes plus détaillées par pays sont disponibles dans le chapitre 6 "Recettes fiscales des sous-secteurs de l'administration" accessible en ligne : https://doi.org/10.1787/df3c3b17-fr. Les séries temporelles complètes sont accessibles sur le site web http://oe.cd/series-temporelles-completes.

Le total des recettes fiscales a été diminué du montant de tout transfert en capital représentant les impôts non perçus. Le transfert en capital a été réparti entre les différentes rubriques en proportion des recettes fiscales. Par conséquent, les montants des recettes fiscales sont différents de ceux présentés dans le chapitre 6 "Recettes fiscales des sous-secteurs de l'administration" accessible en ligne.

Source : Ministry of Finance, General accounting Office, 20th Directorate of Budget except the heading 2000 provided by the National Statistics Bureau.

StatLink https://doi.org/10.1787/888934059661

Tableau 4.25. Hongrie, recettes fiscales et % du PIB (sélection de catégories d'impôts)

	Milliard HUF					% du PIB				
	1990	2000	2010	2016	2017	1990	2000	2010	2016	2017
Recettes fiscales totales	..	**5 140.6**	**10 145.5**	**13 887.6**	**14 642.3**	..	**38.5**	**37.3**	**39.1**	**38.2**
1000 Impôts sur le revenu, les bénéfices et les gains en capital	..	**1 247.4**	**2 098.6**	**2 684.6**	**2 873.6**	..	**9.3**	**7.7**	**7.6**	**7.5**
1100 Des personnes physiques	..	954.7	1 768.8	1 853.4	2 075.2	..	7.2	6.5	5.2	5.4
1200 Des sociétés	..	292.7	329.7	831.1	798.3	..	2.2	1.2	2.3	2.1
1300 Non-ventilables entre 1100 et 1200	..	0.0	0.0	0.0	0.0	..	0.0	0.0	0.0	0.0
2000 Cotisations de sécurité sociale	..	**1 506.8**	**3 184.2**	**4 613.9**	**4 704.1**	..	**11.3**	**11.7**	**13.0**	**12.3**
2100 À la charge des salariés	..	275.3	1 069.1	1 989.8	2 344.7	..	2.1	3.9	5.6	6.1
2200 À la charge des employeurs	..	1 213.2	2 047.6	2 594.2	2 329.0	..	9.1	7.5	7.3	6.1
2300 À la charge des indép. ou sans emploi	..	0.9	21.2	0.0	0.0	..	0.0	0.1	0.0	0.0
2400 Non-ventilables entre 2100, 2200 et 2300	..	17.4	46.3	30.0	30.4	..	0.1	0.2	0.1	0.1
3000 Sur les salaires ou main d'œuvre	..	**183.4**	**116.0**	**220.8**	**275.6**	..	**1.4**	**0.4**	**0.6**	**0.7**
4000 Impôts sur le patrimoine	..	**89.0**	**312.1**	**391.9**	**410.7**	..	**0.7**	**1.1**	**1.1**	**1.1**
4100 Impôts périodiques sur la propriété immobilière	..	30.8	92.5	210.3	218.1	..	0.2	0.3	0.6	0.6
4200 Impôts périodiques sur l'actif net	..	0.0	135.7	59.8	53.4	..	0.0	0.5	0.2	0.1
4300 Impôts sur mut. par décès, succ. et donations	..	5.5	6.3	8.3	9.4	..	0.0	0.0	0.0	0.0
4400 Impôts sur transact. mobilières et immob.	..	52.8	77.6	113.6	129.8	..	0.4	0.3	0.3	0.3
4500 Impôts non périodiques sur	..	0.0	0.0	0.0	0.0	..	0.0	0.0	0.0	0.0
4600 Autres impôts périodiques sur patrimoine	..	0.0	0.0	0.0	0.0	..	0.0	0.0	0.0	0.0
5000 Impôts sur les biens et services	..	**2 081.1**	**4 350.3**	**5 882.8**	**6 285.4**	..	**15.6**	**16.0**	**16.6**	**16.4**
5100 Impôts sur production, vente, transfert, etc.	..	2 052.4	4 238.8	5 735.5	6 136.1	..	15.4	15.6	16.2	16.0
5110 Impôts généraux	..	1 340.6	3 010.8	4 104.6	4 460.3	..	10.0	11.1	11.6	11.6
5111 Taxes sur la valeur ajoutée	..	1 153.7	2 325.6	3 297.2	3 625.1	..	8.6	8.5	9.3	9.5
5120 Impôts sur biens et services déterminés	..	711.8	1 228.0	1 630.9	1 675.8	..	5.3	4.5	4.6	4.4
5121 Accises	..	533.5	929.9	1 150.6	1 157.6	..	4.0	3.4	3.2	3.0
5200 Impôts sur utilisation des biens et exerc. activités	..	28.7	111.6	147.3	149.3	..	0.2	0.4	0.4	0.4
5300 Non-ventilables entre 5100 et 5200	..	0.0	0.0	0.0	0.0	..	0.0	0.0	0.0	0.0
6000 Autres impôts	..	**32.9**	**59.4**	**52.1**	**47.6**	..	**0.2**	**0.2**	**0.1**	**0.1**
Crédits d'impôts récupérables										
Crédits d'impôts récupérables contre 1000	..	..	..	..	..	..	..	..	..	..
Composante transfert	..	..	..	..	..	..	..	..	..	..
Composante fiscale	..	..	..	..	..	..	..	..	..	..

.. Non disponible

Note : Des données et des notes plus détaillées par pays sont disponibles dans le chapitre 5 "Tableaux par pays, 1965-2017" accessible en ligne : https://doi.org/10.1787/df3c3b17-fr. Les séries temporelles complètes sont accessibles sur le site web http://oe.cd/series-temporelles-completes.

Source : Ministry of Finance, Economic Department.

StatLink https://doi.org/10.1787/888934059680

Tableau 4.26. Hongrie, recettes fiscales et % du PIB par niveaux d'administration (principaux impôts)

	Milliard HUF					% du PIB				
	1990	2000	2010	2016	2017	1990	2000	2010	2016	2017
Administrations fédérale ou centrale										
Recettes fiscales totales	**..**	**3 316.0**	**6 391.5**	**8 409.8**	**9 134.9**	**..**	**24.8**	**23.5**	**23.7**	**23.8**
1000 Impôts sur revenu, bénéfices et gains en capital	..	1 230.8	2 064.3	2 551.8	2 750.2	..	9.2	7.6	7.2	7.2
2000 Cotisations de sécurité sociale	..	136.6	182.0	244.4	353.2	..	1.0	0.7	0.7	0.9
3000 Sur salaires ou main d'œuvre	..	15.4	103.1	212.2	262.9	..	0.1	0.4	0.6	0.7
4000 Impôts sur le patrimoine	..	29.1	182.8	236.7	247.7	..	0.2	0.7	0.7	0.6
5000 Impôts sur les biens et services	..	1 878.3	3 799.9	5 126.1	5 483.3	..	14.1	14.0	14.5	14.3
6000 Autres impôts	..	25.8	59.4	38.6	37.7	..	0.2	0.2	0.1	0.1
Administrations d'un État/Régions										
Recettes fiscales totales	**..**	**..**	**..**	**..**	**..**	**..**	**..**	**..**	**..**	**..**
1000 Impôts sur revenu, bénéfices et gains en capital	..	..	..	..	..	..	..	..	..	..
2000 Cotisations de sécurité sociale	..	..	..	..	..	..	..	..	..	..
3000 Sur salaires ou main d'œuvre	..	..	..	..	..	..	..	..	..	..
4000 Impôts sur le patrimoine	..	..	..	..	..	..	..	..	..	..
5000 Impôts sur les biens et services	..	..	..	..	..	..	..	..	..	..
6000 Autres impôts	..	..	..	..	..	..	..	..	..	..
Administrations locales										
Recettes fiscales totales	**..**	**266.0**	**652.2**	**805.7**	**846.2**	**..**	**2.0**	**2.4**	**2.3**	**2.2**
1000 Impôts sur revenu, bénéfices et gains en capital	..	2.2	0.1	0.0	0.0	..	0.0	0.0	0.0	0.0
2000 Cotisations de sécurité sociale	..	0.0	0.0	0.0	0.0	..	0.0	0.0	0.0	0.0
3000 Sur salaires ou main d'œuvre	..	1.2	1.2	0.0	0.0	..	0.0	0.0	0.0	0.0
4000 Impôts sur le patrimoine	..	59.9	129.3	155.2	163.0	..	0.4	0.5	0.4	0.4
5000 Impôts sur les biens et services	..	202.8	521.6	650.4	683.2	..	1.5	1.9	1.8	1.8
6000 Autres impôts	..	0.0	0.0	0.0	0.0	..	0.0	0.0	0.0	0.0
Administrations de sécurité sociale										
Recettes fiscales totales	**..**	**1 558.6**	**3 076.2**	**4 629.7**	**4 614.9**	**..**	**11.7**	**11.3**	**13.1**	**12.0**
1000 Impôts sur revenu, bénéfices et gains en capital	..	14.5	34.2	132.7	123.4	..	0.1	0.1	0.4	0.3
2000 Cotisations de sécurité sociale	..	1 370.2	3 002.2	4 369.5	4 350.9	..	10.3	11.0	12.3	11.3
3000 Sur salaires ou main d'œuvre	..	166.9	11.7	8.6	12.8	..	1.3	0.0	0.0	0.0
4000 Impôts sur le patrimoine	..	0.0	0.0	0.0	0.0	..	0.0	0.0	0.0	0.0
5000 Impôts sur les biens et services	..	0.0	28.1	105.4	118.0	..	0.0	0.1	0.3	0.3
6000 Autres impôts	..	7.0	0.0	13.4	9.9	..	0.1	0.0	0.0	0.0

.. Non disponible

Note : Des données et des notes plus détaillées par pays sont disponibles dans le chapitre 6 "Recettes fiscales des sous-secteurs de l'administration" accessible en ligne : https://doi.org/10.1787/df3c3b17-fr. Les séries temporelles complètes sont accessibles sur le site web http://oe.cd/series-temporelles-completes.

Source : Ministry of Finance, Economic Department.

StatLink https://doi.org/10.1787/888934059699

Tableau 4.27. Islande, recettes fiscales et % du PIB (sélection de catégories d'impôts)

	Milliard ISK					% du PIB				
	1990	2000	2010	2016	2017	1990	2000	2010	2016	2017
Recettes fiscales totales	**114.9**	**254.6**	**540.3**	**1 265.6**	**981.4**	**30.4**	**36.0**	**32.3**	**50.8**	**37.5**
1000 Impôts sur le revenu, les bénéfices et les gains en capital	**34.1**	**101.5**	**239.7**	**429.5**	**482.6**	**9.0**	**14.3**	**14.3**	**17.2**	**18.4**
1100 Des personnes physiques	30.9	88.5	197.3	337.5	373.0	8.2	12.5	11.8	13.5	14.3
1200 Des sociétés	3.2	8.4	14.6	62.2	80.0	0.8	1.2	0.9	2.5	3.1
1300 Non-ventilables entre 1100 et 1200	0.0	4.6	27.7	29.9	29.6	0.0	0.7	1.7	1.2	1.1
2000 Cotisations de sécurité sociale	**3.6**	**19.7**	**63.6**	**85.4**	**89.6**	**1.0**	**2.8**	**3.8**	**3.4**	**3.4**
2100 À la charge des salariés	0.3	..	..	..	..	0.1	..	..	..	..
2200 À la charge des employeurs	3.3	..	..	..	..	0.9	..	..	..	..
2300 À la charge des indép. ou sans emploi	0.0	..	..	..	..	0.0	..	..	..	..
2400 Non-ventilables entre 2100, 2200 et 2300	0.0	19.7	63.6	85.4	89.6	0.0	2.8	3.8	3.4	3.4
3000 Sur les salaires ou main d'œuvre	**4.1**	**0.2**	**2.8**	**7.4**	**7.9**	**1.1**	**0.0**	**0.2**	**0.3**	**0.3**
4000 Impôts sur le patrimoine	**9.7**	**20.0**	**38.1**	**432.6**	**54.0**	**2.6**	**2.8**	**2.3**	**17.4**	**2.1**
4100 Impôts périodiques sur la propriété immobilière	4.1	10.1	28.5	38.7	43.4	1.1	1.4	1.7	1.6	1.7
4200 Impôts périodiques sur l'actif net	2.4	5.2	3.8	0.4	0.3	0.6	0.7	0.2	0.0	0.0
4300 Impôts sur mut. par décès, succ. et donations	0.2	0.8	2.6	3.7	4.3	0.1	0.1	0.2	0.1	0.2
4400 Impôts sur transact. mobilières et immob.	2.9	3.1	2.7	4.9	4.6	0.8	0.4	0.2	0.2	0.2
4500 Impôts non périodiques sur	0.0	0.1	0.1	384.6	0.5	0.0	0.0	0.0	15.4	0.0
4600 Autres impôts périodiques sur patrimoine	0.0	0.7	0.3	0.4	0.9	0.0	0.1	0.0	0.0	0.0
5000 Impôts sur les biens et services	**58.9**	**112.2**	**190.1**	**295.8**	**330.8**	**15.6**	**15.9**	**11.4**	**11.9**	**12.6**
5100 Impôts sur production, vente, transfert, etc.	56.6	100.7	179.0	277.1	311.2	15.0	14.2	10.7	11.1	11.9
5110 Impôts généraux	37.1	72.7	122.4	205.4	234.0	9.8	10.3	7.3	8.2	8.9
5111 Taxes sur la valeur ajoutée	32.7	72.7	122.4	205.4	234.0	8.7	10.3	7.3	8.2	8.9
5120 Impôts sur biens et services déterminés	19.5	28.0	56.6	71.7	77.2	5.2	4.0	3.4	2.9	3.0
5121 Accises	2.3	23.6	46.7	61.7	67.7	0.6	3.3	2.8	2.5	2.6
5200 Impôts sur utilisation des biens et exerc. activités	2.4	11.6	11.1	18.8	19.6	0.6	1.6	0.7	0.8	0.7
5300 Non-ventilables entre 5100 et 5200	0.0	0.0	0.0	0.0	0.0	0.0	0.0	0.0	0.0	0.0
6000 Autres impôts	**4.5**	**1.0**	**6.0**	**14.9**	**16.4**	**1.2**	**0.1**	**0.4**	**0.6**	**0.6**
Crédits d'impôts récupérables										
Crédits d'impôts récupérables contre 1000	..	..	..	1.6	2.8	..	..	..	0.1	0.1
Composante transfert	..	..	..	1.3	2.3	..	..	..	0.1	0.1
Composante fiscale	..	..	..	0.3	0.4	..	..	..	0.0	0.0

.. Non disponible

Note : Des données et des notes plus détaillées par pays sont disponibles dans le chapitre 5 "Tableaux par pays, 1965-2017" accessible en ligne : https://doi.org/10.1787/df3c3b17-fr. Les séries temporelles complètes sont accessibles sur le site web http://oe.cd/series-temporelles-completes.

Le chiffre de 2016 inclus les recettes ponctuelles des cotisations de stabilité.

Source : Ministry of Finance, Economic Department.

StatLink https://doi.org/10.1787/888934059718

Tableau 4.28. Islande, recettes fiscales et % du PIB par niveaux d'administration (principaux impôts)

	Milliard ISK					% du PIB				
	1990	2000	2010	2016	2017	1990	2000	2010	2016	2017
Administrations fédérale ou centrale										
Recettes fiscales totales	**91.6**	**195.1**	**402.3**	**1 030.2**	**721.7**	**24.3**	**27.6**	**24.1**	**41.4**	**27.6**
1000 Impôts sur revenu, bénéfices et gains en capital	19.9	55.5	132.9	240.8	274.6	5.3	7.8	7.9	9.7	10.5
2000 Cotisations de sécurité sociale	3.6	19.7	63.6	85.4	89.6	1.0	2.8	3.8	3.4	3.4
3000 Sur salaires ou main d'œuvre	4.1	0.2	2.8	7.4	7.9	1.1	0.0	0.2	0.3	0.3
4000 Impôts sur le patrimoine	6.0	9.9	9.7	394.1	10.8	1.6	1.4	0.6	15.8	0.4
5000 Impôts sur les biens et services	57.7	108.9	187.4	287.6	322.3	15.3	15.4	11.2	11.5	12.3
6000 Autres impôts	0.4	1.0	6.0	14.9	16.4	0.1	0.1	0.4	0.6	0.6
Administrations d'un État/Régions										
Recettes fiscales totales	..	..	..	..	..	..	..	..	..	..
1000 Impôts sur revenu, bénéfices et gains en capital	..	..	..	..	..	..	..	..	..	..
2000 Cotisations de sécurité sociale	..	..	..	..	..	..	..	..	..	..
3000 Sur salaires ou main d'œuvre	..	..	..	..	..	..	..	..	..	..
4000 Impôts sur le patrimoine	..	..	..	..	..	..	..	..	..	..
5000 Impôts sur les biens et services	..	..	..	..	..	..	..	..	..	..
6000 Autres impôts	..	..	..	..	..	..	..	..	..	..
Administrations locales										
Recettes fiscales totales	**23.3**	**59.4**	**138.0**	**235.4**	**259.7**	**6.2**	**8.4**	**8.2**	**9.5**	**9.9**
1000 Impôts sur revenu, bénéfices et gains en capital	14.2	46.0	106.8	188.7	208.0	3.8	6.5	6.4	7.6	7.9
2000 Cotisations de sécurité sociale	0.0	0.0	0.0	0.0	0.0	0.0	0.0	0.0	0.0	0.0
3000 Sur salaires ou main d'œuvre	0.0	0.0	0.0	0.0	0.0	0.0	0.0	0.0	0.0	0.0
4000 Impôts sur le patrimoine	3.7	10.1	28.4	38.5	43.2	1.0	1.4	1.7	1.5	1.7
5000 Impôts sur les biens et services	1.2	3.3	2.8	8.2	8.5	0.3	0.5	0.2	0.3	0.3
6000 Autres impôts	4.1	0.0	0.0	0.0	0.0	1.1	0.0	0.0	0.0	0.0
Administrations de sécurité sociale										
Recettes fiscales totales	**0.0**	**0.0**	**0.0**	**0.0**	**0.0**	**0.0**	**0.0**	**0.0**	**0.0**	**0.0**
1000 Impôts sur revenu, bénéfices et gains en capital	0.0	0.0	0.0	0.0	0.0	0.0	0.0	0.0	0.0	0.0
2000 Cotisations de sécurité sociale	0.0	0.0	0.0	0.0	0.0	0.0	0.0	0.0	0.0	0.0
3000 Sur salaires ou main d'œuvre	0.0	0.0	0.0	0.0	0.0	0.0	0.0	0.0	0.0	0.0
4000 Impôts sur le patrimoine	0.0	0.0	0.0	0.0	0.0	0.0	0.0	0.0	0.0	0.0
5000 Impôts sur les biens et services	0.0	0.0	0.0	0.0	0.0	0.0	0.0	0.0	0.0	0.0
6000 Autres impôts	0.0	0.0	0.0	0.0	0.0	0.0	0.0	0.0	0.0	0.0

.. Non disponible

Note : Des données et des notes plus détaillées par pays sont disponibles dans le chapitre 5 "Tableaux par pays, 1965-2017" accessible en ligne : https://doi.org/10.1787/df3c3b17-fr. Les séries temporelles complètes sont accessibles sur le site web http://oe.cd/series-temporelles-completes.

Le chiffre de 2016 inclus les recettes ponctuelles des cotisations de stabilité.

Source : Ministry of Finance, Economic Department.

StatLink https://doi.org/10.1787/888934059737

Tableau 4.29. Irlande, recettes fiscales et % du PIB (sélection de catégories d'impôts)

	Milliard EUR					% du PIB				
	1990	2000	2010	2016	2017	1990	2000	2010	2016	2017
Recettes fiscales totales	**12.3**	**33.3**	**45.3**	**63.5**	**66.9**	**32.4**	**30.8**	**27.0**	**23.4**	**22.5**
1000 Impôts sur le revenu, les bénéfices et les gains en capital	**4.7**	**14.6**	**17.5**	**27.4**	**29.1**	**12.3**	**13.4**	**10.5**	**10.1**	**9.8**
1100 Des personnes physiques	4.1	10.6	13.6	20.0	20.9	10.7	9.8	8.1	7.4	7.0
1200 Des sociétés	0.6	3.9	3.9	7.4	8.2	1.6	3.6	2.4	2.7	2.8
1300 Non-ventilables entre 1100 et 1200	0.0	0.0	0.0	0.0	0.0	0.0	0.0	0.0	0.0	0.0
2000 Cotisations de sécurité sociale	**1.7**	**3.9**	**8.4**	**10.7**	**11.4**	**4.6**	**3.6**	**5.0**	**3.9**	**3.9**
2100 À la charge des salariés	0.6	0.9	3.2	3.5	3.7	1.5	0.9	1.9	1.3	1.3
2200 À la charge des employeurs	1.1	2.8	4.9	6.7	7.2	2.9	2.6	2.9	2.4	2.4
2300 À la charge des indép. ou sans emploi	0.1	0.2	0.3	0.6	0.5	0.2	0.2	0.2	0.2	0.2
2400 Non-ventilables entre 2100, 2200 et 2300	0.0	0.0	0.0	0.0	0.0	0.0	0.0	0.0	0.0	0.0
3000 Sur les salaires ou main d'œuvre	**0.2**	**0.0**	**0.3**	**0.4**	**0.4**	**0.4**	**0.0**	**0.2**	**0.1**	**0.1**
4000 Impôts sur le patrimoine	**0.6**	**1.9**	**2.4**	**3.8**	**3.8**	**1.5**	**1.8**	**1.4**	**1.4**	**1.3**
4100 Impôts périodiques sur la propriété immobilière	0.3	0.6	1.3	1.8	1.8	0.8	0.5	0.8	0.7	0.6
4200 Impôts périodiques sur l'actif net	0.0	0.0	0.0	0.0	0.0	0.0	0.0	0.0	0.0	0.0
4300 Impôts sur mut. par décès, succ. et donations	0.0	0.2	0.2	0.4	0.4	0.1	0.2	0.1	0.2	0.2
4400 Impôts sur transact. mobilières et immob.	0.2	1.1	0.8	1.6	1.5	0.6	1.0	0.5	0.6	0.5
4500 Impôts non périodiques sur	0.0	0.0	0.0	0.0	0.0	0.0	0.0	0.0	0.0	0.0
4600 Autres impôts périodiques sur patrimoine	0.0	0.0	0.0	0.0	0.0	0.0	0.0	0.0	0.0	0.0
5000 Impôts sur les biens et services	**5.1**	**12.7**	**16.4**	**20.7**	**21.7**	**13.6**	**11.7**	**9.8**	**7.6**	**7.3**
5100 Impôts sur production, vente, transfert, etc.	4.9	12.2	15.1	18.7	19.7	13.0	11.2	9.0	6.9	6.6
5110 Impôts généraux	2.5	7.6	10.1	12.8	13.1	6.6	7.1	6.0	4.7	4.4
5111 Taxes sur la valeur ajoutée	2.5	7.6	10.1	12.8	13.1	6.6	7.1	6.0	4.7	4.4
5120 Impôts sur biens et services déterminés	2.4	4.5	5.0	5.9	6.6	6.4	4.2	3.0	2.2	2.2
5121 Accises	2.1	4.4	4.9	5.8	6.2	5.5	4.1	2.9	2.1	2.1
5200 Impôts sur utilisation des biens et exerc. activités	0.2	0.6	1.3	1.9	2.0	0.5	0.5	0.8	0.7	0.7
5300 Non-ventilables entre 5100 et 5200	0.0	0.0	0.0	0.0	0.0	0.0	0.0	0.0	0.0	0.0
6000 Autres impôts	**0.0**	**0.0**	**0.0**	**0.0**	**0.0**	**0.0**	**0.0**	**0.0**	**0.0**	**0.0**
Crédits d'impôts récupérables										
Crédits d'impôts récupérables contre 1000	..	..	1.1	0.5	0.5	..	..	0.6	0.2	0.2
Composante transfert	..	..	0.0	0.0	0.0	..	..	0.0	0.0	0.0
Composante fiscale	..	..	1.1	0.5	0.5	..	..	0.6	0.2	0.2

.. Non disponible

Note : Des données et des notes plus détaillées par pays sont disponibles dans le chapitre 5 "Tableaux par pays, 1965-2017" accessible en ligne : https://doi.org/10.1787/df3c3b17-fr. Les séries temporelles complètes sont accessibles sur le site web http://oe.cd/series-temporelles-completes.

Source : Annual Report of he Revenue Commissioners, Financial Accounts and National Income and Expenditure Accounts.

StatLink https://doi.org/10.1787/888934059756

Tableau 4.30. Irlande, recettes fiscales et % du PIB par niveaux d'administration (principaux impôts)

	Milliard EUR					% du PIB				
	1990	2000	2010	2016	2017	1990	2000	2010	2016	2017
Administrations fédérale ou centrale										
Recettes fiscales totales	**10.1**	**28.7**	**36.9**	**52.3**	**55.2**	**26.7**	**26.5**	**22.0**	**19.3**	**18.6**
1000 Impôts sur revenu, bénéfices et gains en capital	4.7	14.6	17.5	27.4	29.1	12.3	13.4	10.5	10.1	9.8
2000 Cotisations de sécurité sociale	0.1	0.1	1.5	1.4	1.5	0.2	0.1	0.9	0.5	0.5
3000 Sur salaires ou main d'oeuvre	0.2	0.0	0.3	0.4	0.4	0.4	0.0	0.2	0.1	0.1
4000 Impôts sur le patrimoine	0.3	1.3	1.1	2.5	2.5	0.7	1.2	0.6	0.9	0.8
5000 Impôts sur les biens et services	5.0	12.7	16.4	20.7	21.7	13.1	11.7	9.8	7.6	7.3
6000 Autres impôts	0.0	0.0	0.0	0.0	0.0	0.0	0.0	0.0	0.0	0.0
Administrations d'un État/Régions										
Recettes fiscales totales	**..**	**..**	**..**	**..**	**..**	**..**	**..**	**..**	**..**	**..**
1000 Impôts sur revenu, bénéfices et gains en capital	..	..	..	..	..	..	..	..	..	..
2000 Cotisations de sécurité sociale	..	..	..	..	..	..	..	..	..	..
3000 Sur salaires ou main d'oeuvre	..	..	..	..	..	..	..	..	..	..
4000 Impôts sur le patrimoine	..	..	..	..	..	..	..	..	..	..
5000 Impôts sur les biens et services	..	..	..	..	..	..	..	..	..	..
6000 Autres impôts	..	..	..	..	..	..	..	..	..	..
Administrations locales										
Recettes fiscales totales	**0.3**	**0.7**	**1.5**	**1.4**	**1.4**	**0.9**	**0.6**	**0.9**	**0.5**	**0.5**
1000 Impôts sur revenu, bénéfices et gains en capital	0.0	0.0	0.0	0.0	0.0	0.0	0.0	0.0	0.0	0.0
2000 Cotisations de sécurité sociale	0.0	0.1	0.2	0.1	0.1	0.1	0.1	0.1	0.0	0.0
3000 Sur salaires ou main d'oeuvre	0.0	0.0	0.0	0.0	0.0	0.0	0.0	0.0	0.0	0.0
4000 Impôts sur le patrimoine	0.3	0.6	1.3	1.4	1.3	0.8	0.5	0.8	0.5	0.5
5000 Impôts sur les biens et services	0.0	0.0	0.0	0.0	0.0	0.0	0.0	0.0	0.0	0.0
6000 Autres impôts	0.0	0.0	0.0	0.0	0.0	0.0	0.0	0.0	0.0	0.0
Administrations de sécurité sociale										
Recettes fiscales totales	**1.6**	**3.8**	**6.7**	**9.2**	**9.8**	**4.3**	**3.5**	**4.0**	**3.4**	**3.3**
1000 Impôts sur revenu, bénéfices et gains en capital	0.0	0.0	0.0	0.0	0.0	0.0	0.0	0.0	0.0	0.0
2000 Cotisations de sécurité sociale	1.6	3.8	6.7	9.2	9.8	4.3	3.5	4.0	3.4	3.3
3000 Sur salaires ou main d'oeuvre	0.0	0.0	0.0	0.0	0.0	0.0	0.0	0.0	0.0	0.0
4000 Impôts sur le patrimoine	0.0	0.0	0.0	0.0	0.0	0.0	0.0	0.0	0.0	0.0
5000 Impôts sur les biens et services	0.0	0.0	0.0	0.0	0.0	0.0	0.0	0.0	0.0	0.0
6000 Autres impôts	0.0	0.0	0.0	0.0	0.0	0.0	0.0	0.0	0.0	0.0

.. Non disponible

Note : Des données et des notes plus détaillées par pays sont disponibles dans le chapitre 6 "Recettes fiscales des sous-secteurs de l'administration" accessible en ligne : https://doi.org/10.1787/df3c3b17-fr. Les séries temporelles complètes sont accessibles sur le site web http://oe.cd/series-temporelles-completes.

Source : Annual Report of he Revenue Commissioners, Financial Accounts and National Income and Expenditure Accounts.

StatLink https://doi.org/10.1787/888934059775

Tableau 4.31. Israël, recettes fiscales et % du PIB (sélection de catégories d'impôts)

	Milliard ILS					% du PIB				
	1990	2000	2010	2016	2017	1990	2000	2010	2016	2017
Recettes fiscales totales	**..**	**188.3**	**268.6**	**381.6**	**413.4**	**..**	**34.9**	**30.7**	**31.1**	**32.5**
1000 Impôts sur le revenu, les bénéfices et les gains en capital	**..**	**74.6**	**78.3**	**120.5**	**146.9**	**..**	**13.8**	**9.0**	**9.8**	**11.6**
1100 Des personnes physiques	..	54.8	48.2	75.6	85.4	..	10.2	5.5	6.2	6.7
1200 Des sociétés	..	18.0	23.1	37.8	41.9	..	3.3	2.6	3.1	3.3
1300 Non-ventilables entre 1100 et 1200	..	1.8	6.9	7.1	19.6	..	0.3	0.8	0.6	1.5
2000 Cotisations de sécurité sociale	**..**	**27.6**	**45.3**	**63.5**	**66.8**	**..**	**5.1**	**5.2**	**5.2**	**5.3**
2100 À la charge des salariés	..	15.8	27.8	35.9	37.9	..	2.9	3.2	2.9	3.0
2200 À la charge des employeurs	..	8.2	11.4	19.5	20.6	..	1.5	1.3	1.6	1.6
2300 À la charge des indép. ou sans emploi	..	3.6	6.1	8.1	8.3	..	0.7	0.7	0.7	0.7
2400 Non-ventilables entre 2100, 2200 et 2300	..	0.0	0.0	0.0	0.0	..	0.0	0.0	0.0	0.0
3000 Sur les salaires ou main d'oeuvre	**..**	**6.8**	**10.3**	**14.1**	**15.2**	**..**	**1.3**	**1.2**	**1.1**	**1.2**
4000 Impôts sur le patrimoine	**..**	**16.9**	**28.8**	**39.2**	**41.3**	**..**	**3.1**	**3.3**	**3.2**	**3.2**
4100 Impôts périodiques sur la propriété immobilière	..	11.3	18.8	24.4	24.9	..	2.1	2.1	2.0	2.0
4200 Impôts périodiques sur l'actif net	..	0.0	0.0	0.0	0.0	..	0.0	0.0	0.0	0.0
4300 Impôts sur mut. par décès, succ. et donations	..	0.0	0.0	0.0	0.0	..	0.0	0.0	0.0	0.0
4400 Impôts sur transact. mobilières et immob.	..	3.2	4.1	6.6	6.6	..	0.6	0.5	0.5	0.5
4500 Impôts non périodiques sur	..	2.4	6.0	8.2	9.8	..	0.5	0.7	0.7	0.8
4600 Autres impôts périodiques sur patrimoine	..	0.0	0.0	0.0	0.0	..	0.0	0.0	0.0	0.0
5000 Impôts sur les biens et services	**..**	**62.4**	**105.9**	**144.3**	**143.2**	**..**	**11.6**	**12.1**	**11.8**	**11.3**
5100 Impôts sur production, vente, transfert, etc.	..	57.9	98.1	134.4	133.3	..	10.7	11.2	11.0	10.5
5110 Impôts généraux	..	49.9	79.9	112.9	111.0	..	9.3	9.1	9.2	8.7
5111 Taxes sur la valeur ajoutée	..	39.8	65.5	92.0	94.5	..	7.4	7.5	7.5	7.4
5120 Impôts sur biens et services déterminés	..	8.0	18.1	21.6	22.3	..	1.5	2.1	1.8	1.8
5121 Accises	..	6.6	15.5	18.3	19.3	..	1.2	1.8	1.5	1.5
5200 Impôts sur utilisation des biens et exerc. activités	..	4.5	7.8	9.9	9.9	..	0.8	0.9	0.8	0.8
5300 Non-ventilables entre 5100 et 5200	..	0.0	0.0	0.0	0.0	..	0.0	0.0	0.0	0.0
6000 Autres impôts	**..**	**0.0**	**0.0**	**0.0**	**0.0**	**..**	**0.0**	**0.0**	**0.0**	**0.0**
Crédits d'impôts récupérables										
Crédits d'impôts récupérables contre 1000	..	..	0.1	1.3	1.6	..	..	0.0	0.1	0.1
Composante transfert	..	..	0.1	1.2	1.6	..	..	0.0	0.1	0.1
Composante fiscale	..	..	0.0	0.1	0.0	..	..	0.0	0.0	0.0

.. Non disponible

Note : Des données et des notes plus détaillées par pays sont disponibles dans le chapitre 5 "Tableaux par pays, 1965-2017" accessible en ligne : https://doi.org/10.1787/df3c3b17-fr. Les séries temporelles complètes sont accessibles sur le site web http://oe.cd/series-temporelles-completes.

Les données statistiques concernant Israël sont fournies par et sous la responsabilité des autorités israéliennes compétentes. L'utilisation de ces données par l'OCDE est sans préjudice du statut des hauteurs du Golan, de Jérusalem Est et des colonies de peuplement israéliennes en Cisjordanie aux termes du droit international.

Source : Israel Central Bureau of Statistics and Israel Ministry of Finance.

StatLink https://doi.org/10.1787/888934059794

Tableau 4.32. Israël, recettes fiscales et % du PIB par niveaux d'administration (principaux impôts)

	Milliard ILS					% du PIB				
	1990	2000	2010	2016	2017	1990	2000	2010	2016	2017
Administrations fédérale ou centrale										
Recettes fiscales totales	**..**	**148.0**	**199.9**	**288.1**	**315.1**	**..**	**27.5**	**22.9**	**23.5**	**24.8**
1000 Impôts sur revenu, bénéfices et gains en capital	..	74.6	78.3	120.5	146.9	..	13.8	9.0	9.8	11.6
2000 Cotisations de sécurité sociale	..	0.0	0.0	0.0	0.0	..	0.0	0.0	0.0	0.0
3000 Sur salaires ou main d'oeuvre	..	6.8	10.3	14.1	15.2	..	1.3	1.2	1.1	1.2
4000 Impôts sur le patrimoine	..	4.8	6.6	10.7	11.3	..	0.9	0.8	0.9	0.9
5000 Impôts sur les biens et services	..	61.8	104.7	142.9	141.7	..	11.5	12.0	11.6	11.1
6000 Autres impôts	..	0.0	0.0	0.0	0.0	..	0.0	0.0	0.0	0.0
Administrations d'un État/Régions										
Recettes fiscales totales	**..**	**..**	**..**	**..**	**..**	**..**	**..**	**..**	**..**	**..**
1000 Impôts sur revenu, bénéfices et gains en capital	..	..	..	..	..	..	..	..	..	..
2000 Cotisations de sécurité sociale	..	..	..	..	..	..	..	..	..	..
3000 Sur salaires ou main d'oeuvre	..	..	..	..	..	..	..	..	..	..
4000 Impôts sur le patrimoine	..	..	..	..	..	..	..	..	..	..
5000 Impôts sur les biens et services	..	..	..	..	..	..	..	..	..	..
6000 Autres impôts	..	..	..	..	..	..	..	..	..	..
Administrations locales										
Recettes fiscales totales	**..**	**12.7**	**23.4**	**30.0**	**31.5**	**..**	**2.4**	**2.7**	**2.4**	**2.5**
1000 Impôts sur revenu, bénéfices et gains en capital	..	0.0	0.0	0.0	0.0	..	0.0	0.0	0.0	0.0
2000 Cotisations de sécurité sociale	..	0.0	0.0	0.0	0.0	..	0.0	0.0	0.0	0.0
3000 Sur salaires ou main d'oeuvre	..	0.0	0.0	0.0	0.0	..	0.0	0.0	0.0	0.0
4000 Impôts sur le patrimoine	..	12.1	22.2	28.5	30.0	..	2.2	2.5	2.3	2.4
5000 Impôts sur les biens et services	..	0.6	1.1	1.5	1.5	..	0.1	0.1	0.1	0.1
6000 Autres impôts	..	0.0	0.0	0.0	0.0	..	0.0	0.0	0.0	0.0
Administrations de sécurité sociale										
Recettes fiscales totales	**..**	**27.6**	**45.3**	**63.5**	**66.8**	**..**	**5.1**	**5.2**	**5.2**	**5.3**
1000 Impôts sur revenu, bénéfices et gains en capital	..	0.0	0.0	0.0	0.0	..	0.0	0.0	0.0	0.0
2000 Cotisations de sécurité sociale	..	27.6	45.3	63.5	66.8	..	5.1	5.2	5.2	5.3
3000 Sur salaires ou main d'oeuvre	..	0.0	0.0	0.0	0.0	..	0.0	0.0	0.0	0.0
4000 Impôts sur le patrimoine	..	0.0	0.0	0.0	0.0	..	0.0	0.0	0.0	0.0
5000 Impôts sur les biens et services	..	0.0	0.0	0.0	0.0	..	0.0	0.0	0.0	0.0
6000 Autres impôts	..	0.0	0.0	0.0	0.0	..	0.0	0.0	0.0	0.0

.. Non disponible

Note : Des données et des notes plus détaillées par pays sont disponibles dans le chapitre 6 "Recettes fiscales des sous-secteurs de l'administration" accessible en ligne : https://doi.org/10.1787/df3c3b17-fr. Les séries temporelles complètes sont accessibles sur le site web http://oe.cd/series-temporelles-completes.

Les données statistiques concernant Israël sont fournies par et sous la responsabilité des autorités israéliennes compétentes. L'utilisation de ces données par l'OCDE est sans préjudice du statut des hauteurs du Golan, de Jérusalem Est et des colonies de peuplement israéliennes en Cisjordanie aux termes du droit international.

Source : Israel Central Bureau of Statistics and Israel Ministry of Finance.

StatLink https://doi.org/10.1787/888934059813

Tableau 4.33. Italie, recettes fiscales et % du PIB (sélection de catégories d'impôts)

	Milliard EUR					% du PIB				
	1990	2000	2010	2016	2017	1990	2000	2010	2016	2017
Recettes fiscales totales	**265.1**	**503.1**	**671.9**	**714.9**	**727.8**	**36.4**	**40.6**	**41.9**	**42.3**	**42.1**
1000 Impôts sur le revenu, les bénéfices et les gains en capital	**96.7**	**166.9**	**219.5**	**228.4**	**230.9**	**13.3**	**13.5**	**13.7**	**13.5**	**13.4**
1100 Des personnes physiques	69.7	124.9	180.5	183.7	187.0	9.6	10.1	11.3	10.9	10.8
1200 Des sociétés	26.6	34.7	36.7	36.3	36.3	3.7	2.8	2.3	2.1	2.1
1300 Non-ventilables entre 1100 et 1200	0.4	7.3	2.3	8.3	7.6	0.1	0.6	0.1	0.5	0.4
2000 Cotisations de sécurité sociale	**87.3**	**143.6**	**209.1**	**215.9**	**220.6**	**12.0**	**11.6**	**13.0**	**12.8**	**12.8**
2100 À la charge des salariés	16.8	27.3	37.6	40.0	40.9	2.3	2.2	2.3	2.4	2.4
2200 À la charge des employeurs	62.5	99.9	144.3	144.0	147.3	8.6	8.1	9.0	8.5	8.5
2300 À la charge des indép. ou sans emploi	8.0	16.4	27.2	31.9	32.4	1.1	1.3	1.7	1.9	1.9
2400 Non-ventilables entre 2100, 2200 et 2300	0.0	0.0	0.0	0.0	0.0	0.0	0.0	0.0	0.0	0.0
3000 Sur les salaires ou main d'oeuvre	**0.9**	**0.0**	**0.0**	**0.0**	**0.0**	**0.1**	**0.0**	**0.0**	**0.0**	**0.0**
4000 Impôts sur le patrimoine	**6.0**	**23.4**	**32.4**	**46.9**	**44.9**	**0.8**	**1.9**	**2.0**	**2.8**	**2.6**
4100 Impôts périodiques sur la propriété immobilière	0.0	9.4	9.7	21.7	22.1	0.0	0.8	0.6	1.3	1.3
4200 Impôts périodiques sur l'actif net	0.0	0.0	2.1	0.4	0.4	0.0	0.0	0.1	0.0	0.0
4300 Impôts sur mut. par décès, succ. et donations	0.4	1.0	0.5	0.7	0.8	0.1	0.1	0.0	0.0	0.0
4400 Impôts sur transact. mobilières et immob.	5.6	12.3	17.4	17.7	17.7	0.8	1.0	1.1	1.0	1.0
4500 Impôts non périodiques sur	0.0	0.1	0.9	4.2	1.1	0.0	0.0	0.1	0.3	0.1
4600 Autres impôts périodiques sur patrimoine	0.0	0.6	1.9	2.2	2.8	0.0	0.0	0.1	0.1	0.2
5000 Impôts sur les biens et services	**74.3**	**140.3**	**176.6**	**201.3**	**206.9**	**10.2**	**11.3**	**11.0**	**11.9**	**12.0**
5100 Impôts sur production, vente, transfert, etc.	67.1	125.7	158.5	176.4	181.5	9.2	10.1	9.9	10.4	10.5
5110 Impôts généraux	38.9	77.5	97.6	102.4	107.9	5.3	6.3	6.1	6.1	6.2
5111 Taxes sur la valeur ajoutée	38.9	77.5	97.6	102.4	107.9	5.3	6.3	6.1	6.1	6.2
5120 Impôts sur biens et services déterminés	28.0	48.3	61.0	74.0	73.6	3.9	3.9	3.8	4.4	4.3
5121 Accises	20.3	31.5	36.4	48.4	46.8	2.8	2.5	2.3	2.9	2.7
5200 Impôts sur utilisation des biens et exerc. activités	4.5	8.5	10.5	13.3	13.2	0.6	0.7	0.7	0.8	0.8
5300 Non-ventilables entre 5100 et 5200	2.7	6.1	7.6	11.7	12.2	0.4	0.5	0.5	0.7	0.7
6000 Autres impôts	**0.0**	**27.3**	**31.9**	**20.2**	**22.3**	**0.0**	**2.2**	**2.0**	**1.2**	**1.3**
Crédits d'impôts récupérables										
Crédits d'impôts récupérables contre 1000	..	..	0.0	12.6	10.3	..	..	0.0	0.7	0.6
Composante transfert	..	..	0.1	3.7	1.2	..	..	0.0	0.2	0.1
Composante fiscale	..	..	-0.1	8.9	9.1	..	..	0.0	0.5	0.5

.. Non disponible

Note : Des données et des notes plus détaillées par pays sont disponibles dans le chapitre 5 "Tableaux par pays, 1965-2017" accessible en ligne : https://doi.org/10.1787/df3c3b17-fr. Les séries temporelles complètes sont accessibles sur le site web http://oe.cd/series-temporelles-completes.

Source : Ministero dell'economia e delle finanze; Istituto nazionale di statistica.

StatLink https://doi.org/10.1787/888934059832

Tableau 4.34. Italie, recettes fiscales et % du PIB par niveaux d'administration (principaux impôts)

	Milliard EUR					% du PIB				
	1990	2000	2010	2016	2017	1990	2000	2010	2016	2017
Administrations fédérale ou centrale										
Recettes fiscales totales	**168.9**	**280.8**	**357.3**	**388.4**	**389.9**	**23.2**	**22.7**	**22.3**	**23.0**	**22.6**
1000 Impôts sur revenu, bénéfices et gains en capital	92.7	154.2	193.9	197.6	197.7	12.7	12.4	12.1	11.7	11.4
2000 Cotisations de sécurité sociale	0.0	0.0	0.0	0.0	0.0	0.0	0.0	0.0	0.0	0.0
3000 Sur salaires ou main d'oeuvre	0.9	0.0	0.0	0.0	0.0	0.1	0.0	0.0	0.0	0.0
4000 Impôts sur le patrimoine	6.0	12.9	21.0	26.5	24.1	0.8	1.0	1.3	1.6	1.4
5000 Impôts sur les biens et services	69.3	113.6	142.5	164.4	168.0	9.5	9.2	8.9	9.7	9.7
6000 Autres impôts	0.0	0.0	0.0	0.0	0.0	0.0	0.0	0.0	0.0	0.0
Administrations d'un État/Régions										
Recettes fiscales totales	**..**	**..**	**..**	**..**	**..**	**..**	**..**	**..**	**..**	**..**
1000 Impôts sur revenu, bénéfices et gains en capital	..	..	..	..	..	..	..	..	..	..
2000 Cotisations de sécurité sociale	..	..	..	..	..	..	..	..	..	..
3000 Sur salaires ou main d'oeuvre	..	..	..	..	..	..	..	..	..	..
4000 Impôts sur le patrimoine	..	..	..	..	..	..	..	..	..	..
5000 Impôts sur les biens et services	..	..	..	..	..	..	..	..	..	..
6000 Autres impôts	..	..	..	..	..	..	..	..	..	..
Administrations locales										
Recettes fiscales totales	**7.7**	**77.2**	**103.2**	**107.7**	**112.7**	**1.1**	**6.2**	**6.4**	**6.4**	**6.5**
1000 Impôts sur revenu, bénéfices et gains en capital	4.0	12.7	25.6	30.8	33.1	0.6	1.0	1.6	1.8	1.9
2000 Cotisations de sécurité sociale	0.0	0.0	0.0	0.0	0.0	0.0	0.0	0.0	0.0	0.0
3000 Sur salaires ou main d'oeuvre	0.0	0.0	0.0	0.0	0.0	0.0	0.0	0.0	0.0	0.0
4000 Impôts sur le patrimoine	0.0	10.5	11.5	20.4	20.8	0.0	0.8	0.7	1.2	1.2
5000 Impôts sur les biens et services	3.7	26.7	34.2	36.2	36.6	0.5	2.2	2.1	2.1	2.1
6000 Autres impôts	0.0	27.3	31.9	20.2	22.3	0.0	2.2	2.0	1.2	1.3
Administrations de sécurité sociale										
Recettes fiscales totales	**87.3**	**143.6**	**209.1**	**215.9**	**220.6**	**12.0**	**11.6**	**13.0**	**12.8**	**12.8**
1000 Impôts sur revenu, bénéfices et gains en capital	0.0	0.0	0.0	0.0	0.0	0.0	0.0	0.0	0.0	0.0
2000 Cotisations de sécurité sociale	87.3	143.6	209.1	215.9	220.6	12.0	11.6	13.0	12.8	12.8
3000 Sur salaires ou main d'oeuvre	0.0	0.0	0.0	0.0	0.0	0.0	0.0	0.0	0.0	0.0
4000 Impôts sur le patrimoine	0.0	0.0	0.0	0.0	0.0	0.0	0.0	0.0	0.0	0.0
5000 Impôts sur les biens et services	0.0	0.0	0.0	0.0	0.0	0.0	0.0	0.0	0.0	0.0
6000 Autres impôts	0.0	0.0	0.0	0.0	0.0	0.0	0.0	0.0	0.0	0.0

.. Non disponible

Note : Des données et des notes plus détaillées par pays sont disponibles dans le chapitre 6 "Recettes fiscales des sous-secteurs de l'administration" accessible en ligne : https://doi.org/10.1787/df3c3b17-fr. Les séries temporelles complètes sont accessibles sur le site web http://oe.cd/series-temporelles-completes.

Source : Ministero dell'economia e delle finanze; Istituto nazionale di statistica.

StatLink https://doi.org/10.1787/888934059851

Tableau 4.35. Japon, recettes fiscales et % du PIB (sélection de catégories d'impôts)

	Milliard JPY					% du PIB				
	1990	2000	2010	2016	2017	1990	2000	2010	2016	2017
Recettes fiscales totales	**130 842.7**	**136 235.8**	**132 484.3**	**164 962.9**	**171 751.4**	**28.2**	**25.8**	**26.5**	**30.7**	**31.4**
1000 Impôts sur le revenu, les bénéfices et les gains en capital	**65 681.6**	**47 398.2**	**40 034.3**	**50 447.7**	**52 657.9**	**14.2**	**9.0**	**8.0**	**9.4**	**9.6**
1100 Des personnes physiques	36 393.6	28 677.3	24 662.7	30 669.6	32 324.6	7.8	5.4	4.9	5.7	5.9
1200 Des sociétés	29 288.0	18 720.9	15 371.6	19 778.1	20 333.3	6.3	3.5	3.1	3.7	3.7
1300 Non-ventilables entre 1100 et 1200	0.0	0.0	0.0	0.0	0.0	0.0	0.0	0.0	0.0	0.0
2000 Cotisations de sécurité sociale	**34 612.6**	**47 968.3**	**54 460.6**	**66 614.3**	**68 561.7**	**7.5**	**9.1**	**10.9**	**12.4**	**12.5**
2100 À la charge des salariés	13 895.0	19 829.9	23 592.6	29 311.4	30 339.9	3.0	3.8	4.7	5.5	5.5
2200 À la charge des employeurs	16 648.8	22 455.5	24 674.2	30 560.4	31 636.6	3.6	4.2	4.9	5.7	5.8
2300 À la charge des indép. ou sans emploi	4 068.8	5 682.9	6 193.8	6 742.5	6 585.2	0.9	1.1	1.2	1.3	1.2
2400 Non-ventilables entre 2100, 2200 et 2300	0.0	0.0	0.0	0.0	0.0	0.0	0.0	0.0	0.0	0.0
3000 Sur les salaires ou main d'oeuvre	**0.0**	**0.0**	**0.0**	**0.0**	**0.0**	**0.0**	**0.0**	**0.0**	**0.0**	**0.0**
4000 Impôts sur le patrimoine	**12 296.3**	**14 294.4**	**12 878.3**	**13 772.3**	**14 073.1**	**2.7**	**2.7**	**2.6**	**2.6**	**2.6**
4100 Impôts périodiques sur la propriété immobilière	7 098.5	10 413.7	10 225.0	10 165.1	10 323.1	1.5	2.0	2.0	1.9	1.9
4200 Impôts périodiques sur l'actif net	0.0	0.0	0.0	0.0	0.0	0.0	0.0	0.0	0.0	0.0
4300 Impôts sur mut. par décès, succ. et donations	1 918.0	1 782.2	1 250.4	2 131.4	2 292.0	0.4	0.3	0.3	0.4	0.4
4400 Impôts sur transact. mobilières et immob.	3 279.8	2 098.5	1 402.9	1 475.8	1 458.0	0.7	0.4	0.3	0.3	0.3
4500 Impôts non périodiques sur	0.0	0.0	0.0	0.0	0.0	0.0	0.0	0.0	0.0	0.0
4600 Autres impôts périodiques sur patrimoine	0.0	0.0	0.0	0.0	0.0	0.0	0.0	0.0	0.0	0.0
5000 Impôts sur les biens et services	**17 916.8**	**26 227.2**	**24 730.2**	**33 711.0**	**36 031.3**	**3.9**	**5.0**	**5.0**	**6.3**	**6.6**
5100 Impôts sur production, vente, transfert, etc.	15 646.5	23 180.2	22 160.4	31 254.2	33 581.7	3.4	4.4	4.4	5.8	6.1
5110 Impôts généraux	5 778.3	12 350.3	12 675.2	21 931.0	22 249.2	1.2	2.3	2.5	4.1	4.1
5111 Taxes sur la valeur ajoutée	5 778.3	12 350.3	12 675.2	21 931.0	22 249.2	1.2	2.3	2.5	4.1	4.1
5120 Impôts sur biens et services déterminés	9 868.2	10 829.9	9 485.2	9 323.2	11 332.5	2.1	2.0	1.9	1.7	2.1
5121 Accises	8 637.2	9 837.0	8 622.4	8 315.9	10 241.0	1.9	1.9	1.7	1.5	1.9
5200 Impôts sur utilisation des biens et exerc. activités	2 270.3	3 047.0	2 569.8	2 456.8	2 449.6	0.5	0.6	0.5	0.5	0.4
5300 Non-ventilables entre 5100 et 5200	0.0	0.0	0.0	0.0	0.0	0.0	0.0	0.0	0.0	0.0
6000 Autres impôts	**335.4**	**347.7**	**381.1**	**417.6**	**427.4**	**0.1**	**0.1**	**0.1**	**0.1**	**0.1**
Crédits d'impôts récupérables										
Crédits d'impôts récupérables contre 1000	..	..	..	..	..	..	..	..	..	..
Composante transfert	..	..	..	..	..	..	..	..	..	..
Composante fiscale	..	..	..	..	..	..	..	..	..	..

.. Non disponible
Note : Des données et des notes plus détaillées par pays sont disponibles dans le chapitre 5 "Tableaux par pays, 1965-2017" accessible en ligne : https://doi.org/10.1787/df3c3b17-fr. Les séries temporelles complètes sont accessibles sur le site web http://oe.cd/series-temporelles-completes.
Source : Tax Bureau, Ministry of Finance.

StatLink https://doi.org/10.1787/888934059870

Tableau 4.36. Japon, recettes fiscales et % du PIB par niveaux d'administration (principaux impôts)

	Milliard JPY					% du PIB				
	1990	2000	2010	2016	2017	1990	2000	2010	2016	2017
Administrations fédérale ou centrale										
Recettes fiscales totales	**62 779.7**	**52 720.8**	**43 707.4**	**58 956.3**	**64 284.1**	**13.5**	**10.0**	**8.8**	**11.0**	**11.7**
1000 Impôts sur revenu, bénéfices et gains en capital	44 379.1	30 536.2	23 372.1	30 721.4	33 782.5	9.6	5.8	4.7	5.7	6.2
2000 Cotisations de sécurité sociale	0.0	0.0	0.0	0.0	0.0	0.0	0.0	0.0	0.0	0.0
3000 Sur salaires ou main d'oeuvre	0.0	0.0	0.0	0.0	0.0	0.0	0.0	0.0	0.0	0.0
4000 Impôts sur le patrimoine	4 601.6	3 314.9	2 274.5	3 210.5	3 343.5	1.0	0.6	0.5	0.6	0.6
5000 Impôts sur les biens et services	13 799.0	18 869.7	18 060.9	25 024.4	27 158.1	3.0	3.6	3.6	4.7	5.0
6000 Autres impôts	0.0	0.0	0.0	0.0	0.0	0.0	0.0	0.0	0.0	0.0
Administrations d'un État/Régions										
Recettes fiscales totales	**..**	**..**	**..**	**..**	**..**	**..**	**..**	**..**	**..**	**..**
1000 Impôts sur revenu, bénéfices et gains en capital	..	..	..	..	..	..	..	..	..	..
2000 Cotisations de sécurité sociale	..	..	..	..	..	..	..	..	..	..
3000 Sur salaires ou main d'oeuvre	..	..	..	..	..	..	..	..	..	..
4000 Impôts sur le patrimoine	..	..	..	..	..	..	..	..	..	..
5000 Impôts sur les biens et services	..	..	..	..	..	..	..	..	..	..
6000 Autres impôts	..	..	..	..	..	..	..	..	..	..
Administrations locales										
Recettes fiscales totales	**33 450.4**	**35 546.7**	**34 316.3**	**39 392.3**	**38 905.6**	**7.2**	**6.7**	**6.9**	**7.3**	**7.1**
1000 Impôts sur revenu, bénéfices et gains en capital	21 302.5	16 862.0	16 662.3	19 726.3	18 875.4	4.6	3.2	3.3	3.7	3.4
2000 Cotisations de sécurité sociale	0.0	0.0	0.0	0.0	0.0	0.0	0.0	0.0	0.0	0.0
3000 Sur salaires ou main d'oeuvre	0.0	0.0	0.0	0.0	0.0	0.0	0.0	0.0	0.0	0.0
4000 Impôts sur le patrimoine	7 694.7	10 979.5	10 603.8	10 561.8	10 729.6	1.7	2.1	2.1	2.0	2.0
5000 Impôts sur les biens et services	4 117.8	7 357.5	6 669.2	8 686.6	8 873.2	0.9	1.4	1.3	1.6	1.6
6000 Autres impôts	335.4	347.7	381.1	417.6	427.4	0.1	0.1	0.1	0.1	0.1
Administrations de sécurité sociale										
Recettes fiscales totales	**34 612.6**	**47 968.3**	**54 460.6**	**66 614.3**	**68 561.7**	**7.5**	**9.1**	**10.9**	**12.4**	**12.5**
1000 Impôts sur revenu, bénéfices et gains en capital	0.0	0.0	0.0	0.0	0.0	0.0	0.0	0.0	0.0	0.0
2000 Cotisations de sécurité sociale	34 612.6	47 968.3	54 460.6	66 614.3	68 561.7	7.5	9.1	10.9	12.4	12.5
3000 Sur salaires ou main d'oeuvre	0.0	0.0	0.0	0.0	0.0	0.0	0.0	0.0	0.0	0.0
4000 Impôts sur le patrimoine	0.0	0.0	0.0	0.0	0.0	0.0	0.0	0.0	0.0	0.0
5000 Impôts sur les biens et services	0.0	0.0	0.0	0.0	0.0	0.0	0.0	0.0	0.0	0.0
6000 Autres impôts	0.0	0.0	0.0	0.0	0.0	0.0	0.0	0.0	0.0	0.0

.. Non disponible

Note : Des données et des notes plus détaillées par pays sont disponibles dans le chapitre 6 "Recettes fiscales des sous-secteurs de l'administration" accessible en ligne : https://doi.org/10.1787/df3c3b17-fr. Les séries temporelles complètes sont accessibles sur le site web http://oe.cd/series-temporelles-completes.

Source : Tax Bureau, Ministry of Finance.

StatLink https://doi.org/10.1787/888934059889

Tableau 4.37. Corée, recettes fiscales et % du PIB (sélection de catégories d'impôts)

	Milliard KRW					% du PIB				
	1990	2000	2010	2016	2017	1990	2000	2010	2016	2017
Recettes fiscales totales	**37 261.7**	**136 295.0**	**295 968.0**	**430 752.0**	**465 470.0**	**18.8**	**21.5**	**23.4**	**26.2**	**26.9**
1000 Impôts sur le revenu, les bénéfices et les gains en capital	**12 203.5**	**39 254.0**	**82 905.0**	**134 503.0**	**149 420.0**	**6.2**	**6.2**	**6.6**	**8.2**	**8.6**
1100 Des personnes physiques	7 440.4	19 950.0	42 098.0	75 711.0	83 121.0	3.8	3.1	3.3	4.6	4.8
1200 Des sociétés	4 756.6	19 271.0	40 807.0	58 792.0	66 299.0	2.4	3.0	3.2	3.6	3.8
1300 Non-ventilables entre 1100 et 1200	6.5	33.0	0.0	0.0	0.0	0.0	0.0	0.0	0.0	0.0
2000 Cotisations de sécurité sociale	**3 760.0**	**22 759.0**	**69 090.0**	**112 658.0**	**119 676.0**	**1.9**	**3.6**	**5.5**	**6.9**	**6.9**
2100 À la charge des salariés	1 464.0	8 578.0	28 213.0	48 077.0	51 125.0	0.7	1.4	2.2	2.9	3.0
2200 À la charge des employeurs	1 694.0	9 409.0	30 856.0	51 190.0	54 063.0	0.9	1.5	2.4	3.1	3.1
2300 À la charge des indép. ou sans emploi	602.0	4 772.0	10 021.0	13 391.0	14 488.0	0.3	0.8	0.8	0.8	0.8
2400 Non-ventilables entre 2100, 2200 et 2300	0.0	0.0	0.0	0.0	0.0	0.0	0.0	0.0	0.0	0.0
3000 Sur les salaires ou main d'oeuvre	**152.8**	**258.0**	**714.0**	**1 293.0**	**1 376.0**	**0.1**	**0.0**	**0.1**	**0.1**	**0.1**
4000 Impôts sur le patrimoine	**4 388.9**	**16 846.0**	**33 516.0**	**49 820.0**	**54 406.0**	**2.2**	**2.7**	**2.6**	**3.0**	**3.1**
4100 Impôts périodiques sur la propriété immobilière	980.0	3 385.0	9 270.0	13 095.0	14 319.0	0.5	0.5	0.7	0.8	0.8
4200 Impôts périodiques sur l'actif net	0.0	0.0	0.0	0.0	0.0	0.0	0.0	0.0	0.0	0.0
4300 Impôts sur mut. par décès, succ. et donations	353.9	989.0	3 076.0	5 350.0	6 785.0	0.2	0.2	0.2	0.3	0.4
4400 Impôts sur transact. mobilières et immob.	2 959.7	11 935.0	21 170.0	31 375.0	33 302.0	1.5	1.9	1.7	1.9	1.9
4500 Impôts non périodiques sur	95.3	537.0	0.0	0.0	0.0	0.0	0.1	0.0	0.0	0.0
4600 Autres impôts périodiques sur patrimoine	0.0	0.0	0.0	0.0	0.0	0.0	0.0	0.0	0.0	0.0
5000 Impôts sur les biens et services	**16 497.5**	**52 271.0**	**99 769.0**	**121 197.0**	**129 065.0**	**8.3**	**8.2**	**7.9**	**7.4**	**7.5**
5100 Impôts sur production, vente, transfert, etc.	16 023.5	50 023.0	96 573.0	113 644.0	121 293.0	8.1	7.9	7.6	6.9	7.0
5110 Impôts généraux	6 964.4	23 212.0	51 800.0	68 229.0	74 361.0	3.5	3.7	4.1	4.2	4.3
5111 Taxes sur la valeur ajoutée	6 964.4	23 212.0	51 800.0	68 229.0	74 361.0	3.5	3.7	4.1	4.2	4.3
5120 Impôts sur biens et services déterminés	9 059.1	26 811.0	44 773.0	45 415.0	46 932.0	4.6	4.2	3.5	2.8	2.7
5121 Accises	4 923.7	18 155.0	31 340.0	34 762.0	35 779.0	2.5	2.9	2.5	2.1	2.1
5200 Impôts sur utilisation des biens et exerc. activités	473.9	2 248.0	3 196.0	7 553.0	7 772.0	0.2	0.4	0.3	0.5	0.4
5300 Non-ventilables entre 5100 et 5200	0.0	0.0	0.0	0.0	0.0	0.0	0.0	0.0	0.0	0.0
6000 Autres impôts	**259.1**	**4 907.0**	**9 974.0**	**11 281.0**	**11 527.0**	**0.1**	**0.8**	**0.8**	**0.7**	**0.7**
Crédits d'impôts récupérables										
Crédits d'impôts récupérables contre 1000	..	..	..	..	..	..	..	..	..	..
Composante transfert	..	..	..	..	..	..	..	..	..	..
Composante fiscale	..	..	..	..	..	..	..	..	..	..

.. Non disponible

Note : Des données et des notes plus détaillées par pays sont disponibles dans le chapitre 5 "Tableaux par pays, 1965-2017" accessible en ligne : https://doi.org/10.1787/df3c3b17-fr. Les séries temporelles complètes sont accessibles sur le site web http://oe.cd/series-temporelles-completes.

Source : Ministry of Finance and Economy, Ministry of Home Affairs.

StatLink https://doi.org/10.1787/888934059908

Tableau 4.38. Corée, recettes fiscales et % du PIB par niveaux d'administration (principaux impôts)

	Milliard KRW					% du PIB				
	1990	2000	2010	2016	2017	1990	2000	2010	2016	2017
Administrations fédérale ou centrale										
Recettes fiscales totales	**27 140.8**	**92 935.0**	**177 718.0**	**242 562.0**	**265 385.0**	**13.7**	**14.6**	**14.0**	**14.8**	**15.3**
1000 Impôts sur revenu, bénéfices et gains en capital	11 655.2	35 824.0	75 352.0	121 127.0	134 685.0	5.9	5.6	6.0	7.4	7.8
2000 Cotisations de sécurité sociale	0.0	0.0	0.0	0.0	0.0	0.0	0.0	0.0	0.0	0.0
3000 Sur salaires ou main d'oeuvre	29.3	0.0	0.0	0.0	0.0	0.0	0.0	0.0	0.0	0.0
4000 Impôts sur le patrimoine	866.3	5 866.0	11 288.0	14 849.0	16 946.0	0.4	0.9	0.9	0.9	1.0
5000 Impôts sur les biens et services	14 377.5	46 812.0	86 629.0	102 439.0	109 365.0	7.3	7.4	6.8	6.2	6.3
6000 Autres impôts	212.5	4 433.0	4 449.0	4 147.0	4 389.0	0.1	0.7	0.4	0.3	0.3
Administrations d'un État/Régions										
Recettes fiscales totales	**..**	**..**	**..**	**..**	**..**	**..**	**..**	**..**	**..**	**..**
1000 Impôts sur revenu, bénéfices et gains en capital	..	..	..	..	..	..	..	..	..	..
2000 Cotisations de sécurité sociale	..	..	..	..	..	..	..	..	..	..
3000 Sur salaires ou main d'oeuvre	..	..	..	..	..	..	..	..	..	..
4000 Impôts sur le patrimoine	..	..	..	..	..	..	..	..	..	..
5000 Impôts sur les biens et services	..	..	..	..	..	..	..	..	..	..
6000 Autres impôts	..	..	..	..	..	..	..	..	..	..
Administrations locales										
Recettes fiscales totales	**6 360.9**	**20 601.0**	**49 160.0**	**75 532.0**	**80 409.0**	**3.2**	**3.2**	**3.9**	**4.6**	**4.6**
1000 Impôts sur revenu, bénéfices et gains en capital	548.3	3 430.0	7 553.0	13 376.0	14 735.0	0.3	0.5	0.6	0.8	0.9
2000 Cotisations de sécurité sociale	0.0	0.0	0.0	0.0	0.0	0.0	0.0	0.0	0.0	0.0
3000 Sur salaires ou main d'oeuvre	123.5	258.0	714.0	1 293.0	1 376.0	0.1	0.0	0.1	0.1	0.1
4000 Impôts sur le patrimoine	3 522.6	10 980.0	22 228.0	34 971.0	37 460.0	1.8	1.7	1.8	2.1	2.2
5000 Impôts sur les biens et services	2 120.0	5 459.0	13 140.0	18 758.0	19 700.0	1.1	0.9	1.0	1.1	1.1
6000 Autres impôts	46.6	474.0	5 525.0	7 134.0	7 138.0	0.0	0.1	0.4	0.4	0.4
Administrations de sécurité sociale										
Recettes fiscales totales	**3 760.0**	**22 759.0**	**69 090.0**	**112 658.0**	**119 676.0**	**1.9**	**3.6**	**5.5**	**6.9**	**6.9**
1000 Impôts sur revenu, bénéfices et gains en capital	0.0	0.0	0.0	0.0	0.0	0.0	0.0	0.0	0.0	0.0
2000 Cotisations de sécurité sociale	3 760.0	22 759.0	69 090.0	112 658.0	119 676.0	1.9	3.6	5.5	6.9	6.9
3000 Sur salaires ou main d'oeuvre	0.0	0.0	0.0	0.0	0.0	0.0	0.0	0.0	0.0	0.0
4000 Impôts sur le patrimoine	0.0	0.0	0.0	0.0	0.0	0.0	0.0	0.0	0.0	0.0
5000 Impôts sur les biens et services	0.0	0.0	0.0	0.0	0.0	0.0	0.0	0.0	0.0	0.0
6000 Autres impôts	0.0	0.0	0.0	0.0	0.0	0.0	0.0	0.0	0.0	0.0

.. Non disponible

Note : Des données et des notes plus détaillées par pays sont disponibles dans le chapitre 6 "Recettes fiscales des sous-secteurs de l'administration" accessible en ligne : https://doi.org/10.1787/df3c3b17-fr. Les séries temporelles complètes sont accessibles sur le site web http://oe.cd/series-temporelles-completes.

Source : Ministry of Finance and Economy, Ministry of Home Affairs.

StatLink https://doi.org/10.1787/888934059927

Tableau 4.39. Lettonie, recettes fiscales et % du PIB (sélection de catégories d'impôts)

	Milliard EUR					% du PIB				
	1990	2000	2010	2016	2017	1990	2000	2010	2016	2017
Recettes fiscales totales	..	**2.0**	**5.2**	**7.8**	**8.4**	..	**29.1**	**28.8**	**31.2**	**31.1**
1000 Impôts sur le revenu, les bénéfices et les gains en capital	..	**0.5**	**1.3**	**2.0**	**2.2**	..	**7.0**	**7.2**	**8.0**	**8.2**
1100 Des personnes physiques	..	0.4	1.1	1.6	1.8	..	5.5	6.2	6.3	6.6
1200 Des sociétés	..	0.1	0.2	0.4	0.4	..	1.5	1.0	1.7	1.6
1300 Non-ventilables entre 1100 et 1200	..	0.0	0.0	0.0	0.0	..	0.0	0.0	0.0	0.0
2000 Cotisations de sécurité sociale	..	**0.7**	**1.6**	**2.1**	**2.3**	..	**9.8**	**8.7**	**8.3**	**8.4**
2100 À la charge des salariés	..	0.2	0.4	0.5	0.6	..	2.4	2.2	2.1	2.3
2200 À la charge des employeurs	..	0.5	1.2	1.5	1.6	..	7.3	6.4	6.1	6.0
2300 À la charge des indép. ou sans emploi	..	0.0	0.0	0.0	0.0	..	0.0	0.1	0.1	0.1
2400 Non-ventilables entre 2100, 2200 et 2300	..	0.0	0.0	0.0	0.0	..	0.0	0.0	0.0	0.0
3000 Sur les salaires ou main d'oeuvre	..	**0.0**	**0.0**	**0.0**	**0.0**	..	**0.0**	**0.0**	**0.0**	**0.0**
4000 Impôts sur le patrimoine	..	**0.1**	**0.2**	**0.3**	**0.3**	..	**1.1**	**0.9**	**1.1**	**1.0**
4100 Impôts périodiques sur la propriété immobilière	..	0.1	0.1	0.2	0.2	..	0.9	0.7	0.9	0.8
4200 Impôts périodiques sur l'actif net	..	0.0	0.0	0.0	0.0	..	0.0	0.0	0.0	0.0
4300 Impôts sur mut. par décès, succ. et donations	..	0.0	0.0	0.0	0.0	..	0.0	0.0	0.0	0.0
4400 Impôts sur transact. mobilières et immob.	..	0.0	0.0	0.0	0.0	..	0.2	0.1	0.2	0.2
4500 Impôts non périodiques sur	..	0.0	0.0	0.0	0.0	..	0.0	0.0	0.0	0.0
4600 Autres impôts périodiques sur patrimoine	..	0.0	0.0	0.0	0.0	..	0.0	0.0	0.0	0.0
5000 Impôts sur les biens et services	..	**0.8**	**2.1**	**3.4**	**3.6**	..	**11.2**	**11.9**	**13.6**	**13.4**
5100 Impôts sur production, vente, transfert, etc.	..	0.7	2.0	3.2	3.4	..	10.8	11.2	12.9	12.7
5110 Impôts généraux	..	0.5	1.3	2.3	2.4	..	7.0	7.3	9.2	9.0
5111 Taxes sur la valeur ajoutée	..	0.5	1.2	2.0	2.2	..	7.0	6.7	8.1	8.0
5120 Impôts sur biens et services déterminés	..	0.3	0.7	0.9	1.0	..	3.8	3.9	3.8	3.7
5121 Accises	..	0.2	0.6	0.9	0.9	..	3.4	3.6	3.5	3.4
5200 Impôts sur utilisation des biens et exerc. activités	..	0.0	0.1	0.2	0.2	..	0.5	0.7	0.7	0.7
5300 Non-ventilables entre 5100 et 5200	..	0.0	0.0	0.0	0.0	..	0.0	0.0	0.0	0.0
6000 Autres impôts	..	**0.0**	**0.0**	**0.0**	**0.0**	..	**0.0**	**0.0**	**0.0**	**0.0**
Crédits d'impôts récupérables										
Crédits d'impôts récupérables contre 1000	..	..	..	..	..	..	..	..	..	..
Composante transfert	..	..	..	..	..	..	..	..	..	..
Composante fiscale	..	..	..	..	..	..	..	..	..	..

.. Non disponible
Note : Des données et des notes plus détaillées par pays sont disponibles dans le chapitre 5 "Tableaux par pays, 1965-2017" accessible en ligne : https://doi.org/10.1787/df3c3b17-fr. Les séries temporelles complètes sont accessibles sur le site web http://oe.cd/series-temporelles-completes.
Source : Ministry of Finance.

StatLink https://doi.org/10.1787/888934059946

Tableau 4.40. Lettonie, recettes fiscales et % du PIB par niveaux d'administration (principaux impôts)

	Milliard EUR					% du PIB				
	1990	2000	2010	2016	2017	1990	2000	2010	2016	2017
Administrations fédérale ou centrale										
Recettes fiscales totales	..	**1.0**	**2.5**	**4.2**	**4.5**	..	**14.4**	**14.2**	**16.8**	**16.6**
1000 Impôts sur revenu, bénéfices et gains en capital	..	0.2	0.4	0.8	0.8	..	3.1	2.2	3.1	3.1
2000 Cotisations de sécurité sociale	..	0.0	0.0	0.0	0.0	..	0.0	0.0	0.0	0.0
3000 Sur salaires ou main d'oeuvre	..	0.0	0.0	0.0	0.0	..	0.0	0.0	0.0	0.0
4000 Impôts sur le patrimoine	..	0.0	0.0	0.0	0.0	..	0.2	0.2	0.2	0.2
5000 Impôts sur les biens et services	..	0.8	2.1	3.4	3.6	..	11.2	11.8	13.5	13.3
6000 Autres impôts	..	0.0	0.0	0.0	0.0	..	0.0	0.0	0.0	0.0
Administrations d'un État/Régions										
Recettes fiscales totales	..	..	..	..	..	..	..	..	..	..
1000 Impôts sur revenu, bénéfices et gains en capital	..	..	..	..	..	..	..	..	..	..
2000 Cotisations de sécurité sociale	..	..	..	..	..	..	..	..	..	..
3000 Sur salaires ou main d'oeuvre	..	..	..	..	..	..	..	..	..	..
4000 Impôts sur le patrimoine	..	..	..	..	..	..	..	..	..	..
5000 Impôts sur les biens et services	..	..	..	..	..	..	..	..	..	..
6000 Autres impôts	..	..	..	..	..	..	..	..	..	..
Administrations locales										
Recettes fiscales totales	..	**0.3**	**1.0**	**1.5**	**1.6**	..	**4.9**	**5.8**	**5.9**	**6.0**
1000 Impôts sur revenu, bénéfices et gains en capital	..	0.3	0.9	1.2	1.4	..	3.9	5.0	4.9	5.1
2000 Cotisations de sécurité sociale	..	0.0	0.0	0.0	0.0	..	0.0	0.0	0.0	0.0
3000 Sur salaires ou main d'oeuvre	..	0.0	0.0	0.0	0.0	..	0.0	0.0	0.0	0.0
4000 Impôts sur le patrimoine	..	0.1	0.1	0.2	0.2	..	0.9	0.7	0.9	0.8
5000 Impôts sur les biens et services	..	0.0	0.0	0.0	0.0	..	0.1	0.1	0.1	0.1
6000 Autres impôts	..	0.0	0.0	0.0	0.0	..	0.0	0.0	0.0	0.0
Administrations de sécurité sociale										
Recettes fiscales totales	..	**0.7**	**1.6**	**2.1**	**2.3**	..	**9.8**	**8.7**	**8.3**	**8.4**
1000 Impôts sur revenu, bénéfices et gains en capital	..	0.0	0.0	0.0	0.0	..	0.0	0.0	0.0	0.0
2000 Cotisations de sécurité sociale	..	0.7	1.6	2.1	2.3	..	9.8	8.7	8.3	8.4
3000 Sur salaires ou main d'oeuvre	..	0.0	0.0	0.0	0.0	..	0.0	0.0	0.0	0.0
4000 Impôts sur le patrimoine	..	0.0	0.0	0.0	0.0	..	0.0	0.0	0.0	0.0
5000 Impôts sur les biens et services	..	0.0	0.0	0.0	0.0	..	0.0	0.0	0.0	0.0
6000 Autres impôts	..	0.0	0.0	0.0	0.0	..	0.0	0.0	0.0	0.0

.. Non disponible

Note : Des données et des notes plus détaillées par pays sont disponibles dans le chapitre 6 "Recettes fiscales des sous-secteurs de l'administration" accessible en ligne : https://doi.org/10.1787/df3c3b17-fr. Les séries temporelles complètes sont accessibles sur le site web http://oe.cd/series-temporelles-completes.

Source : Ministry of Finance.

StatLink https://doi.org/10.1787/888934059965

Tableau 4.41. Lituanie, recettes fiscales et % du PIB (sélection de catégories d'impôts)

	Milliard EUR					% du PIB				
	1990	2000	2010	2016	2017	1990	2000	2010	2016	2017
Recettes fiscales totales	..	**4.1**	**7.9**	**11.5**	**12.5**	..	**30.8**	**28.3**	**29.7**	**29.5**
1000 Impôts sur le revenu, les bénéfices et les gains en capital	..	**1.1**	**1.3**	**2.2**	**2.3**	..	**8.2**	**4.6**	**5.6**	**5.4**
1100 Des personnes physiques	..	1.0	1.0	1.5	1.6	..	7.6	3.6	4.0	3.9
1200 Des sociétés	..	0.1	0.3	0.6	0.6	..	0.7	1.0	1.6	1.5
1300 Non-ventilables entre 1100 et 1200	..	0.0	0.0	0.0	0.0	..	0.0	0.0	0.0	0.0
2000 Cotisations de sécurité sociale	..	**1.3**	**3.3**	**4.7**	**5.2**	..	**10.1**	**11.7**	**12.1**	**12.3**
2100 À la charge des salariés	..	0.1	0.6	1.0	1.1	..	0.8	2.3	2.5	2.5
2200 À la charge des employeurs	..	1.1	2.1	3.2	3.5	..	8.3	7.5	8.2	8.3
2300 À la charge des indép. ou sans emploi	..	0.1	0.5	0.5	0.6	..	1.0	1.9	1.4	1.4
2400 Non-ventilables entre 2100, 2200 et 2300	..	0.0	0.0	0.0	0.0	..	0.0	0.0	0.0	0.0
3000 Sur les salaires ou main d'oeuvre	..	**0.0**	**0.0**	**0.0**	**0.0**	..	**0.0**	**0.0**	**0.0**	**0.0**
4000 Impôts sur le patrimoine	..	**0.1**	**0.1**	**0.1**	**0.1**	..	**0.5**	**0.4**	**0.3**	**0.3**
4100 Impôts périodiques sur la propriété immobilière	..	0.1	0.1	0.1	0.1	..	0.5	0.4	0.3	0.3
4200 Impôts périodiques sur l'actif net	..	0.0	0.0	0.0	0.0	..	0.0	0.0	0.0	0.0
4300 Impôts sur mut. par décès, succ. et donations	..	0.0	0.0	0.0	0.0	..	0.0	0.0	0.0	0.0
4400 Impôts sur transact. mobilières et immob.	..	0.0	0.0	0.0	0.0	..	0.0	0.0	0.0	0.0
4500 Impôts non périodiques sur	..	0.0	0.0	0.0	0.0	..	0.0	0.0	0.0	0.0
4600 Autres impôts périodiques sur patrimoine	..	0.0	0.0	0.0	..	..	0.0	0.0	0.0	..
5000 Impôts sur les biens et services	..	**1.6**	**3.2**	**4.4**	**4.8**	..	**12.0**	**11.5**	**11.4**	**11.4**
5100 Impôts sur production, vente, transfert, etc.	..	1.5	3.1	4.4	4.7	..	11.5	11.2	11.2	11.2
5110 Impôts généraux	..	1.1	2.2	3.0	3.3	..	8.0	7.8	7.8	7.9
5111 Taxes sur la valeur ajoutée	..	1.0	2.2	3.0	3.3	..	7.4	7.7	7.8	7.8
5120 Impôts sur biens et services déterminés	..	0.5	1.0	1.3	1.4	..	3.5	3.4	3.4	3.3
5121 Accises	..	0.4	0.9	1.2	1.3	..	3.2	3.2	3.2	3.2
5200 Impôts sur utilisation des biens et exerc. activités	..	0.1	0.1	0.1	0.1	..	0.5	0.3	0.2	0.2
5300 Non-ventilables entre 5100 et 5200	..	0.0	0.0	0.0	0.0	..	0.0	0.0	0.0	0.0
6000 Autres impôts	..	**0.0**	**0.0**	**0.0**	**0.0**	..	**0.0**	**0.0**	**0.0**	**0.0**
Crédits d'impôts récupérables										
Crédits d'impôts récupérables contre 1000	..	..	..	..	..	..	..	..	..	..
Composante transfert	..	..	..	..	..	..	..	..	..	..
Composante fiscale	..	..	..	..	..	..	..	..	..	..

.. Non disponible

Note : Des données et des notes plus détaillées par pays sont disponibles dans le chapitre 5 "Tableaux par pays, 1965-2017" accessible en ligne : https://doi.org/10.1787/df3c3b17-fr. Les séries temporelles complètes sont accessibles sur le site web http://oe.cd/series-temporelles-completes.

Le total des recettes fiscales a été diminué du montant de tout transfert en capital représentant les impôts non perçus. Le transfert en capital a été réparti entre les différentes rubriques en proportion des recettes fiscales. Par conséquent, les montants des recettes fiscales sont différents de ceux présentés dans le chapitre 5 "Tableaux par pays, 1965-2017" accessible en ligne.

StatLink https://doi.org/10.1787/888934059984

Tableau 4.42. Lituanie, recettes fiscales et % du PIB par niveaux d'administration (principaux impôts)

	Milliard EUR					% du PIB				
	1990	2000	2010	2016	2017	1990	2000	2010	2016	2017
Administrations fédérale ou centrale										
Recettes fiscales totales	**..**	**2.7**	**4.5**	**6.6**	**7.0**	**..**	**20.1**	**15.9**	**16.9**	**16.7**
1000 Impôts sur revenu, bénéfices et gains en capital	..	1.1	1.3	2.2	2.3	..	8.2	4.6	5.6	5.4
2000 Cotisations de sécurité sociale	..	0.0	0.0	0.0	0.0	..	0.0	0.0	0.0	0.0
3000 Sur salaires ou main d'oeuvre	..	0.0	0.0	0.0	0.0	..	0.0	0.0	0.0	0.0
4000 Impôts sur le patrimoine	..	0.0	0.0	0.0	0.0	..	0.0	0.0	0.0	0.0
5000 Impôts sur les biens et services	..	1.6	3.2	4.4	4.8	..	11.9	11.4	11.3	11.3
6000 Autres impôts	..	0.0	0.0	0.0	0.0	..	0.0	0.0	0.0	0.0
Administrations d'un État/Régions										
Recettes fiscales totales	**..**	**..**	**..**	**..**	**..**	**..**	**..**	**..**	**..**	**..**
1000 Impôts sur revenu, bénéfices et gains en capital	..	..	..	..	..	..	..	..	..	..
2000 Cotisations de sécurité sociale	..	..	..	..	..	..	..	..	..	..
3000 Sur salaires ou main d'oeuvre	..	..	..	..	..	..	..	..	..	..
4000 Impôts sur le patrimoine	..	..	..	..	..	..	..	..	..	..
5000 Impôts sur les biens et services	..	..	..	..	..	..	..	..	..	..
6000 Autres impôts	..	..	..	..	..	..	..	..	..	..
Administrations locales										
Recettes fiscales totales	**..**	**0.1**	**0.1**	**0.1**	**0.1**	**..**	**0.6**	**0.5**	**0.4**	**0.4**
1000 Impôts sur revenu, bénéfices et gains en capital	..	0.0	0.0	0.0	0.0	..	0.0	0.0	0.0	0.0
2000 Cotisations de sécurité sociale	..	0.0	0.0	0.0	0.0	..	0.0	0.0	0.0	0.0
3000 Sur salaires ou main d'oeuvre	..	0.0	0.0	0.0	0.0	..	0.0	0.0	0.0	0.0
4000 Impôts sur le patrimoine	..	0.1	0.1	0.1	0.1	..	0.5	0.4	0.3	0.3
5000 Impôts sur les biens et services	..	0.0	0.0	0.0	0.0	..	0.1	0.1	0.0	0.0
6000 Autres impôts	..	0.0	0.0	0.0	0.0	..	0.0	0.0	0.0	0.0
Administrations de sécurité sociale										
Recettes fiscales totales	**..**	**1.3**	**3.3**	**4.7**	**5.2**	**..**	**10.1**	**11.7**	**12.1**	**12.3**
1000 Impôts sur revenu, bénéfices et gains en capital	..	0.0	0.0	0.0	0.0	..	0.0	0.0	0.0	0.0
2000 Cotisations de sécurité sociale	..	1.3	3.3	4.7	5.2	..	10.1	11.7	12.1	12.3
3000 Sur salaires ou main d'oeuvre	..	0.0	0.0	0.0	0.0	..	0.0	0.0	0.0	0.0
4000 Impôts sur le patrimoine	..	0.0	0.0	0.0	0.0	..	0.0	0.0	0.0	0.0
5000 Impôts sur les biens et services	..	0.0	0.0	0.0	0.0	..	0.0	0.0	0.0	0.0
6000 Autres impôts	..	0.0	0.0	0.0	0.0	..	0.0	0.0	0.0	0.0

.. Non disponible

Note : Des données et des notes plus détaillées par pays sont disponibles dans le chapitre 6 "Recettes fiscales des sous-secteurs de l'administration" accessible en ligne : https://doi.org/10.1787/df3c3b17-fr. Les séries temporelles complètes sont accessibles sur le site web http://oe.cd/series-temporelles-completes.

Le total des recettes fiscales a été diminué du montant de tout transfert en capital représentant les impôts non perçus. Le transfert en capital a été réparti entre les différentes rubriques en proportion des recettes fiscales. Par conséquent, les montants des recettes fiscales sont différents de ceux présentés dans le chapitre 6 "Recettes fiscales des sous-secteurs de l'administration" accessible en ligne.

Source : Ministry of Finance.

StatLink https://doi.org/10.1787/888934060003

Tableau 4.43. Luxembourg, recettes fiscales et % du PIB (sélection de catégories d'impôts)

	Milliard EUR					% du PIB				
	1990	2000	2010	2016	2017	1990	2000	2010	2016	2017
Recettes fiscales totales	**3.7**	**8.5**	**15.0**	**20.2**	**21.4**	**33.5**	**36.9**	**37.4**	**37.9**	**38.7**
1000 Impôts sur le revenu, les bénéfices et les gains en capital	**1.5**	**3.1**	**5.5**	**7.4**	**8.0**	**13.5**	**13.5**	**13.6**	**14.0**	**14.4**
1100 Des personnes physiques	0.9	1.6	3.2	5.0	5.1	8.1	6.8	7.9	9.4	9.1
1200 Des sociétés	0.6	1.5	2.3	2.5	2.9	5.4	6.6	5.8	4.6	5.2
1300 Non-ventilables entre 1100 et 1200	0.0	0.0	0.0	0.0	0.0	0.0	0.0	0.0	0.0	0.0
2000 Cotisations de sécurité sociale	**1.0**	**2.2**	**4.4**	**5.7**	**6.1**	**9.2**	**9.6**	**10.8**	**10.8**	**11.1**
2100 À la charge des salariés	0.4	1.0	2.0	2.6	2.8	3.5	4.3	5.0	4.9	5.0
2200 À la charge des employeurs	0.5	1.0	1.9	2.4	2.6	4.5	4.2	4.7	4.5	4.6
2300 À la charge des indép. ou sans emploi	0.1	0.3	0.5	0.7	0.8	1.2	1.2	1.2	1.4	1.4
2400 Non-ventilables entre 2100, 2200 et 2300	0.0	0.0	0.0	0.0	0.0	0.0	0.0	0.0	0.0	0.0
3000 Sur les salaires ou main d'oeuvre	**0.0**	**0.0**	**0.0**	**0.0**	**0.0**	**0.0**	**0.0**	**0.0**	**0.0**	**0.0**
4000 Impôts sur le patrimoine	**0.3**	**0.9**	**1.1**	**1.9**	**2.1**	**2.8**	**3.9**	**2.6**	**3.5**	**3.7**
4100 Impôts périodiques sur la propriété immobilière	0.0	0.0	0.0	0.0	0.0	0.1	0.1	0.1	0.1	0.1
4200 Impôts périodiques sur l'actif net	0.2	0.6	0.8	1.4	1.5	1.6	2.7	2.1	2.7	2.7
4300 Impôts sur mut. par décès, succ. et donations	0.0	0.0	0.1	0.1	0.1	0.1	0.1	0.1	0.2	0.2
4400 Impôts sur transact. mobilières et immob.	0.1	0.2	0.2	0.3	0.4	1.0	1.0	0.4	0.6	0.7
4500 Impôts non périodiques sur	0.0	0.0	0.0	0.0	0.0	0.0	0.0	0.0	0.0	0.0
4600 Autres impôts périodiques sur patrimoine	0.0	0.0	0.0	0.0	0.0	0.0	0.0	0.0	0.0	0.0
5000 Impôts sur les biens et services	**0.9**	**2.2**	**4.1**	**5.1**	**5.2**	**7.9**	**9.7**	**10.2**	**9.6**	**9.4**
5100 Impôts sur production, vente, transfert, etc.	0.8	2.2	4.0	5.0	5.1	7.7	9.6	10.0	9.4	9.3
5110 Impôts généraux	0.4	1.1	2.6	3.4	3.4	4.0	4.9	6.4	6.4	6.2
5111 Taxes sur la valeur ajoutée	0.4	1.1	2.6	3.4	3.4	4.0	4.9	6.4	6.4	6.2
5120 Impôts sur biens et services déterminés	0.4	1.1	1.5	1.6	1.7	3.7	4.7	3.7	3.1	3.1
5121 Accises	0.4	1.0	1.4	1.4	1.4	3.3	4.5	3.5	2.7	2.6
5200 Impôts sur utilisation des biens et exerc. activités	0.0	0.0	0.1	0.1	0.1	0.2	0.1	0.2	0.2	0.2
5300 Non-ventilables entre 5100 et 5200	0.0	0.0	0.0	0.0	0.0	0.0	0.0	0.0	0.0	0.0
6000 Autres impôts	**0.0**	**0.0**	**0.0**	**0.1**	**0.1**	**0.1**	**0.1**	**0.1**	**0.1**	**0.1**
Crédits d'impôts récupérables										
Crédits d'impôts récupérables contre 1000	..	..	..	0.2	0.2	..	..	..	0.4	0.4
Composante transfert	..	..	..	..	..	..	..	..	..	..
Composante fiscale	..	..	..	..	..	..	..	..	..	..

.. Non disponible

Note : Des données et des notes plus détaillées par pays sont disponibles dans le chapitre 5 "Tableaux par pays, 1965-2017" accessible en ligne : https://doi.org/10.1787/df3c3b17-fr. Les séries temporelles complètes sont accessibles sur le site web http://oe.cd/series-temporelles-completes.

Source : Compte Général de l'État.

StatLink https://doi.org/10.1787/888934060022

Tableau 4.44. Luxembourg, recettes fiscales et % du PIB par niveaux d'administration (principaux impôts)

	Milliard EUR					% du PIB				
	1990	2000	2010	2016	2017	1990	2000	2010	2016	2017
Administrations fédérale ou centrale										
Recettes fiscales totales	**2.4**	**5.8**	**10.1**	**13.7**	**14.4**	**22.1**	**25.3**	**25.2**	**25.8**	**26.1**
1000 Impôts sur revenu, bénéfices et gains en capital	1.3	2.6	4.9	6.7	7.2	11.6	11.5	12.1	12.6	12.9
2000 Cotisations de sécurité sociale	0.0	0.1	0.1	0.2	0.2	0.1	0.3	0.3	0.3	0.3
3000 Sur salaires ou main d'oeuvre	0.0	0.0	0.0	0.0	0.0	0.0	0.0	0.0	0.0	0.0
4000 Impôts sur le patrimoine	0.3	0.9	1.0	1.8	2.0	2.6	3.8	2.5	3.4	3.6
5000 Impôts sur les biens et services	0.8	2.2	4.1	5.0	5.1	7.7	9.7	10.2	9.4	9.2
6000 Autres impôts	0.0	0.0	0.0	0.0	0.0	0.1	0.0	0.0	0.1	0.0
Administrations d'un État/Régions										
Recettes fiscales totales	**..**	**..**	**..**	**..**	**..**	**..**	**..**	**..**	**..**	**..**
1000 Impôts sur revenu, bénéfices et gains en capital	..	..	..	..	..	..	..	..	..	..
2000 Cotisations de sécurité sociale	..	..	..	..	..	..	..	..	..	..
3000 Sur salaires ou main d'oeuvre	..	..	..	..	..	..	..	..	..	..
4000 Impôts sur le patrimoine	..	..	..	..	..	..	..	..	..	..
5000 Impôts sur les biens et services	..	..	..	..	..	..	..	..	..	..
6000 Autres impôts	..	..	..	..	..	..	..	..	..	..
Administrations locales										
Recettes fiscales totales	**0.2**	**0.5**	**0.7**	**0.8**	**0.9**	**2.1**	**2.1**	**1.6**	**1.5**	**1.6**
1000 Impôts sur revenu, bénéfices et gains en capital	0.2	0.5	0.6	0.7	0.8	1.9	2.0	1.5	1.3	1.5
2000 Cotisations de sécurité sociale	0.0	0.0	0.0	0.0	0.0	0.0	0.0	0.0	0.0	0.0
3000 Sur salaires ou main d'oeuvre	0.0	0.0	0.0	0.0	0.0	0.0	0.0	0.0	0.0	0.0
4000 Impôts sur le patrimoine	0.0	0.0	0.0	0.1	0.1	0.2	0.1	0.1	0.1	0.1
5000 Impôts sur les biens et services	0.0	0.0	0.0	0.0	0.0	0.0	0.0	0.0	0.0	0.0
6000 Autres impôts	0.0	0.0	0.0	0.0	0.0	0.0	0.0	0.0	0.0	0.0
Administrations de sécurité sociale										
Recettes fiscales totales	**1.0**	**2.2**	**4.2**	**5.6**	**6.0**	**9.1**	**9.3**	**10.5**	**10.5**	**10.8**
1000 Impôts sur revenu, bénéfices et gains en capital	0.0	0.0	0.0	0.0	0.0	0.0	0.0	0.0	0.0	0.0
2000 Cotisations de sécurité sociale	1.0	2.2	4.2	5.6	6.0	9.1	9.3	10.5	10.5	10.8
3000 Sur salaires ou main d'oeuvre	0.0	0.0	0.0	0.0	0.0	0.0	0.0	0.0	0.0	0.0
4000 Impôts sur le patrimoine	0.0	0.0	0.0	0.0	0.0	0.0	0.0	0.0	0.0	0.0
5000 Impôts sur les biens et services	0.0	0.0	0.0	0.0	0.0	0.0	0.0	0.0	0.0	0.0
6000 Autres impôts	0.0	0.0	0.0	0.0	0.0	0.0	0.0	0.0	0.0	0.0

.. Non disponible
Note : Des données et des notes plus détaillées par pays sont disponibles dans le chapitre 6 "Recettes fiscales des sous-secteurs de l'administration" accessible en ligne : https://doi.org/10.1787/df3c3b17-fr. Les séries temporelles complètes sont accessibles sur le site web http://oe.cd/series-temporelles-completes.
Source : Compte Général de l'État.

StatLink https://doi.org/10.1787/888934060041

Tableau 4.45. Mexique, recettes fiscales et % du PIB (sélection de catégories d'impôts)

	Milliard MXN					% du PIB				
	1990	2000	2010	2016	2017	1990	2000	2010	2016	2017
Recettes fiscales totales	**102.0**	**767.2**	**1 716.2**	**3 343.3**	**3 527.1**	**12.1**	**11.5**	**12.8**	**16.6**	**16.1**
1000 Impôts sur le revenu, les bénéfices et les gains en capital	**34.7**	**276.5**	**683.6**	**1 427.1**	**1 572.0**	**4.1**	**4.1**	**5.1**	**7.1**	**7.2**
1100 Des personnes physiques	..	..	313.5	681.8	754.1	..	..	2.3	3.4	3.4
1200 Des sociétés	..	..	246.7	700.9	769.2	..	..	1.8	3.5	3.5
1300 Non-ventilables entre 1100 et 1200	34.7	276.5	123.4	44.4	48.7	4.1	4.1	0.9	0.2	0.2
2000 Cotisations de sécurité sociale	**17.2**	**138.2**	**277.5**	**435.0**	**467.7**	**2.0**	**2.1**	**2.1**	**2.2**	**2.1**
2100 À la charge des salariés	..	..	..	..	..	..	..	..	..	..
2200 À la charge des employeurs	..	..	..	..	..	..	..	..	..	..
2300 À la charge des indép. ou sans emploi	..	..	..	..	..	..	..	..	..	..
2400 Non-ventilables entre 2100, 2200 et 2300	17.2	138.2	277.5	435.0	467.7	2.0	2.1	2.1	2.2	2.1
3000 Sur les salaires ou main d'oeuvre	**1.8**	**11.2**	**36.9**	**76.8**	**84.1**	**0.2**	**0.2**	**0.3**	**0.4**	**0.4**
4000 Impôts sur le patrimoine	**1.9**	**14.0**	**39.0**	**63.3**	**67.8**	**0.2**	**0.2**	**0.3**	**0.3**	**0.3**
4100 Impôts périodiques sur la propriété immobilière	1.0	9.9	25.7	40.4	44.7	0.1	0.1	0.2	0.2	0.2
4200 Impôts périodiques sur l'actif net	0.0	0.0	0.0	0.0	0.0	0.0	0.0	0.0	0.0	0.0
4300 Impôts sur mut. par décès, succ. et donations	0.0	0.0	0.0	0.0	0.0	0.0	0.0	0.0	0.0	0.0
4400 Impôts sur transact. mobilières et immob.	0.9	4.0	13.2	22.9	23.2	0.1	0.1	0.1	0.1	0.1
4500 Impôts non périodiques sur	0.0	0.0	0.0	0.0	0.0	0.0	0.0	0.0	0.0	0.0
4600 Autres impôts périodiques sur patrimoine	0.0	0.0	0.0	0.0	0.0	0.0	0.0	0.0	0.0	0.0
5000 Impôts sur les biens et services	**44.8**	**319.6**	**651.9**	**1 295.7**	**1 283.0**	**5.3**	**4.8**	**4.9**	**6.4**	**5.9**
5100 Impôts sur production, vente, transfert, etc.	44.2	310.3	630.1	1 274.7	1 262.8	5.2	4.6	4.7	6.3	5.8
5110 Impôts généraux	26.6	189.6	504.5	791.7	816.0	3.2	2.8	3.8	3.9	3.7
5111 Taxes sur la valeur ajoutée	26.6	189.6	504.5	791.7	816.0	3.2	2.8	3.8	3.9	3.7
5120 Impôts sur biens et services déterminés	17.5	120.7	125.6	483.0	446.7	2.1	1.8	0.9	2.4	2.0
5121 Accises	10.1	86.2	86.1	420.4	378.5	1.2	1.3	0.6	2.1	1.7
5200 Impôts sur utilisation des biens et exerc. activités	0.7	9.3	21.8	20.9	20.3	0.1	0.1	0.2	0.1	0.1
5300 Non-ventilables entre 5100 et 5200	0.0	0.0	0.0	0.0	0.0	0.0	0.0	0.0	0.0	0.0
6000 Autres impôts	**1.6**	**7.7**	**27.4**	**45.5**	**52.5**	**0.2**	**0.1**	**0.2**	**0.2**	**0.2**
Crédits d'impôts récupérables										
Crédits d'impôts récupérables contre 1000	..	..	40.3	44.9	46.8	..	..	0.3	0.2	0.2
Composante transfert	..	..	9.7	1.1	1.0	..	..	0.1	0.0	0.0
Composante fiscale	..	..	30.6	43.7	45.8	..	..	0.2	0.2	0.2

.. Non disponible

Note : Des données et des notes plus détaillées par pays sont disponibles dans le chapitre 5 "Tableaux par pays, 1965-2017" accessible en ligne : https://doi.org/10.1787/df3c3b17-fr. Les séries temporelles complètes sont accessibles sur le site web http://oe.cd/series-temporelles-completes.

Source : Ministry of Finance, Economic Department.

StatLink https://doi.org/10.1787/888934060060

Tableau 4.46. Mexique, recettes fiscales et % du PIB par niveaux d'administration (principaux impôts)

	Milliard MXN					% du PIB				
	1990	2000	2010	2016	2017	1990	2000	2010	2016	2017
Administrations fédérale ou centrale										
Recettes fiscales totales	**81.4**	**600.5**	**1 351.5**	**2 724.3**	**2 859.3**	**9.7**	**9.0**	**10.1**	**13.5**	**13.0**
1000 Impôts sur revenu, bénéfices et gains en capital	34.7	276.5	683.6	1 427.1	1 572.0	4.1	4.1	5.1	7.1	7.2
2000 Cotisations de sécurité sociale	0.0	0.0	0.0	0.0	0.0	0.0	0.0	0.0	0.0	0.0
3000 Sur salaires ou main d'oeuvre	0.8	0.0	0.0	0.0	0.0	0.1	0.0	0.0	0.0	0.0
4000 Impôts sur le patrimoine	0.0	0.0	0.0	0.0	0.0	0.0	0.0	0.0	0.0	0.0
5000 Impôts sur les biens et services	44.6	318.1	645.6	1 268.4	1 254.9	5.3	4.8	4.8	6.3	5.7
6000 Autres impôts	1.3	5.9	22.2	28.8	32.4	0.2	0.1	0.2	0.1	0.1
Administrations d'un État/Régions										
Recettes fiscales totales	**2.2**	**20.5**	**58.3**	**133.0**	**144.2**	**0.3**	**0.3**	**0.4**	**0.7**	**0.7**
1000 Impôts sur revenu, bénéfices et gains en capital	0.0	0.0	0.0	0.0	0.0	0.0	0.0	0.0	0.0	0.0
2000 Cotisations de sécurité sociale	0.0	0.0	0.0	0.0	0.0	0.0	0.0	0.0	0.0	0.0
3000 Sur salaires ou main d'oeuvre	1.0	11.2	36.8	76.8	84.1	0.1	0.2	0.3	0.4	0.4
4000 Impôts sur le patrimoine	0.9	7.0	13.1	23.6	26.1	0.1	0.1	0.1	0.1	0.1
5000 Impôts sur les biens et services	0.1	1.3	5.8	25.9	26.8	0.0	0.0	0.0	0.1	0.1
6000 Autres impôts	0.2	0.9	2.5	6.7	7.2	0.0	0.0	0.0	0.0	0.0
Administrations locales										
Recettes fiscales totales	**1.3**	**8.0**	**29.0**	**50.9**	**56.0**	**0.1**	**0.1**	**0.2**	**0.3**	**0.3**
1000 Impôts sur revenu, bénéfices et gains en capital	0.0	0.0	0.0	0.0	0.0	0.0	0.0	0.0	0.0	0.0
2000 Cotisations de sécurité sociale	0.0	0.0	0.0	0.0	0.0	0.0	0.0	0.0	0.0	0.0
3000 Sur salaires ou main d'oeuvre	0.0	0.0	0.1	0.0	0.0	0.0	0.0	0.0	0.0	0.0
4000 Impôts sur le patrimoine	1.0	6.9	25.8	39.6	41.8	0.1	0.1	0.2	0.2	0.2
5000 Impôts sur les biens et services	0.1	0.2	0.5	1.3	1.4	0.0	0.0	0.0	0.0	0.0
6000 Autres impôts	0.1	0.9	2.6	10.0	12.8	0.0	0.0	0.0	0.1	0.1
Administrations de sécurité sociale										
Recettes fiscales totales	**17.2**	**138.2**	**277.5**	**435.0**	**467.7**	**2.0**	**2.1**	**2.1**	**2.2**	**2.1**
1000 Impôts sur revenu, bénéfices et gains en capital	0.0	0.0	0.0	0.0	0.0	0.0	0.0	0.0	0.0	0.0
2000 Cotisations de sécurité sociale	17.2	138.2	277.5	435.0	467.7	2.0	2.1	2.1	2.2	2.1
3000 Sur salaires ou main d'oeuvre	0.0	0.0	0.0	0.0	0.0	0.0	0.0	0.0	0.0	0.0
4000 Impôts sur le patrimoine	0.0	0.0	0.0	0.0	0.0	0.0	0.0	0.0	0.0	0.0
5000 Impôts sur les biens et services	0.0	0.0	0.0	0.0	0.0	0.0	0.0	0.0	0.0	0.0
6000 Autres impôts	0.0	0.0	0.0	0.0	0.0	0.0	0.0	0.0	0.0	0.0

Note : Des données et des notes plus détaillées par pays sont disponibles dans le chapitre 6 "Recettes fiscales des sous-secteurs de l'administration" accessible en ligne : https://doi.org/10.1787/df3c3b17-fr. Les séries temporelles complètes sont accessibles sur le site web http://oe.cd/series-temporelles-completes.

Source : Ministry of Finance, Economic Department.

StatLink https://doi.org/10.1787/888934060079

Tableau 4.47. Pays-Bas, recettes fiscales et % du PIB (sélection de catégories d'impôts)

	Milliard EUR					% du PIB				
	1990	2000	2010	2016	2017	1990	2000	2010	2016	2017
Recettes fiscales totales	**104.4**	**166.8**	**227.9**	**272.0**	**285.7**	**39.7**	**36.9**	**35.7**	**38.4**	**38.7**
1000 Impôts sur le revenu, les bénéfices et les gains en capital	**33.7**	**43.3**	**63.6**	**74.0**	**85.8**	**12.8**	**9.6**	**9.9**	**10.4**	**11.6**
1100 Des personnes physiques	25.8	25.1	49.0	50.3	61.6	9.8	5.6	7.7	7.1	8.3
1200 Des sociétés	7.9	18.1	14.6	23.7	24.2	3.0	4.0	2.3	3.3	3.3
1300 Non-ventilables entre 1100 et 1200	0.0	0.0	0.0	0.0	0.0	0.0	0.0	0.0	0.0	0.0
2000 Cotisations de sécurité sociale	**39.1**	**64.5**	**82.7**	**103.9**	**101.9**	**14.9**	**14.3**	**12.9**	**14.7**	**13.8**
2100 À la charge des salariés	24.1	35.3	41.6	42.0	39.6	9.2	7.8	6.5	5.9	5.4
2200 À la charge des employeurs	7.8	18.7	29.4	36.6	37.7	3.0	4.1	4.6	5.2	5.1
2300 À la charge des indép. ou sans emploi	7.1	10.5	11.7	25.3	24.6	2.7	2.3	1.8	3.6	3.3
2400 Non-ventilables entre 2100, 2200 et 2300	0.0	0.0	0.0	0.0	0.0	0.0	0.0	0.0	0.0	0.0
3000 Sur les salaires ou main d'oeuvre	**0.0**	**0.0**	**0.0**	**0.0**	**0.0**	**0.0**	**0.0**	**0.0**	**0.0**	**0.0**
4000 Impôts sur le patrimoine	**3.8**	**8.8**	**8.8**	**10.8**	**11.5**	**1.5**	**1.9**	**1.4**	**1.5**	**1.6**
4100 Impôts périodiques sur la propriété immobilière	1.7	3.1	4.2	6.6	6.9	0.7	0.7	0.7	0.9	0.9
4200 Impôts périodiques sur l'actif net	0.6	0.8	0.0	0.0	0.0	0.2	0.2	0.0	0.0	0.0
4300 Impôts sur mut. par décès, succ. et donations	0.5	1.5	1.7	1.8	1.8	0.2	0.3	0.3	0.3	0.2
4400 Impôts sur transact. mobilières et immob.	1.0	3.4	2.8	2.3	2.7	0.4	0.8	0.4	0.3	0.4
4500 Impôts non périodiques sur	0.0	0.0	0.0	0.0	0.0	0.0	0.0	0.0	0.0	0.0
4600 Autres impôts périodiques sur patrimoine	0.0	0.0	0.0	0.0	0.0	0.0	0.0	0.0	0.0	0.0
5000 Impôts sur les biens et services	**27.6**	**48.2**	**70.1**	**80.3**	**83.2**	**10.5**	**10.7**	**11.0**	**11.3**	**11.3**
5100 Impôts sur production, vente, transfert, etc.	25.1	43.6	62.5	71.6	74.4	9.5	9.6	9.8	10.1	10.1
5110 Impôts généraux	17.2	28.9	42.7	47.9	49.9	6.5	6.4	6.7	6.8	6.8
5111 Taxes sur la valeur ajoutée	17.2	28.8	42.7	47.8	49.8	6.5	6.4	6.7	6.8	6.8
5120 Impôts sur biens et services déterminés	7.9	14.7	19.8	23.7	24.5	3.0	3.3	3.1	3.3	3.3
5121 Accises	6.0	13.8	18.4	19.0	19.7	2.3	3.0	2.9	2.7	2.7
5200 Impôts sur utilisation des biens et exerc. activités	2.5	4.6	7.6	8.7	8.8	1.0	1.0	1.2	1.2	1.2
5300 Non-ventilables entre 5100 et 5200	0.0	0.0	0.0	0.0	0.0	0.0	0.0	0.0	0.0	0.0
6000 Autres impôts	**0.3**	**0.8**	**1.0**	**0.7**	**0.9**	**0.1**	**0.2**	**0.2**	**0.1**	**0.1**
Crédits d'impôts récupérables										
Crédits d'impôts récupérables contre 1000	..	..	..	..	..	..	..	..	..	..
Composante transfert	..	..	..	..	..	..	..	..	..	..
Composante fiscale	..	..	..	..	..	..	..	..	..	..

.. Non disponible

Note : Des données et des notes plus détaillées par pays sont disponibles dans le chapitre 5 "Tableaux par pays, 1965-2017" accessible en ligne : https://doi.org/10.1787/df3c3b17-fr. Les séries temporelles complètes sont accessibles sur le site web http://oe.cd/series-temporelles-completes.

Source : Social security contributions and local taxes: Central Bureau of Statistics. Other taxes: Ministry of Finance.

StatLink https://doi.org/10.1787/888934060098

Tableau 4.48. Pays-Bas, recettes fiscales et % du PIB par niveaux d'administration (principaux impôts)

	Milliard EUR					% du PIB				
	1990	2000	2010	2016	2017	1990	2000	2010	2016	2017
Administrations fédérale ou centrale										
Recettes fiscales totales	**61.4**	**95.1**	**135.1**	**156.7**	**172.0**	**23.3**	**21.0**	**21.1**	**22.1**	**23.3**
1000 Impôts sur revenu, bénéfices et gains en capital	33.7	43.3	63.6	74.0	85.8	12.8	9.6	9.9	10.4	11.6
2000 Cotisations de sécurité sociale	0.0	0.0	0.0	0.0	0.0	0.0	0.0	0.0	0.0	0.0
3000 Sur salaires ou main d'oeuvre	0.0	0.0	0.0	0.0	0.0	0.0	0.0	0.0	0.0	0.0
4000 Impôts sur le patrimoine	2.1	5.7	4.6	5.6	6.2	0.8	1.3	0.7	0.8	0.8
5000 Impôts sur les biens et services	25.3	45.4	66.2	76.4	79.2	9.6	10.0	10.4	10.8	10.7
6000 Autres impôts	0.3	0.8	0.8	0.7	0.9	0.1	0.2	0.1	0.1	0.1
Administrations d'un État/Régions										
Recettes fiscales totales	..	..	..	..	..	..	..	..	..	..
1000 Impôts sur revenu, bénéfices et gains en capital	..	..	..	..	..	..	..	..	..	..
2000 Cotisations de sécurité sociale	..	..	..	..	..	..	..	..	..	..
3000 Sur salaires ou main d'oeuvre	..	..	..	..	..	..	..	..	..	..
4000 Impôts sur le patrimoine	..	..	..	..	..	..	..	..	..	..
5000 Impôts sur les biens et services	..	..	..	..	..	..	..	..	..	..
6000 Autres impôts	..	..	..	..	..	..	..	..	..	..
Administrations locales										
Recettes fiscales totales	**2.5**	**5.6**	**8.1**	**8.3**	**8.6**	**0.9**	**1.2**	**1.3**	**1.2**	**1.2**
1000 Impôts sur revenu, bénéfices et gains en capital	0.0	0.0	0.0	0.0	0.0	0.0	0.0	0.0	0.0	0.0
2000 Cotisations de sécurité sociale	0.0	0.0	0.0	0.0	0.0	0.0	0.0	0.0	0.0	0.0
3000 Sur salaires ou main d'oeuvre	0.0	0.0	0.0	0.0	0.0	0.0	0.0	0.0	0.0	0.0
4000 Impôts sur le patrimoine	1.7	3.1	4.2	5.2	5.3	0.7	0.7	0.7	0.7	0.7
5000 Impôts sur les biens et services	0.8	2.5	3.7	3.2	3.3	0.3	0.6	0.6	0.4	0.4
6000 Autres impôts	0.0	0.0	0.2	0.0	0.0	0.0	0.0	0.0	0.0	0.0
Administrations de sécurité sociale										
Recettes fiscales totales	**39.1**	**64.5**	**82.7**	**103.9**	**101.9**	**14.9**	**14.3**	**12.9**	**14.7**	**13.8**
1000 Impôts sur revenu, bénéfices et gains en capital	0.0	0.0	0.0	0.0	0.0	0.0	0.0	0.0	0.0	0.0
2000 Cotisations de sécurité sociale	39.1	64.5	82.7	103.9	101.9	14.9	14.3	12.9	14.7	13.8
3000 Sur salaires ou main d'oeuvre	0.0	0.0	0.0	0.0	0.0	0.0	0.0	0.0	0.0	0.0
4000 Impôts sur le patrimoine	0.0	0.0	0.0	0.0	0.0	0.0	0.0	0.0	0.0	0.0
5000 Impôts sur les biens et services	0.0	0.0	0.0	0.0	0.0	0.0	0.0	0.0	0.0	0.0
6000 Autres impôts	0.0	0.0	0.0	0.0	0.0	0.0	0.0	0.0	0.0	0.0

.. Non disponible

Note : Des données et des notes plus détaillées par pays sont disponibles dans le chapitre 6 "Recettes fiscales des sous-secteurs de l'administration" accessible en ligne : https://doi.org/10.1787/df3c3b17-fr. Les séries temporelles complètes sont accessibles sur le site web http://oe.cd/series-temporelles-completes.

Source : Social security contributions and local taxes: Central Bureau of Statistics. Other taxes: Ministry of Finance.

StatLink https://doi.org/10.1787/888934060117

Tableau 4.49. Nouvelle-Zélande, recettes fiscales et % du PIB (sélection de catégories d'impôts)

	Milliard NZD					% du PIB				
	1990	2000	2010	2016	2017	1990	2000	2010	2016	2017
Recettes fiscales totales	**27.5**	**39.8**	**62.3**	**86.6**	**92.7**	**36.2**	**32.5**	**30.3**	**31.7**	**32.1**
1000 Impôts sur le revenu, les bénéfices et les gains en capital	**16.4**	**23.9**	**33.5**	**48.1**	**51.5**	**21.6**	**19.5**	**16.3**	**17.6**	**17.8**
1100 Des personnes physiques	13.2	17.1	23.5	31.9	35.0	17.4	14.0	11.4	11.7	12.1
1200 Des sociétés	1.8	4.9	7.6	13.5	13.6	2.3	4.0	3.7	4.9	4.7
1300 Non-ventilables entre 1100 et 1200	1.4	1.8	2.4	2.8	2.9	1.9	1.5	1.1	1.0	1.0
2000 Cotisations de sécurité sociale	**0.0**	**0.0**	**0.0**	**0.0**	**0.0**	**0.0**	**0.0**	**0.0**	**0.0**	**0.0**
2100 À la charge des salariés	0.0	0.0	0.0	0.0	0.0	0.0	0.0	0.0	0.0	0.0
2200 À la charge des employeurs	0.0	0.0	0.0	0.0	0.0	0.0	0.0	0.0	0.0	0.0
2300 À la charge des indép. ou sans emploi	0.0	0.0	0.0	0.0	0.0	0.0	0.0	0.0	0.0	0.0
2400 Non-ventilables entre 2100, 2200 et 2300	0.0	0.0	0.0	0.0	0.0	0.0	0.0	0.0	0.0	0.0
3000 Sur les salaires ou main d'oeuvre	**0.0**	**0.0**	**0.0**	**0.0**	**0.0**	**0.0**	**0.0**	**0.0**	**0.0**	**0.0**
4000 Impôts sur le patrimoine	**1.9**	**2.1**	**4.1**	**5.3**	**5.5**	**2.5**	**1.7**	**2.0**	**1.9**	**1.9**
4100 Impôts périodiques sur la propriété immobilière	1.7	2.0	4.0	5.2	5.4	2.3	1.7	2.0	1.9	1.9
4200 Impôts périodiques sur l'actif net	0.0	0.0	0.0	0.0	0.0	0.0	0.0	0.0	0.0	0.0
4300 Impôts sur mut. par décès, succ. et donations	0.1	0.0	0.0	0.0	0.0	0.1	0.0	0.0	0.0	0.0
4400 Impôts sur transact. mobilières et immob.	0.1	0.1	0.1	0.1	0.1	0.1	0.1	0.0	0.0	0.0
4500 Impôts non périodiques sur	0.0	0.0	0.0	0.0	0.0	0.0	0.0	0.0	0.0	0.0
4600 Autres impôts périodiques sur patrimoine	0.0	0.0	0.0	0.0	0.0	0.0	0.0	0.0	0.0	0.0
5000 Impôts sur les biens et services	**9.2**	**13.8**	**24.7**	**33.2**	**35.6**	**12.1**	**11.3**	**12.0**	**12.1**	**12.3**
5100 Impôts sur production, vente, transfert, etc.	8.7	12.9	23.1	30.9	33.2	11.4	10.5	11.2	11.3	11.5
5110 Impôts généraux	6.2	9.9	19.1	25.8	28.0	8.1	8.1	9.3	9.5	9.7
5111 Taxes sur la valeur ajoutée	6.2	9.9	19.1	25.8	28.0	8.1	8.1	9.3	9.5	9.7
5120 Impôts sur biens et services déterminés	2.5	3.0	4.0	5.1	5.3	3.3	2.5	1.9	1.9	1.8
5121 Accises	1.9	2.1	1.8	2.2	2.2	2.5	1.8	0.9	0.8	0.8
5200 Impôts sur utilisation des biens et exerc. activités	0.5	0.9	1.6	2.3	2.4	0.7	0.7	0.8	0.8	0.8
5300 Non-ventilables entre 5100 et 5200	0.0	0.0	0.0	0.0	0.0	0.0	0.0	0.0	0.0	0.0
6000 Autres impôts	**0.0**	**0.0**	**0.0**	**0.0**	**0.0**	**0.0**	**0.0**	**0.0**	**0.0**	**0.0**
Crédits d'impôts récupérables										
Crédits d'impôts récupérables contre 1000	..	1.1	2.8	2.3	2.2	..	0.9	1.4	0.8	0.8
Composante transfert	..	0.7	1.8	1.1	1.0	..	0.6	0.9	0.4	0.3
Composante fiscale	..	0.3	1.0	1.2	1.2	..	0.3	0.5	0.5	0.4

.. Non disponible

Note : Des données et des notes plus détaillées par pays sont disponibles dans le chapitre 5 "Tableaux par pays, 1965-2017" accessible en ligne : https://doi.org/10.1787/df3c3b17-fr. Les séries temporelles complètes sont accessibles sur le site web http://oe.cd/series-temporelles-completes.

Source : Local Authorities Statistics, Department of Statistics, Wellington.

StatLink https://doi.org/10.1787/888934060136

Tableau 4.50. Nouvelle-Zélande, recettes fiscales et % du PIB par niveaux d'administration (principaux impôts)

	Milliard NZD					% du PIB				
	1990	2000	2010	2016	2017	1990	2000	2010	2016	2017
Administrations fédérale ou centrale										
Recettes fiscales totales	**25.8**	**37.5**	**57.9**	**80.8**	**86.6**	**34.0**	**30.7**	**28.1**	**29.6**	**30.0**
1000 Impôts sur revenu, bénéfices et gains en capital	16.4	23.9	33.5	48.1	51.5	21.6	19.5	16.3	17.6	17.8
2000 Cotisations de sécurité sociale	0.0	0.0	0.0	0.0	0.0	0.0	0.0	0.0	0.0	0.0
3000 Sur salaires ou main d'oeuvre	0.0	0.0	0.0	0.0	0.0	0.0	0.0	0.0	0.0	0.0
4000 Impôts sur le patrimoine	0.3	0.1	0.1	0.1	0.1	0.4	0.1	0.0	0.0	0.0
5000 Impôts sur les biens et services	9.1	13.6	24.3	32.6	35.0	12.0	11.1	11.8	11.9	12.1
6000 Autres impôts	0.0	0.0	0.0	0.0	0.0	0.0	0.0	0.0	0.0	0.0
Administrations d'un État/Régions										
Recettes fiscales totales	..	..	..	..	..	..	..	..	..	..
1000 Impôts sur revenu, bénéfices et gains en capital	..	..	..	..	..	..	..	..	..	..
2000 Cotisations de sécurité sociale	..	..	..	..	..	..	..	..	..	..
3000 Sur salaires ou main d'oeuvre	..	..	..	..	..	..	..	..	..	..
4000 Impôts sur le patrimoine	..	..	..	..	..	..	..	..	..	..
5000 Impôts sur les biens et services	..	..	..	..	..	..	..	..	..	..
6000 Autres impôts	..	..	..	..	..	..	..	..	..	..
Administrations locales										
Recettes fiscales totales	**1.7**	**2.3**	**4.5**	**5.8**	**6.1**	**2.2**	**1.9**	**2.2**	**2.1**	**2.1**
1000 Impôts sur revenu, bénéfices et gains en capital	0.0	0.0	0.0	0.0	0.0	0.0	0.0	0.0	0.0	0.0
2000 Cotisations de sécurité sociale	0.0	0.0	0.0	0.0	0.0	0.0	0.0	0.0	0.0	0.0
3000 Sur salaires ou main d'oeuvre	0.0	0.0	0.0	0.0	0.0	0.0	0.0	0.0	0.0	0.0
4000 Impôts sur le patrimoine	1.6	2.0	4.0	5.2	5.4	2.0	1.7	2.0	1.9	1.9
5000 Impôts sur les biens et services	0.1	0.2	0.4	0.6	0.6	0.2	0.2	0.2	0.2	0.2
6000 Autres impôts	0.0	0.0	0.0	0.0	0.0	0.0	0.0	0.0	0.0	0.0
Administrations de sécurité sociale										
Recettes fiscales totales	**0.0**	**0.0**	**0.0**	**0.0**	**0.0**	**0.0**	**0.0**	**0.0**	**0.0**	**0.0**
1000 Impôts sur revenu, bénéfices et gains en capital	0.0	0.0	0.0	0.0	0.0	0.0	0.0	0.0	0.0	0.0
2000 Cotisations de sécurité sociale	0.0	0.0	0.0	0.0	0.0	0.0	0.0	0.0	0.0	0.0
3000 Sur salaires ou main d'oeuvre	0.0	0.0	0.0	0.0	0.0	0.0	0.0	0.0	0.0	0.0
4000 Impôts sur le patrimoine	0.0	0.0	0.0	0.0	0.0	0.0	0.0	0.0	0.0	0.0
5000 Impôts sur les biens et services	0.0	0.0	0.0	0.0	0.0	0.0	0.0	0.0	0.0	0.0
6000 Autres impôts	0.0	0.0	0.0	0.0	0.0	0.0	0.0	0.0	0.0	0.0

.. Non disponible

Note : Des données et des notes plus détaillées par pays sont disponibles dans le chapitre 6 "Recettes fiscales des sous-secteurs de l'administration" accessible en ligne : https://doi.org/10.1787/df3c3b17-fr. Les séries temporelles complètes sont accessibles sur le site web http://oe.cd/series-temporelles-completes.

Source : Local Authorities Statistics, Department of Statistics, Wellington.

StatLink https://doi.org/10.1787/888934060155

Tableau 4.51. Norvège, recettes fiscales et % du PIB (sélection de catégories d'impôts)

	Milliard NOK					% du PIB				
	1990	2000	2010	2016	2017	1990	2000	2010	2016	2017
Recettes fiscales totales	**301.8**	**631.6**	**1 086.7**	**1 207.6**	**1 282.0**	**40.2**	**41.9**	**41.9**	**38.7**	**38.8**
1000 Impôts sur le revenu, les bénéfices et les gains en capital	**106.3**	**284.2**	**512.0**	**458.2**	**499.7**	**14.2**	**18.8**	**19.7**	**14.7**	**15.1**
1100 Des personnes physiques	79.1	152.0	256.5	332.8	339.1	10.5	10.1	9.9	10.7	10.3
1200 Des sociétés	27.2	132.2	255.5	125.4	160.6	3.6	8.8	9.9	4.0	4.9
1300 Non-ventilables entre 1100 et 1200	0.0	0.0	0.0	0.0	0.0	0.0	0.0	0.0	0.0	0.0
2000 Cotisations de sécurité sociale	**79.4**	**132.2**	**243.0**	**331.4**	**341.6**	**10.6**	**8.8**	**9.4**	**10.6**	**10.3**
2100 À la charge des salariés	25.3	45.2	81.0	115.4	119.3	3.4	3.0	3.1	3.7	3.6
2200 À la charge des employeurs	50.1	79.2	148.1	193.8	199.3	6.7	5.3	5.7	6.2	6.0
2300 À la charge des indép. ou sans emploi	3.9	7.8	13.9	22.3	23.0	0.5	0.5	0.5	0.7	0.7
2400 Non-ventilables entre 2100, 2200 et 2300	0.0	0.0	0.0	0.0	0.0	0.0	0.0	0.0	0.0	0.0
3000 Sur les salaires ou main d'oeuvre	**0.0**	**0.0**	**0.0**	**0.0**	**1.9**	**0.0**	**0.0**	**0.0**	**0.0**	**0.1**
4000 Impôts sur le patrimoine	**8.9**	**14.5**	**30.9**	**39.2**	**42.9**	**1.2**	**1.0**	**1.2**	**1.3**	**1.3**
4100 Impôts périodiques sur la propriété immobilière	2.2	2.8	8.5	13.7	14.6	0.3	0.2	0.3	0.4	0.4
4200 Impôts périodiques sur l'actif net	5.1	7.7	14.1	16.7	19.0	0.7	0.5	0.5	0.5	0.6
4300 Impôts sur mut. par décès, succ. et donations	0.4	1.3	2.4	0.2	0.1	0.1	0.1	0.1	0.0	0.0
4400 Impôts sur transact. mobilières et immob.	1.1	2.7	5.9	8.6	9.2	0.1	0.2	0.2	0.3	0.3
4500 Impôts non périodiques sur	0.0	0.0	0.0	0.0	0.0	0.0	0.0	0.0	0.0	0.0
4600 Autres impôts périodiques sur patrimoine	0.0	0.0	0.0	0.0	0.0	0.0	0.0	0.0	0.0	0.0
5000 Impôts sur les biens et services	**107.3**	**200.7**	**300.7**	**378.8**	**395.9**	**14.3**	**13.3**	**11.6**	**12.1**	**12.0**
5100 Impôts sur production, vente, transfert, etc.	102.9	185.9	284.9	358.8	376.6	13.7	12.3	11.0	11.5	11.4
5110 Impôts généraux	56.7	125.0	201.8	270.1	284.7	7.6	8.3	7.8	8.7	8.6
5111 Taxes sur la valeur ajoutée	56.7	124.2	201.2	269.2	282.8	7.6	8.2	7.8	8.6	8.6
5120 Impôts sur biens et services déterminés	46.2	60.9	83.1	88.8	91.9	6.2	4.0	3.2	2.8	2.8
5121 Accises	37.5	54.9	76.3	79.5	81.3	5.0	3.6	2.9	2.5	2.5
5200 Impôts sur utilisation des biens et exerc. activités	4.4	14.8	15.8	19.9	19.4	0.6	1.0	0.6	0.6	0.6
5300 Non-ventilables entre 5100 et 5200	0.0	0.0	0.0	0.0	0.0	0.0	0.0	0.0	0.0	0.0
6000 Autres impôts	**0.0**	**0.0**	**0.0**	**0.0**	**0.0**	**0.0**	**0.0**	**0.0**	**0.0**	**0.0**
Crédits d'impôts récupérables										
Crédits d'impôts récupérables contre 1000	..	..	1.2	3.6	4.0	..	..	0.0	0.1	0.1
Composante transfert	..	..	1.0	3.0	3.2	..	..	0.0	0.1	0.1
Composante fiscale	..	..	0.3	0.6	0.8	..	..	0.0	0.0	0.0

.. Non disponible

Note : Des données et des notes plus détaillées par pays sont disponibles dans le chapitre 5 "Tableaux par pays, 1965-2017" accessible en ligne : https://doi.org/10.1787/df3c3b17-fr. Les séries temporelles complètes sont accessibles sur le site web http://oe.cd/series-temporelles-completes.

Source : Statistics Norway; National Accounts.

StatLink https://doi.org/10.1787/888934060174

Tableau 4.52. Norvège, recettes fiscales et % du PIB par niveaux d'administration (principaux impôts)

	Milliard NOK					% du PIB				
	1990	2000	2010	2016	2017	1990	2000	2010	2016	2017
Administrations fédérale ou centrale										
Recettes fiscales totales	**165.4**	**536.1**	**938.4**	**1 012.1**	**1 078.4**	**22.1**	**35.6**	**36.2**	**32.4**	**32.6**
1000 Impôts sur revenu, bénéfices et gains en capital	50.6	198.4	380.8	288.9	324.7	6.8	13.2	14.7	9.3	9.8
2000 Cotisations de sécurité sociale	4.7	132.2	243.0	331.4	341.6	0.6	8.8	9.4	10.6	10.3
3000 Sur salaires ou main d'oeuvre	0.0	0.0	0.0	0.0	1.9	0.0	0.0	0.0	0.0	0.1
4000 Impôts sur le patrimoine	3.4	7.0	16.0	15.4	16.5	0.5	0.5	0.6	0.5	0.5
5000 Impôts sur les biens et services	106.7	198.6	298.6	376.5	393.7	14.2	13.2	11.5	12.1	11.9
6000 Autres impôts	0.0	0.0	0.0	0.0	0.0	0.0	0.0	0.0	0.0	0.0
Administrations d'un État/Régions										
Recettes fiscales totales	..	..	..	..	..	..	..	..	..	..
1000 Impôts sur revenu, bénéfices et gains en capital	..	..	..	..	..	..	..	..	..	..
2000 Cotisations de sécurité sociale	..	..	..	..	..	..	..	..	..	..
3000 Sur salaires ou main d'oeuvre	..	..	..	..	..	..	..	..	..	..
4000 Impôts sur le patrimoine	..	..	..	..	..	..	..	..	..	..
5000 Impôts sur les biens et services	..	..	..	..	..	..	..	..	..	..
6000 Autres impôts	..	..	..	..	..	..	..	..	..	..
Administrations locales										
Recettes fiscales totales	**61.6**	**95.5**	**148.2**	**195.4**	**203.5**	**8.2**	**6.3**	**5.7**	**6.3**	**6.2**
1000 Impôts sur revenu, bénéfices et gains en capital	55.7	85.8	131.2	169.3	175.0	7.4	5.7	5.1	5.4	5.3
2000 Cotisations de sécurité sociale	0.0	0.0	0.0	0.0	0.0	0.0	0.0	0.0	0.0	0.0
3000 Sur salaires ou main d'oeuvre	0.0	0.0	0.0	0.0	0.0	0.0	0.0	0.0	0.0	0.0
4000 Impôts sur le patrimoine	5.5	7.6	14.9	23.9	26.3	0.7	0.5	0.6	0.8	0.8
5000 Impôts sur les biens et services	0.4	2.1	2.2	2.3	2.2	0.1	0.1	0.1	0.1	0.1
6000 Autres impôts	0.0	0.0	0.0	0.0	0.0	0.0	0.0	0.0	0.0	0.0
Administrations de sécurité sociale										
Recettes fiscales totales	**74.8**	**0.0**	**0.0**	**0.0**	**0.0**	**10.0**	**0.0**	**0.0**	**0.0**	**0.0**
1000 Impôts sur revenu, bénéfices et gains en capital	0.0	0.0	0.0	0.0	0.0	0.0	0.0	0.0	0.0	0.0
2000 Cotisations de sécurité sociale	74.6	0.0	0.0	0.0	0.0	10.0	0.0	0.0	0.0	0.0
3000 Sur salaires ou main d'oeuvre	0.0	0.0	0.0	0.0	0.0	0.0	0.0	0.0	0.0	0.0
4000 Impôts sur le patrimoine	0.0	0.0	0.0	0.0	0.0	0.0	0.0	0.0	0.0	0.0
5000 Impôts sur les biens et services	0.2	0.0	0.0	0.0	0.0	0.0	0.0	0.0	0.0	0.0
6000 Autres impôts	0.0	0.0	0.0	0.0	0.0	0.0	0.0	0.0	0.0	0.0

.. Non disponible

Note : Des données et des notes plus détaillées par pays sont disponibles dans le chapitre 6 "Recettes fiscales des sous-secteurs de l'administration" accessible en ligne : https://doi.org/10.1787/df3c3b17-fr. Les séries temporelles complètes sont accessibles sur le site web http://oe.cd/series-temporelles-completes.

Source : Statistics Norway; National Accounts.

StatLink https://doi.org/10.1787/888934060193

Tableau 4.53. Pologne, recettes fiscales et % du PIB (sélection de catégories d'impôts)

	Milliard PLN					% du PIB				
	1990	2000	2010	2016	2017	1990	2000	2010	2016	2017
Recettes fiscales totales	..	**246.0**	**454.0**	**624.2**	**679.1**	..	**32.9**	**31.4**	**33.5**	**34.1**
1000 Impôts sur le revenu, les bénéfices et les gains en capital	..	**50.3**	**91.0**	**124.3**	**137.5**	..	**6.7**	**6.3**	**6.7**	**6.9**
1100 Des personnes physiques	..	32.4	62.9	90.1	99.1	..	4.3	4.4	4.8	5.0
1200 Des sociétés	..	17.9	28.1	34.2	38.4	..	2.4	1.9	1.8	1.9
1300 Non-ventilables entre 1100 et 1200	..	0.0	0.0	0.0	0.0	..	0.0	0.0	0.0	0.0
2000 Cotisations de sécurité sociale	..	**96.4**	**156.0**	**236.3**	**255.0**	..	**12.9**	**10.8**	**12.7**	**12.8**
2100 À la charge des salariés	..	42.4	60.2	97.1	105.8	..	5.7	4.2	5.2	5.3
2200 À la charge des employeurs	..	41.1	65.4	91.9	100.9	..	5.5	4.5	4.9	5.1
2300 À la charge des indép. ou sans emploi	..	12.9	30.4	47.3	48.3	..	1.7	2.1	2.5	2.4
2400 Non-ventilables entre 2100, 2200 et 2300	..	0.0	0.0	0.0	0.0	..	0.0	0.0	0.0	0.0
3000 Sur les salaires ou main d'oeuvre	..	**1.6**	**3.7**	**4.2**	**4.5**	..	**0.2**	**0.3**	**0.2**	**0.2**
4000 Impôts sur le patrimoine	..	**10.6**	**19.1**	**25.6**	**27.1**	..	**1.4**	**1.3**	**1.4**	**1.4**
4100 Impôts périodiques sur la propriété immobilière	..	8.4	16.4	22.7	23.8	..	1.1	1.1	1.2	1.2
4200 Impôts périodiques sur l'actif net	..	0.0	0.0	0.0	0.0	..	0.0	0.0	0.0	0.0
4300 Impôts sur mut. par décès, succ. et donations	..	0.2	0.3	0.3	0.3	..	0.0	0.0	0.0	0.0
4400 Impôts sur transact. mobilières et immob.	..	2.0	2.4	2.6	3.0	..	0.3	0.2	0.1	0.2
4500 Impôts non périodiques sur	..	0.0	0.0	0.0	0.0	..	0.0	0.0	0.0	0.0
4600 Autres impôts périodiques sur patrimoine	..	0.0	0.0	0.0	0.0	..	0.0	0.0	0.0	0.0
5000 Impôts sur les biens et services	..	**86.9**	**182.0**	**229.6**	**250.6**	..	**11.6**	**12.6**	**12.3**	**12.6**
5100 Impôts sur production, vente, transfert, etc.	..	84.9	175.2	221.5	243.2	..	11.4	12.1	11.9	12.2
5110 Impôts généraux	..	51.6	109.7	134.6	154.7	..	6.9	7.6	7.2	7.8
5111 Taxes sur la valeur ajoutée	..	51.6	109.7	134.6	154.7	..	6.9	7.6	7.2	7.8
5120 Impôts sur biens et services déterminés	..	33.3	65.5	87.0	88.6	..	4.5	4.5	4.7	4.5
5121 Accises	..	27.2	62.0	75.6	79.0	..	3.6	4.3	4.1	4.0
5200 Impôts sur utilisation des biens et exerc. activités	..	2.0	6.8	8.1	7.4	..	0.3	0.5	0.4	0.4
5300 Non-ventilables entre 5100 et 5200	..	0.0	0.0	0.0	0.0	..	0.0	0.0	0.0	0.0
6000 Autres impôts	..	**0.3**	**0.6**	**0.9**	**1.0**	..	**0.0**	**0.0**	**0.1**	**0.1**
Crédits d'impôts récupérables										
Crédits d'impôts récupérables contre 1000	..	..	..	..	..	..	..	..	..	..
Composante transfert	..	..	..	..	..	..	..	..	..	..
Composante fiscale	..	..	..	..	..	..	..	..	..	..

.. Non disponible
Note : Des données et des notes plus détaillées par pays sont disponibles dans le chapitre 5 "Tableaux par pays, 1965-2017" accessible en ligne : https://doi.org/10.1787/df3c3b17-fr. Les séries temporelles complètes sont accessibles sur le site web http://oe.cd/series-temporelles-completes.
Source : Ministry of Finance, Economic Department.

StatLink https://doi.org/10.1787/888934060212

Tableau 4.54. Pologne, recettes fiscales et % du PIB par niveaux d'administration (principaux impôts)

	Milliard PLN					% du PIB				
	1990	2000	2010	2016	2017	1990	2000	2010	2016	2017
Administrations fédérale ou centrale										
Recettes fiscales totales	..	**126.9**	**239.2**	**304.7**	**334.3**	..	**17.0**	**16.6**	**16.4**	**16.8**
1000 Impôts sur revenu, bénéfices et gains en capital	..	40.0	57.7	75.2	83.4	..	5.3	4.0	4.0	4.2
2000 Cotisations de sécurité sociale	..	0.0	0.0	0.0	0.0	..	0.0	0.0	0.0	0.0
3000 Sur salaires ou main d'oeuvre	..	1.6	3.7	4.2	4.5	..	0.2	0.3	0.2	0.2
4000 Impôts sur le patrimoine	..	0.0	0.0	0.0	0.0	..	0.0	0.0	0.0	0.0
5000 Impôts sur les biens et services	..	85.3	177.8	225.3	246.4	..	11.4	12.3	12.1	12.4
6000 Autres impôts	..	0.0	0.0	0.0	0.0	..	0.0	0.0	0.0	0.0
Administrations d'un État/Régions										
Recettes fiscales totales	..	..	..	..	..	..	..	..	..	..
1000 Impôts sur revenu, bénéfices et gains en capital	..	..	..	..	..	..	..	..	..	..
2000 Cotisations de sécurité sociale	..	..	..	..	..	..	..	..	..	..
3000 Sur salaires ou main d'oeuvre	..	..	..	..	..	..	..	..	..	..
4000 Impôts sur le patrimoine	..	..	..	..	..	..	..	..	..	..
5000 Impôts sur les biens et services	..	..	..	..	..	..	..	..	..	..
6000 Autres impôts	..	..	..	..	..	..	..	..	..	..
Administrations locales										
Recettes fiscales totales	..	**22.7**	**57.1**	**79.8**	**86.2**	..	**3.0**	**4.0**	**4.3**	**4.3**
1000 Impôts sur revenu, bénéfices et gains en capital	..	10.3	33.3	49.0	54.1	..	1.4	2.3	2.6	2.7
2000 Cotisations de sécurité sociale	..	0.0	0.0	0.0	0.0	..	0.0	0.0	0.0	0.0
3000 Sur salaires ou main d'oeuvre	..	0.0	0.0	0.0	0.0	..	0.0	0.0	0.0	0.0
4000 Impôts sur le patrimoine	..	10.6	19.1	25.6	27.1	..	1.4	1.3	1.4	1.4
5000 Impôts sur les biens et services	..	1.5	4.1	4.2	4.1	..	0.2	0.3	0.2	0.2
6000 Autres impôts	..	0.3	0.6	0.9	1.0	..	0.0	0.0	0.1	0.1
Administrations de sécurité sociale										
Recettes fiscales totales	..	**96.4**	**156.0**	**236.3**	**255.0**	..	**12.9**	**10.8**	**12.7**	**12.8**
1000 Impôts sur revenu, bénéfices et gains en capital	..	0.0	0.0	0.0	0.0	..	0.0	0.0	0.0	0.0
2000 Cotisations de sécurité sociale	..	96.4	156.0	236.3	255.0	..	12.9	10.8	12.7	12.8
3000 Sur salaires ou main d'oeuvre	..	0.0	0.0	0.0	0.0	..	0.0	0.0	0.0	0.0
4000 Impôts sur le patrimoine	..	0.0	0.0	0.0	0.0	..	0.0	0.0	0.0	0.0
5000 Impôts sur les biens et services	..	0.0	0.0	0.0	0.0	..	0.0	0.0	0.0	0.0
6000 Autres impôts	..	0.0	0.0	0.0	0.0	..	0.0	0.0	0.0	0.0

.. Non disponible

Note : Des données et des notes plus détaillées par pays sont disponibles dans le chapitre 6 "Recettes fiscales des sous-secteurs de l'administration" accessible en ligne : https://doi.org/10.1787/df3c3b17-fr. Les séries temporelles complètes sont accessibles sur le site web http://oe.cd/series-temporelles-completes.

Source : Ministry of Finance, Economic Department.

StatLink https://doi.org/10.1787/888934060231

Tableau 4.55. Portugal, recettes fiscales et % du PIB (sélection de catégories d'impôts)

	Milliard EUR					% du PIB				
	1990	2000	2010	2016	2017	1990	2000	2010	2016	2017
Recettes fiscales totales	**14.8**	**39.9**	**54.7**	**63.6**	**67.0**	**26.5**	**31.1**	**30.4**	**34.1**	**34.4**
1000 Impôts sur le revenu, les bénéfices et les gains en capital	**3.8**	**11.7**	**14.6**	**18.3**	**18.9**	**6.8**	**9.1**	**8.1**	**9.8**	**9.7**
1100 Des personnes physiques	2.4	6.9	9.6	12.6	12.6	4.2	5.4	5.4	6.8	6.5
1200 Des sociétés	1.2	4.7	4.9	5.7	6.3	2.1	3.7	2.7	3.0	3.2
1300 Non-ventilables entre 1100 et 1200	0.3	0.0	0.1	0.0	0.0	0.5	0.0	0.0	0.0	0.0
2000 Cotisations de sécurité sociale	**4.0**	**10.2**	**15.5**	**16.9**	**17.9**	**7.2**	**7.9**	**8.6**	**9.1**	**9.2**
2100 À la charge des salariés	1.5	4.3	6.7	7.2	7.6	2.6	3.3	3.7	3.9	3.9
2200 À la charge des employeurs	2.4	5.9	8.8	9.7	10.3	4.3	4.6	4.9	5.2	5.3
2300 À la charge des indép. ou sans emploi	0.1	0.0	0.0	0.0	0.0	0.3	0.0	0.0	0.0	0.0
2400 Non-ventilables entre 2100, 2200 et 2300	0.0	0.0	0.0	0.0	0.0	0.0	0.0	0.0	0.0	0.0
3000 Sur les salaires ou main d'oeuvre	**0.0**	**0.0**	**0.0**	**0.0**	**0.0**	**0.0**	**0.0**	**0.0**	**0.0**	**0.0**
4000 Impôts sur le patrimoine	**0.4**	**1.5**	**1.9**	**2.4**	**2.6**	**0.7**	**1.1**	**1.1**	**1.3**	**1.4**
4100 Impôts périodiques sur la propriété immobilière	0.1	0.5	1.1	1.5	1.6	0.2	0.4	0.6	0.8	0.8
4200 Impôts périodiques sur l'actif net	0.0	0.0	0.0	0.0	0.0	0.0	0.0	0.0	0.0	0.0
4300 Impôts sur mut. par décès, succ. et donations	0.1	0.1	0.0	0.0	0.0	0.1	0.1	0.0	0.0	0.0
4400 Impôts sur transact. mobilières et immob.	0.2	0.9	0.8	0.9	1.1	0.3	0.7	0.5	0.5	0.5
4500 Impôts non périodiques sur	0.0	0.0	0.0	0.0	0.0	0.0	0.0	0.0	0.0	0.0
4600 Autres impôts périodiques sur patrimoine	0.0	0.0	0.0	0.0	0.0	0.0	0.0	0.0	0.0	0.0
5000 Impôts sur les biens et services	**6.6**	**16.1**	**22.0**	**25.3**	**26.8**	**11.7**	**12.5**	**12.2**	**13.5**	**13.8**
5100 Impôts sur production, vente, transfert, etc.	6.4	15.6	21.2	24.0	25.5	11.5	12.2	11.8	12.9	13.1
5110 Impôts généraux	2.9	9.7	13.5	15.8	16.8	5.2	7.6	7.5	8.5	8.6
5111 Taxes sur la valeur ajoutée	2.9	9.7	13.5	15.8	16.8	5.2	7.6	7.5	8.5	8.6
5120 Impôts sur biens et services déterminés	3.5	5.9	7.7	8.3	8.7	6.3	4.6	4.3	4.4	4.5
5121 Accises	2.1	4.5	5.7	5.8	6.1	3.7	3.5	3.1	3.1	3.1
5200 Impôts sur utilisation des biens et exerc. activités	0.1	0.4	0.7	1.1	1.2	0.2	0.3	0.4	0.6	0.6
5300 Non-ventilables entre 5100 et 5200	0.0	0.1	0.0	0.1	0.0	0.0	0.0	0.0	0.1	0.0
6000 Autres impôts	**0.0**	**0.3**	**0.5**	**0.6**	**0.6**	**0.1**	**0.2**	**0.3**	**0.3**	**0.3**
Crédits d'impôts récupérables										
Crédits d'impôts récupérables contre 1000	..	..	..	..	..	..	..	..	..	..
Composante transfert	..	..	..	..	..	..	..	..	..	..
Composante fiscale	..	..	..	..	..	..	..	..	..	..

.. Non disponible

Note : Des données et des notes plus détaillées par pays sont disponibles dans le chapitre 5 "Tableaux par pays, 1965-2017" accessible en ligne : https://doi.org/10.1787/df3c3b17-fr. Les séries temporelles complètes sont accessibles sur le site web http://oe.cd/series-temporelles-completes.

Source : Instituto Nacionale de Estatistica; Conta do Estado, Contas de Gerência dos Fundos e Serviços Autonomos da Administraçao Central; Estatisticas das Financas publicas; Relatorio do Instituto de Gestao Financeira da Seguranta Social, Contas de Gerência das Regioes Autonomas da Madeira e dos Atores.

StatLink https://doi.org/10.1787/888934060250

Tableau 4.56. Portugal, recettes fiscales et % du PIB par niveaux d'administration (principaux impôts)

	Milliard EUR					% du PIB				
	1990	2000	2010	2016	2017	1990	2000	2010	2016	2017
Administrations fédérale ou centrale										
Recettes fiscales totales	**9.8**	**27.8**	**36.5**	**46.3**	**48.9**	**17.6**	**21.6**	**20.3**	**24.8**	**25.1**
1000 Impôts sur revenu, bénéfices et gains en capital	3.6	11.1	13.6	17.0	17.7	6.4	8.7	7.5	9.1	9.1
2000 Cotisations de sécurité sociale	0.0	1.3	1.9	5.5	5.9	0.0	1.0	1.1	3.0	3.0
3000 Sur salaires ou main d'oeuvre	0.0	0.0	0.0	0.0	0.0	0.0	0.0	0.0	0.0	0.0
4000 Impôts sur le patrimoine	0.1	0.3	0.2	0.2	0.3	0.1	0.2	0.1	0.1	0.2
5000 Impôts sur les biens et services	6.1	14.8	20.3	22.9	24.4	10.9	11.5	11.3	12.3	12.5
6000 Autres impôts	0.0	0.3	0.5	0.6	0.5	0.1	0.2	0.3	0.3	0.3
Administrations d'un État/Régions										
Recettes fiscales totales	..	..	..	..	..	..	..	..	..	..
1000 Impôts sur revenu, bénéfices et gains en capital	..	..	..	..	..	..	..	..	..	..
2000 Cotisations de sécurité sociale	..	..	..	..	..	..	..	..	..	..
3000 Sur salaires ou main d'oeuvre	..	..	..	..	..	..	..	..	..	..
4000 Impôts sur le patrimoine	..	..	..	..	..	..	..	..	..	..
5000 Impôts sur les biens et services	..	..	..	..	..	..	..	..	..	..
6000 Autres impôts	..	..	..	..	..	..	..	..	..	..
Administrations locales										
Recettes fiscales totales	**0.8**	**2.5**	**3.6**	**4.6**	**4.8**	**1.5**	**2.0**	**2.0**	**2.5**	**2.4**
1000 Impôts sur revenu, bénéfices et gains en capital	0.2	0.6	1.1	1.3	1.2	0.4	0.4	0.6	0.7	0.6
2000 Cotisations de sécurité sociale	0.0	0.0	0.0	0.0	0.0	0.0	0.0	0.0	0.0	0.0
3000 Sur salaires ou main d'oeuvre	0.0	0.0	0.0	0.0	0.0	0.0	0.0	0.0	0.0	0.0
4000 Impôts sur le patrimoine	0.3	1.2	1.7	2.2	2.3	0.6	0.9	0.9	1.2	1.2
5000 Impôts sur les biens et services	0.3	0.7	0.8	1.2	1.2	0.5	0.6	0.5	0.6	0.6
6000 Autres impôts	0.0	0.0	0.0	0.0	0.0	0.0	0.0	0.0	0.0	0.0
Administrations de sécurité sociale										
Recettes fiscales totales	**4.0**	**9.4**	**14.4**	**12.4**	**13.1**	**7.2**	**7.3**	**8.0**	**6.6**	**6.7**
1000 Impôts sur revenu, bénéfices et gains en capital	0.0	0.0	0.0	0.0	0.0	0.0	0.0	0.0	0.0	0.0
2000 Cotisations de sécurité sociale	4.0	8.8	13.5	11.4	12.0	7.2	6.9	7.5	6.1	6.2
3000 Sur salaires ou main d'oeuvre	0.0	0.0	0.0	0.0	0.0	0.0	0.0	0.0	0.0	0.0
4000 Impôts sur le patrimoine	0.0	0.0	0.0	0.0	0.0	0.0	0.0	0.0	0.0	0.0
5000 Impôts sur les biens et services	0.0	0.5	0.8	1.0	1.0	0.0	0.4	0.5	0.5	0.5
6000 Autres impôts	0.0	0.0	0.0	0.0	0.0	0.0	0.0	0.0	0.0	0.0

.. Non disponible

Note : Des données et des notes plus détaillées par pays sont disponibles dans le chapitre 6 "Recettes fiscales des sous-secteurs de l'administration" accessible en ligne : https://doi.org/10.1787/df3c3b17-fr. Les séries temporelles complètes sont accessibles sur le site web http://oe.cd/series-temporelles-completes.

Source : Instituto Nacionale de Estatistica; Conta do Estado, Contas de Gerência dos Fundos e Serviços Autonomos da Administraçao Central; Estatisticas das Financas publicas; Relatorio do Instituto de Gestao Financeira da Seguranta Social, Contas de Gerência das Regioes Autonomas da Madeira e dos Atores.

StatLink https://doi.org/10.1787/888934060269

Tableau 4.57. République slovaque, recettes fiscales et % du PIB (sélection de catégories d'impôts)

	Milliard EUR					% du PIB				
	1990	2000	2010	2016	2017	1990	2000	2010	2016	2017
Recettes fiscales totales	..	**10.6**	**19.0**	**26.3**	**28.1**	..	**33.6**	**28.1**	**32.3**	**33.1**
1000 Impôts sur le revenu, les bénéfices et les gains en capital	..	**2.2**	**3.6**	**5.7**	**6.0**	..	**6.9**	**5.3**	**7.0**	**7.0**
1100 Des personnes physiques	..	1.1	1.8	2.7	2.9	..	3.3	2.6	3.3	3.4
1200 Des sociétés	..	0.8	1.7	2.8	2.9	..	2.6	2.5	3.5	3.4
1300 Non-ventilables entre 1100 et 1200	..	0.3	0.2	0.2	0.2	..	1.0	0.2	0.2	0.2
2000 Cotisations de sécurité sociale	..	**4.4**	**8.2**	**11.4**	**12.3**	..	**14.0**	**12.1**	**14.1**	**14.5**
2100 À la charge des salariés	..	0.9	2.1	2.6	2.9	..	2.9	3.1	3.3	3.5
2200 À la charge des employeurs	..	2.9	4.6	6.5	7.2	..	9.0	6.8	8.0	8.5
2300 À la charge des indép. ou sans emploi	..	0.7	1.5	2.3	2.2	..	2.1	2.2	2.9	2.6
2400 Non-ventilables entre 2100, 2200 et 2300	..	0.0	0.0	0.0	0.0	..	0.0	0.0	0.0	0.0
3000 Sur les salaires ou main d'oeuvre	..	**0.0**	**0.0**	**0.0**	**0.0**	..	**0.0**	**0.0**	**0.0**	**0.0**
4000 Impôts sur le patrimoine	..	**0.2**	**0.3**	**0.3**	**0.4**	..	**0.6**	**0.4**	**0.4**	**0.4**
4100 Impôts périodiques sur la propriété immobilière	..	0.1	0.3	0.3	0.4	..	0.5	0.4	0.4	0.4
4200 Impôts périodiques sur l'actif net	..	0.0	0.0	0.0	0.0	..	0.0	0.0	0.0	0.0
4300 Impôts sur mut. par décès, succ. et donations	..	0.0	0.0	0.0	0.0	..	0.0	0.0	0.0	0.0
4400 Impôts sur transact. mobilières et immob.	..	0.0	0.0	0.0	0.0	..	0.1	0.0	0.0	0.0
4500 Impôts non périodiques sur	..	0.0	0.0	0.0	0.0	..	0.0	0.0	0.0	0.0
4600 Autres impôts périodiques sur patrimoine	..	0.0	0.0	0.0	0.0	..	0.0	0.0	0.0	0.0
5000 Impôts sur les biens et services	..	**3.8**	**6.8**	**8.7**	**9.3**	..	**12.2**	**10.1**	**10.7**	**11.0**
5100 Impôts sur production, vente, transfert, etc.	..	3.6	6.3	8.0	8.6	..	11.5	9.3	9.8	10.1
5110 Impôts généraux	..	2.2	4.2	5.4	5.9	..	6.9	6.2	6.7	7.0
5111 Taxes sur la valeur ajoutée	..	2.2	4.2	5.4	5.9	..	6.9	6.2	6.7	7.0
5120 Impôts sur biens et services déterminés	..	1.5	2.1	2.5	2.7	..	4.6	3.1	3.1	3.1
5121 Accises	..	1.0	1.9	2.2	2.3	..	3.1	2.9	2.7	2.7
5200 Impôts sur utilisation des biens et exerc. activités	..	0.2	0.4	0.6	0.6	..	0.7	0.6	0.7	0.7
5300 Non-ventilables entre 5100 et 5200	..	0.0	0.1	0.2	0.2	..	0.0	0.2	0.2	0.2
6000 Autres impôts	..	**0.0**	**0.0**	**0.0**	**0.0**	..	**0.0**	**0.0**	**0.0**	**0.0**
Crédits d'impôts récupérables										
Crédits d'impôts récupérables contre 1000	..	..	0.3	0.3	0.3	..	..	0.4	0.3	0.3
Composante transfert	..	..	..	..	..	..	..	..	..	..
Composante fiscale	..	..	..	..	..	..	..	..	..	..

.. Non disponible

Note : Des données et des notes plus détaillées par pays sont disponibles dans le chapitre 5 "Tableaux par pays, 1965-2017" accessible en ligne : https://doi.org/10.1787/df3c3b17-fr. Les séries temporelles complètes sont accessibles sur le site web http://oe.cd/series-temporelles-completes.

Source : Ministry of Finance.

StatLink https://doi.org/10.1787/888934060288

Tableau 4.58. République slovaque, recettes fiscales et % du PIB par niveaux d'administration (principaux impôts)

	Milliard EUR					% du PIB				
	1990	2000	2010	2016	2017	1990	2000	2010	2016	2017
Administrations fédérale ou centrale										
Recettes fiscales totales	**..**	**6.2**	**10.3**	**14.4**	**15.5**	**..**	**19.5**	**15.3**	**17.8**	**18.2**
1000 Impôts sur revenu, bénéfices et gains en capital	..	2.2	3.6	5.7	6.0	..	6.9	5.3	7.0	7.0
2000 Cotisations de sécurité sociale	..	0.1	0.2	0.3	0.4	..	0.3	0.3	0.3	0.5
3000 Sur salaires ou main d'oeuvre	..	0.0	0.0	0.0	0.0	..	0.0	0.0	0.0	0.0
4000 Impôts sur le patrimoine	..	0.1	0.0	0.0	0.0	..	0.2	0.0	0.0	0.0
5000 Impôts sur les biens et services	..	3.8	6.5	8.5	9.1	..	12.1	9.7	10.5	10.7
6000 Autres impôts	..	0.0	0.0	0.0	0.0	..	0.0	0.0	0.0	0.0
Administrations d'un État/Régions										
Recettes fiscales totales	**..**	**..**	**..**	**..**	**..**	**..**	**..**	**..**	**..**	**..**
1000 Impôts sur revenu, bénéfices et gains en capital	..	..	..	..	..	..	..	..	..	..
2000 Cotisations de sécurité sociale	..	..	..	..	..	..	..	..	..	..
3000 Sur salaires ou main d'oeuvre	..	..	..	..	..	..	..	..	..	..
4000 Impôts sur le patrimoine	..	..	..	..	..	..	..	..	..	..
5000 Impôts sur les biens et services	..	..	..	..	..	..	..	..	..	..
6000 Autres impôts	..	..	..	..	..	..	..	..	..	..
Administrations locales										
Recettes fiscales totales	**..**	**0.1**	**0.5**	**0.5**	**0.5**	**..**	**0.5**	**0.8**	**0.6**	**0.6**
1000 Impôts sur revenu, bénéfices et gains en capital	..	0.0	0.0	0.0	0.0	..	0.0	0.0	0.0	0.0
2000 Cotisations de sécurité sociale	..	0.0	0.0	0.0	0.0	..	0.0	0.0	0.0	0.0
3000 Sur salaires ou main d'oeuvre	..	0.0	0.0	0.0	0.0	..	0.0	0.0	0.0	0.0
4000 Impôts sur le patrimoine	..	0.1	0.3	0.3	0.4	..	0.4	0.4	0.4	0.4
5000 Impôts sur les biens et services	..	0.0	0.3	0.2	0.2	..	0.0	0.4	0.2	0.2
6000 Autres impôts	..	0.0	0.0	0.0	0.0	..	0.0	0.0	0.0	0.0
Administrations de sécurité sociale										
Recettes fiscales totales	**..**	**4.3**	**7.9**	**11.2**	**11.9**	**..**	**13.7**	**11.7**	**13.7**	**14.1**
1000 Impôts sur revenu, bénéfices et gains en capital	..	0.0	0.0	0.0	0.0	..	0.0	0.0	0.0	0.0
2000 Cotisations de sécurité sociale	..	4.3	7.9	11.2	11.9	..	13.7	11.7	13.7	14.1
3000 Sur salaires ou main d'oeuvre	..	0.0	0.0	0.0	0.0	..	0.0	0.0	0.0	0.0
4000 Impôts sur le patrimoine	..	0.0	0.0	0.0	0.0	..	0.0	0.0	0.0	0.0
5000 Impôts sur les biens et services	..	0.0	0.0	0.0	0.0	..	0.0	0.0	0.0	0.0
6000 Autres impôts	..	0.0	0.0	0.0	0.0	..	0.0	0.0	0.0	0.0

.. Non disponible

Note : Des données et des notes plus détaillées par pays sont disponibles dans le chapitre 6 "Recettes fiscales des sous-secteurs de l'administration" accessible en ligne : https://doi.org/10.1787/df3c3b17-fr. Les séries temporelles complètes sont accessibles sur le site web http://oe.cd/series-temporelles-completes.

Source : Ministry of Finance.

StatLink https://doi.org/10.1787/888934060307

Tableau 4.59. Slovénie, recettes fiscales et % du PIB (sélection de catégories d'impôts)

	Milliard EUR					% du PIB				
	1990	2000	2010	2016	2017	1990	2000	2010	2016	2017
Recettes fiscales totales	..	**6.9**	**13.4**	**14.7**	**15.6**	..	**36.6**	**36.9**	**36.5**	**36.3**
1000 Impôts sur le revenu, les bénéfices et les gains en capital	..	**1.3**	**2.7**	**2.8**	**3.0**	..	**6.8**	**7.4**	**6.9**	**6.9**
1100 Des personnes physiques	..	1.0	2.0	2.1	2.2	..	5.5	5.6	5.3	5.1
1200 Des sociétés	..	0.2	0.7	0.6	0.8	..	1.1	1.8	1.6	1.8
1300 Non-ventilables entre 1100 et 1200	..	0.0	0.0	0.0	0.0	..	0.1	0.0	0.0	0.0
2000 Cotisations de sécurité sociale	..	**2.6**	**5.4**	**5.8**	**6.2**	..	**13.9**	**14.8**	**14.5**	**14.5**
2100 À la charge des salariés	..	1.4	2.8	3.0	3.2	..	7.7	7.7	7.5	7.6
2200 À la charge des employeurs	..	1.0	2.1	2.2	2.4	..	5.3	5.7	5.6	5.6
2300 À la charge des indép. ou sans emploi	..	0.2	0.5	0.6	0.6	..	0.9	1.5	1.4	1.4
2400 Non-ventilables entre 2100, 2200 et 2300	..	0.0	0.0	0.0	0.0	..	0.0	0.0	0.0	0.0
3000 Sur les salaires ou main d'oeuvre	..	**0.3**	**0.0**	**0.0**	**0.0**	..	**1.5**	**0.1**	**0.0**	**0.1**
4000 Impôts sur le patrimoine	..	**0.1**	**0.2**	**0.3**	**0.3**	..	**0.6**	**0.6**	**0.6**	**0.6**
4100 Impôts périodiques sur la propriété immobilière	..	0.1	0.2	0.2	0.2	..	0.4	0.5	0.5	0.5
4200 Impôts périodiques sur l'actif net	..	0.0	0.0	0.0	0.0	..	0.0	0.0	0.0	0.0
4300 Impôts sur mut. par décès, succ. et donations	..	0.0	0.0	0.0	0.0	..	0.0	0.0	0.0	0.0
4400 Impôts sur transact. mobilières et immob.	..	0.0	0.0	0.0	0.0	..	0.1	0.1	0.1	0.1
4500 Impôts non périodiques sur	..	0.0	0.0	0.0	0.0	..	0.1	0.0	0.0	0.0
4600 Autres impôts périodiques sur patrimoine	..	0.0	0.0	0.0	0.0	..	0.0	0.0	0.0	0.0
5000 Impôts sur les biens et services	..	**2.6**	**5.0**	**5.8**	**6.0**	..	**13.8**	**13.8**	**14.4**	**14.0**
5100 Impôts sur production, vente, transfert, etc.	..	2.5	4.8	5.4	5.6	..	13.1	13.2	13.4	13.1
5110 Impôts généraux	..	1.6	2.9	3.3	3.5	..	8.7	8.1	8.2	8.1
5111 Taxes sur la valeur ajoutée	..	1.6	2.9	3.3	3.5	..	8.5	8.1	8.2	8.1
5120 Impôts sur biens et services déterminés	..	0.8	1.9	2.1	2.1	..	4.4	5.1	5.2	5.0
5121 Accises	..	0.6	1.6	1.7	1.7	..	3.1	4.3	4.1	4.0
5200 Impôts sur utilisation des biens et exerc. activités	..	0.1	0.2	0.4	0.4	..	0.6	0.6	0.9	0.9
5300 Non-ventilables entre 5100 et 5200	..	0.0	0.0	0.0	0.0	..	0.0	0.0	0.0	0.0
6000 Autres impôts	..	**0.0**	**0.0**	**0.0**	**0.0**	..	**0.0**	**0.0**	**0.0**	**0.0**
Crédits d'impôts récupérables										
Crédits d'impôts récupérables contre 1000	..	..	..	..	..	..	..	..	..	..
Composante transfert	..	..	..	..	..	..	..	..	..	..
Composante fiscale	..	..	..	..	..	..	..	..	..	..

.. Non disponible

Note : Des données et des notes plus détaillées par pays sont disponibles dans le chapitre 5 "Tableaux par pays, 1965-2017" accessible en ligne : https://doi.org/10.1787/df3c3b17-fr. Les séries temporelles complètes sont accessibles sur le site web http://oe.cd/series-temporelles-completes.

Source : Statistical Office of the Republic of Slovenia.

StatLink https://doi.org/10.1787/888934060326

Tableau 4.60. Slovénie, recettes fiscales et % du PIB par niveaux d'administration (principaux impôts)

	Milliard EUR					% du PIB				
	1990	2000	2010	2016	2017	1990	2000	2010	2016	2017
Administrations fédérale ou centrale										
Recettes fiscales totales	..	**3.8**	**6.5**	**7.5**	**7.9**	..	**20.2**	**18.0**	**18.6**	**18.4**
1000 Impôts sur revenu, bénéfices et gains en capital	..	0.9	1.6	1.7	1.9	..	4.8	4.3	4.2	4.4
2000 Cotisations de sécurité sociale	..	0.0	0.1	0.1	0.1	..	0.1	0.2	0.2	0.2
3000 Sur salaires ou main d'oeuvre	..	0.3	0.0	0.0	0.0	..	1.5	0.1	0.0	0.1
4000 Impôts sur le patrimoine	..	0.0	0.0	0.0	0.0	..	0.1	0.0	0.0	0.0
5000 Impôts sur les biens et services	..	2.6	4.9	5.7	5.9	..	13.7	13.5	14.1	13.8
6000 Autres impôts	..	0.0	0.0	0.0	0.0	..	0.0	0.0	0.0	0.0
Administrations d'un État/Régions										
Recettes fiscales totales	..	..	..	..	..	..	..	..	..	..
1000 Impôts sur revenu, bénéfices et gains en capital	..	..	..	..	..	..	..	..	..	..
2000 Cotisations de sécurité sociale	..	..	..	..	..	..	..	..	..	..
3000 Sur salaires ou main d'oeuvre	..	..	..	..	..	..	..	..	..	..
4000 Impôts sur le patrimoine	..	..	..	..	..	..	..	..	..	..
5000 Impôts sur les biens et services	..	..	..	..	..	..	..	..	..	..
6000 Autres impôts	..	..	..	..	..	..	..	..	..	..
Administrations locales										
Recettes fiscales totales	..	**0.5**	**1.5**	**1.4**	**1.5**	..	**2.7**	**4.0**	**3.5**	**3.4**
1000 Impôts sur revenu, bénéfices et gains en capital	..	0.4	1.1	1.1	1.1	..	2.0	3.1	2.6	2.5
2000 Cotisations de sécurité sociale	..	0.0	0.0	0.0	0.0	..	0.0	0.0	0.0	0.0
3000 Sur salaires ou main d'oeuvre	..	0.0	0.0	0.0	0.0	..	0.0	0.0	0.0	0.0
4000 Impôts sur le patrimoine	..	0.1	0.2	0.3	0.3	..	0.6	0.6	0.6	0.6
5000 Impôts sur les biens et services	..	0.0	0.1	0.1	0.1	..	0.1	0.3	0.2	0.2
6000 Autres impôts	..	0.0	0.0	0.0	0.0	..	0.0	0.0	0.0	0.0
Administrations de sécurité sociale										
Recettes fiscales totales	..	**2.6**	**5.3**	**5.8**	**6.2**	..	**13.8**	**14.7**	**14.3**	**14.4**
1000 Impôts sur revenu, bénéfices et gains en capital	..	0.0	0.0	0.0	0.0	..	0.0	0.0	0.0	0.0
2000 Cotisations de sécurité sociale	..	2.6	5.3	5.8	6.2	..	13.8	14.7	14.3	14.4
3000 Sur salaires ou main d'oeuvre	..	0.0	0.0	0.0	0.0	..	0.0	0.0	0.0	0.0
4000 Impôts sur le patrimoine	..	0.0	0.0	0.0	0.0	..	0.0	0.0	0.0	0.0
5000 Impôts sur les biens et services	..	0.0	0.0	0.0	0.0	..	0.0	0.0	0.0	0.0
6000 Autres impôts	..	0.0	0.0	0.0	0.0	..	0.0	0.0	0.0	0.0

.. Non disponible

Note : Des données et des notes plus détaillées par pays sont disponibles dans le chapitre 6 "Recettes fiscales des sous-secteurs de l'administration" accessible en ligne : https://doi.org/10.1787/df3c3b17-fr. Les séries temporelles complètes sont accessibles sur le site web http://oe.cd/series-temporelles-completes.

Source : Statistical Office of the Republic of Slovenia.

StatLink https://doi.org/10.1787/888934060345

Tableau 4.61. Espagne, recettes fiscales et % du PIB (sélection de catégories d'impôts)

	Milliard EUR					% du PIB				
	1990	2000	2010	2016	2017	1990	2000	2010	2016	2017
Recettes fiscales totales	**103.7**	**214.7**	**337.4**	**372.4**	**392.9**	**31.6**	**33.2**	**31.2**	**33.3**	**33.7**
1000 Impôts sur le revenu, les bénéfices et les gains en capital	**31.8**	**60.8**	**94.8**	**104.8**	**112.5**	**9.7**	**9.4**	**8.8**	**9.4**	**9.6**
1100 Des personnes physiques	22.5	41.2	73.9	79.5	85.6	6.9	6.4	6.8	7.1	7.3
1200 Des sociétés	9.1	19.6	21.0	25.3	26.9	2.8	3.0	1.9	2.3	2.3
1300 Non-ventilables entre 1100 et 1200	0.1	0.0	0.0	0.0	0.0	0.0	0.0	0.0	0.0	0.0
2000 Cotisations de sécurité sociale	**36.7**	**74.8**	**126.5**	**126.2**	**133.6**	**11.2**	**11.6**	**11.7**	**11.3**	**11.5**
2100 À la charge des salariés	6.0	12.1	20.0	19.4	20.5	1.8	1.9	1.9	1.7	1.8
2200 À la charge des employeurs	26.4	53.9	88.5	91.0	97.1	8.0	8.3	8.2	8.1	8.3
2300 À la charge des indép. ou sans emploi	4.4	8.8	18.1	15.8	16.0	1.3	1.4	1.7	1.4	1.4
2400 Non-ventilables entre 2100, 2200 et 2300	0.0	0.0	0.0	0.0	0.0	0.0	0.0	0.0	0.0	0.0
3000 Sur les salaires ou main d'oeuvre	**0.0**	**0.0**	**0.0**	**0.0**	**0.0**	**0.0**	**0.0**	**0.0**	**0.0**	**0.0**
4000 Impôts sur le patrimoine	**5.7**	**13.8**	**22.3**	**28.5**	**29.4**	**1.7**	**2.1**	**2.1**	**2.6**	**2.5**
4100 Impôts périodiques sur la propriété immobilière	1.5	3.9	9.4	12.7	13.1	0.5	0.6	0.9	1.1	1.1
4200 Impôts périodiques sur l'actif net	0.6	1.4	0.7	2.0	2.1	0.2	0.2	0.1	0.2	0.2
4300 Impôts sur mut. par décès, succ. et donations	0.4	1.4	2.4	2.7	2.7	0.1	0.2	0.2	0.2	0.2
4400 Impôts sur transact. mobilières et immob.	2.5	6.0	8.0	7.4	8.5	0.8	0.9	0.7	0.7	0.7
4500 Impôts non périodiques sur	0.6	1.1	1.8	3.7	3.0	0.2	0.2	0.2	0.3	0.3
4600 Autres impôts périodiques sur patrimoine	0.0	0.0	0.0	0.0	0.0	0.0	0.0	0.0	0.0	0.0
5000 Impôts sur les biens et services	**29.4**	**64.3**	**91.8**	**110.8**	**115.3**	**9.0**	**10.0**	**8.5**	**9.9**	**9.9**
5100 Impôts sur production, vente, transfert, etc.	26.7	58.3	84.6	102.4	106.7	8.2	9.0	7.8	9.2	9.1
5110 Impôts généraux	16.6	38.0	57.3	71.7	75.3	5.1	5.9	5.3	6.4	6.5
5111 Taxes sur la valeur ajoutée	16.3	37.9	57.0	71.5	75.1	5.0	5.9	5.3	6.4	6.4
5120 Impôts sur biens et services déterminés	10.1	20.4	27.3	30.7	31.4	3.1	3.2	2.5	2.7	2.7
5121 Accises	6.0	17.7	23.8	25.5	26.2	1.8	2.7	2.2	2.3	2.2
5200 Impôts sur utilisation des biens et exerc. activités	2.6	6.0	7.2	8.4	8.6	0.8	0.9	0.7	0.7	0.7
5300 Non-ventilables entre 5100 et 5200	0.1	0.0	0.0	0.0	0.0	0.0	0.0	0.0	0.0	0.0
6000 Autres impôts	**0.0**	**0.0**	**0.5**	**0.2**	**0.1**	**0.0**	**0.0**	**0.0**	**0.0**	**0.0**
Crédits d'impôts récupérables										
Crédits d'impôts récupérables contre 1000	..	0.0	1.9	1.7	1.8	..	0.0	0.2	0.2	0.2
Composante transfert	..	..	1.2	0.9	1.0	..	..	0.1	0.1	0.1
Composante fiscale	..	..	0.7	0.8	0.8	..	..	0.1	0.1	0.1

.. Non disponible
Note : Des données et des notes plus détaillées par pays sont disponibles dans le chapitre 5 "Tableaux par pays, 1965-2017" accessible en ligne : https://doi.org/10.1787/df3c3b17-fr. Les séries temporelles complètes sont accessibles sur le site web http://oe.cd/series-temporelles-completes.
Le total des recettes fiscales a été diminué du montant de tout transfert en capital représentant les impôts non perçus. Le transfert en capital a été réparti entre les différentes rubriques en proportion des recettes fiscales. Par conséquent, les montants des recettes fiscales sont différents de ceux présentés dans le chapitre 5 "Tableaux par pays, 1965-2017" accessible en ligne.
Source : Informacion Estatistica del Ministerio de Hacienda (for national taxes). Cuentas de las Administraciones Publicas (for local taxes and social security) both published by Secretaria General Tecnica del Ministerio de Hacienda.

StatLink https://doi.org/10.1787/888934060364

Tableau 4.62. Espagne, recettes fiscales et % du PIB par niveaux d'administration (principaux impôts)

	Milliard EUR					% du PIB				
	1990	2000	2010	2016	2017	1990	2000	2010	2016	2017
Administrations fédérale ou centrale										
Recettes fiscales totales	**53.7**	**105.6**	**139.4**	**156.1**	**162.3**	**16.4**	**16.3**	**12.9**	**14.0**	**13.9**
1000 Impôts sur revenu, bénéfices et gains en capital	29.5	51.8	62.4	61.7	64.9	9.0	8.0	5.8	5.5	5.6
2000 Cotisations de sécurité sociale	0.4	2.3	3.4	3.5	3.4	0.1	0.3	0.3	0.3	0.3
3000 Sur salaires ou main d'oeuvre	0.0	0.0	0.0	0.0	0.0	0.0	0.0	0.0	0.0	0.0
4000 Impôts sur le patrimoine	0.4	0.3	0.1	1.1	0.4	0.1	0.1	0.0	0.1	0.0
5000 Impôts sur les biens et services	23.4	51.2	73.0	89.8	93.5	7.2	7.9	6.8	8.0	8.0
6000 Autres impôts	0.0	0.0	0.5	0.1	0.1	0.0	0.0	0.0	0.0	0.0
Administrations d'un État/Régions										
Recettes fiscales totales	**5.0**	**16.5**	**43.3**	**54.2**	**59.7**	**1.5**	**2.5**	**4.0**	**4.8**	**5.1**
1000 Impôts sur revenu, bénéfices et gains en capital	0.4	5.5	27.4	37.4	41.4	0.1	0.9	2.5	3.3	3.6
2000 Cotisations de sécurité sociale	0.0	0.0	0.0	0.0	0.0	0.0	0.0	0.0	0.0	0.0
3000 Sur salaires ou main d'oeuvre	0.0	0.0	0.0	0.0	0.0	0.0	0.0	0.0	0.0	0.0
4000 Impôts sur le patrimoine	3.0	7.8	10.1	10.7	11.9	0.9	1.2	0.9	1.0	1.0
5000 Impôts sur les biens et services	1.6	3.2	5.8	6.0	6.3	0.5	0.5	0.5	0.5	0.5
6000 Autres impôts	0.0	0.0	0.0	0.0	0.0	0.0	0.0	0.0	0.0	0.0
Administrations locales										
Recettes fiscales totales	**8.1**	**19.2**	**30.1**	**36.7**	**38.1**	**2.5**	**3.0**	**2.8**	**3.3**	**3.3**
1000 Impôts sur revenu, bénéfices et gains en capital	1.9	3.5	5.1	5.8	6.2	0.6	0.5	0.5	0.5	0.5
2000 Cotisations de sécurité sociale	0.0	0.0	0.0	0.0	0.0	0.0	0.0	0.0	0.0	0.0
3000 Sur salaires ou main d'oeuvre	0.0	0.0	0.0	0.0	0.0	0.0	0.0	0.0	0.0	0.0
4000 Impôts sur le patrimoine	2.3	5.7	12.1	16.7	17.0	0.7	0.9	1.1	1.5	1.5
5000 Impôts sur les biens et services	3.9	10.0	12.9	14.3	14.8	1.2	1.5	1.2	1.3	1.3
6000 Autres impôts	0.0	0.0	0.0	0.0	0.0	0.0	0.0	0.0	0.0	0.0
Administrations de sécurité sociale										
Recettes fiscales totales	**36.4**	**72.6**	**123.1**	**122.8**	**130.2**	**11.1**	**11.2**	**11.4**	**11.0**	**11.2**
1000 Impôts sur revenu, bénéfices et gains en capital	0.0	0.0	0.0	0.0	0.0	0.0	0.0	0.0	0.0	0.0
2000 Cotisations de sécurité sociale	36.4	72.6	123.1	122.8	130.2	11.1	11.2	11.4	11.0	11.2
3000 Sur salaires ou main d'oeuvre	0.0	0.0	0.0	0.0	0.0	0.0	0.0	0.0	0.0	0.0
4000 Impôts sur le patrimoine	0.0	0.0	0.0	0.0	0.0	0.0	0.0	0.0	0.0	0.0
5000 Impôts sur les biens et services	0.0	0.0	0.0	0.0	0.0	0.0	0.0	0.0	0.0	0.0
6000 Autres impôts	0.0	0.0	0.0	0.0	0.0	0.0	0.0	0.0	0.0	0.0

Note : Des données et des notes plus détaillées par pays sont disponibles dans le chapitre 6 "Recettes fiscales des sous-secteurs de l'administration" accessible en ligne : https://doi.org/10.1787/df3c3b17-fr. Les séries temporelles complètes sont accessibles sur le site web http://oe.cd/series-temporelles-completes.

Le total des recettes fiscales a été diminué du montant de tout transfert en capital représentant les impôts non perçus. Le transfert en capital a été réparti entre les différentes rubriques en proportion des recettes fiscales. Par conséquent, les montants des recettes fiscales sont différents de ceux présentés dans le chapitre 6 "Recettes fiscales des sous-secteurs de l'administration" accessible en ligne.

Source : Informacion Estatistica del Ministerio de Hacienda (for national taxes). Cuentas de las Administraciones Publicas (for local taxes and social security) both published by Secretaria General Tecnica del Ministerio de Hacienda.

StatLink https://doi.org/10.1787/888934060383

Tableau 4.63. Suède, recettes fiscales et % du PIB (sélection de catégories d'impôts)

	Milliard SEK					% du PIB				
	1990	2000	2010	2016	2017	1990	2000	2010	2016	2017
Recettes fiscales totales	**756.0**	**1 166.0**	**1 521.3**	**1 938.7**	**2 032.3**	**49.4**	**48.9**	**43.2**	**44.2**	**44.4**
1000 Impôts sur le revenu, les bénéfices et les gains en capital	**314.8**	**475.3**	**539.7**	**697.6**	**736.9**	**20.6**	**19.9**	**15.3**	**15.9**	**16.1**
1100 Des personnes physiques	291.1	387.5	423.9	577.1	608.3	19.0	16.3	12.0	13.2	13.3
1200 Des sociétés	23.7	87.8	115.8	120.5	128.6	1.5	3.7	3.3	2.7	2.8
1300 Non-ventilables entre 1100 et 1200	0.0	0.0	0.0	0.0	0.0	0.0	0.0	0.0	0.0	0.0
2000 Cotisations de sécurité sociale	**205.9**	**307.0**	**384.7**	**438.9**	**443.1**	**13.5**	**12.9**	**10.9**	**10.0**	**9.7**
2100 À la charge des salariés	0.8	63.1	89.2	113.3	118.7	0.1	2.6	2.5	2.6	2.6
2200 À la charge des employeurs	196.9	237.5	288.4	321.4	320.4	12.9	10.0	8.2	7.3	7.0
2300 À la charge des indép. ou sans emploi	8.1	5.6	7.5	5.1	4.8	0.5	0.2	0.2	0.1	0.1
2400 Non-ventilables entre 2100, 2200 et 2300	0.0	0.8	-0.4	-1.0	-0.8	0.0	0.0	0.0	0.0	0.0
3000 Sur les salaires ou main d'oeuvre	**18.7**	**50.1**	**107.5**	**203.4**	**233.2**	**1.2**	**2.1**	**3.1**	**4.6**	**5.1**
4000 Impôts sur le patrimoine	**26.6**	**39.9**	**36.5**	**46.3**	**45.5**	**1.7**	**1.7**	**1.0**	**1.1**	**1.0**
4100 Impôts périodiques sur la propriété immobilière	8.9	23.3	26.4	33.4	32.9	0.6	1.0	0.7	0.8	0.7
4200 Impôts périodiques sur l'actif net	3.2	8.2	0.0	0.0	0.0	0.2	0.3	0.0	0.0	0.0
4300 Impôts sur mut. par décès, succ. et donations	1.4	2.5	0.0	0.0	0.0	0.1	0.1	0.0	0.0	0.0
4400 Impôts sur transact. mobilières et immob.	13.1	5.8	10.1	12.8	12.6	0.9	0.2	0.3	0.3	0.3
4500 Impôts non périodiques sur	0.0	0.0	0.0	0.0	0.0	0.0	0.0	0.0	0.0	0.0
4600 Autres impôts périodiques sur patrimoine	0.0	0.0	0.0	0.0	0.0	0.0	0.0	0.0	0.0	0.0
5000 Impôts sur les biens et services	**188.7**	**288.8**	**446.1**	**544.4**	**565.1**	**12.3**	**12.1**	**12.7**	**12.4**	**12.3**
5100 Impôts sur production, vente, transfert, etc.	181.6	281.4	429.7	524.7	545.2	11.9	11.8	12.2	12.0	11.9
5110 Impôts généraux	112.4	199.6	326.7	409.4	427.7	7.3	8.4	9.3	9.3	9.3
5111 Taxes sur la valeur ajoutée	112.4	197.5	322.6	405.0	425.1	7.3	8.3	9.2	9.2	9.3
5120 Impôts sur biens et services déterminés	69.2	81.8	103.0	115.3	117.5	4.5	3.4	2.9	2.6	2.6
5121 Accises	55.3	70.3	91.5	95.5	97.9	3.6	3.0	2.6	2.2	2.1
5200 Impôts sur utilisation des biens et exerc. activités	7.1	7.4	16.4	19.7	19.9	0.5	0.3	0.5	0.4	0.4
5300 Non-ventilables entre 5100 et 5200	0.0	0.0	0.0	0.0	0.0	0.0	0.0	0.0	0.0	0.0
6000 Autres impôts	**1.3**	**1.5**	**1.4**	**2.2**	**2.3**	**0.1**	**0.1**	**0.0**	**0.0**	**0.0**
Crédits d'impôts récupérables										
Crédits d'impôts récupérables contre 1000	..	..	..	..	..	..	..	..	..	..
Composante transfert	..	..	..	..	..	..	..	..	..	..
Composante fiscale	..	..	..	..	..	..	..	..	..	..

.. Non disponible

Note : Des données et des notes plus détaillées par pays sont disponibles dans le chapitre 5 "Tableaux par pays, 1965-2017" accessible en ligne : https://doi.org/10.1787/df3c3b17-fr. Les séries temporelles complètes sont accessibles sur le site web http://oe.cd/series-temporelles-completes.

Source : Monthly reports of central Government Revenues (unpublished) National Audit Bureau, Stockholm. Local Government Finance (SOS), Tax assessment statistics (SOS) , National Central Bureau of Statistics, Stockholm.National Accounts (Statistical Reports), National Bureau of Statistics, Stockholm.

StatLink https://doi.org/10.1787/888934060402

Tableau 4.64. Suède, recettes fiscales et % du PIB par niveaux d'administration (principaux impôts)

	Milliard SEK					% du PIB				
	1990	2000	2010	2016	2017	1990	2000	2010	2016	2017
Administrations fédérale ou centrale										
Recettes fiscales totales	**383.9**	**699.1**	**795.2**	**1 012.8**	**1 064.0**	**25.1**	**29.3**	**22.6**	**23.1**	**23.2**
1000 Impôts sur revenu, bénéfices et gains en capital	94.7	139.0	16.9	28.0	36.9	6.2	5.8	0.5	0.6	0.8
2000 Cotisations de sécurité sociale	54.8	180.2	201.2	205.0	198.1	3.6	7.6	5.7	4.7	4.3
3000 Sur salaires ou main d'oeuvre	18.7	50.1	107.5	203.4	233.2	1.2	2.1	3.1	4.6	5.1
4000 Impôts sur le patrimoine	26.6	39.9	22.4	29.9	28.5	1.7	1.7	0.6	0.7	0.6
5000 Impôts sur les biens et services	187.8	288.5	445.8	544.3	565.1	12.3	12.1	12.7	12.4	12.3
6000 Autres impôts	1.3	1.5	1.4	2.2	2.3	0.1	0.1	0.0	0.0	0.0
Administrations d'un État/Régions										
Recettes fiscales totales	..	..	..	..	..	..	..	..	..	..
1000 Impôts sur revenu, bénéfices et gains en capital	..	..	..	..	..	..	..	..	..	..
2000 Cotisations de sécurité sociale	..	..	..	..	..	..	..	..	..	..
3000 Sur salaires ou main d'oeuvre	..	..	..	..	..	..	..	..	..	..
4000 Impôts sur le patrimoine	..	..	..	..	..	..	..	..	..	..
5000 Impôts sur les biens et services	..	..	..	..	..	..	..	..	..	..
6000 Autres impôts	..	..	..	..	..	..	..	..	..	..
Administrations locales										
Recettes fiscales totales	**221.0**	**336.3**	**537.0**	**685.9**	**717.0**	**14.4**	**14.1**	**15.2**	**15.6**	**15.7**
1000 Impôts sur revenu, bénéfices et gains en capital	220.1	336.3	522.9	669.6	700.1	14.4	14.1	14.8	15.3	15.3
2000 Cotisations de sécurité sociale	0.0	0.0	0.0	0.0	0.0	0.0	0.0	0.0	0.0	0.0
3000 Sur salaires ou main d'oeuvre	0.0	0.0	0.0	0.0	0.0	0.0	0.0	0.0	0.0	0.0
4000 Impôts sur le patrimoine	0.0	0.0	14.1	16.3	16.9	0.0	0.0	0.4	0.4	0.4
5000 Impôts sur les biens et services	0.9	0.0	0.0	0.0	0.0	0.1	0.0	0.0	0.0	0.0
6000 Autres impôts	0.0	0.0	0.0	0.0	0.0	0.0	0.0	0.0	0.0	0.0
Administrations de sécurité sociale										
Recettes fiscales totales	**151.1**	**126.8**	**183.5**	**233.9**	**245.0**	**9.9**	**5.3**	**5.2**	**5.3**	**5.4**
1000 Impôts sur revenu, bénéfices et gains en capital	0.0	0.0	0.0	0.0	0.0	0.0	0.0	0.0	0.0	0.0
2000 Cotisations de sécurité sociale	151.1	126.8	183.5	233.9	245.0	9.9	5.3	5.2	5.3	5.4
3000 Sur salaires ou main d'oeuvre	0.0	0.0	0.0	0.0	0.0	0.0	0.0	0.0	0.0	0.0
4000 Impôts sur le patrimoine	0.0	0.0	0.0	0.0	0.0	0.0	0.0	0.0	0.0	0.0
5000 Impôts sur les biens et services	0.0	0.0	0.0	0.0	0.0	0.0	0.0	0.0	0.0	0.0
6000 Autres impôts	0.0	0.0	0.0	0.0	0.0	0.0	0.0	0.0	0.0	0.0

.. Non disponible

Note : Des données et des notes plus détaillées par pays sont disponibles dans le chapitre 6 "Recettes fiscales des sous-secteurs de l'administration" accessible en ligne : https://doi.org/10.1787/df3c3b17-fr. Les séries temporelles complètes sont accessibles sur le site web http://oe.cd/series-temporelles-completes.

Source : Monthly reports of central Government Revenues (unpublished) National Audit Bureau, Stockholm. Local Government Finance (SOS), Tax assessment statistics (SOS) , National Central Bureau of Statistics, Stockholm.National Accounts (Statistical Reports), National Bureau of Statistics, Stockholm.

StatLink https://doi.org/10.1787/888934060421

Tableau 4.65. Suisse, recettes fiscales et % du PIB (sélection de catégories d'impôts)

	Milliard CHF					% du PIB				
	1990	2000	2010	2016	2017	1990	2000	2010	2016	2017
Recettes fiscales totales	**85.1**	**126.8**	**161.9**	**183.0**	**190.2**	**23.7**	**27.6**	**26.6**	**27.7**	**28.4**
1000 Impôts sur le revenu, les bénéfices et les gains en capital	**40.1**	**56.1**	**73.9**	**85.2**	**90.0**	**11.2**	**12.2**	**12.1**	**12.9**	**13.5**
1100 Des personnes physiques	27.7	37.7	51.5	56.8	57.6	7.7	8.2	8.5	8.6	8.6
1200 Des sociétés	6.3	11.3	16.3	20.7	20.4	1.8	2.5	2.7	3.1	3.1
1300 Non-ventilables entre 1100 et 1200	6.1	7.1	6.2	7.7	12.0	1.7	1.5	1.0	1.2	1.8
2000 Cotisations de sécurité sociale	**19.8**	**30.6**	**38.1**	**44.3**	**44.8**	**5.5**	**6.7**	**6.3**	**6.7**	**6.7**
2100 À la charge des salariés	9.3	14.3	17.5	20.5	20.8	2.6	3.1	2.9	3.1	3.1
2200 À la charge des employeurs	9.3	14.3	17.5	20.6	20.8	2.6	3.1	2.9	3.1	3.1
2300 À la charge des indép. ou sans emploi	1.3	2.0	3.2	3.2	3.2	0.4	0.4	0.5	0.5	0.5
2400 Non-ventilables entre 2100, 2200 et 2300	0.0	0.0	0.0	0.0	0.0	0.0	0.0	0.0	0.0	0.0
3000 Sur les salaires ou main d'oeuvre	**0.0**	**0.0**	**0.0**	**0.0**	**0.0**	**0.0**	**0.0**	**0.0**	**0.0**	**0.0**
4000 Impôts sur le patrimoine	**7.6**	**12.3**	**12.3**	**13.5**	**14.4**	**2.1**	**2.7**	**2.0**	**2.0**	**2.2**
4100 Impôts périodiques sur la propriété immobilière	0.4	0.7	1.0	1.2	1.3	0.1	0.2	0.2	0.2	0.2
4200 Impôts périodiques sur l'actif net	3.4	5.2	7.1	8.6	9.0	0.9	1.1	1.2	1.3	1.3
4300 Impôts sur mut. par décès, succ. et donations	0.9	1.2	1.0	1.1	1.2	0.2	0.3	0.2	0.2	0.2
4400 Impôts sur transact. mobilières et immob.	2.2	4.3	2.4	1.5	2.0	0.6	0.9	0.4	0.2	0.3
4500 Impôts non périodiques sur	0.0	0.0	0.0	0.0	0.0	0.0	0.0	0.0	0.0	0.0
4600 Autres impôts périodiques sur patrimoine	0.6	0.8	0.9	0.9	1.0	0.2	0.2	0.2	0.1	0.2
5000 Impôts sur les biens et services	**17.5**	**27.7**	**37.0**	**39.1**	**40.1**	**4.9**	**6.0**	**6.1**	**5.9**	**6.0**
5100 Impôts sur production, vente, transfert, etc.	15.9	25.2	32.0	33.6	34.2	4.4	5.5	5.3	5.1	5.1
5110 Impôts généraux	9.8	16.8	20.9	22.6	23.2	2.7	3.7	3.4	3.4	3.5
5111 Taxes sur la valeur ajoutée	9.8	16.5	20.5	22.3	22.8	2.7	3.6	3.4	3.4	3.4
5120 Impôts sur biens et services déterminés	6.0	8.3	11.1	10.9	11.0	1.7	1.8	1.8	1.7	1.6
5121 Accises	4.6	6.8	8.2	8.0	8.1	1.3	1.5	1.4	1.2	1.2
5200 Impôts sur utilisation des biens et exerc. activités	1.6	2.5	4.9	5.5	5.8	0.4	0.6	0.8	0.8	0.9
5300 Non-ventilables entre 5100 et 5200	0.0	0.0	0.0	0.0	0.0	0.0	0.0	0.0	0.0	0.0
6000 Autres impôts	**0.1**	**0.2**	**0.6**	**0.9**	**1.0**	**0.0**	**0.0**	**0.1**	**0.1**	**0.1**
Crédits d'impôts récupérables										
Crédits d'impôts récupérables contre 1000	..	..	..	..	..	..	..	..	..	..
Composante transfert	..	..	..	..	..	..	..	..	..	..
Composante fiscale	..	..	..	..	..	..	..	..	..	..

.. Non disponible
Note : Des données et des notes plus détaillées par pays sont disponibles dans le chapitre 5 "Tableaux par pays, 1965-2017" accessible en ligne : https://doi.org/10.1787/df3c3b17-fr. Les séries temporelles complètes sont accessibles sur le site web http://oe.cd/series-temporelles-completes.
Le total des recettes fiscales a été diminué du montant de tout transfert en capital représentant les impôts non perçus. Le transfert en capital a été réparti entre les différentes rubriques en proportion des recettes fiscales. Par conséquent, les montants des recettes fiscales sont différents de ceux présentés dans le chapitre 5 "Tableaux par pays, 1965-2017" accessible en ligne.
Source : Statistique financière, Administration fédérale des finances.

StatLink https://doi.org/10.1787/888934060440

Tableau 4.66. Suisse, recettes fiscales et % du PIB par niveaux d'administration (principaux impôts)

	Milliard CHF					% du PIB				
	1990	2000	2010	2016	2017	1990	2000	2010	2016	2017
Administrations fédérale ou centrale										
Recettes fiscales totales	**28.9**	**46.6**	**59.0**	**64.2**	**69.4**	**8.1**	**10.1**	**9.7**	**9.7**	**10.4**
1000 Impôts sur revenu, bénéfices et gains en capital	10.9	17.0	22.6	26.7	30.7	3.0	3.7	3.7	4.0	4.6
2000 Cotisations de sécurité sociale	0.0	0.0	0.0	0.0	0.0	0.0	0.0	0.0	0.0	0.0
3000 Sur salaires ou main d'oeuvre	0.0	0.0	0.0	0.0	0.0	0.0	0.0	0.0	0.0	0.0
4000 Impôts sur le patrimoine	2.1	4.1	2.2	1.3	1.7	0.6	0.9	0.4	0.2	0.3
5000 Impôts sur les biens et services	16.0	25.5	34.2	36.1	36.9	4.5	5.6	5.6	5.5	5.5
6000 Autres impôts	0.0	0.0	0.0	0.1	0.1	0.0	0.0	0.0	0.0	0.0
Administrations d'un État/Régions										
Recettes fiscales totales	**21.4**	**29.1**	**40.2**	**45.9**	**46.8**	**6.0**	**6.3**	**6.6**	**7.0**	**7.0**
1000 Impôts sur revenu, bénéfices et gains en capital	16.5	21.9	31.1	35.2	35.6	4.6	4.8	5.1	5.3	5.3
2000 Cotisations de sécurité sociale	0.0	0.0	0.0	0.0	0.0	0.0	0.0	0.0	0.0	0.0
3000 Sur salaires ou main d'oeuvre	0.0	0.0	0.0	0.0	0.0	0.0	0.0	0.0	0.0	0.0
4000 Impôts sur le patrimoine	3.5	5.1	6.3	7.6	7.9	1.0	1.1	1.0	1.2	1.2
5000 Impôts sur les biens et services	1.4	2.1	2.7	2.9	3.0	0.4	0.5	0.4	0.4	0.4
6000 Autres impôts	0.0	0.0	0.0	0.2	0.3	0.0	0.0	0.0	0.0	0.0
Administrations locales										
Recettes fiscales totales	**15.0**	**20.6**	**24.7**	**28.6**	**29.1**	**4.2**	**4.5**	**4.1**	**4.3**	**4.4**
1000 Impôts sur revenu, bénéfices et gains en capital	12.8	17.2	20.2	23.3	23.7	3.6	3.7	3.3	3.5	3.5
2000 Cotisations de sécurité sociale	0.0	0.0	0.0	0.0	0.0	0.0	0.0	0.0	0.0	0.0
3000 Sur salaires ou main d'oeuvre	0.0	0.0	0.0	0.0	0.0	0.0	0.0	0.0	0.0	0.0
4000 Impôts sur le patrimoine	2.0	3.1	3.8	4.5	4.8	0.6	0.7	0.6	0.7	0.7
5000 Impôts sur les biens et services	0.1	0.1	0.1	0.1	0.2	0.0	0.0	0.0	0.0	0.0
6000 Autres impôts	0.1	0.2	0.6	0.6	0.6	0.0	0.0	0.1	0.1	0.1
Administrations de sécurité sociale										
Recettes fiscales totales	**19.8**	**30.6**	**38.1**	**44.3**	**44.8**	**5.5**	**6.7**	**6.3**	**6.7**	**6.7**
1000 Impôts sur revenu, bénéfices et gains en capital	0.0	0.0	0.0	0.0	0.0	0.0	0.0	0.0	0.0	0.0
2000 Cotisations de sécurité sociale	19.8	30.6	38.1	44.3	44.8	5.5	6.7	6.3	6.7	6.7
3000 Sur salaires ou main d'oeuvre	0.0	0.0	0.0	0.0	0.0	0.0	0.0	0.0	0.0	0.0
4000 Impôts sur le patrimoine	0.0	0.0	0.0	0.0	0.0	0.0	0.0	0.0	0.0	0.0
5000 Impôts sur les biens et services	0.0	0.0	0.0	0.0	0.0	0.0	0.0	0.0	0.0	0.0
6000 Autres impôts	0.0	0.0	0.0	0.0	0.0	0.0	0.0	0.0	0.0	0.0

Note : Des données et des notes plus détaillées par pays sont disponibles dans le chapitre 6 "Recettes fiscales des sous-secteurs de l'administration" accessible en ligne : https://doi.org/10.1787/df3c3b17-fr. Les séries temporelles complètes sont accessibles sur le site web http://oe.cd/series-temporelles-completes.

Le total des recettes fiscales a été diminué du montant de tout transfert en capital représentant les impôts non perçus. Le transfert en capital a été réparti entre les différentes rubriques en proportion des recettes fiscales. Par conséquent, les montants des recettes fiscales sont différents de ceux présentés dans le chapitre 5 "Tableaux par pays, 1965-2017" accessible en ligne.

Source : Statistique financière, Administration fédérale des finances.

StatLink https://doi.org/10.1787/888934060459

Tableau 4.67. Turquie, recettes fiscales et % du PIB (sélection de catégories d'impôts)

	Milliard TRY					% du PIB				
	1990	2000	2010	2016	2017	1990	2000	2010	2016	2017
Recettes fiscales totales	**0.1**	**40.3**	**287.9**	**660.0**	**773.4**	**14.5**	**23.6**	**24.8**	**25.3**	**24.9**
1000 Impôts sur le revenu, les bénéfices et les gains en capital	**0.0**	**11.9**	**61.3**	**139.6**	**165.3**	**4.9**	**7.0**	**5.3**	**5.4**	**5.3**
1100 Des personnes physiques	0.0	9.0	40.4	96.6	112.4	3.9	5.2	3.5	3.7	3.6
1200 Des sociétés	0.0	2.9	20.9	43.0	52.9	1.0	1.7	1.8	1.6	1.7
1300 Non-ventilables entre 1100 et 1200	0.0	0.0	0.0	0.0	0.0	0.0	0.0	0.0	0.0	0.0
2000 Cotisations de sécurité sociale	**0.0**	**7.5**	**71.7**	**190.2**	**226.7**	**2.9**	**4.4**	**6.2**	**7.3**	**7.3**
2100 À la charge des salariés	0.0	2.7	26.9	72.8	86.4	1.1	1.6	2.3	2.8	2.8
2200 À la charge des employeurs	0.0	3.6	39.4	107.9	128.3	1.6	2.1	3.4	4.1	4.1
2300 À la charge des indép. ou sans emploi	0.0	1.2	5.4	9.5	12.0	0.2	0.7	0.5	0.4	0.4
2400 Non-ventilables entre 2100, 2200 et 2300	0.0	0.0	0.0	0.0	0.0	0.0	0.0	0.0	0.0	0.0
3000 Sur les salaires ou main d'oeuvre	**0.0**	**0.0**	**0.0**	**0.0**	**0.0**	**0.0**	**0.0**	**0.0**	**0.0**	**0.0**
4000 Impôts sur le patrimoine	**0.0**	**1.3**	**11.7**	**31.9**	**34.9**	**0.3**	**0.7**	**1.0**	**1.2**	**1.1**
4100 Impôts périodiques sur la propriété immobilière	0.0	0.2	2.7	6.7	6.8	0.0	0.1	0.2	0.3	0.2
4200 Impôts périodiques sur l'actif net	0.0	0.0	0.0	0.0	0.0	0.0	0.0	0.0	0.0	0.0
4300 Impôts sur mut. par décès, succ. et donations	0.0	0.0	0.2	0.6	0.7	0.0	0.0	0.0	0.0	0.0
4400 Impôts sur transact. mobilières et immob.	0.0	1.1	8.8	24.5	27.3	0.3	0.6	0.8	0.9	0.9
4500 Impôts non périodiques sur	0.0	0.0	0.0	0.0	0.0	0.0	0.0	0.0	0.0	0.0
4600 Autres impôts périodiques sur patrimoine	0.0	0.0	0.0	0.0	0.0	0.0	0.0	0.0	0.0	0.0
5000 Impôts sur les biens et services	**0.0**	**16.9**	**137.3**	**287.9**	**336.3**	**4.1**	**9.9**	**11.8**	**11.0**	**10.8**
5100 Impôts sur production, vente, transfert, etc.	0.0	16.3	131.9	277.6	324.9	4.0	9.6	11.4	10.6	10.5
5110 Impôts généraux	0.0	9.7	62.5	130.8	155.7	2.9	5.7	5.4	5.0	5.0
5111 Taxes sur la valeur ajoutée	0.0	9.7	62.5	130.8	155.7	2.7	5.7	5.4	5.0	5.0
5120 Impôts sur biens et services déterminés	0.0	6.6	69.3	146.8	169.3	1.1	3.9	6.0	5.6	5.4
5121 Accises	0.0	4.7	57.3	120.4	138.3	0.1	2.8	4.9	4.6	4.5
5200 Impôts sur utilisation des biens et exerc. activités	0.0	0.6	5.4	10.4	11.3	0.1	0.3	0.5	0.4	0.4
5300 Non-ventilables entre 5100 et 5200	0.0	0.0	0.0	0.0	0.0	0.0	0.0	0.0	0.0	0.0
6000 Autres impôts	**0.0**	**2.7**	**5.9**	**10.4**	**10.3**	**2.4**	**1.6**	**0.5**	**0.4**	**0.3**
Crédits d'impôts récupérables										
Crédits d'impôts récupérables contre 1000	..	..	..	..	..	..	..	..	..	..
Composante transfert	..	..	..	..	..	..	..	..	..	..
Composante fiscale	..	..	..	..	..	..	..	..	..	..

.. Non disponible

Note : Des données et des notes plus détaillées par pays sont disponibles dans le chapitre 5 "Tableaux par pays, 1965-2017" accessible en ligne : https://doi.org/10.1787/df3c3b17-fr. Les séries temporelles complètes sont accessibles sur le site web http://oe.cd/series-temporelles-completes.

Source : Bulletin of national accounts and the Budget revenue Bulletin.

StatLink https://doi.org/10.1787/888934060478

Tableau 4.68. Turquie, recettes fiscales et % du PIB par niveaux d'administration (principaux impôts)

	Milliard TRY					% du PIB				
	1990	2000	2010	2016	2017	1990	2000	2010	2016	2017
Administrations fédérale ou centrale										
Recettes fiscales totales	**0.1**	**29.1**	**189.4**	**405.8**	**473.2**	**10.4**	**17.1**	**16.3**	**15.6**	**15.2**
1000 Impôts sur revenu, bénéfices et gains en capital	0.0	10.5	54.6	122.5	145.3	4.3	6.2	4.7	4.7	4.7
2000 Cotisations de sécurité sociale	0.0	0.0	0.0	0.0	0.0	0.0	0.0	0.0	0.0	0.0
3000 Sur salaires ou main d'oeuvre	0.0	0.0	0.0	0.0	0.0	0.0	0.0	0.0	0.0	0.0
4000 Impôts sur le patrimoine	0.0	0.9	8.1	22.2	24.6	0.3	0.5	0.7	0.9	0.8
5000 Impôts sur les biens et services	0.0	15.2	124.0	256.2	299.4	3.6	8.9	10.7	9.8	9.6
6000 Autres impôts	0.0	2.5	2.7	4.9	3.8	2.2	1.5	0.2	0.2	0.1
Administrations d'un État/Régions										
Recettes fiscales totales	..	..	..	..	..	..	..	..	..	..
1000 Impôts sur revenu, bénéfices et gains en capital	..	..	..	..	..	..	..	..	..	..
2000 Cotisations de sécurité sociale	..	..	..	..	..	..	..	..	..	..
3000 Sur salaires ou main d'oeuvre	..	..	..	..	..	..	..	..	..	..
4000 Impôts sur le patrimoine	..	..	..	..	..	..	..	..	..	..
5000 Impôts sur les biens et services	..	..	..	..	..	..	..	..	..	..
6000 Autres impôts	..	..	..	..	..	..	..	..	..	..
Administrations locales										
Recettes fiscales totales	**0.0**	**3.6**	**26.8**	**64.0**	**73.5**	**1.3**	**2.1**	**2.3**	**2.5**	**2.4**
1000 Impôts sur revenu, bénéfices et gains en capital	0.0	1.4	6.7	17.0	20.0	0.6	0.8	0.6	0.7	0.6
2000 Cotisations de sécurité sociale	0.0	0.0	0.0	0.0	0.0	0.0	0.0	0.0	0.0	0.0
3000 Sur salaires ou main d'oeuvre	0.0	0.0	0.0	0.0	0.0	0.0	0.0	0.0	0.0	0.0
4000 Impôts sur le patrimoine	0.0	0.3	3.6	9.7	10.2	0.0	0.2	0.3	0.4	0.3
5000 Impôts sur les biens et services	0.0	1.7	13.3	31.8	36.8	0.5	1.0	1.1	1.2	1.2
6000 Autres impôts	0.0	0.2	3.2	5.5	6.4	0.2	0.1	0.3	0.2	0.2
Administrations de sécurité sociale										
Recettes fiscales totales	**0.0**	**7.5**	**71.7**	**190.2**	**226.7**	**2.9**	**4.4**	**6.2**	**7.3**	**7.3**
1000 Impôts sur revenu, bénéfices et gains en capital	0.0	0.0	0.0	0.0	0.0	0.0	0.0	0.0	0.0	0.0
2000 Cotisations de sécurité sociale	0.0	7.5	71.7	190.2	226.7	2.9	4.4	6.2	7.3	7.3
3000 Sur salaires ou main d'oeuvre	0.0	0.0	0.0	0.0	0.0	0.0	0.0	0.0	0.0	0.0
4000 Impôts sur le patrimoine	0.0	0.0	0.0	0.0	0.0	0.0	0.0	0.0	0.0	0.0
5000 Impôts sur les biens et services	0.0	0.0	0.0	0.0	0.0	0.0	0.0	0.0	0.0	0.0
6000 Autres impôts	0.0	0.0	0.0	0.0	0.0	0.0	0.0	0.0	0.0	0.0

.. Non disponible

Note : Des données et des notes plus détaillées par pays sont disponibles dans le chapitre 6 "Recettes fiscales des sous-secteurs de l'administration" accessible en ligne : https://doi.org/10.1787/df3c3b17-fr. Les séries temporelles complètes sont accessibles sur le site web http://oe.cd/series-temporelles-completes.

Source : Bulletin of national accounts and the Budget revenue Bulletin.

StatLink https://doi.org/10.1787/888934060497

Tableau 4.69. Royaume-Uni, recettes fiscales et % du PIB (sélection de catégories d'impôts)

	Milliard GBP					% du PIB				
	1990	2000	2010	2016	2017	1990	2000	2010	2016	2017
Recettes fiscales totales	**202.4**	**358.7**	**514.1**	**644.6**	**681.9**	**32.9**	**32.9**	**32.4**	**32.7**	**33.3**
1000 Impôts sur le revenu, les bénéfices et les gains en capital	**79.6**	**142.2**	**193.8**	**229.9**	**243.2**	**12.9**	**13.1**	**12.2**	**11.7**	**11.9**
1100 Des personnes physiques	59.5	104.1	147.0	176.6	185.6	9.7	9.6	9.3	9.0	9.1
1200 Des sociétés	20.1	38.1	46.8	53.3	57.6	3.3	3.5	2.9	2.7	2.8
1300 Non-ventilables entre 1100 et 1200	0.0	0.0	0.0	0.0	0.0	0.0	0.0	0.0	0.0	0.0
2000 Cotisations de sécurité sociale	**34.5**	**60.3**	**97.3**	**121.9**	**130.6**	**5.6**	**5.5**	**6.1**	**6.2**	**6.4**
2100 À la charge des salariés	13.3	24.2	38.7	47.3	50.4	2.2	2.2	2.4	2.4	2.5
2200 À la charge des employeurs	20.0	34.0	55.9	71.4	76.7	3.2	3.1	3.5	3.6	3.7
2300 À la charge des indép. ou sans emploi	1.2	2.0	2.8	3.2	3.4	0.2	0.2	0.2	0.2	0.2
2400 Non-ventilables entre 2100, 2200 et 2300	0.0	0.0	0.0	0.0	0.0	0.0	0.0	0.0	0.0	0.0
3000 Sur les salaires ou main d'oeuvre	**0.0**	**0.0**	**0.0**	**0.0**	**1.8**	**0.0**	**0.0**	**0.0**	**0.0**	**0.1**
4000 Impôts sur le patrimoine	**16.5**	**41.1**	**61.8**	**81.3**	**85.6**	**2.7**	**3.8**	**3.9**	**4.1**	**4.2**
4100 Impôts périodiques sur la propriété immobilière	13.5	30.6	50.0	60.3	62.8	2.2	2.8	3.2	3.1	3.1
4200 Impôts périodiques sur l'actif net	0.0	0.0	0.0	0.0	0.0	0.0	0.0	0.0	0.0	0.0
4300 Impôts sur mut. par décès, succ. et donations	1.3	2.2	2.6	4.8	5.4	0.2	0.2	0.2	0.2	0.3
4400 Impôts sur transact. mobilières et immob.	1.8	8.4	9.1	16.0	17.1	0.3	0.8	0.6	0.8	0.8
4500 Impôts non périodiques sur	0.0	0.0	0.0	0.3	0.3	0.0	0.0	0.0	0.0	0.0
4600 Autres impôts périodiques sur patrimoine	0.0	0.0	0.0	0.0	0.0	0.0	0.0	0.0	0.0	0.0
5000 Impôts sur les biens et services	**62.8**	**113.3**	**158.3**	**208.1**	**217.3**	**10.2**	**10.4**	**10.0**	**10.6**	**10.6**
5100 Impôts sur production, vente, transfert, etc.	59.4	108.3	150.8	200.5	209.5	9.6	9.9	9.5	10.2	10.2
5110 Impôts généraux	34.1	64.3	95.9	133.9	141.3	5.5	5.9	6.0	6.8	6.9
5111 Taxes sur la valeur ajoutée	34.1	64.3	95.9	133.9	141.3	5.5	5.9	6.0	6.8	6.9
5120 Impôts sur biens et services déterminés	25.2	44.0	54.9	66.6	68.1	4.1	4.0	3.5	3.4	3.3
5121 Accises	19.7	37.3	45.5	48.0	48.7	3.2	3.4	2.9	2.4	2.4
5200 Impôts sur utilisation des biens et exerc. activités	3.4	5.0	7.4	7.6	7.8	0.6	0.5	0.5	0.4	0.4
5300 Non-ventilables entre 5100 et 5200	0.0	0.0	0.0	0.0	0.0	0.0	0.0	0.0	0.0	0.0
6000 Autres impôts	**9.0**	**0.0**	**0.0**	**0.0**	**0.0**	**1.5**	**0.0**	**0.0**	**0.0**	**0.0**
Crédits d'impôts récupérables										
Crédits d'impôts récupérables contre 1000	7.5	4.7	30.1	30.1	29.5	1.2	0.4	1.9	1.5	1.4
Composante transfert	0.5	3.4	23.7	26.7	26.0	0.1	0.3	1.5	1.4	1.3
Composante fiscale	7.0	1.2	6.5	3.4	3.5	1.1	0.1	0.4	0.2	0.2

Note : Des données et des notes plus détaillées par pays sont disponibles dans le chapitre 5 "Tableaux par pays, 1965-2017" accessible en ligne : https://doi.org/10.1787/df3c3b17-fr. Les séries temporelles complètes sont accessibles sur le site web http://oe.cd/series-temporelles-completes.
Les recettes de l'impôt sur les sociétés pour le Royaume-Uni sont basées sur les données fournies en juillet; elles étaient antérieures aux révisions apportées aux données historiques sur l'impôt des sociétés en septembre, de sorte que les révisions ne sont pas prises en compte ici. Pour les données les plus récentes sur l'impôt sur les sociétés au Royaume-Uni, veuillez consulter : www.gov.uk/government/statistics/corporation-tax-statistics-2019 les principales révisions sont expliquées à la page 13 de https://assets.publishing.service.gov.uk/government/uploads/system/uploads/attachment_data/file/833371/Aug19_Receipts_NS_Bulletin_Final.odt
Source : National Income and Expenditure; Central Statistical Office; Annual reports of Her Majesty's Revenue and Customs.

StatLink https://doi.org/10.1787/888934060516

Tableau 4.70. Royaume-Uni, recettes fiscales et % du PIB par niveaux d'administration (principaux impôts)

	Milliard GBP					% du PIB				
	1990	2000	2010	2016	2017	1990	2000	2010	2016	2017
Administrations fédérale ou centrale										
Recettes fiscales totales	**151.9**	**282.1**	**387.6**	**488.0**	**514.7**	**24.7**	**25.9**	**24.4**	**24.8**	**25.1**
1000 Impôts sur revenu, bénéfices et gains en capital	79.6	142.2	193.8	229.9	243.2	12.9	13.1	12.2	11.7	11.9
2000 Cotisations de sécurité sociale	0.0	0.0	0.0	0.0	0.0	0.0	0.0	0.0	0.0	0.0
3000 Sur salaires ou main d'oeuvre	0.0	0.0	0.0	0.0	1.8	0.0	0.0	0.0	0.0	0.1
4000 Impôts sur le patrimoine	11.4	26.9	35.5	50.0	52.4	1.9	2.5	2.2	2.5	2.6
5000 Impôts sur les biens et services	60.9	112.9	158.3	208.0	217.3	9.9	10.4	10.0	10.6	10.6
6000 Autres impôts	0.0	0.0	0.0	0.0	0.0	0.0	0.0	0.0	0.0	0.0
Administrations d'un État/Régions										
Recettes fiscales totales	**..**	**..**	**..**	**..**	**..**	**..**	**..**	**..**	**..**	**..**
1000 Impôts sur revenu, bénéfices et gains en capital	..	..	..	..	..	..	..	..	..	..
2000 Cotisations de sécurité sociale	..	..	..	..	..	..	..	..	..	..
3000 Sur salaires ou main d'oeuvre	..	..	..	..	..	..	..	..	..	..
4000 Impôts sur le patrimoine	..	..	..	..	..	..	..	..	..	..
5000 Impôts sur les biens et services	..	..	..	..	..	..	..	..	..	..
6000 Autres impôts	..	..	..	..	..	..	..	..	..	..
Administrations locales										
Recettes fiscales totales	**14.1**	**14.2**	**26.2**	**31.3**	**33.1**	**2.3**	**1.3**	**1.7**	**1.6**	**1.6**
1000 Impôts sur revenu, bénéfices et gains en capital	0.0	0.0	0.0	0.0	0.0	0.0	0.0	0.0	0.0	0.0
2000 Cotisations de sécurité sociale	0.0	0.0	0.0	0.0	0.0	0.0	0.0	0.0	0.0	0.0
3000 Sur salaires ou main d'oeuvre	0.0	0.0	0.0	0.0	0.0	0.0	0.0	0.0	0.0	0.0
4000 Impôts sur le patrimoine	5.1	14.2	26.2	31.3	33.1	0.8	1.3	1.7	1.6	1.6
5000 Impôts sur les biens et services	0.0	0.0	0.0	0.0	0.0	0.0	0.0	0.0	0.0	0.0
6000 Autres impôts	9.0	0.0	0.0	0.0	0.0	1.5	0.0	0.0	0.0	0.0
Administrations de sécurité sociale										
Recettes fiscales totales	**34.5**	**60.3**	**97.3**	**121.9**	**130.6**	**5.6**	**5.5**	**6.1**	**6.2**	**6.4**
1000 Impôts sur revenu, bénéfices et gains en capital	0.0	0.0	0.0	0.0	0.0	0.0	0.0	0.0	0.0	0.0
2000 Cotisations de sécurité sociale	34.5	60.3	97.3	121.9	130.6	5.6	5.5	6.1	6.2	6.4
3000 Sur salaires ou main d'oeuvre	0.0	0.0	0.0	0.0	0.0	0.0	0.0	0.0	0.0	0.0
4000 Impôts sur le patrimoine	0.0	0.0	0.0	0.0	0.0	0.0	0.0	0.0	0.0	0.0
5000 Impôts sur les biens et services	0.0	0.0	0.0	0.0	0.0	0.0	0.0	0.0	0.0	0.0
6000 Autres impôts	0.0	0.0	0.0	0.0	0.0	0.0	0.0	0.0	0.0	0.0

.. Non disponible

Note : Des données et des notes plus détaillées par pays sont disponibles dans le chapitre 6 "Recettes fiscales des sous-secteurs de l'administration" accessible en ligne : https://doi.org/10.1787/df3c3b17-fr. Les séries temporelles complètes sont accessibles sur le site web http://oe.cd/series-temporelles-completes.

Source : National Income and Expenditure; Central Statistical Office; Annual reports of Her Majesty's Revenue and Customs.

StatLink https://doi.org/10.1787/888934060535

Tableau 4.71. États-Unis, recettes fiscales et % du PIB (sélection de catégories d'impôts)

	Milliard USD					% du PIB				
	1990	2000	2010	2016	2017	1990	2000	2010	2016	2017
Recettes fiscales totales	**1 552.4**	**2 900.5**	**3 517.1**	**4 841.9**	**5 227.3**	**26.0**	**28.3**	**23.5**	**25.9**	**26.8**
1000 Impôts sur le revenu, les bénéfices et les gains en capital	**701.7**	**1 453.9**	**1 488.7**	**2 325.8**	**2 363.1**	**11.8**	**14.2**	**9.9**	**12.4**	**12.1**
1100 Des personnes physiques	584.7	1 224.5	1 223.2	1 944.8	2 025.5	9.8	11.9	8.2	10.4	10.4
1200 Des sociétés	117.0	229.3	265.5	381.0	337.6	2.0	2.2	1.8	2.0	1.7
1300 Non-ventilables entre 1100 et 1200	0.0	0.0	0.0	0.0	0.0	0.0	0.0	0.0	0.0	0.0
2000 Cotisations de sécurité sociale	**397.0**	**683.1**	**917.4**	**1 153.6**	**1 204.5**	**6.7**	**6.7**	**6.1**	**6.2**	**6.2**
2100 À la charge des salariés	173.9	305.6	406.4	517.0	542.9	2.9	3.0	2.7	2.8	2.8
2200 À la charge des employeurs	204.1	343.2	461.7	574.3	598.2	3.4	3.3	3.1	3.1	3.1
2300 À la charge des indép. ou sans emploi	19.0	34.4	49.3	62.3	63.3	0.3	0.3	0.3	0.3	0.3
2400 Non-ventilables entre 2100, 2200 et 2300	0.0	0.0	0.0	0.0	0.0	0.0	0.0	0.0	0.0	0.0
3000 Sur les salaires ou main d'oeuvre	**0.0**	**0.0**	**2.3**	**1.9**	**2.1**	**0.0**	**0.0**	**0.0**	**0.0**	**0.0**
4000 Impôts sur le patrimoine	**182.4**	**299.5**	**473.4**	**559.1**	**837.7**	**3.1**	**2.9**	**3.2**	**3.0**	**4.3**
4100 Impôts périodiques sur la propriété immobilière	161.5	254.7	438.6	508.4	532.2	2.7	2.5	2.9	2.7	2.7
4200 Impôts périodiques sur l'actif net	0.0	0.0	0.0	0.0	0.0	0.0	0.0	0.0	0.0	0.0
4300 Impôts sur mut. par décès, succ. et donations	15.8	35.6	19.7	25.3	28.1	0.3	0.3	0.1	0.1	0.1
4400 Impôts sur transact. mobilières et immob.	2.1	4.4	7.5	16.5	18.2	0.0	0.0	0.1	0.1	0.1
4500 Impôts non périodiques sur	0.0	0.0	0.0	0.0	250.0	0.0	0.0	0.0	0.0	1.3
4600 Autres impôts périodiques sur patrimoine	3.0	4.8	7.7	8.9	9.2	0.1	0.0	0.1	0.0	0.0
5000 Impôts sur les biens et services	**271.3**	**464.0**	**635.3**	**801.6**	**820.0**	**4.6**	**4.5**	**4.2**	**4.3**	**4.2**
5100 Impôts sur production, vente, transfert, etc.	235.2	404.1	546.7	703.9	717.8	3.9	3.9	3.6	3.8	3.7
5110 Impôts généraux	125.6	221.4	295.1	380.9	395.7	2.1	2.2	2.0	2.0	2.0
5111 Taxes sur la valeur ajoutée	0.0	0.0	0.0	0.0	0.0	0.0	0.0	0.0	0.0	0.0
5120 Impôts sur biens et services déterminés	109.7	182.7	251.6	322.9	322.1	1.8	1.8	1.7	1.7	1.7
5121 Accises	65.0	108.6	146.6	158.9	160.9	1.1	1.1	1.0	0.8	0.8
5200 Impôts sur utilisation des biens et exerc. activités	36.1	59.9	88.6	97.7	102.2	0.6	0.6	0.6	0.5	0.5
5300 Non-ventilables entre 5100 et 5200	0.0	0.0	0.0	0.0	0.0	0.0	0.0	0.0	0.0	0.0
6000 Autres impôts	**0.0**	**0.0**	**0.0**	**0.0**	**0.0**	**0.0**	**0.0**	**0.0**	**0.0**	**0.0**
Crédits d'impôts récupérables										
Crédits d'impôts récupérables contre 1000	6.2	36.5	171.9	165.6	177.0	0.1	0.4	1.1	0.9	0.9
Composante transfert	4.4	26.9	101.8	121.1	127.6	0.1	0.3	0.7	0.6	0.7
Composante fiscale	1.8	9.6	70.1	44.6	49.4	0.0	0.1	0.5	0.2	0.3

Note : Des données et des notes plus détaillées par pays sont disponibles dans le chapitre 5 "Tableaux par pays, 1965-2017" accessible en ligne : https://doi.org/10.1787/df3c3b17-fr. Les séries temporelles complètes sont accessibles sur le site web http://oe.cd/series-temporelles-completes.
Source : Federal estimates are derived from the US Budget, the Final Monthly Treasury Statement and the Annual Report of the US Treasury Department. The State and Local estimates are derived from Government Finances, published by the Bureau of the Census.

StatLink https://doi.org/10.1787/888934060554

Tableau 4.72. États-Unis, recettes fiscales et % du PIB par niveaux d'administration (principaux impôts)

	Milliard USD					% du PIB				
	1990	2000	2010	2016	2017	1990	2000	2010	2016	2017
Administrations fédérale ou centrale										
Recettes fiscales totales	**632.2**	**1 316.6**	**1 288.7**	**2 054.5**	**2 328.1**	**10.6**	**12.8**	**8.6**	**11.0**	**11.9**
1000 Impôts sur revenu, bénéfices et gains en capital	569.7	1 201.3	1 176.8	1 896.8	1 923.5	9.6	11.7	7.9	10.1	9.9
2000 Cotisations de sécurité sociale	0.0	0.0	0.0	0.0	0.0	0.0	0.0	0.0	0.0	0.0
3000 Sur salaires ou main d'oeuvre	0.0	0.0	0.0	0.0	0.0	0.0	0.0	0.0	0.0	0.0
4000 Impôts sur le patrimoine	11.6	28.1	15.1	20.1	273.2	0.2	0.3	0.1	0.1	1.4
5000 Impôts sur les biens et services	50.9	87.3	96.8	137.7	131.5	0.9	0.9	0.6	0.7	0.7
6000 Autres impôts	0.0	0.0	0.0	0.0	0.0	0.0	0.0	0.0	0.0	0.0
Administrations d'un État/Régions										
Recettes fiscales totales	**309.7**	**547.6**	**723.9**	**928.1**	**954.9**	**5.2**	**5.3**	**4.8**	**5.0**	**4.9**
1000 Impôts sur revenu, bénéfices et gains en capital	120.2	231.0	279.4	388.0	396.9	2.0	2.3	1.9	2.1	2.0
2000 Cotisations de sécurité sociale	0.0	0.0	0.0	0.0	0.0	0.0	0.0	0.0	0.0	0.0
3000 Sur salaires ou main d'oeuvre	0.0	0.0	2.3	1.9	2.1	0.0	0.0	0.0	0.0	0.0
4000 Impôts sur le patrimoine	12.2	21.9	23.1	31.1	31.9	0.2	0.2	0.2	0.2	0.2
5000 Impôts sur les biens et services	177.3	294.7	419.1	507.1	524.1	3.0	2.9	2.8	2.7	2.7
6000 Autres impôts	0.0	0.0	0.0	0.0	0.0	0.0	0.0	0.0	0.0	0.0
Administrations locales										
Recettes fiscales totales	**213.6**	**353.2**	**587.2**	**705.7**	**739.9**	**3.6**	**3.4**	**3.9**	**3.8**	**3.8**
1000 Impôts sur revenu, bénéfices et gains en capital	11.9	21.6	32.5	41.0	42.8	0.2	0.2	0.2	0.2	0.2
2000 Cotisations de sécurité sociale	0.0	0.0	0.0	0.0	0.0	0.0	0.0	0.0	0.0	0.0
3000 Sur salaires ou main d'oeuvre	0.0	0.0	0.0	0.0	0.0	0.0	0.0	0.0	0.0	0.0
4000 Impôts sur le patrimoine	158.6	249.5	435.3	507.9	532.7	2.7	2.4	2.9	2.7	2.7
5000 Impôts sur les biens et services	43.1	82.0	119.4	156.8	164.4	0.7	0.8	0.8	0.8	0.8
6000 Autres impôts	0.0	0.0	0.0	0.0	0.0	0.0	0.0	0.0	0.0	0.0
Administrations de sécurité sociale										
Recettes fiscales totales	**397.0**	**683.1**	**917.4**	**1 153.6**	**1 204.5**	**6.7**	**6.7**	**6.1**	**6.2**	**6.2**
1000 Impôts sur revenu, bénéfices et gains en capital	0.0	0.0	0.0	0.0	0.0	0.0	0.0	0.0	0.0	0.0
2000 Cotisations de sécurité sociale	397.0	683.1	917.4	1 153.6	1 204.5	6.7	6.7	6.1	6.2	6.2
3000 Sur salaires ou main d'oeuvre	0.0	0.0	0.0	0.0	0.0	0.0	0.0	0.0	0.0	0.0
4000 Impôts sur le patrimoine	0.0	0.0	0.0	0.0	0.0	0.0	0.0	0.0	0.0	0.0
5000 Impôts sur les biens et services	0.0	0.0	0.0	0.0	0.0	0.0	0.0	0.0	0.0	0.0
6000 Autres impôts	0.0	0.0	0.0	0.0	0.0	0.0	0.0	0.0	0.0	0.0

Note : Des données et des notes plus détaillées par pays sont disponibles dans le chapitre 6 "Recettes fiscales des sous-secteurs de l'administration" accessible en ligne : https://doi.org/10.1787/df3c3b17-fr. Les séries temporelles complètes sont accessibles sur le site web http://oe.cd/series-temporelles-completes.

Source : Federal estimates are derived from the US Budget, the Final Monthly Treasury Statement and the Annual Report of the US Treasury Department. The State and Local estimates are derived from Government Finances, published by the Bureau of the Census.

StatLink https://doi.org/10.1787/888934060573

4.2. Tableaux pour mémoire

Le Tableau 4.73 présente les différentes sources de financement des prestations sociales, au-delà des cotisations obligatoires de sécurité sociale reportées dans la section 4.1. Cette table montre également les données concernant les autres impôts, les cotisations volontaires aux administrations et les cotisations obligatoires au secteur privé.

Le Tableau 4.74 contient les cotisations de sécurité sociale et les impôts sur les salaires acquittés par les administrations. Lors de la révision du Guide d'interprétation en 1984, la question s'est posée de savoir comment il convenait de traiter les impôts acquittés par les administrations. Les deux exemples les plus marquants d'impôts de ce type sont les cotisations de sécurité sociale et les impôts sur les salaires acquittés par les administrations au titre de leurs agents. Après un échange de vues approfondi, il a été décidé que les données présentées dans cette publication continueraient d'inclure les impôts acquittés par les administrations (voir le §5 du Guide d'interprétation dans l'Annexe A).

Alors qu'il a été admis qu'à certaines fins (par exemple, pour mesurer le flux de paiements allant du secteur privé au secteur des administrations), il conviendrait d'exclure les impôts payés par un secteur de l'administration à un autre ou les impôts acquittés entre les différentes unités d'un même secteur de l'administration, il a été décidé que les impôts acquittés par les administrations devaient être inclus dans les données lorsque l'on comptabilise tous les flux d'impôts de l'ensemble de l'économie. Cette prise en compte permet d'être sûr que les différents flux de ressources d'une économie, y compris la valeur de la production des administrations, sont bien mesurés de façon cohérente nette d'impôt.

Il a été toutefois décidé que les données sur les impôts acquittés par les administrations et que l'on pouvait identifier isolément seraient présentées séparément dans un poste pour mémoire et c'est l'objet des tableaux par pays qui suivent.

Les données reproduites dans les tableaux suivants ont trait aux montants effectifs versés par les administrations publiques au titre de leurs agents. Les cotisations fictives, volontaires et imputées sont exclues de ces données. Les définitions des cotisations de sécurité sociale, des impôts sur les salaires et des administrations publiques correspondent aux définitions données aux §35 á § 41, §42 et §3 á § 4 du Guide d'interprétation. Les informations sur les autres impôts payés par les administrations (à savoir impôts sur la propriété et impôts sur la consommation) ne sont pas disponibles pour la plupart des pays, même s'il semble bien que, dans tous les pays, les impôts assis sur les salaires sont les impôts les plus importants qu'acquittent les administrations. Dans beaucoup de cas, les données sont estimées et ne sont pas toujours établies sur une base compatible avec celle utilisée dans les tableaux principaux.

Tableau 4.73. Le financement des prestations sociales

Monnaie nationale

		Total					2017				
	Devise	1990	2000	2010	2016	2017	Cotisations de sécurité sociale	Autres impôts	Contributions volontaires au gouvernement	Contributions obligatoires au secteur privé	**Total**
Allemagne	Millions EUR	184 914	328 889	369 783	465 409	487 493	466 470	0	9 324	11 699	**487 493**
Australie	Millions AUD	0	0	0	0	0	..	..	..	..	**0**
Autriche	Millions EUR	17 904	30 716	41 762	52 148	54 235	53 917	0	318	0	**54 235**
Belgique	Millions EUR	24 082	40 065	67 281	71 044	76 587	59 594	16 920	73	0	**76 587**
Canada	Millions CAD	29 653	53 109	76 787	98 954	99 346	99 346	0	0	0	**99 346**
Chili	Millions CLP	487 661	2598 389	6902 690	12090 176	12891 280	2627 558	0	0	10263 722	**12891 280**
Corée	Milliards KRW	3 760	22 759	69 090	112 658	119 676	119 676	0	0	0	**119 676**
Danemark	Millions DKK	9 466	26 531	22 854	18 852	18 730	1 060	0	14 891	2 779	**18 730**
Espagne	Millions EUR	36 722	76 046	129 733	128 672	135 831	134 698	0	1 133	0	**135 831**
Estonie	Millions EUR	..	674	1 918	2 841	3 065	2 636	0	0	429	**3 065**
États-Unis	Millions USD	408 691	705 666	979 242	1235 853	1294 619	1204 453	0	90 166	0	**1294 619**
Finlande	Millions EUR	11 070	16 904	23 479	28 562	27 899	27 000	0	302	597	**27 899**
France	Millions EUR	194 091	312 876	461 199	547 061	563 652	387 443	176 209	0	0	**563 652**
Grèce	Millions EUR	3 466	14 284	24 748	19 313	20 746	20 746	0	0	0	**20 746**
Hongrie	Millions HUF	..	1759 277	3539 643	4932 246	5022 039	4704 101	316 775	1 163	0	**5022 039**
Irlande	Millions EUR	1 729	3 947	8 442	10 717	11 439	11 439	0	0	0	**11 439**
Islande	Millions ISK	37 632	95 260	236 509	471 834	466 655	89 649	133 273	0	243 733	**466 655**
Israël	Millions ILS	..	27 565	54 443	94 152	100 783	66 783	0	0	34 000	**100 783**
Italie	Millions EUR	87 256	144 093	209 683	216 636	221 405	220 622	0	783	0	**221 405**
Japon	Milliards JPY	34 613	47 968	54 461	66 614	68 562	68 562	0	0	0	**68 562**
Lettonie	Millions EUR	..	682	1 590	2 154	2 356	2 259	97	0	0	**2 356**
Lituanie	Millions EUR	..	1 362	3 391	4 872	5 345	5 170	0	2	173	**5 345**
Luxembourg	Millions EUR	1 015	2 240	4 380	5 776	6 169	6 125	0	44	0	**6 169**
Mexique	Millions MXN	21 005	205 575	423 569	659 803	711 436	467 710	0	0	243 726	**711 436**
Norvège	Millions NOK	79 701	132 170	243 015	331 389	341 591	341 591	0	0	0	**341 591**
Nouvelle-Zélande	Millions NZD	0	0	0	0	0	..	..	..	..	**0**
Pays-Bas	Millions EUR	44 965	101 610	82 732	103 902	101 913	101 913	0	0		**101 913**
Pologne	Millions PLN	..	96 386	156 026	236 292	254 968	254 968	0	0	0	**254 968**
Portugal	Millions EUR	4 055	10 602	16 154	17 699	18 747	17 950	797	0	0	**18 747**
République slovaque	Millions EUR	..	4 409	8 904	11 871	12 839	12 325	0	10	504	**12 839**
République tchèque	Millions CZK	..	345 480	582 784	707 132	765 231	757 183	0	463	7 585	**765 231**
Royaume-Uni	Millions GBP	45 690	76 663	128 219	149 861	157 321	130 595	0	26 678	48	**157 321**
Slovénie	Millions EUR	..	2 631	5 382	5 842	6 240	6 240	0	0	0	**6 240**
Suède	Millions SEK	205 867	315 082	399 552	456 856	462 335	443 110	0	19 225	0	**462 335**
Suisse	Millions CHF	41 865	64 791	90 541	106 892	109 655	44 998	7 722	0	56 934	**109 655**
Turquie	Millions TRY	15	7 543	71 696	190 247	226 720	226 720	0	0	0	**226 720**

.. Non disponible

StatLink https://doi.org/10.1787/888934060592

Tableau 4.74. Les cotisations de sécurité sociale et impôts sur les salaires payés par les administrations publiques

Monnaie nationale

		Total					2017				
	Devise	1990	2000	2010	2016	2017	Administrations fédérale ou centrale	Administrations d'un État/ Régions	Administrations locales	Administrations de sécurité sociale	**Total**
Allemagne	Millions EUR	13 581	15 738	20 319	24 291	25 455	1 983	8 150	12 222	3 100	**25 455**
Australie[1]	Millions AUD	92	301	579	796	840	0	0	42	0	**840**
Autriche	Millions EUR	1 341	2 949	5 618	6 878	7 076	2 657	2 027	2 046	346	**7 076**
Belgique	Millions EUR	1 769	3 105	5 261	7 473	7 774	744	2 424	4 184	423	**7 774**
Canada	Millions CAD	..	6 365	10 185	12 648	12 784	1 575	6 808	4 401	0	**12 784**
Chili	Millions CLP	..	54 633	189 974	298 964	319 933	236 530	..	82 601	801	**319 933**
Corée	Milliards KRW	..	..	..	..	..	..	..	..	..	..
Danemark	Millions DKK	0	0	0	0	0	..	..	..	..	**0**
Espagne	Millions EUR	4 010	9 620	18 506	19 232	20 082	2 325	12 464	4 802	491	**20 082**
Estonie	Millions EUR	..	177	532	762	827	486	..	277	64	**827**
États-Unis	Millions USD	28 861	44 137	71 370	77 654	79 866	27 616	52 250	0	0	**79 866**
Finlande	Millions EUR	1 938	3 769	5 579	6 079	5 442	997	..	4 327	118	**5 442**
France	Millions EUR	23 380	36 256	53 670	60 741	62 689	15 772	..	23 330	23 587	**62 689**
Grèce	Millions EUR	124	1 742	3 604	2 663	1 637	1 282	..	0	355	**1 637**
Hongrie	Millions HUF	..	366 958	544 870	739 505	707 308	552 059	..	153 231	2 017	**707 308**
Irlande	Millions EUR	149	447	1 205	1 536	1 657	574	..	1 077	6	**1 657**
Islande	Millions ISK	..	..	..	..	..	..	..	..	..	..
Israël	Millions ILS	..	4 110	6 710	9 900	10 350	8 250	..	2 100	0	**10 350**
Italie	Millions EUR	..	36 679	50 627	49 881	50 628	0	..	0	50 628	**50 628**
Japon	Milliards JPY	2 017	2 900	2 981	3 459	3 463	908	..	2 555	0	**3 463**
Lettonie	Millions EUR	..	40	174	230	252	..	..	..	..	**252**
Lituanie	Millions EUR	..	358	700	865	909	479	..	414	16	**909**
Luxembourg	Millions EUR	267	287	507	706	749	725	..	4	20	**749**
Mexique	Millions MXN	2 952	44 879	103 440	150 386	159 491	159 491	0	0	0	**159 491**
Norvège	Millions NOK	17 887	36 726	77 588	113 081	118 314	54 686	..	63 628	0	**118 314**
Nouvelle-Zélande	Millions NZD	0	0	0	0	0	..	..	..	..	**0**
Pays-Bas	Millions EUR	345	2 006	0	0	0	..	..	..	..	**0**
Pologne	Millions PLN	..	11 601	18 553	26 357	27 695	11 096	..	16 009	590	**27 695**
Portugal	Millions EUR	33	197	0	0	0	..	..	..	..	**0**
République slovaque	Millions EUR	..	642	1 322	1 798	1 899	1 120	..	739	40	**1 899**
République tchèque	Millions CZK	..	34 220	55 771	85 085	92 538	43 564	..	47 919	1 056	**92 538**
Royaume-Uni	Millions GBP	4 091	6 035	11 732	13 215	14 086	9 301	..	4 785	0	**14 086**
Slovénie	Millions EUR	..	335	613	623	652	429	..	215	7	**652**
Suède	Millions SEK	69 315	101 628	136 740	177 588	187 340	42 143	..	145 197	0	**187 340**
Suisse	Millions CHF	1 458	1 873	2 809	3 266	3 359	522	1 858	952	26	**3 359**
Turquie	Millions TRY	9	3 619	39 363	107 905	128 331	128 331	..	0	0	**128 331**

.. Non disponible

1. Pour l'Australie, le total diffère de la somme des quatre niveaux d'administration publique. La différence résulte de l'existence d'un secteur multi-juridictionnel (université) spécifique à ce pays. Ce secteur contient des unités où la juridiction est partagée entre deux administrations publiques au moins, ou contient des unités dont le classement dans une juridiction n'est pas clair. Les universités publiques sont le principal type d'unités appartenant actuellement à cette catégorie.

StatLink https://doi.org/10.1787/888934060611

5 Tableaux détaillés par pays, 1965-2017

Le Chapitre 5 fournit des tableaux détaillés sur les recettes fiscales de chaque pays membre de l'OCDE de 1965-2017.

5.1. Recettes fiscales

Dans tous les tableaux suivants, le symbole (..) signifie que l'information n'est pas disponible ou qu'elle n'est pas applicable. La principale série chronologique des statistiques de recettes fiscales couvre les années 1965 à 2017. Pour des raisons d'espace, une sélection d'années est présentée dans ces tableaux. Des séries complètes sont, cependant, disponible en ligne. La partie V dans l'édition 1998 de ce Rapport fournit des données pour les années 1955 et 1960 (pour dix-neuf pays de l'OCDE).

Tableau 5.1. Australie : Tableau détaillé par pays, 1965-2017

Millions AUD

	1965	1980	1990	2000	2007	2010	2013	2015	2016	2017
Recettes fiscales totales	**5 024**	**39 878**	**116 500**	**214 752**	**347 545**	**357 958**	**433 342**	**463 350**	**487 078**	**527 185**
1000 Impôts sur revenu, bénéfices et gains en capital	**2 547**	**22 383**	**66 542**	**124 427**	**206 134**	**202 184**	**246 073**	**262 357**	**278 764**	**310 041**
1100 Des personnes physiques	1 729	17 532	50 062	80 991	127 587	138 163	169 972	191 747	198 534	212 520
1110 Sur le revenu et les bénéfices	1 729	17 532	49 888	80 991	127 587	138 163	169 972	191 747	198 534	212 520
1120 Sur les gains en capital	0	0	174	0	0	0	0	0	0	0
1200 Des sociétés	818	4 851	16 480	43 436	78 547	64 021	76 101	70 610	80 230	97 521
1210 Sur les bénéfices	818	4 851	16 315	43 436	78 547	64 021	76 101	70 610	80 230	97 521
Income tax on companies	791	4 574	15 220	42 221	76 655	62 549	74 535	68 779	78 254	95 539
Dividend and interest taxes	17	161	899	846	1 892	1 472	1 566	1 831	1 976	1 982
Other withholding taxes	0	116	196	369	0	0	0	0	0	0
1220 Sur les gains en capital	0	0	165	0	0	0	0	0	0	0
1300 Non ventilables entre 1100 et 1200	0	0	0	0	0	0	0	0	0	0
2000 Cotisations de sécurité sociale	**0**	**0**	**0**	**0**	**0**	**0**	**0**	**0**	**0**	**0**
2100 À la charge des salariés	0	0	0	0	0	0	0	0	0	0
2110 Sur la base du salaire	..	..	..	..	..	..	..	..	..	..
2120 Sur la base de l'impôt sur les revenus	..	..	..	..	..	..	..	..	..	..
2200 À la charge des employeurs	0	0	0	0	0	0	0	0	0	0
2210 Sur la base du salaire	..	..	..	..	..	..	..	..	..	..
2220 Sur la base de l'impôt sur les revenus	..	..	..	..	..	..	..	..	..	..
2300 A charge des travailleurs indép. ou sans emploi	0	0	0	0	0	0	0	0	0	0
2310 Sur la base du salaire	..	..	..	..	..	..	..	..	..	..
2320 Sur la base de l'impôt sur les revenus	..	..	..	..	..	..	..	..	..	..
2400 Non-ventilables entre 2100, 2200 et 2300	0	0	0	0	0	0	0	0	0	0
2410 Sur la base du salaire	..	..	..	..	..	..	..	..	..	..
2420 Sur la base de l'impôt sur les revenus	..	..	..	..	..	..	..	..	..	..
3000 Sur salaires ou main d'oeuvre	**157**	**1 988**	**7 115**	**9 624**	**16 407**	**18 492**	**22 210**	**23 354**	**23 799**	**25 520**
4000 Impôts sur le patrimoine	**576**	**3 105**	**10 427**	**18 825**	**31 156**	**33 526**	**40 963**	**49 641**	**52 585**	**54 533**
4100 Impôts périodiques sur la propriété immobilière	341	1 886	6 148	9 067	15 615	19 907	23 603	27 093	29 232	30 344
4110 Ménages	..	..	..	..	..	..	..	..	..	..
4120 Autres agents	..	..	..	..	..	..	..	..	..	..
4200 Impôts périodiques sur l'actif net	0	0	0	0	0	0	0	0	0	0
4210 Personnes physiques	..	..	..	..	..	..	..	..	..	..
4220 Sociétés	..	..	..	..	..	..	..	..	..	..
4300 Impôts sur mut. par décès, succ. et donations	137	175	0	0	0	0	0	0	0	0
4310 Impôts sur mut. par décès et successions	131	174	..	..	..	..	..	..	..	..
Estate duty central government	36	17	..	..	..	..	..	..	..	..
St. and loc. estate probate and succession	95	157	..	..	..	..	..	..	..	..
4320 Impôts sur les donations	7	1	..	..	..	..	..	..	..	..
4400 Impôts sur transact. mobilières et immob.	98	1 044	4 279	9 758	15 541	13 619	17 360	22 548	23 353	24 189
4500 Impôts non-périodiques	0	0	0	0	0	0	0	0	0	0
4510 Sur l'actif net	..	..	..	..	..	..	..	..	..	..
4520 Autres non-périodiques	..	..	..	..	..	..	..	..	..	..
4600 Autres impôts périodiques sur patrimoine	0	0	0	0	0	0	0	0	0	0
5000 Impôts sur les biens et services	**1 744**	**12 402**	**32 416**	**61 876**	**93 848**	**103 756**	**124 096**	**127 998**	**131 930**	**137 091**
5100 Impôts sur production, vente, transfert, etc.	1 508	11 097	27 213	56 178	84 851	92 007	103 419	110 185	113 155	117 340
5110 Impôts généraux	370	2 102	9 365	25 830	45 486	49 329	56 819	61 815	64 251	65 700
5111 Taxes sur la valeur ajoutée	0	0	0	23 854	44 381	48 093	55 517	60 312	62 727	64 062
5112 Impôts sur les ventes	370	2 102	9 365	1 976	1 105	1 236	1 302	1 503	1 524	1 638
5113 Autres impôts	0	0	0	0	0	0	0	0	0	0
5120 Impôts sur biens et services déterminés	1 138	8 995	17 848	30 348	39 365	42 678	46 600	48 370	48 904	51 640
5121 Accises	781	6 183	11 975	19 768	24 357	26 689	26 472	22 541	22 773	23 673
Excises central government	752	5 834	10 359	19 019	23 526	25 803	25 648	21 625	21 895	22 763
Statutory corporate payments	0	83	378	295	231	452	343	405	335	346
Primary production charges	29	266	1 238	454	600	434	481	511	543	564
5122 Bénéfices des monopoles fiscaux	0	0	0	0	0	0	0	0	0	0
5123 Droits de douane et droits à l'importation	271	1 799	3 319	4 606	6 070	5 828	9 280	14 046	14 196	15 690
Customs duties central government	271	1 799	3 319	4 606	6 070	5 828	9 280	14 046	14 196	15 690
5124 Taxes à l'exportation	1	117	57	0	10	11	10	11	11	0
Customs duties on coal exports	0	85	54	..	0	0	0	0	0	0
Other	1	32	3	..	10	11	10	11	11	0
5125 Impôts sur biens d'équipement	0	0	0	0	0	0	0	0	0	0
5126 Impôts sur services déterminés	85	896	2 497	5 974	8 928	10 150	10 838	11 772	11 924	12 277
Taxes race meetings	31	240	651	300	358	366	318	257	225	265
Poker machines	16	140	295	2 074	3 009	3 125	3 238	3 684	3 717	3 881
Lotteries	7	122	325	890	1 118	1 147	1 257	1 369	1 293	1 330
Levies on fire insurance companies	16	157	363	574	937	1 232	740	786	803	812
Other	15	237	863	2 136	3 506	4 280	5 285	5 676	5 886	5 989

	1965	1980	1990	2000	2007	2010	2013	2015	2016	2017
5127 Autres impôts sur commerce et transact. internat.	0	0	0	0	0	0	0	0	0	0
5128 Autres impôts	0	0	0	0	0	0	0	0	0	0
5130 Non-ventilables entre 5110 et 5120	0	0	0	0	0	0	0	0	0	0
5200 Impôts sur utilisation des biens et exerc. activités	236	1 305	5 203	5 698	8 997	11 749	20 677	17 813	18 775	19 751
5210 Impôts périodiques	197	1 260	5 109	5 698	8 997	11 749	20 677	17 813	18 775	19 751
5211 À la charge des ménages : véhicules à moteur	65	448	1 373	3 908	6 196	7 229	8 591	9 586	9 930	7 695
5212 À la charge autres agents : véhicules à moteur	65	351	937	125	189	232	301	318	344	3 108
Fees on motor vehicle registry	46	312	794	0	0	0	0	0	0	1 851
Drivers licences	12	30	111	0	0	0	0	0	0	0
Stamp duty on vehicle registry	6	9	32	125	189	232	301	318	344	1 257
5213 Autres impôts périodiques	67	461	2 799	1 665	2 611	4 288	11 786	7 910	8 501	8 947
Broadcasting tv licences	37	21	125	210	288	150	157	128	0	0
Business franchise lic. tobac. fuel	0	221	2 016	227	0	0	2	1	0	1
Other taxes	2	12	33	1 129	2 321	4 136	11 603	7 760	8 478	8 923
Liquor taxes	28	206	603	97	2	1	24	22	23	24
Dog licenses	0	1	22	0	0	0	0	0	0	0
5220 Impôts non-périodiques	39	45	94	0	0	0	0	0	0	0
5300 Non-ventilables entre 5100 et 5200	0	0	0	0	0	0	0	0	0	0
6000 Autres impôts	**0**	**0**	**0**	**0**	**0**	**0**	**0**	**0**	**0**	**0**
6100 À la charge exclusive des entreprises	..	..	..	..	..	..	..	..	..	..
6200 À la charge d'autres agents	..	..	..	..	..	..	..	..	..	..
Crédits d'impôts récupérables										
Crédits d'impôts récupérables contre 1110	0	0	..	195	2 585	991	323	453	429	402
Composante fiscale	..	..	..	175	178	110	215	307	287	267
Composante transfert	..	..	..	20	2 407	881	108	146	142	135
Crédits d'impôts récupérables contre 1210	..	..	..	0	4 564	5 726	7 914	8 966	8 644	9 069
Composante fiscale	..	..	..	..	1 922	2 253	2 147	2 453	2 106	2 166
Composante transfert	..	..	..	..	2 642	3 473	5 767	6 513	6 538	6 903
Recettes fiscales totales sur la base d'encaissements	**5 024**	**39 878**	**116 500**	..	..	..	..	..	..	..
Recettes fiscales totales sur la base des droits constatés	..	..	..	**214 752**	**347 545**	**357 958**	**433 342**	**463 350**	**487 078**	**527 185**
Conciliation avec les Comptes nationaux										
Impôts additionnels inclus dans les comptes nationaux	..	..	..	0	0	0	0	0	0	0
Impôt exclus des comptes nationaux	..	..	..	0	0	0	0	0	0	0
Différence dans les traitements des crédits d'impôts	..	..	..	175	2 100	2 363	2 362	2 760	2 393	2 433
Transfert en capital des recettes non collectées	..	..	..	0	0	0	0	0	0	0
Cotisations de sécurité sociale volontaires	..	..	..	0	0	0	0	0	0	0
Différences diverses	..	..	..	0	0	0	0	0	0	0
Comptes nationaux : impôts et cotisations sociales effectives	..	..	..	214 927	349 645	360 321	435 704	466 110	489 471	529 618
Cotisations sociales imputées	..	..	..	0	0	0	0	0	0	0
Comptes nationaux : impôts et toutes les cotisations sociales	..	..	..	214 927	349 645	360 321	435 704	466 110	489 471	529 618

.. Non disponible

Note : Data are on a fiscal year basis beginning 1st July.

From 1998 taxes are recorded on an accrual basis; prior to that they were on a cash basis.

Direct taxes paid by public trading enterprises are excluded from receipts.

The figures for total tax revenue do not match the published totals in Taxation Revenue Australia. The latter is based on an accrual IMF GFS methodology and there are some differences between that and the OECD equivalent.

Heading 5213 includes radio and television licenses fees, though these are usually not regarded as a tax revenue in the OECD list.

Headings for non-wastable tax credits 1110 and 1210 include the private health insurance tax offset, family benefit, baby bonus tax offsets (paid during the 2003-04 budget year), film tax offset, and research and development tax offsets. The estimation of non-wastable credits into the expenditure and transfer components is in accordance with the OECD guidelines on the treatment and the data for this memorandum item has been provided by the Australian Taxation Office.

Source : Australian Bureau of Statistics.

StatLink https://doi.org/10.1787/888934060630

Tableau 5.2. Autriche : Tableau détaillé par pays, 1965-2017

Millions EUR

	1965	1980	1990	2000	2007	2010	2013	2015	2016	2017
Recettes fiscales totales	**6 210**	**29 759**	**54 040**	**90 324**	**115 146**	**121 192**	**138 099**	**148 174**	**149 312**	**154 611**
Recettes fiscales totales excluant les droits de douane	..	..	..	**89 968**	**114 749**	**120 853**	**137 771**	**147 760**	**148 863**	**154 143**
1000 Impôts sur revenu, bénéfices et gains en capital	**1 584**	**7 959**	**13 797**	**25 553**	**34 319**	**34 021**	**39 792**	**44 501**	**41 775**	**43 729**
1100 Des personnes physiques	1 240	6 899	11 326	19 890	25 741	27 098	31 474	35 546	32 250	33 521
1110 Sur le revenu et les bénéfices	1 240	6 899	11 326	19 890	25 741	27 098	31 474	35 546	32 250	33 521
Income tax	415	1 576	2 501	3 202	3 253	3 358	3 737	3 979	4 630	4 502
Special income tax	0	0	0	0	0	0	0	0	0	0
Wage tax	417	4 626	7 823	15 630	20 607	21 783	25 669	28 429	25 435	26 459
Tax on industry and trade	196	402	454	7	0	0	0	0	0	0
Tax on capital yields	2	14	46	354	970	938	981	1 979	963	1 305
Contribution to chambers	60	279	501	697	910	1 018	1 087	1 159	1 222	1 254
Water supply fund	151	0	0	0	0	0	0	0	0	0
Contribution emergency fund	0	0	0	0	0	0	0	0	0	0
1120 Sur les gains en capital	0	0	0	0	0	0	0	0	0	0
1200 Des sociétés	334	1 049	1 930	4 157	6 622	5 519	6 963	7 659	8 388	9 117
1210 Sur les bénéfices	334	1 049	1 930	4 157	6 622	5 519	6 963	7 659	8 388	9 117
Corporation tax	195	698	998	3 865	6 094	4 978	6 377	6 752	7 812	8 438
Tax on industry and trade	83	254	624	10	0	1	0	0	0	0
Special tax on income	0	0	0	0	0	0	0	0	0	0
Tax on capital yields	5	33	108	118	346	347	370	684	344	447
Water supply fund	35	0	0	0	0	0	0	0	0	0
Contribution emergency fund	0	0	0	0	0	0	0	0	0	0
Contribution to chambers	14	58	200	164	182	193	216	224	232	232
Directors tax	2	6	0	0	0	0	0	0	0	0
1220 Sur les gains en capital	0	0	0	0	0	0	0	0	0	0
1300 Non-ventilables entre 1100 et 1200	10	12	540	1 506	1 956	1 405	1 354	1 295	1 137	1 091
Fines related to tax offences	10	12	18	33	77	99	73	70	66	77
Tax on interest	0	0	522	1 473	1 879	1 305	1 282	1 225	1 071	1 014
2000 Cotisations de sécurité sociale	**1 548**	**9 200**	**17 763**	**30 510**	**38 453**	**41 423**	**46 845**	**49 867**	**51 827**	**53 917**
2100 À la charge des salariés	686	3 792	7 512	12 477	15 612	16 846	18 931	20 115	20 919	21 718
2110 Sur la base du salaire	..	..	..	12 477	15 612	16 846	18 931	20 115	20 919	21 718
Health insurance contributions	..	..	..	2 606	3 326	3 675	4 082	4 347	4 531	4 733
Pension insurance contributions	..	..	..	6 410	8 274	8 986	10 183	10 896	11 378	11 865
Pension contributions, civil servants	..	..	..	1 489	1 579	1 625	1 672	1 629	1 636	1 596
Unemployment insurance contributions	..	..	..	1 854	2 284	2 385	2 803	3 040	3 167	3 307
Health insurance contributions, local government employees	..	..	..	100	130	156	169	181	185	191
Special unemployment insurance contributions	..	..	..	17	19	20	22	23	23	25
2120 Sur la base de l'impôt sur les revenus	..	..	..	0	0	0	0	0	0	0
2200 À la charge des employeurs	721	4 563	8 768	14 651	18 091	19 421	21 922	23 281	24 275	25 286
2210 Sur la base du salaire	..	..	..	14 651	18 091	19 421	21 922	23 281	24 275	25 286
Health insurance contributions	..	..	..	2 667	3 395	3 669	4 075	4 339	4 523	4 724
Pension insurance contributions	..	..	..	7 888	10 214	11 144	12 642	13 549	14 154	14 764
Pension contributions, civil servants	..	..	..	438	376	361	297	298	296	276
Accident insurance contributions	..	..	..	952	1 157	1 254	1 409	1 394	1 446	1 498
Unemployment insurance contributions	..	..	..	1 854	2 284	2 385	2 803	3 040	3 167	3 307
Health insurance contributions, local government employees	..	..	..	101	141	157	170	181	185	192
Contributions to sickness benefit fund	..	..	..	341	0	0	0	0	0	0
Special pension contributions, nightshift workers	..	..	..	11	18	15	31	38	37	38
Contributions to insolvency fund	..	..	..	381	488	416	473	419	342	355
Special unemployment insurance contributions construction workers	..	..	..	17	19	20	22	23	126	132
2220 Sur la base de l'impôt sur les revenus	..	..	..	0	0	0	0	0	0	0
2300 A charge des travailleurs indép. ou sans emploi	141	845	1 482	3 382	4 750	5 155	5 993	6 470	6 633	6 913
2310 Sur la base du salaire	..	..	..	3 382	4 750	5 155	5 993	6 470	6 633	6 913
Health insurance contributions	..	..	..	1 971	2 724	3 090	3 441	3 664	3 721	3 857
Pension insurance contributions	..	..	..	1 117	1 527	1 524	1 973	2 210	2 321	2 451
Pension contributions, civil servants (retired)	..	..	..	116	274	297	315	317	314	311
Accident insurance contributions	..	..	..	77	85	88	95	98	92	103
Health insurance contributions, local government employees	..	..	..	101	140	156	169	181	185	191
2320 Sur la base de l'impôt sur les revenus	..	..	..	0	0	0	0	0	0	0
2400 Non-ventilables entre 2100, 2200 et 2300	0	0	0	0	0	0	0	0	0	0
2410 Sur la base du salaire	..	..	..	..	..	..	..	..	..	..
2420 Sur la base de l'impôt sur les revenus	..	..	..	..	..	..	..	..	..	..

	1965	1980	1990	2000	2007	2010	2013	2015	2016	2017
3000 Sur salaires ou main d'oeuvre	**472**	**2 097**	**3 259**	**5 788**	**7 266**	**8 359**	**9 489**	**10 040**	**10 401**	**10 238**
Emplr. contr. equaliz. of family.burdens	318	1 397	2 147	3 140	3 915	4 762	5 319	5 623	5 821	5 487
Tax on sum of wages	82	375	669	1 735	2 238	2 402	2 742	2 911	3 015	3 126
Promotion residential buildings	44	217	389	595	754	811	915	965	1 003	1 068
Tax on employment (Vienna undergr.)	0	20	21	21	22	22	67	65	67	66
Special levy for households allowances	26	80	0	0	0	0	0	0	0	0
Disabled persons equalization levy	2	8	34	54	83	91	138	148	157	154
Contributions to chambers	0	0	0	242	253	271	308	327	337	337
4000 Impôts sur le patrimoine	**246**	**858**	**1 473**	**1 206**	**1 572**	**1 555**	**2 341**	**1 965**	**1 953**	**1 942**
4100 Impôts périodiques sur la propriété immobilière	92	231	355	526	626	682	736	761	771	805
4110 Ménages	47	66	84	87	92	93	105	107	107	125
Duty on farms	9	15	20	20	20	20	29	30	30	37
Farm contr. equaliz. of family burdens	5	6	6	6	6	6	6	6	6	8
Farm contribution to chambers	14	23	32	32	39	40	43	44	44	52
Contr. residential buildings reconstruction	4	0	0	0	0	0	0	0	0	0
Land tax A	16	22	25	28	26	26	26	26	26	28
4120 Autres agents	45	165	271	440	534	589	631	654	664	681
Tax on vacant plots	1	4	5	5	5	6	6	6	6	6
Land tax B	44	161	266	435	529	583	625	649	658	675
4200 Impôts périodiques sur l'actif net	103	401	642	1	0	0	0	0	0	0
4210 Personnes physiques	37	140	189	1	..	..	..	..	..	..
Capital tax	25	109	189	1	..	..	..	..	..	..
Contribution emergency fund	0	0	0	0	..	..	..	..	..	..
Tax on industry and trade	10	26	0	0	..	..	..	..	..	..
Contribution to chambers	2	6	0	0	..	..	..	..	..	..
4220 Sociétés	66	260	453	0	..	..	..	..	..	..
Capital tax	24	139	322	0	..	..	..	..	..	..
Capital death duty	20	53	131	0	..	..	..	..	..	..
Contribution emergency fund	0	0	0	0	..	..	..	..	..	..
Tax on industry and trade	19	56	0	0	..	..	..	..	..	..
Contribution to chambers	3	13	0	0	..	..	..	..	..	..
4300 Impôts sur mut. par décès, succ. et donations	16	50	77	111	155	35	19	12	2	1
4310 Impôts sur mut. par décès et successions	..	..	..	..	..	..	..	..	..	..
4320 Impôts sur les donations	..	..	..	..	..	..	..	..	..	..
4400 Impôts sur transact. mobilières et immob.	35	176	399	568	791	828	858	1 116	1 127	1 110
Land transfer tax	30	150	251	452	644	727	790	1 014	1 118	1 105
Capital transfer tax	5	27	148	115	147	102	67	102	9	5
4500 Impôts non-périodiques	0	0	0	0	0	10	728	76	52	27
4510 Sur l'actif net	..	..	..	..	..	0	717	4	30	10
Withholding tax	..	..	..	..	..	..	717	4	30	10
4520 Autres non-périodiques	..	..	..	..	..	10	11	72	22	16
Foundation tax	..	..	..	..	..	10	11	72	22	16
4600 Autres impôts périodiques sur patrimoine	0	0	0	0	0	0	0	0	0	0
5000 Impôts sur les biens et services	**2 321**	**9 379**	**17 034**	**26 140**	**32 211**	**34 400**	**38 373**	**40 649**	**42 157**	**43 521**
5100 Impôts sur production, vente, transfert, etc.	2 275	9 006	16 169	24 260	29 783	31 774	35 393	37 218	38 660	39 790
5110 Impôts généraux	1 160	5 984	11 229	16 857	20 941	22 711	24 920	26 282	27 308	28 312
5111 Taxes sur la valeur ajoutée	0	5 984	11 229	16 857	20 941	22 711	24 920	26 282	27 308	28 312
5112 Impôts sur les ventes	0	0	0	0	0	0	0	0	0	0
5113 Autres impôts	1 160	0	0	0	0	0	0	0	0	0
Turnover tax	664	..	..	..	..	..	..	..	..	..
Additional federal levy-turnover	332	..	..	..	..	..	..	..	..	..
Additional lieu invoice stp.	164	..	..	..	..	..	..	..	..	..
5120 Impôts sur biens et services déterminés	1 115	2 996	4 873	7 365	8 839	9 060	10 472	10 933	11 348	11 474

	1965	1980	1990	2000	2007	2010	2013	2015	2016	2017
5121 Accises	610	2 219	3 290	5 484	6 760	6 921	7 598	7 749	7 920	8 272
Tax on beer	39	44	56	161	200	198	193	189	196	192
Tax on wine	7	0	0	0	0	0	0	0	0	0
Tax on sparkling wine	1	7	25	25	1	1	1	19	23	23
Tax on tobacco	188	519	820	1 197	1 446	1 502	1 664	1 782	1 829	1 896
Tax on mineral oils	50	136	1 426	2 726	3 689	3 854	4 173	4 218	4 338	4 551
Additional federal levy mineral oils	202	876	0	0	0	0	0	0	0	0
Special duty alcoholic drinks	0	142	193	0	0	0	0	0	0	0
Special duty vehicles	0	0	0	0	0	0	0	0	0	0
Duty on starch products	0	4	13	0	0	0	0	0	0	0
Beverage tax	46	216	364	178	3	-1	-1	0	0	0
Other receipts-Market Organisation Act	26	35	9	0	1	0	0	0	0	0
Transport equality levy	0	5	1	0	0	0	0	0	0	0
Market Organisation Act - milk	35	177	192	0	0	0	0	0	0	0
Market Organisation Act - livestock	0	0	0	0	0	0	0	0	0	0
Market Organisation Act - grain	16	23	142	0	0	0	0	0	0	0
Duty promotion milk distrib.	0	34	13	0	0	0	0	0	0	0
Special tax on mineral oils	0	0	37	0	0	0	0	0	0	0
Duty on vehicles (fuel consumption)	0	0	0	433	457	453	455	395	429	473
Agricultural fund	0	0	0	23	16	18	18	17	17	17
Tax on energy	0	0	0	562	764	726	886	931	899	926
Social contributions to the artists' fund	0	0	0	0	11	6	7	13	8	7
Duty on exceeding milk-quota	0	0	0	36	24	6	26	11	0	0
Car registration taxes	0	0	0	143	148	158	175	174	182	188
5122 Bénéfices des monopoles fiscaux	37	57	52	130	122	129	324	328	390	384
Duty on spirits	5	14	17	130	122	129	130	120	142	142
Federal monopolies salt	1	0	0	0	0	0	0	0	0	0
Federal monopolies spirits	30	43	35	0	0	0	0	0	0	0
Federal monopolies gambling	0	0	0	0	0	0	194	208	248	242
5123 Droits de douane et droits à l'importation	332	354	677	-5	-8	0	0	0	0	0
Customs duties	310	237	418	-5	-8	0	..	..	..	..
Other import duties	0	21	61	0	0	0	..	..	..	..
Contribution promote foreign trade	10	63	171	0	0	0	..	..	..	..
Import equalization duties	12	33	27	0	0	0	..	..	..	..
5124 Taxes à l'exportation	8	36	1	0	0	0	0	0	0	0
Contribution to promote foreign trade	8	36	1	..	..	..	..	..	..	..
5125 Impôts sur biens d'équipement	0	33	0	0	0	0	0	0	0	0
5126 Impôts sur services déterminés	129	297	854	1 720	1 967	2 005	2 545	2 852	3 033	2 814
Insurance tax	25	135	384	745	993	1 017	1 056	1 122	1 147	1 128
Transport tax	63	0	0	0	0	0	0	0	0	0
Duty on casinos	2	28	64	105	71	55	45	70	89	99
Fire protection tax	5	24	50	45	54	56	57	61	62	62
Advertisement tax	7	31	65	62	0	0	0	0	0	0
Entertainment tax	2	2	2	5	8	9	21	18	6	1
Tax on tourism	8	43	71	103	142	171	182	186	220	233
Amusement tax	13	17	51	73	94	107	84	30	23	18
Announcement tax	3	18	40	81	0	1	0	0	0	0
Tax on interest yields	0	0	0	0	0	0	0	0	0	0
Tax on gambling stakes - licences	0	0	116	197	202	221	251	254	253	250
Tax on advertisement	0	0	0	33	108	110	110	107	107	110
Levy on dangerous waste	0	0	10	71	72	51	53	56	58	62
Duty for airways security	0	0	0	28	56	30	0	0	0	0
Tax on gambling stakes - gains	0	0	0	171	166	176	0	0	0	0
Flight Charge	0	0	0	0	0	0	98	109	109	115
Financial Institutions Stability Fee	0	0	0	0	0	0	588	838	959	734
5127 Autres impôts sur commerce et transact. internat.	0	0	0	0	0	0	0	0	0	0
5128 Autres impôts	0	0	0	34	-3	4	4	4	4	4
Levy on sugar	..	..	..	34	-3	4	4	4	4	4
5130 Non-ventilables entre 5110 et 5120	0	26	66	38	3	4	2	4	5	4
Fines related to tax offenses	..	26	66	38	3	4	2	4	5	4
5200 Impôts sur utilisation des biens et exerc. activités	46	373	865	1 881	2 429	2 626	2 980	3 431	3 497	3 731
5210 Impôts périodiques	38	335	757	1 733	2 253	2 416	2 715	3 124	3 208	3 412
5211 À la charge des ménages : véhicules à moteur	22	156	366	811	1 173	1 293	1 482	1 814	1 870	1 986
5212 À la charge autres agents : véhicules à moteur	13	41	97	298	370	334	352	421	432	460
5213 Autres impôts périodiques	3	138	294	624	710	789	881	890	905	966
Hunting and fishing duties	1	4	7	10	10	10	19	22	22	21
Dog tax	1	4	6	8	10	11	17	18	19	20
Contribution to promotion of arts	1	3	8	71	120	132	147	143	156	183
Tax on radio and tv - licenses	0	15	46	450	571	636	698	708	709	742
Road transport duty	0	112	226	84	0	0	0	0	0	0
5220 Impôts non-périodiques	8	38	108	147	175	210	265	307	289	319
Certain user fees; taxes on emission of noxious	8	38	108	147	175	210	265	307	289	319

	1965	1980	1990	2000	2007	2010	2013	2015	2016	2017
gases										
5300 Non-ventilables entre 5100 et 5200	0	0	0	0	0	0	0	0	0	0
6000 Autres impôts	**38**	**266**	**714**	**770**	**928**	**1 095**	**931**	**737**	**750**	**796**
Tax on financial institutions	0	0	123	-3	0	0	0	0	0	0
Administration duties	4	17	32	278	366	521	517	302	304	315
Stamp fees	7	46	76	135	92	84	27	32	35	37
Contributions of interested persons	0	0	130	0	0	0	0	0	0	0
Parking duty	0	0	6	0	0	0	0	0	0	0
Contrbutions to students' associations	0	0	0	4	8	11	12	11	12	12
Duty on contribution to political parties	0	0	0	0	-1	1	0	0	1	0
Other fees, taxes on production n.e.c.	0	0	0	272	346	353	227	252	253	279
Embossing fee	0	0	0	0	1	1	1	1	1	1
Other taxes	28	202	347	82	115	124	145	139	144	150
Compensation levy according to the Vienna Tree Protection Act	..	..	..	1	1	2	1	0	2	3
6100 À la charge exclusive des entreprises	..	..	..	..	..	..	..	..	..	..
6200 À la charge d'autres agents	..	..	..	..	..	..	..	..	..	..
Droits de douane perçus pour l'UE	**..**	**..**	**..**	**356**	**397**	**339**	**328**	**415**	**449**	**468**
Crédits d'impôts récupérables										
Crédits d'impôts récupérables contre 1110	..	..	..	650	650	650	570	540	540	330
Composante fiscale	..	..	..	590	450	422	341	295	224	228
Composante transfert	..	..	..	60	200	228	229	245	316	102
Crédits d'impôts récupérables contre 1210	..	..	..	0	0	0	0	0	0	0
Composante fiscale	..	..	..	..	..	..	..	..	..	..
Composante transfert	..	..	..	..	..	..	..	..	..	..
Recettes fiscales totales sur la base d'encaissements	**6 210**	**29 759**	**54 040**	**90 299**	**115 045**	**120 735**	**137 970**	**147 741**	**149 241**	**154 388**
Recettes fiscales totales sur la base des droits constatés	**..**	**..**	**..**	**90 324**	**115 146**	**121 192**	**138 099**	**148 174**	**149 312**	**154 611**
Conciliation avec les comptes nationaux										
Impôts additionnels inclus dans les comptes nationaux	..	..	..	0	0	0	0	0	0	0
Impôt exclus des comptes nationaux	..	..	..	0	0	0	0	0	0	0
Différence dans les traitements des crédits d'impôts	..	..	..	590	450	422	341	295	224	228
Transfert en capital des recettes non collectées	..	..	..	0	0	0	0	0	0	0
Cotisations de sécurité sociale volontaires	..	..	..	206	256	339	299	321	321	318
Différences diverses	..	..	..	0	0	0	0	0	0	0
Comptes nationaux : impôts et cotisations sociales effectives	..	..	..	91 120	115 853	121 953	138 739	148 790	149 856	155 157
Cotisations sociales imputées	..	..	..	2 485	2 177	2 106	1 972	1 925	1 865	1 807
Comptes nationaux : impôts et toutes les cotisations sociales	..	..	..	93 605	118 030	124 060	140 711	150 715	151 722	156 964

.. Non disponible

Note : Year ending 31st December.

From 1995 data are on accrual basis.

Following national practice, one-third of the revenues from stamp fees (heading 6000) and fifty percent of the revenues from administration duties (heading 6000) are treated as tax revenues, the remainder being treated as non-tax revenue.

From 1988 onwards promoting residential building is being mainly financed by capital transfers from the Federal Government to the Länder. For the years 1985 to 1987 legally fixed shares of some taxes have been transmitted automatically from Federal Government to the Länder for this purpose and these funds have been classified as tax receipts of the Länder in those years. From 1988, they are classified as Federal Government tax revenues. This break in the time series (1987/1988) affects only the shares of the different subsectors and not total tax revenues.

From 1998 contributions of interested persons and parking duties are classified as non-tax revenues (sales) and no longer reported under heading 6000.

Source : Statistics Austria.

StatLink https://doi.org/10.1787/888934060649

Tableau 5.3. Belgique : Tableau détaillé par pays, 1965-2017

Millions EUR

	1965	1980	1990	2000	2007	2010	2013	2015	2016	2017
Recettes fiscales totales	**6 421**	**37 443**	**70 408**	**112 423**	**147 262**	**155 610**	**176 969**	**183 864**	**186 323**	**195 270**
Recettes fiscales totales excluant les droits de douane	..	..	..	**111 463**	**145 874**	**154 377**	**175 784**	**182 498**	**184 748**	**193 618**
1000 Impôts sur revenu, bénéfices et gains en capital	**1 774**	**15 379**	**25 983**	**43 421**	**52 801**	**53 243**	**62 739**	**65 573**	**66 249**	**71 319**
1100 Des personnes physiques	1 317	13 626	22 538	35 260	40 967	43 956	50 471	51 879	51 565	53 130
1110 Sur le revenu et les bénéfices	1 317	13 626	22 538	35 260	40 967	43 956	50 471	51 879	51 565	53 130
Précompte immobilier	148	532	1 053	1 857	0	0	0	0	0	0
Précompte mobilier	119	1 062	3 014	1 737	2 351	2 426	4 314	4 104	3 993	3 741
Précompte professionnel	740	9 119	15 422	27 738	35 969	39 758	44 639	45 609	45 273	46 878
Impôt versé par non-salariés	125	1 776	2 144	1 959	1 747	1 611	1 508	1 547	1 513	1 591
Impôt des non-résidents	0	-2	4	585	792	810	841	976	980	928
Impôt sur revenu global	183	1 128	878	774	-915	-1 697	-1 988	-1 512	-1 421	-1 261
Cotisation spéciale séc. sociale	0	0	19	602	957	1 032	1 117	1 106	1 198	1 209
Autres (personnes physiques)	0	12	2	8	65	17	41	48	29	45
1120 Sur les gains en capital	0	0	0	0	0	0	0	0	0	0
1200 Des sociétés	397	1 744	3 405	8 083	11 749	9 249	12 218	13 643	14 620	18 127
1210 Sur les bénéfices	397	1 744	3 405	8 083	11 749	9 249	12 218	13 643	14 620	18 127
Précompte immobilier	33	0	0	0	0	0	0	0	0	0
Précompte mobilier	41	367	1 206	544	686	315	478	466	407	319
Versements anticipés (sociétés)	262	1 273	2 735	7 112	9 733	7 691	7 930	8 538	8 594	11 586
Impôt sur revenu global	60	79	-553	404	1 270	1 196	3 662	4 466	5 571	5 936
Impôt des non-résidents (sociétés)	0	-6	18	17	41	43	138	154	38	270
Autres (sociétés)	0	32	-2	5	19	4	10	19	9	15
1220 Sur les gains en capital	0	0	0	0	0	0	0	0	0	0
1300 Non-ventilables entre 1100 et 1200	61	9	40	78	85	38	51	51	64	63
Anciens impôts sur revenu	51	0	0	0	0	0	0	0	0	0
Amendes	3	0	0	0	0	0	0	0	0	0
Autres	7	9	40	78	85	38	51	51	64	63
2000 Cotisations de sécurité sociale	**2 018**	**10 798**	**23 386**	**34 636**	**45 659**	**50 447**	**56 355**	**58 628**	**57 931**	**59 594**
2100 À la charge des salariés	569	3 130	7 152	10 936	13 851	14 998	16 481	16 962	17 110	17 742
2110 Sur la base du salaire	..	3 130	7 152	10 936	13 851	14 998	16 481	16 962	17 110	17 742
Sur les salaires et traitements bruts	..	3 130	7 062	10 936	13 851	14 998	16 481	16 962	17 110	17 742
Sur les prestations sociales	..	0	89	0	0	0	0	0	0	0
2120 Sur la base de l'impôt sur les revenus	..	0	0	0	0	0	0	0	0	0
2200 À la charge des employeurs	1 320	6 791	14 689	20 794	27 943	30 811	34 807	36 207	35 152	36 021
2210 Sur la base du salaire	..	6 791	14 689	20 794	27 943	30 811	34 807	36 207	35 152	36 021
À la charge des administrations publiques	..	1 059	1 769	3 105	4 493	5 261	6 535	7 437	7 473	7 774
À la charge des autres secteurs	..	5 732	12 920	17 689	23 450	25 550	28 273	28 769	27 679	28 247
2220 Sur la base de l'impôt sur les revenus	..	0	0	0	0	0	0	0	0	0
2300 A charge des travailleurs indép. ou sans emploi	129	877	1 546	2 906	3 866	4 637	5 066	5 459	5 669	5 831
Travailleurs indépendants	..	803	1 230	2 053	2 678	3 342	3 703	3 975	4 071	4 153
Sans emploi	..	0	0	0	0	0	0	0	0	0
Pensionnés, retraités	..	29	198	709	1 012	1 134	1 254	1 371	1 483	1 568
Autres	..	45	118	144	176	161	109	113	115	110
2310 Sur la base du salaire	..	877	1 546	2 906	3 866	4 637	5 066	5 459	5 669	5 831
2320 Sur la base de l'impôt sur les revenus	..	0	0	0	0	0	0	0	0	0
2400 Non-ventilables entre 2100, 2200 et 2300	0	0	0	0	0	0	0	0	0	0
2410 Sur la base du salaire	..	..	..	..	..	..	..	..	..	..
2420 Sur la base de l'impôt sur les revenus	..	..	..	..	..	..	..	..	..	..
3000 Sur salaires ou main d'oeuvre	**0**	**0**	**0**	**0**	**6**	**7**	**8**	**8**	**8**	**8**
Cotisation mandats publics	..	..	..	..	6	7	8	8	8	8
4000 Impôts sur le patrimoine	**240**	**1 161**	**2 679**	**5 282**	**10 550**	**11 252**	**13 805**	**14 407**	**14 856**	**15 394**
4100 Impôts périodiques sur la propriété immobilière	2	210	599	1 164	4 146	4 632	5 187	5 433	5 635	5 754
4110 Ménages	0	26	63	102	2 779	3 115	3 478	3 651	3 784	3 876
4120 Autres agents	2	184	536	1 063	1 367	1 517	1 710	1 782	1 851	1 879
Taxes sur associations sans but lucratif	2	7	17	41	32	33	38	41	43	45
Précompte immobilier (soc.)	0	177	519	929	1 269	1 416	1 584	1 651	1 715	1 746
Taxe régionale (Br.)	0	0	0	94	66	68	88	90	93	89
4200 Impôts périodiques sur l'actif net	0	0	0	92	253	237	451	661	968	929
4210 Personnes physiques	..	..	..	0	0	0	0	0	0	0
4220 Sociétés	..	..	..	92	253	237	451	661	968	929
4300 Impôts sur mut. par décès, succ. et donations	75	309	504	1 101	2 053	2 269	3 096	3 002	2 932	3 131
4310 Impôts sur mut. par décès et successions	69	281	475	1 042	1 702	1 939	2 634	2 510	2 365	2 526
4320 Impôts sur les donations	6	29	29	59	351	330	463	492	567	604

	1965	1980	1990	2000	2007	2010	2013	2015	2016	2017
4400 Impôts sur transact. mobilières et immob.	163	633	1 478	2 669	3 704	3 493	3 886	4 358	4 464	4 800
Droits d'enregistrement	153	527	1 213	1 967	3 325	3 210	3 542	3 899	4 065	4 342
Droits d'hypothèque	2	10	29	37	76	75	72	93	89	83
Droits de greffe	2	8	29	38	31	34	37	41	47	40
Fonds d'expansion économique	0	0	0	0	0	0	0	0	0	0
Taxe sur opérations de bourse	4	31	92	386	234	134	193	287	219	296
Taxe sur titres cotés en bourse	2	4	21	0	0	0	0	0	0	0
Taxe sur les titres au porteur	0	0	0	79	3	0	6	0	0	0
Droits de timbre, droits d'écriture	0	53	94	161	35	40	36	38	44	40
4500 Impôts non-périodiques	0	0	0	74	163	328	877	635	415	487
4510 Sur l'actif net	..	..	..	0	0	0	0	0	0	0
4520 Autres non-périodiques	..	..	..	74	163	328	877	635	415	487
Taxe sur l'épargne à long terme	..	..	..	74	163	194	207	413	382	369
Déclaration libératoire unique (DLU)	..	..	..	0	0	0	0	0	0	0
Déclaration libératoire unique (Diamant)	..	..	..	0	0	0	0	0	0	0
Régularisation fiscale (DLU bis)	..	..	..	0	0	134	614	145	8	12
Régularisation fiscale (DLU ter)	..	..	..	0	0	0	54	78	24	106
Contr. spéciale associations de crédit	..	..	..	0	0	0	2	0	0	0
4600 Autres impôts périodiques sur patrimoine	0	8	99	182	232	294	309	318	443	293
Prélèvement visant à lutter contre la non-utilisation d'un site de production d'électricité par un producteur	..	..	..	..	..	..	..	0	120	0
Transfert au Fonds des Accidents de Travail en provenance des caisses privées d'assurance contre les accidents de travail	..	..	..	..	..	..	..	318	323	293
Taxe sur les comptes titres	..	..	..	..	..	..	..	0	0	0
5000 Impôts sur les biens et services	**2 386**	**10 105**	**18 360**	**28 125**	**36 798**	**39 393**	**42 830**	**43 843**	**45 703**	**47 303**
5100 Impôts sur production, vente, transfert, etc.	2 187	9 606	17 387	26 021	34 427	37 004	40 400	41 351	43 211	44 748
5110 Impôts généraux	1 355	6 321	11 570	18 240	24 135	25 515	27 491	27 796	28 956	29 957
5111 Taxes sur la valeur ajoutée	0	6 321	11 547	18 114	23 864	25 262	27 250	27 578	28 722	29 763
T V A	..	6 293	11 491	18 114	23 864	25 262	27 250	27 578	28 722	29 763
Taxe d'immatriculation	..	28	56	0	0	0	0	0	0	0
5112 Impôts sur les ventes	0	0	23	126	271	253	241	219	235	194
5113 Autres impôts	1 355	0	0	0	0	0	0	0	0	0
Taxes assimilées au timbre	1 355	..	..	..	..	..	..	..	..	..
5120 Impôts sur biens et services déterminés	832	3 285	5 818	7 781	10 292	11 489	12 910	13 555	14 254	14 791
5121 Accises	531	1 997	3 478	5 690	7 367	7 783	8 036	8 649	9 442	9 906
Huiles minérales	278	1 109	2 017	3 392	3 891	4 148	4 072	4 556	4 963	5 195
Gaz de pétrole, hydroc. liquéfiés, benzoles	0	4	0	0	0	0	0	0	0	0
Sur le tabac	132	501	868	1 342	1 821	1 885	2 197	2 262	2 306	2 245
Eaux de vie	23	123	191	206	225	235	272	318	323	320
Taxe consommation alcools, eaux de vie	26	54	0	0	0	0	0	0	0	0
Boissons fermentées mousseuses	1	7	11	24	39	57	77	92	104	103
Boissons fermentées de fruits	18	57	88	101	115	116	132	148	174	172
Bières	38	93	170	208	191	188	183	194	202	201
Eaux de boisson et limonades	10	44	113	148	49	54	58	56	100	103
Sucres et sirops de raffinage + café	5	5	22	13	12	13	15	14	14	15
Cotisation sur l'énergie	0	0	0	193	341	383	337	343	340	340
Produits intermédiaires alcoolisés	0	0	0	32	28	26	26	26	28	28
Redevance de contrôle fuel domestique	0	0	0	29	43	51	41	36	33	32
Ecotaxes	0	0	0	2	1	0	1	0	1	0
Cotisation d'emballage	0	0	0	0	296	320	332	336	338	341
Cotisation fédérale sur l'électricité et le gaz naturel	0	0	0	0	311	292	281	269	518	812
Cotisation environnementale	0	0	0	0	5	15	14	1	0	0
5122 Bénéfices des monopoles fiscaux	0	0	0	0	0	0	0	0	0	0
5123 Droits de douane et droits à l'importation	272	627	809	0	0	0	0	0	0	0
Droits d'entrée	206	0	0	..	..	..	..	..	..	..
Prélèvements agricoles	63	0	0	..	..	..	..	..	..	..
Prélèvements CECA	2	0	0	..	..	..	..	..	..	..
Prélèvements UE, droit d'entrée	0	383	716	..	..	..	..	..	..	..
Prélèvements agricoles UE	0	244	93	..	..	..	..	..	..	..
5124 Taxes à l'exportation	0	1	0	0	0	0	0	0	0	0
5125 Impôts sur biens d'équipement	0	0	0	0	0	0	0	0	0	0
5126 Impôts sur services déterminés	29	452	937	1 365	2 044	2 455	3 137	3 210	3 164	3 170
Taxes jeux et paris	9	47	51	45	64	77	73	80	90	94
Taxe annuelle contrats assurances	19	404	885	1 282	1 930	2 123	2 285	2 307	2 353	2 382
Taxe d'affichage	0	0	1	1	3	3	3	3	2	3
Protection des dépots	0	0	0	36	48	252	609	441	441	440
Fonds de résolution	0	0	0	0	0	0	167	380	278	252
5127 Autres impôts sur commerce et transact. internat.	0	0	0	0	0	0	0	0	0	0
5128 Autres impôts	0	208	593	726	881	1 252	1 737	1 695	1 649	1 715
5130 Non-ventilables entre 5110 et 5120	0	0	0	0	0	0	0	0	0	0
5200 Impôts sur utilisation des biens et exerc. activités	199	496	966	2 096	2 363	2 384	2 420	2 482	2 482	2 540

	1965	1980	1990	2000	2007	2010	2013	2015	2016	2017
5210 Impôts périodiques	199	496	966	1 887	2 032	2 005	2 023	2 032	1 959	1 993
Taxe de circulation	100	368	712	1 413	1 693	1 702	1 830	1 851	1 767	1 802
5211 À la charge des ménages : véhicules à moteur	0	204	458	889	1 051	1 054	1 148	1 163	1 169	1 210
5212 À la charge autres agents : véhicules à moteur	0	164	254	525	642	648	683	689	598	591
5213 Autres impôts périodiques	99	127	254	474	338	303	193	181	192	191
Taxe appareils de divertissement	6	20	20	71	56	58	74	56	52	54
Taxe débits de boissons	1	5	24	18	0	0	0	0	0	0
Taxe sur la chasse	2	0	0	0	0	0	0	0	0	0
Collectivités locales	90	15	19	38	99	112	10	22	22	22
Radio, TV	0	87	191	347	184	133	108	103	118	115
5220 Impôts non-périodiques	0	0	0	209	332	379	397	451	523	548
Taxe de mise en circulation	..	..	..	209	332	379	360	349	388	435
Ménages	..	..	..	139	221	252	240	233	259	290
Autres agents	..	..	..	70	111	126	120	116	130	145
Droits d'émission	..	..	..	0	0	0	36	101	135	112
5300 Non-ventilables entre 5100 et 5200	0	3	7	7	7	6	10	9	11	15
6000 Autres impôts	**2**	**0**	**0**	**0**	**61**	**36**	**46**	**40**	**0**	**0**
6100 À la charge exclusive des entreprises	0	..	..	..	0	0	0	0	0	0
6200 À la charge d'autres agents	2	..	..	..	61	36	46	40	0	0
Amendes et intérets	2	..	..	..	0	0	0	0	0	0
Droits de douane perçus pour l'UE	**..**	**..**	**..**	**960**	**1 388**	**1 234**	**1 185**	**1 367**	**1 575**	**1 652**
Crédits d'impôts récupérables										
Crédits d'impôts récupérables contre 1110	..	..	..	..	348	1 037	1 492	830	761	852
Composante fiscale	..	..	..	..	78	588	1 077	537	460	542
Composante transfert	..	..	..	..	270	449	415	293	301	310
Crédits d'impôts récupérables contre 1210	..	..	..	..	0	0	0	0	0	0
Composante fiscale	..	..	..	..	..	..	..	..	..	..
Composante transfert	..	..	..	..	..	..	..	..	..	..
Recettes fiscales totales sur la base d'encaissements	**6 421**	**37 438**	**70 268**	**..**	**..**	**..**	**..**	**..**	**..**	**..**
Recettes fiscales totales sur la base des droits constatés	**..**	**37 443**	**70 408**	**112 423**	**147 262**	**155 610**	**176 969**	**183 864**	**186 323**	**195 270**
Conciliation avec les Comptes nationaux										
Impôts additionnels inclus dans les comptes nationaux	..	107	447	1 300	1 387	1 646	1 578	1 657	1 786	1 807
Bénéfices de la loterie nationale	..	107	262	279	225	243	215	206	201	185
Taxes sur les eaux (RF, RW et RB-C)	..	0	66	378	119	137	122	104	136	119
Cot. producteurs produits animaux (Sanitel)	..	0	0	14	13	15	14	6	7	12
Taxe sur les déchets industriels	..	0	27	74	68	54	46	55	84	79
Taxe sur le lisier (RF)	..	0	0	11	11	5	5	1	3	2
Taxe sur les déchets ménagers (RW)	..	0	0	20	0	0	0	0	0	0
Retenue à la source sur salaires (UE)	..	0	93	174	270	345	336	370	392	408
Cotisations de sécurité sociale (UE)	..	0	0	136	250	340	330	360	381	396
Cotisations sociales imputées (UE)	..	0	0	213	431	508	511	554	582	606
Impôt exclus des comptes nationaux	..	0	0	0	0	0	0	0	0	0
Protection des dépots	..	..	..	..	..	..	..	..	..	..
Différence dans les traitements des crédits d'impôts	..	0	0	0	78	588	1 077	537	460	542
Transfert en capital des recettes non collectées	..	0	0	0	0	0	0	0	0	0
Cotisations de sécurité sociale volontaires	..	41	52	54	55	62	74	72	72	73
Différences diverses	..	0	0	0	0	0	0	0	0	0
Réallocation niveaux d'administration nationaux	..	..	..	..	..	..	..	..	..	..
Réallocation UE	..	..	..	..	..	..	..	..	..	..
Comptes nationaux : impôts et cotisations sociales effectives	..	37 590	70 907	113 564	148 351	157 399	179 186	185 576	188 058	197 086
Cotisations sociales imputées	..	1 497	2 886	5 377	7 568	8 713	10 071	9 799	10 108	10 541
Comptes nationaux : impôts et toutes les cotisations sociales	..	39 087	73 793	118 940	155 919	166 112	189 257	195 375	198 166	207 627

.. Non disponible

Note : Données établies sur la base de l'année civile se terminant le 31 décembre. A partir de 1970, les données sont sur la base des droits constatés.

Source : Service Public Fédéral Finances.

StatLink https://doi.org/10.1787/888934060668

Tableau 5.4. Canada : Tableau détaillé par pays, 1965-2017

Millions CAD

	1965	1980	1990	2000	2007	2010	2013	2015	2016	2017
Recettes fiscales totales	**15 318**	**101 015**	**244 152**	**390 234**	**512 663**	**516 591**	**592 206**	**653 264**	**672 809**	**702 704**
1000 Impôts sur revenu, bénéfices et gains en capital	**5 910**	**47 064**	**118 566**	**195 320**	**251 198**	**240 961**	**281 787**	**314 841**	**323 053**	**338 866**
1100 Des personnes physiques	3 464	34 451	99 722	143 652	190 025	180 894	214 054	240 304	240 585	251 092
1110 Sur le revenu et les bénéfices	3 464	34 451	99 722	143 652	190 025	180 894	214 054	240 304	240 585	251 092
Taxes federal government	2 635	21 231	60 252	90 694	116 395	109 341	127 655	143 315	142 511	150 989
Taxes on individuals - province	829	13 220	39 470	52 958	73 630	71 553	86 399	96 989	98 074	100 103
1120 Sur les gains en capital	0	0	0	0	0	0	0	0	0	0
1200 Des sociétés	2 276	11 741	17 190	47 643	54 272	54 101	62 359	67 894	75 720	80 071
1210 Sur les bénéfices	2 276	11 741	17 190	47 643	54 272	54 101	62 359	67 894	75 720	80 071
Taxes federal government	1 752	8 110	11 726	31 570	37 093	33 419	38 142	41 726	46 299	49 769
Taxes on corporations - province	524	3 631	5 464	16 073	17 179	20 682	24 217	26 168	29 421	30 302
1220 Sur les gains en capital	0	0	0	0	0	0	0	0	0	0
1300 Non-ventilables entre 1100 et 1200	170	872	1 654	4 025	6 901	5 966	5 374	6 643	6 748	7 703
Non-resident withhold taxes - federal	170	872	1 654	4 025	6 901	5 966	5 374	6 643	6 748	7 703
2000 Cotisations de sécurité sociale	**854**	**10 649**	**29 653**	**53 109**	**73 722**	**76 787**	**90 394**	**96 371**	**98 954**	**99 346**
2100 À la charge des salariés	318	3 756	10 634	21 361	29 361	30 626	36 057	38 685	39 623	39 917
Canada pension plan	47	1 265	3 745	9 401	16 194	16 852	20 021	21 491	21 905	23 025
Quebec pension plan	15	431	1 108	2 897	4 124	5 450	5 815	6 293	6 539	6 991
Employment insurance	164	1 393	5 284	7 782	7 084	7 388	9 198	9 772	9 966	8 623
Hospital insurance premiums	92	667	496	1 281	1 959	937	1 023	1 128	1 213	1 278
2110 Sur la base du salaire	..	..	10 634	20 976	28 654	29 689	35 034	37 557	38 410	38 639
2120 Sur la base de l'impôt sur les revenus	..	..	0	385	707	937	1 023	1 128	1 213	1 278
2200 À la charge des employeurs	536	6 697	18 449	30 307	41 922	43 525	51 261	54 380	55 950	55 866
Canada pension plan	48	1 266	3 745	9 401	16 194	16 852	20 021	21 491	21 905	23 025
Quebec pension plan	15	432	1 108	2 897	4 124	5 450	5 815	6 293	6 539	6 991
Employment insurance	164	2 006	7 398	10 894	9 917	10 343	12 877	13 681	13 953	12 072
Hospital insurance premiums	92	1 270	496	897	1 252	0	0	0	0	0
Social insurance levies	217	1 723	5 702	6 218	10 434	10 881	12 548	12 914	13 554	13 778
2210 Sur la base du salaire	..	..	18 449	30 307	41 922	43 525	51 261	54 380	55 950	55 866
2220 Sur la base de l'impôt sur les revenus	..	..	0	0	0	0	0	0	0	0
2300 A charge des travailleurs indép. ou sans emploi	0	196	570	1 442	2 440	2 636	3 076	3 307	3 381	3 563
Canada pension plan	..	153	478	1 200	2 096	2 181	2 591	2 781	2 835	2 979
Quebec pension plan	..	43	92	242	344	455	486	525	546	584
2310 Sur la base du salaire	..	196	570	1 442	2 440	2 636	3 076	3 307	3 381	3 563
2320 Sur la base de l'impôt sur les revenus	..	0	0	0	0	0	0	0	0	0
2400 Non-ventilables entre 2100, 2200 et 2300	0	0	0	0	0	0	0	0	0	0
2410 Sur la base du salaire	..	..	..	..	..	..	..	..	..	..
2420 Sur la base de l'impôt sur les revenus	..	..	..	..	..	..	..	..	..	..
3000 Sur salaires ou main d'oeuvre	**0**	**0**	**5 499**	**8 013**	**10 038**	**10 760**	**12 482**	**13 256**	**13 792**	**14 331**
4000 Impôts sur le patrimoine	**2 186**	**9 195**	**24 467**	**37 157**	**54 507**	**63 735**	**70 451**	**77 778**	**81 178**	**84 021**
4100 Impôts périodiques sur la propriété immobilière	1 830	8 315	20 189	30 242	44 567	51 702	57 769	62 651	65 191	66 839
On property provincial government	11	133	1 645	3 078	3 164	4 476	4 946	5 410	5 778	5 838
Personal property local government	17	0	18 544	27 165	41 403	47 226	52 823	57 241	59 413	61 001
Real property local government	1 802	8 182	0	0	0	0	0	0	0	0
4110 Ménages	..	..	..	..	..	..	..	..	..	..
4120 Autres agents	..	..	..	..	..	..	..	..	..	..
4200 Impôts périodiques sur l'actif net	25	512	1 911	4 171	2 970	1 523	414	372	424	440
4210 Personnes physiques	0	0	0	0	0	0	0	0	0	0
4220 Sociétés	25	512	1 911	4 171	2 970	1 523	414	372	424	440
4300 Impôts sur mut. par décès, succ. et donations	223	75	3	2	0	178	221	268	260	304
4310 Impôts sur mut. par décès et successions	216	75	3	2	..	178	221	268	260	304
On inheritances federal government	108	0	0	0	..	0	0	0	0	0
Succession duties provincial government	108	75	3	2	..	178	221	268	260	304
4320 Impôts sur les donations	7	0	0	0	..	0	0	0	0	0
On gifts federal government	7	..	..	..	..	..	..	..	..	..
4400 Impôts sur transact. mobilières et immob.	0	0	0	0	2 868	3 077	3 646	4 975	6 315	6 939
4500 Impôts non-périodiques	108	293	2 365	2 742	4 102	7 254	8 401	9 512	8 988	9 499
4510 Sur l'actif net	0	0	0	0	0	0	0	0	0	0
4520 Autres non-périodiques	108	293	2 365	2 742	4 102	7 254	8 401	9 512	8 988	9 499
Special assessments and charges local govt.	108	293	2 365	2 742	4 102	7 254	8 401	9 512	8 988	9 499
4600 Autres impôts périodiques sur patrimoine	0	0	0	0	0	0	0	0	0	0
5000 Impôts sur les biens et services	**6 202**	**32 909**	**63 092**	**94 468**	**122 855**	**123 752**	**136 396**	**150 270**	**155 091**	**165 395**
5100 Impôts sur production, vente, transfert, etc.	5 310	24 808	59 627	88 879	114 701	116 160	128 554	140 745	146 128	153 721
5110 Impôts généraux	2 730	11 658	34 475	55 313	71 242	72 130	81 452	90 593	93 851	99 938
5111 Taxes sur la valeur ajoutée	0	0	0	35 884	46 072	70 712	78 292	86 694	90 392	96 159

	1965	1980	1990	2000	2007	2010	2013	2015	2016	2017
5112 Impôts sur les ventes	2 730	11 658	34 475	19 429	25 170	1 418	3 160	3 899	3 459	3 779
Sales taxes federal government	813	5 429	16 866	0	0	0	0	0	0	0
Sales taxes provincial, local govt.	1 917	6 229	17 609	19 429	25 170	1 418	3 160	3 899	3 459	3 779
5113 Autres impôts	0	0	0	0	0	0	0	0	0	0
5120 Impôts sur biens et services déterminés	2 580	13 150	25 153	33 565	43 459	44 030	47 102	50 152	52 278	53 783
5121 Accises	1 499	6 805	14 473	18 417	22 759	23 281	24 470	25 284	25 926	27 171
Excises federal government	740	3 850	6 405	8 377	9 249	10 244	10 261	10 372	10 649	10 887
Liquor	..	..	926	1 103	1 224	1 554	1 488	1 521	1 563	1 700
Tobacco	..	..	2 247	2 176	2 466	3 025	3 019	2 875	3 298	3 117
Gasoline and motive fuel	..	..	2 472	4 807	5 272	5 306	5 460	5 678	5 482	5 759
Remitted gaming profits	..	..	45	0	0	0	0	0	0	0
Miscellaneous consumption taxes	..	..	715	291	287	358	294	297	306	311
Excises provincial government	759	2 955	8 067	10 039	13 510	13 037	14 209	14 912	15 277	16 284
Motor fuel	680	1 863	4 674	7 031	8 065	8 198	9 094	9 727	10 139	10 343
Tobacco	53	772	2 776	2 279	4 181	4 620	4 879	5 108	5 120	5 006
Other	26	320	617	730	1 264	219	236	77	18	935
5122 Bénéfices des monopoles fiscaux	294	1 406	3 758	8 756	11 565	11 565	12 059	13 016	13 623	13 863
Own enterprises contributions	294	1 406	3 758	8 756	11 565	11 565	12 059	13 016	13 623	13 863
5123 Droits de douane et droits à l'importation	686	3 199	4 021	2 824	3 829	3 441	4 193	5 181	5 461	5 593
Customs and import duties federal govt.	686	3 199	4 021	2 824	3 829	3 441	4 193	5 181	5 461	5 593
5124 Taxes à l'exportation	0	842	0	0	0	0	0	0	0	0
5125 Impôts sur biens d'équipement	0	0	0	0	0	0	0	0	0	0
5126 Impôts sur services déterminés	84	575	2 385	2 524	4 088	4 489	5 087	5 213	5 935	5 966
Tax on insurance premiums, provincial govt.	45	261	1 141	1 740	2 796	3 305	3 901	3 962	4 587	4 503
Tax on insurance premiums, federal govt.	0	1	1	1	11	28	13	10	7	1
Amusement and admission taxes	4	25	126	538	537	322	280	291	330	355
Air transportation taxes	0	166	488	0	403	600	662	722	768	823
Racetrack betting	35	122	155	55	36	36	32	33	26	25
Tax on meals and hotels	0	0	473	191	305	198	199	195	217	259
5127 Autres impôts sur commerce et transact. internat.	0	0	0	0	0	0	0	0	0	0
5128 Autres impôts	17	323	517	1 045	1 217	1 255	1 292	1 458	1 333	1 190
Other taxes federal government	0	98	272	758	762	557	439	544	421	417
Other taxes provincial government	17	225	245	287	455	698	853	914	912	773
5130 Non-ventilables entre 5110 et 5120	0	0	0	0	0	0	0	0	0	0
5200 Impôts sur utilisation des biens et exerc. activités	892	8 101	3 465	5 589	8 154	7 592	7 842	9 525	8 963	11 674
5210 Impôts périodiques	306	1 500	2 393	3 644	4 368	4 452	5 017	5 589	5 777	6 022
5211 À la charge des ménages : véhicules à moteur	103	666	1 056	1 696	2 241	1 986	2 237	2 478	2 612	2 739
5212 À la charge autres agents : véhicules à moteur	141	509	697	1 039	1 242	1 153	1 343	1 552	1 587	1 682
5213 Autres impôts périodiques	62	325	640	909	885	1 313	1 437	1 559	1 578	1 601
5220 Impôts non-périodiques	586	6 601	1 072	1 945	3 786	3 140	2 825	3 936	3 186	5 652
Licences and permits local govt.	36	132	317	499	889	807	952	1 023	1 026	1 028
Licences and permits provincial govt.	550	6 469	755	1 446	2 897	2 333	1 873	2 913	2 160	4 624
5300 Non-ventilables entre 5100 et 5200	0	0	0	0	0	0	0	0	0	0
6000 Autres impôts	**166**	**1 198**	**2 875**	**2 167**	**342**	**596**	**696**	**748**	**740**	**745**
6100 À la charge exclusive des entreprises	139	943	2 386	1 280	0	0	0	0	0	0
6200 À la charge d'autres agents	27	255	489	887	342	596	696	748	740	745
Poll tax local government	5	0	0	0	0	0	0	0	0	0
Miscellaneous local government	11	358	489	887	342	596	696	748	740	745
Other federal government	11	-103	0	0	0	0	0	0	0	0
Crédits d'impôts récupérables										
Crédits d'impôts récupérables contre 1110	..	..	..	1 633	5 550	6 415	7 326	7 510	7 681	7 997
Composante fiscale	..	..	..	276	824	875	965	968	1 113	1 051
Composante transfert	..	..	..	1 357	4 726	5 540	6 361	6 542	6 568	6 946
Crédits d'impôts récupérables contre 1210	..	..	..	1 758	3 445	4 726	3 754	3 768	3 758	3 575
Composante fiscale	..	..	..	20	12	19	17	15	16	16
Composante transfert	..	..	..	1 738	3 433	4 707	3 737	3 753	3 742	3 559
Recettes fiscales totales sur la base d'encaissements	**15 318**	**101 015**	**244 152**	**388 833**	**527 734**	..	..	..	..	..
Recettes fiscales totales sur la base des droits constatés	..	..	..	**390 234**	**512 663**	**516 591**	**592 206**	**653 264**	**672 809**	**702 704**
Conciliation avec les comptes nationaux										
Impôts additionnels inclus dans les comptes nationaux	..	..	..	0	0	0	0	0	0	0
Impôt exclus des comptes nationaux	..	..	..	0	0	0	0	0	0	0
Différence dans les traitements des crédits d'impôts	..	..	..	296	836	894	982	983	1 129	1 068
Transfert en capital des recettes non collectées	..	..	..	0	0	0	0	0	0	0
Cotisations de sécurité sociale volontaires	..	..	..	0	0	0	0	0	0	0
Différences diverses	..	..	..	0	0	0	0	0	0	0
Comptes nationaux : impôts et cotisations sociales effectives	..	..	..	390 234	513 499	517 485	593 188	654 247	673 938	703 771
Cotisations sociales imputées	..	..	..	0	0	0	0	0	0	0
Comptes nationaux : impôts et toutes les cotisations sociales	..	..	..	390 234	513 499	517 485	593 188	654 247	673 938	703 771

.. Non disponible

Note : From 2001, all data are for the year ending 31st December. For 2000 and earlier years, data for the Federal, Provincial and Territorial governments and Social security funds are on a fiscal year basis commencing 1st April. Data for local government are on a fiscal year basis commencing 1st January.

From 1999 data are on accrual basis except that personal income taxes are on a modified cash basis.

There are some minor differences between the data for the years 1965 to 1978 and those for subsequent years. These mostly relate to the inclusion of fines and penalities or late payment of taxes and deductions for the child tax credits in the data for the years 1979 to 1983.

Heading 1210 - Taxes federal government: Federal corporate taxes include capital taxes.

Heading 2000: Includes receipts from the Canadian Pension Plan, Quebec Pension Plan, Unemployement Insurance Fund and Provincial Health Insurance. Premiums, Medicare Premiums and Social Insurance levies but excludes that part of the taxes on income and sales taxes earmarked for old age security. The practice of earmarking these taxes was discontinued in June 1975.

Heading 4400: From 2002 onward includes land transfer taxes of the provincial, territorial and local governments. Prior to 2002 land transfer taxes of the local government were included in line 6000 and those provincial and territorial governments were included in line 4520.

Heading 5121: The large increase in this heading between 1980 and 1981 is due to the introduction of a 'special petroleum compensation charge', a 'Canadian ownership special charge' and to an increase in the natural gas tax of C$ 2399 millions.

Heading 5122: From 1988, profits on fiscal monopolies include lottery profits.

Heading 5128: From 1988, other taxes of Federal Government include the annual fees for managing the spectrum (airwaves) allocation to the cellular industry.

Heading 5211: Some Québec motor vehicle licence administrative fees are included in sales of goods and services for the period 1988-89 to 1997-98. From 1998-99 onward, these fees are included under other taxes - motor vehicle licences.

Source : Statistics Canada.

StatLink https://doi.org/10.1787/888934060687

Tableau 5.5. Chili : Tableau détaillé par pays, 1965-2017

Millions CLP

	1965	1980	1990	2000	2007	2010	2013	2015	2016	2017
Recettes fiscales totales	..	..	**1 777 218**	**7 901 998**	**20 598 963**	**21 845 693**	**27 381 686**	**32 532 354**	**34 129 307**	**36 238 557**
1000 Impôts sur revenu, bénéfices et gains en capital	..	..	**412 974**	**1 841 630**	**9 412 056**	**8 329 060**	**9 520 709**	**11 840 521**	**11 444 570**	**12 516 154**
1100 Des personnes physiques	..	..	99 154	604 100	989 348	1 492 837	1 964 172	3 199 876	2 990 653	3 500 023
Second category tax	..	..	65 552	490 980	993 129	1 449 099	1 981 699	2 350 120	2 458 249	2 585 694
Global complementary tax	..	..	33 603	113 120	-3 781	43 738	-17 527	-36 757	-213 365	50 495
Other	..	..	0	0	0	0	0	886 513	745 769	863 834
1110 Sur le revenu et les bénéfices	..	..	..	..	..	..	..	..	..	..
1120 Sur les gains en capital	..	..	..	..	..	..	..	..	..	..
1200 Des sociétés	..	..	219 586	882 896	6 054 487	4 448 745	6 041 089	6 839 133	7 146 657	7 658 420
First category tax	..	..	200 891	815 747	5 084 996	3 913 870	5 473 355	6 183 830	6 689 101	7 049 471
Surtax on state owned enterprises	..	..	16 074	47 634	113 334	194 203	124 220	132 352	88 362	193 058
Mining tax	..	..	0	0	835 452	298 558	324 577	323 507	105 653	101 970
Other	..	..	2 621	19 516	20 705	42 114	118 937	199 444	263 541	313 921
1210 Sur les bénéfices	..	..	..	..	..	..	..	..	..	..
1220 Sur les gains en capital	..	..	..	..	..	..	..	..	..	..
1300 Non-ventilables entre 1100 et 1200	..	..	94 233	354 634	2 368 221	2 387 478	1 515 449	1 801 512	1 307 260	1 357 711
Additional tax	..	..	59 082	350 301	1 462 715	1 414 057	1 337 721	1 429 758	1 331 564	1 453 577
Other	..	..	35 151	4 332	905 507	973 421	177 727	371 755	-24 304	-95 865
2000 Cotisations de sécurité sociale	..	..	**159 559**	**576 758**	**1 148 647**	**1 493 987**	**1 968 973**	**2 252 489**	**2 441 419**	**2 627 558**
2100 À la charge des salariés	..	..	154 021	553 937	1 098 620	1 433 159	1 906 340	2 188 575	2 373 777	2 553 916
2110 Sur la base du salaire	..	..	154 021	553 937	1 098 620	1 433 159	1 906 340	2 188 575	2 373 777	2 553 916
2120 Sur la base de l'impôt sur les revenus	..	..	0	0	0	0	0	0	0	0
2200 À la charge des employeurs	..	..	5 538	22 821	50 027	60 828	62 633	63 914	67 642	73 643
2210 Sur la base du salaire	..	..	5 538	22 821	50 027	60 828	62 633	63 914	67 642	73 643
2220 Sur la base de l'impôt sur les revenus	..	..	0	0	0	0	0	0	0	0
2300 A charge des travailleurs indép. ou sans emploi	..	..	0	0	0	0	0	0	0	0
2310 Sur la base du salaire	..	..	..	..	..	..	..	..	..	..
2320 Sur la base de l'impôt sur les revenus	..	..	..	..	..	..	..	..	..	..
2400 Non-ventilables entre 2100, 2200 et 2300	..	..	0	0	0	0	0	0	0	0
2410 Sur la base du salaire	..	..	..	..	..	..	..	..	..	..
2420 Sur la base de l'impôt sur les revenus	..	..	..	..	..	..	..	..	..	..
3000 Sur salaires ou main d'oeuvre	..	..	**0**	**0**	**0**	**0**	**0**	**0**	**0**	**0**
4000 Impôts sur le patrimoine	..	..	**109 319**	**554 037**	**1 013 571**	**898 607**	**1 133 765**	**1 421 274**	**1 731 723**	**1 950 217**
4100 Impôts périodiques sur la propriété immobilière	..	..	59 968	302 244	496 311	662 368	840 842	1 056 920	1 171 399	1 229 195
4110 Ménages	..	..	..	..	..	..	..	..	..	..
4120 Autres agents	..	..	..	..	..	..	..	..	..	..
4200 Impôts périodiques sur l'actif net	..	..	0	0	0	0	0	0	0	0
4210 Personnes physiques	..	..	..	..	..	..	..	..	..	..
4220 Sociétés	..	..	..	..	..	..	..	..	..	..
4300 Impôts sur mut. par décès, succ. et donations	..	..	3 444	10 906	28 501	39 338	45 550	92 236	100 490	202 376
4310 Impôts sur mut. par décès et successions	..	..	..	..	..	..	..	..	..	..
4320 Impôts sur les donations	..	..	..	..	..	..	..	..	..	..
4400 Impôts sur transact. mobilières et immob.	..	..	45 907	240 886	488 759	196 901	247 373	272 118	459 834	518 645
4500 Impôts non-périodiques	..	..	0	0	0	0	0	0	0	0
4510 Sur l'actif net	..	..	..	..	..	..	..	..	..	..
4520 Autres non-périodiques	..	..	..	..	..	..	..	..	..	..
4600 Autres impôts périodiques sur patrimoine	..	..	0	0	0	0	0	0	0	0
5000 Impôts sur les biens et services	..	..	**1 118 722**	**5 041 769**	**9 023 666**	**11 185 156**	**14 779 915**	**17 597 378**	**18 629 617**	**19 858 881**
5100 Impôts sur production, vente, transfert, etc.	..	..	1 074 009	4 789 827	8 578 636	10 532 904	13 869 529	16 515 485	17 449 222	18 597 180
5110 Impôts généraux	..	..	664 421	3 306 350	6 781 501	8 399 926	11 170 794	13 273 958	14 073 050	15 069 540
5111 Taxes sur la valeur ajoutée	..	..	664 421	3 306 350	6 781 501	8 399 926	11 170 794	13 273 958	14 073 050	15 069 540
5112 Impôts sur les ventes	..	..	0	0	0	0	0	0	0	0
5113 Autres impôts	..	..	0	0	0	0	0	0	0	0
5120 Impôts sur biens et services déterminés	..	..	409 588	1 483 477	1 797 135	2 132 978	2 698 735	3 241 527	3 376 172	3 527 640
5121 Accises	..	..	166 050	816 160	1 299 844	1 561 205	1 987 475	2 412 773	2 568 863	2 682 659
Cigarettes and tobacco	..	..	60 604	283 275	455 595	647 637	815 991	981 422	1 009 034	978 696
Gasolene and diesel	..	..	105 445	532 885	844 249	913 568	1 171 483	1 388 218	1 502 039	1 629 561
Oil stabilisation fund	..	..	0	0	0	0	0	0	0	0
Fisheries Law Extraction Rights	..	..	0	0	0	0	0	8 558	9 998	11 749
Additional tax on new motor vehicles	..	..	0	0	0	0	0	34 575	47 792	62 654
5122 Bénéfices des monopoles fiscaux	..	..	0	0	0	0	0	0	0	0
5123 Droits de douane et droits à l'importation	..	..	222 486	548 571	300 416	267 331	303 393	343 491	308 871	321 156
5124 Taxes à l'exportation	..	..	0	0	0	0	0	0	0	0
5125 Impôts sur biens d'équipement	..	..	0	0	0	0	0	0	0	0
5126 Impôts sur services déterminés	..	..	21 052	118 746	196 875	304 442	407 867	485 263	498 438	523 824
5127 Autres impôts sur commerce et transact. internat.	..	..	0	0	0	0	0	0	0	0
5128 Autres impôts	..	..	0	0	0	0	0	0	0	0

	1965	1980	1990	2000	2007	2010	2013	2015	2016	2017
5130 Non-ventilables entre 5110 et 5120	..	..	0	0	0	0	0	0	0	0
5200 Impôts sur utilisation des biens et exerc. activités	..	..	44 714	251 942	445 030	652 252	910 386	1 081 893	1 180 395	1 261 702
5210 Impôts périodiques	..	..	44 714	251 942	445 030	652 252	910 386	1 081 893	1 180 395	1 261 702
Motor vehicles	..	..	24 469	93 880	155 158	218 219	330 754	397 608	434 137	482 009
5211 À la charge des ménages : véhicules à moteur	..	..	0	0	0	0	0	0	0	0
5212 À la charge autres agents : véhicules à moteur	..	..	0	0	0	0	0	0	0	0
5213 Autres impôts périodiques	..	..	20 245	158 062	289 872	434 033	579 632	684 285	746 258	779 693
Municipal permits	..	..	18 401	136 138	263 996	396 944	527 955	630 943	692 974	725 954
Mining patents	..	..	3 374	34 730	25 184	36 213	50 094	51 767	51 641	52 254
Other	..	..	-1 530	-12 806	692	876	1 583	1 575	1 643	1 485
5220 Impôts non-périodiques	..	..	0	0	0	0	0	0	0	0
Tax on Polluting Fixed Sources	..	..	0	0	0	0	0	0	0	0
5300 Non-ventilables entre 5100 et 5200	..	..	0	0	0	0	0	0	0	0
6000 Autres impôts	**..**	**..**	**-23 356**	**-112 195**	**1 023**	**-61 117**	**-21 676**	**-579 308**	**-118 021**	**-714 253**
6100 À la charge exclusive des entreprises	..	..	0	0	0	0	0	0	0	0
6200 À la charge d'autres agents	..	..	-23 356	-112 195	1 023	-61 117	-21 676	-579 308	-118 021	-714 253
Crédits d'impôts récupérables										
Crédits d'impôts récupérables contre 1110	..	..	0	0	0	0	0	0	0	0
Composante fiscale	..	..	..	..	..	..	..	..	..	..
Composante transfert	..	..	..	..	..	..	..	..	..	..
Crédits d'impôts récupérables contre 1210	..	..	0	0	0	0	0	175 468	179 642	213 519
Composante fiscale	..	..	..	..	..	..	..	45 774	50 061	62 076
Composante transfert	..	..	..	..	..	..	..	129 694	129 580	151 443
Recettes fiscales totales sur la base d'encaissements	**..**	**..**	**1 777 218**	**7 901 998**	**20 598 963**	**21 845 693**	**27 381 686**	**32 532 354**	**34 129 307**	**36 238 557**
Recettes fiscales totales sur la base des droits constatés	**..**	**..**	**..**	**..**	**..**	**..**	**..**	**..**	**..**	**..**
Conciliation avec les comptes nationaux										
Impôts additionnels inclus dans les comptes nationaux	..	..	..	..	..	..	..	..	..	..
Impôt exclus des comptes nationaux	..	..	..	..	..	..	..	..	..	..
Différence dans les traitements des crédits d'impôts	..	..	..	..	..	..	..	..	..	..
Transfert en capital des recettes non collectées	..	..	..	..	..	..	..	..	..	..
Cotisations de sécurité sociale volontaires	..	..	..	..	..	..	..	..	..	..
Différences diverses	..	..	..	..	..	..	..	..	..	..
Comptes nationaux : impôts et cotisations sociales effectives	..	..	..	..	..	..	..	..	..	..
Cotisations sociales imputées	..	..	..	..	..	..	..	..	..	..
Comptes nationaux : impôts et toutes les cotisations sociales	..	..	..	..	..	..	..	..	..	..

.. Non disponible
Note : Year ending 31st December.
The data are on a cash basis.
Source : Servicio de Impuestos internos (Chile's Tax Service).

StatLink https://doi.org/10.1787/888934060706

Tableau 5.6. République tchèque : Tableau détaillé par pays, 1965-2017

Millions CZK

	1965	1980	1990	2000	2007	2010	2013	2015	2016	2017
Recettes fiscales totales	..	..	..	**771 596**	**1 313 753**	**1 286 861**	**1 396 555**	**1 532 565**	**1 632 447**	**1 760 047**
Recettes fiscales totales excluant les droits de douane	..	..	..	..	**1 307 310**	**1 280 288**	**1 390 999**	**1 524 653**	**1 624 414**	**1 751 777**
1000 Impôts sur revenu, bénéfices et gains en capital	..	..	..	**175 846**	**325 328**	**259 934**	**290 263**	**329 768**	**361 857**	**390 566**
1100 Des personnes physiques	..	..	..	99 668	153 374	131 706	149 831	164 678	183 103	202 244
1110 Sur le revenu et les bénéfices	..	..	..	99 668	153 374	131 706	149 831	164 678	183 103	202 244
Wages and salaries withholding	..	..	..	73 474	126 736	115 755	129 793	139 888	156 271	175 301
Of unincorporated individuals	..	..	..	17 254	17 825	5 747	7 437	9 100	10 860	10 974
Withheld on interest and dividends paid to individuals	..	..	..	8 940	8 813	10 204	12 602	15 691	15 972	15 969
1120 Sur les gains en capital	..	..	..	0	0	0	0	0	0	0
1200 Des sociétés	..	..	..	76 178	171 954	128 228	140 432	165 090	178 754	188 322
1210 Sur les bénéfices	..	..	..	76 178	171 954	128 228	140 432	165 090	178 754	188 322
Profit tax	..	..	..	68 945	164 016	118 248	124 820	147 157	158 862	167 120
Withheld on interest and dividends paid to corporations	..	..	..	7 233	7 162	9 156	7 736	9 415	8 306	8 760
Levy on lottery revenue	..	..	..	0	776	824	7 876	8 518	11 586	12 442
1220 Sur les gains en capital	..	..	..	0	0	0	0	0	0	0
1300 Non-ventilables entre 1100 et 1200	..	..	..	0	0	0	0	0	0	0
2000 Cotisations de sécurité sociale	..	..	..	**341 544**	**573 417**	**576 029**	**603 072**	**659 743**	**699 604**	**757 183**
2100 À la charge des salariés	..	..	..	77 272	127 662	116 818	123 353	133 878	143 730	155 827
2110 Sur la base du salaire	..	..	..	77 272	127 662	116 818	123 353	133 878	143 730	155 827
Retirement	..	..	..	40 489	66 644	69 272	71 871	78 120	83 738	91 414
State employment policy	..	..	..	2 492	4 101	0	0	0	0	0
Sick leave	..	..	..	6 852	11 279	0	0	0	0	0
Health insurance	..	..	..	27 439	45 638	47 546	51 482	55 758	59 992	64 413
2120 Sur la base de l'impôt sur les revenus	..	..	..	0	0	0	0	0	0	0
2200 À la charge des employeurs	..	..	..	220 207	359 493	363 074	382 498	417 778	444 201	483 437
2210 Sur la base du salaire	..	..	..	220 207	359 493	363 074	382 498	417 778	444 201	483 437
Retirement	..	..	..	121 547	220 591	229 450	239 248	261 786	277 562	302 926
State employment policy	..	..	..	19 933	12 303	12 756	13 345	14 604	15 484	16 897
Sick leave	..	..	..	20 555	33 834	24 332	25 454	27 851	29 533	32 231
Health insurance	..	..	..	54 879	91 275	95 095	102 964	111 517	119 983	128 825
Penalties	..	..	..	3 293	1 490	1 441	1 487	2 020	1 639	2 558
2220 Sur la base de l'impôt sur les revenus	..	..	..	0	0	0	0	0	0	0
2300 A charge des travailleurs indép. ou sans emploi	..	..	..	44 065	86 262	96 137	97 221	108 088	111 674	117 919
2310 Sur la base du salaire	..	..	..	44 065	86 262	96 137	97 221	108 088	111 674	117 919
Retirement	..	..	..	7 819	19 508	20 510	21 262	22 472	23 674	25 197
State employment policy	..	..	..	1 082	1 114	1 173	911	962	1 013	1 080
Sick leave	..	..	..	0	0	0	0	0	0	0
Health insurance	..	..	..	34 992	65 483	74 299	74 908	84 460	86 834	91 027
Self-employed	..	..	..	7 328	15 921	17 603	18 732	20 748	21 278	22 075
Non-employed	..	..	..	200	2 103	3 996	2 500	2 768	3 303	3 699
Government	..	..	..	27 464	47 459	52 700	53 676	60 944	62 253	65 253
Penalties	..	..	..	172	157	155	140	193	153	615
2320 Sur la base de l'impôt sur les revenus	..	..	..	0	0	0	0	0	0	0
2400 Non-ventilables entre 2100, 2200 et 2300	..	..	..	0	0	0	0	0	0	0
2410 Sur la base du salaire	..	..	..	..	..	..	..	..	..	..
2420 Sur la base de l'impôt sur les revenus	..	..	..	..	..	..	..	..	..	..
3000 Sur salaires ou main d'oeuvre	..	..	..	**0**	**0**	**0**	**0**	**0**	**0**	**0**
4000 Impôts sur le patrimoine	..	..	..	**10 890**	**15 495**	**16 364**	**19 210**	**21 920**	**23 425**	**23 850**
4100 Impôts périodiques sur la propriété immobilière	..	..	..	4 469	5 126	8 752	9 852	10 333	10 609	10 783
4110 Ménages	..	..	..	1 452	2 228	4 302	5 387	5 433	5 545	5 660
Real property tax	..	..	..	1 452	2 228	4 302	5 387	5 433	5 545	5 660
4120 Autres agents	..	..	..	3 017	2 898	4 450	4 465	4 900	5 064	5 123
Levy collected by Winery Fund	..	..	..	0	2	5	5	20	27	25
Real property tax	..	..	..	3 017	2 895	4 445	4 461	4 880	5 037	5 098
4200 Impôts périodiques sur l'actif net	..	..	..	0	0	0	0	0	0	0
4210 Personnes physiques	..	..	..	..	..	..	..	..	..	..
4220 Sociétés	..	..	..	..	..	..	..	..	..	..
4300 Impôts sur mut. par décès, succ. et donations	..	..	..	587	460	218	215	20	11	13
4310 Impôts sur mut. par décès et successions	..	..	..	112	115	78	76	10	5	3
Inheritance tax	..	..	..	112	115	78	76	10	5	3
4320 Impôts sur les donations	..	..	..	475	345	140	139	10	6	9
Gift tax	..	..	..	475	345	140	139	10	6	9
4400 Impôts sur transact. mobilières et immob.	..	..	..	5 834	9 909	7 394	9 143	11 566	12 805	13 054
Real property transfer tax	..	..	..	5 834	9 909	7 394	9 143	11 566	12 805	13 054
4500 Impôts non-périodiques	..	..	..	0	0	0	0	0	0	0

	1965	1980	1990	2000	2007	2010	2013	2015	2016	2017
4510 Sur l'actif net	..	..	..	..	..	..	..	..	..	..
4520 Autres non-périodiques	..	..	..	..	..	..	..	..	..	..
4600 Autres impôts périodiques sur patrimoine	..	..	..	0	0	0	0	0	0	0
5000 Impôts sur les biens et services	**..**	**..**	**..**	**242 960**	**393 041**	**427 813**	**478 386**	**512 835**	**538 972**	**579 274**
5100 Impôts sur production, vente, transfert, etc.	..	..	..	226 354	365 998	402 072	453 863	487 378	512 659	552 033
5110 Impôts généraux	..	..	..	141 235	232 288	263 457	303 822	333 274	353 915	387 537
5111 Taxes sur la valeur ajoutée	..	..	..	141 235	232 288	263 457	303 822	333 274	353 915	387 537
5112 Impôts sur les ventes	..	..	..	0	0	0	0	0	0	0
5113 Autres impôts	..	..	..	0	0	0	0	0	0	0
Previous turnover tax	..	..	..	..	..	..	..	..	..	..
5120 Impôts sur biens et services déterminés	..	..	..	85 119	133 710	138 615	150 041	154 105	158 744	164 496
5121 Accises	..	..	..	71 404	133 492	138 401	149 760	153 785	158 401	164 114
On mineral oils	..	..	..	46 998	81 661	80 508	77 160	83 460	87 557	88 878
On alcohol and liquor	..	..	..	5 629	7 201	5 820	6 658	7 203	7 169	7 354
On beer	..	..	..	3 410	3 564	4 396	4 545	4 648	4 642	4 657
On wine	..	..	..	350	342	317	288	332	348	368
On tobacco products	..	..	..	14 984	40 713	44 062	52 193	53 380	53 678	57 524
Duty on CFC	..	..	..	33	0	0	0	0	0	0
Levy collected by Winery Fund	..	..	..	0	11	24	21	0	5	5
On electricity	..	..	..	0	0	1 433	1 305	1 229	1 478	1 537
On natural gas	..	..	..	0	0	1 347	1 256	1 146	1 191	1 301
On solid fuels	..	..	..	0	0	495	469	415	426	452
Fee on electricity from solar radiation	..	..	..	0	0	0	5 866	1 972	1 906	2 038
5122 Bénéfices des monopoles fiscaux	..	..	..	0	0	0	0	0	0	0
5123 Droits de douane et droits à l'importation	..	..	..	13 572	0	0	0	0	0	0
Customs duties	..	..	..	13 572	..	..	..	..	..	..
Previous import surcharge	..	..	..	0	..	..	..	..	..	..
5124 Taxes à l'exportation	..	..	..	0	0	0	0	0	0	0
5125 Impôts sur biens d'équipement	..	..	..	0	0	0	0	0	0	0
5126 Impôts sur services déterminés	..	..	..	143	218	214	281	320	343	382
Fees on entry tickets	..	..	..	65	61	53	56	53	62	69
Fees on recreational units (based on capacity)	..	..	..	69	144	147	213	240	252	279
Fees on advertising facilities	..	..	..	0	0	0	0	0	0	0
Restaurant sale alcoh. beverages and tobac. products	..	..	..	0	0	0	0	0	0	0
Fees collected by the cinematography EBF	..	..	..	9	13	14	12	27	29	34
Fees on advertisement	..	..	..	0	0	0	126	191	151	150
5127 Autres impôts sur commerce et transact. internat.	..	..	..	0	0	0	0	0	0	0
5128 Autres impôts	..	..	..	0	0	0	0	0	0	0
5130 Non-ventilables entre 5110 et 5120	..	..	..	0	0	0	0	0	0	0
5200 Impôts sur utilisation des biens et exerc. activités	..	..	..	16 606	27 043	25 740	24 523	25 456	26 313	27 241
5210 Impôts périodiques	..	..	..	10 788	18 100	18 461	18 176	19 023	19 493	20 278
Highway fee	..	..	..	1 753	2 429	3 061	3 803	4 397	4 757	4 991
5211 À la charge des ménages : véhicules à moteur	..	..	..	0	0	0	0	0	0	0
5212 À la charge autres agents : véhicules à moteur	..	..	..	5 456	5 882	5 138	5 323	5 868	6 012	6 245
Road tax (commercial)	..	..	..	5 456	5 882	5 138	5 323	5 868	6 012	6 245
5213 Autres impôts périodiques	..	..	..	3 579	9 790	10 262	9 050	8 758	8 724	9 042
Resort and recreation fees on visitors	..	..	..	232	312	284	301	327	351	387
Dog fees	..	..	..	191	277	281	281	277	274	274
Motor vehicle entry fees	..	..	..	32	25	23	14	13	18	19
Water pollution fee	..	..	..	520	404	202	208	173	203	193
Air pollution fee	..	..	..	685	525	399	268	283	270	171
Waste deposit fee	..	..	..	454	5 728	5 948	6 162	6 218	6 278	6 361
Levy on temp. withdrawal of land from agriculture	..	..	..	94	40	34	52	39	69	59
Radioactive waste fee	..	..	..	642	1 310	1 430	1 563	1 393	1 225	1 547
Fees on operated gambling machines	..	..	..	722	1 145	927	131	0	0	0
Fees on registration and recording of packaging	..	..	..	0	17	17	16	18	17	17
Levy on temp. withdrawal of land from forestry	..	..	..	7	6	6	6	7	10	7
Other environmental fees	..	..	..	0	0	710	47	11	9	7
5220 Impôts non-périodiques	..	..	..	5 818	8 943	7 280	6 348	6 433	6 820	6 963
Levy on withdrawal of land from agriculture	..	..	..	532	361	306	469	348	620	534
Levy on withdrawal of land from forestry	..	..	..	40	57	57	55	59	88	60
Tax on use of public space	..	..	..	645	639	626	629	632	621	635
Misc. licence and permit fees	..	..	..	4 601	7 881	6 279	5 187	5 382	5 475	5 705
Land betterment fee	..	..	..	0	4	11	7	11	17	29
Licence for lorry transport	..	..	..	0	1	1	0	1	0	0
5300 Non-ventilables entre 5100 et 5200	..	..	..	0	0	0	0	0	0	0
6000 Autres impôts	**..**	**..**	**..**	**356**	**29**	**149**	**67**	**387**	**556**	**904**
Unallocated previous taxes and levies	..	..	..	0	0	0	0	0	0	0
6100 À la charge exclusive des entreprises	..	..	..	0	0	0	0	0	0	0
6200 À la charge d'autres agents	..	..	..	356	29	149	67	387	556	904
Other taxes, fees and related payments	..	..	..	356	29	149	67	387	556	904

	1965	1980	1990	2000	2007	2010	2013	2015	2016	2017
Droits de douane perçus pour l'UE	..	..	..	..	**6 443**	**6 573**	**5 556**	**7 912**	**8 033**	**8 271**
Crédits d'impôts récupérables										
Crédits d'impôts récupérables contre 1110	..	..	..	0	16 022	25 727	28 696	31 415	32 833	35 216
Composante fiscale	..	..	..	..	13 416	17 922	20 203	22 532	24 234	26 334
Composante transfert	..	..	..	..	2 606	7 805	8 493	8 883	8 599	8 882
Recettes fiscales totales sur la base d'encaissements	..	..	..	**772 272**	**1 310 618**	**1 273 676**	**1 353 469**	**1 478 758**	**1 606 157**	**1 712 822**
Recettes fiscales totales sur la base des droits constatés	..	..	..	**771 596**	**1 313 753**	**1 286 861**	**1 396 555**	**1 532 565**	**1 632 447**	**1 760 047**
Conciliation avec les comptes nationaux										
Impôts additionnels inclus dans les comptes nationaux	..	..	..	2 837	5 757	6 094	6 424	0	0	0
Compulsory injury insurance	..	..	..	2 837	5 757	6 094	6 424	0	0	0
Driving licence fees	..	..	..	0	0	0	0	0	0	0
Impôt exclus des comptes nationaux	..	..	..	-9 488	-17 797	-20 096	-18 893	-20 314	-20 712	-23 258
Tax on use of public space	..	..	..	-645	-639	-632	-629	-632	-621	-635
Waste deposit fee	..	..	..	-454	-5 728	-5 948	-6 162	-6 218	-6 278	-6 361
Misc. licence and permit fees	..	..	..	-2 301	-3 940	-3 139	-2 593	-2 691	-2 737	-2 852
Radioactive waste fee	..	..	..	-642	-1 310	-1 430	-1 563	-1 393	-1 225	-1 547
Health insurance: non-employed	..	..	..	-200	-2 103	-3 996	-2 500	-2 768	-3 303	-3 699
Health insurance: government	..	..	..	0	0	0	0	0	0	0
Soc. Security contr. employers: Penalties	..	..	..	-3 293	-1 490	-1 441	-1 487	-2 020	-1 639	-2 558
Soc. Security contr. Self-employed or non-employed: Penalties	..	..	..	-200	-157	-155	-140	-193	-153	-615
Licence for lorry transport	..	..	..	0	-1	-1	0	-1	0	0
Highway fee	..	..	..	-1 753	-2 429	-3 061	-3 803	-4 397	-4 757	-4 991
Other environmental fees	..	..	..	0	0	-105	-14	0	0	0
Levy on loterry revenue	..	..	..	0	0	-187	0	0	0	0
Value added taxes	..	..	..	0	0	0	0	0	0	0
Différence dans les traitements des crédits d'impôts	..	..	..	0	127	-451	778	-118	-47	-455
Transfert en capital des recettes non collectées	..	..	..	0	0	0	0	0	0	0
Cotisations de sécurité sociale volontaires	..	..	..	1 099	974	661	337	386	418	463
Différences diverses	..	..	..	2 162	0	0	0	0	0	0
Comptes nationaux : impôts et cotisations sociales effectives	..	..	..	768 206	1 302 815	1 273 070	1 385 202	1 512 520	1 612 105	1 736 797
Cotisations sociales imputées	..	..	..	423	299	600	934	1 027	1 008	1 170
Comptes nationaux : impôts et toutes les cotisations sociales	..	..	..	768 629	1 303 114	1 273 670	1 386 136	1 513 547	1 613 113	1 737 967

.. Non disponible
Note : Year ending 31st December.
From 1995 data are on accrual basis.
Source : Ministry of Finance, Economic Department.

StatLink https://doi.org/10.1787/888934060725

Tableau 5.7. Danemark : Tableau détaillé par pays, 1965-2017

Millions DKK

	1965	1980	1990	2000	2007	2010	2013	2015	2016	2017
Recettes fiscales totales	**20 821**	**166 358**	**382 232**	**623 911**	**809 988**	**813 972**	**901 001**	**957 281**	**969 153**	**1 004 418**
Recettes fiscales totales excluant les droits de douane	..	..	..	**621 586**	**806 707**	**810 730**	**898 177**	**953 996**	**966 084**	**1 001 281**
1000 Impôts sur revenu, bénéfices et gains en capital	**9 712**	**92 404**	**233 739**	**383 244**	**486 845**	**500 276**	**564 937**	**605 698**	**608 916**	**635 959**
1100 Des personnes physiques	8 758	86 958	206 478	328 532	427 412	422 685	490 887	525 144	514 544	531 747
1110 Sur le revenu et les bénéfices	8 758	86 909	206 335	328 305	427 070	422 364	490 627	524 856	514 302	531 453
Central government income tax	5 020	33 351	91 638	77 491	155 540	124 943	141 399	169 059	172 820	178 554
County income tax	0	10 742	31 361	56 135	0	0	0	0	0	0
Municipality income tax	2 948	33 555	77 571	121 975	173 114	193 111	209 303	220 815	229 085	236 796
Seaman's income tax	66	457	0	0	0	0	0	0	0	0
Old-age pension fund contributions	592	2 163	0	0	0	0	0	0	0	0
Social pension fund contributions	0	3 340	0	0	0	0	0	0	0	0
Sickness benefit fund contributions	0	1 804	0	0	0	0	0	0	0	0
Pension schemes and annuity insurance	22	355	2 627	6 923	8 948	9 842	42 974	22 842	6 251	5 663
Special income tax	101	1 054	2 810	0	0	0	0	0	0	0
Duty on canceled pension schemes	9	82	0	0	0	0	0	0	0	0
Duty on feed rent increases	0	8	5	0	0	0	0	0	0	0
Duty on employees' remuneration compens. fund releases	0	0	325	654	1 144	982	1 129	11 177	1 935	2 198
Duty on interest on consumer loans	0	0	0	0	0	0	0	0	0	0
Labour market contributions	0	0	0	56 729	76 609	80 863	82 599	87 359	90 334	94 070
Imputed income from owner-occupied dwelling	0	0	0	8 399	11 716	12 623	13 223	13 604	13 879	14 173
1120 Sur les gains en capital	0	49	144	226	343	321	260	289	241	294
Tax on winnings from lotteries, pools, etc.	..	49	144	226	343	321	260	289	241	294
1200 Des sociétés	954	5 446	14 660	42 279	54 871	41 057	54 066	57 723	60 379	71 928
1210 Sur les bénéfices	954	5 446	14 660	42 279	54 871	41 057	54 066	57 723	60 379	71 928
1220 Sur les gains en capital	0	0	0	0	0	0	0	0	0	0
1300 Non-ventilables entre 1100 et 1200	0	0	12 601	12 434	4 562	36 535	19 984	22 832	33 994	32 284
2000 Cotisations de sécurité sociale	**690**	**710**	**101**	**8 453**	**1 286**	**1 815**	**1 618**	**1 378**	**1 197**	**1 060**
2100 À la charge des salariés	567	1	98	8 209	1 057	900	879	826	737	729
Sickness benefit fund contributions	30	0	0	0	0	0	0	0	0	0
Sickday benefit contributions, ordinary	534	0	0	0	0	0	0	0	0	0
Sickday benefit contributions, special	3	0	0	0	0	0	0	0	0	0
Contribution to merchant marine's welf. board	0	1	1	0	0	0	0	0	0	0
Special pension scheme savings	0	0	0	6 846	0	0	0	0	0	0
Contr. to pension funds from officials in companies	0	0	0	879	555	450	476	438	386	377
Contr. to pension funds from officials in non-profit institutions	0	0	96	485	502	450	403	388	351	352
2110 Sur la base du salaire	..	..	..	..	..	..	..	..	..	..
2120 Sur la base de l'impôt sur les revenus	..	..	..	..	..	..	..	..	..	..
2200 À la charge des employeurs	123	709	3	244	229	914	739	552	460	331
Unemployment insurance contributions	41	598	0	0	0	0	0	0	0	0
Disablement insurance contributions	21	58	0	0	0	0	0	0	0	0
Sickness benefit fund contributions	61	0	0	0	0	0	0	0	0	0
Contribution to employee's wage guarantee fund	0	50	0	241	227	908	731	542	450	323
Contribution to merchant marine's welf. board	0	1	1	0	0	0	0	0	0	0
Shipping owners contr. sickness assist. seamen	0	1	2	3	2	6	8	10	10	8
2210 Sur la base du salaire	..	..	..	..	..	..	..	..	..	..
2220 Sur la base de l'impôt sur les revenus	..	..	..	..	..	..	..	..	..	..
2300 A charge des travailleurs indép. ou sans emploi	0	0	0	0	0	0	0	0	0	0
2310 Sur la base du salaire	..	..	..	..	..	..	..	..	..	..
2320 Sur la base de l'impôt sur les revenus	..	..	..	..	..	..	..	..	..	..
2400 Non-ventilables entre 2100, 2200 et 2300	0	0	0	0	0	0	0	0	0	0
2410 Sur la base du salaire	..	..	..	..	..	..	..	..	..	..
2420 Sur la base de l'impôt sur les revenus	..	..	..	..	..	..	..	..	..	..
3000 Sur salaires ou main d'oeuvre	**0**	**0**	**2 494**	**2 258**	**3 975**	**4 160**	**6 130**	**5 894**	**5 903**	**5 494**
4000 Impôts sur le patrimoine	**1 691**	**9 806**	**16 269**	**20 738**	**31 556**	**33 533**	**34 995**	**39 169**	**38 692**	**39 258**
4100 Impôts périodiques sur la propriété immobilière	1 029	5 676	8 891	13 565	18 996	24 161	26 370	28 085	28 436	28 465
Central government land tax	130	264	0	0	0	0	0	0	0	0
County land tax	169	2 315	2 915	4 070	0	0	0	0	0	0
Municipal land tax	408	2 257	4 123	7 049	15 601	19 645	22 580	24 707	25 110	25 233
Centr. Govt. fixed tax on real property	32	11	0	0	0	0	0	0	0	0
County fixed tax on real property	45	0	0	0	0	0	0	0	0	0
Municipal fixed tax on real property	190	91	0	0	0	0	0	0	0	0
County duty on land (public property)	4	22	22	25	0	0	0	0	0	0
County duty on buildings (public property)	0	53	88	97	0	0	0	0	0	0
Municipal duty on land (public property)	26	103	244	383	393	434	359	364	360	374
Municipal duty on buildings (residential)	0	195	335	381	757	814	641	599	596	594

	1965	1980	1990	2000	2007	2010	2013	2015	2016	2017
Municipal duty on buildings (business)	25	366	1 165	1 560	2 244	3 269	2 789	2 416	2 370	2 264
4110 Ménages	..	..	..	..	..	..	..	..	..	..
4120 Autres agents	..	..	..	..	..	..	..	..	..	..
4200 Impôts périodiques sur l'actif net	306	963	934	0	0	0	0	0	0	0
4210 Personnes physiques	306	963	934	..	..	..	..	..	..	..
4220 Sociétés	0	0	0	..	..	..	..	..	..	..
4300 Impôts sur mut. par décès, succ. et donations	137	738	2 197	2 863	3 896	3 646	3 940	5 177	4 240	4 368
4310 Impôts sur mut. par décès et successions	..	..	..	..	..	..	..	..	..	..
4320 Impôts sur les donations	..	..	..	..	..	..	..	..	..	..
4400 Impôts sur transact. mobilières et immob.	219	2 313	4 166	4 171	8 659	5 726	4 685	5 907	6 017	6 426
Stamp duties	214	2 243	2 829	4 125	8 574	5 695	4 664	5 879	5 986	6 386
Duty on share capital creation	0	32	500	0	0	0	0	0	0	0
Duty to land registry office	5	38	28	46	85	30	21	28	31	40
Duty on transfers of shares	0	0	809	0	0	0	0	0	0	0
4500 Impôts non-périodiques	0	116	81	140	6	0	0	0	0	0
4510 Sur l'actif net	..	0	0	0	0	0	..	..	..	..
4520 Autres non-périodiques	..	116	81	140	6	0	..	..	..	..
4600 Autres impôts périodiques sur patrimoine	0	0	0	0	0	0	0	0	0	0
5000 Impôts sur les biens et services	**8 727**	**63 437**	**129 630**	**206 502**	**282 855**	**270 741**	**290 347**	**301 538**	**311 102**	**319 238**
5100 Impôts sur production, vente, transfert, etc.	8 239	60 545	123 645	195 666	264 043	251 061	267 670	277 824	286 681	293 808
5110 Impôts généraux	2 139	37 727	80 650	121 955	174 639	171 583	181 378	191 479	199 046	207 768
5111 Taxes sur la valeur ajoutée	2 139	37 727	72 120	121 955	174 639	171 583	181 378	191 479	199 046	207 768
5112 Impôts sur les ventes	0	0	0	0	0	0	0	0	0	0
5113 Autres impôts	0	0	8 530	0	0	0	0	0	0	0
Labour market contrib. concerning imports	..	..	4 903	..	..	..	..	..	..	..
Labour market contrib. concerning value added	..	..	3 627	..	..	..	..	..	..	..
5120 Impôts sur biens et services déterminés	6 100	22 817	42 995	73 711	89 405	79 479	86 292	86 345	87 635	86 040
5121 Accises	5 466	20 473	38 339	68 977	82 861	74 032	81 894	81 893	82 984	81 376
Duty on petrol	1 016	3 713	5 637	10 005	9 154	8 029	7 286	7 348	7 496	7 499
Motor vehicle registration duty	818	2 989	7 917	13 858	24 289	13 586	15 218	17 988	19 444	19 976
Cigarettes and tobacco duties	1 469	4 472	6 516	7 489	7 201	8 283	8 417	7 658	7 063	7 547
Duties on cigars, cheroots and cigarillos	234	220	128	80	40	32	47	113	57	66
Sale of revenue labels	0	3	10	13	13	5	4	4	1	2
Sales duties on chocolate and sugar	254	331	801	1 205	1 289	1 470	2 020	2 156	2 231	2 184
Raw material duty on chocolate and sugar	11	14	54	60	93	144	180	187	139	169
Special tax on chocolate and sugar	0	2	13	76	46	51	68	103	99	126
Duty on ice-cream	33	58	135	168	180	201	297	297	330	308
Duty on coffee	5	249	224	266	250	243	271	280	287	254
Duty on mineral water	68	195	466	505	418	383	374	0	0	0
Duty on beer	622	1 983	3 100	1 510	1 080	895	977	916	947	918
Duty on wine	122	611	1 448	1 166	1 032	1 071	1 674	1 764	1 772	1 724
Duty on spirits	412	1 432	1 982	1 756	1 213	1 028	1 127	1 201	1 197	1 212
Duty on restaurant sales of alcoholic bev.	150	0	0	0	0	0	0	0	0	0
Duty on wireless sets	55	67	0	0	0	0	0	0	0	0
Duty on television sets	0	93	-18	0	0	0	0	0	0	0
Duty on video recorders	0	17	-15	0	0	0	0	0	0	0
Duty on major household appliances	0	199	-10	0	0	0	0	0	0	0
Duty on grammophone records	10	46	84	0	0	0	0	0	0	0
Duty on playing cards	1	2	0	0	0	0	0	0	0	0
Duty on matches	5	3	-1	0	0	0	0	0	0	0
Duty on lighters	1	8	-4	0	0	0	0	0	0	0
Duty on electric bulbs	36	67	152	176	211	117	95	86	76	65
Duty on perfumery and toilet articles	91	214	506	0	0	0	0	0	0	0
Duty on almanacs	3	0	0	0	0	0	0	0	0	0
Duty on salmon	0	1	0	0	0	0	0	0	0	0
Duty on paper and cardboard	45	0	0	0	0	0	0	0	0	0
Duty on sugar	0	174	-8	0	0	0	0	0	0	0
Duty on tea	0	12	10	8	8	8	8	8	8	5
Duty on electricity	0	1 222	4 317	7 430	8 665	10 195	10 013	11 501	11 657	12 164
Duty on certain oil products	0	1 719	2 938	6 757	8 549	8 623	9 306	9 347	9 705	9 804
Duty on certain retail containers	0	100	397	594	727	706	715	316	331	335
Duty on gas	0	56	47	0	0	0	0	0	0	0
Duty on extraction and import of raw materials	0	16	129	172	220	119	132	148	150	165
Duty on disposable tableware	0	0	72	65	126	120	121	138	144	141
Duty on insecticides, herbicides, etc.	0	0	13	366	449	466	656	598	516	532
Duty on videotapes	0	0	0	0	0	0	0	0	0	0
Duty on coal, etc.	0	0	849	1 217	1 450	2 587	2 991	2 255	2 064	1 916
Other duties on goods and services	5	186	20	53	147	189	-13	186	156	160
Duty on waste	0	0	404	1 025	1 225	51	167	130	155	161
Duty on CFC	0	0	27	0	53	56	82	65	70	58
Duty on CO2	0	0	0	4 883	5 108	5 822	5 762	3 652	3 577	3 632
Duty on cigarette paper	0	0	0	68	32	28	36	38	35	32

	1965	1980	1990	2000	2007	2010	2013	2015	2016	2017
Duty on rechargeable Ni-Cd batteries	0	0	0	21	17	4	3	2	1	1
Duty on piped water	0	0	0	1 357	1 371	1 334	1 584	1 688	1 595	1 571
Duty on carrier bags made of paper, plastic, etc.	0	0	0	178	210	201	186	208	196	190
Duty on tires	0	0	0	29	45	62	50	57	56	54
Duty on sulphur	0	0	0	165	108	48	51	42	38	39
Duty on chlorinated solvents	0	0	0	2	0	0	0	0	0	0
Duty on natural gas	0	0	0	2 532	3 375	4 524	5 255	3 160	3 213	3 002
Duty on nitrogen	0	0	0	30	27	26	21	17	19	15
Duty on specific growth stimulants	0	0	0	0	0	0	0	0	0	0
Duty on PVC-film	0	0	0	7	12	11	10	11	12	11
Duty on PVC and phathalates	0	0	0	31	42	23	18	19	18	16
Duty on lead accumulators	0	0	0	14	0	0	0	0	0	0
Duty on mineral phosphorus	0	0	0	0	51	51	49	52	52	52
Surcharge on alcoholic soft drinks	0	0	0	0	17	26	33	33	35	33
Duty on nitrogen oxides	0	0	0	0	0	212	870	820	490	159
Duty on saturated fat	0	0	0	0	0	0	0	0	0	0
Duty on PSO (Public Service Obligations)	0	0	0	3 641	4 319	3 004	5 734	7 302	7 553	5 078
5122 Bénéfices des monopoles fiscaux	16	183	404	1 402	1 648	1 481	1 339	1 230	1 333	1 282
5123 Droits de douane et droits à l'importation	556	1 113	1 849	0	0	0	0	0	0	0
Customs duties	0	1 032	1 779	..	..	..	..	0	0	0
Temporary import surcharge	556	0	0	..	..	..	..	..	..	..
Import duties on agricultural produce	0	81	70	..	..	..	..	0	0	0
5124 Taxes à l'exportation	0	0	0	0	0	0	0	0	0	0
5125 Impôts sur biens d'équipement	0	0	0	0	0	0	0	0	0	0
5126 Impôts sur services déterminés	62	771	1 567	3 019	4 525	3 932	3 008	3 189	3 286	3 348
Sales tax on gambling stakes races	17	28	20	12	18	16	15	14	13	13
Tax on football pools	31	152	284	942	1 143	1 071	0	0	0	0
Tax on cinema tickets	14	0	0	0	0	0	0	0	0	0
Duty on motor vehicle compl. insurance	0	470	923	1 327	2 104	1 854	1 598	1 529	1 535	1 519
Duty on insurance on pleasure boats	0	13	57	66	100	122	127	126	122	124
Duty on charter flight	0	109	283	0	0	0	0	0	0	0
Turnover tax on 6-win horse race betting	0	0	0	0	0	0	0	0	0	0
Duty on casinos	0	0	0	180	261	173	192	200	219	216
Passenger duty	0	0	0	477	6	0	0	0	0	0
Duty on the Danish State Lottery	0	0	0	16	35	41	42	44	45	46
Duty on slot machines	0	0	0	0	858	656	545	618	658	627
Duty on gambling	0	0	0	0	0	0	288	397	405	450
Duty on online casinos	0	0	0	0	0	0	202	261	289	354
5127 Autres impôts sur commerce et transact. internat.	0	0	0	0	0	0	0	0	0	0
5128 Autres impôts	0	277	837	312	370	33	51	33	33	33
Duty paid to ECSC	..	4	5	0	0	0	0	0	0	0
Sugar storing duty	..	83	113	62	0	0	0	0	0	0
Duty on the production of sugar	..	81	145	249	-26	33	51	33	33	33
Duty on milk co-reponsibility levy	..	109	255	0	0	0	0	0	0	0
Grain co-reponsibility levy	..	0	319	0	0	0	0	0	0	0
Restructuring scheme for EU sugar system	..	0	0	0	397	0	0	0	0	0
5130 Non-ventilables entre 5110 et 5120	0	0	0	0	0	0	0	0	0	0
5200 Impôts sur utilisation des biens et exerc. activités	488	2 893	4 410	7 468	14 088	14 731	16 180	16 537	16 299	16 895
5210 Impôts périodiques	488	2 893	4 410	7 468	14 088	14 731	15 966	16 171	15 891	16 490
5211 À la charge des ménages : véhicules à moteur	199	1 874	2 922	5 485	7 105	7 614	8 094	8 136	7 850	8 207
Weight duty automobiles	199	1 874	2 922	5 318	6 954	7 467	7 936	7 859	7 565	7 937
Recycling fee on cars	0	0	0	167	151	147	158	277	285	270
5212 À la charge autres agents : véhicules à moteur	287	1 014	1 441	1 919	3 125	2 980	3 336	3 483	3 567	3 757
Weight duty automobiles	287	1 014	1 441	1 612	2 652	2 611	2 952	3 088	3 133	3 287
Road charges	0	0	0	307	473	370	383	395	434	471
5213 Autres impôts périodiques	2	5	47	64	3 858	4 137	4 537	4 552	4 474	4 527
5220 Impôts non-périodiques	0	0	0	0	0	0	214	365	408	405
5300 Non-ventilables entre 5100 et 5200	0	0	1 575	3 368	4 724	4 948	6 497	7 177	8 122	8 536
6000 Autres impôts	**0**	**0**	**0**	**391**	**190**	**206**	**152**	**320**	**275**	**272**
6100 À la charge exclusive des entreprises	..	..	..	391	190	206	152	320	275	272
6200 À la charge d'autres agents	..	..	..	0	0	0	0	0	0	0
Droits de douane perçus pour l'UE	**..**	**..**	**..**	**2 325**	**3 282**	**3 242**	**2 824**	**3 285**	**3 069**	**3 136**
Crédits d'impôts récupérables										
Crédits d'impôts récupérables contre 1110	..	..	..	..	..	4 960	5 515	4 228	4 227	4 198
Composante fiscale	..	..	..	..	..	4 712	5 240	4 016	4 016	3 988
Composante transfert	..	..	..	..	..	248	276	211	211	210
Crédits d'impôts récupérables contre 1210	..	..	..	..	..	0	0	0	0	0
Composante fiscale	..	..	..	..	..	..	..	..	..	..
Composante transfert	..	..	..	..	..	..	..	..	..	..
Recettes fiscales totales sur la base d'encaissements	**..**	**..**	**..**	**..**	**..**	**..**	**..**	**..**	**..**	**..**
Recettes fiscales totales sur la base des droits	**20 821**	**166 358**	**382 232**	**623 911**	**809 988**	**813 972**	**901 001**	**957 281**	**969 153**	**1 004 418**

	1965	1980	1990	2000	2007	2010	2013	2015	2016	2017
constatés										
Conciliation avec les comptes nationaux										
Impôts additionnels inclus dans les comptes nationaux	0	0	0	0	0	0	0	0	0	0
Impôt exclus des comptes nationaux	0	0	0	0	0	0	0	0	0	0
Différence dans les traitements des crédits d'impôts	0	0	0	0	0	4 712	5 240	4 016	4 016	3 988
Transfert en capital des recettes non collectées	0	-1 374	-2 387	-1 917	-2 726	-3 475	-15 512	-19 396	-9 519	-8 926
Cotisations de sécurité sociale volontaires	0	1 673	8 087	16 633	17 061	17 192	14 655	14 721	14 833	14 891
Différences diverses	0	0	0	0	0	0	0	0	0	0
Comptes nationaux : impôts et cotisations sociales effectives	20 821	166 657	387 932	638 626	824 324	832 401	905 384	956 623	978 483	1 014 371
Cotisations sociales imputées	0	5 958	4 592	6 223	5 693	5 356	4 520	4 067	3 668	3 507
Comptes nationaux : impôts et toutes les cotisations sociales	20 821	172 615	392 525	644 849	830 017	837 757	909 904	960 690	982 151	1 017 878

.. Non disponible
Note : Year ending 31st December.
The figures are on an accrual basis.
Heading 2300 includes a small amount of voluntary contributions which cannot be isolated.
Source : Danmarks Statistik.

StatLink https://doi.org/10.1787/888934060744

Tableau 5.8. Estonie : Tableau détaillé par pays, 1965-2017

Millions EUR

	1965	1980	1990	2000	2007	2010	2013	2015	2016	2017
Recettes fiscales totales	..	..	..	**1 919**	**5 082**	**4 894**	**5 988**	**6 864**	**7 271**	**7 738**
Total tax revenue exclusive of customs duties	..	..	..	..	**5 047**	**4 870**	**5 960**	**6 830**	**7 237**	**7 700**
1000 Impôts sur revenu, bénéfices et gains en capital	..	..	..	**476**	**1 197**	**970**	**1 357**	**1 607**	**1 628**	**1 710**
1100 Des personnes physiques	..	..	..	421	936	776	1 031	1 182	1 259	1 344
1110 Sur le revenu et les bénéfices	..	..	..	421	936	776	1 031	1 182	1 259	1 344
1120 Sur les gains en capital	..	..	..	0	0	0	0	0	0	0
1200 Des sociétés	..	..	..	55	261	194	327	424	369	366
1210 Sur les bénéfices	..	..	..	55	65	35	62	38	38	40
1220 Sur les gains en capital	..	..	..	0	196	159	265	386	331	325
1300 Non-ventilables entre 1100 et 1200	..	..	..	0	0	0	0	0	0	0
2000 Cotisations de sécurité sociale	..	..	..	**674**	**1 683**	**1 879**	**2 077**	**2 290**	**2 429**	**2 636**
2100 À la charge des salariés	..	..	..	0	28	116	109	99	103	112
2110 Sur la base du salaire	..	..	..	..	28	116	109	99	103	112
2120 Sur la base de l'impôt sur les revenus	..	..	..	..	0	0	0	0	0	0
2200 À la charge des employeurs	..	..	..	662	1 635	1 742	1 949	2 171	2 306	2 503
2210 Sur la base du salaire	..	..	..	662	1 635	1 742	1 949	2 171	2 306	2 503
2220 Sur la base de l'impôt sur les revenus	..	..	..	0	0	0	0	0	0	0
2300 A charge des travailleurs indép. ou sans emploi	..	..	..	12	21	21	19	20	20	21
2310 Sur la base du salaire	..	..	..	12	21	21	19	20	20	21
2320 Sur la base de l'impôt sur les revenus	..	..	..	0	0	0	0	0	0	0
2400 Non-ventilables entre 2100, 2200 et 2300	..	..	..	0	0	0	0	0	0	0
2410 Sur la base du salaire	..	..	..	..	..	..	..	..	..	..
2420 Sur la base de l'impôt sur les revenus	..	..	..	..	..	..	..	..	..	..
3000 Sur salaires ou main d'oeuvre	..	..	..	**0**	**0**	**0**	**0**	**0**	**0**	**0**
4000 Impôts sur le patrimoine	..	..	..	**24**	**35**	**51**	**57**	**58**	**59**	**58**
4100 Impôts périodiques sur la propriété immobilière	..	..	..	24	35	51	57	58	59	58
Land tax	..	..	..	24	35	51	57	58	59	58
4110 Ménages	..	..	..	..	..	..	..	..	..	..
4120 Autres agents	..	..	..	..	..	..	..	..	..	..
4200 Impôts périodiques sur l'actif net	..	..	..	0	0	0	0	0	0	0
4210 Personnes physiques	..	..	..	..	..	..	..	..	..	..
4220 Sociétés	..	..	..	..	..	..	..	..	..	..
4300 Impôts sur mut. par décès, succ. et donations	..	..	..	0	0	0	0	0	0	0
4310 Impôts sur mut. par décès et successions	..	..	..	..	..	..	..	..	..	..
4320 Impôts sur les donations	..	..	..	..	..	..	..	..	..	..
4400 Impôts sur transact. mobilières et immob.	..	..	..	0	0	0	0	0	0	0
4500 Impôts non-périodiques	..	..	..	0	0	0	0	0	0	0
4510 Sur l'actif net	..	..	..	..	..	..	..	..	..	..
4520 Autres non-périodiques	..	..	..	..	..	..	..	..	..	..
4600 Autres impôts périodiques sur patrimoine	..	..	..	0	0	0	0	0	0	0
5000 Impôts sur les biens et services	..	..	..	**745**	**2 131**	**1 969**	**2 468**	**2 875**	**3 121**	**3 296**
5100 Impôts sur production, vente, transfert, etc.	..	..	..	723	2 064	1 914	2 402	2 794	3 020	3 189
5110 Impôts généraux	..	..	..	521	1 423	1 263	1 558	1 872	1 974	2 148
5111 Taxes sur la valeur ajoutée	..	..	..	520	1 423	1 257	1 558	1 872	1 974	2 148
5112 Impôts sur les ventes	..	..	..	0	0	6	0	0	0	0
5113 Autres impôts	..	..	..	0	0	0	0	0	0	0
5120 Impôts sur biens et services déterminés	..	..	..	202	640	651	844	922	1 046	1 040
5121 Accises	..	..	..	183	577	619	796	869	997	990
Alcohol	..	..	..	62	153	154	212	207	254	222
Tobacco	..	..	..	36	134	91	169	183	201	197
Fuel	..	..	..	76	290	343	383	444	506	535
Motor vehicle	..	..	..	9	0	0	0	0	0	0
Package	..	..	..	0	0	0	0	1	0	0
Fur	..	..	..	0	0	0	0	0	0	0
Electricity	..	..	..	0	0	31	33	34	35	36
5122 Bénéfices des monopoles fiscaux	..	..	..	0	0	0	0	0	0	0
5123 Droits de douane et droits à l'importation	..	..	..	2	0	0	0	0	0	0
5124 Taxes à l'exportation	..	..	..	0	0	0	0	0	0	0
5125 Impôts sur biens d'équipement	..	..	..	0	0	0	0	0	0	0
5126 Impôts sur services déterminés	..	..	..	17	64	33	48	53	48	51
Gambling tax	..	..	..	7	30	21	22	23	26	27
Advertising tax	..	..	..	1	3	2	4	4	5	6
Postal service payment	..	..	..	0	0	0	0	0	0	0
Liquid fuel stockpiling fee	..	..	..	0	2	5	6	5	4	5
Contributions to the Guarantee Fund	..	..	..	9	29	5	17	20	13	13
5127 Autres impôts sur commerce et transact. internat.	..	..	..	0	0	0	0	0	0	0
5128 Autres impôts	..	..	..	0	0	0	0	0	0	0

	1965	1980	1990	2000	2007	2010	2013	2015	2016	2017
5130 Non-ventilables entre 5110 et 5120	..	..	..	0	0	0	0	0	0	0
5200 Impôts sur utilisation des biens et exerc. activités	..	..	..	22	68	55	65	80	101	107
5210 Impôts périodiques	..	..	..	22	68	55	65	73	80	84
Car registration fee	..	..	..	2	5	4	7	7	7	8
Heavy vehicle tax	..	..	..	0	4	4	4	5	5	5
5211 À la charge des ménages : véhicules à moteur	..	..	..	..	..	..	..	..	..	..
5212 À la charge autres agents : véhicules à moteur	..	..	..	..	..	..	..	..	..	..
5213 Autres impôts périodiques	..	..	..	20	58	47	55	61	68	71
Business and professional licenses	..	..	..	3	2	1	1	1	1	1
Pollution fee	..	..	..	10	44	31	37	44	50	53
Specific use of water	..	..	..	4	9	13	14	13	13	15
Fees for closure of roads, streets and squares	..	..	..	0	1	1	1	2	2	1
Fishing fees	..	..	..	1	1	1	2	2	2	1
Tax on motor vehicle	..	..	..	2	0	0	0	0	0	0
Boat tax	..	..	..	0	0	0	0	0	0	0
Animal tax	..	..	..	0	0	0	0	0	0	0
5220 Impôts non-périodiques	..	..	..	0	0	0	0	7	21	24
Revenue from the sale of emission permits	..	..	..	..	..	..	..	7	21	24
5300 Non-ventilables entre 5100 et 5200	..	..	..	0	0	0	0	0	0	0
6000 Autres impôts	**..**	**..**	**..**	**0**	**0**	**0**	**0**	**0**	**0**	**0**
6100 À la charge exclusive des entreprises	..	..	..	..	..	..	..	..	..	..
6200 À la charge d'autres agents	..	..	..	..	..	..	..	..	..	..
Other taxes	..	..	..	..	..	..	..	..	..	..
Droits de douane perçus pour l'UE	**..**	**..**	**..**	**..**	**35**	**24**	**29**	**34**	**34**	**38**
Recettes fiscales totales sur la base d'encaissements	**..**	**..**	**..**	**1 907**	**5 003**	**4 921**	**5 964**	**6 833**	**7 213**	**7 694**
Recettes fiscales totales sur la base des droits constatés	**..**	**..**	**..**	**1 919**	**5 082**	**4 894**	**5 988**	**6 864**	**7 271**	**7 738**
Conciliation avec les comptes nationaux										
Impôts additionnels inclus dans les comptes nationaux	..	..	..	0	0	0	0	0	0	0
Impôt exclus des comptes nationaux	..	..	..	0	0	0	0	0	0	0
Différence dans les traitements des crédits d'impôts	..	..	..	0	0	0	0	0	0	0
Transfert en capital des recettes non collectées	..	..	..	0	0	0	0	0	0	0
Cotisations de sécurité sociale volontaires	..	..	..	0	0	0	0	0	0	0
Différences diverses	..	..	..	0	0	0	0	0	0	0
Comptes nationaux : impôts et cotisations sociales effectives	..	..	..	1 919	5 082	4 894	5 988	6 864	7 271	7 738
Cotisations sociales imputées	..	..	..	4	20	30	38	49	52	62
Comptes nationaux : impôts et toutes les cotisations sociales	..	..	..	1 922	5 102	4 924	6 026	6 913	7 323	7 800

.. Non disponible
Note : Year ending 31st December.
Data on an accrual basis.
Source : Statistics Estonia.

StatLink https://doi.org/10.1787/888934060763

Tableau 5.9. Finlande : Tableau détaillé par pays, 1965-2017

Millions EUR

	1965	1980	1990	2000	2007	2010	2013	2015	2016	2017
Recettes fiscales totales	**1 362**	**11 895**	**39 050**	**62 435**	**77 447**	**76 315**	**88 688**	**92 074**	**95 126**	**96 985**
Recettes fiscales totales excluant les droits de douane	..	..	..	**62 306**	**77 248**	**76 164**	**88 522**	**91 909**	**94 963**	**96 811**
1000 Impôts sur revenu, bénéfices et gains en capital	**564**	**4 654**	**15 323**	**26 911**	**30 358**	**27 104**	**30 797**	**32 371**	**32 934**	**34 404**
1100 Des personnes physiques	453	4 248	13 562	19 118	23 396	22 545	25 998	27 824	28 136	28 277
1110 Sur le revenu et les bénéfices	453	4 234	13 521	19 118	23 396	22 545	25 998	27 824	28 136	28 277
Tax on income	125	1 827	5 918	9 036	9 086	6 465	7 903	9 138	9 312	9 109
The final withdrawal tax on interest income	0	0	0	92	254	205	207	110	90	66
Communal tax	279	2 376	7 603	9 990	14 056	15 875	17 888	18 576	18 734	19 102
Seaman's tax	3	31	0	0	0	0	0	0	0	0
National pension contributions	32	0	0	0	0	0	0	0	0	0
National health insurance contributions	15	0	0	0	0	0	0	0	0	0
1120 Sur les gains en capital	0	14	42	0	0	0	0	0	0	0
Tax on lottery prizes	..	14	42	..	..	..	..	..	..	..
1200 Des sociétés	111	405	1 761	7 792	6 962	4 559	4 799	4 547	4 798	6 127
1210 Sur les bénéfices	111	405	1 761	7 792	6 962	4 559	4 799	4 547	4 798	6 127
Tax on income	72	202	1 001	4 758	5 298	2 972	3 227	2 761	3 268	4 238
Communal tax	36	187	699	2 900	1 541	1 471	1 456	1 668	1 530	1 889
Church tax	3	16	61	134	123	116	116	118	0	0
1220 Sur les gains en capital	0	0	0	0	0	0	0	0	0	0
1300 Non-ventilables entre 1100 et 1200	0	0	0	0	0	0	0	0	0	0
2000 Cotisations de sécurité sociale	**93**	**2 776**	**10 012**	**15 756**	**21 384**	**22 648**	**25 632**	**26 639**	**27 641**	**27 000**
2100 À la charge des salariés	1	394	1 152	2 926	4 050	4 710	5 811	6 364	6 836	7 467
For employment pension schemes	1	10	23	2 120	2 950	3 386	4 235	4 714	4 773	5 182
For unemployment schemes	0	0	0	435	369	267	457	489	870	1 242
2110 Sur la base du salaire	..	10	23	2 565	3 319	3 653	4 692	5 203	5 643	6 424
2120 Sur la base de l'impôt sur les revenus	..	384	1 129	361	731	1 057	1 119	1 161	1 193	1 043
National pension contributions	..	251	502	2	0	0	0	0	0	0
National health insurance contributions	..	133	627	359	731	1 057	1 119	1 161	1 193	1 043
2200 À la charge des employeurs	93	2 230	8 127	11 571	15 715	16 041	17 888	18 232	18 763	17 585
For national pension schemes	29	685	1 502	1 566	1 331	0	0	0	0	0
For national health insurance	10	244	792	839	1 142	1 590	1 612	1 662	1 712	914
For unemployment schemes	3	106	206	1 143	1 346	1 377	1 775	1 676	2 110	1 817
For employment pension schemes	50	1 195	5 627	8 023	11 896	13 074	14 501	14 894	14 941	14 854
For accident and group life insurance premiums	0	0	0	0	0	0	0	0	0	0
2210 Sur la base du salaire	..	2 230	8 127	11 571	15 715	16 041	17 888	18 232	18 763	17 585
2220 Sur la base de l'impôt sur les revenus	..	0	0	0	0	0	0	0	0	0
2300 A charge des travailleurs indép. ou sans emploi	0	152	733	1 259	1 619	1 897	1 933	2 043	2 042	1 948
For employment pension schemes	..	84	394	576	817	932	1 187	1 269	1 247	1 252
2310 Sur la base du salaire	..	84	394	576	817	932	1 187	1 269	1 247	1 252
2320 Sur la base de l'impôt sur les revenus	..	68	339	683	802	965	746	774	795	696
National pension contributions	..	43	151	5	0	0	0	0	0	0
National health insurance contributions	..	25	188	678	802	965	746	774	795	696
2400 Non-ventilables entre 2100, 2200 et 2300	0	0	0	0	0	0	0	0	0	0
2410 Sur la base du salaire	..	..	..	..	..	..	..	..	..	..
2420 Sur la base de l'impôt sur les revenus	..	..	..	..	..	..	..	..	..	..
3000 Sur salaires ou main d'oeuvre	**70**	**22**	**0**	**0**	**0**	**0**	**0**	**0**	**0**	**0**
Soc. Sec. contr. for children allowance	70	22	..	..	..	..	..	..	..	..
4000 Impôts sur le patrimoine	**54**	**221**	**956**	**1 518**	**2 012**	**2 087**	**2 599**	**3 017**	**3 066**	**3 459**
4100 Impôts périodiques sur la propriété immobilière	0	0	76	569	855	1 169	1 363	1 603	1 670	1 774
4110 Ménages	..	..	46	273	405	576	623	733	764	811
4120 Autres agents	..	..	30	296	450	593	740	870	906	963
4200 Impôts périodiques sur l'actif net	24	24	26	179	0	0	0	0	0	0
4210 Personnes physiques	11	23	25	175	..	..	..	..	..	..
4220 Sociétés	13	2	1	4	..	..	..	..	..	..
4300 Impôts sur mut. par décès, succ. et donations	3	26	146	368	459	387	646	631	522	909
4310 Impôts sur mut. par décès et successions	3	21	121	307	384	324	541	528	437	761
4320 Impôts sur les donations	1	5	25	61	75	63	105	103	85	148
4400 Impôts sur transact. mobilières et immob.	27	170	707	401	698	531	590	783	874	776
Stamp duty excluded entertainment	27	170	688	-20	0	0	0	0	0	0
Credit tax	0	0	19	0	0	0	0	0	0	0
Transfer tax	0	0	0	421	698	531	590	783	874	776
4500 Impôts non-périodiques	0	0	0	0	0	0	0	0	0	0
4510 Sur l'actif net	..	..	..	..	..	..	..	..	..	..
4520 Autres non-périodiques	..	..	..	..	..	..	..	..	..	..
4600 Autres impôts périodiques sur patrimoine	0	0	0	0	0	0	0	0	0	0
5000 Impôts sur les biens et services	**578**	**4 202**	**12 710**	**18 091**	**23 425**	**24 256**	**29 430**	**29 801**	**31 223**	**31 887**

	1965	1980	1990	2000	2007	2010	2013	2015	2016	2017
5100 Impôts sur production, vente, transfert, etc.	570	4 158	12 553	17 651	22 754	23 491	28 496	28 744	29 979	30 577
5110 Impôts généraux	251	2 062	7 519	10 869	15 207	15 533	18 888	18 974	19 694	20 404
5111 Taxes sur la valeur ajoutée	251	2 062	7 519	10 869	15 207	15 533	18 888	18 974	19 694	20 404
Value added taxes	251	2 062	7 519	9 616	13 657	13 691	16 561	16 680	17 206	17 707
VAT repayments of local government	0	0	0	849	1 550	1 842	2 327	2 294	2 488	2 697
Social Insur. Institutions' part of VAT revenue	0	0	0	404	0	0	0	0	0	0
5112 Impôts sur les ventes	0	0	0	0	0	0	0	0	0	0
5113 Autres impôts	0	0	0	0	0	0	0	0	0	0
Suppl. sales tax on consumer durables	..	..	..	..	..	..	..	..	..	..
5120 Impôts sur biens et services déterminés	319	2 096	5 034	6 782	7 547	7 958	9 608	9 770	10 285	10 173
5121 Accises	183	1 615	3 811	5 613	6 013	6 286	7 511	7 678	8 195	8 002
Excise on tobacco products	52	206	473	561	622	655	852	885	983	962
Excise on sweetments	6	23	26	0	0	0	0	0	0	0
Excise on medium, strong beer	3	109	419	0	0	0	0	0	0	0
Excise on non-alcoholic beverages	2	17	22	32	35	37	204	250	255	151
Excise on certain foodstuffs	3	218	36	0	0	0	0	0	0	0
Excise on liquid fuels	58	504	983	2 582	2 907	3 167	3 925	4 054	4 407	4 324
Excise on motor cars	28	238	697	1 059	1 217	941	931	882	959	972
Tax on alcoholic beverages	29	353	813	1 239	1 016	1 279	1 355	1 356	1 344	1 340
Levies on pharmacy	2	16	46	86	113	122	153	165	174	182
Levies for price reduction on butter	0	3	0	0	0	0	0	0	0	0
Levies for marketing of milk	0	12	58	0	0	0	0	0	0	0
Excise on margarines	0	18	55	0	0	0	0	0	0	0
Stock-building levies on liquid fuels	0	15	44	46	50	48	45	43	44	43
Excise on sugar products	0	18	34	0	0	0	0	0	0	0
Excise on feeding stuffs	0	0	0	0	0	0	0	0	0	0
Excise on fertilizers	0	21	21	0	0	0	0	0	0	0
Excise on oil-based concentrated feed	0	1	0	0	0	0	0	0	0	0
Excise on protein feed	0	0	0	0	0	0	0	0	0	0
Equalization fee agricultural products	0	8	29	0	0	0	0	0	0	0
Excise on albumen	0	0	30	0	0	0	0	0	0	0
Tax on electricity	0	65	0	0	0	0	0	0	0	0
Oil damage levy	0	0	7	5	8	20	27	24	10	8
Oil waste levy	0	0	4	3	4	4	4	4	4	4
Price difference compensations	0	-231	0	0	0	0	0	0	0	0
The milk quota charge	0	0	6	0	0	0	0	0	0	0
Levies for marketing of special agric. prod.	0	0	0	0	0	0	0	0	0	0
Excise on phosphorous fertilizers	0	0	7	0	0	0	0	0	0	0
Excise on certain beverage packages	0	0	0	0	41	13	15	15	15	16
5122 Bénéfices des monopoles fiscaux	38	86	202	0	0	0	0	0	0	0
Excess profits on alcohol	38	86	202	..	..	..	..	..	..	..
5123 Droits de douane et droits à l'importation	88	235	423	0	0	0	0	0	0	0
Import duties	62	126	232	..	..	..	..	..	..	..
Import levies on agricultural products	26	6	12	..	..	..	..	..	..	..
Local import duties (Town dues)	1	0	0	..	..	..	..	..	..	..
Import levies price stabilisation fund	0	3	0	..	..	..	..	..	..	..
Custom duties and levies on agricultural goods	0	0	0	..	..	..	..	..	..	..
Equalization tax	0	100	179	..	..	..	..	..	..	..
5124 Taxes à l'exportation	0	0	0	0	0	0	0	0	0	0
Export duties	..	..	..	..	..	..	..	..	..	..
Levies on export	..	..	..	..	..	..	..	..	..	..
Counter-cyclical tax exports	..	..	..	..	..	..	..	..	..	..
5125 Impôts sur biens d'équipement	0	0	0	0	0	0	0	0	0	0
Investment tax on buildings	..	..	..	..	..	..	..	..	..	..
5126 Impôts sur services déterminés	9	161	599	1 160	1 533	1 671	2 096	2 091	2 089	2 170
Net revenue of betting	8	94	329	703	807	874	948	967	966	1 060
Tax on motion pictures	0	0	0	0	0	0	0	0	0	0
Stamp duties on entertainment	2	5	0	0	0	0	0	0	0	0
Fire protection levy	0	3	7	6	8	9	10	11	11	11
Tax on waste	0	0	0	33	56	42	56	32	21	12
Rail tax	0	0	0	0	18	18	19	6	6	5
Tax on insurance premiums	0	58	263	337	509	584	712	777	785	768
Tax on lottery prizes	0	0	0	80	135	144	217	222	231	228
Tax on telecommunications	0	0	0	0	0	0	0	0	0	0
Bank tax	0	0	0	0	0	0	134	0	-43	-36
Contributions to the Resolution Fund	0	0	0	0	0	0	0	76	112	122
5127 Autres impôts sur commerce et transact. internat.	0	0	0	0	0	0	0	0	0	0
Tax on charter flights	..	..	..	..	..	..	..	..	..	..
5128 Autres impôts	0	0	0	9	1	1	1	1	1	1
Sugar levy	..	..	..	9	1	1	1	1	1	1
Steel and coal levy	..	..	..	0	0	0	0	0	0	0
5130 Non-ventilables entre 5110 et 5120	0	0	0	0	0	0	0	0	0	0

	1965	1980	1990	2000	2007	2010	2013	2015	2016	2017
5200 Impôts sur utilisation des biens et exerc. activités	8	44	157	440	671	765	934	1 057	1 244	1 310
5210 Impôts périodiques	8	44	157	423	637	725	897	960	1 118	1 204
5211 À la charge des ménages : véhicules à moteur	0	2	5	165	486	541	696	748	886	960
5212 À la charge autres agents : véhicules à moteur	7	32	135	235	126	150	170	182	197	209
5213 Autres impôts périodiques	1	10	17	22	25	34	31	30	35	35
Dog licenses	1	2	4	5	3	2	2	1	1	1
Hunting and fishing licenses	1	7	13	17	17	24	23	22	23	22
Seamens welfare and rescue levy	0	0	0	1	1	1	1	0	0	0
Nuclear energy research levy	0	0	0	0	4	7	5	7	11	12
5220 Impôts non-périodiques	0	0	0	17	34	40	37	97	126	106
Vehicle registration tax	..	..	..	17	34	40	37	36	36	31
Income from auction of emission allowances	..	..	..	0	0	0	0	61	90	75
5300 Non-ventilables entre 5100 et 5200	0	0	0	0	0	0	0	0	0	0
6000 Autres impôts	**2**	**21**	**50**	**30**	**69**	**69**	**64**	**81**	**99**	**61**
6100 À la charge exclusive des entreprises	0	0	0	0	0	0	0	0	0	0
6200 À la charge d'autres agents	2	21	50	30	69	69	64	81	99	61
Droits de douane perçus pour l'UE	..	..	..	**129**	**199**	**151**	**166**	**165**	**163**	**174**
Recettes fiscales totales sur la base d'encaissements	**1 362**	**11 895**	**39 398**	**61 639**	**77 110**	**76 214**	**88 416**	**91 917**	**95 191**	**96 563**
Recettes fiscales totales sur la base des droits constatés	..	..	**39 050**	**62 435**	**77 447**	**76 315**	**88 688**	**92 074**	**95 126**	**96 985**
Conciliation avec les comptes nationaux										
Impôts additionnels inclus dans les comptes nationaux	..	0	0	0	0	0	0	0	0	0
Impôt exclus des comptes nationaux	..	0	0	0	0	0	0	0	0	0
Différence dans les traitements des crédits d'impôts	..	0	0	0	0	0	0	0	0	0
Transfert en capital des recettes non collectées	..	0	0	0	0	0	0	0	0	0
Cotisations de sécurité sociale volontaires	..	262	632	235	228	254	270	303	308	302
Différences diverses	..	0	0	0	0	0	0	0	0	0
Comptes nationaux : impôts et cotisations sociales effectives	..	12 157	39 682	62 671	77 675	76 569	88 958	92 377	95 434	97 287
Cotisations sociales imputées	..	513	688	30	0	0	0	0	0	0
Comptes nationaux : impôts et toutes les cotisations sociales	..	12 670	40 370	62 701	77 675	76 569	88 958	92 377	95 434	97 287

.. Non disponible

Note : Year ending 31st December.

From 1988 data are on accrual basis.

Finland has an imputation system where the full credit is taken into account in shareholders taxation. According to estimates made by the National Board of Taxation, the credit given to shareholders was 193 millions euros in 1991; the effects on personal income taxation are estimated.

Headings 2120 and 2320: The breakdown of contributions paid by employees and self-employed or non-employed is estimated.

Heading 4200: All figures in this subheading are estimated.

Heading 4400: Stamp duties include payment for some government services where the levy can be regarded as requited (the levy is linked to the cost of providing the service). However they are classified as taxes and recorded under this subheading as taxes on financial and capital transactions because the amounts involved cannot be identified.

Heading 5121: The negative item under the title 'Price difference compensations' refers to the subsidies paid out on agricultural products under the price compensation scheme which can be offset against any positive tax liability which arising under the same scheme. From 1983 this item has been offset against revenues from excises on certain foodstuffs, on medium and stronger beer and on non-alcoholic beverages.

Heading 5126: Prior to 1979, no figures are available for amounts paid under the Fire protection levy .

Heading 5212: Prior to 1990, a part of the tax is paid by 'households'.

Source : Bulletin of Statistics; Central Statistical Office (for Central Government revenues); the Annual report of the National Pension Institute and Official Statistics of Finland Series XXIIA published by the Ministry and Social Affairs (for the Social Security and private pension respectively); supplementary information from unpublished sources.

StatLink https://doi.org/10.1787/888934060782

Tableau 5.10. France : Tableau détaillé par pays, 1965-2017

Millions EUR

	1965	1980	1990	2000	2007	2010	2013	2015	2016	2017
Recettes fiscales totales	**25 776**	**178 576**	**433 771**	**645 528**	**831 226**	**846 318**	**966 817**	**1 002 131**	**1 020 206**	**1 065 242**
Recettes fiscales totales excluant les droits de douane	**0**	**0**	**0**	**644 015**	**829 569**	**844 566**	**964 975**	**1 000 199**	**1 018 387**	**1 063 334**
1000 Impôts sur revenu, bénéfices et gains en capital	**4 095**	**30 019**	**69 649**	**160 363**	**197 939**	**191 085**	**235 964**	**234 532**	**238 091**	**251 708**
1100 Des personnes physiques	2 736	20 734	46 272	115 885	141 405	144 165	179 715	188 357	192 421	197 910
1110 Sur le revenu et les bénéfices	2 723	20 674	46 252	115 884	141 405	144 165	179 715	188 357	192 421	197 910
Impôt sur revenu personnes physiques	..	18 207	39 237	49 548	48 597	49 575	70 098	72 750	75 571	76 748
Retenue source sur B.N.C.	..	51	189	293	559	446	598	927	617	800
Retenue sur capitaux mobiliers	..	2 333	3 971	0	0	0	0	0	0	0
CSG, CRDS, prélèvements sociaux au profit du FSV, du FNAL ou/et du FS	..	0	0	65 953	92 204	93 972	108 247	113 065	111 751	115 440
Taxe forfaitaire sur métaux précieux	..	70	58	47	37	52	69	71	70	72
Ressources sur cumuls rémunérations	..	7	20	38	0	0	0	0	0	0
Contribution sociale de solidarité	..	0	2 207	5	0	82	381	0	2 486	2 633
Autres	..	6	571	0	8	38	322	1 544	1 926	2 217
1120 Sur les gains en capital	14	59	20	1	0	0	0	0	0	0
Sur les gains en capital	..	0	0	0	0	0	0	0	0	0
Prélèv. sur bénéf. construction immobilière	..	59	20	1	0	0	0	0	0	0
1200 Des sociétés	1 358	9 158	23 117	44 478	56 534	46 920	56 249	46 175	45 670	53 798
1210 Sur les bénéfices	1 358	9 158	23 117	44 478	56 534	46 920	56 249	46 175	45 670	53 798
Impôts sur les sociétés (émission de rôles)	..	8 524	20 804	39 755	51 063	39 095	46 474	39 579	39 521	47 834
3% dividendes	..	0	0	0	0	0	1 943	2 165	2 038	1 677
Retenue sur capitaux mobiliers	..	487	1 333	1 460	3 492	5 952	5 894	3 325	3 037	3 062
Précomptes sur bénéfices distribués (devenu prélèvement exceptionnel de 25% en 2005)	..	36	247	1 135	88	28	-6	4	0	1
Prélèv. except. entrep. travail temporaire	..	0	0	0	0	0	0	0	0	0
Contribution sociale sur bénéfices des sociétés	..	0	0	589	158	842	1 160	971	978	1 142
Imposition annuelle forfaitaire	..	111	658	1 484	1 656	599	680	4	2	2
Prélèvement except. assurances	..	0	61	55	64	94	104	127	94	80
Autres	..	0	14	0	13	310	0	0	0	0
1220 Sur les gains en capital	0	0	0	0	0	0	0	0	0	0
1300 Non-ventilables entre 1100 et 1200	0	127	260	0	0	0	0	0	0	0
2000 Cotisations de sécurité sociale	**8 804**	**76 235**	**191 141**	**231 875**	**307 663**	**323 816**	**356 934**	**370 375**	**375 441**	**387 443**
2100 À la charge des salariés	1 701	19 851	57 347	57 686	76 815	78 268	88 097	93 767	96 643	100 910
Cotisations effectives	0	19 851	57 347	57 686	76 815	78 268	88 097	93 767	96 643	100 910
2110 Sur la base du salaire	0	0	0	57 686	76 815	78 268	88 097	93 767	96 643	100 910
2120 Sur la base de l'impôt sur les revenus	0	0	0	0	0	0	0	0	0	0
2200 À la charge des employeurs	6 525	50 742	118 079	159 476	208 688	219 687	240 672	248 173	250 928	258 691
Cotisations effectives	0	50 742	118 079	159 476	208 688	219 687	240 672	248 173	250 928	258 691
2210 Sur la base du salaire	0	0	0	159 476	208 688	219 687	240 672	248 173	250 928	258 691
2220 Sur la base de l'impôt sur les revenus	0	0	0	0	0	0	0	0	0	0
2300 A charge des travailleurs indép. ou sans emploi	578	5 642	15 714	14 713	22 160	25 861	28 165	28 435	27 870	27 842
Cotisations effectives	..	5 642	15 714	14 713	22 160	25 861	28 165	28 435	27 870	27 842
2310 Sur la base du salaire	0	0	0	14 713	22 160	25 861	28 165	28 435	27 870	27 842
2320 Sur la base de l'impôt sur les revenus	0	0	0	0	0	0	0	0	0	0
2400 Non-ventilables entre 2100, 2200 et 2300	0	0	0	0	0	0	0	0	0	0
2410 Sur la base du salaire	0	0	0	0	0	0	0	0	0	0
2420 Sur la base de l'impôt sur les revenus	0	0	0	0	0	0	0	0	0	0
3000 Sur salaires ou main d'oeuvre	**1 189**	**3 935**	**8 254**	**14 916**	**22 874**	**26 926**	**33 595**	**34 574**	**34 801**	**35 715**
Taxe sur les salaires	0	2 413	5 208	7 583	10 272	11 440	13 127	13 165	13 515	13 845
Forfait social	0	0	0	0	0	657	4 654	5 019	5 245	5 497
Taxe d'apprentissage	0	172	101	102	964	430	554	29	30	31
Taxe au profit de l'AGS : redevances pour concessions, brevets, licences, marques, procédés, droits et valeurs similaires	0	263	379	551	736	1 759	1 435	1 479	1 259	966
Taxe de formation professionnelle	0	236	30	97	19	13	17	17	17	21
Taxe au profit du FNAL : ACOSS (part cotisations employeurs)	0	120	754	1 506	2 412	2 465	3 123	2 929	2 674	2 683
Taxe au profit des syndicats de transports	0	731	1 600	3 786	5 738	7 044	8 089	9 249	9 679	10 244
Versement au profit de l'UNEDIC	0	0	23	24	0	0	0	0	0	0
Taxe sur salaires retraités réemployés	0	0	0	0	0	0	0	0	0	0
Cotisation de prévoyance	0	0	0	415	773	1 120	496	415	423	397
Autres	0	0	159	851	100	81	49	27	23	21
Caisse nationale de solidarité pour l'autonomie (CNSA)	0	0	0	0	1 860	1 917	2 051	1 891	1 920	1 994
Contribution employeurs pour le FCAATA	0	0	0	0	0	0	0	0	0	0
Taxe exceptionnelle de solidarité sur les hautes rémunérations	0	0	0	0	0	0	0	354	16	16

	1965	1980	1990	2000	2007	2010	2013	2015	2016	2017
4000 Impôts sur le patrimoine	**1 105**	**8 591**	**27 434**	**46 169**	**67 573**	**73 085**	**84 209**	**92 323**	**95 200**	**100 989**
4100 Impôts périodiques sur la propriété immobilière	506	5 358	14 808	29 439	42 130	50 061	57 411	60 443	62 672	64 152
4110 Ménages	198	4 454	11 493	22 285	32 839	38 952	44 684	46 873	48 425	49 557
Taxe d'habitation	0	2 306	5 100	8 366	12 433	15 254	17 470	18 424	18 807	19 311
Contributions foncieres (bâti)	0	1 034	4 040	8 460	11 983	14 403	16 539	17 557	18 465	18 926
Taxe d'enlèvement ordures ménagères	0	534	1 219	3 103	5 117	5 699	6 552	6 567	6 703	6 803
Contribution à l'audiovisuel public	0	0	0	2 099	2 255	2 472	2 866	3 012	3 210	3 248
Imposition foncier non-bâti	0	506	979	172	851	919	955	980	955	971
Taxe au profit chambre d'agriculture	0	0	0	53	59	61	62	61	59	61
Taxe de balayage	0	0	0	68	74	75	109	109	109	113
Autres	0	74	156	-36	67	69	131	163	117	124
4120 Autres agents	308	904	3 315	7 154	9 291	11 109	12 727	13 570	14 247	14 595
Contribution foncière propriété bâtie	0	759	3 032	6 256	9 054	10 865	12 477	13 246	13 930	14 277
Impositions foncier non-bâti	0	127	245	688	0	0	0	0	0	0
Taxe au profit chambre d'agriculture	0	18	39	210	237	244	250	242	234	243
Autres	0	0	0	0	0	0	0	82	83	75
4200 Impôts périodiques sur l'actif net	0	0	2 615	2 440	4 390	4 461	4 372	5 224	4 837	5 068
4210 Personnes physiques	..	..	938	2 440	4 390	4 461	4 372	5 224	4 837	5 068
4220 Sociétés	..	..	1 677	0	0	0	..	..	..	..
4300 Impôts sur mut. par décès, succ. et donations	145	1 010	4 124	6 907	8 910	7 738	10 456	12 317	12 489	14 344
4310 Impôts sur mut. par décès et successions	140	875	3 490	5 508	7 853	6 862	9 368	10 690	10 863	11 898
Mutations à titre gratuit	0	861	3 453	5 428	7 794	6 806	8 433	10 540	10 689	11 785
Recettes diverses et pénalités	0	14	37	80	59	56	935	150	174	113
4320 Impôts sur les donations	5	135	634	1 399	1 057	876	1 088	1 627	1 626	2 446
Donations	0	113	568	1 399	1 057	876	1 088	1 627	1 626	2 446
Recettes diverses et pénalités	0	0	0	0	0	0	0	0	0	0
Autres	0	22	66	0	0	0	0	0	0	0
4400 Impôts sur transact. mobilières et immob.	447	2 224	5 886	7 383	12 143	10 825	11 970	14 339	15 202	17 425
Créances rentes offices	0	30	209	279	443	279	359	335	375	325
Fonds de commerce	0	253	518	199	268	154	135	132	137	153
Meubles corporels	0	14	18	0	0	1	0	1	1	1
Immeubles et droits immobiliers	0	63	4	2	2	3	1	1	2	1
Conventions et actes civils entre sociétés	0	95	218	4	5	8	6	7	7	4
Recettes diverses et pénalités	0	35	60	367	179	253	4	6	5	10
Actes judiciaires et extra-judiciaires	0	6	10	0	0	0	0	0	0	0
Taxe de publicité foncière	0	781	38	68	130	140	703	770	805	897
Droits et timbres divers	0	94	242	0	0	0	0	0	0	0
Impôts sur opérations de bourse	0	168	525	407	271	0	0	0	0	0
Taxe sur les transactions financières	0	0	0	0	0	0	697	917	715	964
Taxe additionnelle droits d'enregistrement	0	679	4 002	5 339	10 396	9 567	9 538	11 618	12 533	14 536
Autres droits et recettes	0	5	44	718	449	420	527	552	622	534
4500 Impôts non-périodiques	8	0	0	0	0	0	0	0	0	0
4510 Sur l'actif net	8	..	..	0	0	0	..	..	..	..
4520 Autres non-périodiques	0	..	..	0	0	0	..	..	..	..
4600 Autres impôts périodiques sur patrimoine	0	0	0	0	0	0	0	0	0	0
5000 Impôts sur les biens et services	**9 902**	**54 317**	**123 235**	**166 608**	**206 293**	**210 067**	**231 413**	**242 920**	**248 824**	**260 689**
5100 Impôts sur production, vente, transfert, etc.	9 676	52 719	119 201	162 007	200 452	203 746	224 764	235 972	241 589	253 175
5110 Impôts généraux	5 994	37 760	81 341	110 296	142 033	141 219	150 935	156 940	158 921	166 354
5111 Taxes sur la valeur ajoutée	5 173	37 282	79 972	107 511	137 137	136 129	145 264	152 550	155 370	162 793
TVA (budget général)	0	36 895	78 902	103 054	136 927	135 578	144 490	151 680	154 490	161 932
TVA (BAPSA)	0	62	101	4 111	0	0	0	0	0	0
Autres TVA	0	325	969	0	0	0	0	0	0	0
Sous-compensation TVA agriculture	0	0	0	346	138	330	462	381	373	364
TVA sur subventions	0	0	0	0	72	221	312	489	507	497
5112 Impôts sur les ventes	822	0	0	0	0	0	0	0	0	0
5113 Autres impôts	0	477	1 369	2 784	4 896	5 090	5 671	4 390	3 551	3 561
Contribution sociale de solidarité	..	477	1 369	2 784	4 896	5 090	5 671	4 390	3 551	3 561
5120 Impôts sur biens et services déterminés	3 682	14 960	37 860	51 712	58 419	62 527	73 829	79 032	82 668	86 821

	1965	1980	1990	2000	2007	2010	2013	2015	2016	2017
5121 Accises	2 775	11 013	26 834	39 850	44 013	45 770	52 343	56 660	58 916	62 012
Taxe intérieure de consommation sur les produits énergétiques	0	7 136	17 476	23 493	24 318	23 577	23 693	26 238	27 926	29 587
Prélèv. except. sur entrep. produits pétroliers	0	0	0	0	0	0	0	0	0	0
Droits sur vins, cidres et hydromels	0	97	174	0	121	121	486	501	497	495
Droits sur alcools	0	1 238	1 593	3 025	484	2 482	2 950	2 956	2 965	2 974
Droits sur bières et eaux minérales	0	58	91	20	409	538	803	931	957	999
Autres droits et recettes	0	136	38	19	2 169	100	90	110	110	72
Impôts et taxes sur tabacs et allumettes	0	1 188	2 989	7 965	9 659	11 083	12 227	12 318	12 058	12 441
Amendes et confiscations	0	2	1	0	0	0	0	0	0	0
Garantie matières or et argent	0	6	19	29	2	0	0	0	0	0
Taxes au profit de l'ANDA	0	84	147	89	0	0	0	0	0	0
Taxe de protection sanitaire et d'organisation du marché des viandes	0	0	0	48	46	43	41	43	43	42
Taxe sur les céréales	0	147	275	19	19	24	18	14	4	8
Redevances débits de tabac	0	0	0	0	0	0	0	0	0	0
Redevances sur sel de potasse	0	0	0	0	0	0	0	0	0	0
Taxe sur les farines	0	0	0	38	0	0	0	0	0	0
Redevances incluses dans prix carburants	0	36	32	453	485	495	499	493	533	539
Taxe au profit du Fonds National du Livre	0	7	17	0	0	0	0	0	0	0
Taxe sur produit exploitations forestières	0	11	0	0	0	0	0	0	0	0
Redevances des mines	0	16	59	43	23	25	22	16	15	15
Taxe sur électricité et chauffage	0	426	1 340	1 061	2 990	3 717	7 253	8 703	9 350	9 993
Surtaxe sur les apéritifs	0	12	17	0	0	0	0	0	0	0
Vignettes pharmaceutiques	0	4	559	0	0	0	0	0	0	0
Taxe sur betterave, sucre et alcool	0	22	400	0	0	0	0	0	0	0
Taxe solidarité sur graines oléagineuses	0	8	41	0	0	0	0	0	0	0
Taxe sur corps gras alimentaires	0	32	89	99	0	0	0	0	0	0
Taxe au profit Caisse Nationale des Lettres	0	23	0	0	0	0	0	0	0	0
Taxe sur consommation eau au profit FNAE	0	34	51	74	5	11	1	2	1	2
Taxe sur les viandes	0	25	36	0	19	1	1	0	0	0
Taxe au profit agences financières de bassin	0	217	609	1 624	1 821	1 763	2 175	2 268	2 332	2 364
Taxe au profit du FIRS (marché du sucre)	0	0	0	0	0	0	0	0	0	0
Contrib. except. pharmacies et laboratoires	0	16	0	522	0	0	0	0	0	0
Taxe locale	0	5	8	241	247	325	127	126	118	145
Contrib. distributeurs énergie élec. au profit du FACE	0	0	0	183	322	324	374	375	377	378
Taxe au profit de l'ADEME	0	0	0	80	212	489	499	449	449	449
Octroi de mer	0	0	0	449	544	581	386	422	439	439
Taxe générale sur les activités polluantes	0	0	0	6	16	16	205	117	87	81
Stocks sur les produits pétroliers	0	0	0	0	0	0	367	379	364	377
Autres	0	30	772	78	102	55	126	199	291	612
Taxe au profit de l'Institut français du pétrole (IFP)	0	0	0	193	0	0	0	0	0	0
5122 Bénéfices des monopoles fiscaux	0	0	0	0	0	0	0	0	0	0
5123 Droits de douane et droits à l'importation	471	966	1 669	297	386	428	763	733	768	755
Droits à l'importation (Etat)	0	0	0	0	0	0	0	0	0	0
Droits à l'importation (UE)	0	873	1 623	0	0	0	0	0	0	0
Octroi de mer	0	0	0	267	327	361	627	678	706	707
Autres	0	94	46	30	59	67	136	55	62	48
5124 Taxes à l'exportation	0	75	15	0	0	0	0	0	0	0
Prélèv. agricoles (part de l'Etat)	..	0	0	0	0	0	0	0	0	0
Prélèv. agricoles (part UE)	..	75	15	0	0	0	0	0	0	0
5125 Impôts sur biens d'équipement	0	0	0	0	0	0	0	0	0	0

	1965	1980	1990	2000	2007	2010	2013	2015	2016	2017
5126 Impôts sur services déterminés	431	2 690	8 373	11 204	14 007	16 274	20 656	21 585	22 925	24 000
Prélèvements sur le PMU	0	446	545	502	719	626	434	446	431	434
Prélèv. produit jeux et casinos	0	0	0	727	1 022	748	708	691	719	741
Prélèv. sur loterie nationale et loto	0	200	702	1 305	1 982	1 800	1 941	2 118	2 245	2 290
Prélèv. except. sur banque et établ. crédit	0	0	0	0	0	0	0	0	0	0
Taxe sur convention d'assurance	0	1 292	4 782	5 097	6 571	7 099	9 973	10 386	10 763	10 503
Baux enregistrement	0	264	633	573	29	-5	-1	0	0	0
Taxes funéraires	0	11	32	14	11	12	12	12	13	13
Droits de timbre contrat transport	0	9	77	10	0	0	0	0	0	0
Expertises et vérifications techniques	0	0	0	0	0	0	0	0	0	0
Taxe au profit de l'ANAEM	0	0	0	33	58	129	145	146	150	150
Taxe sur l'utilisation des voies navigables	0	0	0	104	157	169	192	183	174	178
Autres taxes diverses	0	98	272	273	449	1 007	547	798	1 392	1 912
Taxes sur les jeux et spectacles	0	75	195	274	372	425	799	785	865	867
Taxe sur fonds de garantie automobile (FGAC)	0	32	135	223	274	323	387	450	555	755
Taxes assurance auto. (Etat + Séc. Soc.)	0	0	0	55	0	0	0	0	0	0
Taxe Fonds National Calamités Agricoles	0	0	0	261	96	101	120	125	58	60
Prélèv. 5% Fonds Nat. Amélioration Habitat	0	114	258	678	604	604	726	932	946	1 145
Cotisat. des entrep. au Centre Nat. du Cinéma	0	52	207	397	144	766	735	695	707	697
Taxe alimentation au Fonds Assurances Agricoles	0	0	0	0	0	0	0	0	0	0
Taxe au profit du Fonds National Sportif	0	3	0	0	0	0	0	0	0	0
Taxe Fonds de Revalorisation Rentes et Pensions	0	15	0	0	0	0	0	0	0	0
Taxe annuelle sur encours de crédits	0	0	0	0	0	0	0	0	0	0
Taxe sur la publicité	0	0	26	52	38	156	219	232	237	235
Prélèv. sur salaires des conserv. hypothèques	0	67	188	0	0	0	0	0	0	0
Taxe de sécurité et sûreté	0	0	0	220	353	459	521	574	607	655
Taxe de risque systémique	0	0	0	0	0	0	899	591	529	436
Taxe sur les mutuelles au profit de la CMU	0	0	0	247	560	1 637	1 851	1 909	1 972	2 370
Taxe au profit du FPRNM (Fonds de prévention des risques naturels majeurs)	0	0	0	0	0	0	197	205	205	211
Autres	0	10	320	159	568	218	251	307	357	348
5127 Autres impôts sur commerce et transact. internat.	0	0	0	0	0	0	..	..	..	..
5128 Autres impôts	5	215	970	360	13	55	67	54	59	54
Taxe de co-responsabilité sur le lait	0	48	119	0	0	0	0	0	0	0
Taxe de co-responsabilité sur les céréales	0	0	520	0	0	0	0	0	0	0
Prélèvement pour la CECA	0	14	0	0	0	0	0	0	0	0
Receveur des douanes	0	9	24	0	0	0	0	0	0	0
Divers (collect. locales)	0	0	0	0	0	0	0	0	0	0
Cotisations sur les sucres	0	68	185	270	0	42	54	41	41	41
Taxe au profit du FIRS (marché du sucre)	0	76	120	76	0	0	0	0	0	0
Autres	0	0	2	14	13	13	13	13	18	13
5130 Non-ventilables entre 5110 et 5120	0	0	0	0	0	0	0	0	0	0
5200 Impôts sur utilisation des biens et exerc. activités	226	1 598	4 034	4 601	5 841	6 321	6 649	6 948	7 235	7 514
5210 Impôts périodiques	178	1 226	3 024	2 810	3 009	2 866	2 849	2 669	2 870	2 859
5211 À la charge des ménages : véhicules à moteur	27	545	1 236	126	0	0	0	0	0	0
Taxe différentielle (budget gén. et collect. loc.)	0	545	1 236	126	0	0	0	0	0	0
5212 À la charge autres agents : véhicules à moteur	79	545	1 086	1 280	1 559	1 269	1 181	1 028	909	780
Taxe sur les véhicules des sociétés	0	197	345	644	891	992	876	753	692	638
Taxe sur les véhicules (budg. gén. et coll. loc.)	0	348	741	636	668	277	305	275	217	142
5213 Autres impôts périodiques	72	136	702	1 404	1 450	1 597	1 668	1 641	1 961	2 079
Taxe spéciale usage des routes	0	0	0	420	526	539	573	574	596	608
Droit de pesage	0	17	14	0	0	0	0	0	0	0
Divers taxes (collectivités locales)	0	7	33	0	0	0	0	0	0	0
Taxe magnétoscopes	0	0	0	0	0	0	0	0	0	0
Redev. pour surveillance centrales nucléaires	0	8	41	0	0	0	0	0	0	0
Taxe d'usage des abattoirs	0	19	13	0	0	0	0	0	0	0
Contrib. des entrepr. à la prépa. médicaments	0	0	20	238	0	379	213	255	265	296
Taxe sur les pylones électriques	0	1	66	128	183	213	244	231	241	251
Licence débit de boisson	0	8	22	23	0	0	0	0	0	0
Droit annuel de francisation et de navigation	0	0	0	0	0	39	37	37	39	38
Redevances d'usage des fréquences radioélectriques	0	0	0	191	280	275	262	187	283	307
Autres	0	75	493	404	461	152	339	357	537	579
5220 Impôts non-périodiques	47	372	1 010	1 791	2 832	3 455	3 800	4 279	4 365	4 655
Récépissés de mise en circulation	0	75	0	0	0	0	0	0	0	0
Taxes et licences débits de boissons	0	0	0	3	0	0	0	0	0	0
Redevance pour droit de construire	0	79	53	72	0	18	18	0	0	0
Taxe locale d'équipement	0	146	263	305	848	1 252	1 381	1 839	1 912	2 074
Taxe sur les certificats d'immatriculation des véhicules	0	0	0	1 373	1 939	1 917	2 042	2 086	2 187	2 229
Dépassement plafond légal de densité	0	38	270	38	45	82	82	52	0	0
Taxe additionnelle sur certif. d'immatric. des véhicules	0	0	0	0	0	186	277	302	266	352
Autres	0	35	423	0	0	0	0	0	0	0

	1965	1980	1990	2000	2007	2010	2013	2015	2016	2017
5300 Non-ventilables entre 5100 et 5200	0	0	0	0	0	0	0	0	0	0
6000 Autres impôts	**681**	**5 480**	**14 060**	**24 084**	**27 227**	**19 587**	**22 860**	**25 475**	**26 030**	**26 790**
6100 À la charge exclusive des entreprises	678	5 480	14 060	22 398	27 219	19 581	22 854	25 469	26 024	26 784
Taxes au profit de l'INPI	0	43	67	115	156	165	180	193	197	204
Taxe sur les frais généraux	0	0	0	0	0	0	0	0	0	0
Taxe professionnelle	0	5 152	13 381	19 641	22 035	0	0	0	0	0
Taxe des prestations des syndicats (collect. loc.)	0	36	197	293	0	0	0	0	0	0
Taxes diverses (budget gén. et org. div. adm. cent.)	0	0	0	61	236	255	478	649	660	637
Taxe annuelle sur les encours de crédits	0	110	0	0	0	0	0	0	0	0
Prélèv. except. sur entreprises d'assurances	0	0	0	0	0	0	0	0	0	0
Produit de l'imposition (Chambre des Métiers)	0	36	125	155	203	275	233	253	228	229
Versements des entreprises industrielles au profit du FNE	0	4	240	204	33	10	3	0	0	1
Autres	0	98	50	1 127	3 721	1 078	775	2 400	2 482	2 802
Taxe ANDA - ADAR	0	0	0	32	0	0	0	0	0	0
Cotisation foncière des entreprises	0	0	0	0	0	4 941	5 908	6 356	6 625	6 659
Cotisation sur la valeur ajoutée des entreprises	0	0	0	0	0	10 346	12 168	12 973	13 542	13 526
Imposition forfaitaire sur les entreprises de réseaux	0	0	0	0	0	1 223	1 206	1 297	1 324	1 329
Exit taxe sur les assurances	0	0	0	0	0	0	0	0	0	0
Produit imposition Chambre de Commerce	0	0	0	770	835	1 103	1 323	458	860	871
Contribution patronale sur stock-options	0	0	0	0	0	185	380	490	206	300
Taxe sur le résultat des entreprises ferroviaires	0	0	0	0	0	0	200	400	0	226
6200 À la charge d'autres agents	3	0	0	1 686	8	6	6	6	6	6
Autres	0	..	..	1 686	8	6	6	6	6	6
Ecart aux comptes de secteurs	0	..	..	0	0	0	0	0	0	0
Droits de douane perçus pour l'UE	**0**	**0**	**0**	**1 513**	**1 657**	**1 752**	**1 842**	**1 932**	**1 819**	**1 908**
Crédits d'impôts récupérables										
Crédits d'impôts récupérables contre 1110	0	0	0	0	7 663	10 761	8 214	8 041	6 526	6 248
Composante fiscale	0	0	0	0	0	8 234	6 755	5 669	3 830	3 623
Composante transfert	0	0	0	0	0	2 527	1 459	2 372	2 696	2 625
Crédits d'impôts récupérables contre 1210	0	0	0	457	1 860	6 655	5 466	18 618	19 352	22 639
Composante fiscale	0	0	0	0	0	1 277	3 572	10 560	10 461	10 662
Composante transfert	0	0	0	0	0	5 378	1 894	8 058	8 891	11 977
Crédits d'impôts récupérables contre 3000	0	0	0	0	0	0	0	0	0	0
Composante fiscale	0	0	0	0	0	0	0	0	0	0
Composante transfert	0	0	0	0	0	0	0	0	0	0
Recettes fiscales totales sur la base d'encaissements	**25 776**	**178 576**	**433 771**	**642 156**	**825 954**	**840 905**	**960 513**	**995 462**	**1 013 710**	**1 058 413**
Recettes fiscales totales sur la base des droits constatés	**0**	**0**	**0**	**645 528**	**831 226**	**846 318**	**966 817**	**1 002 131**	**1 020 206**	**1 065 242**
Conciliation avec les comptes nationaux										
Impôts additionnels inclus dans les comptes nationaux	0	0	0	0	0	0	0	0	0	0
Impôt exclus des comptes nationaux	0	0	0	-3 171	-5 191	-5 774	-6 661	-6 676	-6 812	-6 916
Taxe d'enlèvement des ordures ménagères	..	..	..	-3 103	-5 117	-5 699	-6 552	-6 567	-6 703	-6 803
Taxe sur les pylônes	..	..	..	0	0	0	0	0	0	0
Taxe de balayage	..	..	..	-68	-74	-75	-109	-109	-109	-113
Différence dans les traitements des crédits d'impôts	0	0	0	0	0	9 511	10 327	16 229	14 291	14 285
Transfert en capital des recettes non collectées	0	0	0	-3 372	-5 272	-5 413	-6 304	-6 669	-6 496	-6 829
Cotisations de sécurité sociale volontaires	0	0	0	0	0	0	0	0	0	0
Différences diverses	0	0	0	0	0	0	0	0	0	0
Comptes nationaux : impôts et cotisations sociales effectives	0	0	0	638 985	820 763	844 642	964 179	1 005 015	1 021 189	1 065 782
Cotisations sociales imputées	0	0	0	25 875	33 510	38 028	41 947	42 655	42 930	43 038
Comptes nationaux : impôts et toutes les cotisations sociales	0	0	0	664 860	854 273	882 670	1 006 126	1 047 670	1 064 119	1 108 820

.. Non disponible

Note : Année civile se terminant le 31 décembre.

A partir de 1992, les données sont sur la base des droits constatés.

A partir de 1970 les chiffres ont été calculés selon le nouveau Système de Comptes Nationaux et ne sont pas, de ce fait, comparables à ceux des années précédentes.

La rubrique 2000 comprend certaines contributions volontaires.

La rubrique 4220 correspond à la rémunération de la garantie de l'État accordée aux caisses d'épargne.

Source : Compte général de l'Administration des finances pour les chiffres de recettes fiscales. OSCE pour les chiffres de sécurité sociale de 1965 à 1969 et SEC pour les années suivantes.

StatLink https://doi.org/10.1787/888934060801

Tableau 5.11. Allemagne : Tableau détaillé par pays, 1965-2017

Millions EUR

	1965	1980	1990	2000	2007	2010	2013	2015	2016	2017
Recettes fiscales totales	**74 359**	**287 373**	**454 777**	**767 052**	**876 915**	**903 285**	**1 039 213**	**1 127 408**	**1 182 264**	**1 231 275**
Total tax revenue exclusive of customs duties	..	..	..	**763 658**	**872 943**	**899 051**	**1 034 962**	**1 122 213**	**1 177 175**	**1 226 232**
1000 Impôts sur revenu, bénéfices et gains en capital	**25 059**	**100 821**	**147 257**	**231 249**	**273 596**	**257 817**	**320 228**	**351 387**	**376 251**	**400 605**
1100 Des personnes physiques	19 254	85 134	125 296	194 173	218 848	219 387	270 481	298 846	313 835	334 069
1110 Sur le revenu et les bénéfices	19 254	85 134	125 296	194 173	218 848	219 387	270 481	298 846	313 835	334 069
Taxes on wages and salaries	8 558	57 039	90 801	135 733	146 365	145 202	174 814	194 116	201 405	211 685
Assessed income tax	7 567	18 813	18 672	12 225	25 341	31 346	42 586	48 902	54 035	59 784
Withholding tax on dividends	691	2 135	5 538	13 515	13 572	12 982	17 258	17 944	19 452	20 918
Supplementary tax	0	0	0	10 347	10 907	10 706	13 085	14 555	15 204	16 144
Enterprise tax	2 438	7 147	10 285	16 486	14 630	13 709	17 305	18 037	19 956	20 693
Stabilisation tax	0	0	0	0	0	0	0	0	0	0
Withholding tax on interest	0	0	0	5 867	8 033	5 442	5 433	5 292	3 783	4 845
1120 Sur les gains en capital	0	0	0	0	0	0	0	0	0	0
1200 Des sociétés	5 806	15 686	21 961	37 076	54 748	38 430	49 747	52 541	62 416	66 536
1210 Sur les bénéfices	5 806	15 686	21 961	37 076	54 748	38 430	49 747	52 541	62 416	66 536
Corporation tax	4 177	10 902	15 385	23 575	23 386	12 516	19 762	20 178	27 552	29 782
Supplementary tax	0	20	1	1 494	1 550	982	1 337	1 409	1 733	1 902
Sacrifice for Berlin	3	0	0	0	0	0	0	0	0	0
Enterprise tax	1 625	4 765	6 576	10 540	25 486	22 002	25 722	28 106	31 095	32 244
Stabilisation tax	0	0	0	0	0	0	0	0	0	0
Withholding tax on interest	0	0	0	1 467	4 326	2 930	2 926	2 848	2 036	2 608
1220 Sur les gains en capital	0	0	0	0	0	0	0	0	0	0
1300 Non-ventilables entre 1100 et 1200	0	0	0	0	0	0	0	0	0	0
2000 Cotisations de sécurité sociale	**19 876**	**98 659**	**170 449**	**299 440**	**320 594**	**353 955**	**392 295**	**424 633**	**445 013**	**466 470**
2100 À la charge des salariés	8 723	43 833	73 580	131 610	141 079	155 283	174 333	188 972	199 378	209 593
Payments by employees total	8 723	43 833	73 580	131 610	141 079	155 283	174 333	188 972	199 378	209 593
2110 Sur la base du salaire	..	..	..	131 610	141 079	155 283	174 333	188 972	199 378	209 593
2120 Sur la base de l'impôt sur les revenus	..	..	..	0	0	0	0	0	0	0
2200 À la charge des employeurs	10 693	52 985	86 659	147 410	152 198	167 206	184 217	199 153	206 925	216 423
Payments by employers total	10 693	52 985	86 659	147 410	152 198	167 206	184 217	199 153	206 925	216 423
2210 Sur la base du salaire	..	..	..	147 410	152 198	167 206	184 217	199 153	206 925	216 423
2220 Sur la base de l'impôt sur les revenus	..	..	..	0	0	0	0	0	0	0
2300 A charge des travailleurs indép. ou sans emploi	460	1 841	10 210	20 420	27 317	31 466	33 745	36 508	38 710	40 454
Payments total	460	1 841	10 210	20 420	27 317	31 466	33 745	36 508	38 710	40 454
2310 Sur la base du salaire	..	..	..	20 420	27 317	31 466	33 745	36 508	38 710	40 454
2320 Sur la base de l'impôt sur les revenus	..	..	..	0	0	0	0	0	0	0
2400 Non-ventilables entre 2100, 2200 et 2300	0	0	0	0	0	0	0	0	0	0
2410 Sur la base du salaire	..	..	..	..	..	..	..	..	..	..
2420 Sur la base de l'impôt sur les revenus	..	..	..	..	..	..	..	..	..	..
3000 Sur salaires ou main d'oeuvre	**477**	**445**	**0**	**0**	**0**	**0**	**0**	**0**	**0**	**0**
Payroll tax	477	445	..	..	..	..	..	..	..	..
4000 Impôts sur le patrimoine	**4 313**	**9 414**	**15 321**	**17 505**	**21 873**	**21 012**	**26 104**	**31 076**	**33 439**	**33 600**
4100 Impôts périodiques sur la propriété immobilière	1 079	2 968	4 461	8 849	10 713	11 315	12 377	13 215	13 654	13 965
4110 Ménages	644	1 187	1 784	3 540	4 285	4 526	4 951	5 286	5 462	5 586
4120 Autres agents	435	1 780	2 676	5 309	6 428	6 789	7 426	7 929	8 192	8 379
4200 Impôts périodiques sur l'actif net	2 530	4 362	6 213	433	5	2	700	322	370	382
4210 Personnes physiques	973	977	1 425	191	2	1	0	-1	0	0
General wealth tax	471	954	1 425	191	2	1	..	-1	..	..
Equalization of war burden	502	23	0	0	0	0	..	0	..	..
4220 Sociétés	1 557	3 385	4 788	242	3	1	700	323	370	382
General wealth tax	490	1 431	1 813	242	3	1	0	-1	0	0
Equalization of war burden	350	15	0	0	0	0	0	0	0	0
Enterprise tax	717	1 939	2 975	0	0	0	0	0	0	0
Bank levy	0	0	0	0	0	0	520	0	14	10
Contribution to Deposit Protection Fund	0	0	0	0	0	0	180	324	356	372
4300 Impôts sur mut. par décès, succ. et donations	162	520	1 545	2 982	4 203	4 405	4 633	6 290	7 007	6 114
4310 Impôts sur mut. par décès et successions	134	416	1 359	2 624	3 699	3 876	4 077	5 535	6 166	5 380
4320 Impôts sur les donations	28	104	186	358	504	529	556	755	841	734
4400 Impôts sur transact. mobilières et immob.	542	1 564	3 103	5 241	6 952	5 290	8 394	11 249	12 408	13 139
Real property transfer tax	150	521	1 999	5 081	6 952	5 290	8 394	11 249	12 408	13 139
Additional real property transfer	198	680	148	160	0	0	0	0	0	0
Capital transfer tax	111	200	807	0	0	0	0	0	0	0
Bill of exchange tax	83	163	149	0	0	0	0	0	0	0
4500 Impôts non-périodiques	0	0	0	0	0	0	0	0	0	0
4510 Sur l'actif net	..	..	..	..	..	..	..	..	..	..
4520 Autres non-périodiques	..	..	..	..	..	..	..	..	..	..
4600 Autres impôts périodiques sur patrimoine	0	0	0	0	0	0	0	0	0	0

	1965	1980	1990	2000	2007	2010	2013	2015	2016	2017
5000 Impôts sur les biens et services	**24 462**	**77 863**	**121 577**	**215 292**	**256 708**	**266 095**	**296 163**	**313 323**	**320 480**	**323 595**
5100 Impôts sur production, vente, transfert, etc.	23 079	74 406	117 209	208 050	247 547	256 940	277 725	294 292	301 634	311 680
5110 Impôts généraux	12 235	47 779	75 459	140 871	170 387	180 533	197 326	211 936	219 100	226 901
5111 Taxes sur la valeur ajoutée	0	47 779	75 459	140 871	170 387	180 533	197 326	211 936	219 100	226 901
5112 Impôts sur les ventes	0	0	0	0	0	0	0	0	0	0
5113 Autres impôts	12 235	0	0	0	0	0	0	0	0	0
Turnover tax old	11 028	..	..	..	..	..	..	..	..	..
Old turnover tax on import	1 208	..	..	..	..	..	..	..	..	..
5120 Impôts sur biens et services déterminés	10 844	26 627	41 750	67 179	76 808	76 067	80 111	82 064	82 254	84 495
5121 Accises	8 213	20 566	31 158	57 224	63 811	63 452	64 624	65 320	64 924	66 509
Duty on mineral oils	3 798	10 917	17 701	37 826	38 877	39 601	39 260	39 605	40 135	40 998
Duty on power	0	0	0	3 356	6 439	6 167	6 987	6 560	6 507	7 003
Duty on tobacco	2 402	5 771	8 898	11 443	14 108	13 453	14 131	14 963	14 062	14 299
Duty on alcohol	771	1 986	2 162	2 151	2 169	2 049	2 098	2 073	2 089	2 090
Duty on beer	501	645	693	843	750	708	675	679	673	664
Duty on coffee	488	756	986	1 087	1 016	1 012	1 033	1 024	1 039	1 054
Duty on sugar	59	72	79	0	0	0	0	0	0	0
Duty on tea	16	32	31	0	0	0	0	0	0	0
Duty on salt	20	20	23	0	0	0	0	0	0	0
Duty on electric lamps	34	63	83	0	0	0	0	0	0	0
Duty on playing cards	2	4	0	0	0	0	0	0	0	0
Duty on beverages	46	22	8	6	1	0	0	0	0	0
Duty on acetic acid	3	2	0	0	0	0	0	0	0	0
Duty on champagne	69	274	494	512	451	462	440	416	419	401
Duty on matches	5	2	0	0	0	0	0	0	0	0
Duty on ice cream	1	0	0	0	0	0	0	0	0	0
5122 Bénéfices des monopoles fiscaux	8	2	0	0	0	0	0	0	0	0
5123 Droits de douane et droits à l'importation	1 658	3 125	3 847	0	0	0	0	0	0	0
Monetary compensation accounts	0	368	1	..	..	..	..	..	..	..
Customs (mainly EU)	1 294	2 353	3 662	..	..	..	..	..	..	..
Agricultural levies EU	364	404	184	..	..	..	..	..	..	..
5124 Taxes à l'exportation	0	0	0	0	0	0	0	0	0	0
5125 Impôts sur biens d'équipement	0	0	0	0	0	0	0	0	0	0
5126 Impôts sur services déterminés	942	2 689	6 443	9 599	13 025	12 583	15 421	16 704	17 292	17 950
Duty transport goods on residents	0	0	0	0	0	0	0	0	0	0
Transport tax	452	0	0	0	0	0	0	0	0	0
Insurance tax	198	910	2 266	7 243	10 410	10 261	11 588	12 445	12 822	13 317
Fire insurance tax	33	124	200	288	319	326	392	413	442	451
Entertainment tax	55	44	140	267	210	376	708	881	985	1 048
Taxes on betting and gambling	204	655	1 046	1 801	1 702	1 412	1 635	1 711	1 808	1 834
Tax on electricity bills	0	956	2 792	0	0	0	0	0	0	0
Aviation tax	0	0	0	0	0	0	955	1 027	1 075	1 116
Gaming casinos levy	0	0	0	0	384	208	143	227	160	184
5127 Autres impôts sur commerce et transact. internat.	0	0	4	5	1	2	2	2	2	2
5128 Autres impôts	24	244	298	351	-29	30	64	38	36	34
Levies CECA	24	56	36	0	0	0	0	0	0	0
Cotisation sugar EU	0	112	224	351	-29	30	64	38	36	34
Levy on milk	0	75	38	0	0	0	0	0	0	0
5130 Non-ventilables entre 5110 et 5120	0	0	0	0	352	340	288	292	280	284
Contributions to the German National Petroleum Stockpiling Agency	..	..	..	..	352	340	288	292	280	284
5200 Impôts sur utilisation des biens et exerc. activités	1 383	3 457	4 368	7 242	9 161	9 155	18 438	19 031	18 846	11 915
5210 Impôts périodiques	1 369	3 454	4 368	7 239	9 161	8 765	17 766	18 286	17 778	11 015
5211 À la charge des ménages : véhicules à moteur	614	1 892	2 950	5 177	6 823	6 447	6 393	6 855	6 946	6 908
5212 À la charge autres agents : véhicules à moteur	728	1 475	1 300	1 838	2 075	2 041	2 097	1 950	2 006	2 040
5213 Autres impôts périodiques	27	87	118	224	263	277	9 276	9 481	8 826	2 067
Dog taxes	24	75	101	198	240	258	299	322	336	349
Hunting and fishing taxes	4	13	17	26	23	19	10	10	9	9
Nuclear fuel tax	0	0	0	0	0	0	1 285	1 018	422	-6 284
Licence fee (private households)	0	0	0	0	0	0	6 975	7 383	7 318	7 258
Licence fee (companies)	0	0	0	0	0	0	707	748	741	735
5220 Impôts non-périodiques	14	3	1	3	0	390	672	745	1 068	900
Non-recurrent taxes	..	..	..	..	..	0	0	0	0	0
CO2 emission certificates	..	..	..	..	..	390	672	745	1 068	900
5300 Non-ventilables entre 5100 et 5200	0	0	0	0	0	0	0	0	0	0
6000 Autres impôts	**172**	**172**	**172**	**172**	**172**	**172**	**172**	**1 794**	**1 992**	**1 962**
6100 À la charge exclusive des entreprises	0	0	0	0	0	0	0	0	0	0
6200 À la charge d'autres agents	172	172	172	172	172	172	172	216	232	252
SRF bank levy	0	0	0	0	0	0	0	1 578	1 760	1 710
Droits de douane perçus pour l'UE	**..**	**..**	**..**	**3 394**	**3 972**	**4 234**	**4 251**	**5 195**	**5 089**	**5 043**

	1965	1980	1990	2000	2007	2010	2013	2015	2016	2017
Crédits d'impôts récupérables										
Crédits d'impôts récupérables contre 1110	..	..	..	38 356	43 602	45 475	41 890	41 951	42 842	43 440
Composante fiscale	..	..	..	..	29 499	28 268	25 972	26 817	27 576	28 141
Composante transfert	..	..	..	..	14 104	17 207	15 920	15 134	15 266	15 297
Crédits d'impôts récupérables contre 1210	..	..	..	962	804	802	426	200	98	24
Composante fiscale	..	..	..	..	348	326	172	120	52	18
Composante transfert	..	..	..	..	456	474	254	80	46	8
Recettes fiscales totales sur la base d'encaissements	**74 359**	**287 373**	**454 777**	**767 052**	**874 109**	**903 192**	**1 037 871**	**1 125 631**	**1 179 022**	**1 229 636**
Recettes fiscales totales sur la base des droits constatés	..	..	..	..	**876 915**	**903 285**	**1 039 213**	**1 127 408**	**1 182 264**	**1 231 275**
Conciliation avec les comptes nationaux										
Impôts additionnels inclus dans les comptes nationaux	..	..	..	..	2 348	2 009	2 404	2 864	2 614	2 617
Several duties, administrative fees and other revenues	..	..	..	..	2 348	2 009	2 404	2 864	2 614	2 617
Impôt exclus des comptes nationaux	..	..	..	..	0	0	0	0	0	0
Différence dans les traitements des crédits d'impôts	..	..	..	..	12 623	9 230	6 054	5 598	5 598	5 534
Transfert en capital des recettes non collectées	..	..	..	..	0	0	0	0	0	0
Cotisations de sécurité sociale volontaires	..	..	..	..	20 930	6 442	7 354	8 226	8 781	9 324
Différences diverses	..	..	..	..	33 538	33 056	31 883	33 433	34 187	42 064
Comptes nationaux : impôts et cotisations sociales effectives	..	..	..	..	946 354	954 022	1 086 908	1 177 529	1 233 444	1 290 814
Cotisations sociales imputées	..	..	..	..	29 424	32 584	33 444	34 510	36 074	37 043
Comptes nationaux : impôts et toutes les cotisations sociales	..	..	..	..	975 778	986 606	1 120 352	1 212 039	1 269 518	1 327 857

.. Non disponible

Note : Year ending 31st December.

From 2002 data are on accrual basis.

The tax revenues for Germany refer to the old Länder until 1990 and to all Germany beginning in 1991.

Heading 1000: In the years up to 2000, the revenues shown take into account the whole amount of non-wastable tax credits including that part paid out by the tax authorities which should, under the OECD criteria, be treated as expenditure. From 2001, the data necessary to make the adjustment have become available and the revenue figures comply with the OECD criteria from that year. The impact of this change is shown in Table D in Part I of this Report.

Heading for non-wastable tax credits against 1110 comprise child tax credits (paid out of wage tax revenue), tax credits for owner occupied housing (paid out of assessed income tax revenue) and investment tax credits for unincorporated businesses (for investment in former East Germany; paid out of assessed income tax revenue).

Heading for non-wastable tax credits against 1210 are investment tax credits for incorporated businesses (for investment in former East Germany; paid out of corporate income tax revenue).

Source : Finanzbericht, Bonn; Tax Statistics. Unpublished estimates by the Ministry of Finance.

StatLink https://doi.org/10.1787/888934060820

Tableau 5.12. Grèce : Tableau détaillé par pays, 1965-2017

Millions EUR

	1965	1980	1990	2000	2007	2010	2013	2015	2016	2017
Recettes fiscales totales	**116**	**1 475**	**11 472**	**47 200**	**73 990**	**72 412**	**64 558**	**64 938**	**68 294**	**70 126**
Recettes fiscales totales excluant les droits de douane	..	..	..	**46 990**	**73 683**	**72 134**	**64 410**	**64 757**	**68 097**	**69 860**
1000 Impôts sur revenu, bénéfices et gains en capital	**11**	**286**	**2 283**	**12 662**	**17 176**	**15 953**	**14 015**	**14 904**	**15 988**	**15 965**
1100 Des personnes physiques	8	220	1 619	6 127	10 554	9 015	10 780	10 155	10 404	11 227
1110 Sur le revenu et les bénéfices	8	220	1 619	6 102	10 500	8 948	10 698	10 047	10 320	11 148
Personal income tax	..	..	1 414	..	..	..	..	..	..	..
Receipts from previous years	..	..	62	..	..	..	..	..	..	..
Agricultural social security fund	..	..	143	..	..	..	..	..	..	..
1120 Sur les gains en capital	0	0	0	25	54	67	82	108	84	79
1200 Des sociétés	2	56	631	5 625	5 304	5 717	2 071	3 800	4 388	3 510
1210 Sur les bénéfices	2	56	631	5 625	5 304	5 717	2 071	3 800	4 388	3 510
Corporation income tax	2	39	553	..	..	..	..	..	..	..
Receipts from previous years	0	8	33	..	..	..	..	..	..	..
Agricultural social security fund	0	9	46	..	..	..	..	..	..	..
1220 Sur les gains en capital	0	0	0	0	0	0	0	0	0	0
1300 Non-ventilables entre 1100 et 1200	1	10	32	910	1 318	1 221	1 164	949	1 196	1 228
Extraordinary taxes	0	10	32	..	..	..	..	..	..	..
Other taxes on income and profits	1	0	0	..	..	..	..	..	..	..
2000 Cotisations de sécurité sociale	**37**	**485**	**3 466**	**14 284**	**24 940**	**24 748**	**19 354**	**18 807**	**19 313**	**20 746**
2100 À la charge des salariés	15	214	1 735	7 629	13 417	13 292	10 881	11 095	11 597	12 201
2110 Sur la base du salaire	..	..	..	..	..	..	..	..	..	..
2120 Sur la base de l'impôt sur les revenus	..	..	..	..	..	..	..	..	..	..
2200 À la charge des employeurs	14	213	1 728	6 655	11 523	11 456	8 473	7 712	7 716	8 545
2210 Sur la base du salaire	..	..	..	..	..	..	..	..	..	..
2220 Sur la base de l'impôt sur les revenus	..	..	..	..	..	..	..	..	..	..
2300 A charge des travailleurs indép. ou sans emploi	0	0	3	0	0	0	0	0	0	0
2310 Sur la base du salaire	..	..	..	..	..	..	..	..	..	..
2320 Sur la base de l'impôt sur les revenus	..	..	..	..	..	..	..	..	..	..
2400 Non-ventilables entre 2100, 2200 et 2300	7	58	0	0	0	0	0	0	0	0
2410 Sur la base du salaire	..	..	..	..	..	..	..	..	..	..
2420 Sur la base de l'impôt sur les revenus	..	..	..	..	..	..	..	..	..	..
3000 Sur salaires ou main d'oeuvre	**1**	**27**	**79**	**0**	**0**	**0**	**0**	**0**	**0**	**0**
4000 Impôts sur le patrimoine	**11**	**68**	**532**	**3 631**	**4 908**	**3 741**	**5 698**	**5 418**	**5 491**	**5 559**
4100 Impôts périodiques sur la propriété immobilière	0	4	22	372	709	553	2 619	3 592	3 672	3 653
4110 Ménages	0	3	22	..	..	..	..	..	..	..
4120 Autres agents	0	1	0	..	..	..	..	..	..	..
Taxes on immovable property	0	0	..	..	..	..	..	..	..	..
4200 Impôts périodiques sur l'actif net	0	0	0	714	1 208	1 272	1 084	1 083	1 144	1 166
4210 Personnes physiques	..	..	..	..	..	..	..	..	..	..
4220 Sociétés	..	..	..	..	..	..	..	..	..	..
4300 Impôts sur mut. par décès, succ. et donations	1	18	141	372	208	165	99	134	115	154
4310 Impôts sur mut. par décès et successions	1	13	85	..	..	..	..	..	..	..
4320 Impôts sur les donations	0	4	55	..	..	..	..	..	..	..
4400 Impôts sur transact. mobilières et immob.	10	44	368	2 035	2 556	1 146	615	547	543	577
Stamp and transaction taxes	10	41	368	2 035	2 556	1 146	615	547	543	577
Receipts from previous years	0	3	0	0	0	0	0	0	0	0
4500 Impôts non-périodiques	0	2	1	27	0	1	0	0	0	0
4510 Sur l'actif net	0	0	0	..	..	..	..	..	..	..
4520 Autres non-périodiques	0	2	1	..	..	..	..	..	..	..
4600 Autres impôts périodiques sur patrimoine	0	0	0	111	227	604	1 281	62	17	9
5000 Impôts sur les biens et services	**57**	**608**	**5 109**	**16 413**	**26 659**	**27 692**	**25 343**	**25 628**	**27 305**	**27 590**
5100 Impôts sur production, vente, transfert, etc.	51	564	4 881	14 576	24 234	25 225	21 386	21 317	23 151	23 265
5110 Impôts généraux	12	194	3 040	9 234	17 020	16 504	13 100	13 190	14 595	14 905
5111 Taxes sur la valeur ajoutée	0	0	2 821	8 927	16 511	15 958	12 593	12 885	14 333	14 642
5112 Impôts sur les ventes	9	185	123	0	0	0	0	0	0	0
5113 Autres impôts	2	9	96	307	509	546	507	305	262	263
Other taxes on goods and services	1	9	34	307	509	546	507	305	262	263
Receipts from previous years	1	0	62	0	0	0	0	0	0	0
5120 Impôts sur biens et services déterminés	39	370	1 789	5 305	7 100	8 642	8 177	8 027	8 426	8 224
5121 Accises	20	165	1 372	4 058	5 876	7 565	6 995	6 927	7 129	6 876
Duty on tobacco products	8	45	357	1 769	2 657	2 712	2 506	2 365	2 563	2 028
Duty on alcohol and spirits	1	7	50	262	334	501	417	393	493	535
Duty on mineral oil	7	75	637	2 016	2 878	4 242	3 894	3 971	3 888	4 085
Duty on sugar	3	6	0	0	0	0	0	0	0	0
Duty on coton and other products	0	30	328	11	7	110	178	198	185	228
5122 Bénéfices des monopoles fiscaux	2	6	0	0	0	0	0	0	0	0

	1965	1980	1990	2000	2007	2010	2013	2015	2016	2017
5123 Droits de douane et droits à l'importation	12	94	112	10	7	1	5	0	0	0
Import duties	11	90	111	10	7	1	5	..	..	..
Agricultural social security fund	1	5	1	0	0	0	0	..	0	0
5124 Taxes à l'exportation	0	1	1	0	0	0	0	0	0	0
5125 Impôts sur biens d'équipement	0	0	0	0	0	0	0	0	0	0
5126 Impôts sur services déterminés	2	47	293	1 237	1 217	1 076	1 177	1 100	1 297	1 348
5127 Autres impôts sur commerce et transact. internat.	0	0	0	0	0	0	0	0	0	0
5128 Autres impôts	4	58	10	0	0	0	0	0	0	0
Agricultural social security fund	2	..	..	..	..	..	..	..	..	..
Other taxes	2	..	..	..	..	..	..	..	..	..
5130 Non-ventilables entre 5110 et 5120	0	0	52	37	114	79	109	100	130	136
5200 Impôts sur utilisation des biens et exerc. activités	6	44	228	1 320	2 169	1 682	2 954	3 217	3 190	3 444
5210 Impôts périodiques	5	24	219	1 320	2 169	1 682	2 954	3 217	3 190	3 444
Motor vehicle tax	5	0	..	..	..	..	..	..	..	..
5211 À la charge des ménages : véhicules à moteur	..	23	210	281	598	825	781	780	788	795
5212 À la charge autres agents : véhicules à moteur	..	0	8	735	1 182	272	120	207	232	264
5213 Autres impôts périodiques	0	1	1	304	389	585	2 053	2 230	2 170	2 385
Taxes on boats/ships	0	0	1	..	..	..	..	..	..	..
5220 Impôts non-périodiques	1	20	9	0	0	0	0	0	0	0
Exceptional tax on construction of buildings	0	..	9	..	..	..	..	..	..	..
Building permits	0	..	0	..	..	..	..	..	..	..
5300 Non-ventilables entre 5100 et 5200	0	0	0	517	256	785	1 003	1 094	964	881
6000 Autres impôts	**0**	**1**	**3**	**0**	**0**	**0**	**0**	**0**	**0**	**0**
6100 À la charge exclusive des entreprises	..	0	0	..	..	..	..	..	..	..
6200 À la charge d'autres agents	..	1	3	..	..	..	..	..	..	..
Droits de douane perçus pour l'UE	**..**	**..**	**..**	**210**	**307**	**278**	**148**	**181**	**197**	**266**
Recettes fiscales totales sur la base d'encaissements	**116**	**1 475**	**11 472**	**45 979**	**72 429**	**73 083**	**62 632**	**63 230**	**66 808**	**67 618**
Recettes fiscales totales sur la base des droits constatés	**..**	**..**	**..**	**47 200**	**73 990**	**72 412**	**64 558**	**64 938**	**68 294**	**70 126**
Conciliation avec les comptes nationaux										
Impôts additionnels inclus dans les comptes nationaux	..	..	..	0	0	0	0	0	0	0
Impôt exclus des comptes nationaux	..	..	..	0	0	0	0	0	0	0
Différence dans les traitements des crédits d'impôts	..	..	..	0	0	0	0	0	0	0
Transfert en capital des recettes non collectées	..	..	..	0	0	0	0	0	0	0
Tax (Employer's actual social contributions)	..	..	..	..	..	..	..	..	..	..
Tax (Employee's actual social contributions)	..	..	..	..	..	..	..	..	..	..
Cotisations de sécurité sociale volontaires	..	..	..	0	0	0	0	0	0	0
Différences diverses	..	..	..	0	0	0	0	0	0	0
Comptes nationaux : impôts et cotisations sociales effectives	..	..	..	47 200	73 990	72 412	64 558	64 938	68 294	70 126
Cotisations sociales imputées	..	..	..	2 055	3 952	4 952	5 101	5 615	5 595	5 220
Comptes nationaux : impôts et toutes les cotisations sociales	..	..	..	49 255	77 942	77 364	69 659	70 553	73 889	75 346

.. Non disponible
Note : Year ending 31st December.
From 1998 data are on accrual basis.
Source : Ministry of Finance, General accounting Office, 20th Directorate of Budget except the heading 2000 provided by the National Statistics Bureau.

StatLink https://doi.org/10.1787/888934060839

Tableau 5.13. Hongrie : Tableau détaillé par pays, 1965-2017

Millions HUF

	1965	1980	1990	2000	2007	2010	2013	2015	2016	2017
Recettes fiscales totales	..	..	..	**5 140 592**	**10 114 322**	**10 145 488**	**11 480 591**	**13 288 991**	**13 887 642**	**14 642 332**
Recettes fiscales totales excluant les droits de douane	..	..	..	..	**10 086 341**	**10 120 484**	**11 454 253**	**13 250 031**	**13 846 022**	**14 596 929**
1000 Impôts sur revenu, bénéfices et gains en capital	..	..	..	**1 247 420**	**2 539 389**	**2 098 578**	**2 026 518**	**2 428 430**	**2 684 571**	**2 873 577**
1100 Des personnes physiques	..	..	..	954 698	1 838 563	1 768 830	1 610 329	1 814 908	1 853 431	2 075 248
1110 Sur le revenu et les bénéfices	..	..	..	954 698	1 838 563	1 768 830	1 610 329	1 814 908	1 853 431	2 075 248
1120 Sur les gains en capital	..	..	..	0	0	0	0	0	0	0
1200 Des sociétés	..	..	..	292 722	700 826	329 748	416 189	613 522	831 140	798 329
Corporate income tax	..	..	..	292 722	510 781	323 370	322 467	539 777	756 652	710 069
Research and development fund levy	..	..	..	0	0	0	0	0	0	0
Financial institutions' special tax	..	..	..	0	10 890	21 618	27 686	19 995	14 513	10 859
Separate tax for companies	..	..	..	0	178 598	-32 390	0	0	0	0
Medicine tax	..	..	..	0	558	163	111	0	0	0
Energy corporations' special tax	..	..	..	0	0	16 987	54 060	41 608	46 218	53 124
Small business tax	..	..	..	0	0	0	11 865	12 142	13 757	24 277
1210 Sur les bénéfices	..	..	..	..	..	..	..	..	..	..
1220 Sur les gains en capital	..	..	..	..	..	..	..	..	..	..
1300 Non-ventilables entre 1100 et 1200	..	..	..	0	0	0	0	0	0	0
Interest withholding	..	..	..	..	..	..	..	..	..	..
2000 Cotisations de sécurité sociale	..	..	..	**1 506 755**	**3 402 194**	**3 184 209**	**3 745 638**	**4 293 731**	**4 613 936**	**4 704 101**
2100 À la charge des salariés	..	..	..	275 323	941 682	1 069 050	1 593 836	1 784 485	1 989 780	2 344 708
Pensions	..	..	..	150 585	336 855	488 670	875 707	983 459	1 043 209	1 190 212
Health	..	..	..	81 874	513 633	472 561	591 729	656 158	703 226	802 505
Unemployment	..	..	..	42 864	91 194	107 819	126 400	144 868	243 345	351 991
2110 Sur la base du salaire	..	..	..	..	..	..	..	..	..	..
2120 Sur la base de l'impôt sur les revenus	..	..	..	..	..	..	..	..	..	..
2200 À la charge des employeurs	..	..	..	1 213 190	2 402 941	2 047 626	2 126 488	2 480 101	2 594 178	2 329 000
Pensions	..	..	..	734 456	1 508 490	1 857 334	2 101 798	2 087 117	2 032 688	1 797 898
Health	..	..	..	385 019	693 705	116 587	24 690	389 808	560 395	529 899
Unemployment	..	..	..	93 715	200 746	73 705	0	3 176	1 095	1 203
2210 Sur la base du salaire	..	..	..	..	..	..	..	..	..	..
2220 Sur la base de l'impôt sur les revenus	..	..	..	..	..	..	..	..	..	..
2300 A charge des travailleurs indép. ou sans emploi	..	..	..	873	2 534	21 232	0	0	0	0
Pensions: of which	..	..	..	0	0	0	..	..	..	..
Self-employed	..	..	..	..	..	..	..	..	..	..
Unemployed	..	..	..	..	..	..	..	..	..	..
Retired	..	..	..	..	..	..	..	..	..	..
Other	..	..	..	..	..	..	..	..	..	..
Health: of which	..	..	..	873	2 534	21 232	..	..	..	..
Self-employed	..	..	..	873	2 534	21 232	..	..	..	..
Unemployed	..	..	..	0	0	0	..	..	..	..
Retired	..	..	..	0	0	0	..	..	..	..
Other	..	..	..	0	0	0	..	..	..	..
2310 Sur la base du salaire	..	..	..	..	..	..	..	..	..	..
2320 Sur la base de l'impôt sur les revenus	..	..	..	..	..	..	..	..	..	..
2400 Non-ventilables entre 2100, 2200 et 2300	..	..	..	17 368	55 037	46 301	25 314	29 145	29 978	30 393
2410 Sur la base du salaire	..	..	..	..	..	..	..	..	..	..
2420 Sur la base de l'impôt sur les revenus	..	..	..	..	..	..	..	..	..	..
3000 Sur salaires ou main d'oeuvre	..	..	..	**183 430**	**82 068**	**115 951**	**168 749**	**199 334**	**220 784**	**275 643**
Rehabilitation contribution	..	..	..	2 184	13 559	56 004	64 400	67 460	70 496	80 661
Training levy	..	..	..	13 186	36 612	47 083	63 536	66 153	70 295	81 224
Wage guarantee contribution	..	..	..	0	0	0	0	0	0	0
Communal tax on enterprises	..	..	..	1 192	1 261	1 170	2	0	0	0
Health contribution	..	..	..	166 869	20 427	2 262	0	0	0	0
Medicine tax	..	..	..	0	10 209	9 431	9 547	10 283	8 631	12 757
Tax on home-workers	..	..	..	0	0	1	23	29	32	29
Lump sum tax for small taxpayers	..	..	..	0	0	0	31 241	55 409	71 330	100 972
4000 Impôts sur le patrimoine	..	..	..	**89 024**	**202 711**	**312 058**	**388 824**	**437 952**	**391 912**	**410 674**
4100 Impôts périodiques sur la propriété immobilière	..	..	..	30 810	72 071	92 525	190 249	200 908	210 279	218 058
Land tax	..	..	..	0	0	0	0	0	0	0
Building tax	..	..	..	22 262	54 556	71 025	102 719	111 965	117 522	123 130
Development land tax	..	..	..	3 099	6 900	9 861	19 395	19 102	22 112	24 018
Communal tax on recreational howes	..	..	..	893	1 412	1 515	21	26	8	8
Communal tax on households	..	..	..	4 557	9 069	10 124	13 175	13 451	14 589	14 765
Luxury tax	..	..	..	0	134	0	0	0	0	0
Public utility tax	..	..	..	0	0	0	54 939	55 906	55 032	55 042
Community tax	..	..	..	0	0	0	0	458	1 016	1 095

	1965	1980	1990	2000	2007	2010	2013	2015	2016	2017
4110 Ménages	..	..	..	..	..	..	..	..	..	..
4120 Autres agents	..	..	..	..	..	..	..	..	..	..
4200 Impôts périodiques sur l'actif net	..	..	..	0	0	135 652	128 560	136 282	59 791	53 392
Surtax payable by financial institutions	..	..	..	..	..	135 652	128 560	136 282	59 791	53 392
4210 Personnes physiques	..	..	..	..	..	..	..	..	..	..
4220 Sociétés	..	..	..	..	..	..	..	..	..	..
4300 Impôts sur mut. par décès, succ. et donations	..	..	..	5 460	13 175	6 264	5 307	7 373	8 278	9 393
4310 Impôts sur mut. par décès et successions	..	..	..	4 020	10 775	4 242	4 097	6 230	6 980	8 164
Inheritance tax-local	..	..	..	2 010	4 658	1 858	0	0	0	0
Inheritance tax-central	..	..	..	2 010	6 117	2 385	4 097	6 230	6 980	8 164
4320 Impôts sur les donations	..	..	..	1 440	2 400	2 021	1 210	1 143	1 298	1 229
Gift tax-local	..	..	..	720	1 038	885	0	0	0	0
Gift tax-central	..	..	..	720	1 363	1 136	1 210	1 143	1 298	1 229
4400 Impôts sur transact. mobilières et immob.	..	..	..	52 754	117 465	77 618	64 708	93 389	113 564	129 831
Property transfer tax-local	..	..	..	26 349	50 783	33 990	0	0	0	0
Property transfer tax-central	..	..	..	26 405	66 682	43 628	64 708	93 389	113 564	129 831
4500 Impôts non-périodiques	..	..	..	0	0	0	0	0	0	0
4510 Sur l'actif net	..	..	..	..	..	..	..	..	..	..
4520 Autres non-périodiques	..	..	..	..	..	..	..	..	..	..
4600 Autres impôts périodiques sur patrimoine	..	..	..	0	0	0	0	0	0	0
5000 Impôts sur les biens et services	**..**	**..**	**..**	**2 081 107**	**3 803 630**	**4 350 310**	**5 048 359**	**5 833 760**	**5 882 758**	**6 285 353**
5100 Impôts sur production, vente, transfert, etc.	..	..	..	2 052 380	3 722 487	4 238 757	4 923 663	5 695 624	5 735 486	6 136 059
5110 Impôts généraux	..	..	..	1 340 572	2 622 027	3 010 781	3 414 342	4 097 513	4 104 591	4 460 258
5111 Taxes sur la valeur ajoutée	..	..	..	1 153 750	2 013 271	2 325 608	2 693 555	3 307 312	3 297 156	3 625 111
5112 Impôts sur les ventes	..	..	..	0	0	37 795	47 927	50 635	51 719	65 133
Public health product tax	..	..	..	..	..	0	19 090	29 882	28 983	34 171
Hydrocarbons stockholding fee	..	..	..	..	..	37 795	28 837	20 753	22 736	30 962
5113 Autres impôts	..	..	..	186 823	608 756	647 378	672 860	739 566	755 716	770 014
Local tax on company sales	..	..	..	186 823	427 134	443 093	500 868	584 380	608 981	638 731
Simplified business tax	..	..	..	0	152 812	181 880	110 021	89 406	81 138	63 641
Research and development contribution	..	..	..	0	28 810	22 405	61 971	65 780	65 597	67 642
5120 Impôts sur biens et services déterminés	..	..	..	711 808	1 100 461	1 227 976	1 509 321	1 598 111	1 630 895	1 675 801
5121 Accises	..	..	..	533 502	969 730	929 881	992 270	1 119 189	1 150 550	1 157 642
Road fund petrol tax	..	..	..	0	0	0	0	0	0	0
Alcohol production duty	..	..	..	3 848	5 621	3 021	196	8 007	2 249	6 803
Water fund tax	..	..	..	6 017	13 171	14 444	13 164	12 305	13 021	12 225
Forestry fund tax	..	..	..	2 858	3 353	284	0	0	0	0
Environment petrol tax	..	..	..	14 837	19 447	17 274	46 711	65 534	70 894	77 792
Budget excises (central budget)	..	..	..	505 942	916 869	877 778	915 547	1 015 555	1 045 887	1 041 979
Coffee	..	..	..	3 200	0	0	0	0	0	0
Alcohol	..	..	..	53 500	88 600	83 078	85 487	87 369	101 515	86 315
Tobacco	..	..	..	107 000	252 400	251 778	312 509	321 922	298 080	294 071
Petrol	..	..	..	156 000	218 200	216 728	189 755	206 220	216 079	221 662
Diesel	..	..	..	157 000	256 600	293 588	308 736	375 026	402 943	411 037
Other oil	..	..	..	6 000	2 200	2 567	3 451	3 608	3 623	3 873
Other budget excises	..	..	..	30 343	93 442	30 039	15 608	21 410	23 647	25 021
Energy tax	..	..	..	0	11 269	17 080	16 652	17 788	18 499	18 843
5122 Bénéfices des monopoles fiscaux	..	..	..	0	0	0	0	0	0	0
5123 Droits de douane et droits à l'importation	..	..	..	137 730	9 193	8 425	8 970	13 392	12 944	15 148
Customs duties	..	..	..	137 730	9 193	8 425	8 970	13 392	12 944	15 148
5124 Taxes à l'exportation	..	..	..	0	0	0	0	0	0	0
5125 Impôts sur biens d'équipement	..	..	..	0	0	0	0	0	0	0

	1965	1980	1990	2000	2007	2010	2013	2015	2016	2017
5126 Impôts sur services déterminés	..	..	..	40 576	105 879	289 020	507 201	464 765	466 533	502 157
Gambling tax	..	..	..	27 935	71 804	62 718	41 316	44 972	33 126	38 067
Tourism tax	..	..	..	4 379	0	0	0	0	0	0
Communal tourism tax	..	..	..	2 943	4 935	5 798	8 411	10 475	11 676	13 602
Cultural contribution	..	..	..	4 387	8 432	1 096	105	127	172	93
Pork slaughterhouse tax	..	..	..	32	0	0	0	0	0	0
Breeding contribution	..	..	..	899	919	0	0	0	0	0
Medicine tax	..	..	..	0	19 789	28 104	40 496	45 529	43 580	45 940
Surtax payable by financial institutions	..	..	..	0	0	39 611	1 217	3 441	3 966	1 857
Specific sectors' surtax	..	..	..	0	0	151 693	9 815	285	-870	1 112
Telecommunication services tax	..	..	..	0	0	0	50 176	54 516	53 162	53 609
Accident tax	..	..	..	0	0	0	23 313	27 694	32 876	37 904
Insurance tax	..	..	..	0	0	0	28 088	30 108	32 870	35 729
Financial transaction levy	..	..	..	0	0	0	289 321	205 616	201 600	216 336
Waste dumping contribution	..	..	..	0	0	0	6 639	11 123	8 742	12 036
Advertising tax	..	..	..	0	0	0	0	5 675	13 010	4 730
Protection Fund levies (BEVA)	..	..	..	0	0	0	1 000	2 600	9 343	10 221
Protection Fund levies (OBA)	..	..	..	0	0	0	7 299	14 391	14 750	15 613
Protection Fund levies (Resolution Fund)	..	..	..	0	0	0	0	7 290	7 397	8 712
Protection Fund levies (SZHTKA)	..	..	..	0	0	0	5	923	1 133	1 023
Protection Fund levies (KA)	..	..	..	0	0	0	0	0	0	5 573
Tourism development contribution	..	..	..	0	0	0	0	0	0	0
5127 Autres impôts sur commerce et transact. internat.	..	..	..	0	0	0	0	0	0	0
Previous differential producer's turnover tax	..	..	..	..	..	..	..	..	..	..
5128 Autres impôts	..	..	..	0	15 659	650	881	765	868	854
Sugar duty	..	..	..	..	15 659	650	881	765	868	854
5130 Non-ventilables entre 5110 et 5120	..	..	..	0	0	0	0	0	0	0
5200 Impôts sur utilisation des biens et exerc. activités	..	..	..	28 727	81 143	111 553	124 696	138 136	147 271	149 294
5210 Impôts périodiques	..	..	..	25 454	74 268	106 903	121 126	130 237	137 559	136 129
Tax on domestically registered vehicles-local	..	..	..	12 622	62 432	71 112	69 248	73 247	73 130	76 361
Tax on domestically registered vehicles-extra budget	..	..	..	0	0	0	0	0	0	0
Tax on domestically registered vehicles-central	..	..	..	8 250	0	79	0	0	0	0
Tax on foreign registered vehicles extra budget fund	..	..	..	0	0	0	0	0	0	0
Tax on foreign registered vehicles-central	..	..	..	3 078	1 655	1 397	0	0	0	0
Company car tax	..	..	..	0	0	25 867	32 935	31 570	32 085	33 339
5211 À la charge des ménages : véhicules à moteur	..	..	..	0	0	0	0	0	0	0
5212 À la charge autres agents : véhicules à moteur	..	..	..	0	0	0	0	0	0	0
5213 Autres impôts périodiques	..	..	..	1 504	10 181	8 448	18 943	25 420	32 344	26 429
Environmental protection charge	..	..	..	5	13	27	0	0	0	0
Fishing development contribution	..	..	..	40	104	0	0	0	0	0
Environmental pollution charge	..	..	..	0	8 785	7 653	7 861	6 680	5 276	5 109
Air pollution levy	..	..	..	751	610	53	0	0	0	0
Water pollution levy	..	..	..	225	186	0	0	0	0	0
Toxic waste levy	..	..	..	65	42	130	0	0	0	0
Noise abatement levy	..	..	..	13	8	19	0	0	0	0
Unidentified environmental protection levies paid to local governments	..	..	..	404	433	566	521	265	241	274
Sale of emission allowances	..	..	..	0	0	0	10 561	17 479	25 754	19 830
Concession fees (tobacco shops)	..	..	..	0	0	0	0	996	1 073	1 216
5220 Impôts non-périodiques	..	..	..	3 273	6 875	4 650	3 570	7 899	9 712	13 165
Land protection levy	..	..	..	1 640	3 777	2 488	1 881	3 610	5 450	8 771
Vehicle weight fee	..	..	..	805	1 288	820	624	0	0	0
Game protection contribution	..	..	..	178	176	1	0	0	0	0
Casino license fee	..	..	..	650	1 635	1 341	1 065	4 289	4 262	4 394
5300 Non-ventilables entre 5100 et 5200	..	..	..	0	0	0	0	0	0	0
6000 Autres impôts	**..**	**..**	**..**	**32 857**	**56 348**	**59 378**	**76 165**	**56 824**	**52 061**	**47 581**
Unallocable tax penalties	..	..	..	23 546	33 321	36 250	56 836	35 530	30 767	24 783
6100 À la charge exclusive des entreprises	..	..	..	9 311	23 028	23 128	19 329	21 294	21 294	22 798
Nuclear contribution	..	..	..	9 311	22 828	23 128	19 329	21 294	21 294	22 798
Medicine tax	..	..	..	0	200	0	0	0	0	0
6200 À la charge d'autres agents	..	..	..	0	0	0	0	0	0	0
Droits de douane perçus pour l'UE	**..**	**..**	**..**	**..**	**27 981**	**25 004**	**26 337**	**38 960**	**41 620**	**45 403**
Recettes fiscales totales sur la base d'encaissements	**..**	**..**	**..**	**5 140 592**	**10 020 734**	**10 051 249**	**11 554 613**	**13 227 403**	**13 747 176**	**14 400 054**
Recettes fiscales totales sur la base des droits constatés	**..**	**..**	**..**	**..**	**10 114 322**	**10 145 488**	**11 480 591**	**13 288 991**	**13 887 642**	**14 642 332**

	1965	1980	1990	2000	2007	2010	2013	2015	2016	2017
Conciliation avec les comptes nationaux										
Impôts additionnels inclus dans les comptes nationaux	..	..	..	..	45 120	37 453	67 094	85 587	92 787	87 181
Social security contributions	..	..	..	..	0	71	29 592	49 911	56 886	52 736
Duty for state procedures	..	..	..	..	45 084	37 331	37 417	35 653	35 875	34 424
Other taxes	..	..	..	..	36	51	85	23	26	21
Impôt exclus des comptes nationaux	..	..	..	..	-49 439	-53 707	-71 167	-48 414	-43 192	-37 311
Water fund tax	..	..	..	..	-13 171	-14 444	-13 164	-12 305	-13 021	-12 225
Tax on foreign registered vehicles	..	..	..	..	-1 655	-1 397	0	0	0	0
Environmental protection fee	..	..	..	..	-446	-593	-520	-265	-241	-274
Air pollution levy	..	..	..	..	-610	-53	0	0	0	0
Water pollution levy	..	..	..	..	-186	0	0	0	0	0
Toxic waste levy	..	..	..	..	-42	-130	0	0	0	0
Noise abatement levy	..	..	..	..	-8	-19	0	0	0	0
Vehicle weight fee	..	..	..	..	0	-820	-624	0	0	0
Unallocable tax penalties	..	..	..	..	-33 320	-36 250	-56 836	-35 530	-30 767	-24 783
Tax on home-workers	..	..	..	..	0	-1	-23	-29	-32	-29
Specific sectors' surtax correction	..	..	..	..	0	0	0	-285	870	0
Différence dans les traitements des crédits d'impôts	..	..	..	..	0	0	0	0	0	0
Transfert en capital des recettes non collectées	..	..	..	..	0	0	0	0	0	0
Cotisations de sécurité sociale volontaires	..	..	..	..	1 762	1 585	1 503	1 229	1 235	1 163
Différences diverses	..	..	..	..	-2 687	-9	-2	-1	-16	0
Inheritance tax	..	..	..	..	0	0	0	0	0	0
Gift tax	..	..	..	..	0	0	0	0	0	0
Property transfer tax	..	..	..	..	0	0	0	0	0	0
Rounding	..	..	..	..	4	0	-2	-1	4	0
Taxes on income and profits	..	..	..	..	-2 087	0	0	0	0	0
Corporate income tax	..	..	..	..	0	0	0	0	0	0
Customs duties	..	..	..	..	-603	-9	0	0	-20	0
Vehicle weight fee	..	..	..	..	0	0	0	0	0	0
Environment petrol tax	..	..	..	..	0	0	0	0	0	0
Social security contributions	..	..	..	..	0	0	0	0	0	0
Credit institutions' special tax	..	..	..	..	0	0	0	0	0	0
Comptes nationaux : impôts et cotisations sociales effectives	..	..	..	..	10 109 078	10 130 810	11 478 019	13 327 392	13 938 456	14 693 365
Cotisations sociales imputées	..	..	..	..	21 113	24 841	21 669	28 783	15 438	18 607
Comptes nationaux : impôts et toutes les cotisations sociales	..	..	..	..	10 130 191	10 155 651	11 499 688	13 356 175	13 953 894	14 711 972

.. Non disponible

Note : Year ending 31st December.

From 2002, data are on accrual basis.

Heading 5121: the aggregate figure for excise tax revenues is on a cash basis. Revenue from specific excises is in several cases reported on an accrual basis. Tax base for "Environment petrol tax" is broader than petrol only.

Heading 5123: part of environmentally related payments is attributable to Local government. It is not possible to present a more detailed breakdown of these figures.

Source : Ministry of Finance, Economic Department.

StatLink https://doi.org/10.1787/888934060858

Tableau 5.14. Islande : Tableau détaillé par pays, 1965-2017

Millions ISK

	1965	1980	1990	2000	2007	2010	2013	2015	2016	2017
Recettes fiscales totales	**60**	**4 731**	**114 932**	**254 556**	**531 760**	**540 276**	**676 142**	**812 002**	**1 265 609**	**981 364**
1000 Impôts sur revenu, bénéfices et gains en capital	**13**	**1 211**	**34 106**	**101 473**	**241 378**	**239 664**	**315 577**	**380 979**	**429 545**	**482 568**
1100 Des personnes physiques	12	1 092	30 908	88 492	180 070	197 318	258 623	297 979	337 457	373 009
1110 Sur le revenu et les bénéfices	..	..	..	88 492	180 070	197 318	258 623	297 979	337 457	373 009
1120 Sur les gains en capital	..	..	..	0	0	..	0	0	0	0
1200 Des sociétés	1	119	3 198	8 356	32 555	14 609	40 479	52 544	62 152	79 993
1210 Sur les bénéfices	..	..	..	8 356	32 555	14 609	40 479	52 544	62 152	79 993
1220 Sur les gains en capital	..	..	..	0	0	..	0	0	0	0
1300 Non-ventilables entre 1100 et 1200	0	0	0	4 625	28 754	27 737	16 475	30 457	29 936	29 566
2000 Cotisations de sécurité sociale	**5**	**102**	**3 607**	**19 680**	**39 594**	**63 599**	**69 899**	**79 707**	**85 370**	**89 649**
2100 À la charge des salariés	0	0	315	..	..	..	..	..	..	..
2110 Sur la base du salaire	..	..	..	..	..	..	..	..	..	..
2120 Sur la base de l'impôt sur les revenus	..	..	..	..	..	..	..	..	..	..
2200 À la charge des employeurs	5	102	3 292	..	..	..	..	..	..	..
2210 Sur la base du salaire	..	..	..	..	..	..	..	..	..	..
2220 Sur la base de l'impôt sur les revenus	..	..	..	..	..	..	..	..	..	..
2300 A charge des travailleurs indép. ou sans emploi	0	0	0	..	..	..	..	..	..	..
2310 Sur la base du salaire	..	..	..	..	..	..	..	..	..	..
2320 Sur la base de l'impôt sur les revenus	..	..	..	..	..	..	..	..	..	..
2400 Non-ventilables entre 2100, 2200 et 2300	0	0	0	19 680	39 594	63 599	69 899	79 707	85 370	89 649
2410 Sur la base du salaire	..	..	..	19 680	39 594	63 599	69 899	79 707	85 370	89 649
2420 Sur la base de l'impôt sur les revenus	..	..	..	0	0	..	0	0	0	0
3000 Sur salaires ou main d'oeuvre	**1**	**180**	**4 071**	**184**	**1 519**	**2 827**	**6 534**	**6 638**	**7 375**	**7 946**
4000 Impôts sur le patrimoine	**2**	**297**	**9 689**	**19 983**	**32 523**	**38 068**	**46 493**	**43 487**	**432 554**	**53 958**
4100 Impôts périodiques sur la propriété immobilière	1	138	4 131	10 107	20 567	28 542	30 664	34 879	38 654	43 364
4110 Ménages	0	50	1 862	..	..	..	..	..	..	..
4120 Autres agents	1	88	2 269	..	..	..	..	..	..	..
4200 Impôts périodiques sur l'actif net	0	69	2 402	5 173	-8	3 849	8 886	657	359	346
4210 Personnes physiques	..	29	1 476	..	..	..	..	..	..	..
4220 Sociétés	..	40	926	..	..	..	..	..	..	..
4300 Impôts sur mut. par décès, succ. et donations	0	6	235	765	1 663	2 613	2 437	2 919	3 719	4 268
4310 Impôts sur mut. par décès et successions	0	6	235	765	1 663	2 613	2 437	2 919	3 719	4 268
4320 Impôts sur les donations	0	0	0	0	0	..	0	0	0	0
4400 Impôts sur transact. mobilières et immob.	1	84	2 921	3 143	9 484	2 656	3 973	4 327	4 853	4 581
4500 Impôts non-périodiques	0	0	0	113	460	146	233	362	384 594	528
4510 Sur l'actif net	..	..	..	0	0	..	0	0	0	0
4520 Autres non-périodiques	..	..	..	113	460	146	233	362	384 594	528
4600 Autres impôts périodiques sur patrimoine	0	0	0	681	356	263	299	343	376	871
5000 Impôts sur les biens et services	**37**	**2 834**	**58 943**	**112 245**	**214 988**	**190 131**	**226 619**	**262 828**	**295 844**	**330 795**
5100 Impôts sur production, vente, transfert, etc.	37	2 778	56 564	100 669	191 957	178 995	215 271	250 095	277 088	311 200
5110 Impôts généraux	10	1 368	37 084	72 667	137 593	122 393	149 828	183 674	205 435	233 951
5111 Taxes sur la valeur ajoutée	0	0	32 698	72 667	137 593	122 393	149 828	183 674	205 435	233 951
5112 Impôts sur les ventes	10	1 368	4 386	0	0	0	0	0	0	0
5113 Autres impôts	0	0	0	0	0	0	0	0	0	0
5120 Impôts sur biens et services déterminés	27	1 410	19 480	28 002	54 364	56 603	65 444	66 421	71 653	77 249
5121 Accises	1	311	2 346	23 585	45 891	46 711	55 171	56 909	61 710	67 717
5122 Bénéfices des monopoles fiscaux	5	263	5 986	..	0	0	..	..	..	..
5123 Droits de douane et droits à l'importation	20	715	9 181	2 702	5 446	5 950	5 815	4 989	5 087	3 912
5124 Taxes à l'exportation	1	2	0	1	0	2	0	0	0	0
5125 Impôts sur biens d'équipement	0	0	0	0	0	0	0	0	0	0
5126 Impôts sur services déterminés	1	69	1 404	1 715	3 026	3 940	4 457	4 523	4 856	5 620
5127 Autres impôts sur commerce et transact. internat.	0	50	563	0	0	0	0	0	0	0
5128 Autres impôts	0	0	0	0	0	0	0	0	0	0
5130 Non-ventilables entre 5110 et 5120	0	0	0	0	0	0	0	0	0	0
5200 Impôts sur utilisation des biens et exerc. activités	1	56	2 379	11 576	23 032	11 135	11 347	12 733	18 756	19 595
5210 Impôts périodiques	1	56	2 379	..	..	..	..	..	..	..
5211 À la charge des ménages : véhicules à moteur	0	10	970	..	..	..	..	..	..	..
5212 À la charge autres agents : véhicules à moteur	0	41	1 331	..	..	..	..	..	..	..
5213 Autres impôts périodiques	0	5	78	..	..	..	..	..	..	..
5220 Impôts non-périodiques	0	0	0	..	..	..	..	..	..	..
5300 Non-ventilables entre 5100 et 5200	0	0	0	0	0	0	0	0	0	0
6000 Autres impôts	**2**	**107**	**4 516**	**991**	**1 758**	**5 988**	**11 020**	**38 364**	**14 921**	**16 448**
6100 À la charge exclusive des entreprises	2	107	4 145	418	628	763	5 255	32 477	9 099	10 331
6200 À la charge d'autres agents	0	0	371	573	1 130	5 225	5 766	5 887	5 822	6 117

	1965	1980	1990	2000	2007	2010	2013	2015	2016	2017
Crédits d'impôts récupérables										
Crédits d'impôts récupérables contre 1110	..	..	..	..	..	..	0	0	0	0
Composante fiscale	..	..	..	..	..	..	0	0	0	0
Composante transfert	..	..	..	..	..	..	0	0	0	0
Crédits d'impôts récupérables contre 1210	..	..	..	..	..	..	1 085	1 304	1 558	2 780
Composante fiscale	..	..	..	..	..	..	148	176	261	438
Composante transfert	..	..	..	..	..	..	937	1 128	1 297	2 341
Recettes fiscales totales sur la base d'encaissements	**60**	**4 731**	**114 932**	**..**	**..**	**..**	**..**	**..**	**..**	**..**
Recettes fiscales totales sur la base des droits constatés	**..**	**..**	**..**	**254 556**	**531 760**	**540 276**	**676 142**	**812 002**	**1 265 609**	**981 364**
Conciliation avec les comptes nationaux										
Impôts additionnels inclus dans les comptes nationaux	..	..	..	0	0	0	0	0	0	0
Impôt exclus des comptes nationaux	..	..	..	-765	-1 663	-2 613	-2 437	-2 919	-3 719	-4 268
Estate and inheritance taxes (4310)	..	..	..	-765	-1 663	-2 613	-2 437	-2 919	-3 719	-4 268
Différence dans les traitements des crédits d'impôts	..	..	..	0	0	0	0	0	0	0
Transfert en capital des recettes non collectées	..	..	..	0	0	0	0	0	0	0
Cotisations de sécurité sociale volontaires	..	..	..	0	0	0	0	0	0	0
Différences diverses	..	..	..	0	0	0	0	0	0	0
Comptes nationaux : impôts et cotisations sociales effectives	..	..	..	253 791	530 097	537 662	673 704	809 084	1 261 890	977 096
Cotisations sociales imputées	..	..	..	0	0	0	0	0	0	0
Comptes nationaux : impôts et toutes les cotisations sociales	..	..	..	253 791	530 097	537 662	673 704	809 084	1 261 890	977 096

.. Non disponible
Note : Year ending 31st December.
From 1998 data are on accrual basis.
The 2016 figure for Iceland includes the one-off revenues from stability contributions.
Source : Ministry of Finance, Economic Department.

StatLink https://doi.org/10.1787/888934060877

Tableau 5.15. Irlande : Tableau détaillé par pays, 1965-2017

Millions EUR

	1965	1980	1990	2000	2007	2010	2013	2015	2016	2017
Recettes fiscales totales	**317**	**4 046**	**12 260**	**33 344**	**59 930**	**45 311**	**50 788**	**60 657**	**63 470**	**66 916**
Recettes fiscales totales excluant les droits de douane	..	..	..	**33 136**	**59 657**	**45 082**	**50 542**	**60 331**	**63 160**	**66 581**
1000 Impôts sur revenu, bénéfices et gains en capital	**82**	**1 478**	**4 662**	**14 551**	**24 521**	**17 544**	**20 482**	**26 044**	**27 370**	**29 078**
1100 Des personnes physiques	53	1 294	4 059	10 650	18 127	13 592	16 204	19 167	20 013	20 876
1110 Sur le revenu et les bénéfices	53	1 286	4 023	9 876	15 029	13 247	15 836	18 498	19 193	20 050
Income tax	66	1 286	4 023	9 876	15 029	13 247	15 836	18 498	19 193	20 050
Surtax	3	0	0	0	0	0	0	0	0	0
Income tax paid by corporations	-17	0	0	0	0	0	0	0	0	0
1120 Sur les gains en capital	0	8	36	774	3 097	345	369	669	820	826
1200 Des sociétés	29	184	603	3 900	6 395	3 945	4 273	6 073	7 353	8 198
1210 Sur les bénéfices	29	184	603	3 900	6 395	3 945	4 273	6 873	7 353	8 198
Corporation profits tax	12	2	0	0	0	0	0	0	0	0
Corporation tax	0	176	603	3 885	6 393	3 944	4 272	6 872	7 352	8 197
Income tax paid by corporation	17	0	0	0	0	0	0	0	0	0
Agricultural produce duty	0	6	0	14	1	1	1	1	1	1
1220 Sur les gains en capital	0	0	0	0	0	0	0	0	0	0
1300 Non-ventilables entre 1100 et 1200	0	0	0	2	0	7	4	4	4	4
2000 Cotisations de sécurité sociale	**21**	**578**	**1 729**	**3 947**	**8 126**	**8 442**	**9 019**	**10 218**	**10 717**	**11 439**
2100 À la charge des salariés	10	190	570	943	1 909	3 179	3 290	3 547	3 461	3 740
2110 Sur la base du salaire	..	..	570	943	1 909	3 179	3 290	3 547	3 461	3 740
2120 Sur la base de l'impôt sur les revenus	..	..	0	0	0	0	0	0	0	0
2200 À la charge des employeurs	10	380	1 092	2 814	5 796	4 932	5 326	6 211	6 653	7 177
2210 Sur la base du salaire	..	..	1 092	2 814	5 796	4 932	5 326	6 211	6 653	7 177
2220 Sur la base de l'impôt sur les revenus	..	..	0	0	0	0	0	0	0	0
2300 A charge des travailleurs indép. ou sans emploi	0	8	67	190	421	331	403	460	603	522
2310 Sur la base du salaire	..	..	67	190	421	331	403	460	603	522
2320 Sur la base de l'impôt sur les revenus	..	..	0	0	0	0	0	0	0	0
2400 Non-ventilables entre 2100, 2200 et 2300	0	0	0	0	0	0	0	0	0	0
2410 Sur la base du salaire	..	..	..	..	..	..	..	..	..	..
2420 Sur la base de l'impôt sur les revenus	..	..	..	..	..	..	..	..	..	..
3000 Sur salaires ou main d'oeuvre	**0**	**9**	**159**	**15**	**411**	**310**	**314**	**357**	**390**	**431**
4000 Impôts sur le patrimoine	**48**	**213**	**569**	**1 902**	**4 789**	**2 389**	**3 632**	**3 918**	**3 842**	**3 821**
4100 Impôts périodiques sur la propriété immobilière	39	139	312	587	1 233	1 322	1 724	1 864	1 817	1 826
4110 Ménages	..	..	..	..	..	..	..	..	..	..
4120 Autres agents	..	..	..	..	..	..	..	..	..	..
4200 Impôts périodiques sur l'actif net	0	1	0	0	0	0	536	169	0	0
4210 Personnes physiques	..	..	..	..	..	..	0	0	0	0
4220 Sociétés	..	..	..	0	0	0	536	169	0	0
4300 Impôts sur mut. par décès, succ. et donations	6	14	48	225	405	235	278	401	411	448
4310 Impôts sur mut. par décès et successions	6	14	45	210	337	192	259	365	376	417
Estate duty	5	..	..	..	..	..	..	..	..	..
Legacy duty	1	..	..	..	..	..	..	..	..	..
Succession duty	0	..	..	..	..	..	..	..	..	..
4320 Impôts sur les donations	0	0	3	15	68	43	20	36	34	31
4400 Impôts sur transact. mobilières et immob.	3	59	209	1 090	3 151	832	1 093	1 484	1 613	1 547
Stamp duty	3	59	209	1 090	3 151	832	1 093	1 484	1 613	1 547
4500 Impôts non-périodiques	0	0	0	0	0	0	0	0	0	0
4510 Sur l'actif net	..	..	..	..	..	..	..	..	..	..
4520 Autres non-périodiques	..	..	..	..	..	..	..	..	..	..
4600 Autres impôts périodiques sur patrimoine	0	0	0	0	0	0	0	0	0	0
5000 Impôts sur les biens et services	**167**	**1 769**	**5 141**	**12 721**	**21 809**	**16 390**	**17 071**	**19 781**	**20 654**	**21 706**
5100 Impôts sur production, vente, transfert, etc.	155	1 741	4 940	12 166	20 710	15 090	15 542	17 834	18 749	19 697
5110 Impôts généraux	18	597	2 500	7 643	14 355	10 067	10 372	11 956	12 802	13 111
5111 Taxes sur la valeur ajoutée	0	597	2 500	7 643	14 355	10 067	10 372	11 956	12 802	13 111
Value added tax	..	597	2 500	7 643	14 355	10 067	10 372	11 956	12 802	13 111
5112 Impôts sur les ventes	18	0	0	0	0	0	0	0	0	0
Turnover tax	18	..	..	..	..	..	..	..	..	..
Wholesale tax	0	..	..	..	..	..	..	..	..	..
5113 Autres impôts	0	0	0	0	0	0	0	0	0	0
5120 Impôts sur biens et services déterminés	137	1 143	2 440	4 523	6 354	5 023	5 170	5 878	5 948	6 585

	1965	1980	1990	2000	2007	2010	2013	2015	2016	2017
5121 Accises	124	1 045	2 084	4 402	6 125	4 859	5 013	5 474	5 766	6 163
Beer	19	192	356	475	459	316	363	418	429	419
Oils	31	330	745	1 491	2 204	2 099	2 035	2 120	2 179	2 233
Spirits	16	148	153	241	363	244	282	313	343	352
Table waters	0	11	23	0	0	0	0	0	0	0
Tobacco	50	187	419	1 035	1 192	1 160	1 064	1 055	1 098	1 397
Wine, cider, perry	1	18	46	154	297	266	354	414	440	446
Motor vehicle (incl. tyres)	7	148	331	985	1 554	395	459	702	814	850
Others	1	11	11	20	57	379	457	451	464	467
5122 Bénéfices des monopoles fiscaux	0	0	0	0	0	0	0	0	0	0
5123 Droits de douane et droits à l'importation	10	62	147	0	0	0	0	0	0	0
5124 Taxes à l'exportation	0	0	0	0	0	0	0	0	0	0
UE agriculture levies	..	..	..	..	..	..	..	..	..	..
5125 Impôts sur biens d'équipement	0	0	0	0	0	0	0	0	0	0
5126 Impôts sur services déterminés	3	21	171	122	229	164	157	404	357	520
Duty on betting	2	19	37	59	36	30	26	37	50	52
Sweepstakes duty	1	1	0	0	0	0	0	0	0	0
Bank levy	0	0	46	61	66	-70	-23	190	96	247
Other	0	1	88	2	127	204	154	178	210	221
5127 Autres impôts sur commerce et transact. internat.	0	0	0	0	0	0	0	0	0	0
5128 Autres impôts	0	14	37	0	0	0	0	0	0	0
5130 Non-ventilables entre 5110 et 5120	0	0	0	0	0	0	0	0	0	0
5200 Impôts sur utilisation des biens et exerc. activités	11	28	201	555	1 100	1 300	1 530	1 947	1 904	2 009
5210 Impôts périodiques	11	28	201	555	1 100	1 300	1 530	1 947	1 904	2 009
5211 À la charge des ménages : véhicules à moteur	6	14	100	373	723	768	885	890	833	809
5212 À la charge autres agents : véhicules à moteur	5	11	82	124	239	256	284	281	263	255
5213 Autres impôts périodiques	0	3	20	58	138	276	360	776	809	944
5220 Impôts non-périodiques	0	0	0	0	0	0	0	0	0	0
5300 Non-ventilables entre 5100 et 5200	0	0	0	0	0	0	0	0	0	0
6000 Autres impôts	**0**	**0**	**0**	**0**	**0**	**6**	**23**	**12**	**12**	**8**
6100 À la charge exclusive des entreprises	..	..	..	..	..	0	0	0	0	0
6200 À la charge d'autres agents	..	..	..	0	0	6	23	12	12	8
Droits de douane perçus pour l'UE	**..**	**..**	**..**	**208**	**273**	**229**	**247**	**327**	**311**	**334**
Crédits d'impôts récupérables										
Crédits d'impôts récupérables contre 1110	..	..	..	..	843	1 073	816	555	523	523
Composante fiscale	..	..	..	..	843	1 073	816	555	523	523
Composante transfert	..	..	..	..	0	0	0	0	..	0
Recettes fiscales totales sur la base d'encaissements	**317**	**4 046**	**12 260**	**32 978**	**59 976**	**45 342**	**50 642**	**60 324**	**62 927**	**66 793**
Recettes fiscales totales sur la base des droits constatés	**..**	**..**	**..**	**33 344**	**59 930**	**45 311**	**50 788**	**60 657**	**63 470**	**66 916**
Conciliation avec les comptes nationaux										
Impôts additionnels inclus dans les comptes nationaux	..	..	..	0	0	178	178	177	177	178
Impôt exclus des comptes nationaux	..	..	..	0	0	0	0	0	0	0
Différence dans les traitements des crédits d'impôts	..	..	..	0	843	1 073	816	555	523	523
Transfert en capital des recettes non collectées	..	..	..	0	0	0	0	0	0	0
Cotisations de sécurité sociale volontaires	..	..	..	0	0	0	0	0	0	0
Différences diverses	..	..	..	0	0	0	0	0	0	0
Comptes nationaux : impôts et cotisations sociales effectives	..	..	..	33 344	60 773	46 561	51 782	61 389	64 170	67 617
Cotisations sociales imputées	..	..	..	1 366	2 579	1 053	1 402	1 182	1 337	1 214
Comptes nationaux : impôts et toutes les cotisations sociales	..	..	..	34 710	63 352	47 614	53 185	62 571	65 507	68 831

.. Non disponible

Note : The personal income tax data shown for the country table for Ireland is different to the ESA2010 presentation as the expenditure component of the payable tax credits are excluded in accordance with the OECD Interpretative Guide.

The data for years 1965 to 1973 are on fiscal year basis (commencing on 1st April) and are therefore not strictly comparable with the data for later years, which are on a calendar year basis.

From 1998, data are on accrual basis.

Heading 1200: Capital gains taxes paid by corporations are included in heading 1210.

Heading 2100: Includes contributions by self-employed and certain voluntary contributions.

Heading 2200: Since 1976 income tax paid by corporations and corporation profits tax have been replaced by corporation tax.

Heading 5111: Includes arrears of the wholesale and turnover taxes.

Tax receipts in 1988 were inflated by the success of the new arrangements for assessment and collection of tax.These arrangements included an amnesty for tax arrears paid by 30th September. This amnesty waived penalities and interest charge tax. It resulted in payments of 631 millons of euros spread across the main tax headings.

Source : Annual Report of he Revenue Commissioners, Financial Accounts and National Income and Expenditure Accounts.

StatLink https://doi.org/10.1787/888934060896

Tableau 5.16. Israël : Tableau détaillé par pays, 1965-2017

Millions ILS

	1965	1980	1990	2000	2007	2010	2013	2015	2016	2017
Recettes fiscales totales	..	..	..	**188 276**	**251 291**	**268 555**	**325 343**	**364 250**	**381 575**	**413 433**
1000 Impôts sur revenu, bénéfices et gains en capital	..	..	..	**74 551**	**91 522**	**78 265**	**101 382**	**113 841**	**120 497**	**146 948**
1100 Des personnes physiques	..	..	..	54 753	56 426	48 214	57 212	70 760	75 604	85 410
1110 Sur le revenu et les bénéfices	..	..	..	53 698	55 205	47 550	55 782	68 280	72 964	79 410
On wages – deduction at source	..	..	..	45 278	45 507	40 159	46 359	53 962	58 218	62 430
On self employement income – deduction at source	..	..	..	2 655	3 676	3 135	3 891	4 880	4 453	5 243
On self employement income – other	..	..	..	5 764	6 022	4 256	5 532	9 438	10 293	11 737
1120 Sur les gains en capital	..	..	..	1 055	1 221	664	1 430	2 480	2 640	6 000
1200 Des sociétés	..	..	..	18 001	30 210	23 113	36 639	34 676	37 767	41 909
1210 Sur les bénéfices	..	..	..	16 109	27 582	22 291	33 939	33 476	36 667	40 049
deduction at source	..	..	..	1 991	2 550	2 271	2 611	3 075	2 902	3 309
In lieu of VAT on the profits of Financial Institutions	..	..	..	1 290	2 200	1 920	2 440	1 910	1 990	2 070
Other	..	..	..	12 828	22 832	18 100	28 888	28 491	31 775	34 670
1220 Sur les gains en capital	..	..	..	1 892	2 628	822	2 700	1 200	1 100	1 860
1300 Non-ventilables entre 1100 et 1200	..	..	..	1 797	4 886	6 938	7 531	8 405	7 126	19 629
Tax deducted at the source on the capital market	..	..	..	1 797	4 886	6 938	7 531	8 405	7 126	19 629
2000 Cotisations de sécurité sociale	..	..	..	**27 565**	**37 909**	**45 343**	**53 364**	**59 561**	**63 452**	**66 783**
2100 À la charge des salariés	..	..	..	15 771	23 093	27 788	31 537	34 692	35 913	37 884
2110 Sur la base du salaire	..	..	..	15 771	23 093	27 788	31 537	34 692	35 913	37 884
2120 Sur la base de l'impôt sur les revenus	..	..	..	0	0	0	0	0	0	0
2200 À la charge des employeurs	..	..	..	8 182	9 960	11 427	15 026	17 247	19 453	20 596
2210 Sur la base du salaire	..	..	..	8 182	9 960	11 427	15 026	17 247	19 453	20 596
2220 Sur la base de l'impôt sur les revenus	..	..	..	0	0	0	0	0	0	0
2300 A charge des travailleurs indép. ou sans emploi	..	..	..	3 612	4 856	6 128	6 802	7 622	8 085	8 303
2310 Sur la base du salaire	..	..	..	3 612	4 856	6 128	6 802	7 622	8 085	8 303
2320 Sur la base de l'impôt sur les revenus	..	..	..	0	0	0	0	0	0	0
2400 Non-ventilables entre 2100, 2200 et 2300	..	..	..	0	0	0	0	0	0	0
2410 Sur la base du salaire	..	..	..	..	..	..	..	..	..	..
2420 Sur la base de l'impôt sur les revenus	..	..	..	..	..	..	..	..	..	..
3000 Sur salaires ou main d'oeuvre	..	..	..	**6 850**	**9 920**	**10 280**	**12 780**	**13 770**	**14 070**	**15 196**
Employers tax on the the non-profit sector other than govt	..	..	..	1 250	1 500	320	390	410	300	404
In lieu of VAT on the wage-bill in the non-profit sector	..	..	..	4 260	6 580	7 650	9 540	10 320	10 770	11 203
In lieu VAT on the wage-bill in Financial Institutions	..	..	..	1 340	1 840	2 310	2 850	3 040	3 000	3 589
4000 Impôts sur le patrimoine	..	..	..	**16 935**	**24 282**	**28 817**	**32 680**	**38 804**	**39 208**	**41 279**
4100 Impôts périodiques sur la propriété immobilière	..	..	..	11 311	16 156	18 768	21 541	23 765	24 362	24 874
Land tax	..	..	..	442	52	48	59	44	18	21
4110 Ménages	..	..	..	0	0	0	0	0	0	0
4120 Autres agents	..	..	..	10 869	16 104	18 720	21 483	23 721	24 344	24 853
4200 Impôts périodiques sur l'actif net	..	..	..	0	0	0	0	0	0	0
4210 Personnes physiques	..	..	..	..	..	..	..	..	..	..
4220 Sociétés	..	..	..	..	..	..	..	..	..	..
4300 Impôts sur mut. par décès, succ. et donations	..	..	..	0	0	0	0	0	0	0
4310 Impôts sur mut. par décès et successions	..	..	..	..	..	..	..	..	..	..
4320 Impôts sur les donations	..	..	..	..	..	..	..	..	..	..
4400 Impôts sur transact. mobilières et immob.	..	..	..	3 181	3 555	4 071	4 532	6 732	6 599	6 642
Transaction tax on the buyer of real estate	..	..	..	1 972	3 084	4 024	4 513	6 731	6 593	6 638
Transaction tax on the seller of real estate	..	..	..	206	404	27	19	1	6	4
Stamp tax	..	..	..	1 003	67	20	0	0	0	0
4500 Impôts non-périodiques	..	..	..	2 443	4 572	5 979	6 607	8 307	8 247	9 763
4510 Sur l'actif net	..	..	..	0	0	0	0	0	0	0
4520 Autres non-périodiques	..	..	..	2 443	4 572	5 979	6 607	8 307	8 247	9 763
Capital gains tax on real estate	..	..	..	2 443	4 572	5 979	6 607	8 307	8 247	9 763
4600 Autres impôts périodiques sur patrimoine	..	..	..	0	0	0	0	0	0	0
5000 Impôts sur les biens et services	..	..	..	**62 375**	**87 658**	**105 850**	**125 137**	**138 274**	**144 348**	**143 227**
5100 Impôts sur production, vente, transfert, etc.	..	..	..	57 887	81 107	98 092	116 335	128 277	134 422	133 293
5110 Impôts généraux	..	..	..	49 876	67 569	79 945	97 357	107 765	112 866	110 971
5111 Taxes sur la valeur ajoutée	..	..	..	39 805	53 982	65 508	81 524	90 824	91 999	94 531
5112 Impôts sur les ventes	..	..	..	10 071	13 587	14 437	15 833	16 941	20 867	16 440
On domestic production	..	..	..	662	287	291	457	450	313	290
On imports	..	..	..	9 409	13 300	14 146	15 376	16 491	20 554	16 150
5113 Autres impôts	..	..	..	0	0	0	0	0	0	0
5120 Impôts sur biens et services déterminés	..	..	..	8 012	13 538	18 147	18 978	20 512	21 556	22 322
5121 Accises	..	..	..	6 595	11 323	15 458	16 680	17 642	18 267	19 312
On domestically refined fuel	..	..	..	5 666	10 590	14 637	15 876	17 008	17 679	18 757
On domestically processed tobacco products	..	..	..	929	733	821	804	634	588	555
5122 Bénéfices des monopoles fiscaux	..	..	..	0	0	0	0	0	0	0

	1965	1980	1990	2000	2007	2010	2013	2015	2016	2017
5123 Droits de douane et droits à l'importation	..	..	..	1 417	2 215	2 689	2 298	2 870	3 289	3 010
5124 Taxes à l'exportation	..	..	..	0	0	0	0	0	0	0
5125 Impôts sur biens d'équipement	..	..	..	0	0	0	0	0	0	0
5126 Impôts sur services déterminés	..	..	..	0	0	0	0	0	0	0
5127 Autres impôts sur commerce et transact. internat.	..	..	..	0	0	0	0	0	0	0
5128 Autres impôts	..	..	..	0	0	0	0	0	0	0
5130 Non-ventilables entre 5110 et 5120	..	..	..	0	0	0	0	0	0	0
5200 Impôts sur utilisation des biens et exerc. activités	..	..	..	4 488	6 551	7 758	8 803	9 997	9 927	9 934
5210 Impôts périodiques	..	..	..	4 488	6 551	7 758	8 803	9 997	9 927	9 934
5211 À la charge des ménages : véhicules à moteur	..	..	..	1 436	1 895	2 274	2 872	3 179	3 396	3 623
5212 À la charge autres agents : véhicules à moteur	..	..	..	479	632	758	957	1 060	1 132	1 208
5213 Autres impôts périodiques	..	..	..	2 574	4 025	4 726	4 973	5 759	5 399	5 104
Licences collected by the Ministry of Transportation	..	..	..	257	535	350	132	196	120	61
Licences collected by the Ministry of Communication	..	..	..	151	0	274	299	338	325	199
Licences collected by other ministries	..	..	..	1 587	2 605	2 990	3 227	3 781	3 467	3 320
Business and professional licences paid locally	..	..	..	528	799	1 011	1 190	1 317	1 355	1 386
Other local authority fees	..	..	..	51	86	101	125	128	133	138
5220 Impôts non-périodiques	..	..	..	0	0	0	0	0	0	0
5300 Non-ventilables entre 5100 et 5200	..	..	..	0	0	0	0	0	0	0
6000 Autres impôts	**..**	**..**	**..**	**0**	**0**	**0**	**0**	**0**	**0**	**0**
6100 À la charge exclusive des entreprises	..	..	..	..	..	..	..	..	..	..
6200 À la charge d'autres agents	..	..	..	..	..	..	..	..	..	..
Crédits d'impôts récupérables										
Crédits d'impôts récupérables contre 1110	..	..	..	..	..	87	911	1 415	1 253	1 589
Composante fiscale	..	..	..	..	0	3	32	67	70	0
Composante transfert	..	..	..	..	0	84	879	1 348	1 183	1 589
Crédits d'impôts récupérables contre 1210	..	..	..	0	0	0	0	0	0	0
Composante fiscale	..	..	..	0	0	0	0	0	0	0
Composante transfert	..	..	..	0	0	0	0	0	0	0
Recettes fiscales totales sur la base d'encaissements	**..**	**..**	**..**	**188 276**	**251 291**	**268 555**	**325 343**	**364 250**	**381 575**	**413 433**
Recettes fiscales totales sur la base des droits constatés	**..**	**..**	**..**	**..**	**..**	**..**	**..**	**..**	**..**	**..**
Conciliation avec les comptes nationaux										
Impôts additionnels inclus dans les comptes nationaux	..	..	..	0	0	0	0	0	0	0
Impôt exclus des comptes nationaux	..	..	..	..	..	..	..	..	..	..
Différence dans les traitements des crédits d'impôts	..	..	..	..	..	..	..	..	..	..
Transfert en capital des recettes non collectées	..	..	..	..	..	..	..	..	..	..
Cotisations de sécurité sociale volontaires	..	..	..	..	..	..	..	..	..	..
Différences diverses	..	..	..	..	..	..	..	..	..	..
Comptes nationaux : impôts et cotisations sociales effectives	..	..	..	188 276	251 291	268 555	325 343	364 250	381 575	413 433
Cotisations sociales imputées	..	..	..	6 173	7 132	8 204	9 086	9 182	9 100	9 214
Comptes nationaux : impôts et toutes les cotisations sociales	..	..	..	194 449	258 424	276 760	334 428	373 432	390 676	422 647

.. Non disponible

Note : Year ending 31st December.

Data are on a cash basis.

The statistical data for Israel are supplied by and under the resposibility of the relevant Israeli authorities. The use of such data by the OECD is without prejudice to the status of the Golan Heights, East Jerusalem and Israeli settlements in the West Bank under the terms of International law.

Source : Israel Central Bureau of Statistics and Israel Ministry of Finance.

StatLink https://doi.org/10.1787/888934060915

Tableau 5.17. Italie : Tableau détaillé par pays, 1965-2017

Millions EUR

	1965	1980	1990	2000	2007	2010	2013	2015	2016	2017
Recettes fiscales totales	**5 505**	**60 422**	**265 116**	**503 096**	**671 189**	**671 912**	**706 829**	**708 768**	**714 911**	**727 790**
Total tax revenue exclusive of custom duties	**..**	**..**	**..**	**501 560**	**668 928**	**669 687**	**704 939**	**706 522**	**712 678**	**725 495**
1000 Impôts sur revenu, bénéfices et gains en capital	**982**	**18 821**	**96 707**	**166 912**	**226 498**	**219 547**	**233 294**	**225 934**	**228 368**	**230 868**
1100 Des personnes physiques	603	13 940	69 654	124 918	172 136	180 512	185 996	184 622	183 714	186 953
1110 Sur le revenu et les bénéfices	603	13 796	68 786	124 233	172 122	180 505	185 991	184 619	183 710	186 948
Personal income tax	0	11 538	57 318	121 211	162 644	173 991	175 921	173 007	173 709	176 822
Local income tax paid by households	0	829	4 492	67	0	0	0	0	0	0
Tax on income from investiments (60%)	319	55	15	0	0	0	11	80	87	54
10% Surcharge on income	94	37	5	0	0	0	0	0	0	0
10% proportional surcharge	1	0	0	0	0	0	0	0	0	0
Withholding tax on company dividends paid by households	23	51	496	110	542	393	564	875	1 134	1 144
Law 1177 proportional surcharge (60%)	39	0	1	0	0	0	0	0	0	0
Direct taxes 5% proportional surcharge (60%)	0	8	72	0	0	0	0	0	0	0
Additional Treasury increase (60%)	23	6	1	0	0	0	0	0	0	0
Decree 1132 revenues (60%)	0	0	0	0	0	0	0	0	0	0
Tax on households	65	7	0	0	0	0	0	0	0	0
Rental value tax	2	0	0	0	0	0	0	0	0	0
Driving licence tax	1	0	0	0	0	0	0	0	0	0
Municipal surcharge on buildings (40%)	37	5	0	22	0	0	0	0	0	0
Withholding tax on income from deposits paid by households	0	1 206	6 223	2 823	8 402	5 440	8 994	10 076	8 158	8 280
Direct taxes refund (60%)	0	0	41	0	0	0	0	0	0	0
Other	0	53	123	0	534	681	501	581	622	648
1120 Sur les gains en capital	0	144	867	685	14	7	5	3	4	5
Tax on capital gains on land	..	0	0	0	0	0	0	0	0	0
Municipal capital gains tax on buildings paid by households (60%)	..	144	867	685	14	7	5	3	4	5
1200 Des sociétés	379	4 710	26 605	34 699	50 529	36 740	41 194	33 530	36 311	36 344
1210 Sur les bénéfices	379	4 494	26 027	34 242	50 520	36 736	41 190	33 528	36 309	36 341
Corporation tax	0	1 245	9 042	28 877	47 192	34 841	39 160	31 927	34 548	34 579
Municipal surcharge on buildings (60%)	37	8	0	32	0	0	0	0	0	0
Tax on income from investments (40%)	213	37	10	0	0	0	8	54	58	36
Company franchise and liabilities tax	88	12	2	0	0	0	0	0	0	0
Law 1177 proportional surcharge (40%)	26	0	0	0	0	0	0	0	0	0
Direct taxes 5% proportional surcharge (40%)	0	20	48	0	0	0	0	0	0	0
Decree 1132 revenues (40%)	0	0	0	0	0	0	0	0	0	0
Additional Treasury increase (40%)	15	4	0	0	0	0	0	0	0	0
Withholding tax on company dividends paid by firms	0	77	745	166	0	0	0	0	0	0
Withholding tax on income from deposits paid by firms	0	1 810	9 334	4 235	2 370	605	1 464	759	614	623
Local income tax paid by firms	0	1 245	6 738	100	15	13	12	12	8	15
Direct taxes refund (40%)	0	0	27	0	0	0	0	0	0	0
Other	0	36	82	832	943	1 277	546	776	1 081	1 088
1220 Sur les gains en capital	0	216	578	457	9	4	4	2	2	3
Municipal capital gains tax on buildings paid by firms (40%)	..	216	578	457	9	4	4	2	2	3
1300 Non-ventilables entre 1100 et 1200	0	171	448	7 295	3 833	2 295	6 104	7 782	8 343	7 571
Refunds tax on income	..	-240	-1 768	-5 175	0	0	0	0	0	0
Other	..	412	2 216	12 470	3 833	2 295	6 104	7 782	8 343	7 571
2000 Cotisations de sécurité sociale	**1 881**	**22 976**	**87 256**	**143 629**	**200 772**	**209 122**	**210 462**	**214 376**	**215 856**	**220 622**
2100 À la charge des salariés	..	4 171	16 753	27 333	35 715	37 598	39 284	39 805	39 977	40 872
2110 Sur la base du salaire	..	..	..	27 333	35 715	37 598	39 284	39 805	39 977	40 872
2120 Sur la base de l'impôt sur les revenus	..	..	..	0	0	0	0	0	0	0
2200 À la charge des employeurs	..	17 152	62 540	99 904	137 924	144 281	141 629	143 273	143 989	147 305
2210 Sur la base du salaire	..	..	..	99 904	137 924	144 281	141 629	143 273	143 989	147 305
2220 Sur la base de l'impôt sur les revenus	..	..	..	0	0	0	0	0	0	0
2300 A charge des travailleurs indép. ou sans emploi	..	1 654	7 962	16 392	27 133	27 243	29 549	31 298	31 890	32 445
2310 Sur la base du salaire	..	..	..	16 392	27 133	27 243	29 549	31 298	31 890	32 445
2320 Sur la base de l'impôt sur les revenus	..	..	..	0	0	0	0	0	0	0
2400 Non-ventilables entre 2100, 2200 et 2300	1 881	0	0	0	0	0	0	0	0	0
2410 Sur la base du salaire	..	..	..	..	..	..	..	..	..	..
2420 Sur la base de l'impôt sur les revenus	..	..	..	..	..	..	..	..	..	..
3000 Sur salaires ou main d'oeuvre	**0**	**387**	**890**	**0**	**0**	**0**	**0**	**0**	**0**	**0**
Contributions to GESCAL	..	387	890	..	..	..	..	..	..	..
4000 Impôts sur le patrimoine	**397**	**2 248**	**5 983**	**23 360**	**32 646**	**32 441**	**43 883**	**46 259**	**46 902**	**44 864**

	1965	1980	1990	2000	2007	2010	2013	2015	2016	2017
4100 Impôts périodiques sur la propriété immobilière	96	7	1	9 354	12 778	9 663	20 748	25 558	21 692	22 069
Income tax on landowners	2	0	0	0	0	0	0	0	0	0
Income tax on buildings	12	2	1	0	0	0	0	0	0	0
Income tax on luxury buildings	1	0	0	0	0	0	0	0	0	0
Surcharge on land (provincial)	16	0	0	0	0	0	0	0	0	0
Surcharge on land (municipal)	18	0	0	0	0	0	0	0	0	0
Surcharge on buildings (provincial)	26	2	0	0	0	0	0	0	0	0
Surcharge on buildings (municipal)	21	3	0	0	0	0	0	0	0	0
Municipal real estate tax	0	0	0	9 354	12 778	9 663	20 748	20 798	20 531	20 937
Tax on indivisible services (TASI)	0	0	0	0	0	0	0	4 760	1 161	1 132
4110 Ménages	..	..	..	..	..	..	..	..	..	..
4120 Autres agents	..	..	..	..	..	..	..	..	..	..
4200 Impôts périodiques sur l'actif net	0	0	0	14	1	2 118	2 547	231	396	355
4210 Personnes physiques	..	..	..	5	0	0	0	0	0	0
4220 Sociétés	..	..	..	9	1	2 118	2 547	231	396	355
4300 Impôts sur mut. par décès, succ. et donations	47	128	376	1 005	149	483	622	674	736	815
Inheritance and gift duty	33	119	376	1 005	149	483	622	674	736	815
Estate duty	11	9	0	0	0	0	0	0	0	0
Proportional surcharge and premium	3	0	0	0	0	0	0	0	0	0
4310 Impôts sur mut. par décès et successions	..	..	..	..	..	..	..	..	..	..
4320 Impôts sur les donations	..	..	..	..	..	..	..	..	..	..
4400 Impôts sur transact. mobilières et immob.	255	2 113	5 606	12 320	18 256	17 365	17 092	17 245	17 684	17 690
Registration tax	120	1 048	2 421	6 794	9 410	9 019	7 353	7 625	8 129	8 541
Mortgage taxes and land registry duties	22	190	469	1 067	2 525	2 071	1 841	1 529	1 613	1 723
5% proportional surcharge	6	0	0	0	0	0	0	0	0	0
Additional surcharge	4	0	0	0	0	0	0	0	0	0
Stamp duties and surcharges accruing on cadastral acts	104	751	2 185	4 459	6 321	6 275	7 898	7 600	7 526	6 969
Other	0	123	530	0	0	0	0	491	416	457
4500 Impôts non-périodiques	0	0	0	98	151	916	985	309	4 231	1 148
4510 Sur l'actif net	..	..	..	0	0	0	0	0	0	0
4520 Autres non-périodiques	..	..	..	98	151	916	985	309	4 231	1 148
4600 Autres impôts périodiques sur patrimoine	0	0	0	569	1 311	1 896	1 889	2 242	2 163	2 787
5000 Impôts sur les biens et services	**2 173**	**15 990**	**74 280**	**140 316**	**169 608**	**176 638**	**185 320**	**191 881**	**201 318**	**206 879**
5100 Impôts sur production, vente, transfert, etc.	2 037	15 251	67 083	125 745	152 930	158 550	162 707	169 851	176 394	181 484
Direct taxes refund	0	-73	-86	0	0	0	0	0	0	0
5110 Impôts généraux	710	9 438	38 940	77 473	95 623	97 586	93 921	100 692	102 378	107 901
5111 Taxes sur la valeur ajoutée	0	9 438	38 940	77 473	95 623	97 586	93 921	100 692	102 378	107 901
VAT	..	9 438	38 940	77 473	95 623	97 586	93 921	100 692	102 378	107 901
5112 Impôts sur les ventes	0	0	0	0	0	0	0	0	0	0
5113 Autres impôts	710	0	0	0	0	0	0	0	0	0
General tax on receipts	662	..	..	..	..	..	..	..	..	..
Compensation tax on imported products	48	..	..	..	..	..	..	..	..	..
5120 Impôts sur biens et services déterminés	1 327	5 886	28 048	48 272	57 307	60 964	68 786	69 159	74 016	73 583
5121 Accises	816	4 088	20 304	31 479	32 904	36 414	45 720	46 238	48 427	46 762
Duty on mineral oils	465	3 462	15 928	22 172	23 252	22 884	26 332	25 759	25 687	26 160
Duty on spirits	27	87	206	486	595	570	571	600	636	649
Duty on beer	12	54	172	242	489	476	532	633	657	693
Duty on sugars	22	25	68	120	0	5	10	5	5	5
Duty on electricity	20	51	2 018	3 079	3 034	7 152	13 542	15 246	17 002	14 709
Duty on bananas	9	53	97	0	0	0	0	0	0	0
Duty on coffee	31	60	74	0	0	0	0	0	0	0
Duty on cocoa	3	4	7	0	0	0	0	0	0	0
Duty on olive oil	0	0	0	0	0	0	0	0	0	0
Other duty	44	190	1 037	5 201	5 385	5 268	4 659	3 898	4 417	4 520
Alcohol, spirits, liquor	5	0	0	0	0	0	0	0	0	0
On matches and flints	13	22	47	0	0	0	0	0	0	0
Meat	26	0	0	0	0	0	0	0	0	0
In-bond surcharge	0	81	650	174	143	54	67	90	17	19
Combustible materials	39	0	0	0	0	0	0	0	0	0
Construction materials	30	0	0	0	0	0	0	0	0	0
Excise duty on sound and video	3	0	0	0	0	0	0	0	0	0
Tax on phonograph records	1	0	0	0	0	0	0	0	0	0
Stamp duty on playing cards	1	0	0	0	0	0	0	0	0	0
Other	66	0	0	5	6	5	7	7	6	7
5122 Bénéfices des monopoles fiscaux	303	1 033	3 248	7 718	10 440	10 983	10 683	10 711	10 715	10 524
Duty on tobacco	292	1 033	3 248	7 712	10 436	10 978	10 679	10 710	10 714	10 523
On salt	10	0	0	0	0	0	0	0	0	0
Duty on products of Monopoli di Stato	1	0	0	6	4	5	4	1	1	1

	1965	1980	1990	2000	2007	2010	2013	2015	2016	2017
5123 Droits de douane et droits à l'importation	142	261	1 164	0	0	0	0	0	0	0
Common Customs tariff (CEE)	0	0	836	..	..	..	..	..	..	..
Customs and shipping duties	115	14	0	..	..	..	..	..	..	..
Administrative services duties	11	0	0	..	..	..	..	..	..	..
Tax on agriculture	15	228	207	..	..	..	..	..	..	..
Other duties	0	9	68	..	..	..	..	..	..	..
Compensatory amounts	0	9	53	..	..	..	..	..	..	..
5124 Taxes à l'exportation	0	0	0	0	0	0	0	0	0	0
5125 Impôts sur biens d'équipement	0	0	0	0	0	0	0	0	0	0
5126 Impôts sur services déterminés	67	483	3 141	9 029	13 932	13 567	12 383	12 210	14 107	14 024
Entertainment tax	20	59	167	118	68	58	42	40	40	42
Stamp duty	6	0	0	0	0	0	0	0	0	0
Tax on advertisements	6	56	168	389	392	384	424	405	446	451
Tax on lotto, lotteries, betting and Totocalcio game	3	123	617	4 164	7 144	7 983	7 088	7 488	9 273	9 240
Casino takings, special duties, etc.	0	0	0	158	152	192	130	112	134	116
Single tax on games of skill and betting-levied indirectly	9	74	476	487	405	242	85	116	102	123
Aerotaxi passengers tax	0	0	0	0	0	0	7	8	8	10
Local tax (including insurance)	23	171	1 714	3 713	5 771	4 708	4 607	3 835	4 104	4 042
Bank levy for the National Resolution Fund	0	0	0	0	..	..	..	206	0	0
5127 Autres impôts sur commerce et transact. internat.	0	0	0	0	0	0	0	0	0	0
Special Duty on foreign payments and currency selling	..	..	..	..	..	..	..	..	..	..
5128 Autres impôts	0	21	192	46	31	0	0	0	767	2 273
ECSC taxes and contributions on sugar and other levies	..	21	121	0	0	..	..	..	0	0
Other	..	0	70	46	31	..	..	..	0	0
Bank cont. to the unique European Resolution Fund	..	0	0	0	0	..	..	..	767	2 273
5130 Non-ventilables entre 5110 et 5120	0	0	180	0	0	0	0	0	0	0
5200 Impôts sur utilisation des biens et exerc. activités	136	456	4 474	8 479	10 550	10 531	11 352	11 130	13 261	13 171
5210 Impôts périodiques	136	456	4 474	8 479	10 550	1 155	1 359	1 653	1 665	1 801
Public motor vehicle register tax	64	152	967	1 034	1 326	1 155	1 359	1 653	1 665	1 801
Tax on vehicles 5% proportional surcharge	3	13	450	0	0	0	0	0	0	0
Surcharge on diesel cars	0	66	683	0	0	0	0	0	0	0
Surcharge on gas cars	0	0	171	0	0	0	0	0	0	0
5211 À la charge des ménages : véhicules à moteur	..	..	..	3 433	4 652	4 628	4 487	4 710	5 109	5 045
5212 À la charge autres agents : véhicules à moteur	..	..	..	1 006	1 332	1 300	1 395	1 446	1 507	1 504
Motor vehicle duty paid by firms	..	..	..	1 006	1 332	1 300	1 395	1 446	1 507	1 504
5213 Autres impôts périodiques	67	225	2 203	3 006	3 240	3 448	4 111	3 321	4 980	4 821
Law 1177 proportional surcharge	22	0	0	0	0	0	0	0	0	0
Taxes on signs	2	4	0	0	0	0	0	0	0	0
Tax on dog tags	0	7	12	0	0	0	0	0	0	0
Tax on hunting and fishing	0	0	0	0	0	0	0	0	0	0
Duty on official franchises	43	215	2 191	3 006	3 240	3 448	4 111	3 321	2 868	2 879
Television tax (households)	0	0	0	0	0	0	0	0	2 112	1 942
5220 Impôts non-périodiques	0	0	0	0	0	0	0	0	0	0
Motor vehicles, airplanes	..	..	..	..	..	..	..	..	..	..
Pro-Friuli tax on vehicles	..	..	..	..	..	..	..	..	..	..
5300 Non-ventilables entre 5100 et 5200	0	283	2 724	6 092	6 128	7 557	11 261	10 900	11 663	12 224
Indirect taxes refund	..	0	160	288	616	693	477	715	700	722
Other	..	283	2 564	5 804	5 512	6 864	10 784	10 185	10 963	11 502
6000 Autres impôts	**72**	**0**	**0**	**27 343**	**39 404**	**31 939**	**31 980**	**28 072**	**20 234**	**22 262**
6100 À la charge exclusive des entreprises	0	..	..	27 343	39 404	31 939	31 980	28 072	20 234	22 262
6200 À la charge d'autres agents	72	..	..	0	0	0	0	0	0	0
Capital levies	2	..	..	..	..	..	..	..	..	..
Other taxes	71	..	..	..	..	..	..	..	..	..
Droits de douane perçus pour l'UE	**..**	**..**	**..**	**1 536**	**2 261**	**2 225**	**1 890**	**2 246**	**2 233**	**2 295**
Crédits d'impôts récupérables										
Crédits d'impôts récupérables contre 1110	..	..	..	..	0	0	357	9 793	10 180	10 276
Composante fiscale	..	..	..	..	..	-109	206	8 615	8 927	9 056
Composante transfert	..	..	..	..	..	109	151	1 178	1 253	1 220
Crédits d'impôts récupérables contre 1210	..	..	..	..	0	0	2 401	4 866	2 401	0
Composante fiscale	..	..	..	..	..	..	0	0	0	..
Composante transfert	..	..	..	..	..	..	2 401	4 866	2 401	..
Recettes fiscales totales sur la base d'encaissements	**5 505**	**60 422**	**265 116**	**488 738**	**653 836**	**659 704**	**689 299**	**711 837**	**710 008**	**725 712**
Recettes fiscales totales sur la base des droits constatés	**..**	**..**	**..**	**503 096**	**671 189**	**671 912**	**706 829**	**708 768**	**714 911**	**727 790**

	1965	1980	1990	2000	2007	2010	2013	2015	2016	2017
Conciliation avec les comptes nationaux										
Impôts additionnels inclus dans les comptes nationaux	..	..	..	0	0	0	0	0	0	0
Impôt exclus des comptes nationaux	..	..	..	-5 416	-5 470	-6 538	-9 786	-9 801	-9 965	-10 307
The tax for the urban solid waste disposal (TARSU)	..	..	..	-4 387	-4 443	-5 519	-8 363	-8 519	-8 584	-8 883
Other	..	..	..	-1 029	-1 027	-1 019	-1 423	-1 282	-1 381	-1 424
Différence dans les traitements des crédits d'impôts	..	..	..	0	0	-109	206	8 615	8 927	9 056
Transfert en capital des recettes non collectées	..	..	..	0	0	0	0	0	0	0
Cotisations de sécurité sociale volontaires	..	..	..	464	567	561	738	750	780	783
Différences diverses	..	..	..	0	0	0	0	0	0	0
Comptes nationaux : impôts et cotisations sociales effectives	..	..	..	498 144	666 286	665 826	697 987	708 332	714 653	727 322
Cotisations sociales imputées	..	..	..	3 884	3 980	3 984	4 093	3 938	4 021	4 111
Comptes nationaux : impôts et toutes les cotisations sociales	..	..	..	502 028	670 266	669 810	702 080	712 270	718 674	731 433

.. Non disponible
Note : The tax year ends in December 31th.
As from 2000, revenues data are computed on accrual basis.
As from 1997, revenues data are based on data provided to the European Union as for the Treaty of Maastricht excessive deficit procedure.
Section 6000: Regional Tax on Productive Activities (IRAP); it is a tax on the value of production therefore its taxable base is different from other groups tax bases.
Regarding the section "Taxes excluded National Accounts" the item "Others" includes: tax on the public areas utilization and tax on the collection and disposal of waste water.
Source : Ministero dell'economia e delle finanze; Istituto nazionale di statistica.

StatLink https://doi.org/10.1787/888934060934

Tableau 5.18. Japon : Tableau détaillé par pays, 1965-2017

Milliards JPY

	1965	1980	1990	2000	2007	2010	2013	2015	2016	2017
Recettes fiscales totales	**6 172**	**62 443**	**130 843**	**136 236**	**146 248**	**132 484**	**146 405**	**163 533**	**164 963**	**171 751**
1000 Impôts sur revenu, bénéfices et gains en capital	**2 708**	**28 800**	**65 682**	**47 398**	**53 174**	**40 034**	**47 534**	**50 969**	**50 448**	**52 658**
1100 Des personnes physiques	1 338	15 180	36 394	28 677	28 600	24 663	28 150	30 847	30 670	32 325
1110 Sur le revenu et les bénéfices	1 338	15 180	36 394	28 677	28 600	24 663	28 150	30 847	30 670	32 325
Income tax	970	10 800	25 996	18 789	16 080	12 984	15 865	18 178	17 978	19 276
Prefectural inhabitants tax	123	1 415	3 675	3 621	5 008	4 699	5 090	5 252	5 128	5 376
Municipal inhabitants tax	220	2 890	6 475	6 044	7 294	6 795	7 015	7 224	7 365	7 471
Enterprise tax	25	75	249	223	218	184	181	194	198	203
1120 Sur les gains en capital	0	0	0	0	0	0	0	0	0	0
1200 Des sociétés	1 370	13 620	29 288	18 721	24 573	15 372	19 384	20 122	19 778	20 333
1210 Sur les bénéfices	1 370	13 620	29 288	18 721	24 573	15 372	19 384	20 122	19 778	20 333
Corporation tax	927	8 923	18 384	11 747	14 744	8 968	11 698	10 832	10 332	11 995
Prefectural inhabitants tax	53	557	1 414	879	1 206	777	854	859	763	762
Municipal inhabitants tax	85	1 297	3 198	2 176	3 015	1 954	2 157	2 324	2 392	2 224
Enterprise tax	305	2 843	6 293	3 918	5 608	2 253	2 674	3 510	4 395	3 991
Local special corporate tax	0	0	0	0	0	1 420	2 001	2 081	1 782	1 858
Local corporate tax	0	0	0	0	0	0	0	516	629	654
1220 Sur les gains en capital	0	0	0	0	0	0	0	0	0	0
1300 Non-ventilables entre 1100 et 1200	0	0	0	0	0	0	0	0	0	0
2000 Cotisations de sécurité sociale	**1 344**	**18 178**	**34 613**	**47 968**	**53 325**	**54 461**	**59 803**	**64 465**	**66 614**	**68 562**
2100 À la charge des salariés	446	6 393	13 895	19 830	21 975	23 593	25 984	28 224	29 311	30 340
2110 Sur la base du salaire	..	..	13 895	19 830	21 975	23 593	25 984	28 224	29 311	30 340
2120 Sur la base de l'impôt sur les revenus	..	..	0	0	0	0	0	0	0	0
2200 À la charge des employeurs	588	9 267	16 649	22 456	24 243	24 674	27 143	29 479	30 560	31 637
2210 Sur la base du salaire	..	..	16 649	22 456	24 243	24 674	27 143	29 479	30 560	31 637
2220 Sur la base de l'impôt sur les revenus	..	..	0	0	0	0	0	0	0	0
2300 A charge des travailleurs indép. ou sans emploi	107	2 518	4 069	5 683	7 108	6 194	6 676	6 763	6 742	6 585
2310 Sur la base du salaire	..	..	4 069	5 683	7 108	6 194	6 676	6 763	6 742	6 585
2320 Sur la base de l'impôt sur les revenus	..	..	0	0	0	0	0	0	0	0
2400 Non-ventilables entre 2100, 2200 et 2300	203	0	0	0	0	0	0	0	0	0
2410 Sur la base du salaire	..	..	..	..	..	..	..	..	..	..
2420 Sur la base de l'impôt sur les revenus	..	..	..	..	..	..	..	..	..	..
3000 Sur salaires ou main d'oeuvre	**0**	**0**	**0**	**0**	**0**	**0**	**0**	**0**	**0**	**0**
4000 Impôts sur le patrimoine	**498**	**5 114**	**12 296**	**14 294**	**13 138**	**12 878**	**12 940**	**13 400**	**13 772**	**14 073**
4100 Impôts périodiques sur la propriété immobilière	319	3 326	7 099	10 414	9 949	10 225	9 882	10 005	10 165	10 323
Prefectural property tax	4	8	15	11	14	5	2	2	3	4
Municipal property tax	296	2 784	6 023	9 041	8 729	8 961	8 653	8 755	9 077	9 025
City planning tax	19	469	942	1 318	1 202	1 256	1 227	1 244	1 262	1 277
Special landholding tax	0	65	118	43	4	3	1	3	7	1
Water and land utilization tax	0	0	0	0	0	0	0	0	0	0
Land value tax	0	0	0	1	0	0	0	0	0	0
4110 Ménages	..	..	..	..	..	..	..	..	..	..
4120 Autres agents	..	..	..	..	..	..	..	..	..	..
4200 Impôts périodiques sur l'actif net	0	0	0	0	0	0	0	0	0	0
4210 Personnes physiques	..	..	..	..	..	..	..	..	..	..
4220 Sociétés	..	..	..	..	..	..	..	..	..	..
4300 Impôts sur mut. par décès, succ. et donations	44	441	1 918	1 782	1 503	1 250	1 574	1 968	2 131	2 292
4310 Impôts sur mut. par décès et successions	34	375	..	..	..	..	..	..	..	..
Inheritance tax	34	375	..	..	..	..	..	..	..	..
4320 Impôts sur les donations	10	65	..	..	..	..	..	..	..	..
Tax on gifts	10	65	..	..	..	..	..	..	..	..
4400 Impôts sur transact. mobilières et immob.	135	1 347	3 280	2 099	1 686	1 403	1 483	1 426	1 476	1 458
Bourse tax	3	15	41	0	0	0	0	0	0	0
Securities transaction	8	209	748	0	0	0	0	0	0	0
Bank of Japan note issue tax	0	0	0	0	0	0	0	0	0	0
Stamp revenues	83	841	1 894	1 532	1 202	1 024	1 126	1 050	1 079	1 052
Real property acquisition tax	41	282	596	567	485	379	357	377	397	407
4500 Impôts non-périodiques	0	0	0	0	0	0	0	0	0	0
4510 Sur l'actif net	..	..	..	..	..	..	..	..	..	..
4520 Autres non-périodiques	..	..	..	..	..	..	..	..	..	..
4600 Autres impôts périodiques sur patrimoine	0	0	0	0	0	0	0	0	0	0
5000 Impôts sur les biens et services	**1 620**	**10 200**	**17 917**	**26 227**	**26 256**	**24 730**	**25 744**	**34 286**	**33 711**	**36 031**
5100 Impôts sur production, vente, transfert, etc.	1 544	8 822	15 647	23 180	23 241	22 160	23 313	31 871	31 254	33 582
5110 Impôts généraux	0	0	5 778	12 350	12 841	12 675	13 479	22 400	21 931	22 249
5111 Taxes sur la valeur ajoutée	..	..	5 778	12 350	12 841	12 675	13 479	22 400	21 931	22 249
5112 Impôts sur les ventes	..	..	0	0	0	0	0	0	0	0
5113 Autres impôts	..	..	0	0	0	0	0	0	0	0

	1965	1980	1990	2000	2007	2010	2013	2015	2016	2017
5120 Impôts sur biens et services déterminés	1 544	8 822	9 868	10 830	10 400	9 485	9 834	9 470	9 323	11 333
5121 Accises	1 062	6 674	8 637	9 837	9 374	8 622	8 728	8 351	8 316	10 241
Liquor tax	353	1 424	1 935	1 816	1 524	1 389	1 371	1 338	1 320	1 304
Sugar excises	29	43	0	0	0	0	0	0	0	0
Local gasoline tax	46	278	361	296	302	294	275	264	261	256
Gasoline tax	254	1 547	2 007	2 769	2 820	2 750	2 574	2 465	2 434	2 396
Liquefied petroleum gas tax	0	30	31	28	27	24	21	18	17	17
Aviation fuel tax	0	58	76	104	104	89	67	66	66	67
Commodity tax	138	1 038	5	0	0	0	0	0	0	0
Playing-card tax	1	1	0	0	0	0	0	0	0	0
Prefectural tobacco tax	44	229	361	282	278	256	173	153	149	141
Municipal tobacco tax	73	402	636	865	853	788	983	936	911	862
Timber delivery tax	3	3	0	0	0	0	0	0	0	0
Mineral product tax	2	5	3	2	2	2	2	2	2	2
Electricity and gas tax	54	386	0	0	0	0	0	0	0	0
Diesel oil tax	65	447	834	1 208	1 034	918	943	925	933	949
Vehicle acquisition tax	0	270	613	464	425	192	193	137	146	190
Promotion of power resources development tax	0	109	295	375	352	349	328	316	320	326
Petroleum and coal tax	0	404	487	489	513	502	600	630	702	691
Tobacco tax	0	0	996	876	925	908	1 038	954	914	864
Special tobacco tax	0	0	0	264	214	163	161	148	141	134
5122 Bénéfices des monopoles fiscaux	179	808	0	0	0	0	0	0	0	0
Monopoly profits	179	808	..	..	..	..	..	..	..	..
5123 Droits de douane et droits à l'importation	222	786	928	877	941	786	1 034	1 049	939	1 024
Customs duty	222	786	928	877	941	786	1 034	1 049	939	1 024
5124 Taxes à l'exportation	0	0	0	0	0	0	0	0	0	0
5125 Impôts sur biens d'équipement	0	0	0	0	0	0	0	0	0	0
5126 Impôts sur services déterminés	81	554	303	116	85	77	71	70	68	67
Travel tax	4	64	0	0	0	0	0	0	0	0
Admission tax	10	5	0	0	0	0	0	0	0	0
Local entertainment tax	10	74	0	0	0	0	0	0	0	0
Golf course utilization tax	0	0	90	81	60	55	49	48	46	45
Meal and lodging tax	56	398	0	0	0	0	0	0	0	0
Special local consumption tax	0	0	195	12	0	0	0	0	0	0
Bathing tax	1	13	18	23	25	22	22	23	22	23
5127 Autres impôts sur commerce et transact. internat.	0	0	0	0	0	0	0	0	0	0
5128 Autres impôts	0	0	0	0	0	0	0	0	0	0
5130 Non-ventilables entre 5110 et 5120	0	0	0	0	0	0	0	0	0	0
5200 Impôts sur utilisation des biens et exerc. activités	76	1 378	2 270	3 047	3 015	2 570	2 431	2 416	2 457	2 450
5210 Impôts périodiques	69	1 358	2 250	3 027	2 993	2 548	2 409	2 393	2 435	2 427
Automobile tax	55	781	1 276	1 765	1 717	1 616	1 574	1 543	1 535	1 541
Light vehicle tax	13	43	88	125	164	178	189	200	238	249
Motor vehicle tonnage tax	0	527	881	1 134	1 110	753	643	649	660	637
Hunter licence tax	0	3	2	2	0	0	0	0	0	0
Hunting tax	0	3	2	1	2	2	2	1	1	1
Mine lot tax	1	1	1	1	0	0	0	0	0	0
5211 À la charge des ménages : véhicules à moteur	..	..	..	..	..	..	..	..	..	0
5212 À la charge autres agents : véhicules à moteur	..	..	..	..	..	..	..	..	..	0
5213 Autres impôts périodiques	..	..	..	..	..	..	..	..	..	0
5220 Impôts non-périodiques	7	20	20	20	22	21	22	22	22	22
5300 Non-ventilables entre 5100 et 5200	0	0	0	0	0	0	0	0	0	0
6000 Autres impôts	**2**	**151**	**335**	**348**	**356**	**381**	**384**	**413**	**418**	**427**
6100 À la charge exclusive des entreprises	0	139	288	324	313	330	348	361	366	371
Business office tax	..	139	288	324	313	330	348	361	366	371
6200 À la charge d'autres agents	2	12	47	24	43	52	36	52	52	56
Taxes not in local tax law	2	12	47	24	43	52	36	52	52	56
Other	0	0	0	0	0	0	0	0	0	0
Recettes fiscales totales sur la base d'encaissements	**6 172**	**62 443**	**..**	**..**	**..**	**..**	**..**	**..**	**..**	**..**
Recettes fiscales totales sur la base des droits constatés	**..**	**..**	**130 843**	**136 236**	**146 248**	**132 484**	**146 405**	**163 533**	**164 963**	**171 751**
Conciliation avec les comptes nationaux										
Impôts additionnels inclus dans les comptes nationaux	..	..	..	..	..	..	..	..	..	..
Impôt exclus des comptes nationaux	..	..	..	..	..	..	..	..	..	..
Différence dans les traitements des crédits d'impôts	..	..	..	..	..	..	..	..	..	..
Transfert en capital des recettes non collectées	..	..	..	..	..	..	..	..	..	..
Cotisations de sécurité sociale volontaires	..	..	..	..	..	..	..	..	..	..
Différences diverses	..	..	..	..	..	..	..	..	..	..
Comptes nationaux : impôts et cotisations sociales effectives	..	..	..	..	..	..	..	..	..	..
Cotisations sociales imputées	..	..	..	..	..	..	..	..	..	..
Comptes nationaux : impôts et toutes les cotisations	..	..	..	..	..	..	..	..	..	..

	1965	1980	1990	2000	2007	2010	2013	2015	2016	2017
sociales										

.. Non disponible
Note : Data are on a fiscal year basis beginning 1st April.
From 1990, data are on accrual basis.
The figures for different groups of taxes are reported on different reporting bases, namely: Social security contributions (heading 2000) : in principle accrual basis, Central government taxes : accrual basis (revenues accrued during the fiscal year plus cash receipts collected before the end of May (the end of April until 1977), Local government taxes : accrual basis (due to be paid during the fiscal year and cash receipts collected before the end of May).
The Japanese authorities take the view that the Enterprise tax (classified in 1100 and 1200) and the Mineral product tax (classified in 5121) should be classified in heading 6000 since under articles 72 and 519 of the Local Tax Law these taxes are regarded as levies on the business or mining activity itself.
Heading 2000 includes some unidentifiable voluntary contributions.
Heading 2300: Includes contibutions to the National pension, National Health Insurance and the Farmer's pension fund. Contributions to the Farmer's pension fund are not available for the years before 1999.
Heading 4100: Municipal property tax, includes Prefectural property tax from 1990 to 1994 because data is not available to provide a breakdown.
Heading 5121: Municipal tobacco tax, includes Prefectural tobacco tax from 1990 to 1994 because data is not available to provide a breakdown.
Heading 5121: In sub-item Petroleum and coal tax, the data before 2003 refer to petroleum tax.
Source : Tax Bureau, Ministry of Finance.

StatLink https://doi.org/10.1787/888934060953

Tableau 5.19. Corée : Tableau détaillé par pays, 1965-2017

Milliards KRW

	1965	1980	1990	2000	2007	2010	2013	2015	2016	2017
Recettes fiscales totales	..	**6 687**	**37 262**	**136 295**	**258 571**	**295 968**	**347 332**	**393 559**	**430 752**	**465 470**
1000 Impôts sur revenu, bénéfices et gains en capital	..	**1 704**	**12 203**	**39 254**	**82 239**	**82 905**	**101 792**	**119 151**	**134 503**	**149 420**
1100 Des personnes physiques	..	766	7 440	19 950	43 276	42 098	53 311	67 600	75 711	83 121
1110 Sur le revenu et les bénéfices	..	766	6 327	18 569	31 984	33 935	46 654	55 744	62 028	67 987
Income tax	..	0	0	0	0	0	0	0	0	0
Dividends and interest income tax	..	0	0	0	4 682	4 425	4 889	4 561	4 125	4 517
Wages and salaries income tax	..	0	0	0	14 124	15 517	21 931	27 055	30 994	34 034
Other income tax	..	0	0	0	2 607	2 986	3 432	4 467	5 346	5 333
Global income tax	..	661	4 723	16 128	6 151	6 369	10 901	12 784	14 348	16 049
Defence tax on income tax	..	105	938	0	0	0	0	0	0	0
Education tax on income tax	..	0	325	0	0	0	0	0	0	0
Rural dev. tax on interest, bus. Inc. & cap. gains relief	..	0	0	156	160	179	124	105	109	104
Inhabitant tax on income tax (local)	..	0	341	2 285	4 260	4 459	5 377	6 772	7 106	7 950
1120 Sur les gains en capital	..	0	1 113	1 381	11 292	8 163	6 657	11 856	13 683	15 134
Capital gains tax	..	..	1 113	1 381	11 292	8 163	6 657	11 856	13 683	15 134
1200 Des sociétés	..	738	4 757	19 271	38 963	40 807	48 481	51 551	58 792	66 299
1210 Sur les bénéfices	..	738	4 757	19 271	38 963	40 807	48 481	51 551	58 792	66 299
Corporation tax - withholding	..	..	677	8 577	8 360	9 095	12 176	12 317	11 986	11 990
Corporation tax - final returns	..	..	2 549	9 302	27 057	28 173	31 679	32 713	40 130	47 187
Defence tax on corporation tax	..	..	1 323	0	0	0	0	0	0	0
Inhabitant tax on corporation tax (local)	..	..	207	1 142	3 152	3 094	4 118	6 217	6 270	6 785
Rural development tax corporate income	..	..	0	251	394	445	508	304	406	337
Excess profit tax	..	0	0	0	0	0	0	0	0	0
1220 Sur les gains en capital	..	0	0	0	0	0	0	0	0	0
Capital gains tax	..	..	..	..	..	..	..	..	..	..
1300 Non-ventilables entre 1100 et 1200	..	199	6	33	0	0	0	0	0	0
Business income tax	..	0	0	0	..	..	..	..	..	..
Real estate income tax	..	0	0	0	..	..	..	..	..	..
Defence tax on real estate & business income	..	0	0	0	..	..	..	..	..	..
Rural dev. tax on bus. inc. & cap. gains relief	..	0	0	30	..	..	..	..	..	..
Inhabitant tax before 1990 (local)	..	117	0	0	..	..	..	..	..	..
Farm land tax (local)	..	83	6	3	..	..	..	..	..	..
Inhabitant tax on farm land tax (local)	..	0	0	0	..	..	..	..	..	..
2000 Cotisations de sécurité sociale	..	**73**	**3 760**	**22 759**	**53 588**	**69 090**	**91 596**	**104 693**	**112 658**	**119 676**
2100 À la charge des salariés	..	0	1 464	8 578	21 773	28 213	38 396	44 281	48 077	51 125
Veterans' relief fund	..	0	0	0	0	0	0	0	0	0
Soldiers' annuity fund	..	0	0	0	0	0	0	0	0	0
Unemployment assurance	..	0	0	598	1 164	1 358	2 418	3 076	3 251	3 418
National welfare pension fund	..	0	429	4 325	9 338	11 004	13 890	15 821	16 862	17 864
Social benefit fund	..	0	0	0	0	0	0	0	0	0
Health Insurance	..	0	483	2 066	8 180	11 783	17 128	19 868	21 470	22 814
Teachers' pensions	..	0	86	279	581	868	1 077	1 125	1 410	1 507
Government employees pensions	..	0	406	1 144	2 202	2 878	3 435	3 876	4 533	4 934
Military personal pensions	..	0	60	166	308	322	448	515	551	588
2110 Sur la base du salaire	..	..	..	8 578	21 773	28 213	38 396	44 281	48 077	51 125
2120 Sur la base de l'impôt sur les revenus	..	..	..	0	0	0	0	0	0	0
2200 À la charge des employeurs	..	73	1 694	9 409	23 557	30 856	41 518	47 846	51 190	54 063
Ind. works' insurance fund	..	73	550	1 876	4 431	4 632	5 436	6 062	6 283	6 429
Soldiers' annuity fund	..	0	0	0	0	0	0	0	0	0
Pneumoconiosis fund	..	0	0	0	0	0	0	0	0	0
Unemployment insurance	..	0	0	1 449	2 474	2 860	4 545	5 499	5 790	6 082
Veterans' relief fund	..	0	0	0	0	0	0	0	0	0
National welfare pension fund	..	0	430	4 340	9 383	11 052	13 958	15 895	16 928	17 922
Social benefit fund	..	0	0	0	0	0	0	0	0	0
Health Insurance	..	0	658	1 547	6 844	11 718	16 826	19 493	21 074	22 397
Teachers' pensions	..	0	56	197	425	594	753	897	1 115	1 233
Government employees pensions	..	0	0	0	0	0	0	0	0	0
2210 Sur la base du salaire	..	..	..	9 409	23 557	30 856	41 518	47 846	51 190	54 063
2220 Sur la base de l'impôt sur les revenus	..	..	..	0	0	0	0	0	0	0
2300 A charge des travailleurs indép. ou sans emploi	..	0	602	4 772	8 258	10 021	11 682	12 566	13 391	14 488
2310 Sur la base du salaire	..	..	0	0	0	0	0	0	0	0
2320 Sur la base de l'impôt sur les revenus	..	..	602	4 772	8 258	10 021	11 682	12 566	13 391	14 488
2400 Non-ventilables entre 2100, 2200 et 2300	..	0	0	0	0	0	0	0	0	0
2410 Sur la base du salaire	..	..	..	..	..	..	..	..	..	..
2420 Sur la base de l'impôt sur les revenus	..	..	..	..	..	..	..	..	..	..

	1965	1980	1990	2000	2007	2010	2013	2015	2016	2017
3000 Sur salaires ou main d'oeuvre	..	**34**	**153**	**258**	**619**	**714**	**981**	**1 122**	**1 293**	**1 376**
Workshop tax on workforce (local)	..	31	124	258	619	714	981	1 122	1 293	1 376
Vocational training promotion fund	..	3	29	0	0	0	0	0	0	0
4000 Impôts sur le patrimoine	..	**537**	**4 389**	**16 846**	**33 109**	**33 516**	**35 847**	**48 625**	**49 820**	**54 406**
4100 Impôts périodiques sur la propriété immobilière	..	183	980	3 385	9 196	9 270	10 809	12 486	13 095	14 319
Property tax (local)	..	119	227	728	3 755	4 817	8 267	9 294	9 930	10 662
City planning tax on urban real estate (local)	..	51	244	815	1 883	2 465	0	0	0	0
Community facilities tax (local)	..	13	86	341	543	650	912	1 351	1 450	1 513
Tax on excessive land holdings (local)	..	0	1	0	0	0	0	0	0	0
Tax on aggregate land holdings (local)	..	0	400	1 282	5	0	0	0	0	0
Rural dev. tax on local agg. land holdings tax	..	0	0	81	1	0	0	0	0	0
Tax on excessively increased land value	..	0	0	0	0	0	0	0	0	0
Comprehensive real estate tax	..	0	0	0	2 414	1 029	1 224	1 399	1 294	1 652
Rural dev. tax on comprehensive real estate tax	..	0	0	0	483	208	250	267	240	302
4110 Ménages	..	..	0	0	0	0	0	0	0	0
4120 Autres agents	..	..	22	138	112	101	156	175	181	190
Workshop tax on property (local)	..	..	22	138	112	101	156	175	181	190
4200 Impôts périodiques sur l'actif net	..	0	0	0	0	0	0	0	0	0
4210 Personnes physiques	..	..	..	..	..	..	..	..	..	..
4220 Sociétés	..	..	..	..	..	..	..	..	..	..
4300 Impôts sur mut. par décès, succ. et donations	..	12	354	989	2 842	3 076	4 290	5 044	5 350	6 785
4310 Impôts sur mut. par décès et successions	..	5	85	449	1 059	1 203	1 587	1 944	1 995	2 342
Inheritance tax	..	3	71	449	1 059	1 203	1 587	1 944	1 995	2 342
Defence tax on inheritance tax	..	2	14	0	0	0	0	0	0	0
4320 Impôts sur les donations	..	7	269	540	1 783	1 873	2 703	3 100	3 355	4 443
Gift tax	..	7	225	540	1 783	1 873	2 703	3 100	3 355	4 443
Defence tax on gift tax	..	0	44	0	0	0	0	0	0	0
4400 Impôts sur transact. mobilières et immob.	..	319	2 960	11 935	21 071	21 170	20 748	31 095	31 375	33 302
Registration tax (local)	..	122	1 378	4 528	7 254	7 370	1 312	1 831	1 708	1 608
Registration tax	..	0	0	0	0	0	0	0	0	0
Defence tax on registration tax	..	0	0	0	0	0	0	0	0	0
Rural dev. tax on local acquisition tax	..	0	0	246	627	632	874	969	954	1 028
Rural dev. tax on local registration tax	..	0	0	66	143	144	1	1	0	0
Securities transactions tax	..	0	224	2 736	3 469	3 667	3 077	4 670	4 468	4 508
Rural dev. tax on securities transaction tax	..	0	0	823	1 729	2 010	1 529	1 861	1 637	1 775
Acquisition tax (local)	..	163	1 165	3 148	7 261	6 825	13 318	20 810	21 702	23 487
Stamp tax	..	34	193	388	588	522	637	953	906	896
4500 Impôts non-périodiques	..	22	95	537	0	0	0	0	0	0
Asset revaluation tax	..	22	95	537	..	..	..	..	..	..
4510 Sur l'actif net	..	..	..	..	..	..	..	..	..	..
4520 Autres non-périodiques	..	..	..	..	..	..	..	..	..	..
4600 Autres impôts périodiques sur patrimoine	..	0	0	0	0	0	0	0	0	0
5000 Impôts sur les biens et services	..	**4 190**	**16 497**	**52 271**	**80 861**	**99 769**	**106 717**	**110 326**	**121 197**	**129 065**
5100 Impôts sur production, vente, transfert, etc.	..	4 114	16 024	50 023	78 414	96 573	99 970	103 254	113 644	121 293
5110 Impôts généraux	..	1 471	6 964	23 212	40 942	51 800	59 105	60 162	68 229	74 361
5111 Taxes sur la valeur ajoutée	..	1 471	6 964	23 212	40 942	51 800	59 105	60 162	68 229	74 361
Value added tax	..	1 471	6 964	23 212	40 942	51 800	59 105	60 162	68 229	74 361
5112 Impôts sur les ventes	..	0	0	0	0	0	0	0	0	0
Business tax	..	..	..	..	..	..	..	..	..	..
5113 Autres impôts	..	0	0	0	0	0	0	0	0	0
5120 Impôts sur biens et services déterminés	..	2 643	9 059	26 811	37 472	44 773	40 865	43 092	45 415	46 932
5121 Accises	..	1 029	4 924	18 155	27 880	31 340	27 661	31 857	34 762	35 779
Commodity tax	..	0	0	0	0	0	0	0	0	0
Defence tax on commodity tax	..	0	0	0	0	0	0	0	0	0
Liquor tax	..	298	1 022	1 963	2 268	2 878	2 947	3 228	3 209	3 035
Defence tax on liquor tax	..	78	0	0	0	0	0	0	0	0
Education tax on liquor tax	..	0	81	516	580	724	764	808	813	745
Textile tax	..	0	0	0	0	0	0	0	0	0
Petroleum tax	..	0	0	0	0	0	0	0	0	0
Transport tax on petrol products	..	0	0	8 404	11 464	13 970	13 248	14 055	15 303	15 553
Education tax on transport tax	..	0	0	1 247	1 715	2 133	1 895	2 154	2 289	2 320
Electricity and gas tax	..	0	0	0	0	0	0	0	0	0
Special excise tax	..	583	1 912	2 985	5 161	5 066	5 484	8 001	8 881	9 861
Defence tax on special excise tax	..	70	337	0	0	0	0	0	0	0
Education tax on special excise tax	..	0	0	498	607	501	485	515	463	602
Rural development on special excise tax	..	0	0	37	54	24	56	61	60	60
Tobacco sales tax (local)	..	0	0	0	0	0	0	0	0	0
Tobacco consumption tax (local)	..	0	1 572	2 251	2 761	2 875	2 782	3 035	3 744	3 603
Motor fuel tax (local)	..	0	0	254	3 270	3 169	0	0	0	0
5122 Bénéfices des monopoles fiscaux	..	510	0	0	0	0	0	0	0	0
Monopoly profit	..	510	..	..	..	..	..	..	..	..

	1965	1980	1990	2000	2007	2010	2013	2015	2016	2017
5123 Droits de douane et droits à l'importation	..	1 014	3 692	5 936	7 690	11 046	11 012	8 907	8 434	8 938
Customs duties	..	762	2 765	5 800	7 411	10 666	10 562	8 495	8 045	8 529
Defence tax on customs duties	..	248	919	0	0	0	0	0	0	0
Special customs duties	..	0	0	0	0	0	0	0	0	0
Tonnage tax	..	0	0	0	0	0	0	0	0	0
Education tax on imports	..	0	7	99	234	336	429	390	366	382
Rural dev. tax on customs exemptions	..	0	0	37	45	44	21	22	23	27
Previous year receipts	..	4	0	0	0	0	0	0	0	0
5124 Taxes à l'exportation	..	0	0	0	0	0	0	0	0	0
5125 Impôts sur biens d'équipement	..	0	0	0	0	0	0	0	0	0
5126 Impôts sur services déterminés	..	90	444	2 720	1 902	2 387	2 192	2 328	2 219	2 215
Telephone tax	..	50	262	1 457	0	0	0	0	0	0
Defence tax on telephone tax	..	33	0	0	0	0	0	0	0	0
Entertainment tax	..	0	0	0	0	0	0	0	0	0
Defence tax on entertainment tax	..	0	0	0	0	0	0	0	0	0
Entertainment tax (local)	..	0	0	0	0	0	0	0	0	0
Travel tax	..	0	0	0	0	0	0	0	0	0
Admission tax	..	0	0	0	0	0	0	0	0	0
Defence tax on admission tax	..	0	0	0	0	0	0	0	0	0
Education tax on banking & insurance	..	0	108	473	721	951	938	1 004	951	959
Horse race tax (local)	..	3	56	566	864	1 068	1 042	1 089	1 060	1 051
Rural dev. tax on horse race tax	..	0	0	84	165	215	212	235	208	205
Butchery tax (local)	..	5	18	51	52	58	0	0	0	0
Regional development tax (local)	..	0	0	89	100	95	0	0	0	0
5127 Autres impôts sur commerce et transact. internat.	..	0	0	0	0	0	0	0	0	0
5128 Autres impôts	..	0	0	0	0	0	0	0	0	0
5130 Non-ventilables entre 5110 et 5120	..	0	0	0	0	0	0	0	0	0
5200 Impôts sur utilisation des biens et exerc. activités	..	75	474	2 248	2 447	3 196	6 747	7 072	7 553	7 772
5210 Impôts périodiques	..	75	474	2 248	2 447	3 196	6 747	7 072	7 553	7 772
License tax (local)	..	18	48	241	77	76	0	0	0	0
Automobile tax (local)	..	57	426	2 007	2 370	3 120	6 747	7 072	7 553	7 772
5211 À la charge des ménages : véhicules à moteur	..	..	..	..	..	..	..	..	..	..
5212 À la charge autres agents : véhicules à moteur	..	..	..	..	..	..	..	..	..	..
5213 Autres impôts périodiques	..	..	..	..	..	..	..	..	..	..
5220 Impôts non-périodiques	..	0	0	0	0	0	0	0	0	0
5300 Non-ventilables entre 5100 et 5200	..	0	0	0	0	0	0	0	0	0
6000 Autres impôts	**..**	**150**	**259**	**4 907**	**8 155**	**9 974**	**10 399**	**9 642**	**11 281**	**11 527**
6100 À la charge exclusive des entreprises	..	0	0	0	0	0	0	0	0	0
6200 À la charge d'autres agents	..	150	259	4 907	8 155	9 974	10 399	9 642	11 281	11 527
Unallocable tax revenue	..	143	0	0	0	0	0	0	0	0
Previous year tax	..	0	213	1 474	2 965	4 449	4 774	3 435	4 147	4 389
Previous year tax (local)	..	6	47	474	672	654	601	392	868	715
Unallocable defence tax	..	0	0	-3	0	0	0	0	0	0
Education tax on local taxes	..	0	0	2 962	4 518	4 871	5 024	5 815	6 266	6 423
Recettes fiscales totales sur la base d'encaissements	**..**	**6 687**	**37 262**	**136 295**	**258 571**	**295 968**	**347 332**	**393 559**	**430 752**	**465 470**
Recettes fiscales totales sur la base des droits constatés	**..**	**..**	**..**	**..**	**..**	**..**	**..**	**..**	**..**	**..**
Conciliation avec les comptes nationaux										
Impôts additionnels inclus dans les comptes nationaux	..	..	..	..	..	..	..	..	..	..
Impôt exclus des comptes nationaux	..	..	..	..	..	..	..	..	..	..
Différence dans les traitements des crédits d'impôts	..	..	..	..	..	..	..	..	..	..
Transfert en capital des recettes non collectées	..	..	..	..	..	..	..	..	..	..
Cotisations de sécurité sociale volontaires	..	..	..	..	..	..	..	..	..	..
Différences diverses	..	..	..	..	..	..	..	..	..	..
Comptes nationaux : impôts et cotisations sociales effectives	..	..	..	..	..	..	..	..	..	..
Cotisations sociales imputées	..	..	..	..	..	..	..	..	..	..
Comptes nationaux : impôts et toutes les cotisations sociales	..	..	..	..	..	..	..	..	..	..

.. Non disponible

Note : Year ending 31st December.

Data are on cash basis.

Heading 2000: From 1997 the contributions to the three funds (civil servant pension fund, private school teachers pension fund and medical insurance fund) are classified as security social contributions. The reasons for the change are that the contributions either became mandatory or the fund started to be managed by public authorities in that year, thereby meeting the OECD definition of social security contributions.

Heading 2200: From 2007, this includes long-term care insurance.

Source : Ministry of Finance and Economy, Ministry of Home Affairs.

StatLink https://doi.org/10.1787/888934060972

Tableau 5.20. Lettonie : Tableau détaillé par pays, 1965-2017

Millions EUR

	1965	1980	1990	2000	2007	2010	2013	2015	2016	2017
Recettes fiscales totales	..	..	..	**1 995**	**6 401**	**5 162**	**6 695**	**7 334**	**7 812**	**8 412**
Total tax revenue exclusive of customs duties	..	..	..	**1 995**	**6 364**	**5 137**	**6 667**	**7 294**	**7 765**	**8 366**
1000 Impôts sur revenu, bénéfices et gains en capital	..	..	..	**480**	**1 857**	**1 292**	**1 690**	**1 833**	**2 011**	**2 204**
1100 Des personnes physiques	..	..	..	376	1 287	1 116	1 320	1 445	1 587	1 777
1110 Sur le revenu et les bénéfices	..	..	..	376	1 287	1 116	1 320	1 445	1 587	1 777
Personal income tax	..	..	..	376	1 287	1 116	1 320	1 445	1 532	1 712
Solidarity tax	..	..	..	0	0	0	0	0	55	65
1120 Sur les gains en capital	..	..	..	0	0	0	0	0	0	0
1200 Des sociétés	..	..	..	105	570	175	370	389	424	427
1210 Sur les bénéfices	..	..	..	105	570	175	370	389	424	427
1220 Sur les gains en capital	..	..	..	0	0	0	0	0	0	0
1300 Non-ventilables entre 1100 et 1200	..	..	..	0	0	0	0	0	0	0
2000 Cotisations de sécurité sociale	..	..	..	**669**	**1 774**	**1 554**	**1 933**	**2 030**	**2 067**	**2 259**
2100 À la charge des salariés	..	..	..	167	479	389	531	585	530	627
2110 Sur la base du salaire	..	..	..	167	479	389	531	585	530	627
2120 Sur la base de l'impôt sur les revenus	..	..	..	0	0	0	0	0	0	0
2200 À la charge des employeurs	..	..	..	501	1 283	1 155	1 391	1 432	1 523	1 618
2210 Sur la base du salaire	..	..	..	501	1 283	1 155	1 391	1 432	1 523	1 618
2220 Sur la base de l'impôt sur les revenus	..	..	..	0	0	0	0	0	0	0
2300 A charge des travailleurs indép. ou sans emploi	..	..	..	1	12	9	11	12	13	15
2310 Sur la base du salaire	..	..	..	1	12	9	11	12	13	15
2320 Sur la base de l'impôt sur les revenus	..	..	..	0	0	0	0	0	0	0
2400 Non-ventilables entre 2100, 2200 et 2300	..	..	..	0	0	0	0	0	0	0
2410 Sur la base du salaire	..	..	..	..	..	..	..	..	..	..
2420 Sur la base de l'impôt sur les revenus	..	..	..	..	..	..	..	..	..	..
3000 Sur salaires ou main d'oeuvre	..	..	..	**0**	**4**	**3**	**3**	**3**	**3**	**3**
Risk duty of business	..	..	..	..	4	3	3	3	3	3
4000 Impôts sur le patrimoine	..	..	..	**76**	**195**	**157**	**221**	**246**	**268**	**278**
4100 Impôts périodiques sur la propriété immobilière	..	..	..	63	106	128	173	197	220	228
4110 Ménages	..	..	..	0	0	0	22	24	32	35
4120 Autres agents	..	..	..	63	106	128	151	173	188	193
Tax on property	..	..	..	63	106	128	151	173	188	193
Tax on land	..	..	..	0	0	0	0	0	0	0
4200 Impôts périodiques sur l'actif net	..	..	..	0	0	0	0	0	0	0
4210 Personnes physiques	..	..	..	..	..	..	..	..	..	..
4220 Sociétés	..	..	..	..	..	..	..	..	..	..
4300 Impôts sur mut. par décès, succ. et donations	..	..	..	0	3	3	5	7	8	9
4310 Impôts sur mut. par décès et successions	..	..	..	..	3	3	5	7	8	9
Duty for legacies and donations	..	..	..	..	0	2	3	4	5	6
Stamp duty for transactions made in Land Register in relation to legacies and donations	..	..	..	..	1	0	0	1	1	1
Duty for consolidation of ownership and legal cliens in Land Register anent legacies and donations	..	..	..	..	2	2	2	2	2	2
4320 Impôts sur les donations	..	..	..	..	0	0	0	0	0	0
4400 Impôts sur transact. mobilières et immob.	..	..	..	13	86	26	43	42	40	41
Duties on transactions with privatization vouchers	..	..	..	0	0	0	0	0	0	0
Stamp duty for transactions made in Land Register, which have been collected from juridical persons, except legacies and donations	..	..	..	0	1	1	1	1	1	1
Duty for consolidation of ownership and legal liens in Land Register, which have been collected from juridical persons, except legacies and donations	..	..	..	4	27	13	17	18	17	17
Stamp duty for transactions made in Land Register, which have been collected from physical persons, except legacies and donations	..	..	..	1	8	1	2	2	2	2
Duty for consolidation of ownership and legal liens in Land Register, which have been collected from physical persons, except legacies and donations	..	..	..	7	51	11	23	20	21	21
4500 Impôts non-périodiques	..	..	..	0	0	0	0	0	0	0
4510 Sur l'actif net	..	..	..	..	..	..	..	..	..	..
4520 Autres non-périodiques	..	..	..	..	..	..	..	..	..	..
4600 Autres impôts périodiques sur patrimoine	..	..	..	0	0	0	0	0	0	0
5000 Impôts sur les biens et services	..	..	..	**770**	**2 535**	**2 132**	**2 821**	**3 182**	**3 415**	**3 621**
5100 Impôts sur production, vente, transfert, etc.	..	..	..	739	2 478	2 006	2 667	3 012	3 242	3 428
5110 Impôts généraux	..	..	..	476	1 753	1 301	1 855	2 130	2 298	2 440
5111 Taxes sur la valeur ajoutée	..	..	..	476	1 727	1 202	1 690	1 876	2 032	2 164
5112 Impôts sur les ventes	..	..	..	0	0	0	0	31	29	31
Subsidised electricity tax	..	..	..	..	..	..	..	31	29	31

	1965	1980	1990	2000	2007	2010	2013	2015	2016	2017
5113 Autres impôts	..	..	..	0	27	99	165	223	237	245
Mandatory procurement public service obligation fee	..	..	..	0	27	99	165	223	237	245
5120 Impôts sur biens et services déterminés	..	..	..	262	725	705	812	882	944	989
5121 Accises	..	..	..	232	626	645	742	807	874	913
Excise duty on alcoholic beverages	..	..	..	63	127	111	124	128	139	162
Excise duty on beer	..	..	..	4	15	25	24	27	32	37
Excise duty on oil products	..	..	..	124	359	360	388	428	467	484
Excise duty on tobacco	..	..	..	27	92	130	160	178	188	191
Excise duty on other products	..	..	..	14	32	18	24	25	25	15
Excise duty on coffee and non alcoholic beverages	..	..	..	6	8	13	14	14	14	15
Excise duty / Tax on cars and motorcycles	..	..	..	8	24	5	10	11	10	0
Excise duty on natural gas	..	..	..	0	0	1	22	20	22	19
Tax on electricity	..	..	..	0	1	1	1	2	1	5
5122 Bénéfices des monopoles fiscaux	..	..	..	0	0	0	0	0	0	0
5123 Droits de douane et droits à l'importation	..	..	..	21	33	14	2	2	-3	3
Customs duties	..	..	..	21	3	0	0	0	-5	-1
Levies on imported agricultural products	..	..	..	0	2	0	0	0	0	0
Excise duty of imported goods for omission for free turnover	..	..	..	0	28	14	2	3	2	4
5124 Taxes à l'exportation	..	..	..	0	0	0	0	0	0	0
5125 Impôts sur biens d'équipement	..	..	..	0	0	0	0	0	0	0
5126 Impôts sur services déterminés	..	..	..	10	66	47	68	72	73	72
Taxes on lotteries and gambling	..	..	..	7	42	22	29	32	34	36
Financial stability fee	..	..	..	0	0	0	5	4	15	11
Passenger departure duty	..	..	..	3	0	0	0	0	0	0
Contributions to the EU Single Resolution Fund	..	..	..	0	0	0	0	8	7	7
Contributions to the fund for the protection of the insured	..	..	..	0	1	1	1	1	0	0
Contributions to the deposit guarantee fund	..	..	..	0	22	24	32	28	16	17
5127 Autres impôts sur commerce et transact. internat.	..	..	..	0	0	0	0	0	0	..
5128 Autres impôts	..	..	..	0	0	0	0	0	0	..
5130 Non-ventilables entre 5110 et 5120	..	..	..	0	0	0	0	0	0	..
5200 Impôts sur utilisation des biens et exerc. activités	..	..	..	32	57	126	154	170	173	193
5210 Impôts périodiques	..	..	..	32	57	73	140	142	141	156
5211 À la charge des ménages : véhicules à moteur	..	..	..	12	16	34	48	54	55	61
Vehicle tax for vehicles which have been registered on physical persons	..	..	..	0	0	0	48	54	55	61
Annual vehicle duty for vehicles which have been registered on physical persons	..	..	..	12	16	34	0	0	0	0
5212 À la charge autres agents : véhicules à moteur	..	..	..	0	20	22	45	46	51	52
Tax on cars belonging to enterprises	..	..	..	..	0	0	21	20	22	22
Vehicle tax for vehicles which have been registered on judical persons	..	..	..	..	0	0	24	26	29	30
Annual vehicle duty for vehicles which have been registered on judical persons	..	..	..	..	20	22	0	0	0	0
5213 Autres impôts périodiques	..	..	..	20	21	17	47	42	35	43
Duty for keeping animals	..	..	..	0	0	0	0	0	0	0
Income from lease of reservoirs and fishing rights and non-production use of fishing rights (fishing cards)	..	..	..	0	0	0	1	1	1	1
Business and professional licences	..	..	..	5	6	4	27	20	17	17
State duties and payments for issue of special permits (licences) and registration of documents that commensurate correspondence of professional qualification	..	..	..	1	0	0	0	0	0	0
Lottery and gambling state duty	..	..	..	1	4	2	2	2	3	3
Gambling equipment marking duty	..	..	..	0	1	1	0	0	0	0
Payment for rental of commercial fishing rights	..	..	..	0	0	0	0	1	1	1
Lottery of goods and services organization duty	..	..	..	2	0	0	0	0	0	0
State duty for using numerative rights	..	..	..	0	0	0	0	0	0	0
State duty for keeping oil products' security reserves	..	..	..	0	0	0	24	16	13	12
Tax on natural resources	..	..	..	15	15	12	19	22	18	26
5220 Impôts non-périodiques	..	..	..	0	0	53	14	28	33	37
Revenue from state-owned greenhouse gas emission unit trade	..	..	..	..	..	53	14	0	0	0
Payment for emission quota trading	..	..	..	..	..	0	0	11	15	12
The fee for the appeal of procurement	..	..	..	..	..	0	0	0	0	0
Toll for the use of motorways	..	..	..	..	..	0	0	17	18	25
5300 Non-ventilables entre 5100 et 5200	..	..	..	0	0	0	0	0	0	0
6000 Autres impôts	**..**	**..**	**..**	**0**	**0**	**0**	**0**	**0**	**0**	**0**
6100 À la charge exclusive des entreprises	..	..	..	..	..	..	..	..	..	..
6200 À la charge d'autres agents	..	..	..	..	..	..	..	..	..	..
Droits de douane perçus pour l'UE	**..**	**..**	**..**	**..**	**37**	**25**	**28**	**40**	**47**	**46**

	1965	1980	1990	2000	2007	2010	2013	2015	2016	2017
Recettes fiscales totales sur la base d'encaissements	..	..	..	..	..	..	..	..	..	..
Recettes fiscales totales sur la base des droits constatés	..	..	..	**1 995**	**6 401**	**5 162**	**6 695**	**7 334**	**7 812**	**8 412**
Conciliation avec les comptes nationaux										
Impôts additionnels inclus dans les comptes nationaux	..	..	..	14	1	1	0	0	0	0
Impôt exclus des comptes nationaux	..	..	..	0	0	0	0	0	0	0
Différence dans les traitements des crédits d'impôts	..	..	..	0	0	0	0	0	0	0
Transfert en capital des recettes non collectées	..	..	..	0	0	0	0	0	0	0
Cotisations de sécurité sociale volontaires	..	..	..	0	0	0	0	0	0	0
Différences diverses	..	..	..	0	0	0	0	0	0	0
Comptes nationaux : impôts et cotisations sociales effectives	..	..	..	2 009	6 402	5 163	6 695	7 334	7 813	8 413
Cotisations sociales imputées	..	..	..	12	51	36	59	80	87	97
Comptes nationaux : impôts et toutes les cotisations sociales	..	..	..	2 022	6 453	5 199	6 754	7 415	7 899	8 509

.. Non disponible
Note : Year ending 31st December.
Data on accrual basis.
Source : Ministry of Finance.

StatLink https://doi.org/10.1787/888934060991

Tableau 5.21. Lituanie : Tableau détaillé par pays, 1965-2017

Millions EUR

	1965	1980	1990	2000	2007	2010	2013	2015	2016	2017
Recettes fiscales totales	..	..	..	**4 154**	**8 730**	**7 961**	**9 445**	**10 826**	**11 548**	**12 461**
Total tax revenue exclusive of customs duties	..	..	..	**4 154**	**8 669**	**7 909**	**9 377**	**10 727**	**11 452**	**12 360**
1000 Impôts sur revenu, bénéfices et gains en capital	..	..	..	**1 111**	**2 625**	**1 281**	**1 726**	**2 013**	**2 175**	**2 258**
1100 Des personnes physiques	..	..	..	1 020	1 891	1 005	1 250	1 440	1 548	1 627
1110 Sur le revenu et les bénéfices	..	..	..	1 020	1 810	972	1 226	1 390	1 479	1 558
Tax on payroll and workforce	..	..	..	950	1 628	793	1 008	1 148	1 214	1 235
Tax on income from individual activities	..	..	..	40	81	36	48	55	66	79
Tax on capital income	..	..	..	31	102	143	170	187	199	243
1120 Sur les gains en capital	..	..	..	0	81	33	24	50	69	69
1200 Des sociétés	..	..	..	90	734	276	477	574	628	631
1210 Sur les bénéfices	..	..	..	90	734	276	477	574	628	631
1220 Sur les gains en capital	..	..	..	0	0	0	0	0	0	0
1300 Non-ventilables entre 1100 et 1200	..	..	..	0	0	0	0	0	0	0
2000 Cotisations de sécurité sociale	..	..	..	**1 362**	**2 643**	**3 293**	**3 791**	**4 338**	**4 714**	**5 170**
2100 À la charge des salariés	..	..	..	107	233	641	763	873	972	1 071
2110 Sur la base du salaire	..	..	..	107	233	641	763	873	972	1 071
2120 Sur la base de l'impôt sur les revenus	..	..	..	0	0	0	0	0	0	0
2200 À la charge des employeurs	..	..	..	1 119	2 180	2 109	2 526	2 916	3 193	3 512
2210 Sur la base du salaire	..	..	..	1 119	2 180	2 109	2 526	2 916	3 193	3 512
2220 Sur la base de l'impôt sur les revenus	..	..	..	0	0	0	0	0	0	0
2300 A charge des travailleurs indép. ou sans emploi	..	..	..	135	230	544	502	549	549	587
2310 Sur la base du salaire	..	..	..	135	230	544	502	549	549	587
2320 Sur la base de l'impôt sur les revenus	..	..	..	0	0	0	0	0	0	0
2400 Non-ventilables entre 2100, 2200 et 2300	..	..	..	0	0	0	0	0	0	0
2410 Sur la base du salaire	..	..	..	..	..	..	..	..	..	..
2420 Sur la base de l'impôt sur les revenus	..	..	..	..	..	..	..	..	..	..
3000 Sur salaires ou main d'oeuvre	..	..	..	**0**	**0**	**0**	**0**	**0**	**0**	**0**
4000 Impôts sur le patrimoine	..	..	..	**62**	**83**	**103**	**97**	**126**	**127**	**129**
4100 Impôts périodiques sur la propriété immobilière	..	..	..	61	82	102	96	125	126	127
4110 Ménages	..	..	..	3	6	7	8	17	17	25
4120 Autres agents	..	..	..	58	76	95	88	108	109	102
Tax on land from corporations	..	..	..	3	8	9	10	10	11	5
Tax on immovable property	..	..	..	55	69	86	77	98	98	97
4200 Impôts périodiques sur l'actif net	..	..	..	0	0	0	0	0	0	0
4210 Personnes physiques	..	..	..	..	..	..	..	..	..	..
4220 Sociétés	..	..	..	..	..	..	..	..	..	..
4300 Impôts sur mut. par décès, succ. et donations	..	..	..	1	2	1	1	1	1	2
4310 Impôts sur mut. par décès et successions	..	..	..	1	2	1	1	1	1	2
4320 Impôts sur les donations	..	..	..	0	0	0	0	0	0	0
4400 Impôts sur transact. mobilières et immob.	..	..	..	0	0	0	0	0	0	0
4500 Impôts non-périodiques	..	..	..	0	0	0	0	0	0	0
4510 Sur l'actif net	..	..	..	..	..	..	..	..	..	..
4520 Autres non-périodiques	..	..	..	..	..	..	..	..	..	..
4600 Autres impôts périodiques sur patrimoine	..	..	..	0	0	0	0	0	0	0
5000 Impôts sur les biens et services	..	..	..	**1 619**	**3 317**	**3 232**	**3 762**	**4 249**	**4 436**	**4 803**
5100 Impôts sur production, vente, transfert, etc.	..	..	..	1 556	3 238	3 149	3 685	4 176	4 359	4 721
5110 Impôts généraux	..	..	..	1 086	2 339	2 183	2 611	2 913	3 052	3 336
5111 Taxes sur la valeur ajoutée	..	..	..	1 005	2 330	2 180	2 611	2 889	3 028	3 310
5112 Impôts sur les ventes	..	..	..	0	0	0	0	0	0	0
5113 Autres impôts	..	..	..	81	8	3	0	24	24	26
Deductions from revenue according to the RoL on the financing of road maintence and development	..	..	..	81	0	0	..	0	0	0
Deductions from revenue according to the RoL Forestry Law	..	..	..	0	0	0	..	24	24	26
Turnover tax on goods	..	..	..	0	0	0	..	0	0	0
Deductions from Ignalina nuclear power plant income generated by sales of electricity	..	..	..	0	8	3	..	0	0	0
Turnover tax on publications of erotic and violent nature	..	..	..	0	0	0	..	0	0	0
Turnover tax on motor cars	..	..	..	0	0	0	..	0	0	0
Turnover tax on goods containing ethyl	..	..	..	0	0	0	..	0	0	0
5120 Impôts sur biens et services déterminés	..	..	..	470	899	966	1 073	1 263	1 307	1 385

	1965	1980	1990	2000	2007	2010	2013	2015	2016	2017
5121 Accises	..	..	..	428	835	903	996	1 165	1 236	1 339
Alcoholic beverages	..	..	..	10	2	10	12	6	7	13
Manufactured tabacco	..	..	..	41	121	170	209	270	291	286
Oil and other oil products	..	..	..	230	451	487	534	619	674	730
Electricity	..	..	..	2	0	3	3	4	3	2
Luxury cars	..	..	..	1	0	0	0	0	0	0
Sugar	..	..	..	25	13	1	7	1	1	1
Other former minor excises	..	..	..	5	0	0	0	0	0	0
Wine and sparkling wine	..	..	..	6	23	30	31	36	35	41
Beer	..	..	..	24	38	44	38	50	51	79
Other alcoholic beverages	..	..	..	84	186	158	162	179	173	187
5122 Bénéfices des monopoles fiscaux	..	..	..	0	0	0	0	0	0	0
5123 Droits de douane et droits à l'importation	..	..	..	41	0	0	0	0	0	0
Taxes on international trades and transactions	..	..	..	41	..	..	..	..	..	..
Imported sugar tax	..	..	..	0	..	..	..	..	..	..
5124 Taxes à l'exportation	..	..	..	0	0	0	0	0	0	0
5125 Impôts sur biens d'équipement	..	..	..	0	0	0	0	0	0	0
5126 Impôts sur services déterminés	..	..	..	0	64	63	77	98	71	47
Tax on lotteries and gambling	..	..	..	..	9	8	12	15	14	16
Contributions to the Guarantee Fund	..	..	..	..	11	5	12	16	17	0
Deposit and investment insurance tax	..	..	..	..	43	48	52	56	33	22
Resolution Fund	..	..	..	..	0	0	0	10	7	7
Other taxes on specific services	..	..	..	..	0	1	2	1	1	1
5127 Autres impôts sur commerce et transact. internat.	..	..	..	0	0	0	0	0	0	0
5128 Autres impôts	..	..	..	0	0	0	0	0	0	0
5130 Non-ventilables entre 5110 et 5120	..	..	..	0	0	0	0	0	0	0
5200 Impôts sur utilisation des biens et exerc. activités	..	..	..	64	80	83	78	74	77	81
5210 Impôts périodiques	..	..	..	64	80	83	78	74	77	81
5211 À la charge des ménages : véhicules à moteur	..	..	..	0	0	0	0	0	0	0
5212 À la charge autres agents : véhicules à moteur	..	..	..	7	30	13	31	32	34	34
Car registration taxes	..	..	..	0	0	0	15	15	15	15
Conveyance taxes	..	..	..	7	30	13	16	17	19	19
5213 Autres impôts périodiques	..	..	..	57	50	70	47	42	43	47
Pollution taxes	..	..	..	6	18	7	19	13	13	15
Payments by households for licences (not for business purposes)	..	..	..	5	3	6	2	2	2	2
Tax on market place	..	..	..	2	0	0	0	0	0	0
State-imposed fees and charges	..	..	..	34	22	44	6	5	5	6
Other taxes on production	..	..	..	10	6	13	21	22	23	24
5220 Impôts non-périodiques	..	..	..	0	0	0	0	0	0	0
5300 Non-ventilables entre 5100 et 5200	..	..	..	0	0	0	0	0	0	0
6000 Autres impôts	**..**	**..**	**..**	**0**	**0**	**0**	**0**	**0**	**0**	**0**
6100 À la charge exclusive des entreprises	..	..	..	..	..	..	..	..	..	..
6200 À la charge d'autres agents	..	..	..	..	..	..	..	..	..	..
Droits de douane perçus pour l'UE	**..**	**..**	**..**	**..**	**61**	**53**	**68**	**99**	**96**	**101**
Recettes fiscales totales sur la base d'encaissements	**..**	**..**	**..**	**..**	**..**	**..**	**..**	**..**	**..**	**..**
Recettes fiscales totales sur la base des droits constatés	**..**	**..**	**..**	**4 154**	**8 730**	**7 961**	**9 445**	**10 826**	**11 548**	**12 461**
Conciliation avec les comptes nationaux										
Impôts additionnels inclus dans les comptes nationaux	..	..	..	0	0	0	0	0	0	0
Impôt exclus des comptes nationaux	..	..	..	0	0	0	0	0	0	0
Différence dans les traitements des crédits d'impôts	..	..	..	0	0	0	0	0	0	0
Transfert en capital des recettes non collectées	..	..	..	-39	-9	-32	-17	-18	-14	-3
Cotisations de sécurité sociale volontaires	..	..	..	0	2	2	3	2	2	2
Différences diverses	..	..	..	0	0	0	0	0	0	0
Comptes nationaux : impôts et cotisations sociales effectives	..	..	..	4 115	8 723	7 932	9 430	10 811	11 536	12 460
Cotisations sociales imputées	..	..	..	3	91	103	99	116	128	128
Comptes nationaux : impôts et toutes les cotisations sociales	..	..	..	4 118	8 814	8 035	9 529	10 927	11 664	12 588

.. Non disponible

Note : Year ending 31st December.

Data on an accrual basis.

Source : Ministry of Finance.

StatLink https://doi.org/10.1787/888934061010

Tableau 5.22. Luxembourg : Tableau détaillé par pays, 1965-2017

Millions EUR

	1965	1980	1990	2000	2007	2010	2013	2015	2016	2017
Recettes fiscales totales	**266**	**1 543**	**3 671**	**8 521**	**13 416**	**15 025**	**17 806**	**19 271**	**20 221**	**21 405**
Recettes fiscales totales excluant les droits de douane	..	..	..	**8 494**	**13 393**	**15 008**	**17 791**	**19 248**	**20 196**	**21 378**
1000 Impôts sur revenu, bénéfices et gains en capital	**95**	**667**	**1 476**	**3 107**	**4 655**	**5 467**	**6 275**	**7 011**	**7 443**	**7 958**
1100 Des personnes physiques	66	417	884	1 573	2 678	3 157	4 062	4 716	4 984	5 056
1110 Sur le revenu et les bénéfices	66	417	884	1 573	2 678	3 157	4 062	4 716	4 984	5 056
Impôt sur le revenu des personnes physiques	27	106	184	258	389	540	666	721	774	822
Impôt solidarité majoration personnes physiques	0	10	41	37	59	74	268	305	322	329
Impôt sur traitements et salaires	36	287	601	1 178	1 910	2 136	2 797	3 227	3 365	3 424
Impôt sur le revenu des capitaux	2	11	52	88	188	315	223	313	373	385
Impôt sur les tantièmes	1	2	5	11	20	26	38	44	53	48
Impôt sur le revenu de certains non-résidents	0	1	1	2	1	1	1	1	1	1
Impôt retenu sur revenus épargne (non résidents)	0	0	0	0	51	33	40	0	0	0
Retenu libératoire nationale sur les intérêts	0	0	0	0	60	31	28	20	22	33
Contribution à la crise	0	0	0	0	0	0	0	0	0	0
Impôt d'équilibrage budgétaire temporaire	0	0	0	0	0	0	0	85	74	13
1120 Sur les gains en capital	0	0	0	0	0	0	0	0	0	0
Prélèvement sur gains des paris	..	..	..	..	..	..	..	..	..	..
1200 Des sociétés	29	250	592	1 533	1 977	2 311	2 213	2 295	2 459	2 902
1210 Sur les bénéfices	29	250	592	1 533	1 977	2 311	2 213	2 295	2 459	2 902
Impôt sur le revenu des collectivites	18	168	376	1 031	1 381	1 646	1 530	1 569	1 620	1 951
Impôt de solidarité sur le revenu des collectivités	0	2	8	43	58	61	113	120	121	149
Impôt commercial communal	0	80	209	460	538	603	569	606	718	802
1220 Sur les gains en capital	0	0	0	0	0	0	0	0	0	0
1300 Non-ventilables entre 1100 et 1200	0	0	0	0	0	0	0	0	0	0
2000 Cotisations de sécurité sociale	**86**	**443**	**1 011**	**2 223**	**3 704**	**4 352**	**5 173**	**5 546**	**5 735**	**6 125**
2100 À la charge des salariés	32	175	388	993	1 690	2 007	2 337	2 497	2 589	2 776
2110 Sur la base du salaire	..	175	388	993	1 690	2 007	2 337	2 497	2 589	2 776
2120 Sur la base de l'impôt sur les revenus	..	0	0	0	0	0	0	0	0	0
2200 À la charge des employeurs	49	243	494	963	1 577	1 875	2 168	2 334	2 406	2 555
2210 Sur la base du salaire	..	243	494	963	1 577	1 875	2 168	2 334	2 406	2 555
2220 Sur la base de l'impôt sur les revenus	..	0	0	0	0	0	0	0	0	0
2300 A charge des travailleurs indép. ou sans emploi	5	25	129	266	437	471	667	715	740	793
2310 Sur la base du salaire	..	25	129	266	437	471	667	715	740	793
2320 Sur la base de l'impôt sur les revenus	..	0	0	0	0	0	0	0	0	0
2400 Non-ventilables entre 2100, 2200 et 2300	0	0	0	0	0	0	0	0	0	0
2410 Sur la base du salaire	..	..	..	..	..	..	..	..	..	..
2420 Sur la base de l'impôt sur les revenus	..	..	..	..	..	..	..	..	..	..
3000 Sur salaires ou main d'oeuvre	**2**	**10**	**0**	**0**	**0**	**0**	**0**	**0**	**0**	**0**
Impôt sur la somme des salaires	2	10	..	..	..	..	..	..	..	..
4000 Impôts sur le patrimoine	**16**	**87**	**309**	**910**	**1 294**	**1 062**	**1 296**	**1 715**	**1 874**	**2 065**
4100 Impôts périodiques sur la propriété immobilière	4	9	14	21	27	29	33	36	37	38
Impôt foncier	4	9	14	21	27	29	33	36	37	38
4110 Ménages	..	..	..	..	..	..	..	..	..	..
4120 Autres agents	..	..	..	..	..	..	..	..	..	..
4200 Impôts périodiques sur l'actif net	7	44	172	633	878	831	980	1 318	1 419	1 513
4210 Personnes physiques	0	0	0	0	0	0	0	0	0	0
Impôt sur la fortune	..	..	..	..	..	..	..	..	..	..
4220 Sociétés	7	44	172	633	878	831	980	1 318	1 419	1 513
Impôt sur la fortune	2	15	58	152	172	208	269	385	509	521
Taxe d'abonnement	3	29	114	481	706	622	710	933	910	992
4300 Impôts sur mut. par décès, succ. et donations	1	5	11	23	47	50	72	74	86	111
4310 Impôts sur mut. par décès et successions	1	5	11	23	47	50	72	74	86	111
4320 Impôts sur les donations	0	0	0	0	0	0	0	0	0	0
4400 Impôts sur transact. mobilières et immob.	4	30	112	232	343	152	212	287	332	404
Droits d'enregistrement	4	26	94	208	288	116	164	221	258	319
Droits d'hypothèque	1	3	9	12	29	21	28	39	46	56
Droits de timbre	0	2	2	5	7	5	7	8	8	8
Taxe pour construction dans secteurs centraux	0	0	0	0	1	1	1	2	3	1
Surtaxe sur les mutations immobilières	0	0	6	7	17	8	10	16	16	18
Hypothèques salaires	0	0	1	1	1	1	1	1	1	1
Autorisations à bâtir	0	0	0	0	0	0	0	0	0	0
Taxe d'infrastructure	0	0	0	0	0	0	0	0	0	0
Taxes d'autorisation sur les réservoirs de mazout	0	0	0	0	0	0	0	0	0	0
Taxe sur les résidences secondaires	0	0	0	0	0	1	0	0	0	0
4500 Impôts non-périodiques	0	0	0	0	0	0	0	0	0	0
4510 Sur l'actif net	..	..	..	..	..	..	..	..	..	..

	1965	1980	1990	2000	2007	2010	2013	2015	2016	2017
4520 Autres non-périodiques	..	..	..	..	..	..	..	..	..	..
4600 Autres impôts périodiques sur patrimoine	0	0	0	0	0	0	0	0	0	0
5000 Impôts sur les biens et services	**66**	**336**	**866**	**2 243**	**3 726**	**4 104**	**5 025**	**4 949**	**5 110**	**5 204**
5100 Impôts sur production, vente, transfert, etc.	62	327	846	2 213	3 651	4 030	4 944	4 862	5 026	5 119
5110 Impôts généraux	33	179	443	1 138	2 196	2 559	3 389	3 389	3 388	3 403
5111 Taxes sur la valeur ajoutée	0	179	443	1 138	2 196	2 559	3 389	3 389	3 388	3 403
TVA ressources propres UE	..	18	75	92	50	41	49	45	48	66
5112 Impôts sur les ventes	0	0	0	0	0	0	0	0	0	0
5113 Autres impôts	33	0	0	0	0	0	0	0	0	0
Impôt sur chiffre d'affaires	33	..	..	..	..	..	..	..	..	..
5120 Impôts sur biens et services déterminés	30	148	403	1 075	1 455	1 470	1 555	1 473	1 639	1 716
5121 Accises	26	134	365	1 036	1 394	1 401	1 484	1 374	1 414	1 449
Droits d'accises autonomes huiles minérales	1	1	10	100	135	145	197	184	179	185
Droits d'accises autonomes tabac	..	0	8	24	66	70	85	81	92	95
Droits d'accises sur les huiles minérales (R203)	..	76	173	414	559	536	530	495	481	497
Taxe sur la consommation d'alcool	1	5	19	20	21	20	25	28	36	38
Droits d'accises sur le tabac	..	40	141	407	418	422	445	394	438	440
Produit de la contrib.sociale prélevée sur les carburants	..	0	0	59	145	132	126	117	115	119
Redevance de contrôle sur le fuel domestique	..	0	0	2	3	3	2	2	2	2
Droits d'accises sur gaz liquéfiés (R203)	..	0	0	0	0	0	0	0	0	0
Droits d'accises sur benzols (R203)	..	0	0	1	1	1	1	1	1	1
Droits d'accises sur alcools étrangers (R203)	..	3	5	5	6	5	7	8	10	10
Droits d'accises sur bières indigènes	..	4	2	3	4	4	4	5	4	4
Droits d'accises sur boissons fermentées fruits (R203)	..	2	3	0	0	0	0	0	0	0
Droits d'accises boissons fermentées mousseuses (R203)	..	0	1	0	0	0	0	0	0	0
Droits d'accises sur sucres et sirops raffinés (R203)	..	0	1	0	0	0	0	0	0	0
Ajustement accises U.E.B.L.	..	0	0	0	0	0	0	0	0	0
Droits d'accises sur alcools indigènes	..	1	1	0	0	0	0	0	0	0
Accise "Kyoto"	..	0	0	0	37	62	62	58	56	58
Surtaxe sur les boissons confectionnées (alcopops)	..	0	0	0	0	0	0	0	0	0
5122 Bénéfices des monopoles fiscaux	0	0	0	0	0	0	0	0	0	0
5123 Droits de douane et droits à l'importation	1	5	11	0	1	0	0	0	0	0
Prélèvements agricoles UE	1	0	0	0	1	0	0	0	0	0
Droits de douane	0	0	0	0	0	0	0	0	0	0
Droits de douane + mobiles + C.E.C.A. + anti-dumping	0	4	11	0	0	0	0	0	0	0
Montants compensatoires agricoles communautaires	0	0	0	0	0	0	0	0	0	0
5124 Taxes à l'exportation	0	0	0	0	0	0	0	0	0	0
5125 Impôts sur biens d'équipement	0	0	0	0	0	0	0	0	0	0
5126 Impôts sur services déterminés	2	6	22	39	60	69	70	98	225	267
Prélév. sommes engagées dans les paris	0	0	0	0	0	0	0	0	0	0
Taxe sur les assurances	1	5	15	23	32	40	45	46	49	60
Taxe sur les transports	1	0	0	0	0	0	0	0	0	0
Taxe de séjour	0	0	1	1	2	2	2	3	3	3
Taxe sur le loto	0	0	3	4	3	3	0	0	0	0
Prélèvement sur les jeux du casino	0	0	3	9	21	23	21	19	18	19
Impôts sur les billets de banque	0	0	1	2	2	1	2	0	0	0
Taxe sur amusements publics (nuits blanches)	0	1	0	0	0	0	0	2	2	2
Contributions au FGDL	0	0	0	0	0	0	0	0	77	79
Contributions au FRL	0	0	0	0	0	0	0	29	77	100
Impôt spécial en charge des assureurs dans l'intérêt du service des secours	0	0	0	0	0	0	0	0	0	5
5127 Autres impôts sur commerce et transact. internat.	0	0	0	0	0	0	0	0	0	0
5128 Autres impôts	0	4	4	0	0	0	1	1	0	0
C.E.C.A.	..	3	4	..	..	..	0	0	0	0
Taxe de coresponsabilité sur le lait	..	1	0	..	..	..	1	1	0	0
Taxe de coresponsabilité sur les céréales	..	0	0	..	..	..	0	0	0	0
5130 Non-ventilables entre 5110 et 5120	0	0	0	0	0	0	0	0	0	0
5200 Impôts sur utilisation des biens et exerc. activités	3	9	20	30	75	75	80	86	83	85
5210 Impôts périodiques	3	8	18	28	68	68	72	71	70	69
5211 À la charge des ménages : véhicules à moteur	2	4	9	16	39	39	40	41	40	40
5212 À la charge autres agents : véhicules à moteur	1	4	7	11	26	26	27	28	27	27
5213 Autres impôts périodiques	0	0	1	2	2	3	4	3	3	3
Taxe sur les cabarets	0	0	0	0	1	1	1	1	1	1
Taxes d'immatriculation (Com. aux affaires maritimes)	0	0	0	1	1	1	2	1	1	1
Taxe sur les chiens	0	0	1	1	1	1	1	1	1	1
Taxe de colportage	0	0	0	0	0	0	0	0	0	0
Taxe sur les navires	0	0	0	0	0	0	0	0	0	0

	1965	1980	1990	2000	2007	2010	2013	2015	2016	2017
5220 Impôts non-périodiques	0	0	2	2	7	7	9	15	14	16
Crédits d'émission	..	..	0	0	0	0	3	7	5	7
Taxes d'immatriculation de voitures	..	..	2	2	7	7	6	8	8	9
5300 Non-ventilables entre 5100 et 5200	0	0	0	0	0	0	0	0	0	0
6000 Autres impôts	**0**	**0**	**8**	**12**	**14**	**22**	**23**	**51**	**59**	**54**
6100 À la charge exclusive des entreprises	..	0	6	11	13	21	21	28	34	27
Taxe supplémentaire sur l'électricité	..	0	0	2	2	2	2	2	2	2
Taxe sur la distribution d'électricité	..	0	3	4	1	1	1	1	1	1
Taxe sur la production d'électricité	..	0	2	2	1	1	1	0	6	0
Taxe sur la consommation de gaz naturel	..	0	0	0	3	9	11	4	5	4
Registre aux firmes: taxes	..	0	1	1	0	0	0	0	0	0
Recettes conc. les dép. des affaires étrangères	..	0	0	0	2	5	5	4	5	7
Timbres de chancellerie	..	0	1	2	4	3	2	1	1	1
TVA reclassée et autres impôts sur la production	..	0	0	1	1	1	1	1	1	1
Sous-compensation TVA	..	0	2	0	0	0	0	0	0	0
Taxe de prélèvement sur l'eau	..	0	2	0	0	0	0	0	0	0
6200 À la charge d'autres agents	..	0	0	0	0	0	0	23	25	27
Droits de douane perçus pour l'UE	**..**	**..**	**..**	**27**	**23**	**18**	**15**	**23**	**25**	**27**
Crédits d'impôts récupérables										
Crédits d'impôts récupérables contre 1110	..	..	..	..	..	..	..	198	198	196
Composante fiscale	..	..	..	..	..	..	..	..	..	..
Composante transfert	..	..	..	..	..	..	..	..	..	..
Recettes fiscales totales sur la base d'encaissements	**266**	**1 543**	**3 722**	**8 624**	**13 393**	**14 726**	**17 857**	**19 418**	**20 252**	**21 448**
Recettes fiscales totales sur la base des droits constatés	**..**	**..**	**3 671**	**8 521**	**13 416**	**15 025**	**17 806**	**19 271**	**20 221**	**21 405**
Conciliation avec les comptes nationaux										
Impôts additionnels inclus dans les comptes nationaux	..	..	0	0	0	0	0	0	0	0
Impôt exclus des comptes nationaux	..	..	0	0	0	0	0	0	0	0
Différence dans les traitements des crédits d'impôts	..	..	0	0	0	0	0	0	0	0
Transfert en capital des recettes non collectées	..	..	0	0	0	0	0	0	0	0
Cotisations de sécurité sociale volontaires	..	..	4	18	18	28	34	38	41	44
Différences diverses	..	..	0	0	0	0	0	0	0	0
Comptes nationaux : impôts et cotisations sociales effectives	..	..	3 674	8 539	13 434	15 053	17 840	19 309	20 262	21 449
Cotisations sociales imputées	..	..	267	287	429	507	567	671	706	749
Comptes nationaux : impôts et toutes les cotisations sociales	..	..	3 941	8 826	13 863	15 560	18 406	19 981	20 968	22 198

.. Non disponible
Note : Année civile se terminant le 31 décembre.
A partir de 1990, les données sont sur la base des droits constatés.
A la rubrique 2000, la différence entre le total des cotisations de sécurité sociale et celles recueillies par les parastataux de la sécurité sociale correspond au prélèvement pour la péréquation des pensions opéré sur les rémunérations et les pensions des salariés et anciens agents de P&T de la Caisse d'épargne de l'État; ces établissements ressortissant l'un au secteur "sociétés et quasi-sociétés non financières" et l'autre à celui des institutions de crédit.
Source : Compte Général de l'État.

StatLink https://doi.org/10.1787/888934061029

Tableau 5.23. Mexique : Tableau détaillé par pays, 1965-2017

Millions MXN

	1965	1980	1990	2000	2007	2010	2013	2015	2016	2017
Recettes fiscales totales	**..**	**771**	**102 005**	**767 216**	**1 382 103**	**1 716 243**	**2 165 501**	**2 953 480**	**3 343 314**	**3 527 123**
1000 Impôts sur revenu, bénéfices et gains en capital	**..**	**230**	**34 673**	**276 548**	**554 099**	**683 604**	**957 213**	**1 230 555**	**1 427 114**	**1 571 954**
1100 Des personnes physiques	..	..	..	..	238 938	313 473	425 621	609 384	681 784	754 109
Tax on income of individuals	..	..	..	..	238 938	313 473	425 621	609 384	681 784	754 109
1110 Sur le revenu et les bénéfices	..	..	..	..	..	..	..	..	..	..
1120 Sur les gains en capital	..	..	..	..	..	..	..	..	..	..
1200 Des sociétés	..	..	..	..	217 790	246 745	392 199	592 443	700 925	769 193
Tax on income of corporations	..	..	..	..	217 790	246 745	392 199	592 443	700 925	769 193
1210 Sur les bénéfices	..	..	..	..	..	..	..	..	..	..
1220 Sur les gains en capital	..	..	..	..	..	..	..	..	..	..
1300 Non-ventilables entre 1100 et 1200	..	230	34 673	276 548	97 370	123 386	139 393	28 728	44 405	48 652
Tax on income	..	..	..	244 841	54 785	66 937	89 028	36 268	44 225	46 004
Tax on asset	..	..	..	13 913	15 670	-624	-1 325	-502	-918	-1 069
Credit on salary	..	..	..	17 794	23 177	9 708	1 274	993	1 144	1 036
Oil yields tax	..	..	..	0	3 738	2 296	3 210	0	0	0
IETU	..	..	..	0	0	45 069	47 205	-11 777	-4 039	-1 648
Imposed by activity exploration and extraction of hydrocarbon	..	..	..	0	0	0	0	3 746	3 994	4 330
2000 Cotisations de sécurité sociale	**..**	**109**	**17 165**	**138 223**	**236 727**	**277 459**	**351 993**	**409 249**	**434 998**	**467 710**
2100 À la charge des salariés	..	..	..	..	..	..	..	..	..	..
2110 Sur la base du salaire	..	..	..	..	..	..	..	..	..	..
2120 Sur la base de l'impôt sur les revenus	..	..	..	..	..	..	..	..	..	..
2200 À la charge des employeurs	..	..	..	..	..	..	..	..	..	..
2210 Sur la base du salaire	..	..	..	..	..	..	..	..	..	..
2220 Sur la base de l'impôt sur les revenus	..	..	..	..	..	..	..	..	..	..
2300 A charge des travailleurs indép. ou sans emploi	..	..	..	..	..	..	..	..	..	..
2310 Sur la base du salaire	..	..	..	..	..	..	..	..	..	..
2320 Sur la base de l'impôt sur les revenus	..	..	..	..	..	..	..	..	..	..
2400 Non-ventilables entre 2100, 2200 et 2300	..	109	17 165	138 223	236 727	277 459	351 993	409 249	434 998	467 710
2410 Sur la base du salaire	..	..	..	138 223	236 727	277 459	351 993	409 249	434 998	467 710
2420 Sur la base de l'impôt sur les revenus	..	..	..	0	0	0	0	0	0	0
3000 Sur salaires ou main d'oeuvre	**..**	**8**	**1 797**	**11 217**	**28 071**	**36 911**	**53 042**	**70 221**	**76 762**	**84 099**
Substitute tax on salary	..	..	..	0	0	0	0	0	0	0
Payroll tax	..	..	..	11 101	20 277	27 813	41 184	69 866	76 304	0
Tax on remuneration to the personal work	..	..	..	65	7 578	8 841	11 645	152	225	0
Tax on professions and fees	..	..	..	36	68	71	50	106	99	0
Tax on operations by contract	..	..	..	15	148	186	163	96	134	0
4000 Impôts sur le patrimoine	**..**	**15**	**1 914**	**13 964**	**33 161**	**38 955**	**46 238**	**57 673**	**63 273**	**67 836**
4100 Impôts périodiques sur la propriété immobilière	..	10	1 036	9 948	19 425	25 724	31 338	37 961	40 357	44 680
4110 Ménages	..	0	0	0	0	0	0	0	0	0
4120 Autres agents	..	10	1 036	9 948	19 425	25 724	31 338	37 961	40 357	44 680
Property tax	..	..	..	9 948	19 425	25 724	31 338	37 961	40 357	44 680
4200 Impôts périodiques sur l'actif net	..	0	0	0	0	0	0	0	0	0
4210 Personnes physiques	..	..	..	..	..	..	..	..	..	..
4220 Sociétés	..	..	..	..	..	..	..	..	..	..
4300 Impôts sur mut. par décès, succ. et donations	..	0	8	0	0	0	0	0	0	0
4310 Impôts sur mut. par décès et successions	..	..	8	..	..	..	..	..	..	..
4320 Impôts sur les donations	..	..	0	..	..	..	..	..	..	..
4400 Impôts sur transact. mobilières et immob.	..	5	870	4 017	13 736	13 231	14 900	19 712	22 917	23 156
Alienation of immovable property	..	..	..	1 763	1 076	1 122	1 271	1 595	1 723	1 623
Transfer of ownership of real estate	..	..	..	2 236	8 147	5 027	4 518	6 671	9 593	7 016
Purchasing property	..	..	..	18	4 513	7 082	9 110	11 447	11 600	14 516
4500 Impôts non-périodiques	..	0	0	0	0	0	0	0	0	0
4510 Sur l'actif net	..	..	..	..	..	..	..	..	..	..
4520 Autres non-périodiques	..	..	..	..	..	..	..	..	..	..
4600 Autres impôts périodiques sur patrimoine	..	0	0	0	0	0	0	0	0	0
5000 Impôts sur les biens et services	**..**	**395**	**44 837**	**319 612**	**513 140**	**651 915**	**715 811**	**1 141 170**	**1 295 653**	**1 283 049**
5100 Impôts sur production, vente, transfert, etc.	..	388	44 171	310 325	491 928	630 123	696 150	1 120 610	1 274 738	1 262 770
5110 Impôts généraux	..	121	26 635	189 606	409 013	504 509	556 794	707 213	791 700	816 048
5111 Taxes sur la valeur ajoutée	..	120	26 635	189 606	409 013	504 509	556 794	707 213	791 700	816 048
5112 Impôts sur les ventes	..	0	0	0	0	0	0	0	0	0
5113 Autres impôts	..	1	0	0	0	0	0	0	0	0
5120 Impôts sur biens et services déterminés	..	265	17 519	120 720	82 915	125 614	139 356	413 397	483 038	446 722
5121 Accises	..	45	10 072	86 163	47 008	86 098	104 111	361 538	420 448	378 537
Special tax on production and services	..	..	..	81 544	41 532	81 427	97 860	354 294	411 390	367 834
Tax on new automobiles	..	..	..	4 619	5 476	4 671	6 252	7 244	9 058	10 703
Tax on luxury goods and services	..	..	..	0	0	0	0	0	0	0

	1965	1980	1990	2000	2007	2010	2013	2015	2016	2017
5122 Bénéfices des monopoles fiscaux	..	0	0	0	0	0	0	0	0	0
5123 Droits de douane et droits à l'importation	..	45	6 998	33 285	33 344	26 602	32 324	45 366	51 889	53 793
Step customs officer	..	..	..	423	1 156	2 071	3 065	1 270	1 336	1 463
Import taxes	..	..	..	32 861	32 188	24 531	29 260	44 096	50 553	52 330
5124 Taxes à l'exportation	..	2	75	4	3	0	1	1	0	0
Tax on exports	..	..	..	4	3	0	1	1	0	0
5125 Impôts sur biens d'équipement	..	0	0	0	0	0	0	0	0	0
5126 Impôts sur services déterminés	..	8	132	1 042	2 146	10 958	-967	1 763	5 630	7 778
IDE	..	8	..	0	0	8 022	-5 988	-3 323	-1 262	-739
Tax on lodging	..	0	..	504	1 059	1 384	1 890	2 561	3 009	3 598
Public entertainment tax	..	0	..	240	365	462	566	689	858	839
Tax on lotteries, raffles and gambling	..	0	..	267	705	923	1 213	1 416	1 828	2 717
Tax on commercials	..	0	..	4	17	166	203	210	906	1 082
Various indirect taxes	..	0	..	28	0	1	1 149	209	291	282
5127 Autres impôts sur commerce et transact. internat.	..	0	0	0	0	0	0	0	0	0
5128 Autres impôts	..	165	242	226	414	1 956	3 886	4 730	5 070	6 613
Mining fees	..	..	..	226	414	1 956	3 886	4 730	5 070	6 613
5130 Non-ventilables entre 5110 et 5120	..	2	17	0	0	0	0	0	0	0
5200 Impôts sur utilisation des biens et exerc. activités	..	7	666	9 287	21 212	21 793	19 661	20 560	20 915	20 279
5210 Impôts périodiques	..	7	666	9 287	21 212	21 793	19 661	20 560	20 915	20 279
5211 À la charge des ménages : véhicules à moteur	..	3	567	8 878	20 692	21 319	19 174	19 880	20 192	19 530
Tax on motor vehicules	..	..	..	8 878	20 692	21 319	19 174	19 880	20 192	19 530
5212 À la charge autres agents : véhicules à moteur	..	0	0	301	275	281	357	439	503	554
Tax on federal auto transport	..	..	..	301	275	281	357	439	503	554
5213 Autres impôts périodiques	..	4	99	108	246	193	130	240	220	194
Sport fishing	..	..	..	40	98	59	50	62	68	71
Sport hunting	..	..	..	3	0	0	0	0	0	0
Tax on commercial activities	..	..	..	63	147	50	26	64	46	28
Trade in books and magazines	..	..	..	0	0	0	3	1	1	0
Tax on industrial activities	..	..	..	2	0	82	49	93	78	77
Mining	..	..	..	0	0	1	1	21	28	18
5220 Impôts non-périodiques	..	0	0	0	0	0	0	0	0	0
5300 Non-ventilables entre 5100 et 5200	..	0	0	0	0	0	0	0	0	0
6000 Autres impôts	**..**	**14**	**1 619**	**7 651**	**16 905**	**27 398**	**41 204**	**44 612**	**45 514**	**52 475**
6100 À la charge exclusive des entreprises	..	0	0	0	0	0	0	0	0	0
6200 À la charge d'autres agents	..	14	1 619	7 651	16 905	27 398	41 204	44 612	45 514	52 475
Accessories	..	..	..	5 504	12 403	22 206	25 301	23 211	28 480	32 153
Unallocable between 1000 and 5000 caused in exercices fiscal previous liquidation slopes or of payment	..	..	..	374	222	30	1 618	4 168	329	281
Additional state and local taxes	..	..	..	1 773	4 280	5 162	14 285	17 232	16 705	20 042
Crédits d'impôts récupérables										
Crédits d'impôts récupérables contre 1000	..	..	..	..	59 065	40 344	41 800	43 806	44 851	46 793
Composante fiscale	..	..	..	..	35 888	30 635	40 526	42 813	43 707	45 757
Composante transfert	..	..	..	..	23 177	9 708	1 274	993	1 144	1 036
Recettes fiscales totales sur la base d'encaissements	**..**	**771**	**102 005**	**767 216**	**1 382 103**	**1 716 243**	**2 165 501**	**2 953 480**	**3 343 314**	**3 527 123**
Recettes fiscales totales sur la base des droits constatés	**..**	**..**	**..**	**..**	**..**	**..**	**..**	**..**	**..**	**..**
Conciliation avec les comptes nationaux										
Impôts additionnels inclus dans les comptes nationaux	..	..	..	..	..	..	..	..	..	..
Impôt exclus des comptes nationaux	..	..	..	..	..	..	..	..	..	..
Différence dans les traitements des crédits d'impôts	..	..	..	..	..	..	..	..	..	..
Transfert en capital des recettes non collectées	..	..	..	..	..	..	..	..	..	..
Cotisations de sécurité sociale volontaires	..	..	..	..	..	..	..	..	..	..
Différences diverses	..	..	..	..	..	..	..	..	..	..
Comptes nationaux : impôts et cotisations sociales effectives	..	..	..	..	..	..	..	..	..	..
Cotisations sociales imputées	..	..	..	..	..	..	..	..	..	..
Comptes nationaux : impôts et toutes les cotisations sociales	..	..	..	..	..	..	..	..	..	..

.. Non disponible
Note : Year ending 31st December.
Data are on cash basis.
Source : Ministry of Finance, Economic Department.

StatLink https://doi.org/10.1787/888934061048

Tableau 5.24. Pays-Bas : Tableau détaillé par pays, 1965-2017

Millions EUR

	1965	1980	1990	2000	2007	2010	2013	2015	2016	2017
Recettes fiscales totales	**10 860**	**69 982**	**104 419**	**166 824**	**220 950**	**227 911**	**238 488**	**255 348**	**272 008**	**285 670**
Recettes fiscales totales excluant les droits de douane	..	..	..	**165 514**	**219 271**	**226 179**	**236 732**	**253 082**	**269 655**	**283 250**
1000 Impôts sur revenu, bénéfices et gains en capital	**3 884**	**22 998**	**33 689**	**43 256**	**62 463**	**63 581**	**59 085**	**70 849**	**73 993**	**85 761**
1100 Des personnes physiques	3 008	18 383	25 806	25 116	41 414	48 992	44 830	52 405	50 292	61 571
1110 Sur le revenu et les bénéfices	3 007	18 364	25 757	25 057	41 276	48 771	44 592	52 167	50 162	61 442
Income tax	1 359	2 895	2 455	-880	2 294	2 076	-1 337	-2 566	-5 111	-1 183
Wage tax	1 466	14 984	22 258	24 433	37 729	46 102	45 546	53 953	54 962	61 844
Dividend tax	123	486	1 044	1 504	1 253	593	383	780	311	781
Directors tax	14	0	0	0	0	0	0	0	0	0
Inhabited house tax	45	0	0	0	0	0	0	0	0	0
1120 Sur les gains en capital	1	18	50	59	138	221	238	238	130	129
Tax on games of chance	1	18	50	59	138	221	238	238	130	129
1200 Des sociétés	876	4 615	7 882	18 140	21 049	14 589	14 255	18 444	23 701	24 190
1210 Sur les bénéfices	876	4 615	7 882	18 140	21 049	14 589	14 255	18 444	23 701	24 190
Corporate income and dividend taxes	876	4 615	7 882	18 140	21 049	14 589	14 255	18 444	23 701	24 190
1220 Sur les gains en capital	0	0	0	0	0	0	0	0	0	0
1300 Non-ventilables entre 1100 et 1200	0	0	0	0	0	0	0	0	0	0
2000 Cotisations de sécurité sociale	**3 342**	**26 641**	**39 075**	**64 522**	**77 072**	**82 732**	**97 372**	**96 426**	**103 902**	**101 913**
2100 À la charge des salariés	1 659	11 018	24 109	35 305	40 918	41 637	49 327	48 213	41 959	39 578
2110 Sur la base du salaire	..	..	..	35 305	40 918	41 637	49 327	48 213	41 959	39 578
2120 Sur la base de l'impôt sur les revenus	..	..	..	0	0	0	0	0	0	0
2200 À la charge des employeurs	1 371	12 465	7 837	18 671	25 925	29 351	31 603	34 614	36 595	37 720
2210 Sur la base du salaire	..	..	..	18 671	25 925	29 351	31 603	34 614	36 595	37 720
2220 Sur la base de l'impôt sur les revenus	..	..	..	0	0	0	0	0	0	0
2300 A charge des travailleurs indép. ou sans emploi	311	3 158	7 129	10 546	10 229	11 744	16 442	13 599	25 348	24 615
2310 Sur la base du salaire	..	..	..	0	0	0	0	0	0	0
2320 Sur la base de l'impôt sur les revenus	..	..	..	10 546	10 229	11 744	16 442	13 599	25 348	24 615
2400 Non-ventilables entre 2100, 2200 et 2300	0	0	0	0	0	0	0	0	0	0
2410 Sur la base du salaire	..	..	..	..	..	..	..	..	..	..
2420 Sur la base de l'impôt sur les revenus	..	..	..	..	..	..	..	..	..	..
3000 Sur salaires ou main d'oeuvre	**0**	**0**	**0**	**0**	**0**	**0**	**0**	**0**	**0**	**0**
4000 Impôts sur le patrimoine	**476**	**2 509**	**3 816**	**8 797**	**10 363**	**8 770**	**8 084**	**9 768**	**10 764**	**11 487**
4100 Impôts périodiques sur la propriété immobilière	111	1 021	1 711	3 094	3 488	4 241	5 249	6 382	6 627	6 919
Municipal immovable property tax	-59	821	1 398	..	..	..	..	..	..	..
Other municipal taxes	66	5	18	..	..	..	..	..	..	..
Contributions polder boards	44	195	295	..	..	..	..	..	..	..
Tax on land	59	0	0	..	..	..	..	..	..	..
4110 Ménages	..	..	..	1 806	1 642	2 058	2 802	3 741	3 929	4 154
Municipal immovable property tax	..	..	..	1 651	1 368	1 553	1 754	1 882	1 923	1 975
Contributions polder boards	..	..	..	155	274	429	492	514	532	561
Levies on social housing corporations	..	..	..	0	0	76	556	1 345	1 474	1 618
4120 Autres agents	..	..	..	1 288	1 846	2 183	2 447	2 641	2 698	2 765
Municipal immovable property tax	..	..	..	893	1 319	1 488	1 686	1 809	1 848	1 898
Contributions polder boards	..	..	..	395	527	695	761	832	850	867
4200 Impôts périodiques sur l'actif net	86	517	554	824	30	23	1	0	0	0
4210 Personnes physiques	86	517	554	824	30	23	1	..	..	..
Property tax of individuals	86	517	554	824	30	23	1	..	..	..
4220 Sociétés	0	0	0	0	0	0	0	..	..	..
4300 Impôts sur mut. par décès, succ. et donations	117	336	522	1 483	1 877	1 721	1 730	1 614	1 845	1 841
4310 Impôts sur mut. par décès et successions	..	304	472	1 303	1 877	1 721	1 730	1 614	1 845	1 841
Estate tax	..	0	0	0	0	0	0	0	0	0
Inheritance tax	..	304	472	1 303	1 877	1 721	1 730	1 614	1 845	1 841
4320 Impôts sur les donations	..	32	50	180	0	0	0	0	0	0
4400 Impôts sur transact. mobilières et immob.	162	635	1 030	3 396	4 968	2 785	1 104	1 772	2 292	2 727
Stamp duties	44	0	0	0	0	0	0	0	0	0
Registration duties	118	0	0	0	0	0	0	0	0	0
Tax on legal transactions	0	635	1 030	0	0	0	0	0	0	0
Real estate transfer tax	0	0	0	2 804	4 925	2 785	1 104	1 772	2 292	2 727
Tax on capital formation	0	0	0	592	43	0	0	0	0	0
4500 Impôts non-périodiques	0	0	0	0	0	0	0	0	0	0
4510 Sur l'actif net	..	..	..	..	..	..	..	..	..	..
4520 Autres non-périodiques	..	..	..	..	..	..	..	..	..	..
4600 Autres impôts périodiques sur patrimoine	0	0	0	0	0	0	0	0	0	0
5000 Impôts sur les biens et services	**3 110**	**17 675**	**27 585**	**48 162**	**68 405**	**70 134**	**71 068**	**75 623**	**80 282**	**83 232**
5100 Impôts sur production, vente, transfert, etc.	2 943	16 204	25 067	43 561	61 994	62 515	63 274	67 049	71 559	74 399
5110 Impôts généraux	1 344	11 081	17 216	28 857	42 884	42 674	42 459	44 922	47 896	49 893

	1965	1980	1990	2000	2007	2010	2013	2015	2016	2017
5111 Taxes sur la valeur ajoutée	0	11 081	17 216	28 849	42 873	42 654	42 424	44 879	47 849	49 833
5112 Impôts sur les ventes	0	0	0	0	0	0	0	0	0	0
5113 Autres impôts	1 344	0	0	8	11	20	35	43	47	60
Turnover tax	1 344	..	..	..	..	..	..	..	..	..
5120 Impôts sur biens et services déterminés	1 600	5 123	7 850	14 704	19 110	19 841	20 815	22 127	23 663	24 506
5121 Accises	880	3 789	5 985	13 755	17 724	18 392	17 309	18 020	18 973	19 692
Excise on spirits	129	463	422	397	335	331	306	314	324	331
Excise on beer	34	123	259	263	310	389	413	451	446	447
Excise on sugar	45	9	27	0	0	0	0	0	0	0
Excise on tobacco	307	839	948	1 590	2 136	2 437	2 228	2 222	2 491	2 397
Excise on wine	14	82	91	173	257	304	348	354	358	346
Registration tax on motor vehicles	0	613	1 189	2 875	3 647	2 096	1 159	1 462	1 551	2 000
Excise on soft drinks	0	59	186	216	155	156	154	207	256	265
Levies for nuclear reactor	0	0	0	0	0	0	0	0	0	0
Excise on petrol	310	1 280	1 684	3 151	4 010	4 086	3 960	4 109	4 226	4 293
Excise on other mineral oils	41	295	808	2 139	2 965	3 573	3 630	3 757	3 862	3 875
Levies on air pollution	0	27	304	0	0	0	0	0	0	0
Taxes on pollution/resources	0	0	68	462	456	356	141	345	364	380
Levies on energy	0	0	0	2 387	3 333	4 250	4 856	4 679	4 967	5 213
Other excise duties and consumption taxes	0	0	0	0	0	0	0	0	0	0
Other environmental taxes	0	0	0	34	35	314	13	14	20	35
Strategic stockpile tax on mineral oils	0	0	0	68	85	100	101	106	108	110
5122 Bénéfices des monopoles fiscaux	0	0	0	0	0	0	0	0	0	0
5123 Droits de douane et droits à l'importation	702	971	1 375	0	0	0	0	0	0	0
EU levies on food products	338	295	168	..	..	..	..	..	..	..
MCA levy	0	9	0	..	..	..	..	..	..	..
Remaining import duties	364	667	1 207	..	..	..	..	..	..	..
5124 Taxes à l'exportation	0	0	0	0	0	0	0	0	0	0
5125 Impôts sur biens d'équipement	0	77	0	0	0	0	0	0	0	0
Selective investment regulation levy	..	77	..	..	..	..	..	..	..	..
5126 Impôts sur services déterminés	16	222	372	662	1 041	1 213	3 253	3 751	4 447	4 571
Tax on fire insurance	2	0	0	0	0	0	0	0	0	0
Entertainment tax	14	0	0	0	0	0	0	0	0	0
Tax on insurances	0	209	340	512	807	861	2 343	2 375	2 464	2 486
Tourist tax	0	14	32	83	125	131	164	206	210	252
Tax on games of chance	0	0	0	67	109	221	239	238	350	340
Flight tax	0	0	0	0	0	0	0	0	0	0
Bank levies	0	0	0	0	0	0	507	478	921	948
Contribution to EU Single Resolution Fund	0	0	0	0	0	0	0	454	502	545
5127 Autres impôts sur commerce et transact. internat.	0	0	0	0	0	0	0	0	0	0
5128 Autres impôts	1	64	118	287	345	236	253	356	243	243
ESCC levy	1	5	0	0	0	0	0	0	0	0
Sugar contribution	0	23	36	0	0	0	0	0	0	0
Milk levy	0	36	82	0	0	0	0	0	0	0
EU levies on food products	0	0	0	273	345	236	253	356	243	243
Sugar storage duty	0	0	0	14	0	0	0	0	0	0
5130 Non-ventilables entre 5110 et 5120	0	0	0	0	0	0	0	0	0	0
5200 Impôts sur utilisation des biens et exerc. activités	167	1 470	2 518	4 601	6 411	7 619	7 794	8 574	8 723	8 833
5210 Impôts périodiques	165	1 470	2 518	4 601	6 411	7 619	7 751	8 410	8 524	8 633
5211 À la charge des ménages : véhicules à moteur	27	463	799	2 288	3 211	4 084	4 008	4 470	4 500	4 582
Motor vehicle tax	27	427	744	2 288	3 211	4 084	4 008	4 470	4 500	4 582
Motor vehicle licence	0	36	54	0	0	0	0	0	0	0
5212 À la charge autres agents : véhicules à moteur	132	604	1 044	554	760	976	959	1 069	1 080	1 096
Motor vehicle tax	132	590	1 026	554	760	976	959	1 069	1 080	1 096
Motor vehicle licence	0	14	18	0	0	0	0	0	0	0
Heavy motor vehicle tax	0	0	0	0	0	0	0	0	0	0
5213 Autres impôts périodiques	6	404	676	1 759	2 440	2 559	2 784	2 871	2 944	2 955
Dog licences	3	23	27	40	54	59	67	65	67	61
Commuter tax	0	5	5	12	21	25	29	29	30	32
Levies on water pollution	1	372	644	1 003	1 220	1 127	1 182	1 212	1 244	1 257
Permission to sell spirits	2	5	0	0	0	0	0	0	0	0
Sewerage charges	0	0	0	650	1 094	1 304	1 463	1 531	1 584	1 597
Levies on manure surplus	0	0	0	18	-4	2	4	3	11	7
Noise nuisance tax civil aviation	0	0	0	36	55	42	39	31	8	1
5220 Impôts non-périodiques	2	0	0	0	0	0	43	164	199	200
Emission permits	..	..	..	..	..	..	43	164	199	200
5300 Non-ventilables entre 5100 et 5200	0	0	0	0	0	0	0	0	0	0
6000 Autres impôts	**48**	**159**	**254**	**777**	**968**	**962**	**1 123**	**416**	**714**	**857**
6100 À la charge exclusive des entreprises	48	159	254	410	322	326	139	0	0	0
Administrative levies	48	159	254	410	322	326	139	..	..	..

	1965	1980	1990	2000	2007	2010	2013	2015	2016	2017
6200 À la charge d'autres agents	0	0	0	367	646	636	984	416	714	857
Employers tax	..	..	..	331	497	609	804	208	530	569
Tax revenue from Caribbean Netherlands	..	..	..	0	0	13	100	128	145	153
Other taxes on wealth	..	..	..	36	149	14	80	80	39	135
Droits de douane perçus pour l'UE	**..**	**..**	**..**	**1 310**	**1 679**	**1 732**	**1 756**	**2 266**	**2 353**	**2 420**
Recettes fiscales totales sur la base d'encaissements	**10 860**	**69 982**	**104 419**	**165 503**	**..**	**..**	**..**	**..**	**..**	**..**
Recettes fiscales totales sur la base des droits constatés	**..**	**..**	**..**	**166 824**	**220 950**	**227 911**	**238 488**	**255 348**	**272 008**	**285 670**
Conciliation avec les comptes nationaux										
Impôts additionnels inclus dans les comptes nationaux	..	..	..	1 400	0	0	0	0	0	0
Wage Tax reductions	..	..	..	1 400	..	..	..	..	..	..
Impôt exclus des comptes nationaux	..	..	..	0	0	0	0	0	0	0
Différence dans les traitements des crédits d'impôts	..	..	..	0	0	0	0	0	0	0
Transfert en capital des recettes non collectées	..	..	..	0	0	0	0	0	0	0
Cotisations de sécurité sociale volontaires	..	..	..	0	0	0	0	0	0	0
Différences diverses	..	..	..	-70	0	0	0	0	0	0
Comptes nationaux : impôts et cotisations sociales effectives	..	..	..	168 154	220 950	227 911	238 488	255 348	272 008	285 670
Cotisations sociales imputées	..	..	..	3 808	3 509	3 545	3 414	3 160	3 584	3 622
Comptes nationaux : impôts et toutes les cotisations sociales	..	..	..	171 962	224 459	231 456	241 902	258 508	275 592	289 292

.. Non disponible

Note : Year ending 31st December.

From 1999 data are on accrual basis.

Heading 2000: From 1998 the figures include some violuntary contributions and the breakdown between premiums paid by employees (2100) and by self-employed / non-employed has been estimated. This is also the case for the breakdown between premiums paid on a payroll or on an income tax basis for those years where both apply.

Heading 4100: From 1992, there was a structural break in the data for the 'municipal immovable property tax'. The tax ceased to be collected by the central government at that time and the figures are presented on a different type of statistical registration (no longer cash basis).

Heading 5110: Includes 358 millions of euros (1969) and 186 millions of euros (1970) in respect of deduction of turnover tax on stocks existing at 1st January 1969.

Heading 5213: Small amounts (less than 2.3 millions euros) of hunting and fishing licence receipts which should be classified here have been omitted.

Source : Social security contributions and local taxes: Central Bureau of Statistics.

Other taxes: Ministry of Finance.

StatLink https://doi.org/10.1787/888934061067

Tableau 5.25. Nouvelle-Zélande : Tableau détaillé par pays, 1965-2017

Millions NZD

	1965	1980	1990	2000	2007	2010	2013	2015	2016	2017
Recettes fiscales totales	**1 001**	**7 594**	**27 471**	**39 765**	**64 046**	**62 310**	**72 187**	**81 500**	**86 601**	**92 661**
1000 Impôts sur revenu, bénéfices et gains en capital	**606**	**5 299**	**16 370**	**23 861**	**40 308**	**33 494**	**39 415**	**44 724**	**48 134**	**51 505**
1100 Des personnes physiques	394	4 679	13 177	17 126	26 965	23 519	26 555	30 298	31 869	35 020
1110 Sur le revenu et les bénéfices	394	4 679	13 177	17 126	26 965	23 519	26 555	30 298	31 869	35 020
1120 Sur les gains en capital	0	0	0	0	0	0	0	0	0	0
1200 Des sociétés	207	589	1 780	4 914	9 069	7 609	10 344	11 407	13 461	13 584
1210 Sur les bénéfices	207	589	1 780	4 914	9 069	7 609	10 344	11 407	13 461	13 584
1220 Sur les gains en capital	0	0	0	0	0	0	0	0	0	0
1300 Non-ventilables entre 1100 et 1200	5	31	1 413	1 821	4 274	2 366	2 516	3 019	2 804	2 901
NRWT	5	24	277	760	1 506	467	427	733	594	619
Property speculation	0	0	0	0	0	0	0	0	0	0
Absentee income tax	0	7	0	0	0	0	0	0	0	0
Interest	0	0	1 028	990	2 699	1 704	1 643	1 660	1 468	1 530
Dividends	0	0	83	71	69	195	446	626	742	752
Other	0	0	25	0	0	0	0	0	0	0
2000 Cotisations de sécurité sociale	**0**	**0**	**0**	**0**	**0**	**0**	**0**	**0**	**0**	**0**
2100 À la charge des salariés	0	0	0	0	0	0	0	0	0	0
2110 Sur la base du salaire	..	..	..	..	..	..	..	..	..	..
2120 Sur la base de l'impôt sur les revenus	..	..	..	..	..	..	..	..	..	..
2200 À la charge des employeurs	0	0	0	0	0	0	0	0	0	0
2210 Sur la base du salaire	..	..	..	..	..	..	..	..	..	..
2220 Sur la base de l'impôt sur les revenus	..	..	..	..	..	..	..	..	..	..
2300 A charge des travailleurs indép. ou sans emploi	0	0	0	0	0	0	0	0	0	0
2310 Sur la base du salaire	..	..	..	..	..	..	..	..	..	..
2320 Sur la base de l'impôt sur les revenus	..	..	..	..	..	..	..	..	..	..
2400 Non-ventilables entre 2100, 2200 et 2300	0	0	0	0	0	0	0	0	0	0
2410 Sur la base du salaire	..	..	..	..	..	..	..	..	..	..
2420 Sur la base de l'impôt sur les revenus	..	..	..	..	..	..	..	..	..	..
3000 Sur salaires ou main d'oeuvre	**0**	**0**	**0**	**0**	**0**	**0**	**0**	**0**	**0**	**0**
4000 Impôts sur le patrimoine	**116**	**602**	**1 880**	**2 112**	**3 417**	**4 119**	**4 585**	**5 046**	**5 257**	**5 543**
4100 Impôts périodiques sur la propriété immobilière	84	515	1 722	2 049	3 322	4 031	4 492	4 962	5 178	5 436
Local govt rates and services	81	503	1 550	2 049	3 322	4 031	4 492	4 962	5 178	5 436
Land tax	3	12	172	0	0	0	0	0	0	0
4110 Ménages	..	..	0	..	..	..	..	..	..	..
4120 Autres agents	..	..	172	..	..	..	..	..	..	..
4200 Impôts périodiques sur l'actif net	0	0	0	0	0	0	0	0	0	0
4210 Personnes physiques	..	..	..	..	..	..	..	..	..	..
4220 Sociétés	..	..	..	..	..	..	..	..	..	..
4300 Impôts sur mut. par décès, succ. et donations	23	39	80	2	3	2	0	0	0	0
4310 Impôts sur mut. par décès et successions	21	37	74	0	0	0	..	..	..	..
4320 Impôts sur les donations	2	2	6	2	3	2	..	..	..	..
4400 Impôts sur transact. mobilières et immob.	9	48	78	61	92	86	93	84	79	107
Instrument duty	7	40	62	51	85	82	91	84	79	107
Cheque duty	2	8	16	10	7	4	2	0	0	0
4500 Impôts non-périodiques	0	0	0	0	0	0	0	0	0	0
4510 Sur l'actif net	..	..	..	..	..	..	..	..	..	..
4520 Autres non-périodiques	..	..	..	..	..	..	..	..	..	..
4600 Autres impôts périodiques sur patrimoine	0	0	0	0	0	0	0	0	0	0
5000 Impôts sur les biens et services	**280**	**1 693**	**9 220**	**13 792**	**20 290**	**24 692**	**28 184**	**31 728**	**33 203**	**35 612**
5100 Impôts sur production, vente, transfert, etc.	262	1 624	8 680	12 887	18 832	23 107	26 344	29 584	30 925	33 220
5110 Impôts généraux	77	776	6 163	9 885	15 046	19 143	22 063	24 587	25 847	27 951
5111 Taxes sur la valeur ajoutée	0	0	6 163	9 885	15 046	19 143	22 063	24 587	25 847	27 951
5112 Impôts sur les ventes	77	776	0	0	0	0	0	0	0	0
Motor vehicles	..	231	..	..	..	..	..	..	..	..
Other sales tax	..	544	..	..	..	..	..	..	..	..
5113 Autres impôts	0	0	0	0	0	0	0	0	0	0
5120 Impôts sur biens et services déterminés	186	849	2 517	3 002	3 786	3 964	4 281	4 997	5 078	5 269

	1965	1980	1990	2000	2007	2010	2013	2015	2016	2017
5121 Accises	124	548	1 929	2 148	1 627	1 782	1 854	2 280	2 231	2 214
On alcoholic beverages	37	84	411	436	573	622	650	672	684	699
Beer	33	64	0	201	290	207	250	262	265	265
Wine	0	0	0	100	163	181	204	216	218	227
Spirits	4	20	0	135	120	234	196	194	201	207
Tobacco	33	99	568	764	159	220	273	362	352	399
Motor vehicles	0	0	7	0	0	0	0	0	0	0
Refined sugar	2	0	0	0	0	0	0	0	0	0
CA petroleum fuels	0	140	835	810	819	872	865	1 185	1 137	1 057
NRF fuel excise	49	121	0	0	0	0	0	0	0	0
Local petroleum fuels	0	18	21	27	30	32	31	33	34	33
CA mileage tax	0	0	0	0	0	0	0	0	0	0
NRF mileage tax	3	0	0	0	0	0	0	0	0	0
Road user charges	0	68	0	0	0	0	0	0	0	0
Energy resources levy	0	20	87	111	46	36	35	28	24	26
5122 Bénéfices des monopoles fiscaux	0	0	0	0	0	0	0	0	0	0
5123 Droits de douane et droits à l'importation	49	231	505	648	1 857	1 916	2 160	2 442	2 550	2 738
5124 Taxes à l'exportation	0	0	0	0	0	0	0	0	0	0
5125 Impôts sur biens d'équipement	0	0	0	0	0	0	0	0	0	0
5126 Impôts sur services déterminés	13	57	83	206	302	266	267	275	297	317
Lottery (national)	1	6	26	167	290	253	254	260	281	301
Lottery (overseas)	0	0	0	0	0	0	0	0	0	0
Racing	12	46	57	39	12	13	13	15	16	16
Film hire tax	0	1	0	0	0	0	0	0	0	0
Domestic air travel tax	0	3	0	0	0	0	0	0	0	0
5127 Autres impôts sur commerce et transact. internat.	0	12	0	0	0	0	0	0	0	0
Foreign fishing vessels tax	..	0	..	..	..	..	..	..	..	..
Foreign travel tax	..	0	..	..	..	..	..	..	..	..
International departure tax	..	12	..	..	..	..	..	..	..	..
5128 Autres impôts	0	0	0	0	0	0	0	0	0	0
5130 Non-ventilables entre 5110 et 5120	0	0	0	0	0	0	0	0	0	0
5200 Impôts sur utilisation des biens et exerc. activités	18	69	539	905	1 458	1 585	1 840	2 144	2 278	2 392
5210 Impôts périodiques	18	69	539	905	1 458	1 585	1 840	2 144	2 278	2 392
Motor vehicle registration	7	47	154	181	226	172	187	214	223	227
Heavy traffic fees	8	0	285	532	851	1 016	1 205	1 381	1 469	1 551
Accident compensation levies	0	0	0	0	0	0	0	0	0	0
5211 À la charge des ménages : véhicules à moteur	0	0	0	0	0	0	0	0	0	0
5212 À la charge autres agents : véhicules à moteur	0	0	0	0	0	0	0	0	0	0
5213 Autres impôts périodiques	3	23	100	192	381	397	448	549	586	614
Local authority fees and charges	3	23	100	192	381	397	448	549	586	614
5220 Impôts non-périodiques	0	0	0	0	0	0	0	0	0	0
5300 Non-ventilables entre 5100 et 5200	0	0	0	0	0	0	0	0	0	0
6000 Autres impôts	**0**	**0**	**1**	**0**	**31**	**5**	**3**	**2**	**7**	**1**
6100 À la charge exclusive des entreprises	..	..	0	..	0	0	0	0	0	0
6200 À la charge d'autres agents	..	..	1	..	31	5	3	2	7	1
Crédits d'impôts récupérables										
Crédits d'impôts récupérables contre 1110	..	..	..	1 057	2 568	2 794	2 582	2 352	2 313	2 195
Composante fiscale	..	..	..	311	873	950	1 349	1 253	1 232	1 189
Composante transfert	..	..	..	746	1 695	1 844	1 233	1 099	1 081	1 006
Crédits d'impôts récupérables contre 1210	..	..	..	0	0	0	0	0	0	0
Composante fiscale	..	..	..	..	..	..	..	..	..	..
Composante transfert	..	..	..	..	..	..	..	..	..	..
Recettes fiscales totales sur la base d'encaissements	**1 001**	**7 594**	**27 471**	**39 276**	**64 273**	**62 053**	**73 172**	**82 481**	**87 907**	**93 911**
Recettes fiscales totales sur la base des droits constatés	**..**	**..**	**..**	**39 765**	**64 046**	**62 310**	**72 187**	**81 500**	**86 601**	**92 661**
Conciliation avec les comptes nationaux										
Impôts additionnels inclus dans les comptes nationaux	..	..	..	..	0	0	2 265	2 615	4 152	4 080
Impôt exclus des comptes nationaux	..	..	..	..	0	0	-4 955	-5 769	-7 111	-7 404
Différence dans les traitements des crédits d'impôts	..	..	..	..	873	950	1 349	1 253	1 232	1 189
Transfert en capital des recettes non collectées	..	..	..	..	0	0	0	0	0	0
Cotisations de sécurité sociale volontaires	..	..	..	..	0	0	0	0	0	0
Différences diverses	..	..	..	..	0	0	461	-1 602	500	-81
Comptes nationaux : impôts et cotisations sociales effectives	..	..	..	..	64 919	63 260	71 307	77 997	85 374	90 445
Cotisations sociales imputées	..	..	..	..	0	0	2 617	2 063	2 030	1 948
Comptes nationaux : impôts et toutes les cotisations sociales	..	..	..	..	64 919	63 260	73 924	80 060	87 404	92 393

.. Non disponible

Note : For the years before 1989 data are on a fiscal year basis ending 31st March. The figures provided for 1989 and onwards relate to the financial year ending 30th June of the following year.
From 1993, data are on accrual basis.
Heading 1000: Tax credits to exporters under the export incentives schemes are non-wastable, but that part of the excess of tax liability paid out to taxpayers is not identifiable.
Heading 1100: The figures up to 1969 include revenues collected by a social security income tax. The base of this tax was the same as the ordinary income tax base and the two have now been incorporated into a single income tax.
Heading 5121: From October 1986 incorporates that portion of the selective impost on wine, spirits, tobacco and motor vehicles which was formerly collected and reported as sales tax. The revenue collected on those imported goods which are subject to the equivalent of the domestic excise has been classified as excise duty. In this respect, there is a discontinuity between the excises recorded before and after October 1986.
Heading 5210: The other local authority licence fees include some small items which could be regarded as non-tax revenues.
Heading for non-wastable tax credits 1110 comprises four Family assistance tax credits. The total in item 1100 is net of the tax expenditure component but not net of the transfer component.
Source : Local Authorities Statistics, Department of Statistics, Wellington.

StatLink https://doi.org/10.1787/888934061086

Tableau 5.26. Norvège : Tableau détaillé par pays, 1965-2017

Millions NOK

	1965	1980	1990	2000	2007	2010	2013	2015	2016	2017
Recettes fiscales totales	**16 842**	**133 499**	**301 812**	**631 576**	**989 614**	**1 086 662**	**1 226 149**	**1 198 232**	**1 207 561**	**1 281 966**
1000 Impôts sur revenu, bénéfices et gains en capital	**7 316**	**55 837**	**106 290**	**284 189**	**474 557**	**512 049**	**558 116**	**475 374**	**458 170**	**499 695**
1100 Des personnes physiques	6 671	38 018	79 068	152 013	219 726	256 544	304 409	335 199	332 773	339 076
1110 Sur le revenu et les bénéfices	6 671	38 018	79 068	152 013	219 726	256 544	304 409	335 199	332 773	339 076
Employee social security contributions	1 305	0	0	0	0	0	0	0	0	0
Income taxes	5 366	38 018	79 068	152 013	219 726	256 544	304 409	335 199	332 773	339 076
1120 Sur les gains en capital	0	0	0	0	0	0	0	0	0	0
1200 Des sociétés	645	17 819	27 222	132 176	254 831	255 505	253 707	140 175	125 397	160 619
1210 Sur les bénéfices	..	..	..	132 176	254 831	255 505	253 707	140 175	125 397	160 619
1220 Sur les gains en capital	..	..	..	0	0	0	0	0	0	0
1300 Non-ventilables entre 1100 et 1200	0	0	0	0	0	0	0	0	0	0
2000 Cotisations de sécurité sociale	**2 009**	**28 205**	**79 362**	**132 170**	**204 602**	**243 015**	**292 278**	**325 569**	**331 389**	**341 591**
2100 À la charge des salariés	0	6 639	25 345	45 162	68 518	81 032	98 124	112 662	115 358	119 273
2110 Sur la base du salaire	..	..	..	45 162	68 518	81 032	98 124	112 662	115 358	119 273
2120 Sur la base de l'impôt sur les revenus	..	..	..	0	0	0	0	0	0	0
2200 À la charge des employeurs	1 716	20 454	50 116	79 242	124 307	148 060	177 275	191 362	193 755	199 302
2210 Sur la base du salaire	..	..	..	79 242	124 307	148 060	177 275	191 362	193 755	199 302
2220 Sur la base de l'impôt sur les revenus	..	..	..	0	0	0	0	0	0	0
2300 A charge des travailleurs indép. ou sans emploi	293	1 112	3 901	7 766	11 777	13 923	16 879	21 545	22 276	23 016
2310 Sur la base du salaire	..	..	..	7 766	11 777	13 923	16 879	21 545	22 276	23 016
2320 Sur la base de l'impôt sur les revenus	..	..	..	0	0	0	0	0	0	0
2400 Non-ventilables entre 2100, 2200 et 2300	0	0	0	0	0	0	0	0	0	0
2410 Sur la base du salaire	..	..	..	..	..	..	..	..	..	..
2420 Sur la base de l'impôt sur les revenus	..	..	..	..	..	..	..	..	..	..
3000 Sur salaires ou main d'oeuvre	**0**	**0**	**0**	**0**	**0**	**0**	**0**	**0**	**0**	**1 891**
4000 Impôts sur le patrimoine	**523**	**2 295**	**8 887**	**14 546**	**27 709**	**30 871**	**37 268**	**35 572**	**39 232**	**42 851**
4100 Impôts périodiques sur la propriété immobilière	100	431	2 216	2 848	6 335	8 482	10 579	12 728	13 688	14 550
4110 Ménages	..	431	2 216	2 724	5 571	7 109	3 693	5 437	6 310	7 067
4120 Autres agents	..	0	0	124	764	1 373	6 886	7 291	7 378	7 483
4200 Impôts périodiques sur l'actif net	341	1 450	5 118	7 703	13 244	14 144	17 134	14 123	16 749	18 965
4210 Personnes physiques	235	907	3 692	6 869	10 746	12 169	14 039	12 902	14 040	15 409
4220 Sociétés	106	543	1 426	834	2 498	1 975	3 095	1 221	2 709	3 556
4300 Impôts sur mut. par décès, succ. et donations	45	122	446	1 273	2 576	2 377	2 246	295	206	91
4310 Impôts sur mut. par décès et successions	..	122	446	1 273	2 576	2 377	2 246	295	206	91
4320 Impôts sur les donations	..	0	0	0	0	0	0	0	0	0
4400 Impôts sur transact. mobilières et immob.	37	292	1 107	2 722	5 554	5 868	7 309	8 426	8 589	9 245
4500 Impôts non-périodiques	0	0	0	0	0	0	0	0	0	0
4510 Sur l'actif net	..	..	..	..	..	..	..	..	..	..
4520 Autres non-périodiques	..	..	..	..	..	..	..	..	..	..
4600 Autres impôts périodiques sur patrimoine	0	0	0	0	0	0	0	0	0	0
5000 Impôts sur les biens et services	**6 928**	**47 154**	**107 262**	**200 671**	**282 746**	**300 727**	**338 487**	**361 717**	**378 770**	**395 938**
5100 Impôts sur production, vente, transfert, etc.	6 720	45 882	102 901	185 921	266 124	284 947	321 606	342 432	358 841	376 576
5110 Impôts généraux	3 622	24 350	56 656	124 985	189 424	201 802	235 771	256 028	270 085	284 705
5111 Taxes sur la valeur ajoutée	0	24 350	56 656	124 166	188 705	201 184	234 941	255 181	269 215	282 784
Value added tax	..	24 350	56 656	124 166	188 705	201 184	234 941	255 181	269 215	282 784
5112 Impôts sur les ventes	0	0	0	0	0	0	0	0	0	1 016
5113 Autres impôts	3 622	0	0	819	719	618	830	847	870	905
5120 Impôts sur biens et services déterminés	3 098	21 532	46 245	60 936	76 700	83 145	85 835	86 404	88 756	91 871
5121 Accises	2 338	14 914	37 453	54 871	71 047	76 328	78 515	78 845	79 456	81 252
Stamp duty on tobacco	392	1 076	3 750	6 806	6 815	7 768	6 375	7 219	6 824	7 564
Taxes on spirits and wines	449	2 013	3 454	5 217	0	0	0	0	0	0
Excise on beer	162	605	2 195	3 650	0	0	0	0	0	0
Excise on petrol	480	2 310	7 057	9 756	8 132	7 373	6 417	5 711	5 491	5 597
Vehicles transfer tax	395	2 761	4 554	10 956	22 898	21 835	22 229	19 355	18 445	17 360
Chocolate and sweets	123	247	551	789	1 078	1 173	1 261	1 324	1 462	1 439
Sugar	0	0	217	230	192	196	201	206	203	206
Non-alcoholic beverages	38	120	487	1 113	1 024	1 739	1 803	1 972	2 031	2 111
Electric energy	89	1 515	3 414	5 091	7 079	8 110	8 656	9 233	10 795	11 575
Oil and gas products	0	3 703	8 729	88	92	98	108	103	110	109
Sales of radio and tv sets	0	163	220	920	0	0	0	0	0	0
Mineral oil	0	113	1 098	490	685	1 419	1 383	1 986	1 821	1 832
Cosmetics	0	0	0	159	0	0	0	0	0	0
Recording equipment	0	0	92	35	0	0	0	0	0	0
Others	210	288	1 635	1 249	1 821	1 965	2 060	2 535	2 666	2 737
Taxes on alcoholic beverages	0	0	0	0	10 338	11 317	12 602	12 969	13 580	13 638
Excise on diesel	0	0	0	4 802	6 424	8 653	10 507	10 267	9 563	9 924
Tax on Co2 emissions, petroleum sector excepted	0	0	0	3 520	4 469	4 682	4 913	5 965	6 465	7 160

	1965	1980	1990	2000	2007	2010	2013	2015	2016	2017
5122 Bénéfices des monopoles fiscaux	31	395	751	2 534	2 532	3 734	3 800	3 892	4 507	4 868
Profits state wine monopoly	31	30	67	41	32	44	36	0	0	0
Norsk tipping	0	365	684	2 493	2 500	3 690	3 764	3 892	4 507	4 868
5123 Droits de douane et droits à l'importation	634	697	1 360	1 944	2 170	2 505	3 111	3 305	3 343	3 498
Customs revenue	615	689	1 305	1 944	2 170	2 505	3 111	3 305	3 343	3 498
Loading and lighthouse dues	11	0	0	0	0	0	0	0	0	0
Other import duties	8	8	55	0	0	0	0	0	0	0
5124 Taxes à l'exportation	7	105	227	0	112	151	177	178	209	233
5125 Impôts sur biens d'équipement	0	4 274	4 454	0	0	0	0	0	0	0
5126 Impôts sur services déterminés	88	195	1 233	1 386	131	114	140	138	1 193	1 972
Excise on race tracks	9	25	15	88	119	114	140	138	142	144
Taxes on specific services	34	49	150	1 298	0	0	0	0	1 051	1 828
Pengelotteriet (national lotteries)	45	121	462	0	0	0	0	0	0	0
Excise on lotto games	0	0	606	0	12	0	0	0	0	0
5127 Autres impôts sur commerce et transact. internat.	0	0	0	0	0	0	0	0	0	0
5128 Autres impôts	0	952	767	201	708	313	92	46	48	48
5130 Non-ventilables entre 5110 et 5120	0	0	0	0	0	0	0	0	0	0
5200 Impôts sur utilisation des biens et exerc. activités	208	1 272	4 361	14 750	16 622	15 780	16 881	19 285	19 929	19 362
5210 Impôts périodiques	208	1 272	4 361	14 750	16 622	14 305	16 593	18 501	19 445	18 798
5211 À la charge des ménages : véhicules à moteur	88	458	1 789	4 435	6 699	7 157	8 007	8 400	8 694	7 934
5212 À la charge autres agents : véhicules à moteur	108	696	2 072	1 346	712	539	494	352	344	339
5213 Autres impôts périodiques	12	118	500	8 969	9 211	6 609	8 092	9 749	10 407	10 525
CO2 tax	0	0	0	3 047	3 385	2 166	3 293	4 906	5 116	5 223
Excise on pharmacies	6	32	59	105	153	80	78	99	108	94
Others	6	86	441	5 817	4 466	4 276	4 656	4 675	5 131	5 149
Tax on emissions of NOX	0	0	0	0	1 207	87	65	69	52	59
5220 Impôts non-périodiques	0	0	0	0	0	1 475	288	784	484	564
5300 Non-ventilables entre 5100 et 5200	0	0	0	0	0	0	0	0	0	0
6000 Autres impôts	**66**	**8**	**11**	**0**	**0**	**0**	**0**	**0**	**0**	**0**
6100 À la charge exclusive des entreprises	0	3	2	..	..	..	..	..	..	..
6200 À la charge d'autres agents	66	5	9	..	..	..	..	..	..	..
Crédits d'impôts récupérables										
Crédits d'impôts récupérables contre 1210	..	..	..	..	994	1 229	1 576	2 959	3 630	3 990
Composante fiscale	..	..	..	..	253	270	362	484	636	752
Composante transfert	..	..	..	..	741	959	1 214	2 475	2 994	3 238
Recettes fiscales totales sur la base d'encaissements	**16 842**	**133 499**	**301 812**	**575 989**	**967 171**	**1 044 570**	**1 247 706**	**1 212 199**	**1 191 385**	**203 170**
Recettes fiscales totales sur la base des droits constatés	..	..	..	**631 576**	**989 614**	**1 086 662**	**1 226 149**	**1 198 232**	**1 207 561**	**1 281 966**
Conciliation avec les comptes nationaux										
Impôts additionnels inclus dans les comptes nationaux	..	..	..	0	0	0	0	0	0	0
Impôt exclus des comptes nationaux	..	..	..	0	0	0	0	0	0	0
Différence dans les traitements des crédits d'impôts	..	..	..	0	253	270	362	484	636	752
Transfert en capital des recettes non collectées	..	..	..	0	0	0	0	0	0	0
Cotisations de sécurité sociale volontaires	..	..	..	0	0	0	0	0	0	0
Différences diverses	..	..	..	0	0	0	0	0	0	0
Comptes nationaux : impôts et cotisations sociales effectives	..	..	..	631 576	989 867	1 086 932	1 226 511	1 198 716	1 208 197	1 282 718
Cotisations sociales imputées	..	..	..	400	656	314	243	195	97	45
Comptes nationaux : impôts et toutes les cotisations sociales	..	..	..	631 976	990 523	1 087 246	1 226 754	1 198 911	1 208 294	1 282 763

.. Non disponible
Note : Year ending 31st December.
From 2000, data are on accrual basis.
Heading 5211: Up to 1971 this item contains motor vehicle licences paid by both households and enterprises.
Heading 5121: From 2005, taxes on alcoholic beverages include both 'taxes on spirits and wines' and 'excise on beer'.
Heading 5125: From 1998, revenue from taxes on investments goods is included in item 5121 "Others".
Source : Statistics Norway; National Accounts.

StatLink https://doi.org/10.1787/888934061105

Tableau 5.27. Pologne : Tableau détaillé par pays, 1965-2017

Millions PLN

	1965	1980	1990	2000	2007	2010	2013	2015	2016	2017
Recettes fiscales totales	..	..	..	**246 039**	**411 175**	**454 044**	**529 259**	**582 410**	**624 168**	**679 086**
Recettes fiscales totales excluant les droits de douane	..	..	..	..	**409 415**	**452 417**	**527 282**	**579 587**	**620 876**	**675 601**
1000 Impôts sur revenu, bénéfices et gains en capital	..	..	..	**50 268**	**93 795**	**91 026**	**103 567**	**117 078**	**124 251**	**137 481**
1100 Des personnes physiques	..	..	..	32 415	61 471	62 901	74 216	83 974	90 071	99 121
Individual income tax	..	..	..	32 415	61 403	62 818	74 124	83 861	89 943	98 969
Tax on winnings from lottery or gambling	..	..	..	0	68	83	92	113	128	152
1110 Sur le revenu et les bénéfices	..	..	..	..	..	..	..	..	..	..
1120 Sur les gains en capital	..	..	..	..	..	..	..	..	..	..
1200 Des sociétés	..	..	..	17 853	32 324	28 125	29 351	33 104	34 180	38 360
1210 Sur les bénéfices	..	..	..	..	..	..	..	..	..	..
1220 Sur les gains en capital	..	..	..	..	..	..	..	..	..	..
1300 Non-ventilables entre 1100 et 1200	..	..	..	0	0	0	0	0	0	0
2000 Cotisations de sécurité sociale	..	..	..	**96 386**	**140 086**	**156 026**	**202 629**	**223 531**	**236 292**	**254 968**
2100 À la charge des salariés	..	..	..	42 357	51 929	60 247	75 747	88 557	97 132	105 817
2110 Sur la base du salaire	..	..	..	..	..	..	..	..	..	..
2120 Sur la base de l'impôt sur les revenus	..	..	..	..	..	..	..	..	..	..
2200 À la charge des employeurs	..	..	..	41 130	55 472	65 353	79 524	87 616	91 910	100 873
2210 Sur la base du salaire	..	..	..	..	..	..	..	..	..	..
2220 Sur la base de l'impôt sur les revenus	..	..	..	..	..	..	..	..	..	..
2300 A charge des travailleurs indép. ou sans emploi	..	..	..	12 899	32 685	30 426	47 358	47 358	47 250	48 278
2310 Sur la base du salaire	..	..	..	..	..	..	..	..	..	..
2320 Sur la base de l'impôt sur les revenus	..	..	..	..	..	..	..	..	..	..
2400 Non-ventilables entre 2100, 2200 et 2300	..	..	..	0	0	0	0	0	0	0
2410 Sur la base du salaire	..	..	..	..	..	..	..	..	..	..
2420 Sur la base de l'impôt sur les revenus	..	..	..	..	..	..	..	..	..	..
3000 Sur salaires ou main d'oeuvre	..	..	..	**1 628**	**3 081**	**3 720**	**3 998**	**4 028**	**4 173**	**4 485**
Rehabilitation fund contribution	..	..	..	1 508	2 860	3 370	3 633	3 621	3 742	4 020
Wage guarantee fund contribution	..	..	..	120	221	350	365	407	431	465
4000 Impôts sur le patrimoine	..	..	..	**10 584**	**17 116**	**19 068**	**23 120**	**24 637**	**25 612**	**27 101**
4100 Impôts périodiques sur la propriété immobilière	..	..	..	8 404	13 515	16 399	20 747	22 206	22 723	23 783
Agricultural tax-local	..	..	..	720	906	969	1 666	1 579	1 499	1 487
Forest tax-local	..	..	..	96	157	165	228	230	296	295
Real estate tax-local	..	..	..	7 588	12 452	15 265	18 853	20 397	20 928	22 001
4110 Ménages	..	..	..	2 348	3 613	4 555	6 289	6 549	6 785	6 945
4120 Autres agents	..	..	..	6 056	9 902	11 844	14 458	15 657	15 938	16 838
4200 Impôts périodiques sur l'actif net	..	..	..	0	0	0	0	0	0	0
4210 Personnes physiques	..	..	..	..	..	..	..	..	..	..
4220 Sociétés	..	..	..	..	..	..	..	..	..	..
4300 Impôts sur mut. par décès, succ. et donations	..	..	..	172	328	290	252	246	279	295
Inheritance and gift tax-local	..	..	..	172	328	290	252	246	279	295
4310 Impôts sur mut. par décès et successions	..	..	..	..	..	..	..	..	..	..
4320 Impôts sur les donations	..	..	..	..	..	..	..	..	..	..
4400 Impôts sur transact. mobilières et immob.	..	..	..	2 008	3 273	2 379	2 121	2 185	2 610	3 023
Tax on civil law transactions and stamp tax	..	..	..	2 008	3 273	2 379	2 121	2 185	2 610	3 023
4500 Impôts non-périodiques	..	..	..	0	0	0	0	0	0	0
4510 Sur l'actif net	..	..	..	..	..	..	..	..	..	..
4520 Autres non-périodiques	..	..	..	..	..	..	..	..	..	..
4600 Autres impôts périodiques sur patrimoine	..	..	..	0	0	0	0	0	0	0
5000 Impôts sur les biens et services	..	..	..	**86 880**	**154 813**	**181 983**	**192 943**	**209 666**	**229 626**	**250 580**
5100 Impôts sur production, vente, transfert, etc.	..	..	..	84 885	150 093	175 207	187 498	201 701	221 529	243 209
5110 Impôts généraux	..	..	..	51 615	97 848	109 717	116 607	125 836	134 554	154 656
5111 Taxes sur la valeur ajoutée	..	..	..	51 615	97 848	109 717	116 607	125 836	134 554	154 656
5112 Impôts sur les ventes	..	..	..	0	0	0	0	0	0	0
5113 Autres impôts	..	..	..	0	0	0	0	0	0	0
Turnover tax, of which:	..	..	..	..	..	..	..	..	..	..
On spirits	..	..	..	..	..	..	..	..	..	..
On fuels	..	..	..	..	..	..	..	..	..	..
On tobacco	..	..	..	..	..	..	..	..	..	..
5120 Impôts sur biens et services déterminés	..	..	..	33 270	52 245	65 490	70 891	75 865	86 975	88 553

	1965	1980	1990	2000	2007	2010	2013	2015	2016	2017
5121 Accises	..	..	..	27 170	49 376	62 016	66 310	70 632	75 644	78 957
On domestic excise products, of which:	..	..	..	24 213	45 752	58 935	60 774	62 442	68 121	73 764
On spirits	..	..	..	4 309	5 000	6 154	7 393	6 655	7 343	7 727
On fuels	..	..	..	11 056	22 128	26 545	28 184	29 874	34 001	38 169
On tobacco	..	..	..	6 143	11 973	17 348	18 126	17 788	18 661	18 661
On beer	..	..	..	1 758	2 975	3 303	3 473	3 547	3 604	3 604
On wine	..	..	..	459	378	315	219	246	199	199
On other products	..	..	..	488	3 298	5 270	3 379	4 332	4 313	5 491
On imported excise products, of which:	..	..	..	2 957	3 624	3 081	5 536	8 190	7 523	5 193
On spirits	..	..	..	90	253	311	279	267	294	323
On fuels	..	..	..	2 031	2 045	1 051	3 481	5 650	4 494	1 915
On tobacco	..	..	..	18	214	114	62	86	84	51
On beer	..	..	..	26	12	14	43	53	58	56
On wine	..	..	..	71	106	133	149	139	161	159
On other products	..	..	..	721	994	1 458	1 522	1 995	2 432	2 689
5122 Bénéfices des monopoles fiscaux	..	..	..	0	0	0	0	0	0	0
5123 Droits de douane et droits à l'importation	..	..	..	5 038	0	0	0	0	0	0
5124 Taxes à l'exportation	..	..	..	0	0	0	0	0	0	0
5125 Impôts sur biens d'équipement	..	..	..	0	0	0	0	0	0	0
5126 Impôts sur services déterminés	..	..	..	1 062	1 297	2 764	3 678	4 181	10 249	8 545
Taxes and payments of financial institutions	..	..	..	443	189	1 165	2 221	2 858	4 953	2 564
Gambling tax	..	..	..	619	1 108	1 599	1 457	1 323	1 421	1 632
Tax from some financial institutions	..	..	..	0	0	0	0	0	3 875	4 349
5127 Autres impôts sur commerce et transact. internat.	..	..	..	0	0	0	0	0	0	0
5128 Autres impôts	..	..	..	0	1 572	710	903	1 052	1 082	1 051
5130 Non-ventilables entre 5110 et 5120	..	..	..	0	0	0	0	0	0	0
5200 Impôts sur utilisation des biens et exerc. activités	..	..	..	1 995	4 720	6 776	5 445	7 965	8 097	7 371
5210 Impôts périodiques	..	..	..	433	2 224	3 667	3 432	4 317	4 660	4 084
5211 À la charge des ménages : véhicules à moteur	..	..	..	0	0	0	0	0	0	0
5212 À la charge autres agents : véhicules à moteur	..	..	..	0	0	0	0	0	0	0
5213 Autres impôts périodiques	..	..	..	433	2 224	3 667	3 432	4 317	4 660	4 084
5220 Impôts non-périodiques	..	..	..	1 562	2 496	3 109	2 013	3 648	3 437	3 287
5300 Non-ventilables entre 5100 et 5200	..	..	..	0	0	0	0	0	0	0
6000 Autres impôts	**..**	**..**	**..**	**293**	**524**	**594**	**1 025**	**647**	**922**	**986**
Abolished taxes	..	..	..	..	..	..	..	..	..	..
6100 À la charge exclusive des entreprises	..	..	..	0	0	0	0	0	0	0
6200 À la charge d'autres agents	..	..	..	293	524	594	1 025	647	922	986
Droits de douane perçus pour l'UE	**..**	**..**	**..**	**..**	**1 760**	**1 627**	**1 977**	**2 823**	**3 292**	**3 485**
Recettes fiscales totales sur la base d'encaissements	**..**	**..**	**..**	**..**	**..**	**..**	**..**	**..**	**..**	**..**
Recettes fiscales totales sur la base des droits constatés	**..**	**..**	**..**	**246 039**	**411 175**	**454 044**	**529 259**	**582 410**	**624 168**	**679 086**
Conciliation avec les comptes nationaux										
Impôts additionnels inclus dans les comptes nationaux	..	..	..	..	..	..	..	..	..	..
Impôt exclus des comptes nationaux	..	..	..	..	..	..	..	..	..	..
Différence dans les traitements des crédits d'impôts	..	..	..	..	..	..	..	..	..	..
Transfert en capital des recettes non collectées	..	..	..	..	..	..	..	..	..	..
Cotisations de sécurité sociale volontaires	..	..	..	..	..	..	..	..	..	..
Différences diverses	..	..	..	..	..	..	..	..	..	..
Comptes nationaux : impôts et cotisations sociales effectives	..	..	..	246 039	411 175	454 044	529 259	582 410	624 168	679 086
Cotisations sociales imputées	..	..	..	777	10 848	13 841	16 603	17 423	17 875	18 098
Comptes nationaux : impôts et toutes les cotisations sociales	..	..	..	252 943	422 023	467 885	545 862	599 833	642 043	697 184

.. Non disponible
Note : Year ending 31st December.
From 2002, data are on accrual basis.
Source : Ministry of Finance, Economic Department.

StatLink https://doi.org/10.1787/888934061124

Tableau 5.28. Portugal : Tableau détaillé par pays, 1965-2017

Millions EUR

	1965	1980	1990	2000	2007	2010	2013	2015	2016	2017
Recettes fiscales totales	**99**	**1 798**	**14 825**	**39 888**	**55 829**	**54 708**	**58 015**	**61 938**	**63 634**	**67 027**
Total tax revenue exclusive of customs duties	**..**	**..**	**..**	**39 684**	**55 644**	**54 530**	**57 872**	**61 780**	**63 460**	**66 840**
1000 Impôts sur revenu, bénéfices et gains en capital	**24**	**355**	**3 805**	**11 691**	**15 443**	**14 640**	**18 664**	**18 762**	**18 287**	**18 894**
1100 Des personnes physiques	..	..	2 350	6 947	9 369	9 638	13 120	13 149	12 613	12 613
Individual income tax	..	..	2 350	6 947	9 369	9 638	13 120	13 149	12 613	12 613
1110 Sur le revenu et les bénéfices	..	..	..	..	..	..	..	..	..	..
1120 Sur les gains en capital	..	..	..	..	..	..	..	..	..	..
1200 Des sociétés	..	..	1 182	4 744	6 073	4 919	5 545	5 614	5 674	6 281
Corporate income tax	..	..	1 088	4 457	5 760	4 653	5 327	5 405	5 399	5 956
Local corporate income tax ("Derrama")	..	..	84	287	313	266	217	208	275	325
Other	..	..	11	0	0	0	0	0	0	0
1210 Sur les bénéfices	..	..	..	..	..	..	..	..	..	..
1220 Sur les gains en capital	..	..	..	..	..	..	..	..	..	..
1300 Non-ventilables entre 1100 et 1200	24	355	273	0	0	83	0	0	0	0
Tax on wages and professional income	2	93	9	..	..	0	..	..	..	..
Industrial tax	7	108	129	..	..	0	..	..	..	..
Tax on income from movable capital	2	71	1	..	..	0	..	..	..	..
Property income tax	3	23	17	..	..	0	..	..	..	..
Agricultural income tax	0	0	1	..	..	0	..	..	..	..
Complementary income ax	4	43	58	..	..	0	..	..	..	..
Tax on capital gains	0	3	1	..	..	83	..	..	..	..
Taxes abolished by DL 442-A/88 and DL 442-B/88	0	0	0	..	..	0	..	..	..	..
Other	6	15	58	..	..	0	..	..	..	..
2000 Cotisations de sécurité sociale	**22**	**531**	**4 026**	**10 168**	**14 274**	**15 457**	**15 139**	**16 182**	**16 918**	**17 950**
2100 À la charge des salariés	8	203	1 470	4 286	6 344	6 670	6 403	6 992	7 233	7 619
2110 Sur la base du salaire	8	203	1 470	4 286	6 344	6 670	6 403	6 992	7 233	7 619
Compulsory employee's social contributions	8	203	1 470	..	..	..	..	..	..	..
2120 Sur la base de l'impôt sur les revenus	0	0	0	0	0	0	0	0	0	0
2200 À la charge des employeurs	13	318	2 413	5 882	7 930	8 786	8 736	9 191	9 685	10 331
2210 Sur la base du salaire	13	318	2 413	5 882	7 930	8 786	8 736	9 191	9 685	10 331
Employers' social contributions	13	318	2 413	5 882	7 930	8 786	8 736	9 191	9 685	10 331
2220 Sur la base de l'impôt sur les revenus	0	0	0	0	0	0	0	0	0	0
2300 A charge des travailleurs indép. ou sans emploi	0	10	143	0	0	0	0	0	0	0
Compulsory social contributions by self-employed	0	10	143	..	..	..	..	..	..	..
2310 Sur la base du salaire	..	..	..	..	..	..	..	..	..	..
2320 Sur la base de l'impôt sur les revenus	..	..	..	..	..	..	..	..	..	..
2400 Non-ventilables entre 2100, 2200 et 2300	0	0	0	0	0	0	0	0	0	0
2410 Sur la base du salaire	..	..	..	..	..	..	..	..	..	..
2420 Sur la base de l'impôt sur les revenus	..	..	..	..	..	..	..	..	..	..
3000 Sur salaires ou main d'oeuvre	**1**	**47**	**0**	**0**	**0**	**0**	**0**	**0**	**0**	**0**
Contributions for Unemployment Fund	1	47	..	..	..	..	..	..	..	..
Stamp duty on wages and salaries	0	0	..	..	..	..	..	..	..	..
4000 Impôts sur le patrimoine	**5**	**26**	**402**	**1 468**	**2 284**	**1 935**	**1 906**	**2 303**	**2 356**	**2 644**
4100 Impôts périodiques sur la propriété immobilière	0	0	133	508	1 008	1 101	1 337	1 529	1 503	1 589
Real estate tax	..	..	133	508	1 008	1 101	1 337	1 529	1 503	1 589
4110 Ménages	..	..	..	..	..	..	..	..	..	..
4120 Autres agents	..	..	..	..	..	..	..	..	..	..
4200 Impôts périodiques sur l'actif net	0	0	0	0	0	0	0	0	0	0
4210 Personnes physiques	..	..	..	..	..	..	..	..	..	..
4220 Sociétés	..	..	..	..	..	..	..	..	..	..
4300 Impôts sur mut. par décès, succ. et donations	2	4	74	103	10	2	2	0	0	0
Inheritance and gift taxes	2	4	74	103	10	2	2	0	0	0
4310 Impôts sur mut. par décès et successions	..	..	..	..	..	..	..	..	..	..
4320 Impôts sur les donations	..	..	..	..	..	..	..	..	..	..
4400 Impôts sur transact. mobilières et immob.	2	21	195	857	1 266	832	567	774	853	1 055
Real estate transfer tax	2	21	195	674	973	595	356	569	640	831
Stamp duty on registrations and mortgages	0	0	0	34	35	34	32	30	31	32
Stamp duty on the raising of capital	0	0	0	0	10	1	0	0	0	0
Stamp duty on real estate transactions	0	0	0	150	249	202	180	175	182	192
4500 Impôts non-périodiques	0	0	0	0	0	0	0	0	0	0
4510 Sur l'actif net	..	..	..	..	..	..	..	..	..	..
4520 Autres non-périodiques	..	..	..	..	..	..	..	..	..	..
4600 Autres impôts périodiques sur patrimoine	0	0	0	0	0	0	0	0	0	0
5000 Impôts sur les biens et services	**47**	**837**	**6 555**	**16 069**	**23 225**	**22 004**	**21 684**	**23 924**	**25 254**	**26 785**
5100 Impôts sur production, vente, transfert, etc.	44	810	6 440	15 634	22 550	21 246	20 470	22 838	24 025	25 495
5110 Impôts généraux	0	290	2 906	9 733	14 333	13 527	13 710	15 368	15 767	16 809

	1965	1980	1990	2000	2007	2010	2013	2015	2016	2017
5111 Taxes sur la valeur ajoutée	0	0	2 899	9 733	14 333	13 527	13 710	15 368	15 767	16 809
VAT	..	..	2 899	9 733	14 333	13 527	13 710	15 368	15 767	16 809
5112 Impôts sur les ventes	0	290	7	0	0	0	0	0	0	0
General sales tax	..	290	7	..	..	..	..	..	..	..
5113 Autres impôts	0	0	0	0	0	0	0	0	0	0
5120 Impôts sur biens et services déterminés	44	519	3 534	5 901	8 217	7 719	6 760	7 470	8 258	8 685
5121 Accises	15	295	2 052	4 501	5 940	5 665	4 675	5 209	5 808	6 125
Excise duties on tobacco	3	62	362	1 077	1 165	1 496	1 387	1 357	1 484	1 542
Excise duties on beer	1	0	55	90	100	82	76	75	81	86
Tax on motor vehicle sales	1	59	304	1 239	1 221	832	360	585	687	775
Tax on oil products	6	166	1 251	1 969	3 325	3 140	2 740	3 069	3 410	3 497
Excise duties on alcoholic beverages	0	0	23	126	128	114	109	115	132	140
Excise duties on alcohol	0	0	0	1	1	1	1	0	0	0
Tax on sugary soft drinks	0	0	0	0	0	0	0	0	0	70
Other	4	7	59	0	0	0	1	8	12	14
5122 Bénéfices des monopoles fiscaux	0	0	0	261	521	420	419	489	581	638
5123 Droits de douane et droits à l'importation	21	96	511	1	1	1	0	0	0	0
Import levies	14	36	392	0	1	1	0	0	0	0
Import surtax	0	26	1	0	0	0	0	0	0	0
Other	6	34	119	0	0	0	0	0	0	0
5124 Taxes à l'exportation	0	0	0	0	0	0	0	0	0	0
Taxes on Oporto wine exports	0	0	..	..	..	..	..	..	..	..
Other	0	0	..	..	..	..	..	..	..	..
5125 Impôts sur biens d'équipement	0	0	0	0	0	0	0	0	0	0
5126 Impôts sur services déterminés	1	38	547	1 102	1 712	1 522	1 567	1 676	1 769	1 817
Tax on insurance premiums	0	6	47	131	170	215	200	218	230	244
Stamp duty on bank transactions	1	24	405	330	734	601	536	522	543	572
Stamp duty on debt related operations, interest and leasing of buildings	0	0	22	258	384	309	276	269	279	294
Stamp duty on insurance premiums	0	0	0	248	347	325	289	283	294	310
Bank levies	0	0	0	100	48	46	238	353	384	351
Other	2	8	73	34	29	25	29	30	39	46
5127 Autres impôts sur commerce et transact. internat.	0	0	0	0	0	0	0	0	0	0
5128 Autres impôts	6	91	424	36	43	111	99	96	100	105
Stamp taxes (miscellaneous)	6	91	424	36	43	111	99	96	100	105
Other	0	0	0	0	0	0	0	0	0	0
5130 Non-ventilables entre 5110 et 5120	0	0	0	0	0	0	0	0	0	0
5200 Impôts sur utilisation des biens et exerc. activités	4	27	115	382	615	718	994	1 068	1 121	1 250
5210 Impôts périodiques	4	27	115	382	615	718	937	988	1 046	1 153
5211 À la charge des ménages : véhicules à moteur	0	4	15	55	94	114	185	172	173	178
Local tax on vehicles	..	4	15	55	94	114	185	172	173	178
5212 À la charge autres agents : véhicules à moteur	2	10	20	67	132	204	342	366	392	420
Local tax on vehicles	0	2	6	0	0	0	0	0	0	0
Road taxes	2	8	14	67	132	204	342	366	392	420
5213 Autres impôts périodiques	2	13	80	260	390	400	409	450	482	555
Gambling tax	0	3	72	110	140	143	107	108	123	170
Tax on the use, carrying and possession of weapons	0	0	1	3	6	4	7	5	5	11
Tax on motor vehicles - compensation	2	8	0	0	0	0	0	0	0	0
Hunting and fishery licenses	0	1	4	1	1	1	5	13	13	12
Fee for the use of water resources	0	0	0	0	2	13	13	19	19	20
Other	0	1	2	146	241	239	278	306	322	342
5220 Impôts non-périodiques	0	0	0	0	0	0	57	80	74	97
Special tax on motor vehicles	..	..	0	..	..	..	..	..	..	..
Emissions Permits	..	..	..	..	..	..	57	80	74	97
5300 Non-ventilables entre 5100 et 5200	0	0	0	53	60	39	219	19	108	40
Miscellaneous taxes on production	..	..	..	53	60	39	219	19	108	40
6000 Autres impôts	**0**	**3**	**37**	**288**	**417**	**495**	**479**	**608**	**644**	**568**
6100 À la charge exclusive des entreprises	0	2	17	107	217	225	234	354	406	285
General services and licenses granted to corporations	0	2	17	107	217	225	234	354	406	285
6200 À la charge d'autres agents	0	0	20	181	200	270	245	254	239	282
Fees collected by courts of justice	0	0	0	175	189	254	219	252	238	274
Miscellaneous taxes	0	0	20	5	11	17	25	1	1	8
Droits de douane perçus pour l'UE	**..**	**..**	**..**	**204**	**185**	**177**	**144**	**158**	**174**	**187**
Import duties	..	..	..	170	156	157	119	158	173	187
Agricultural levies	..	..	..	30	29	20	25	0	1	0
Levy on sugar and isoglucose	..	..	..	4	0	0	0	0	0	0
Recettes fiscales totales sur la base d'encaissements	**99**	**1 798**	**14 825**	**..**	**..**	**..**	**..**	**..**	**..**	**..**
Recettes fiscales totales sur la base des droits constatés	**..**	**..**	**..**	**39 888**	**55 829**	**54 708**	**58 015**	**61 938**	**63 634**	**67 027**

	1965	1980	1990	2000	2007	2010	2013	2015	2016	2017
Conciliation avec les comptes nationaux										
Impôts additionnels inclus dans les comptes nationaux	..	..	..	0	0	0	0	0	0	0
Impôt exclus des comptes nationaux	..	..	..	0	0	0	0	0	0	0
Différence dans les traitements des crédits d'impôts	..	..	..	0	0	0	0	0	0	0
Transfert en capital des recettes non collectées	..	..	..	0	0	0	0	0	0	0
Cotisations de sécurité sociale volontaires	..	..	..	0	0	0	0	0	0	0
Différences diverses	..	..	..	0	0	0	0	0	0	0
Comptes nationaux : impôts et cotisations sociales effectives	..	..	..	39 888	55 829	54 708	58 015	61 938	63 634	67 027
Cotisations sociales imputées	..	..	..	3 292	5 592	5 906	5 310	4 601	4 707	4 735
Comptes nationaux : impôts et toutes les cotisations sociales	..	..	..	43 181	61 421	60 613	63 326	66 539	68 342	71 763

.. Non disponible

Note : Fiscal year ending 31 December.

From 1995, data are on accrual basis.

Source : Instituto Nacionale de Estatistica; Conta do Estado, Contas de Gerência dos Fundos e Serviços Autonomos da Administraçao Central; Estatisticas das Financas publicas; Relatorio do Instituto de Gestao Financeira da Seguranta Social, Contas de Gerência das Regioes Autonomas da Madeira e dos Atores.

StatLink https://doi.org/10.1787/888934061143

Tableau 5.29. République slovaque : Tableau détaillé par pays, 1965-2017

Millions EUR

	1965	1980	1990	2000	2007	2010	2013	2015	2016	2017
Recettes fiscales totales	..	..	..	**10 626**	**18 417**	**18 972**	**22 456**	**25 388**	**26 266**	**28 089**
Recettes fiscales totales excluant les droits de douane	..	..	..	..	**18 282**	**18 829**	**22 342**	**25 269**	**26 142**	**27 953**
1000 Impôts sur revenu, bénéfices et gains en capital	..	..	..	**2 181**	**3 844**	**3 601**	**4 471**	**5 542**	**5 676**	**5 959**
1100 Des personnes physiques	..	..	..	1 055	1 820	1 790	2 175	2 464	2 679	2 855
1110 Sur le revenu et les bénéfices	..	..	..	1 055	1 820	1 790	2 175	2 464	2 679	2 855
Wages and salaries withholding	..	..	..	..	..	..	..	..	..	..
Of unicorporated individuals	..	..	..	..	..	..	..	..	..	..
1120 Sur les gains en capital	..	..	..	0	0	0	0	0	0	0
1200 Des sociétés	..	..	..	813	1 835	1 659	2 118	2 917	2 818	2 925
1210 Sur les bénéfices	..	..	..	..	..	..	..	..	..	..
1220 Sur les gains en capital	..	..	..	..	..	..	..	..	..	..
1300 Non-ventilables entre 1100 et 1200	..	..	..	314	189	152	178	162	179	178
2000 Cotisations de sécurité sociale	..	..	..	**4 409**	**7 244**	**8 154**	**9 847**	**10 861**	**11 426**	**12 325**
2100 À la charge des salariés	..	..	..	901	1 700	2 077	2 238	2 410	2 644	2 941
Retirement	..	..	..	..	..	..	..	..	..	..
State employment policy	..	..	..	..	..	..	..	..	..	..
Health insurance	..	..	..	..	..	..	..	..	..	..
Sick leave	..	..	..	..	..	..	..	..	..	..
2110 Sur la base du salaire	..	..	..	901	1 700	2 077	2 238	2 410	2 644	2 941
2120 Sur la base de l'impôt sur les revenus	..	..	..	0	0	0	0	0	0	0
2200 À la charge des employeurs	..	..	..	2 850	3 914	4 579	5 556	6 283	6 467	7 198
Retirement	..	..	..	..	..	..	..	..	..	..
State employment policy	..	..	..	..	..	..	..	..	..	..
Health insurance	..	..	..	..	..	..	..	..	..	..
Sick leave	..	..	..	..	..	..	..	..	..	..
2210 Sur la base du salaire	..	..	..	2 850	3 914	4 579	5 556	6 283	6 467	7 198
2220 Sur la base de l'impôt sur les revenus	..	..	..	0	0	0	0	0	0	0
2300 A charge des travailleurs indép. ou sans emploi	..	..	..	658	1 631	1 498	2 054	2 168	2 315	2 186
Retirement	..	..	..	..	..	..	..	..	..	..
State employment policy	..	..	..	..	..	..	..	..	..	..
Health insurance	..	..	..	..	..	..	..	..	..	..
Sick leave	..	..	..	..	..	..	..	..	..	..
2310 Sur la base du salaire	..	..	..	658	1 631	1 498	2 054	2 168	2 315	2 186
2320 Sur la base de l'impôt sur les revenus	..	..	..	0	0	0	0	0	0	0
2400 Non-ventilables entre 2100, 2200 et 2300	..	..	..	0	0	0	0	0	0	0
2410 Sur la base du salaire	..	..	..	..	..	..	..	..	..	..
2420 Sur la base de l'impôt sur les revenus	..	..	..	..	..	..	..	..	..	..
3000 Sur salaires ou main d'oeuvre	..	..	..	**0**	**0**	**0**	**0**	**0**	**0**	**0**
4000 Impôts sur le patrimoine	..	..	..	**194**	**245**	**277**	**327**	**335**	**348**	**361**
4100 Impôts périodiques sur la propriété immobilière	..	..	..	143	243	277	327	335	348	361
4110 Ménages	..	..	..	55	76	88	105	107	111	115
4120 Autres agents	..	..	..	88	168	189	223	228	237	246
4200 Impôts périodiques sur l'actif net	..	..	..	0	0	0	0	0	0	0
4210 Personnes physiques	..	..	..	..	..	..	..	..	..	..
4220 Sociétés	..	..	..	..	..	..	..	..	..	..
4300 Impôts sur mut. par décès, succ. et donations	..	..	..	8	0	0	0	0	0	0
4310 Impôts sur mut. par décès et successions	..	..	..	3	0	0	0	0	0	..
4320 Impôts sur les donations	..	..	..	5	0	0	0	0	0	..
4400 Impôts sur transact. mobilières et immob.	..	..	..	43	1	0	0	0	0	0
Real property transfer tax	..	..	..	30	1	0	0	0	0	0
4500 Impôts non-périodiques	..	..	..	0	0	0	0	0	0	0
4510 Sur l'actif net	..	..	..	..	..	..	..	..	..	..
4520 Autres non-périodiques	..	..	..	..	..	..	..	..	..	..
4600 Autres impôts périodiques sur patrimoine	..	..	..	0	0	0	0	0	0	0
5000 Impôts sur les biens et services	..	..	..	**3 842**	**6 948**	**6 797**	**7 697**	**8 531**	**8 691**	**9 308**
5100 Impôts sur production, vente, transfert, etc.	..	..	..	3 621	6 419	6 255	7 051	7 841	7 955	8 573
5110 Impôts généraux	..	..	..	2 168	4 147	4 182	4 696	5 420	5 420	5 917
5111 Taxes sur la valeur ajoutée	..	..	..	2 168	4 147	4 182	4 696	5 420	5 420	5 917
5112 Impôts sur les ventes	..	..	..	0	0	0	0	0	0	0
5113 Autres impôts	..	..	..	0	0	0	0	0	0	0
5120 Impôts sur biens et services déterminés	..	..	..	1 453	2 271	2 073	2 355	2 421	2 536	2 656

	1965	1980	1990	2000	2007	2010	2013	2015	2016	2017
5121 Accises	..	..	..	971	2 171	1 931	1 985	2 108	2 174	2 251
On hydrocarbon fuels and lubricants	..	..	..	617	1 118	1 032	1 045	1 139	1 194	1 230
On alcohol and liquers	..	..	..	143	201	197	201	205	209	212
On beer	..	..	..	43	66	56	56	57	57	57
On wine	..	..	..	12	4	4	4	4	5	4
On tobacco products	..	..	..	156	783	602	636	665	672	711
On electricity	..	..	..	0	0	16	17	13	12	11
On coal	..	..	..	0	0	1	1	0	0	0
On natural gas	..	..	..	0	0	24	25	23	25	26
5122 Bénéfices des monopoles fiscaux	..	..	..	0	0	0	0	0	0	0
5123 Droits de douane et droits à l'importation	..	..	..	437	1	0	0	0	0	0
Customs duties	..	..	..	122	0	0	0	0	0	0
Import surcharges	..	..	..	315	0	0	0	0	0	0
Other customs revenues	..	..	..	0	0	0	0	0	0	0
5124 Taxes à l'exportation	..	..	..	0	0	0	0	0	0	0
5125 Impôts sur biens d'équipement	..	..	..	0	0	0	6	2	2	3
5126 Impôts sur services déterminés	..	..	..	45	99	142	364	310	360	403
5127 Autres impôts sur commerce et transact. internat.	..	..	..	0	0	0	0	0	0	0
5128 Autres impôts	..	..	..	0	0	0	0	0	0	0
5130 Non-ventilables entre 5110 et 5120	..	..	..	0	0	0	0	0	0	0
5200 Impôts sur utilisation des biens et exerc. activités	..	..	..	219	424	409	495	538	581	575
5210 Impôts périodiques	..	..	..	219	372	384	466	470	495	500
5211 À la charge des ménages : véhicules à moteur	..	..	..	0	0	0	0	0	0	0
5212 À la charge autres agents : véhicules à moteur	..	..	..	76	124	127	153	142	145	150
5213 Autres impôts périodiques	..	..	..	143	248	257	313	328	350	350
5220 Impôts non-périodiques	..	..	..	0	53	25	29	68	86	75
5300 Non-ventilables entre 5100 et 5200	..	..	..	2	105	134	151	153	155	160
6000 Autres impôts	**..**	**..**	**..**	**0**	**0**	**0**	**0**	**0**	**0**	**0**
6100 À la charge exclusive des entreprises	..	..	..	..	..	..	..	..	..	..
6200 À la charge d'autres agents	..	..	..	..	..	..	..	..	..	..
Droits de douane perçus pour l'UE	**..**	**..**	**..**	**..**	**136**	**143**	**115**	**119**	**124**	**136**
Crédits d'impôts récupérables										
Crédits d'impôts récupérables contre 1110	..	..	..	..	252	276	265	261	263	266
Composante fiscale	..	..	..	..	..	..	..	..	..	..
Composante transfert	..	..	..	..	..	..	..	..	..	..
Crédits d'impôts récupérables contre 1210	..	..	..	..	0	0	0	0	0	0
Composante fiscale	..	..	..	..	..	..	..	..	..	..
Composante transfert	..	..	..	..	..	..	..	..	..	..
Recettes fiscales totales sur la base d'encaissements	**..**	**..**	**..**	**10 821**	**17 993**	**18 322**	**21 934**	**25 555**	**26 146**	**27 437**
Recettes fiscales totales sur la base des droits constatés	**..**	**..**	**..**	**10 626**	**18 417**	**18 972**	**22 456**	**25 388**	**26 266**	**28 089**
Conciliation avec les comptes nationaux										
Impôts additionnels inclus dans les comptes nationaux	..	..	..	53	33	47	0	43	10	10
Impôt exclus des comptes nationaux	..	..	..	0	-103	-131	-148	-149	-152	-157
Différence dans les traitements des crédits d'impôts	..	..	..	0	0	0	0	0	0	0
Transfert en capital des recettes non collectées	..	..	..	0	0	0	0	0	0	0
Cotisations de sécurité sociale volontaires	..	..	..	0	22	31	17	11	10	10
Différences diverses	..	..	..	0	0	0	0	0	0	0
Comptes nationaux : impôts et cotisations sociales effectives	..	..	..	10 679	18 370	18 919	22 326	25 292	26 133	27 952
Cotisations sociales imputées	..	..	..	19	80	139	142	171	181	189
Comptes nationaux : impôts et toutes les cotisations sociales	..	..	..	10 699	18 449	19 058	22 468	25 463	26 314	28 141

.. Non disponible
Note : Year ending 31st December.
Data are on accrual basis.
Source : Ministry of Finance.

StatLink https://doi.org/10.1787/888934061162

Tableau 5.30. Slovénie : Tableau détaillé par pays, 1965-2017

Millions EUR

	1965	1980	1990	2000	2007	2010	2013	2015	2016	2017
Recettes fiscales totales	..	..	..	**6 924**	**13 030**	**13 376**	**13 199**	**14 118**	**14 732**	**15 598**
Total tax revenue exclusive of customs duties	..	..	..	..	**12 945**	**13 317**	**13 147**	**14 067**	**14 680**	**15 544**
1000 Impôts sur revenu, bénéfices et gains en capital	..	..	..	**1 280**	**3 041**	**2 692**	**2 285**	**2 547**	**2 766**	**2 980**
1100 Des personnes physiques	..	..	..	1 041	1 919	2 020	1 849	1 977	2 119	2 214
1110 Sur le revenu et les bénéfices	..	..	..	1 039	1 916	2 017	1 847	1 974	2 116	2 211
Personal income tax	..	..	..	1 039	1 916	2 017	1 847	1 974	2 116	2 211
Special contribution for the reconstruction of the Posocje region	..	..	..	0	0	0	0	0	0	0
1120 Sur les gains en capital	..	..	..	2	3	3	3	3	3	3
Taxes on winnings from lottery and gambling	..	..	..	2	3	3	3	3	3	3
1200 Des sociétés	..	..	..	216	1 116	668	433	568	645	764
1210 Sur les bénéfices	..	..	..	216	1 116	668	433	568	645	764
1220 Sur les gains en capital	..	..	..	0	0	0	0	0	0	0
1300 Non-ventilables entre 1100 et 1200	..	..	..	24	5	4	3	2	3	3
Tax on income - copy rights, patents and trademarks	..	..	..	24	5	4	2	2	3	2
Tax on profits due to changes in land use	..	..	..	0	0	0	0	0	0	0
2000 Cotisations de sécurité sociale	..	..	..	**2 631**	**4 724**	**5 382**	**5 269**	**5 606**	**5 842**	**6 240**
2100 À la charge des salariés	..	..	..	1 446	2 488	2 778	2 637	2 910	3 018	3 247
2110 Sur la base du salaire	..	..	..	1 446	2 488	2 778	2 637	2 910	3 018	3 247
2120 Sur la base de l'impôt sur les revenus	..	..	..	0	0	0	0	0	0	0
2200 À la charge des employeurs	..	..	..	1 008	1 844	2 063	2 022	2 135	2 240	2 408
2210 Sur la base du salaire	..	..	..	1 008	1 844	2 063	2 022	2 135	2 240	2 408
2220 Sur la base de l'impôt sur les revenus	..	..	..	0	0	0	0	0	0	0
2300 A charge des travailleurs indép. ou sans emploi	..	..	..	177	392	541	610	561	584	585
2310 Sur la base du salaire	..	..	..	177	392	541	610	561	584	585
2320 Sur la base de l'impôt sur les revenus	..	..	..	0	0	0	0	0	0	0
2400 Non-ventilables entre 2100, 2200 et 2300	..	..	..	0	0	0	0	0	0	0
2410 Sur la base du salaire	..	..	..	..	..	..	..	..	..	..
2420 Sur la base de l'impôt sur les revenus	..	..	..	..	..	..	..	..	..	..
3000 Sur salaires ou main d'oeuvre	..	..	..	**289**	**418**	**28**	**23**	**20**	**20**	**21**
Payroll tax	..	..	..	272	391	0	0	0	0	0
Tax on work contracts	..	..	..	18	27	28	23	20	20	21
4000 Impôts sur le patrimoine	..	..	..	**120**	**206**	**222**	**232**	**241**	**254**	**277**
4100 Impôts périodiques sur la propriété immobilière	..	..	..	81	140	173	199	199	210	221
4110 Ménages	..	..	..	17	38	46	61	56	63	64
Property tax on weekend cottages	..	..	..	1	1	1	1	1	1	1
Compensation on the use of building ground - paid by individuals	..	..	..	16	37	45	48	56	62	63
Tax on immovable property of higher value	..	..	..	0	0	0	13	0	0	0
4120 Autres agents	..	..	..	65	102	127	138	142	147	158
Property tax on buildings	..	..	..	2	3	3	4	4	4	5
Compensation on the use of building ground - paid by legal entities	..	..	..	63	100	124	134	139	143	153
4200 Impôts périodiques sur l'actif net	..	..	..	4	0	0	0	0	0	0
4210 Personnes physiques	..	..	..	0	..	..	..	..	..	..
4220 Sociétés	..	..	..	4	..	..	..	..	..	..
Tax on balance wealth paid by banks	..	..	..	4	..	..	..	..	..	..
4300 Impôts sur mut. par décès, succ. et donations	..	..	..	2	9	14	8	8	8	11
4310 Impôts sur mut. par décès et successions	..	..	..	..	..	..	..	..	..	..
4320 Impôts sur les donations	..	..	..	..	..	..	..	..	..	..
4400 Impôts sur transact. mobilières et immob.	..	..	..	23	57	32	23	29	32	41
Taxes on the sale of immovable property - from legal entities	..	..	..	11	19	7	5	7	8	5
Taxes on the sale of immovable property - from individuals	..	..	..	12	38	25	18	23	23	36
4500 Impôts non-périodiques	..	..	..	10	0	2	1	4	5	3
4510 Sur l'actif net	..	..	..	0	..	0	0	0	0	0
4520 Autres non-périodiques	..	..	..	10	..	2	1	4	5	3
Payments for the change of use of agricultural and forest land	..	..	..	10	..	0	1	2	4	2
Granting of easements and the creation of building rights	..	..	..	0	..	2	1	3	1	2
4600 Autres impôts périodiques sur patrimoine	..	..	..	0	0	0	0	0	0	0
Property tax on boats	..	..	..	0	0	0	0	0	0	0
5000 Impôts sur les biens et services	..	..	..	**2 602**	**4 556**	**4 994**	**5 337**	**5 653**	**5 797**	**6 026**
5100 Impôts sur production, vente, transfert, etc.	..	..	..	2 481	4 341	4 779	4 996	5 275	5 414	5 623
5110 Impôts généraux	..	..	..	1 641	2 916	2 927	3 048	3 221	3 319	3 483

	1965	1980	1990	2000	2007	2010	2013	2015	2016	2017
5111 Taxes sur la valeur ajoutée	..	..	..	1 610	2 916	2 927	3 048	3 221	3 319	3 483
Value added tax	..	..	..	1 598	2 898	2 924	3 044	3 217	3 314	3 479
Negative compensation of farmers in a VAT flat rate system	..	..	..	12	18	3	4	5	4	4
5112 Impôts sur les ventes	..	..	..	8	0	0	0	0	0	0
Customs duties paid by individuals	..	..	..	1	..	..	..	..	..	..
Special import duties and customs charges	..	..	..	7	..	..	..	..	..	..
5113 Autres impôts	..	..	..	23	0	0	0	0	0	0
Turnover tax on goods	..	..	..	11	..	..	..	..	..	..
Turnover tax on services	..	..	..	12	..	..	..	..	..	..
Special turnover tax on alcohol	..	..	..	0	..	..	..	..	..	..
5120 Impôts sur biens et services déterminés	..	..	..	841	1 425	1 851	1 948	2 054	2 096	2 140
5121 Accises	..	..	..	581	1 196	1 555	1 579	1 626	1 670	1 707
Alcohol and alcoholic drinks	..	..	..	39	71	89	96	108	109	113
Mineral oil and gas	..	..	..	405	758	1 016	998	1 033	1 086	1 099
Tobacco	..	..	..	97	301	391	425	419	412	428
Duty free shops - alcohol and alcoholic drinks	..	..	..	3	0	0	0	0	0	0
Duty free shops - tobacco	..	..	..	17	0	0	0	0	0	0
Electric power and coal	..	..	..	0	4	19	31	34	34	32
Tax on the sales of new motor vehicles	..	..	..	18	60	40	26	26	23	28
Tax on the sales of used motor vehicles	..	..	..	2	2	0	0	0	0	0
Additional tax on motor vehicles	..	..	..	0	0	0	3	6	6	7
5122 Bénéfices des monopoles fiscaux	..	..	..	0	0	0	0	0	0	0
5123 Droits de douane et droits à l'importation	..	..	..	158	0	0	0	0	0	0
Import duties	..	..	..	151	..	..	..	..	..	..
Levies on imported agricultural products	..	..	..	7	..	..	..	..	..	..
5124 Taxes à l'exportation	..	..	..	0	0	0	0	0	0	0
5125 Impôts sur biens d'équipement	..	..	..	0	0	0	0	0	0	0
5126 Impôts sur services déterminés	..	..	..	102	230	296	369	428	426	432
Tax on special gambling (gambling in casinos)	..	..	..	25	64	53	41	48	46	45
Tax on classical gambling (lottery...)	..	..	..	1	3	3	3	3	3	3
Special tax on slot machines	..	..	..	4	0	0	0	0	0	0
Tax on insurance services	..	..	..	37	65	69	65	82	85	90
Sojourn tax	..	..	..	3	7	7	8	11	12	14
Concessions	..	..	..	1	29	40	90	79	74	69
Concessions duties on special gambling (in casinos)	..	..	..	26	55	47	38	37	31	38
Fire protection tax	..	..	..	4	6	7	8	8	8	8
Tax on lottery tickets	..	..	..	0	0	0	3	17	16	16
Tax on financial services	..	..	..	0	0	0	32	57	57	59
FIHO, FSO	..	..	..	0	0	25	26	27	23	22
SOS	..	..	..	0	0	23	10	11	11	11
Tax on balance wealth paid by banks	..	..	..	0	0	0	18	2	0	0
Commodity reserve fund	..	..	..	0	0	21	27	32	32	32
Deposit guarantee Fund, Single Resolution Fund	..	..	..	0	0	0	0	16	29	26
5127 Autres impôts sur commerce et transact. internat.	..	..	..	0	0	0	0	0	0	0
5128 Autres impôts	..	..	..	0	0	0	0	0	0	0
Sugar levy	..	..	..	..	0	..	..	..	..	..
5130 Non-ventilables entre 5110 et 5120	..	..	..	0	0	0	0	0	0	0
5200 Impôts sur utilisation des biens et exerc. activités	..	..	..	121	215	216	342	378	383	403
5210 Impôts périodiques	..	..	..	121	215	216	323	354	363	369
5211 À la charge des ménages : véhicules à moteur	..	..	..	49	87	86	109	118	120	122
Registration fees on motor vehicles, boats and airplanes paid by individuals	..	..	..	49	87	86	109	118	120	122
5212 À la charge autres agents : véhicules à moteur	..	..	..	12	21	20	24	27	28	30
Registration fees on motor vehicles, boats and airplanes paid by legal entities	..	..	..	12	21	20	24	27	28	30
Registration fees on tractors	..	..	..	0	0	0	0	0	0	0
5213 Autres impôts périodiques	..	..	..	59	107	110	189	209	215	218
Charges on the use of water	..	..	..	4	22	23	29	32	31	30
Taxes on waste pollution	..	..	..	7	10	3	4	3	2	2
Taxes on air pollution - caused by gas and hard fuels	..	..	..	3	8	10	10	13	13	15
Cont. of nuclear power plant to finance its de-composition	..	..	..	16	8	8	8	8	8	9
Indemnity for the restricted use of area on the territory of nuclear power plant	..	..	..	0	7	10	11	12	12	12
Taxes on air pollution	..	..	..	29	21	23	98	114	122	126
Special water tax	..	..	..	0	30	33	29	27	27	24
5220 Impôts non-périodiques	..	..	..	0	0	0	19	24	20	34
Emission permits	..	..	..	..	..	..	19	24	20	34
5300 Non-ventilables entre 5100 et 5200	..	..	..	0	0	0	0	0	0	0
6000 Autres impôts	**..**	**..**	**..**	**0**	**0**	**0**	**0**	**0**	**0**	**0**
6100 À la charge exclusive des entreprises	..	..	..	..	..	..	..	..	..	..
6200 À la charge d'autres agents	..	..	..	..	..	..	..	..	..	..

	1965	1980	1990	2000	2007	2010	2013	2015	2016	2017
Droits de douane perçus pour l'UE	..	..	..	..	**85**	**59**	**52**	**52**	**53**	**54**
Recettes fiscales totales sur la base d'encaissements	..	..	..	**6 990**	**12 937**	**13 350**	**13 129**	**14 182**	**14 738**	**15 632**
Recettes fiscales totales sur la base des droits constatés	..	..	..	**6 924**	**13 030**	**13 376**	**13 199**	**14 118**	**14 732**	**15 598**
Conciliation avec les comptes nationaux										
Impôts additionnels inclus dans les comptes nationaux	..	..	..	0	0	87	90	94	94	94
Radio and television licence fee	..	..	..	..	..	87	90	94	94	94
Impôt exclus des comptes nationaux	..	..	..	0	0	0	0	0	0	0
Différence dans les traitements des crédits d'impôts	..	..	..	0	0	0	0	0	0	0
Transfert en capital des recettes non collectées	..	..	..	0	0	0	0	0	0	0
Cotisations de sécurité sociale volontaires	..	..	..	0	0	0	0	0	0	0
Différences diverses	..	..	..	0	0	0	0	0	0	0
Comptes nationaux : impôts et cotisations sociales effectives	..	..	..	6 924	13 030	13 463	13 290	14 212	14 827	15 692
Cotisations sociales imputées	..	..	..	39	80	99	117	118	125	132
Comptes nationaux : impôts et toutes les cotisations sociales	..	..	..	6 962	13 110	13 562	13 407	14 330	14 952	15 823

.. Non disponible
Note : Year ending 31st December.
Data are on accrual basis.
Source : Statistical Office of the Republic of Slovenia.

StatLink https://doi.org/10.1787/888934061181

Tableau 5.31. Espagne : Tableau détaillé par pays, 1965-2017

Millions EUR

	1965	1980	1990	2000	2007	2010	2013	2015	2016	2017
Recettes fiscales totales	**1 238**	**22 002**	**103 662**	**218 194**	**397 802**	**345 925**	**344 097**	**368 419**	**376 227**	**396 059**
Recettes fiscales totales excluant les droits de douane	**..**	**..**	**..**	**217 223**	**396 080**	**344 416**	**342 782**	**366 616**	**374 356**	**394 129**
1000 Impôts sur revenu, bénéfices et gains en capital	**304**	**5 714**	**31 763**	**61 769**	**132 909**	**97 241**	**100 546**	**104 662**	**105 908**	**113 417**
1100 Des personnes physiques	177	4 481	22 527	41 851	81 267	75 745	78 343	78 673	80 347	86 341
Personal income tax	..	..	22 527	40 969	80 514	75 158	78 039	78 363	79 931	85 855
Income tax of non-residents	..	..	0	882	753	587	304	310	416	486
1110 Sur le revenu et les bénéfices	..	..	..	..	..	..	..	..	..	..
1120 Sur les gains en capital	..	..	..	..	..	..	..	..	..	..
1200 Des sociétés	114	1 119	9 146	19 918	51 642	21 496	22 203	25 989	25 561	27 076
Corporate income tax	..	..	9 146	19 616	49 750	19 369	21 079	24 713	23 836	25 217
Income tax of non-residents (legal persons)	..	..	0	302	1 892	2 127	1 124	1 276	1 725	1 859
1210 Sur les bénéfices	..	..	..	..	..	..	..	..	..	..
Tax on commercial activity	..	..	..	..	..	..	..	..	..	..
Special tax 4 percent	..	..	..	..	..	..	..	..	..	..
Taxes on profits	..	..	..	..	..	..	..	..	..	..
1220 Sur les gains en capital	..	..	..	..	..	..	..	..	..	..
1300 Non-ventilables entre 1100 et 1200	13	114	91	0	0	0	0	0	0	0
Local taxes	13	114	0	..	..	..	..	..	..	..
Other taxes	..	..	..	..	..	..	..	..	..	..
2000 Cotisations de sécurité sociale	**350**	**10 682**	**36 722**	**76 046**	**128 715**	**129 733**	**117 929**	**123 470**	**127 523**	**134 698**
2100 À la charge des salariés	81	2 376	5 976	12 336	20 582	20 512	16 697	18 839	19 642	20 669
2110 Sur la base du salaire	..	..	5 976	12 336	20 582	20 512	16 697	18 839	19 642	20 669
2120 Sur la base de l'impôt sur les revenus	..	..	0	0	0	0	0	0	0	0
2200 À la charge des employeurs	269	8 306	26 385	54 767	93 702	90 708	82 954	88 382	91 952	97 881
2210 Sur la base du salaire	..	..	26 385	54 767	93 702	90 708	82 954	88 382	91 952	97 881
2220 Sur la base de l'impôt sur les revenus	..	..	0	0	0	0	0	0	0	0
2300 A charge des travailleurs indép. ou sans emploi	0	0	4 361	8 943	14 431	18 513	18 278	16 249	15 929	16 148
Self-employment	..	..	2 492	6 985	10 280	10 461	10 474	11 057	11 259	11 670
Unemployment	..	..	1 869	1 958	4 151	8 052	7 804	5 192	4 670	4 478
2310 Sur la base du salaire	..	..	..	..	..	..	..	..	..	..
2320 Sur la base de l'impôt sur les revenus	..	..	..	..	..	..	..	..	..	..
2400 Non-ventilables entre 2100, 2200 et 2300	0	0	0	0	0	0	0	0	0	0
2410 Sur la base du salaire	..	..	..	..	..	..	..	..	..	..
2420 Sur la base de l'impôt sur les revenus	..	..	..	..	..	..	..	..	..	..
3000 Sur salaires ou main d'oeuvre	**0**	**0**	**0**	**0**	**0**	**0**	**0**	**0**	**0**	**0**
4000 Impôts sur le patrimoine	**79**	**1 004**	**5 718**	**14 033**	**32 537**	**22 841**	**24 676**	**28 155**	**28 819**	**29 648**
4100 Impôts périodiques sur la propriété immobilière	6	41	1 478	3 990	7 302	9 685	11 845	12 624	12 861	13 161
Real State tax (IBI)/Real State tax surcharge	..	41	1 478	3 982	7 267	9 657	11 755	12 581	12 819	13 120
Special Real State tax for non-residents	..	0	0	8	7	7	8	4	5	8
Other taxes on property, land or building use	..	0	0	0	3	0	1	1	0	0
4110 Ménages	..	..	..	0	0	0	0	0	0	0
4120 Autres agents	..	..	..	0	25	21	81	38	37	33
Tax on large commercial establishments	..	..	..	0	25	21	81	38	37	33
4200 Impôts périodiques sur l'actif net	0	107	637	1 414	2 484	694	2 080	1 944	2 043	2 159
4210 Personnes physiques	..	107	637	1 414	2 484	694	2 080	1 944	2 043	2 159
Wealth tax	..	..	637	1 200	2 059	110	1 370	1 184	1 257	1 348
Real State tax (unoccupied dwellings)	..	..	0	214	425	584	710	760	786	811
4220 Sociétés	..	0	0	0	0	0	0	0	0	0
4300 Impôts sur mut. par décès, succ. et donations	13	90	440	1 381	2 905	2 425	2 515	2 778	2 686	2 710
Inheritance and gift tax	..	..	440	1 381	2 905	2 425	2 515	2 778	2 686	2 710
4310 Impôts sur mut. par décès et successions	..	..	..	..	..	..	..	..	..	..
4320 Impôts sur les donations	..	..	..	..	..	..	..	..	..	..
4400 Impôts sur transact. mobilières et immob.	60	767	2 478	6 140	17 399	8 228	5 657	7 255	7 490	8 585
Taxes on property transactions	60	767	2 478	6 140	17 399	8 228	5 657	7 255	7 490	8 585
4500 Impôts non-périodiques	0	0	646	1 108	2 447	1 809	2 579	3 554	3 739	3 033
Levy on "Revaluation of Reserve Account" Law 16/2012	..	..	..	..	..	..	386	..	..	..
4510 Sur l'actif net	..	..	467	0	495	192	325	1 006	997	330
Tax on land holding gains	..	..	467	..	..	..	..	..	..	..
Urban use tax	..	..	..	..	495	192	90	73	64	96
Extraordinary resource of FGD	..	..	..	..	..	..	235	933	933	234
4520 Autres non-périodiques	..	..	179	1 108	1 952	1 617	1 868	2 548	2 742	2 703
Special duties	..	..	179	180	168	129	84	70	71	77
Land development contributions	..	..	0	223	368	225	71	61	80	55
Tax on the increase in value of urban terrains	..	..	0	705	1 416	1 263	1 711	2 417	2 591	2 571
Others	..	..	0	0	0	0	2	0	0	0

	1965	1980	1990	2000	2007	2010	2013	2015	2016	2017
4600 Autres impôts périodiques sur patrimoine	0	0	38	0	0	0	0	0	0	0
5000 Impôts sur les biens et services	**506**	**4 553**	**29 437**	**65 372**	**101 907**	**94 078**	**99 555**	**110 140**	**111 938**	**116 241**
5100 Impôts sur production, vente, transfert, etc.	503	4 552	26 732	59 278	93 343	86 720	91 643	101 884	103 478	107 566
5110 Impôts généraux	275	2 234	16 611	38 561	63 978	58 769	62 232	70 166	72 433	75 933
5111 Taxes sur la valeur ajoutée	0	0	16 304	38 546	63 943	58 458	62 058	69 982	72 243	75 738
Value added tax (VAT)	..	..	16 304	37 806	62 672	57 649	60 951	68 601	70 705	74 107
Canary Islands general indirect tax	..	..	0	740	1 271	809	1 107	1 381	1 538	1 631
5112 Impôts sur les ventes	0	0	0	15	35	311	174	184	190	195
Fees for RTVE (since 2010)	..	..	..	0	0	278	174	184	190	195
Fees from Nat. Commission of Telecomms. Market	..	..	..	15	35	33	0	0	0	0
5113 Autres impôts	275	2 234	307	0	0	0	0	0	0	0
Cascade tax	118	1 483	197	..	..	..	..	..	..	..
Excises on luxury expenditure	96	939	15	..	..	..	..	..	..	..
Other import duties	94	832	128	..	..	..	..	..	..	..
Refund of internal taxes	-33	-1 020	-33	..	..	..	..	..	..	..
5120 Impôts sur biens et services déterminés	228	2 317	10 120	20 717	29 365	27 951	29 411	31 718	31 045	31 633
5121 Accises	69	1 239	6 048	18 013	25 608	24 439	24 602	25 990	25 804	26 384
Special excises	69	1 239	10	0	0	0	0	0	0	0
On beer	0	0	87	202	307	302	302	317	327	342
On wine	0	0	0	0	0	0	0	0	0	0
On alcohol	0	0	481	821	1 032	881	779	887	977	897
On hydrocarbon	0	0	4 222	9 997	11 785	10 904	11 918	12 478	12 994	13 156
On tobacco	0	0	1 123	4 505	7 250	8 028	7 126	7 212	7 137	7 130
On electricity bills	0	0	0	703	1 153	1 483	1 560	1 456	1 343	1 387
On carbon	0	0	0	0	0	0	148	308	243	315
Tax on retail sales of specific hydrocarbons	0	0	0	0	1 356	1 238	499	0	1	1
Tax on oil derived fuels	0	0	120	237	263	220	267	316	308	332
Petrol tax	0	0	0	6	5	5	13	22	24	25
Production and storage of electricity	0	0	0	0	0	0	1 278	1 610	1 287	1 511
Tax Greenhouse Effect Flourinated	0	0	0	0	0	0	0	99	96	123
Other taxes	0	0	5	18	23	18	19	20	21	20
Canary Islands taxes on national products	0	0	0	51	86	71	75	85	87	90
Taxes on national products in Ceuta and Melilla	0	0	0	108	110	105	103	115	112	115
Fees from the National Energy Commission	0	0	0	13	27	35	0	0	0	0
Contribution to the National Energy Efficiency Fund	0	0	0	0	0	366	150	207	207	207
Special tax on certain means of transport	0	0	0	1 323	2 159	736	325	358	406	481
Fee for use of continental waters for electricity production	0	0	0	0	0	0	0	453	202	197
Special duties and other taxes on imported products	0	0	0	29	52	47	40	47	32	32
Other taxes on products	0	0	0	0	0	0	0	0	0	23
5122 Bénéfices des monopoles fiscaux	66	132	546	0	0	0	0	0	0	0
Tobacco	21	77	0	..	..	..	..	..	..	..
Petroleum	45	55	546	..	..	..	..	..	..	..
5123 Droits de douane et droits à l'importation	87	561	2 078	74	93	84	84	96	97	101
Import duties	87	561	1 394	0	0	0	0	0	0	0
Tax on Imports of Goods in the Canary Islands	0	0	137	33	51	44	45	53	55	58
Tax on Imports in Ceuta and Melilla	0	0	36	41	42	40	39	43	42	43
Customs duties collected for the EU	0	0	511	0	0	0	0	0	0	0
5124 Taxes à l'exportation	0	0	0	0	0	0	0	0	0	0
5125 Impôts sur biens d'équipement	0	0	0	0	0	0	0	0	0	0
5126 Impôts sur services déterminés	7	385	1 427	2 548	3 658	3 216	4 511	5 416	4 945	4 962
Taxes on betting and gambling	0	232	1 307	1 699	2 062	1 663	1 282	1 171	1 318	1 298
Taxes on other specific services	6	153	120	0	0	0	0	0	0	0
Taxes on insurance premiums	0	0	0	849	1 581	1 530	1 417	1 446	1 475	1 542
Tax on deposits of credit institution	0	0	0	0	15	23	236	422	447	414
Ordinary resource DGF	0	0	0	0	0	0	1 576	1 644	897	923
Tourist tax	0	0	0	0	0	0	0	43	82	109
EU SRF contribution	0	0	0	0	0	0	0	690	726	676
5127 Autres impôts sur commerce et transact. internat.	0	0	0	0	0	0	0	0	0	0
5128 Autres impôts	0	0	22	82	6	212	214	216	199	186
EU levies (excluding Customs duties collected for the EU)	..	..	22	77	-2	35	7	15	6	6
Others	..	..	0	5	8	8	20	34	33	33
Resource CORES	..	..	0	0	0	169	187	167	160	147
5130 Non-ventilables entre 5110 et 5120	0	0	0	0	0	0	0	0	0	0
5200 Impôts sur utilisation des biens et exerc. activités	3	1	2 633	6 094	8 564	7 358	7 912	8 256	8 460	8 675
5210 Impôts périodiques	3	1	1 616	4 301	5 355	5 762	6 469	6 424	6 637	6 675
Other taxes on luxury expenses	..	..	..	2	7	4	3	3	3	4
5211 À la charge des ménages : véhicules à moteur	..	0	461	1 129	1 698	1 810	1 876	1 729	1 867	1 838
Car registration tax	..	..	461	1 129	1 698	1 810	1 876	1 729	1 867	1 838
5212 À la charge autres agents : véhicules à moteur	..	0	117	286	430	458	475	466	393	387
Car registration tax	..	..	117	286	430	458	475	466	393	387

	1965	1980	1990	2000	2007	2010	2013	2015	2016	2017
5213 Autres impôts périodiques	..	1	1 038	2 884	3 220	3 490	4 115	4 226	4 374	4 446
Hunting and fishing taxes	..	..	0	28	28	34	34	30	30	27
Economic activity tax	..	..	925	1 934	1 635	1 785	1 701	1 798	1 821	1 849
Economic activity tax. surchage	..	..	0	0	0	0	0	0	0	0
Advertising	..	..	27	0	0	0	0	0	0	0
Tax on environment and pollution	..	..	0	0	0	0	0	0	0	0
Other taxes on environment	..	..	0	42	131	142	625	563	605	610
Tax on effluent, use of hydrocarbon and mines	..	..	0	45	82	47	126	180	189	183
Other fees paid by households for licences	..	..	0	179	264	228	206	245	292	323
Compensation for local taxes	..	..	86	140	176	165	129	118	124	138
Vehicle inspection duty	..	..	0	6	18	17	20	19	21	23
Municipal fees for private use of public space	..	..	0	510	886	1 072	1 274	1 273	1 292	1 293
5220 Impôts non-périodiques	0	0	1 017	1 793	3 209	1 596	1 443	1 832	1 823	2 000
Tax and building permits	..	..	327	1 117	2 227	859	519	575	659	784
Urban licenses	..	..	0	451	490	260	157	200	231	284
Greenhouse gas emission trading	..	..	0	0	0	0	138	412	396	451
Parafiscal taxes	..	..	690	225	492	477	629	645	537	481
5300 Non-ventilables entre 5100 et 5200	0	0	72	0	0	0	0	0	0	0
6000 Autres impôts	**0**	**49**	**22**	**3**	**12**	**523**	**76**	**189**	**168**	**125**
6100 À la charge exclusive des entreprises	..	49	0	0	0	0	0	0	0	0
6200 À la charge d'autres agents	..	0	22	3	12	523	76	189	168	125
Fees on guarantees	..	..	..	0	0	515	0	0	0	0
Other taxes on production	..	..	..	3	12	8	76	189	168	125
Droits de douane perçus pour l'UE	**..**	**..**	**..**	**971**	**1 722**	**1 509**	**1 315**	**1 803**	**1 871**	**1 930**
Crédits d'impôts récupérables										
Crédits d'impôts récupérables contre 1110	..	..	..	0	1 323	1 897	774	1 093	1 673	1 803
Composante fiscale	..	..	..	..	522	729	432	546	765	828
Composante transfert	..	..	..	..	801	1 168	342	547	908	975
Crédits d'impôts récupérables contre 1210	..	..	..	0	0	0	0	0	0	11
Composante fiscale	..	..	..	0	0	0	0	0	0	11
Composante transfert	..	..	..	0	0	0	0	0	0	0
Recettes fiscales totales sur la base d'encaissements	**1 238**	**22 002**	**103 662**	**213 976**	**391 946**	**337 383**	**342 417**	**365 916**	**375 233**	**393 770**
Recettes fiscales totales sur la base des droits constatés	**..**	**..**	**..**	**218 194**	**397 802**	**345 925**	**344 097**	**368 419**	**376 227**	**396 059**
Conciliation avec les comptes nationaux										
Impôts additionnels inclus dans les comptes nationaux	..	..	..	0	0	0	0	0	0	0
Impôt exclus des comptes nationaux	..	..	..	0	0	0	0	0	0	0
Différence dans les traitements des crédits d'impôts	..	..	..	0	522	729	432	546	765	839
Transfert en capital des recettes non collectées	..	..	..	-3 454	-4 837	-8 558	-6 501	-4 851	-3 794	-3 209
Cotisations de sécurité sociale volontaires	..	..	..	0	0	0	2 209	1 170	1 149	1 133
Différences diverses	..	..	..	0	0	0	0	0	0	0
Comptes nationaux : impôts et cotisations sociales effectives	..	..	..	214 740	393 487	338 096	340 237	365 296	374 364	394 835
Cotisations sociales imputées	..	..	..	5 379	7 702	8 916	8 079	7 680	7 335	7 225
Comptes nationaux : impôts et toutes les cotisations sociales	..	..	..	220 119	401 189	347 012	348 316	372 976	381 699	402 060

.. Non disponible

Note : Year ending 31st December.

From 2000, data are on accrual basis.

From 1981 the figures take into account the classification procedures set out in the OECD Interpretative Guide. Consequently they are not completely comparable with the figures for earlier years though the amounts involved are quite small.

Heading 1000: Includes a tax on property 'Contribucion Rustica' which would be more appropriately classified in 4110, and the 'Licencia fiscal industrial and professionales' which, because it is a tax levied by reference to the size of the firm, energy input, etc, would be more appropriately classified in 6000. The data necessary to provide a breakdown is not available.

All subdivisions are estimated.

Heading 2300: Contributions paid by self-employed were shown under heading 2100 until 1982.

Heading 4100: Most of these receipts fall under 4110.

Heading 4400: In 1988 revenues from taxes on legal Acts issued by Autonomous Communities (Local) are included in 4400.

Heading 5121 comprises certain local levies which may include non-tax revenues.

Source : Informacion Estatistica del Ministerio de Hacienda (for national taxes).

Cuentas de las Administraciones Publicas (for local taxes and social security) both published by Secretaria General Tecnica del Ministerio de Hacienda.

StatLink https://doi.org/10.1787/888934061200

Tableau 5.32. Suède : Tableau détaillé par pays, 1965-2017

Millions SEK

	1965	1980	1990	2000	2007	2010	2013	2015	2016	2017
Recettes fiscales totales	**40 003**	**259 216**	**755 953**	**1 166 006**	**1 482 704**	**1 521 312**	**1 617 482**	**1 809 354**	**1 938 742**	**2 032 324**
Recettes fiscales totales excluant les droits de douane	..	..	..	**1 162 556**	**1 477 605**	**1 515 899**	**1 612 505**	**1 803 111**	**1 932 699**	**2 026 099**
1000 Impôts sur revenu, bénéfices et gains en capital	**21 956**	**112 730**	**314 797**	**475 304**	**573 698**	**539 715**	**559 026**	**649 780**	**697 616**	**736 949**
1100 Des personnes physiques	19 500	106 376	291 146	387 531	457 760	423 915	459 078	525 901	577 111	608 328
1110 Sur le revenu et les bénéfices	19 390	105 866	289 598	353 106	408 054	389 372	426 777	456 837	502 506	527 938
Coupon tax	9	44	233	2 040	6 306	3 047	4 108	4 615	5 718	6 398
Duties on foreign artists	4	3	3	50	86	89	-1	2	0	0
National income tax individual	8 676	31 682	70 755	32 486	44 326	42 595	44 664	52 480	57 839	62 697
Local income tax individual	9 294	78 134	220 072	336 304	479 068	522 850	581 934	635 719	669 579	700 078
Tax reduction individual	0	-3 997	-1 465	-18 872	-122 029	-179 890	-204 632	-236 613	-231 424	-241 976
Other	1 407	0	0	1 098	296	681	704	635	795	741
1120 Sur les gains en capital	110	510	1 548	34 425	49 707	34 543	32 301	69 064	74 605	80 391
Lottery prize tax	110	510	1 548	60	0	0	0	0	0	0
1200 Des sociétés	2 456	6 354	23 651	87 772	115 937	115 800	99 948	123 878	120 505	128 621
1210 Sur les bénéfices	2 456	6 354	23 651	87 772	115 937	115 800	99 948	123 878	120 505	128 621
Tax on profits not distributed	1	10	3	0	0	0	0	0	0	0
National income tax b.c. list	1 425	2 078	19 774	74 501	103 150	103 944	93 097	115 507	115 860	124 419
Local income tax b.c. list	1 030	4 266	0	0	0	0	0	0	0	0
Special tax on profits	0	0	3 874	0	0	0	0	0	0	0
Taxes on pension insurance savings	0	0	0	13 271	12 787	11 856	6 850	8 371	4 646	4 202
1220 Sur les gains en capital	0	0	0	0	0	0	0	0	0	0
1300 Non-ventilables entre 1100 et 1200	0	0	0	0	0	0	0	0	0	0
2000 Cotisations de sécurité sociale	**4 851**	**74 647**	**205 867**	**306 974**	**388 505**	**384 668**	**376 684**	**404 851**	**438 870**	**443 110**
2100 À la charge des salariés	743	254	823	63 074	81 088	89 175	100 861	108 356	113 340	118 740
Health insurance fees	743	9	5	0	0	0	0	0	0	0
Unemployment insurance fees	0	245	818	0	0	0	0	0	0	0
Pension fees	0	0	0	63 074	81 088	89 175	100 861	108 356	113 340	118 740
2110 Sur la base du salaire	..	..	..	63 074	81 088	89 175	100 861	108 356	113 340	118 740
2120 Sur la base de l'impôt sur les revenus	..	..	..	0	0	0	0	0	0	0
2200 À la charge des employeurs	3 568	71 602	196 905	237 527	300 010	288 426	271 449	291 646	321 430	320 387
Survivors pension fees	0	20 343	44 181	14 847	19 611	20 362	15 693	17 305	18 954	11 983
Health insurance fees	717	26 005	58 334	74 097	100 979	71 292	58 365	64 332	78 540	74 389
Unemployment insurance fees	0	0	0	0	0	0	0	0	0	0
Labour market fees	0	982	12 516	45 975	48 471	55 443	39 007	37 926	41 632	43 924
Industrial injury insurance fees	132	1 201	4 663	12 030	7 844	8 146	4 022	4 431	4 856	3 422
Seamen's pension fees	0	10	26	30	0	0	0	0	0	0
Part pension fees	0	1 119	2 897	0	0	0	0	0	0	0
Supplementary pension fees	2 719	21 458	73 129	71 335	97 748	106 828	119 508	129 204	135 341	142 220
Parent insurance fees	0	484	1 159	19 215	25 356	26 355	34 854	38 448	42 108	44 448
2210 Sur la base du salaire	..	..	..	237 527	300 010	288 426	271 449	291 646	321 430	320 387
2220 Sur la base de l'impôt sur les revenus	..	..	..	0	0	0	0	0	0	0
2300 A charge des travailleurs indép. ou sans emploi	540	2 791	8 139	5 618	8 391	7 468	5 607	5 058	5 058	4 819
Survivors pension fees	0	943	1 580	451	662	687	442	443	444	256
Health insurance fees	260	992	1 702	1 988	3 297	2 082	550	256	326	273
Industrial injury insurance fees	0	64	191	365	264	275	113	84	113	58
Parent insurance fees	0	58	106	573	856	888	960	603	663	625
Supplementary pension fees	280	734	4 560	2 241	3 312	3 536	3 542	3 672	3 514	3 606
Reduction	0	0	0	0	0	0	0	0	0	0
2310 Sur la base du salaire	..	..	..	5 618	8 391	7 468	5 607	5 058	5 058	4 819
2320 Sur la base de l'impôt sur les revenus	..	..	..	0	0	0	0	0	0	0
2400 Non-ventilables entre 2100, 2200 et 2300	0	0	0	756	-984	-401	-1 233	-209	-958	-836
2410 Sur la base du salaire	..	..	..	756	-984	-401	-1 233	-209	-958	-836
2420 Sur la base de l'impôt sur les revenus	..	..	..	0	0	0	0	0	0	0
3000 Sur salaires ou main d'oeuvre	**13**	**6 759**	**18 686**	**50 106**	**83 279**	**107 515**	**172 170**	**194 121**	**203 432**	**233 192**
Special wage tax	0	61	0	22 391	30 225	33 090	36 832	40 283	43 640	45 977
Child care fees	0	4 740	13 080	0	0	0	0	0	0	0
Adult education fees	0	614	1 555	0	0	0	0	0	0	0
Building research fees	13	105	0	0	0	0	0	0	0	0
Labour welfare fees	0	257	2 033	0	0	0	0	0	0	0
Labour education fees	0	982	0	0	0	0	0	0	0	0
Labour market fees	0	0	0	112	156	219	7	-1	1	1
General wage fees	0	0	2 018	27 603	52 898	74 207	135 331	153 839	159 791	187 213
4000 Impôts sur le patrimoine	**712**	**2 424**	**26 630**	**39 890**	**36 228**	**36 509**	**41 182**	**43 852**	**46 254**	**45 472**
4100 Impôts périodiques sur la propriété immobilière	10	16	8 946	23 286	25 899	26 402	31 596	32 444	33 445	32 876
4110 Ménages	0	0	3 877	13 321	13 474	11 593	13 422	13 320	13 548	13 999
Special tax on real estate	..	..	3 877	13 321	13 474	11 593	13 422	13 320	13 548	13 999

	1965	1980	1990	2000	2007	2010	2013	2015	2016	2017
4120 Autres agents	10	16	5 069	9 965	12 424	14 809	18 174	19 124	19 897	18 877
Forestry levy	10	16	423	22	34	18	37	19	14	15
Special tax on real estate	0	0	4 646	9 943	12 390	14 791	18 137	19 105	19 883	18 863
4200 Impôts périodiques sur l'actif net	366	717	3 200	8 223	0	0	0	0	0	0
4210 Personnes physiques	361	702	3 135	8 043	..	..	..	..	..	..
4220 Sociétés	5	15	65	180	..	..	..	..	..	..
4300 Impôts sur mut. par décès, succ. et donations	155	545	1 433	2 549	23	9	-4	0	0	0
4310 Impôts sur mut. par décès et successions	143	495	1 118	2 088	15	9	-4	0	..	..
4320 Impôts sur les donations	12	50	315	460	8	0	0	0	..	..
4400 Impôts sur transact. mobilières et immob.	181	1 146	13 051	5 833	10 305	10 097	9 590	11 408	12 809	12 596
Taxes on financial and capital transactions	181	1 146	6 946	4 878	9 414	8 968	8 913	10 895	12 331	12 138
Turnover tax on securities	0	0	6 105	0	0	0	0	0	0	0
Tax on life group insurances	0	0	0	955	891	1 129	678	513	478	458
4500 Impôts non-périodiques	0	0	0	0	0	0	0	0	0	0
4510 Sur l'actif net	..	..	..	..	..	..	..	..	..	..
4520 Autres non-périodiques	..	..	..	..	..	..	..	..	..	..
4600 Autres impôts périodiques sur patrimoine	0	0	0	0	0	0	0	0	0	0
5000 Impôts sur les biens et services	**12 471**	**62 234**	**188 709**	**288 803**	**394 128**	**446 071**	**461 637**	**509 152**	**544 367**	**565 119**
5100 Impôts sur production, vente, transfert, etc.	11 808	58 474	181 587	281 370	381 045	429 672	445 135	490 399	524 670	545 195
5110 Impôts généraux	4 147	34 643	112 399	199 606	286 211	326 685	341 952	382 712	409 367	427 738
5111 Taxes sur la valeur ajoutée	0	34 643	112 399	197 483	282 586	322 603	337 822	378 830	404 987	425 053
5112 Impôts sur les ventes	4 147	0	0	0	0	0	0	0	0	0
5113 Autres impôts	0	0	0	2 123	3 625	4 082	4 130	3 882	4 379	2 685
5120 Impôts sur biens et services déterminés	7 661	23 831	69 188	81 764	94 834	102 986	103 183	107 687	115 304	117 457
5121 Accises	5 953	19 941	55 332	70 313	84 873	91 470	88 168	91 572	95 506	97 927
Taxes on petrol and fuel	1 420	4 229	17 171	39 011	44 501	47 426	43 869	44 906	47 647	47 145
Special sales tax	390	585	1 098	0	0	0	0	0	0	0
Sales tax on motor vehicles	325	553	1 983	195	3	0	0	0	0	0
Tobacco tax	1 150	3 087	5 636	7 747	9 742	10 588	11 136	11 825	11 918	11 872
Tax on spirits	1 548	4 431	6 205	4 902	4 249	4 324	4 001	4 208	4 233	4 327
Tax on wine	149	930	2 922	3 567	4 001	4 589	4 887	5 654	5 724	5 985
Tax on beer and soft drinks	242	964	2 532	2 355	2 773	3 219	3 329	3 895	3 973	4 122
Tax on energy consumption	729	5 162	16 352	11 451	18 994	21 035	20 827	20 787	21 709	23 557
Taxes on electricity from certain sources	0	0	1 018	0	0	0	0	0	0	0
Tax on wastes	0	0	0	1 085	609	289	119	297	302	185
Tax on cassette tapes	0	0	194	0	0	0	0	0	0	0
Tax on video recorders	0	0	221	0	0	0	0	0	0	0
Tax on chemicals	0	0	..	..	..	..	..	..	..	735
5122 Bénéfices des monopoles fiscaux	72	204	332	3 641	3 952	5 068	5 385	5 001	5 112	4 974
Alcohol monopoly wholesale	23	116	98	0	0	0	0	0	0	0
Alcohol monopoly retailing	49	88	234	80	296	302	116	198	289	282
Gaming monopoly retailing	0	0	0	3 561	3 657	4 766	5 269	4 803	4 823	4 691
5123 Droits de douane et droits à l'importation	1 419	2 433	8 308	0	0	0	0	0	0	0
Customs	1 080	1 300	3 115	..	..	..	..	..	..	..
Agricultural levies	339	1 133	5 193	..	..	..	..	..	..	..
5124 Taxes à l'exportation	0	0	0	0	0	0	0	0	0	0
5125 Impôts sur biens d'équipement	0	0	40	0	0	0	0	0	0	0
Investment tax	..	..	40	..	..	..	..	..	..	..
5126 Impôts sur services déterminés	217	1 253	5 176	6 472	4 341	5 745	9 072	10 587	14 269	14 150
Betting tax	79	223	616	0	0	0	0	0	0	0
Advertisement tax	0	202	1 073	1 116	657	335	244	200	201	170
Tax on gambling	0	69	88	1 245	1 315	1 378	1 309	1 353	1 455	1 485
Other specific services	138	656	2 938	4 111	2 369	4 031	7 520	9 034	12 613	12 496
Tax on charter travelling	0	103	461	0	0	0	0	0	0	0
Tax on air travel	..	..	..	..	..	..	..	..	..	..
5127 Autres impôts sur commerce et transact. internat.	0	0	0	0	0	0	0	0	0	0
5128 Autres impôts	0	0	0	1 339	1 668	703	559	527	417	406
5130 Non-ventilables entre 5110 et 5120	0	0	0	0	0	0	0	0	0	0
5200 Impôts sur utilisation des biens et exerc. activités	663	3 760	7 122	7 433	13 083	16 400	16 502	18 752	19 696	19 924
5210 Impôts périodiques	663	3 760	7 122	7 433	13 083	16 400	16 502	18 752	19 696	19 924
5211 À la charge des ménages : véhicules à moteur	336	1 241	2 003	4 969	7 451	8 550	8 275	10 897	10 082	10 884
5212 À la charge autres agents : véhicules à moteur	313	2 476	5 055	2 464	5 632	7 850	8 227	7 855	9 614	9 040
5213 Autres impôts périodiques	14	43	64	0	0	0	0	0	0	0
5220 Impôts non-périodiques	0	0	0	0	0	0	0	0	0	0
5300 Non-ventilables entre 5100 et 5200	0	0	0	0	0	0	0	0	0	0
6000 Autres impôts	**0**	**422**	**1 264**	**1 479**	**1 768**	**1 421**	**1 806**	**1 356**	**2 159**	**2 257**
6100 À la charge exclusive des entreprises	..	0	0	0	0	0	0	0	0	0
6200 À la charge d'autres agents	..	422	1 264	1 479	1 768	1 421	1 806	1 356	2 159	2 257
Droits de douane perçus pour l'UE	**..**	**..**	**..**	**3 450**	**5 099**	**5 412**	**4 976**	**6 243**	**6 044**	**6 225**
Recettes fiscales totales sur la base d'encaissements	**40 003**	**259 216**	**755 953**	**1 144 233**	**1 465 382**	**1 496 374**	**1 611 798**	**1 768 413**	**..**	**..**
Recettes fiscales totales sur la base des droits	**..**	**..**	**..**	**1 166 006**	**1 482 704**	**1 521 312**	**1 617 482**	**1 809 354**	**1 938 742**	**2 032 324**

	1965	1980	1990	2000	2007	2010	2013	2015	2016	2017
constatés										
Conciliation avec les comptes nationaux										
Impôts additionnels inclus dans les comptes nationaux	..	..	..	0	0	0	0	0	0	0
Impôt exclus des comptes nationaux	..	..	..	0	0	0	0	0	0	0
Différence dans les traitements des crédits d'impôts	..	..	..	0	0	0	0	0	0	0
Transfert en capital des recettes non collectées	..	..	..	0	0	0	0	0	0	0
Cotisations de sécurité sociale volontaires	..	..	..	8 108	13 903	14 884	15 881	16 697	17 986	19 225
Différences diverses	..	..	..	0	0	0	0	0	0	0
Comptes nationaux : impôts et cotisations sociales effectives	..	..	..	1 174 114	1 496 607	1 536 196	1 633 363	1 826 051	1 956 728	2 051 549
Cotisations sociales imputées	..	..	..	0	0	0	0	0	0	0
Comptes nationaux : impôts et toutes les cotisations sociales	..	..	..	1 174 114	1 496 607	1 536 196	1 633 363	1 826 051	1 956 728	2 051 549

.. Non disponible

Note : Year ending 31st December.

From 2000 data are on accrual basis.

Figures prior to 1970 are not strictly comparable with those of later years, though the amounts involved are insignificant.

Heading 1000: Receipts are on accrual and not on a cash basis for all years.

Heading 2000 includes some voluntary contributions.

Source : Monthly reports of central Government Revenues (unpublished) National Audit Bureau, Stockholm. Local Government Finance (SOS), Tax assessment statistics (SOS) , National Central Bureau of Statistics, Stockholm.National Accounts (Statistical Reports), National Bureau of Statistics, Stockholm.

StatLink https://doi.org/10.1787/888934061219

Tableau 5.33. Suisse : Tableau détaillé par pays, 1965-2017

Millions CHF

	1965	1980	1990	2000	2007	2010	2013	2015	2016	2017
Recettes fiscales totales	**11 237**	**46 385**	**85 367**	**127 572**	**151 923**	**163 017**	**173 557**	**181 466**	**183 981**	**191 040**
1000 Impôts sur revenu, bénéfices et gains en capital	**4 616**	**21 022**	**40 203**	**56 411**	**69 790**	**74 439**	**79 271**	**84 376**	**85 680**	**90 394**
1100 Des personnes physiques	3 748	18 056	27 824	37 948	47 994	51 835	53 803	56 377	57 072	57 817
1110 Sur le revenu et les bénéfices	3 547	17 622	27 824	37 948	47 994	51 835	53 803	56 377	57 072	57 817
Impôt fédéral direct	245	2 525	4 432	5 713	8 589	9 880	9 655	10 394	10 525	10 397
Taxe d'exemption service militaire	35	103	135	163	138	155	163	173	174	175
Impôt cantonal personnes physiques	1 473	7 510	12 856	17 592	23 094	24 957	26 273	27 185	27 532	28 070
Impôt communal personnes physiques	1 322	6 235	10 402	14 481	16 174	16 844	17 712	18 625	18 841	19 175
Impôt anticipé	358	1 249	0	0	0	0	0	0	0	0
Coupons	114	0	0	0	0	0	0	0	0	0
1120 Sur les gains en capital	201	434	0	0	0	0	0	0	0	0
Impôt cantonal personnes physiques	84	229	..	..	..	..	..	..	..	..
Impôt communal personnes physiques	112	190	..	..	..	..	..	..	..	..
Impôt fédéral direct	5	15	..	..	..	..	..	..	..	..
1200 Des sociétés	868	2 966	6 300	11 323	16 161	16 378	17 815	19 443	20 822	20 535
1210 Sur les bénéfices	801	2 818	6 300	11 323	16 161	16 378	17 815	19 443	20 822	20 535
Impôt fédéral direct	153	781	2 214	4 928	6 800	8 006	8 698	9 731	10 532	10 547
Impôt cantonal personnes morales	363	1 230	2 576	3 989	6 098	5 445	5 985	6 294	6 641	6 454
Impôt communal personnes morales	285	807	1 510	2 406	3 263	2 927	3 132	3 418	3 649	3 534
Impôt anticipé	0	0	0	0	0	0	0	0	0	0
1220 Sur les gains en capital	67	148	0	0	0	0	0	0	0	0
Impôt sur gains personnes morales	2	7	..	..	..	..	..	..	..	..
Impôt cantonal personnes morales	28	77	..	..	..	..	..	..	..	..
Impôt communal personnes morales	37	64	..	..	..	..	..	..	..	..
1300 Non-ventilables entre 1100 et 1200	0	0	6 079	7 140	5 635	6 226	7 653	8 556	7 786	12 042
Impôt anticipé	..	..	4 044	6 202	4 211	4 723	5 619	6 543	5 619	9 710
Impôt sur les gains immobiliers	..	..	2 035	938	1 424	1 502	2 033	2 014	2 167	2 332
Autre	..	..	0	0	0	0	0	0	0	0
2000 Cotisations de sécurité sociale	**1 670**	**10 844**	**19 892**	**30 750**	**34 949**	**38 369**	**42 654**	**44 073**	**44 527**	**44 998**
2100 À la charge des salariés	716	4 833	9 312	14 385	16 356	17 573	19 710	20 436	20 627	20 887
2110 Sur la base du salaire	716	4 833	9 312	14 385	16 356	17 573	19 710	20 436	20 627	20 887
2120 Sur la base de l'impôt sur les revenus	0	0	0	0	0	0	0	0	0	0
2200 À la charge des employeurs	747	4 897	9 320	14 398	16 371	17 600	19 742	20 468	20 663	20 922
2210 Sur la base du salaire	747	4 897	9 320	14 398	16 371	17 600	19 742	20 468	20 663	20 922
2220 Sur la base de l'impôt sur les revenus	0	0	0	0	0	0	0	0	0	0
2300 A charge des travailleurs indép. ou sans emploi	208	1 046	1 261	1 967	2 222	3 197	3 202	3 169	3 237	3 189
2310 Sur la base du salaire	209	1 046	1 261	1 967	2 222	3 197	3 202	3 169	3 237	3 189
2320 Sur la base de l'impôt sur les revenus	0	0	0	0	0	0	0	0	0	0
2400 Non-ventilables entre 2100, 2200 et 2300	0	68	0	0	0	0	0	0	0	0
2410 Sur la base du salaire	..	68	..	..	..	..	..	..	..	..
2420 Sur la base de l'impôt sur les revenus	..	0	..	..	..	..	..	..	..	..
3000 Sur salaires ou main d'oeuvre	**0**	**0**	**0**	**0**	**0**	**0**	**0**	**0**	**0**	**0**
4000 Impôts sur le patrimoine	**1 108**	**3 830**	**7 586**	**12 333**	**12 223**	**12 402**	**12 037**	**13 126**	**13 531**	**14 439**
4100 Impôts périodiques sur la propriété immobilière	78	304	447	735	895	968	1 052	1 138	1 203	1 270
4110 Ménages	78	304	447	735	895	968	1 052	1 138	1 203	1 270
Impôt sur immeubles canton	20	71	125	187	265	286	303	349	391	342
Impôt sur immeubles commune	58	233	322	548	630	682	748	789	811	927
4120 Autres agents	0	0	0	0	0	0	0	0	0	0
4200 Impôts périodiques sur l'actif net	692	2 201	3 382	5 254	7 002	7 105	7 403	8 083	8 688	9 002
4210 Personnes physiques	420	1 383	2 194	3 972	5 309	5 576	5 785	6 604	7 009	7 328
Impôt fortune canton	206	739	1 232	2 241	3 145	3 324	3 532	4 044	4 238	4 508
Impôt fortune commune	214	644	962	1 731	2 164	2 252	2 253	2 560	2 771	2 820
4220 Sociétés	272	818	1 188	1 282	1 693	1 529	1 617	1 479	1 679	1 673
Impôt capital fédéral direct	21	92	0	0	0	0	0	0	0	0
Impôt capital canton	142	436	760	821	1 107	969	1 032	947	1 080	1 093
Impôt capital commune	109	290	428	461	586	561	585	531	599	580
4300 Impôts sur mut. par décès, succ. et donations	142	393	896	1 215	869	974	966	1 088	1 148	1 191
4310 Impôts sur mut. par décès et successions	142	393	896	1 215	869	974	966	1 088	1 148	1 191
Impôt successions cantons	128	361	820	1 118	774	886	854	964	1 018	1 042
Impôt successions commune	14	32	76	97	96	88	112	124	130	149
4320 Impôts sur les donations	0	0	0	0	0	0	0	0	0	0

	1965	1980	1990	2000	2007	2010	2013	2015	2016	2017
4400 Impôts sur transact. mobilières et immob.	196	932	2 245	4 342	2 562	2 428	1 671	1 902	1 547	1 973
Impôt mutations canton	48	245	115	144	182	182	185	177	184	191
Impôt mutations commune	21	103	39	52	42	50	52	52	52	60
Emissions de titres	99	175	0	0	405	779	182	360	209	407
Négociation de titres	19	409	0	0	1 933	1 417	1 253	1 314	1 102	1 315
Effets de change	9	0	0	0	0	0	0	0	0	0
Emissions et négociation de titres	0	0	2 091	4 146	0	0	0	0	0	0
4500 Impôts non-périodiques	0	0	0	0	0	0	0	0	0	0
4510 Sur l'actif net	..	..	..	..	..	..	..	..	..	..
4520 Autres non-périodiques	..	..	..	..	..	..	..	..	..	..
4600 Autres impôts périodiques sur patrimoine	0	0	616	786	895	927	946	915	946	1 004
5000 Impôts sur les biens et services	**3 843**	**10 689**	**17 546**	**27 864**	**34 711**	**37 216**	**38 930**	**39 092**	**39 351**	**40 243**
5100 Impôts sur production, vente, transfert, etc.	3 582	9 863	15 975	25 302	30 669	32 264	33 861	33 760	33 775	34 380
5110 Impôts généraux	1 191	4 772	9 871	16 917	19 962	21 035	22 870	22 791	22 744	23 298
5111 Taxes sur la valeur ajoutée	0	0	9 871	16 594	19 604	20 662	22 501	22 397	22 396	22 902
5112 Impôts sur les ventes	1 191	4 772	0	323	358	373	369	393	349	396
Impôt sur les automobiles	..	..	..	323	358	373	369	393	349	396
Autres impôt sur les ventes	..	..	..	0	0	0	0	0	0	0
5113 Autres impôts	0	0	0	0	0	0	0	0	0	0
5120 Impôts sur biens et services déterminés	2 391	5 091	6 058	8 337	10 663	11 191	10 936	10 901	10 960	11 011
5121 Accises	1 016	3 427	4 604	6 810	7 805	8 295	8 099	8 056	8 089	8 105
Impôt sur bière	26	33	0	0	107	112	113	114	131	112
Impôt sur tabac	190	634	15	32	2 247	2 417	2 354	2 255	2 186	2 195
Supplément de prix autres	104	542	1 503	1 783	3	0	0	3	3	3
Droits carburants	467	955	1 334	2 975	3 076	3 110	3 034	2 864	2 848	2 791
Droits supplémentaires carburants	229	1 263	1 753	2 020	2 071	2 082	2 025	1 905	1 894	1 855
Taxes routières	0	0	0	0	0	0	0	0	0	0
Impôt sur les huiles minérales grévant les combustibles	0	0	0	0	20	20	23	19	17	18
Impôt sur les automobiles	0	0	0	0	0	0	0	0	0	0
Impôt boissons distillées	0	0	0	1	281	296	292	279	279	282
Taxe sur la consommation d'électricité	0	0	0	0	0	259	258	617	731	847
5122 Bénéfices des monopoles fiscaux	158	472	0	0	0	0	0	0	0	0
Monopole d'alcool	111	354	..	..	..	..	..	..	..	..
Régale des sels	16	25	..	..	..	..	..	..	..	..
Régale des eaux	30	90	..	..	..	..	..	..	..	..
Autres	1	3	..	..	..	..	..	..	..	..
5123 Droits de douane et droits à l'importation	1 104	953	1 201	1 096	1 040	1 079	1 059	1 056	1 134	1 103
Droits d'entrée	972	923	1 201	1 096	1 040	1 079	1 059	1 056	1 134	1 103
Droits tabac	114	6	0	0	0	0	0	0	0	0
Autres droits supplémentaires	18	24	0	0	0	0	0	0	0	0
5124 Taxes à l'exportation	0	0	0	0	0	0	0	0	0	0
5125 Impôts sur biens d'équipement	0	0	0	0	0	0	0	0	0	0
5126 Impôts sur services déterminés	113	239	253	431	1 818	1 816	1 778	1 789	1 737	1 804
Jeux dans kursaals confédération	2	2	2	37	449	381	308	272	274	273
Impôt sur divertissement canton	17	37	23	27	39	101	73	67	68	66
Impôt sur divertissement commune	11	19	46	26	18	17	15	15	16	18
Autres impôts dépenses canton	24	63	..	0	0	0	0	0	0	0
Autres impôts dépenses commune	19	6	..	0	0	0	0	0	0	0
Quittances de primes	40	112	..	0	645	659	700	715	706	713
Impôts loteries	0	0	181	320	474	459	466	517	472	532
Autres	0	0	0	20	193	199	216	204	202	201
5127 Autres impôts sur commerce et transact. internat.	0	0	0	0	0	0	0	0	0	0
5128 Autres impôts	0	0	0	0	0	0	0	0	0	0
5130 Non-ventilables entre 5110 et 5120	0	0	46	47	44	38	55	68	71	72
5200 Impôts sur utilisation des biens et exerc. activités	261	826	1 570	2 562	4 043	4 952	5 069	5 332	5 576	5 862
5210 Impôts périodiques	261	826	1 570	2 562	4 043	4 952	5 069	5 328	5 572	5 858
5211 À la charge des ménages : véhicules à moteur	152	501	1 075	1 573	1 845	1 953	1 977	2 074	2 109	2 136
À la charge des ménages : véhicules à moteur	..	..	921	1 336	1 580	1 667	1 685	1 768	1 801	1 819
À la charge des ménages : vignette autoroutière	..	..	154	237	265	286	292	306	308	317
5212 À la charge autres agents : véhicules à moteur	76	251	431	799	1 901	2 092	2 093	2 054	2 059	2 249
À la charge des autres agents : véhicules à moteur	..	..	367	686	395	417	421	442	450	455
À la charge des autres agents : vignette autoroutière	..	..	39	59	66	72	73	77	77	79
À la charge autres agents : redevance trafic poids lourds	..	..	25	54	1 440	1 604	1 599	1 536	1 532	1 715

	1965	1980	1990	2000	2007	2010	2013	2015	2016	2017
5213 Autres impôts périodiques	33	74	64	190	296	907	999	1 199	1 404	1 473
Chasse et pêche	9	20	..	0	0	0	0	0	0	0
Impôt sur chiens canton	3	9	6	9	8	8	10	9	10	10
Impôt sur chiens commune	2	8	14	21	25	30	33	35	38	43
Auberges canton	12	24	0	0	0	0	0	0	0	0
Patentes canton	5	12	0	0	0	0	0	0	0	0
Autres	2	1	0	33	33	30	31	24	15	13
Taxes d'incitation, protection de l'environnement	0	0	3	73	166	755	833	1 036	1 236	1 294
Patentes et concessions	0	0	42	53	64	84	93	94	105	114
5220 Impôts non-périodiques	0	0	0	0	0	0	0	5	4	5
5300 Non-ventilables entre 5100 et 5200	0	0	0	0	0	0	0	0	0	0
6000 Autres impôts	**0**	**0**	**140**	**215**	**249**	**590**	**664**	**799**	**891**	**966**
6100 À la charge exclusive des entreprises	..	..	42	65	75	274	300	342	344	337
6200 À la charge d'autres agents	..	..	98	151	174	316	364	457	547	629
Taxe de compensation	..	..	98	151	174	187	191	190	201	199
Autres	..	..	..	..	..	130	173	267	346	431
Recettes fiscales totales sur la base d'encaissements	**11 237**	**46 385**	..	..	..	..	..	..	..	..
Recettes fiscales totales sur la base des droits constatés	..	..	**85 367**	**127 572**	**151 923**	**163 017**	**173 557**	**181 466**	**183 981**	**191 040**
Conciliation avec les comptes nationaux										
Impôts additionnels inclus dans les comptes nationaux	..	..	0	0	0	0	0	0	0	0
Impôt exclus des comptes nationaux	..	..	0	0	0	0	0	0	0	0
Différence dans les traitements des crédits d'impôts	..	..	0	0	0	0	0	0	0	0
Transfert en capital des recettes non collectées	..	..	-242	-733	-964	-1 101	-1 265	-1 061	-1 001	-874
Cotisations de sécurité sociale volontaires	..	..	0	0	0	0	0	0	0	0
Différences diverses	..	..	0	0	0	0	0	0	0	0
Comptes nationaux : impôts et cotisations sociales effectives	..	..	85 126	126 839	150 959	161 916	172 292	180 405	182 980	190 167
Cotisations sociales imputées	..	..	362	501	468	399	482	334	385	471
Comptes nationaux : impôts et toutes les cotisations sociales	..	..	85 488	127 340	151 427	162 315	172 774	180 739	183 365	190 638

.. Non disponible
Note : Année civile se terminant le 31 décembre.
Les données sont sur la base des droits constatés.
Les chiffres antérieurs à 1970 ne sont pas strictement comparables avec ceux des années suivantes qui ont été légèrement révisés.
A compter de 1985 les "Impôts paroissiaux" ne sont plus reportés dans ces statistiques.
A la rubrique 1100: les paiements effectués en contrepartie de l'exemption du service militaire pourraient être classés dans les recettes non fiscales.
La rubrique 2000 (Cotisations de sécurité sociale) a été révisée depuis 1985 pour tenir compte de la sectorisation des administrations publiques retenue dans le cadre du passage aux Comptes nationaux SEC95. De ce fait, les cotisations à l'assurance maladie et à la Caisse nationale suisse contre les accidents sont maintenant exclues de la rubrique 2000.
Source : Statistique financière, Administration fédérale des finances.

StatLink https://doi.org/10.1787/888934061238

Tableau 5.34. Turquie : Tableau détaillé par pays, 1965-2017

Millions TRY

	1965	1980	1990	2000	2007	2010	2013	2015	2016	2017
Recettes fiscales totales	**0**	**1**	**79**	**40 263**	**203 053**	**287 873**	**458 698**	**586 722**	**660 007**	**773 406**
1000 Impôts sur revenu, bénéfices et gains en capital	**0**	**0**	**26**	**11 890**	**48 197**	**61 317**	**92 749**	**119 144**	**139 574**	**165 306**
1100 Des personnes physiques	0	0	21	8 954	34 447	40 392	63 761	85 756	96 605	112 401
1110 Sur le revenu et les bénéfices	0	0	21	8 954	34 447	40 392	63 761	85 756	96 605	112 401
Income tax	0	0	21	8 954	34 447	40 392	63 761	85 756	96 605	112 401
1120 Sur les gains en capital	0	0	0	0	0	0	0	0	0	0
1200 Des sociétés	0	0	5	2 935	13 751	20 925	28 988	33 388	42 970	52 906
1210 Sur les bénéfices	0	0	5	2 935	13 751	20 925	28 988	33 388	42 970	52 906
Corporation tax	0	0	5	2 935	13 751	20 925	28 988	33 388	42 970	52 906
1220 Sur les gains en capital	0	0	0	0	0	0	0	0	0	0
1300 Non-ventilables entre 1100 et 1200	0	0	0	0	0	0	0	0	0	0
Fiscal balance tax	..	0	..	..	..	..	..	..	..	..
Capital gains tax on real estate sales	..	0	..	..	..	..	..	..	..	..
2000 Cotisations de sécurité sociale	**0**	**0**	**15**	**7 543**	**44 052**	**71 696**	**125 871**	**170 282**	**190 247**	**226 720**
2100 À la charge des salariés	0	0	6	2 712	17 867	26 934	49 831	64 214	72 850	86 410
2110 Sur la base du salaire	..	..	..	2 712	17 867	26 934	49 831	64 214	72 850	86 410
2120 Sur la base de l'impôt sur les revenus	..	..	..	0	0	0	0	0	0	0
2200 À la charge des employeurs	0	0	9	3 619	20 442	39 363	71 184	95 067	107 905	128 331
2210 Sur la base du salaire	..	..	..	3 619	20 442	39 363	71 184	95 067	107 905	128 331
2220 Sur la base de l'impôt sur les revenus	..	..	..	0	0	0	0	0	0	0
2300 A charge des travailleurs indép. ou sans emploi	0	0	1	1 211	5 743	5 399	4 856	11 001	9 493	11 979
2310 Sur la base du salaire	..	..	..	1 211	5 743	5 399	4 856	11 001	9 493	11 979
2320 Sur la base de l'impôt sur les revenus	..	..	..	0	0	0	0	0	0	0
2400 Non-ventilables entre 2100, 2200 et 2300	0	0	0	0	0	0	0	0	0	0
2410 Sur la base du salaire	..	..	..	..	..	..	..	..	..	..
2420 Sur la base de l'impôt sur les revenus	..	..	..	..	..	..	..	..	..	..
3000 Sur salaires ou main d'oeuvre	**0**	**0**	**0**	**0**	**0**	**0**	**0**	**0**	**0**	**0**
4000 Impôts sur le patrimoine	**0**	**0**	**2**	**1 272**	**7 621**	**11 684**	**21 280**	**28 582**	**31 873**	**34 857**
4100 Impôts périodiques sur la propriété immobilière	0	0	0	191	1 464	2 669	3 847	5 882	6 729	6 809
Real estate tax	0	0	..	191	1 464	2 669	3 847	5 882	6 729	6 809
4110 Ménages	..	..	..	..	..	..	..	..	..	..
4120 Autres agents	..	..	..	..	..	..	..	..	..	..
4200 Impôts périodiques sur l'actif net	0	0	0	0	0	0	0	0	0	0
4210 Personnes physiques	..	..	..	..	..	..	..	..	..	..
4220 Sociétés	..	..	..	..	..	..	..	..	..	..
4300 Impôts sur mut. par décès, succ. et donations	0	0	0	15	125	215	340	435	619	718
Gift and inheritance tax	0	0	0	15	125	215	340	435	619	718
4310 Impôts sur mut. par décès et successions	..	..	..	..	..	..	..	..	..	..
4320 Impôts sur les donations	..	..	..	..	..	..	..	..	..	..
4400 Impôts sur transact. mobilières et immob.	0	0	2	1 065	6 032	8 800	17 093	22 265	24 525	27 331
Stamp tax	0	0	2	818	3 642	5 083	9 416	12 045	13 419	15 596
Real estate purchase tax	0	0	0	0	0	0	0	0	0	0
Title deed fees	0	0	0	207	2 000	3 329	7 072	9 530	10 381	10 970
Notary fees	0	0	0	40	389	388	606	690	724	765
4500 Impôts non-périodiques	0	0	0	0	0	0	0	0	0	0
4510 Sur l'actif net	..	..	..	..	..	..	..	..	..	..
4520 Autres non-périodiques	..	..	..	..	..	..	..	..	..	..
4600 Autres impôts périodiques sur patrimoine	0	0	0	0	0	0	0	0	0	0
5000 Impôts sur les biens et services	**0**	**0**	**22**	**16 901**	**96 766**	**137 252**	**211 257**	**259 964**	**287 948**	**336 256**
5100 Impôts sur production, vente, transfert, etc.	0	0	22	16 328	92 605	131 878	203 364	250 261	277 580	324 935
5110 Impôts généraux	0	0	16	9 735	43 285	62 533	100 723	121 070	130 822	155 680
5111 Taxes sur la valeur ajoutée	..	..	14	9 735	43 285	62 533	100 723	121 070	130 822	155 680
5112 Impôts sur les ventes	..	..	0	0	0	0	0	0	0	0
5113 Autres impôts	..	..	1	0	0	0	0	0	0	0
5120 Impôts sur biens et services déterminés	0	0	6	6 593	49 320	69 345	102 641	129 191	146 757	169 256
5121 Accises	0	0	1	4 718	39 111	57 285	85 462	105 922	120 399	138 338
Sales taxes	0	0	0	0	0	0	0	0	0	0
Domestic production tax	0	0	0	0	0	0	0	0	0	0
Domestic production tax on petrol	0	0	0	0	0	0	0	0	0	0
Production tax on monopoly goods	0	0	0	0	0	0	0	0	0	0
Sugar consumption taxes	0	0	0	0	0	0	0	0	0	0
Motor vehicles purchase tax (Total)	0	0	1	916	4 293	6 193	10 565	17 027	18 873	22 017
Motor vehicles purchase tax	0	0	..	498	4 293	6 193	10 565	17 027	18 873	22 017
Additional motor vehicle purchase tax	0	0	..	418	0	0	0	0	0	0
Revenue from other excises	0	0	0	533	12 765	19 395	29 739	38 066	45 230	52 718
Petroleum consumption tax	0	0	0	3 269	22 052	31 697	45 158	50 830	56 296	63 603
5122 Bénéfices des monopoles fiscaux	0	0	0	0	0	0	0	0	0	0

	1965	1980	1990	2000	2007	2010	2013	2015	2016	2017
5123 Droits de douane et droits à l'importation	0	0	4	462	2 478	3 319	5 542	8 521	9 413	12 837
Customs duty	0	0	1	449	2 441	3 240	5 409	8 280	9 065	12 329
Customs duty on petrol	0	0	0	0	0	0	0	0	0	0
Production tax on imports	0	0	0	0	0	0	0	0	0	0
Production tax on petrol imports	0	0	0	0	0	0	0	0	0	0
Stamp duty on imports	0	0	2	0	0	0	0	0	0	0
Wharf duty	0	0	1	0	0	0	0	0	0	0
Other	0	0	0	13	37	80	133	240	348	508
5124 Taxes à l'exportation	0	0	0	0	0	0	0	0	0	0
5125 Impôts sur biens d'équipement	0	0	0	0	0	0	0	0	0	0
5126 Impôts sur services déterminés	0	0	1	997	7 686	4 005	6 853	10 014	11 968	14 262
Bank, insurance transaction tax	0	0	1	997	3 149	3 571	6 160	9 172	11 068	13 270
Transportation tax	0	0	0	0	0	0	0	0	0	0
PTT service tax	0	0	0	0	4 211	0	0	0	0	0
Tax on football pool	0	0	0	0	0	0	0	0	0	0
Lottery tax	0	0	0	0	327	434	692	842	900	993
5127 Autres impôts sur commerce et transact. internat.	0	0	0	0	0	0	0	0	0	0
Foreign travel expenditures tax	0	0	..	..	..	..	..	..	..	..
5128 Autres impôts	0	0	0	416	46	4 736	4 785	4 734	4 978	3 818
5130 Non-ventilables entre 5110 et 5120	0	0	0	0	0	0	0	0	0	0
5200 Impôts sur utilisation des biens et exerc. activités	0	0	0	572	4 161	5 374	7 894	9 703	10 368	11 321
5210 Impôts périodiques	0	0	0	359	4 161	5 374	7 894	9 703	10 368	11 321
Motor vehicles tax	0	0	0	359	0	5 374	7 894	9 703	10 368	11 321
5211 À la charge des ménages : véhicules à moteur	..	..	..	0	0	0	0	0	0	0
5212 À la charge autres agents : véhicules à moteur	..	..	..	359	4 161	5 374	7 894	9 703	10 368	11 321
Motor vehicles tax	..	..	..	302	3 521	5 033	7 353	8 949	9 986	10 825
Traffic fees	..	..	..	58	640	341	540	754	382	496
5213 Autres impôts périodiques	..	..	..	0	0	0	0	0	0	0
5220 Impôts non-périodiques	0	0	0	213	0	0	0	0	0	0
Building construction tax	..	0	..	..	..	..	..	..	..	..
5300 Non-ventilables entre 5100 et 5200	0	0	0	0	0	0	0	0	0	0
6000 Autres impôts	**0**	**0**	**13**	**2 658**	**6 417**	**5 924**	**7 541**	**8 750**	**10 365**	**10 266**
6100 À la charge exclusive des entreprises	..	0	0	0	0	0	0	0	0	0
6200 À la charge d'autres agents	..	0	13	2 658	6 417	5 924	7 541	8 750	10 365	10 266
Funds	..	..	..	1 938	0	0	0	0	0	0
Vocatial Train Pro.F.	..	..	..	67	0	0	0	0	0	0
Tax penalties and fines	..	..	..	548	4 191	2 689	3 175	3 779	4 850	3 838
Municipalities revenue	..	..	..	106	2 227	3 235	4 366	4 971	5 515	6 429
Recettes fiscales totales sur la base d'encaissements	**0**	**1**	**79**	**40 263**	**203 053**	**287 873**	**458 698**	**586 722**	**660 007**	**773 406**
Recettes fiscales totales sur la base des droits constatés	..	..	..	..	..	..	..	..	..	..
Conciliation avec les comptes nationaux										
Impôts additionnels inclus dans les comptes nationaux	..	..	..	..	..	..	..	..	..	..
Impôt exclus des comptes nationaux	..	..	..	..	..	..	..	..	..	..
Différence dans les traitements des crédits d'impôts	..	..	..	..	..	..	..	..	..	..
Transfert en capital des recettes non collectées	..	..	..	..	..	..	..	..	..	..
Cotisations de sécurité sociale volontaires	..	..	..	..	..	..	..	..	..	..
Différences diverses	..	..	..	..	..	..	..	..	..	..
Comptes nationaux : impôts et cotisations sociales effectives	..	..	..	..	..	..	..	..	..	..
Cotisations sociales imputées	..	..	..	..	..	..	..	..	..	..
Comptes nationaux : impôts et toutes les cotisations sociales	..	..	..	..	..	..	..	..	..	..

.. Non disponible

Note : From 1982 the data are based on the fiscal year ending 31st December. Before that the data are on a fiscal year basis beginning 1st March. Revenue is reported on a cash basis except for social security contributions which are reported on an assessment basis.

The figures under the local tax collections include taxes under "Municipalities Revenues Law" and Property tax. They also include transfers to the local authorities from central budget tax revenues under the revenue sharing system.

Heading 2000: Before 2003, contributions to some private social security schemes are included in this heading.

Source : Bulletin of national accounts and the Budget revenue Bulletin.

StatLink https://doi.org/10.1787/888934061257

Tableau 5.35. Royaume-Uni : Tableau détaillé par pays, 1965-2017

Millions GBP

	1965	1980	1990	2000	2007	2010	2013	2015	2016	2017
Recettes fiscales totales	**10 945**	**81 153**	**202 368**	**358 654**	**508 148**	**514 132**	**567 150**	**609 653**	**644 555**	**681 855**
Recettes fiscales totales excluant les droits de douane	**..**	**..**	**..**	**356 854**	**506 074**	**511 199**	**564 236**	**606 576**	**641 237**	**678 436**
1000 Impôts sur revenu, bénéfices et gains en capital	**4 050**	**30 651**	**79 576**	**142 197**	**202 063**	**193 806**	**201 542**	**214 870**	**229 942**	**243 181**
1100 Des personnes physiques	3 618	23 868	59 506	104 136	151 157	147 019	156 570	168 873	176 642	185 560
1110 Sur le revenu et les bénéfices	3 615	23 376	57 614	101 925	147 309	144 502	152 668	163 291	169 582	177 182
Income tax	..	23 370	57 614	101 925	147 309	144 502	152 668	163 291	169 582	177 182
Surtax	..	6	0	0	0	0	0	0	0	0
1120 Sur les gains en capital	3	492	1 892	2 211	3 848	2 517	3 902	5 582	7 060	8 378
1200 Des sociétés	484	6 783	20 070	38 061	50 906	46 787	44 972	45 997	53 300	57 621
1210 Sur les bénéfices	484	6 510	18 994	35 730	47 615	45 911	43 935	44 882	52 022	56 372
Petroleum revenue tax	..	1 799	941	1 540	1 387	1 349	1 296	-552	-768	-634
Supplementary petroleum duty	..	0	0	0	0	0	0	0	0	0
Corporation tax	..	4 712	18 053	34 190	45 514	43 919	41 972	44 814	52 093	56 267
Corporation tax overspill relief	..	-1	0	0	0	0	0	0	0	0
Profits tax	..	0	0	0	0	0	0	0	0	0
Windfall tax	..	0	0	0	0	0	0	0	0	0
Betting tax	..	0	0	0	590	568	605	595	686	737
Non fossil fuel obligation levy	..	0	0	0	124	75	62	25	11	2
1220 Sur les gains en capital	0	273	1 076	2 331	3 291	876	1 037	1 115	1 278	1 249
1300 Non-ventilables entre 1100 et 1200	-52	0	0	0	0	0	0	0	0	0
2000 Cotisations de sécurité sociale	**1 685**	**13 531**	**34 457**	**60 252**	**93 210**	**97 346**	**106 085**	**114 067**	**121 900**	**130 595**
2100 À la charge des salariés	770	5 228	13 296	24 175	36 585	38 703	41 481	44 454	47 304	50 411
2110 Sur la base du salaire	..	..	13 296	24 175	36 585	38 703	41 481	44 454	47 304	50 411
2120 Sur la base de l'impôt sur les revenus	..	..	0	0	0	0	0	0	0	0
2200 À la charge des employeurs	831	8 210	19 984	34 028	53 765	55 887	62 019	66 491	71 407	76 748
2210 Sur la base du salaire	..	..	19 984	34 028	53 765	55 887	62 019	66 491	71 407	76 748
2220 Sur la base de l'impôt sur les revenus	..	..	0	0	0	0	0	0	0	0
2300 A charge des travailleurs indép. ou sans emploi	75	317	1 177	2 049	2 860	2 756	2 585	3 122	3 189	3 436
2310 Sur la base du salaire	..	..	1 177	2 049	2 860	2 756	2 585	3 122	3 189	3 436
2320 Sur la base de l'impôt sur les revenus	..	..	0	0	0	0	0	0	0	0
2400 Non-ventilables entre 2100, 2200 et 2300	9	-224	0	0	0	0	0	0	0	0
2410 Sur la base du salaire	..	..	..	..	..	..	..	..	..	..
2420 Sur la base de l'impôt sur les revenus	..	..	..	..	..	..	..	..	..	..
3000 Sur salaires ou main d'oeuvre	**0**	**3 498**	**0**	**0**	**0**	**0**	**0**	**0**	**0**	**1 842**
Selective employment tax	..	0	..	..	..	..	..	..	..	..
National insurance surcharge	..	3 498	..	..	..	..	..	..	..	..
Apprenticeship Levy	..	0	..	..	..	..	..	..	..	1 842
4000 Impôts sur le patrimoine	**1 591**	**9 774**	**16 538**	**41 134**	**63 392**	**61 768**	**70 094**	**76 563**	**81 345**	**85 555**
4100 Impôts périodiques sur la propriété immobilière	1 228	8 665	13 462	30 552	44 891	50 028	55 139	58 185	60 262	62 799
4110 Ménages	539	3 687	2 373	14 205	23 609	25 919	27 640	29 356	30 598	32 273
Northern Ireland rates paid to CG	..	37	113	141	265	335	409	384	372	362
Council tax	..	0	0	13 991	23 217	25 438	27 061	28 777	30 018	31 693
Rates paid to LA	..	3 650	2 260	73	127	146	170	195	208	218
4120 Autres agents	689	4 978	11 089	16 347	21 282	24 109	27 499	28 829	29 664	30 526
National non-domestic rates	..	0	7 542	14 966	19 358	21 602	24 611	25 834	26 610	27 341
Rates paid to LA	..	4 925	2 869	149	267	497	567	600	629	675
Northern Ireland rates paid to CG	..	53	115	207	353	361	373	398	410	420
London Regional Transport levy	..	0	47	0	0	0	0	0	0	0
LA payments of NNDR	..	0	469	889	1 111	1 236	1 389	1 389	1 389	1 389
NPISH payments of NNDR	..	0	47	136	193	245	342	384	395	430
Crossrail Business rates supplement	..	0	0	0	0	168	217	224	231	271
4200 Impôts périodiques sur l'actif net	0	0	0	0	0	0	0	0	0	0
4210 Personnes physiques	..	..	..	..	..	..	..	..	..	..
4220 Sociétés	..	..	..	..	..	..	..	..	..	..
4300 Impôts sur mut. par décès, succ. et donations	287	479	1 321	2 215	3 867	2 642	3 379	4 442	4 801	5 382
4310 Impôts sur mut. par décès et successions	287	479	1 321	2 215	3 867	2 642	3 379	4 442	4 801	5 382
Death duties	..	423	1 278	2 156	3 764	2 592	3 293	4 359	4 703	5 283
Development land tax	..	42	6	0	0	0	0	0	0	0
Taxes on other capital transfers	..	14	37	59	50	50	50	50	50	50
Special tax on bank deposits	..	0	0	0	0	0	0	0	0	0
Betterment duty	..	0	0	0	0	0	0	0	0	0
Special charges	..	0	0	0	0	0	0	0	0	0
Special contribution	..	0	0	0	0	0	0	0	0	0
Equal pay on capital transfers	..	0	0	0	53	0	36	33	48	49
4320 Impôts sur les donations	0	0	0	0	0	0	0	0	0	0

	1965	1980	1990	2000	2007	2010	2013	2015	2016	2017
4400 Impôts sur transact. mobilières et immob.	76	630	1 755	8 367	14 634	9 098	11 540	13 789	16 023	17 099
Stamp duties	..	630	1 755	8 367	14 634	9 098	11 540	13 789	16 023	17 099
4500 Impôts non-périodiques	0	0	0	0	0	0	36	147	259	275
4510 Sur l'actif net	..	..	..	..	..	..	..	..	..	..
4520 Autres non-périodiques	..	..	..	0	0	0	36	147	259	275
4600 Autres impôts périodiques sur patrimoine	0	0	0	0	0	0	0	0	0	0
5000 Impôts sur les biens et services	**3 619**	**23 699**	**62 780**	**113 271**	**147 409**	**158 279**	**186 515**	**201 076**	**208 050**	**217 263**
5100 Impôts sur production, vente, transfert, etc.	3 406	22 677	59 379	108 288	141 355	150 838	178 932	193 633	200 465	209 481
5110 Impôts généraux	647	11 897	34 136	64 302	92 051	95 946	118 044	129 443	133 856	141 336
5111 Taxes sur la valeur ajoutée	0	11 897	34 136	64 302	92 051	95 946	118 044	129 443	133 856	141 336
Value added tax	..	11 893	33 620	64 202	92 025	95 865	118 234	129 327	133 857	141 590
Adj. to VAT contribution	..	4	516	100	26	81	-190	116	-1	-254
Purchase tax	..	0	0	0	0	0	0	0	0	0
5112 Impôts sur les ventes	647	0	0	0	0	0	0	0	0	0
5113 Autres impôts	0	0	0	0	0	0	0	0	0	0
5120 Impôts sur biens et services déterminés	2 759	10 780	25 243	43 986	49 304	54 892	60 888	64 190	66 609	68 145
5121 Accises	2 383	8 616	19 707	37 315	40 427	45 454	46 588	47 294	47 951	48 697
Beer	..	1 029	2 220	2 813	3 042	3 278	3 337	3 294	3 288	3 443
Wines, spirits, cider and perry	..	1 513	2 627	3 751	5 008	6 075	7 063	7 385	7 578	8 151
Tobacco	..	2 735	5 541	7 666	7 862	9 076	9 479	9 190	9 087	9 122
Hydrocarbon oil	..	3 327	9 302	23 041	24 512	27 013	26 697	27 415	27 989	27 973
Other excise duties	..	12	17	0	0	0	0	0	0	0
Sugar levy	..	12	..	44	3	12	12	10	9	8
Soft Drinks Levy	..	..	..	0	0	0	0	0	0	0
5122 Bénéfices des monopoles fiscaux	0	0	0	0	0	0	0	0	0	0
5123 Droits de douane et droits à l'importation	343	1 109	1 837	286	448	125	128	142	145	145
Custom duties	..	0	0	0	0	0	0	0	0	0
Import duties	..	855	1 722	0	0	0	0	0	0	0
Agricultural levies	..	254	115	286	338	0	0	0	0	0
Temporary charges of import	..	0	0	0	0	0	0	0	0	0
British Transport Police	..	0	0	0	110	125	128	142	145	145
5124 Taxes à l'exportation	0	-1	36	0	0	0	0	0	0	0
Levies on exports	..	-1	36	..	..	..	..	..	..	..
5125 Impôts sur biens d'équipement	0	0	0	0	0	0	0	0	0	0
5126 Impôts sur services déterminés	33	456	1 022	5 826	6 523	7 292	11 601	13 620	15 203	15 663
Betting and gaming	..	456	1 022	1 522	959	1 092	1 538	2 053	2 329	2 235
National Lottery contributions to fund	..	0	0	1 590	1 310	1 625	1 644	1 713	1 713	1 713
Air passenger duty	..	0	0	940	1 883	2 094	2 960	3 119	3 150	3 398
Insurance premium tax	..	0	0	1 707	2 306	2 401	3 018	3 294	4 827	5 670
Bank Levy - Stability Fee Scheme	..	0	0	0	0	0	2 352	3 363	3 111	2 568
Light Dues	..	0	0	67	65	80	89	78	73	79
5127 Autres impôts sur commerce et transact. internat.	0	0	0	0	0	0	0	0	0	0
5128 Autres impôts	0	600	2 641	559	1 906	2 021	2 571	3 134	3 310	3 640
Fossil fuel levy	..	0	875	56	0	0	0	0	0	0
European coal and steel levy	..	21	11	0	0	0	0	0	0	0
Gas levy	..	12	291	0	0	0	0	0	0	0
Car tax	..	83	1 464	0	0	0	0	0	0	0
Landfill tax	..	484	0	461	877	1 065	1 191	1 028	1 024	904
Climate change levy	..	0	0	0	690	666	1 098	1 752	1 881	1 878
Aggregates levy	..	0	0	0	339	290	282	354	405	375
Hydro benefit	..	0	0	42	0	0	0	0	0	0
Renewable energy obligations	..	0	0	0	0	0	0	0	0	0
Channel 4 advertising formula	..	0	0	0	0	0	0	0	0	0
Milk super levy	..	0	0	0	0	0	0	0	0	0
Contracts for Difference	..	0	0	0	0	0	0	0	0	483
5130 Non-ventilables entre 5110 et 5120	0	0	0	0	0	0	0	0	0	0
5200 Impôts sur utilisation des biens et exerc. activités	212	1 378	3 401	4 983	6 054	7 441	7 583	7 443	7 585	7 782
5210 Impôts périodiques	212	1 378	3 401	4 983	6 054	7 441	7 583	7 443	7 585	7 719
5211 À la charge des ménages : véhicules à moteur	118	729	1 841	2 996	4 096	4 561	4 312	3 823	3 784	4 012
Motor vehicle duty	..	726	1 837	2 992	4 096	4 561	4 312	3 823	3 784	4 012
Boat licences	..	3	4	4	0	0	0	0	0	0
5212 À la charge autres agents : véhicules à moteur	74	588	1 134	1 614	1 288	1 279	1 789	2 076	2 205	2 214
Motor vehicle levy	..	588	1 134	1 614	1 288	1 279	1 789	2 076	2 205	2 214

	1965	1980	1990	2000	2007	2010	2013	2015	2016	2017
5213 Autres impôts périodiques	20	61	426	373	670	1 601	1 482	1 544	1 596	1 493
IBA levy	..	..	134	0	0	0	0	0	0	0
Telecommunications regulator fees	..	..	7	12	17	12	0	0	0	0
Gas regulator fees	..	..	2	0	0	0	0	0	0	0
Electricity regulator fees	..	..	5	0	0	0	0	0	0	0
Water regulator fees	..	..	6	11	11	12	24	27	24	24
Rail regulator fees	..	..	0	14	12	12	12	12	12	12
Company registration surplus fees	..	..	12	0	0	0	0	0	0	0
Consumer and credit act fees	..	..	163	119	281	480	480	480	480	480
Levy funded bodies	..	..	97	217	349	1 040	922	970	1 019	915
1936 Tithe Act payments	..	..	0	0	0	0	0	0	0	0
Recurrent taxes paid in respect of other goods	..	..	0	0	0	45	44	55	61	62
5220 Impôts non-périodiques	0	0	0	0	0	0	0	0	0	63
Immigration Skills Charge	..	..	..	..	..	..	..	..	..	63
5300 Non-ventilables entre 5100 et 5200	1	-356	0	0	0	0	0	0	0	0
6000 Autres impôts	**0**	**0**	**9 017**	**0**	**0**	**0**	**0**	**0**	**0**	**0**
6100 À la charge exclusive des entreprises	..	..	0	..	..	..	..	..	..	..
6200 À la charge d'autres agents	..	..	9 017	..	..	..	..	..	..	..
Community charge	..	..	9 017	..	..	..	..	..	..	..
Droits de douane perçus pour l'UE	**..**	**..**	**..**	**1 800**	**2 074**	**2 933**	**2 914**	**3 077**	**3 318**	**3 419**
Crédits d'impôts récupérables										
Crédits d'impôts récupérables contre 1110	..	..	7 454	4 651	20 031	28 880	29 710	28 539	27 430	25 940
Composante fiscale	..	..	6 973	1 233	4 414	5 542	2 538	2 571	2 471	2 336
Composante transfert	..	..	481	3 418	15 617	23 338	27 172	25 968	24 959	23 604
Crédits d'impôts récupérables contre 1210	..	..	0	1	762	1 260	1 470	2 226	2 652	3 574
Composante fiscale	..	..	..	0	549	947	979	800	919	1 192
Composante transfert	..	..	..	1	213	313	491	1 426	1 733	2 382
Recettes fiscales totales sur la base d'encaissements	**10 945**	**81 153**	**202 400**	**355 355**	**507 907**	**507 888**	**559 762**	**599 136**	**632 643**	**667 362**
Recettes fiscales totales sur la base des droits constatés	**..**	**..**	**202 368**	**358 654**	**508 148**	**514 132**	**567 150**	**609 653**	**644 555**	**681 855**
Conciliation avec les comptes nationaux										
Impôts additionnels inclus dans les comptes nationaux	..	..	1 323	2 062	4 072	4 731	5 816	7 261	8 082	8 861
Impôt exclus des comptes nationaux	..	..	0	0	0	0	0	0	0	0
Différence dans les traitements des crédits d'impôts	..	..	6 973	1 233	4 963	6 489	3 517	3 371	3 390	3 528
Transfert en capital des recettes non collectées	..	..	0	0	0	0	0	0	0	0
Cotisations de sécurité sociale volontaires	..	..	3 288	8 103	18 629	21 217	22 438	25 025	25 903	26 678
Différences diverses	..	..	0	0	0	0	0	0	0	0
Comptes nationaux : impôts et cotisations sociales effectives	..	..	213 952	370 052	535 812	546 569	598 921	645 310	681 930	720 147
Cotisations sociales imputées	..	..	3 966	4 192	1 360	1 530	1 293	1 563	1 622	1 199
Comptes nationaux : impôts et toutes les cotisations sociales	..	..	217 918	374 244	537 172	548 099	600 214	646 873	683 552	721 346

.. Non disponible

Note : Year ending 31st December.

From 1990 data are on accrual basis.

Corporate income tax revenues for the United Kingdom are based on data provided in July; this was prior to revisions made to the historic Corporation tax data in September, so the revisions are not reflected here. For the latest UK Corporation tax data, please see www.gov.uk/government/statistics/corporation-tax-statistics-2019 the main revisions are explained on page 13 of https://assets.publishing.service.gov.uk/government/uploads/system/uploads/attachment_data/file/833371/Aug19_Receipts_NS_Bulletin_Final.odt.

Heading 1210: The corporate tax figures include company income tax from 1990 onwards.

Heading 2000: Includes some voluntary contributions which cannot be separately identified.

Heading 6200: The community charge replaced domestic rates in Scotland in April 1989 and was extended to England and Wales in April 1990. This tax has been classified in heading 6200 as it is a lump-sum tax levied on each adult in a household (domestic rates are classified in heading 4100). Headings for non-wastable tax credits 1110 and 1210 are consistent with the guidelines, and the figures in the data are treated accordingly. The following method is adopted separately for Working Families 'Tax Credit and Disabled Persons Tax Credit' paid from 1999 to 2003. For each calendar, a random sample of awards over-lapping the quarter is taken. Each recipient family's income tax liability for the fiscal year within which the quarter falls is calculated , based on the earned income reported for the award (uprated to the middle of the overlap period). And the result multiplied by the number of days in the overlap period divided by 365. The tax expenditure component is defined as the minimum of this amount and the total amount of award paid in the overlap period. The total amount of award paid and the tax expenditure component are each summed over the sample cases, and the ratio is taken as the tax expenditure ration for the quarter. From 2003, the equivalent breakdown for Child and Working tax credits is based on household survey data. Survey data is used to estimate the breakdown into the tax expenditure and the transfer components for the other smaller tax credits.

Source : National Income and Expenditure; Central Statistical Office; Annual reports of Her Majesty's Revenue and Customs.

StatLink https://doi.org/10.1787/888934061276

Tableau 5.36. État-Unis : Tableau détaillé par pays, 1965-2017

Millions USD

	1965	1980	1990	2000	2007	2010	2013	2015	2016	2017
Recettes fiscales totales	**167 022**	**730 672**	**1 552 413**	**2 900 519**	**3 868 612**	**3 517 144**	**4 291 752**	**4 765 481**	**4 841 950**	**5 227 338**
1000 Impôts sur revenu, bénéfices et gains en capital	**80 284**	**364 137**	**701 731**	**1 453 865**	**1 865 205**	**1 488 699**	**2 016 390**	**2 311 432**	**2 325 796**	**2 363 093**
1100 Des personnes physiques	52 894	285 513	584 733	1 224 538	1 479 085	1 223 218	1 664 074	1 925 528	1 944 820	2 025 518
1110 Sur le revenu et les bénéfices	50 401	272 879	552 859	1 088 967	1 326 736	1 163 737	1 556 113	1 750 034	1 805 073	1 826 591
Individual income tax federal	46 492	233 269	449 239	895 677	1 062 755	910 874	1 235 275	1 409 861	1 456 929	1 477 863
Individual income tax state and local govt.	3 909	39 610	103 620	193 290	263 981	252 863	320 838	340 173	348 144	348 727
1120 Sur les gains en capital	2 493	12 634	31 874	135 571	152 349	59 481	107 961	175 494	139 747	198 927
Capital gains federal	2 300	10 800	25 900	111 507	122 036	46 557	85 702	141 381	112 794	160 949
Capital gains tax state and local govt.	193	1 834	5 974	24 064	30 313	12 924	22 259	34 113	26 953	37 979
1200 Des sociétés	27 390	78 624	116 998	229 327	386 119	265 481	352 316	385 904	380 976	337 575
1210 Sur les bénéfices	26 745	73 586	106 134	170 835	330 597	239 340	313 172	338 390	330 632	293 228
Corporate income tax federal	24 861	60 525	85 736	144 590	281 040	197 785	265 274	289 021	283 877	247 250
Corporate income tax state and local govt.	1 884	13 061	20 398	26 245	49 556	41 555	47 898	49 369	46 755	45 978
1220 Sur les gains en capital	645	5 038	10 864	58 492	55 523	26 141	39 144	47 514	50 344	44 347
Capital gains tax corp. federal	600	4 143	8 776	49 506	47 200	21 602	33 157	40 582	43 225	37 393
Capital gains tax corp. state and local govt.	45	895	2 088	8 986	8 323	4 539	5 987	6 932	7 119	6 954
1300 Non-ventilables entre 1100 et 1200	0	0	0	0	0	0	0	0	0	0
2000 Cotisations de sécurité sociale	**22 192**	**159 763**	**396 972**	**683 104**	**907 357**	**917 409**	**1 030 099**	**1 126 111**	**1 153 645**	**1 204 453**
2100 À la charge des salariés	8 459	67 022	173 860	305 555	400 941	406 404	456 777	502 663	517 031	542 924
Federal insurance contribution Act tax	8 084	66 221	..	..	..	..	..	..	..	..
Less refund federal	-192	-507	..	..	..	..	..	..	..	..
Railroad retirement taxes federal	322	590	..	..	..	..	..	..	..	..
Fed. hosp. insur. recpts from railroad retir.	0	111	..	..	..	..	..	..	..	..
Unemployment state tax federal	20	127	..	..	..	..	..	..	..	..
Temp. disability insurance state and local	225	480	..	..	..	..	..	..	..	..
2110 Sur la base du salaire	..	..	..	..	..	..	..	..	..	..
2120 Sur la base de l'impôt sur les revenus	..	..	..	..	..	..	..	..	..	..
2200 À la charge des employeurs	12 703	87 019	204 102	343 184	456 602	461 702	519 064	562 307	574 322	598 241
Federal insurance contributions act tax	7 802	64 768	..	..	..	..	..	..	..	..
Railroad retirement taxes federal	314	1 722	..	..	..	..	..	..	..	..
Fed. hosp. insur. recpts from railroad retir.	0	111	..	..	..	..	..	..	..	..
Military service credit federal	14	652	..	..	..	..	..	..	..	..
Old-age dis. hosp. insur. fed. employer contr.	282	1 453	..	..	..	..	..	..	..	..
Unemployment state tax federal	3 032	11 788	..	..	..	..	..	..	..	..
Federal unemployment tax Act	615	3 246	..	..	..	..	..	..	..	..
Railroad unempl. insurance Act tax federal	152	175	..	..	..	..	..	..	..	..
Workmen's compensation state and local	484	3 039	..	..	..	..	..	..	..	..
Temp. disability insurance state and local	8	65	..	..	..	..	..	..	..	..
2210 Sur la base du salaire	..	..	..	..	..	..	..	..	..	..
2220 Sur la base de l'impôt sur les revenus	..	..	..	..	..	..	..	..	..	..
2300 A charge des travailleurs indép. ou sans emploi	1 030	5 722	19 010	34 365	49 814	49 303	54 258	61 141	62 292	63 288
Federal old-age survivors trust	0	4 250	..	..	..	..	..	..	..	..
Federal disability insurance trust	1 030	733	..	..	..	..	..	..	..	..
Federal hospital insurance trust	0	739	..	..	..	..	..	..	..	..
2310 Sur la base du salaire	..	..	..	..	..	..	..	..	..	..
2320 Sur la base de l'impôt sur les revenus	..	..	..	..	..	..	..	..	..	..
2400 Non-ventilables entre 2100, 2200 et 2300	0	0	0	0	0	0	0	0	0	0
2410 Sur la base du salaire	..	..	..	..	..	..	..	..	..	..
2420 Sur la base de l'impôt sur les revenus	..	..	..	..	..	..	..	..	..	..
3000 Sur salaires ou main d'oeuvre	**0**	**0**	**0**	**0**	**285**	**2 285**	**1 591**	**1 745**	**1 876**	**2 050**
4000 Impôts sur le patrimoine	**26 529**	**77 913**	**182 408**	**299 546**	**463 052**	**473 422**	**503 220**	**536 146**	**559 055**	**837 718**
4100 Impôts périodiques sur la propriété immobilière	22 918	68 499	161 533	254 669	403 688	438 588	456 790	487 751	508 386	532 221
4110 Ménages	8 548	28 975	..	..	..	..	..	..	..	..
Property tax state and local	8 548	28 975	..	..	..	..	..	..	..	..
Other	0	0	..	..	..	..	..	..	..	..
4120 Autres agents	14 370	39 524	..	..	..	..	..	..	..	..
Property tax state and local	14 370	39 524	..	..	..	..	..	..	..	..
Other	0	0	..	..	..	..	..	..	..	..
4200 Impôts périodiques sur l'actif net	0	0	0	0	0	0	0	0	0	0
4210 Personnes physiques	..	..	..	..	..	..	..	..	..	..
4220 Sociétés	..	..	..	..	..	..	..	..	..	..
4300 Impôts sur mut. par décès, succ. et donations	3 447	8 425	15 755	35 640	31 927	19 699	26 178	25 394	25 298	28 118
4310 Impôts sur mut. par décès et successions	3 080	8 149	..	..	..	..	..	..	..	..
Estate tax less refund federal	2 427	6 181	..	..	..	..	..	..	..	..
Estate tax state and local govt.	653	1 968	..	..	..	..	..	..	..	..

	1965	1980	1990	2000	2007	2010	2013	2015	2016	2017
4320 Impôts sur les donations	367	276	..	..	..	..	..	..	..	..
Gift tax less refund federal	289	209	..	..	..	..	..	..	..	..
Gift tax calculate state and local govt.	78	67	..	..	..	..	..	..	..	..
4400 Impôts sur transact. mobilières et immob.	164	989	2 148	4 389	20 503	7 460	12 171	14 549	16 499	18 159
Interest equalisation tax federal	15	0	..	..	..	..	..	..	..	..
Document and stock transfer state and local	149	989	2 148	4 389	20 503	7 460	12 171	14 549	16 499	18 159
4500 Impôts non-périodiques	0	0	0	0	0	0	0	0	0	250 000
4510 Sur l'actif net	..	..	..	..	..	..	..	..	..	250 000
4520 Autres non-périodiques	..	..	..	..	..	..	..	..	..	..
4600 Autres impôts périodiques sur patrimoine	0	0	2 972	4 848	6 934	7 675	8 081	8 452	8 872	9 220
5000 Impôts sur les biens et services	**38 017**	**128 844**	**271 301**	**464 004**	**632 713**	**635 329**	**740 452**	**790 048**	**801 578**	**820 024**
5100 Impôts sur production, vente, transfert, etc.	33 300	111 810	235 233	404 093	540 291	546 710	640 249	693 108	703 852	717 817
5110 Impôts généraux	8 016	51 328	125 575	221 358	301 403	295 123	343 853	372 261	380 932	395 700
5111 Taxes sur la valeur ajoutée	0	0	0	0	0	0	0	0	0	0
5112 Impôts sur les ventes	8 016	51 328	125 575	221 358	301 403	295 123	343 853	372 261	380 932	395 700
General sales - general receipts state and local	7 981	51 328	125 575	221 358	301 403	295 123	343 853	372 261	380 932	395 700
Other state and local	35	0	0	0	0	0	0	0	0	0
5113 Autres impôts	0	0	0	0	0	0	0	0	0	0
5120 Impôts sur biens et services déterminés	25 284	60 482	109 658	182 735	238 888	251 587	296 396	320 847	322 920	322 117
5121 Accises	21 209	45 471	64 953	108 600	137 373	146 582	154 390	156 747	158 927	160 858
Alcohol taxes federal govt.	3 689	5 601	5 228	7 281	8 571	8 848	9 026	9 515	9 827	9 985
Tobacco taxes federal govt.	2 142	2 443	4 217	6 741	8 377	17 487	15 830	14 266	13 914	13 629
Airport, airway, highway federal	3 559	6 411	0	0	0	0	0	0	0	0
Manufacturer's excise taxes federal govt.	2 867	6 122	0	0	0	0	0	0	0	0
Sugar tax federal govt.	97	0	0	0	0	0	0	0	0	0
Other taxes excise federal govt.	889	2	0	0	0	0	0	0	0	0
Undistributed tax deposits federal government	-11	152	0	0	0	0	0	0	0	0
Other taxes excise and undist. fed.govt. -	0	0	13 316	32 005	31 747	26 913	33 746	35 288	36 052	36 608
Less special tax liquor occupations federal	-22	-21	0	0	0	0	0	0	0	0
Other federal (refunds)	-7	-32	0	0	0	0	0	0	0	0
Alcohol taxes state and local govt.	949	2 642	3 577	4 485	5 684	6 197	6 706	7 142	7 180	7 359
Tobacco taxes state and local govt.	1 386	3 874	6 009	8 726	16 433	18 611	18 464	17 977	18 514	19 128
Public utilities state and local govt.	871	5 888	11 814	17 989	27 879	28 892	28 544	27 878	27 714	27 114
Motor fuel taxes state and local govt.	4 331	9 822	20 792	31 373	38 682	39 634	42 074	44 681	45 726	47 035
Other state and local taxes	469	2 295	0	0	0	0	0	0	0	0
Coal tonnage tax federal govt.	0	272	0	0	0	0	0	0	0	0
Hazardous substances tax federal	0	0	0	0	0	0	0	0	0	0
Transportation fuels tax federal	0	0	0	0	0	0	0	0	0	0
Boat fuels and equipment tax federal	0	0	0	0	0	0	0	0	0	0
Waste site deposits tax federal	0	0	0	0	0	0	0	0	0	0
Leaking underground storage federal	0	0	0	0	0	0	0	0	0	0
Vaccine injury compens. federal	0	0	0	0	0	0	0	0	0	0
Ozone depletion tax federal	0	0	0	0	0	0	0	0	0	0
Oil spill liability federal	0	0	0	0	0	0	0	0	0	0
Luxury tax federal govt.	0	0	0	0	0	0	0	0	0	0
5122 Bénéfices des monopoles fiscaux	275	608	..	..	..	..	..	..	..	..
Liquor store revenue state and local govt.	1 447	3 200	..	..	..	..	..	..	..	..
Liquor store expend. state and local govt.	-1 172	-2 592	..	..	..	..	..	..	..	..
5123 Droits de douane et droits à l'importation	1 442	7 436	17 490	21 123	28 793	28 603	35 468	38 146	37 558	38 539
Custom duties federal	1 442	7 436	17 490	21 123	28 793	28 603	35 468	38 146	37 558	38 539
Petroleum import fees federal govt.	0	0	0	0	0	0	0	0	0	0
5124 Taxes à l'exportation	0	0	0	0	0	0	0	0	0	0
5125 Impôts sur biens d'équipement	0	0	0	0	0	0	0	0	0	0
5126 Impôts sur services déterminés	2 358	6 967	8 895	13 857	23 639	23 642	26 899	30 187	32 027	33 865
Amusements state and local govt.	23	234	671	3 668	7 105	7 082	7 784	8 188	8 367	8 540
Parimutuels state and local govt.	386	731	659	326	328	206	193	189	189	185
Transportation of persons federal	126	1 601	0	0	0	0	0	0	0	0
Transport of property	0	92	0	0	0	0	0	0	0	0
General and toll telephone federal	1 079	1 118	0	0	0	0	0	0	0	0
Foreign insurance policies federal	0	75	0	0	0	0	0	0	0	0
Insurance state and local govt.	744	3 113	7 565	9 863	16 206	16 354	18 922	21 810	23 471	25 140
Employee pension plans federal	0	3	0	0	0	0	0	0	0	0
Inland waterway tax federal	0	0	0	0	0	0	0	0	0	0
Ship departure tax federal	0	0	0	0	0	0	0	0	0	0
5127 Autres impôts sur commerce et transact. internat.	0	0	0	0	0	0	0	0	0	0
5128 Autres impôts	0	0	18 320	39 155	49 083	52 760	79 639	95 767	94 408	88 855
5130 Non-ventilables entre 5110 et 5120	0	0	0	0	0	0	0	0	0	0
5200 Impôts sur utilisation des biens et exerc. activités	4 717	17 034	36 068	59 910	92 422	88 619	100 203	96 940	97 726	102 207
5210 Impôts périodiques	3 490	9 501	21 262	37 114	68 547	66 440	70 557	74 600	76 878	79 388

	1965	1980	1990	2000	2007	2010	2013	2015	2016	2017
5211 À la charge des ménages : véhicules à moteur	1 211	3 370	8 104	11 409	14 996	16 294	17 781	18 767	19 257	19 726
Motor vehicle regis. license st. and loc.	1 056	2 981	..	..	..	..	..	..	..	..
Motor vehicle oper. license st. and loc.	152	389	..	..	..	..	..	..	..	..
Other motor vehicle	3	0	..	..	..	..	..	..	..	..
5212 À la charge autres agents : véhicules à moteur	937	2 343	3 564	6 688	8 484	9 108	10 071	10 661	11 000	11 303
Motor vehicle regis. license st. and loc.	937	2 343	..	..	..	..	..	..	..	..
Motor vehicle oper. license st. and loc.	0	0	..	..	..	..	..	..	..	..
5213 Autres impôts périodiques	1 342	3 788	9 594	19 017	45 067	41 038	42 705	45 172	46 621	48 359
Misc. fees permit license federal	19	0	0	0	0	0	0	0	0	0
Special tax liquor occupations federal	22	21	0	0	0	0	0	0	0	0
Use tax of certain vehicles federal	99	277	0	0	0	0	0	0	0	0
Use of internat. travel facilities federal	0	92	0	0	0	0	0	0	0	0
Use tax of aircraft federal	0	21	0	0	0	0	0	0	0	0
Corporation in general license st. and loc.	528	1 388	3 147	6 736	10 658	9 473	7 560	6 560	6 702	6 790
Alcoholic beverage license tax st. and loc.	133	179	264	308	608	596	899	819	831	877
Public utilities license tax st. and loc.	30	130	270	395	1 903	1 468	1 432	1 647	1 783	1 905
Amusements license taxes st. and loc.	7	69	202	196	966	638	604	763	672	697
Occupation and business license st. and loc.	349	1 113	3 512	7 651	16 484	17 812	19 284	20 449	21 103	21 600
Wagering occupation tax federal	7	12	0	0	0	0	0	0	0	0
Other license taxes st. and loc.	10	69	229	521	8 939	6 606	8 211	9 338	9 995	10 769
Hunting and fishing license taxes st. and loc.	138	417	82	112	146	151	155	161	160	161
Other	0	0	0	0	0	0	0	0	0	0
5220 Impôts non-périodiques	1 227	7 533	14 806	22 796	23 875	22 179	29 645	22 340	20 848	22 819
Severance state and local govt.	503	4 167	5 224	5 285	12 895	11 751	18 266	9 621	7 395	8 758
Poll taxes state and local govt.	9	0	0	0	0	0	0	0	0	0
Other taxes state and local govt.	715	3 366	9 582	17 511	10 980	10 428	11 379	12 719	13 453	14 061
5300 Non-ventilables entre 5100 et 5200	0	0	0	0	0	0	0	0	0	0
6000 Autres impôts	**0**	**15**	**0**	**0**	**0**	**0**	**0**	**0**	**0**	**0**
6100 À la charge exclusive des entreprises	..	0	..	..	..	..	..	..	..	..
6200 À la charge d'autres agents	..	15	..	..	..	..	..	..	..	..
Crédits d'impôts récupérables										
Crédits d'impôts récupérables contre 1110	..	..	6 155	36 511	90 439	171 630	158 160	156 656	165 120	176 520
Composante fiscale	..	..	1 800	9 602	35 910	69 870	41 560	42 826	44 110	48 950
Composante transfert	..	..	4 355	26 909	54 529	101 760	116 600	113 830	121 010	127 570
Crédits d'impôts récupérables contre 1210	..	..	..	..	..	250	630	577	510	470
Composante fiscale	..	..	..	..	..	240	610	527	450	410
Composante transfert	..	..	..	..	..	10	20	50	60	60
Non-ventilables composante transfert	..	..	..	..	..	2 420	4 280	4 890	4 350	4 740
Recettes fiscales totales sur la base d'encaissements	**167 022**	**730 672**	**..**	**..**	**3 842 190**	**3 380 068**	**4 156 852**	**4 702 756**	**4 757 319**	**4 882 711**
Recettes fiscales totales sur la base des droits constatés	**..**	**..**	**1 552 413**	**2 900 519**	**3 868 612**	**3 517 144**	**4 291 752**	**4 765 481**	**4 841 950**	**5 227 338**
Conciliation avec les comptes nationaux										
Impôts additionnels inclus dans les comptes nationaux	..	..	..	..	..	..	..	..	..	..
Impôt exclus des comptes nationaux	..	..	..	..	..	..	..	..	..	..
Différence dans les traitements des crédits d'impôts	..	..	..	..	..	..	..	..	..	..
Transfert en capital des recettes non collectées	..	..	..	..	..	..	..	..	..	..
Cotisations de sécurité sociale volontaires	..	..	11 719	22 562	51 635	61 833	69 903	74 886	82 208	90 166
Différences diverses	..	..	..	..	..	..	..	..	..	..
Comptes nationaux : impôts et cotisations sociales effectives	..	..	1 564 132	2 923 081	3 920 247	3 578 977	4 361 655	4 840 367	4 924 158	5 317 504
Cotisations sociales imputées	..	..	3 384	3 727	7 134	9 428	9 438	9 570	9 153	9 147
Comptes nationaux : impôts et toutes les cotisations sociales	..	..	1 567 516	2 926 808	3 927 381	3 588 405	4 371 093	4 849 937	4 933 311	5 326 651

.. Non disponible

Note : From 1990, data are on a year ending 31st December basis. For years up to and including 1976 the dated covered fiscal years ending 30th June. Between 1977 and 1989, Federal government data covered fiscal years ending 30th September and State & Local government data covered fiscal years ending 30th June.

From 1990, data are on accrual basis. There are no separate estimates for the State and Local capital gains tax revenues.

Heading 5121: In 1994 through 1996, some Federal excise taxes formerly shown separately were included in 'Other taxes,excises and undistributed, Federal government'.

Source : Federal estimates are derived from the US Budget, the Final Monthly Treasury Statement and the Annual Report of the US Treasury Department. The State and Local estimates are derived from Government Finances, published by the Bureau of the Census.

StatLink https://doi.org/10.1787/888934061295

5.2. Tableaux pour mémoire

Le Tableau 5.37 présente les différentes sources de financement des prestations sociales, au-delà des cotisations obligatoires de sécurité sociale reportées dans la section 4.1. Cette table montre également les données concernant les autres impôts, les cotisations volontaires aux administrations et les cotisations obligatoires au secteur privé.

Les cotisations de Tableau 5.38 contient les cotisations de sécurité sociale et les impôts sur les salaires acquittés par les administrations. Lors de la révision du Guide d'interprétation en 1984, la question s'est posée de savoir comment il convenait de traiter les impôts acquittés par les administrations. Les deux exemples les plus marquants d'impôts de ce type sont les cotisations de sécurité sociale et les impôts sur les salaires acquittés par les administrations au titre de leurs agents. Après un échange de vues approfondi, il a été décidé que les données présentées dans cette publication continueraient d'inclure les impôts acquittés par les administrations (voir le §5 du Guide d'interprétation dans l'Annexe A).

Alors qu'il a été admis qu'à certaines fins (par exemple, pour mesurer le flux de paiements allant du secteur privé au secteur des administrations), il conviendrait d'exclure les impôts payés par un secteur de l'administration à un autre ou les impôts acquittés entre les différentes unités d'un même secteur de l'administration, il a été décidé que les impôts acquittés par les administrations devaient être inclus dans les données lorsque l'on comptabilise tous les flux d'impôts de l'ensemble de l'économie. Cette prise en compte permet d'être sûr que les différents flux de ressources d'une économie, y compris la valeur de la production des administrations, sont bien mesurés de façon cohérente nette d'impôt.

Il a été toutefois décidé que les données sur les impôts acquittés par les administrations et que l'on pouvait identifier isolément seraient présentées séparément dans un poste pour mémoire et c'est l'objet des tableaux par pays qui suivent.

Les données reproduites dans les tableaux suivants ont trait aux montants effectifs versés par les administrations publiques au titre de leurs agents. Les cotisations fictives, volontaires et imputées sont exclues de ces données. Les définitions des cotisations de sécurité sociale, des impôts sur les salaires et des administrations publiques correspondent aux définitions données aux §35 á § 41, §42 et §3 á § 4 du Guide d'interprétation. Les informations sur les autres impôts payés par les administrations (à savoir impôts sur la propriété et impôts sur la consommation) ne sont pas disponibles pour la plupart des pays, même s'il semble bien que, dans tous les pays, les impôts assis sur les salaires sont les impôts les plus importants qu'acquittent les administrations. Dans beaucoup de cas, les données sont estimées et ne sont pas toujours établies sur une base compatible avec celle utilisée dans les tableaux principaux.

Tableau 5.37. Le financement des prestations sociales

Pour mémoire : le financement des systèmes de sécurité sociale

	1965	1980	1990	2000	2007	2010	2013	2015	2016	2017
Australie, millions AUD										
Impôts de la série 2000	..	..	..	..	..	..	..	..	..	..
Autres impôts	..	..	..	..	..	..	..	..	..	..
Contributions volontaires au gouvernement	..	..	..	..	..	..	..	..	..	..
Contributions obligatoires au secteur privé	..	..	..	..	..	..	..	..	..	..
Total	**0**	**0**	**0**	**0**	**0**	**0**	**0**	**0**	**0**	**0**
Autriche, millions EUR										
Impôts de la série 2000	1 548	9 200	17 763	30 510	38 453	41 423	46 845	49 867	51 827	53 917
Autres impôts	0	0	0	0	0	0	0	0	0	0
Contributions volontaires au gouvernement	32	135	141	206	256	339	299	321	321	318
Contributions obligatoires au secteur privé	0	0	0	0	0	0	0	0	0	0
Total	**1 580**	**9 335**	**17 904**	**30 716**	**38 709**	**41 762**	**47 144**	**50 188**	**52 148**	**54 235**
Belgique, millions EUR										
Impôts de la série 2000	2 018	10 798	23 386	34 636	45 659	50 447	56 355	58 628	57 931	59 594
Autres impôts	0	171	644	5 375	13 659	16 772	18 390	12 347	13 041	16 920
Contributions volontaires au gouvernement	0	41	52	54	55	62	74	72	72	73
Contributions obligatoires au secteur privé	0	0	0	0	0	0	0	0	0	0
Total	**2 018**	**11 009**	**24 082**	**40 065**	**59 372**	**67 281**	**74 819**	**71 046**	**71 044**	**76 587**
Canada, millions CAD										
Impôts de la série 2000	854	10 649	29 653	53 109	73 722	76 787	90 394	96 371	98 954	99 346
Autres impôts	1 199	0	0	0	0	0	0	0	0	0
Contributions volontaires au gouvernement	0	0	0	0	0	0	0	0	0	0
Contributions obligatoires au secteur privé	0	0	0	0	0	0	0	0	0	0
Total	**2 053**	**10 649**	**29 653**	**53 109**	**73 722**	**76 787**	**90 394**	**96 371**	**98 954**	**99 346**
Chili, millions CLP										
Impôts de la série 2000	..	..	159 559	576 758	1 148 647	1 493 987	1 968 973	2 252 489	2 441 419	2 627 558
Autres impôts	..	..	0	0	0	0	0	0	0	0
Contributions volontaires au gouvernement	..	..	0	0	0	0	0	0	0	0
Contributions obligatoires au secteur privé	..	..	328 102	2 021 631	3 808 658	5 408 703	7 583 251	8 914 415	9 648 757	10 263 722
Total	**..**	**..**	**487 661**	**2 598 389**	**4 957 305**	**6 902 690**	**9 552 224**	**11 166 904**	**12 090 176**	**12 891 280**
République tchèque, million CZK										
Impôts de la série 2000	..	..	..	341 544	573 417	576 029	603 072	659 743	699 604	757 183
Autres impôts	..	..	..	0	0	0	0	0	0	0
Contributions volontaires au gouvernement	..	..	..	1 099	974	661	337	386	418	463
Contributions obligatoires au secteur privé	..	..	..	2 837	5 757	6 094	6 424	6 741	7 109	7 585
Total	**..**	**..**	**..**	**345 480**	**580 148**	**582 784**	**609 833**	**666 871**	**707 132**	**765 231**
Danemark, millions DKK										
Impôts de la série 2000	690	710	101	8 453	1 286	1 815	1 618	1 378	1 197	1 060
Autres impôts	0	0	0	0	0	0	0	0	0	0
Contributions volontaires au gouvernement	0	1 673	8 087	16 633	17 061	17 192	14 655	14 721	14 833	14 891
Contributions obligatoires au secteur privé	145	554	1 278	1 445	4 526	3 847	3 068	2 964	2 822	2 779
Total	**835**	**2 937**	**9 466**	**26 531**	**22 873**	**22 854**	**19 341**	**19 063**	**18 852**	**18 730**
Estonie, millions EUR										
Impôts de la série 2000	..	..	..	674	1 683	1 879	2 077	2 290	2 429	2 636
Autres impôts	..	..	..	0	0	0	0	0	0	0
Contributions volontaires au gouvernement	..	..	..	0	0	0	0	0	0	0
Contributions obligatoires au secteur privé	..	..	..	1	341	38	268	389	412	429
Total	**..**	**..**	**..**	**674**	**2 024**	**1 918**	**2 346**	**2 679**	**2 841**	**3 065**
Finlande, millions EUR										
Impôts de la série 2000	93	2 776	10 012	15 756	21 384	22 648	25 632	26 639	27 641	27 000
Autres impôts	47	22	0	404	0	0	0	0	0	0
Contributions volontaires au gouvernement	0	262	632	236	228	254	270	303	308	302
Contributions obligatoires au secteur privé	0	123	426	508	631	577	668	645	613	597
Total	**140**	**3 183**	**11 070**	**16 904**	**22 243**	**23 479**	**26 570**	**27 587**	**28 562**	**27 899**

	1965	1980	1990	2000	2007	2010	2013	2015	2016	2017
France, millions EUR										
Impôts de la série 2000	8 804	76 235	191 141	231 875	307 663	323 816	356 934	370 375	375 441	387 443
Autres impôts	0	895	2 950	81 001	127 511	137 383	162 838	170 210	171 620	176 209
Contributions volontaires au gouvernement	0	0	0	0	0	0	0	0	0	0
Contributions obligatoires au secteur privé	0	0	0	0	0	0	0	0	0	0
Total	**8 804**	**77 130**	**194 091**	**312 876**	**435 174**	**461 199**	**519 772**	**540 585**	**547 061**	**563 652**
Allemagne, millions EUR										
Impôts de la série 2000	19 876	98 659	170 449	299 440	320 594	353 955	392 295	424 633	445 013	466 470
Autres impôts	0	0	0	0	0	0	0	0	0	0
Contributions volontaires au gouvernement	1 946	8 441	13 002	23 329	20 930	6 442	7 354	8 226	8 781	9 324
Contributions obligatoires au secteur privé	107	690	1 462	6 120	8 243	9 386	10 444	11 202	11 615	11 699
Total	**21 929**	**107 791**	**184 914**	**328 889**	**349 767**	**369 783**	**410 093**	**444 061**	**465 409**	**487 493**
Grèce, millions EUR										
Impôts de la série 2000	37	485	3 466	14 284	24 940	24 748	19 354	18 807	19 313	20 746
Autres impôts	8	0	0	0	0	0	0	0	0	0
Contributions volontaires au gouvernement	0	0	0	0	0	0	0	0	0	0
Contributions obligatoires au secteur privé	0	0	0	0	0	0	0	0	0	0
Total	**44**	**485**	**3 466**	**14 284**	**24 940**	**24 748**	**19 354**	**18 807**	**19 313**	**20 746**
Hongrie, millions HUF										
Impôts de la série 2000	..	..	..	1 506 755	3 402 194	3 184 209	3 745 638	4 293 731	4 613 936	4 704 101
Autres impôts	..	..	..	188 413	85 058	74 035	245 746	293 773	317 075	316 775
Contributions volontaires au gouvernement	..	..	..	1 273	1 762	1 585	1 503	1 229	1 235	1 163
Contributions obligatoires au secteur privé	..	..	..	62 836	190 331	279 814	0	0	0	0
Total	**..**	**..**	**..**	**1 759 277**	**3 679 344**	**3 539 643**	**3 992 887**	**4 588 733**	**4 932 246**	**5 022 039**
Islande, millions ISK										
Impôts de la série 2000	5	102	3 607	19 680	39 594	63 599	69 899	79 707	85 370	89 649
Autres impôts	0	1 047	20 571	26 732	52 444	77 472	90 895	97 987	108 570	133 273
Contributions volontaires au gouvernement	0	0	0	0	0	0	0	0	0	0
Contributions obligatoires au secteur privé	0	459	13 454	48 847	118 117	95 438	117 903	139 792	277 894	243 733
Total	**5**	**1 608**	**37 632**	**95 260**	**210 155**	**236 509**	**278 697**	**317 486**	**471 834**	**466 655**
Irlande, millions EUR										
Impôts de la série 2000	21	578	1 729	3 947	8 126	8 442	9 019	10 218	10 717	11 439
Autres impôts	0	0	0	0	0	0	0	0	0	0
Contributions volontaires au gouvernement	0	0	0	0	0	0	0	0	0	0
Contributions obligatoires au secteur privé	0	0	0	0	0	0	0	0	0	0
Total	**21**	**578**	**1 729**	**3 947**	**8 126**	**8 442**	**9 019**	**10 218**	**10 717**	**11 439**
Israël, millions ILS										
Impôts de la série 2000	..	..	..	27 565	37 909	45 343	53 364	59 561	63 452	66 783
Autres impôts	..	..	..	0	0	0	0	0	0	0
Contributions volontaires au gouvernement	..	..	..	0	0	0	0	0	0	0
Contributions obligatoires au secteur privé	..	..	..	0	0	9 100	22 400	28 700	30 700	34 000
Total	**..**	**..**	**..**	**27 565**	**37 909**	**54 443**	**75 764**	**88 261**	**94 152**	**100 783**
Italie, millions EUR										
Impôts de la série 2000	1 881	22 976	87 256	143 629	200 772	209 122	210 462	214 376	215 856	220 622
Autres impôts	0	0	0	0	0	0	0	0	0	0
Contributions volontaires au gouvernement	0	0	0	464	567	561	738	750	780	783
Contributions obligatoires au secteur privé	0	0	0	0	0	0	0	0	0	0
Total	**1 881**	**22 976**	**87 256**	**144 093**	**201 339**	**209 683**	**211 200**	**215 126**	**216 636**	**221 405**
Japon, billions JPY										
Impôts de la série 2000	1 344	18 178	34 613	47 968	53 325	54 461	59 803	64 465	66 614	68 562
Autres impôts	0	0	0	0	0	0	0	0	0	0
Contributions volontaires au gouvernement	0	0	0	0	0	0	0	0	0	0
Contributions obligatoires au secteur privé	0	0	0	0	0	0	0	0	0	0
Total	**1 344**	**18 178**	**34 613**	**47 968**	**53 325**	**54 461**	**59 803**	**64 465**	**66 614**	**68 562**
Corée, billions KRW										
Impôts de la série 2000	..	73	3 760	22 759	53 588	69 090	91 596	104 693	112 658	119 676
Autres impôts	..	0	0	0	0	0	0	0	0	0
Contributions volontaires au gouvernement	..	0	0	0	0	0	0	0	0	0
Contributions obligatoires au secteur privé	..	0	0	0	0	0	0	0	0	0
Total	**..**	**73**	**3 760**	**22 759**	**53 588**	**69 090**	**91 596**	**104 693**	**112 658**	**119 676**

	1965	1980	1990	2000	2007	2010	2013	2015	2016	2017
Lettonie, millions EUR										
Impôts de la série 2000	..	..	..	669	1 774	1 554	1 933	2 030	2 067	2 259
Autres impôts	..	..	..	12	51	36	59	80	87	97
Contributions volontaires au gouvernement	..	..	..	0	0	0	0	0	0	0
Contributions obligatoires au secteur privé	..	..	..	0	0	0	0	0	0	0
Total	**..**	**..**	**..**	**682**	**1 825**	**1 590**	**1 992**	**2 111**	**2 154**	**2 356**
Lituanie, millions EUR										
Impôts de la série 2000	..	..	..	1 362	2 643	3 293	3 791	4 338	4 714	5 170
Autres impôts	..	..	..	0	0	0	0	0	0	0
Contributions volontaires au gouvernement	..	..	..	0	2	2	3	2	2	2
Contributions obligatoires au secteur privé	..	..	..	0	247	95	149	140	156	173
Total	**..**	**..**	**..**	**1 362**	**2 892**	**3 391**	**3 943**	**4 480**	**4 872**	**5 345**
Luxembourg, millions EUR										
Impôts de la série 2000	86	443	1 011	2 223	3 704	4 352	5 173	5 545	5 735	6 125
Autres impôts	0	0	0	0	0	0	0	0	0	0
Contributions volontaires au gouvernement	0	0	4	18	18	28	34	38	41	44
Contributions obligatoires au secteur privé	0	0	0	0	0	0	0	0	0	0
Total	**86**	**443**	**1 015**	**2 240**	**3 722**	**4 380**	**5 206**	**5 583**	**5 776**	**6 169**
Mexique, millions MXN										
Impôts de la série 2000	..	109	17 165	138 223	236 727	277 459	351 993	409 249	434 998	467 710
Autres impôts	..	0	0	0	0	0	0	0	0	0
Contributions volontaires au gouvernement	..	0	0	0	0	0	0	0	0	0
Contributions obligatoires au secteur privé	..	25	3 840	67 352	144 331	146 110	168 111	206 824	224 804	243 726
Total	**..**	**134**	**21 005**	**205 575**	**381 057**	**423 569**	**520 104**	**616 073**	**659 803**	**711 436**
Pays-Bas, millions EUR										
Impôts de la série 2000	3 342	26 641	39 075	64 522	77 072	82 732	97 372	96 426	103 902	101 913
Autres impôts	0	0	0	0	0	0	0	0	0	0
Contributions volontaires au gouvernement	168	1 139	163	0	0	0	0	0	0	0
Contributions obligatoires au secteur privé	1 266	7 642	5 727	37 088	..	..	..	..	..	..
Total	**4 776**	**35 422**	**44 965**	**101 610**	**77 072**	**82 732**	**97 372**	**96 426**	**103 902**	**101 913**
Nouvelle-Zélande, millions NZD										
Impôts de la série 2000	..	..	..	..	..	..	..	..	..	..
Autres impôts	..	..	..	..	..	..	..	..	..	..
Contributions volontaires au gouvernement	..	..	..	..	..	..	..	..	..	..
Contributions obligatoires au secteur privé	..	..	..	..	..	..	..	..	..	..
Total	**0**	**0**	**0**	**0**	**0**	**0**	**0**	**0**	**0**	**0**
Norvège, millions NOK										
Impôts de la série 2000	2 009	28 205	79 362	132 170	204 602	243 015	292 278	325 569	331 389	341 591
Autres impôts	1 305	4 256	0	0	0	0	0	0	0	0
Contributions volontaires au gouvernement	0	0	0	0	0	0	0	0	0	0
Contributions obligatoires au secteur privé	0	242	339	0	0	0	0	0	0	0
Total	**3 314**	**32 703**	**79 701**	**132 170**	**204 602**	**243 015**	**292 278**	**325 569**	**331 389**	**341 591**
Pologne, millions PLN										
Impôts de la série 2000	..	..	..	96 386	140 086	156 026	202 629	223 531	236 292	254 968
Autres impôts	..	..	..	0	0	0	0	0	0	0
Contributions volontaires au gouvernement	..	..	..	0	0	0	0	0	0	0
Contributions obligatoires au secteur privé	..	..	..	0	0	0	0	0	0	0
Total	**..**	**..**	**..**	**96 386**	**140 086**	**156 026**	**202 629**	**223 531**	**236 292**	**254 968**
Portugal, millions EUR										
Impôts de la série 2000	22	531	4 026	10 168	14 274	15 457	15 139	16 182	16 918	17 950
Autres impôts	0	1	29	434	658	698	970	994	781	797
Contributions volontaires au gouvernement	0	0	0	0	0	0	0	0	0	0
Contributions obligatoires au secteur privé	0	0	0	0	0	0	0	0	0	0
Total	**22**	**532**	**4 055**	**10 602**	**14 932**	**16 154**	**16 109**	**17 176**	**17 699**	**18 747**
République slovaque, millions EUR										
Impôts de la série 2000	..	..	..	4 409	7 244	8 154	9 847	10 861	11 426	12 325
Autres impôts	..	..	..	0	0	0	0	0	0	0
Contributions volontaires au gouvernement	..	..	..	0	22	31	17	11	10	10
Contributions obligatoires au secteur privé	..	..	..	0	701	719	385	413	435	504
Total	**..**	**..**	**..**	**4 409**	**7 968**	**8 904**	**10 249**	**11 284**	**11 871**	**12 839**

	1965	1980	1990	2000	2007	2010	2013	2015	2016	2017
Slovénie, millions EUR										
Impôts de la série 2000	..	..	..	2 631	4 724	5 382	5 269	5 606	5 842	6 240
Autres impôts	..	..	..	0	0	0	0	0	0	0
Contributions volontaires au gouvernement	..	..	..	0	0	0	0	0	0	0
Contributions obligatoires au secteur privé	..	..	..	0	0	0	0	0	0	0
Total	**..**	**..**	**..**	**2 631**	**4 724**	**5 382**	**5 269**	**5 606**	**5 842**	**6 240**
Espagne, millions EUR										
Impôts de la série 2000	350	10 682	36 722	76 046	128 715	129 733	117 929	123 470	127 523	134 698
Autres impôts	0	49	0	0	0	0	0	0	0	0
Contributions volontaires au gouvernement	0	0	0	0	0	0	2 209	1 170	1 149	1 133
Contributions obligatoires au secteur privé	0	0	0	0	0	0	0	0	0	0
Total	**350**	**10 731**	**36 722**	**76 046**	**128 715**	**129 733**	**120 138**	**124 640**	**128 672**	**135 831**
Suède, millions SEK										
Impôts de la série 2000	4 851	74 647	205 867	306 974	388 505	384 668	376 684	404 851	438 870	443 110
Autres impôts	1 407	0	0	0	0	0	0	0	0	0
Contributions volontaires au gouvernement	0	0	0	8 108	13 903	14 884	15 881	16 697	17 986	19 225
Contributions obligatoires au secteur privé	0	0	0	0	0	0	0	0	0	0
Total	**6 258**	**74 647**	**205 867**	**315 082**	**402 408**	**399 552**	**392 565**	**421 548**	**456 856**	**462 335**
Suisse, millions CHF										
Impôts de la série 2000	1 670	10 844	19 892	30 750	34 949	38 369	42 654	44 073	44 527	44 998
Autres impôts	336	778	1 176	4 509	6 342	6 644	7 850	7 815	7 568	7 722
Contributions volontaires au gouvernement	95	431	0	0	0	0	0	0	0	0
Contributions obligatoires au secteur privé	2 505	9 674	20 797	29 532	41 478	45 527	49 473	52 991	54 796	56 934
Total	**4 606**	**21 727**	**41 865**	**64 791**	**82 769**	**90 541**	**99 977**	**104 878**	**106 892**	**109 655**
Turquie, millions TRY										
Impôts de la série 2000	0	0	15	7 543	44 052	71 696	125 871	170 282	190 247	226 720
Autres impôts	0	0	0	0	0	0	0	0	0	0
Contributions volontaires au gouvernement	0	0	0	0	0	0	0	0	0	0
Contributions obligatoires au secteur privé	0	0	0	0	0	0	0	0	0	0
Total	**0**	**0**	**15**	**7 543**	**44 052**	**71 696**	**125 871**	**170 282**	**190 247**	**226 720**
Royaume-Uni, millions GBP										
Impôts de la série 2000	1 685	13 531	34 457	60 252	93 210	97 346	106 085	114 067	121 900	130 595
Autres impôts	0	0	0	0	0	0	0	0	0	0
Contributions volontaires au gouvernement	0	11	3 288	8 103	18 629	21 217	22 438	25 025	25 903	26 678
Contributions obligatoires au secteur privé	1 148	13 350	7 945	8 308	9 969	9 656	6 074	5 495	2 058	48
Total	**2 833**	**26 892**	**45 690**	**76 663**	**121 808**	**128 219**	**134 597**	**144 587**	**149 861**	**157 321**
État-Unis, millions USD										
Impôts de la série 2000	22 192	159 763	396 972	683 104	907 357	917 409	1 030 099	1 126 111	1 153 645	1 204 453
Autres impôts	0	0	0	0	0	0	0	0	0	0
Contributions volontaires au gouvernement	488	3 407	11 719	22 562	51 635	61 833	69 903	74 886	82 208	90 166
Contributions obligatoires au secteur privé	0	0	0	0	0	0	0	0	0	0
Total	**22 680**	**163 170**	**408 691**	**705 666**	**958 992**	**979 242**	**1 100 002**	**1 200 997**	**1 235 853**	**1 294 619**

.. Non disponible

StatLink https://doi.org/10.1787/888934061314

Tableau 5.38. Les cotisations de sécurité sociale et impôts sur les salaires payés par les administrations publiques

	1965	1980	1990	2000	2007	2010	2013	2015	2016	2017
Australie, millions AUD										
2000 Cotisations de sécurité sociale										
Administration fédérale ou centrale	..	..	..	..	..	..	..	..	..	..
Administration d'un Etat/Länder	..	..	..	..	..	..	..	..	..	..
Administrations locales	..	..	..	..	..	..	..	..	..	..
Administrations de sécurite sociale	..	..	..	..	..	..	..	..	..	..
Total	**0**	**0**	**0**	**0**	**0**	**0**	**0**	**0**	**0**	**0**
3000 Impôts sur les salaires										
Administration fédérale ou centrale	0	4	0	0	0	0	0	0	0	0
Administration d'un Etat/Länder	15	302	0	0	0	0	0	0	0	0
Administrations locales	0	0	2	19	41	31	37	38	39	42
Administrations de sécurite sociale	0	0	0	0	0	0	0	0	0	0
Secteur multijuridictionnel (université)[1]	..	..	..	..	..	..	..	..	..	..
Total	**15**	**306**	**92**	**301**	**496**	**579**	**702**	**765**	**796**	**840**
2000+3000 Total	**15**	**306**	**92**	**301**	**496**	**579**	**702**	**765**	**796**	**840**
Autriche, millions EUR[2]										
2000 Cotisations de sécurité sociale										
Administration fédérale ou centrale	48	230	337	620	1 244	1 532	1 664	1 825	1 936	2 036
Administration d'un Etat/Länder	13	166	337	692	988	1 179	1 255	1 376	1 454	1 531
Administrations locales	17	145	292	699	1 036	1 277	1 379	1 515	1 579	1 622
Administrations de sécurite sociale	11	79	48	176	203	226	250	264	277	279
Total	**88**	**619**	**1 015**	**2 186**	**3 471**	**4 213**	**4 547**	**4 980**	**5 246**	**5 467**
3000 Impôts sur les salaires										
Administration fédérale ou centrale	0	49	134	186	337	533	558	624	632	621
Administration d'un Etat/Länder	0	48	74	232	351	458	485	492	500	496
Administrations locales	1	29	79	301	262	359	396	428	433	424
Administrations de sécurite sociale	0	0	39	44	51	55	61	65	66	67
Total	**1**	**125**	**326**	**763**	**1 000**	**1 405**	**1 500**	**1 609**	**1 632**	**1 609**
2000+3000 Total	**89**	**745**	**1 341**	**2 949**	**4 471**	**5 618**	**6 047**	**6 589**	**6 878**	**7 076**
Belgique, millions EUR										
2000 Cotisations de sécurité sociale										
Administration fédérale ou centrale	..	536	211	259	434	494	531	721	715	744
Administration d'un Etat/Länder	..	0	614	1 218	1 600	1 786	1 984	2 338	2 330	2 424
Administrations locales	..	434	768	1 376	2 151	2 621	3 602	3 960	4 022	4 184
Administrations de sécurite sociale	..	89	176	252	308	361	418	418	406	423
Total	**..**	**1 059**	**1 769**	**3 105**	**4 493**	**5 261**	**6 535**	**7 437**	**7 473**	**7 774**
3000 Impôts sur les salaires										
Administration fédérale ou centrale	..	..	..	..	..	..	..	..	..	..
Administration d'un Etat/Länder	..	..	..	..	..	..	..	..	..	..
Administrations locales	..	..	..	..	..	..	..	..	..	..
Administrations de sécurite sociale	..	..	..	..	..	..	..	..	..	..
Total	**..**	**0**	**0**	**0**	**0**	**0**	**0**	**0**	**0**	**0**
2000+3000 Total	**..**	**1 059**	**1 769**	**3 105**	**4 493**	**5 261**	**6 535**	**7 437**	**7 473**	**7 774**
Canada, millions CAD										
2000 Cotisations de sécurité sociale										
Administration fédérale ou centrale	..	..	..	944	1 198	1 397	1 449	1 515	1 543	1 575
Administration d'un Etat/Länder	..	..	..	3 023	4 269	5 071	5 825	6 349	6 376	6 433
Administrations locales	..	..	..	2 225	2 806	3 390	3 912	4 205	4 362	4 401
Administrations de sécurite sociale	..	..	..	0	0	0	0	0	0	0
Total	**..**	**..**	**..**	**6 192**	**8 273**	**9 857**	**11 186**	**12 070**	**12 281**	**12 409**
3000 Impôts sur les salaires										
Administration fédérale ou centrale	..	..	..	0	0	0	0	0	0	0
Administration d'un Etat/Länder	..	..	..	173	234	328	362	362	367	375
Administrations locales	..	..	..	0	0	0	0	0	0	0
Administrations de sécurite sociale	..	..	..	0	0	0	0	0	0	0
Total	**..**	**..**	**..**	**173**	**234**	**328**	**362**	**362**	**367**	**375**
2000+3000 Total	**..**	**..**	**..**	**6 365**	**8 507**	**10 185**	**11 548**	**12 432**	**12 648**	**12 784**

	1965	1980	1990	2000	2007	2010	2013	2015	2016	2017
Chili, millions CLP										
2000 Cotisations de sécurité sociale										
Administration fédérale ou centrale	..	..	..	43 210	107 911	148 006	186 652	205 125	221 395	236 530
Administration d'un Etat/Länder	..	..	..	..	..	..	..	..	..	..
Administrations locales	..	..	..	11 317	30 218	41 518	51 114	63 603	76 825	82 601
Administrations de sécurite sociale	..	..	..	106	263	449	550	600	743	801
Total	**..**	**..**	**..**	**54 633**	**138 392**	**189 974**	**238 315**	**269 328**	**298 964**	**319 933**
3000 Impôts sur les salaires										
Administration fédérale ou centrale	..	..	..	..	..	..	..	..	..	..
Administration d'un Etat/Länder	..	..	..	..	..	..	..	..	..	..
Administrations locales	..	..	..	..	..	..	..	..	..	..
Administrations de sécurite sociale	..	..	..	..	..	..	..	..	..	..
Total	**..**	**..**	**..**	**..**	**..**	**..**	**..**	**..**	**..**	**..**
2000+3000 Total	**..**	**..**	**..**	**54 633**	**138 392**	**189 974**	**238 315**	**269 328**	**298 964**	**319 933**
République tchèque, millions CZK										
2000 Cotisations de sécurité sociale										
Administration fédérale ou centrale	..	..	..	28 050	44 437	45 439	46 360	37 553	39 814	43 564
Administration d'un Etat/Länder	..	..	..	..	..	..	..	..	..	..
Administrations locales	..	..	..	5 660	8 253	9 394	9 448	41 954	44 261	47 919
Administrations de sécurite sociale	..	..	..	510	791	938	881	975	1 009	1 056
Total	**..**	**..**	**..**	**34 220**	**53 481**	**55 771**	**56 689**	**80 482**	**85 085**	**92 538**
3000 Impôts sur les salaires										
Administration fédérale ou centrale	..	..	..	..	..	..	..	..	..	..
Administration d'un Etat/Länder	..	..	..	..	..	..	..	..	..	..
Administrations locales	..	..	..	..	..	..	..	..	..	..
Administrations de sécurite sociale	..	..	..	..	..	..	..	..	..	..
Total	**..**	**..**	**..**	**0**	**0**	**0**	**0**	**0**	**0**	**0**
2000+3000 Total	**..**	**..**	**..**	**34 220**	**53 481**	**55 771**	**56 689**	**80 482**	**85 085**	**92 538**
Danemark, millions DKK										
2000 Cotisations de sécurité sociale										
Administration fédérale ou centrale	..	179	..	..	..	..	..	..	..	..
Administration d'un Etat/Länder	..	..	..	..	..	..	..	..	..	..
Administrations locales	..	0	..	..	..	..	..	..	..	..
Administrations de sécurite sociale	..	0	..	..	..	..	..	..	..	..
Total	**..**	**179**	**0**	**0**	**0**	**0**	**0**	**0**	**0**	**0**
3000 Impôts sur les salaires										
Administration fédérale ou centrale	..	..	..	..	..	..	..	..	..	..
Administration d'un Etat/Länder	..	..	..	..	..	..	..	..	..	..
Administrations locales	..	..	..	..	..	..	..	..	..	..
Administrations de sécurite sociale	..	..	..	..	..	..	..	..	..	..
Total	**..**	**0**	**0**	**0**	**0**	**0**	**0**	**0**	**0**	**0**
2000+3000 Total	**..**	**179**	**0**	**0**	**0**	**0**	**0**	**0**	**0**	**0**
Estonie, millions EUR										
2000 Cotisations de sécurité sociale										
Administration fédérale ou centrale	..	..	..	129	257	315	368	451	469	486
Administration d'un Etat/Länder	..	..	..	..	..	..	..	..	..	..
Administrations locales	..	..	..	48	156	175	206	235	252	277
Administrations de sécurite sociale	..	..	..	0	3	41	24	24	41	64
Total	**..**	**..**	**..**	**177**	**417**	**532**	**598**	**710**	**762**	**827**
3000 Impôts sur les salaires										
Administration fédérale ou centrale	..	..	..	..	..	..	..	..	..	..
Administration d'un Etat/Länder	..	..	..	..	..	..	..	..	..	..
Administrations locales	..	..	..	..	..	..	..	..	..	..
Administrations de sécurite sociale	..	..	..	..	..	..	..	..	..	..
Total	**..**	**..**	**..**	**0**	**0**	**0**	**0**	**0**	**0**	**0**
2000+3000 Total	**..**	**..**	**..**	**177**	**417**	**532**	**598**	**710**	**762**	**827**

	1965	1980	1990	2000	2007	2010	2013	2015	2016	2017
Finlande, millions EUR										
2000 Cotisations de sécurité sociale										
Administration fédérale ou centrale	..	61	196	908	1 057	1 137	1 226	1 220	1 100	997
Administration d'un Etat/Länder	..	..	..	..	..	..	..	..	..	..
Administrations locales	..	170	1 709	2 786	4 061	4 352	4 881	4 868	4 867	4 327
Administrations de sécurite sociale	..	9	33	75	88	90	102	109	112	118
Total	**..**	**239**	**1 938**	**3 769**	**5 206**	**5 579**	**6 209**	**6 197**	**6 079**	**5 442**
3000 Impôts sur les salaires										
Administration fédérale ou centrale	..	1	..	..	..	..	..	..	..	..
Administration d'un Etat/Länder	..	..	..	..	..	..	..	..	..	..
Administrations locales	..	4	..	..	..	..	..	..	..	..
Administrations de sécurite sociale	..	0	..	..	..	..	..	..	..	..
Total	**..**	**5**	**0**	**0**	**0**	**0**	**0**	**0**	**0**	**0**
2000+3000 Total	**..**	**245**	**1 938**	**3 769**	**5 206**	**5 579**	**6 209**	**6 197**	**6 079**	**5 442**
France, millions EUR										
2000 Cotisations de sécurité sociale										
Administration fédérale ou centrale	..	3 816	8 063	10 466	12 426	12 841	12 825	12 999	13 241	13 880
Administration d'un Etat/Länder	..	..	..	..	..	..	..	..	..	..
Administrations locales	..	2 369	5 542	10 372	15 925	18 065	20 050	21 553	21 852	22 414
Administrations de sécurite sociale	..	2 594	6 940	10 827	14 035	15 427	16 614	17 399	17 455	17 963
Total	**..**	**8 779**	**20 545**	**31 665**	**42 386**	**46 333**	**49 489**	**51 951**	**52 548**	**54 257**
3000 Impôts sur les salaires										
Administration fédérale ou centrale	..	836	494	854	1 558	1 611	1 697	1 768	1 796	1 892
Administration d'un Etat/Länder	..	..	..	..	..	..	..	..	..	..
Administrations locales	..	27	107	324	549	698	791	852	875	916
Administrations de sécurite sociale	..	629	2 234	3 413	4 531	5 028	5 374	5 522	5 522	5 624
Total	**..**	**1 492**	**2 835**	**4 591**	**6 638**	**7 337**	**7 862**	**8 142**	**8 193**	**8 432**
2000+3000 Total	**..**	**10 271**	**23 380**	**36 256**	**49 024**	**53 670**	**57 351**	**60 093**	**60 741**	**62 689**
Allemagne>, millions EUR										
2000 Cotisations de sécurité sociale										
Administration fédérale ou centrale	775	1 324	2 376	1 559	1 398	1 674	1 641	1 782	1 802	1 983
Administration d'un Etat/Länder	293	2 611	4 647	5 359	5 831	6 524	6 963	7 470	7 814	8 150
Administrations locales	325	3 140	5 791	6 992	8 435	9 626	10 136	10 933	11 662	12 222
Administrations de sécurite sociale	1 495	456	767	1 828	2 182	2 495	2 678	2 915	3 013	3 100
Total	**2 887**	**7 531**	**13 581**	**15 738**	**17 846**	**20 319**	**21 419**	**23 101**	**24 291**	**25 455**
3000 Impôts sur les salaires										
Administration fédérale ou centrale	..	..	..	..	..	..	..	..	..	..
Administration d'un Etat/Länder	..	..	..	..	..	..	..	..	..	..
Administrations locales	..	..	..	..	..	..	..	..	..	..
Administrations de sécurite sociale	..	..	..	..	..	..	..	..	..	..
Total	**0**	**0**	**0**	**0**	**0**	**0**	**0**	**0**	**0**	**0**
2000+3000 Total	**2 887**	**7 531**	**13 581**	**15 738**	**17 846**	**20 319**	**21 419**	**23 101**	**24 291**	**25 455**
Grèce, millions EUR										
2000 Cotisations de sécurité sociale										
Administration fédérale ou centrale	..	..	124	1 542	2 888	3 217	2 372	2 337	2 345	1 282
Administration d'un Etat/Länder	..	..	..	..	..	..	..	..	..	..
Administrations locales	..	..	0	0	0	0	0	0	0	0
Administrations de sécurite sociale	..	..	0	200	440	387	350	265	318	355
Total	**..**	**..**	**124**	**1 742**	**3 328**	**3 604**	**2 722**	**2 602**	**2 663**	**1 637**
3000 Impôts sur les salaires										
Administration fédérale ou centrale	..	..	..	..	..	..	..	..	..	..
Administration d'un Etat/Länder	..	..	..	..	..	..	..	..	..	..
Administrations locales	..	..	..	..	..	..	..	..	..	..
Administrations de sécurite sociale	..	..	..	..	..	..	..	..	..	..
Total	**..**	**..**	**0**	**0**	**0**	**0**	**0**	**0**	**0**	**0**
2000+3000 Total	**..**	**..**	**124**	**1 742**	**3 328**	**3 604**	**2 722**	**2 602**	**2 663**	**1 637**

	1965	1980	1990	2000	2007	2010	2013	2015	2016	2017
Hongrie, millions HUF										
2000 Cotisations de sécurité sociale										
Administration fédérale ou centrale	..	..	..	148 251	293 684	255 557	449 428	529 471	556 687	535 993
Administration d'un Etat/Länder	..	..	..	..	..	..	..	..	..	..
Administrations locales	..	..	..	173 475	343 306	278 385	124 111	147 861	161 082	149 461
Administrations de sécurite sociale	..	..	..	4 936	8 052	6 656	2 781	3 058	2 794	1 922
Total	**..**	**..**	**..**	**326 661**	**645 042**	**540 597**	**576 320**	**680 389**	**720 563**	**687 375**
3000 Impôts sur les salaires										
Administration fédérale ou centrale	..	..	..	13 901	7 287	1 011	12 435	13 706	15 342	16 067
Administration d'un Etat/Länder	..	..	..	..	..	..	..	..	..	..
Administrations locales	..	..	..	25 990	11 928	3 254	4 224	3 327	3 498	3 770
Administrations de sécurite sociale	..	..	..	406	162	8	101	0	102	96
Total	**..**	**..**	**..**	**40 297**	**19 377**	**4 273**	**16 760**	**17 033**	**18 942**	**19 933**
2000+3000 Total	**..**	**..**	**..**	**366 958**	**664 420**	**544 870**	**593 080**	**697 422**	**739 505**	**707 308**
Islande, millions ISK										
2000 Cotisations de sécurité sociale										
Administration fédérale ou centrale	..	..	..	..	..	..	..	..	..	..
Administration d'un Etat/Länder	..	..	..	..	..	..	..	..	..	..
Administrations locales	..	..	..	..	..	..	..	..	..	..
Administrations de sécurite sociale	..	..	..	..	..	..	..	..	..	..
Total	**..**	**..**	**..**	**..**	**..**	**..**	**..**	**..**	**..**	**..**
3000 Impôts sur les salaires										
Administration fédérale ou centrale	..	..	..	..	..	..	..	..	..	..
Administration d'un Etat/Länder	..	..	..	..	..	..	..	..	..	..
Administrations locales	..	..	..	..	..	..	..	..	..	..
Administrations de sécurite sociale	..	..	..	..	..	..	..	..	..	..
Total	**..**	**..**	**..**	**..**	**..**	**..**	**..**	**..**	**..**	**..**
2000+3000 Total	**..**	**..**	**..**	**..**	**..**	**..**	**..**	**..**	**..**	**..**
Irlande, millions EUR										
2000 Cotisations de sécurité sociale										
Administration fédérale ou centrale	..	21	65	166	460	395	426	497	532	574
Administration d'un Etat/Länder	..	..	..	..	..	..	..	..	..	..
Administrations locales	..	25	83	277	862	805	799	932	998	1 077
Administrations de sécurite sociale	..	0	1	4	6	6	6	6	6	6
Total	**..**	**46**	**149**	**447**	**1 328**	**1 205**	**1 231**	**1 435**	**1 536**	**1 657**
3000 Impôts sur les salaires										
Administration fédérale ou centrale	..	..	..	..	..	..	..	..	..	..
Administration d'un Etat/Länder	..	..	..	..	..	..	..	..	..	..
Administrations locales	..	..	..	..	..	..	..	..	..	..
Administrations de sécurite sociale	..	..	..	..	..	..	..	..	..	..
Total	**..**	**0**	**0**	**0**	**0**	**0**	**0**	**0**	**0**	**0**
2000+3000 Total	**..**	**46**	**149**	**447**	**1 328**	**1 205**	**1 231**	**1 435**	**1 536**	**1 657**
Israël, millions ILS										
2000 Cotisations de sécurité sociale										
Administration fédérale ou centrale	..	..	..	840	1 030	1 180	1 550	1 780	2 000	2 120
Administration d'un Etat/Länder	..	..	..	..	..	..	..	..	..	..
Administrations locales	..	..	..	280	340	390	510	590	660	700
Administrations de sécurite sociale	..	..	..	0	0	0	0	0	0	0
Total	**..**	**..**	**..**	**1 120**	**1 370**	**1 570**	**2 060**	**2 370**	**2 660**	**2 820**
3000 Impôts sur les salaires										
Administration fédérale ou centrale	..	..	..	2 330	3 600	4 180	5 220	5 650	5 890	6 130
Administration d'un Etat/Länder	..	..	..	..	..	..	..	..	..	..
Administrations locales	..	..	..	660	880	960	1 190	1 290	1 350	1 400
Administrations de sécurite sociale	..	..	..	0	0	0	0	0	0	0
Total	**..**	**..**	**..**	**2 990**	**4 480**	**5 140**	**6 410**	**6 940**	**7 240**	**7 530**
2000+3000 Total	**..**	**..**	**..**	**4 110**	**5 850**	**6 710**	**8 470**	**9 310**	**9 900**	**10 350**

	1965	1980	1990	2000	2007	2010	2013	2015	2016	2017
Italie, millions EUR										
2000 Cotisations de sécurité sociale										
Administration fédérale ou centrale	..	..	..	0	0	0	0	0	0	0
Administration d'un Etat/Länder	..	..	..	..	..	..	..	..	..	..
Administrations locales	..	..	..	0	0	0	0	0	0	0
Administrations de sécurite sociale	..	..	..	36 679	47 394	50 627	49 827	49 251	49 881	50 628
Total	**..**	**..**	**..**	**36 679**	**47 394**	**50 627**	**49 827**	**49 251**	**49 881**	**50 628**
3000 Impôts sur les salaires										
Administration fédérale ou centrale	..	..	..	..	..	..	..	..	..	..
Administration d'un Etat/Länder	..	..	..	..	..	..	..	..	..	..
Administrations locales	..	..	..	..	..	..	..	..	..	..
Administrations de sécurite sociale	..	..	..	..	..	..	..	..	..	..
Total	**..**	**..**	**..**	**0**	**0**	**0**	**0**	**0**	**0**	**0**
2000+3000 Total	**..**	**..**	**..**	**36 679**	**47 394**	**50 627**	**49 827**	**49 251**	**49 881**	**50 628**
Japon, billions JPY										
2000 Cotisations de sécurité sociale										
Administration fédérale ou centrale	..	..	507	732	766	758	810	881	897	908
Administration d'un Etat/Länder	..	..	..	..	..	..	..	..	..	..
Administrations locales	..	..	1 510	2 168	2 216	2 223	2 392	2 524	2 562	2 555
Administrations de sécurite sociale	..	..	0	0	0	0	0	0	0	0
Total	**..**	**..**	**2 017**	**2 900**	**2 982**	**2 981**	**3 202**	**3 405**	**3 459**	**3 463**
3000 Impôts sur les salaires										
Administration fédérale ou centrale	..	..	..	..	..	..	..	..	..	..
Administration d'un Etat/Länder	..	..	..	..	..	..	..	..	..	..
Administrations locales	..	..	..	..	..	..	..	..	..	..
Administrations de sécurite sociale	..	..	..	..	..	..	..	..	..	..
Total	**..**	**..**	**0**	**0**	**0**	**0**	**0**	**0**	**0**	**0**
2000+3000 Total	**..**	**..**	**2 017**	**2 900**	**2 982**	**2 981**	**3 202**	**3 405**	**3 459**	**3 463**
Corée, billions KRW										
2000 Cotisations de sécurité sociale										
Administration fédérale ou centrale	..	..	..	..	..	..	..	..	..	..
Administration d'un Etat/Länder	..	..	..	..	..	..	..	..	..	..
Administrations locales	..	..	..	..	..	..	..	..	..	..
Administrations de sécurite sociale	..	..	..	..	..	..	..	..	..	..
Total	**..**	**..**	**..**	**..**	**..**	**..**	**..**	**..**	**..**	**..**
3000 Impôts sur les salaires										
Administration fédérale ou centrale	..	..	..	..	..	..	..	..	..	..
Administration d'un Etat/Länder	..	..	..	..	..	..	..	..	..	..
Administrations locales	..	..	..	..	..	..	..	..	..	..
Administrations de sécurite sociale	..	..	..	..	..	..	..	..	..	..
Total	**..**	**..**	**..**	**..**	**..**	**..**	**..**	**..**	**..**	**..**
2000+3000 Total	**..**	**..**	**..**	**..**	**..**	**..**	**..**	**..**	**..**	**..**
Lettonie, millions EUR										
2000 Cotisations de sécurité sociale										
Administration fédérale ou centrale	..	..	..	..	..	..	..	..	..	..
Administration d'un Etat/Länder	..	..	..	..	..	..	..	..	..	..
Administrations locales	..	..	..	..	..	..	..	..	..	..
Administrations de sécurite sociale	..	..	..	..	..	..	..	..	..	..
Total	**..**	**..**	**..**	**40**	**156**	**174**	**228**	**262**	**230**	**252**
3000 Impôts sur les salaires										
Administration fédérale ou centrale	..	..	..	..	..	..	..	..	..	..
Administration d'un Etat/Länder	..	..	..	..	..	..	..	..	..	..
Administrations locales	..	..	..	..	..	..	..	..	..	..
Administrations de sécurite sociale	..	..	..	..	..	..	..	..	..	..
Total	**..**	**..**	**..**	**0**	**0**	**0**	**0**	**0**	**0**	**0**
2000+3000 Total	**..**	**..**	**..**	**40**	**156**	**174**	**228**	**262**	**230**	**252**

	1965	1980	1990	2000	2007	2010	2013	2015	2016	2017
Lituanie, millions EUR										
2000 Cotisations de sécurité sociale										
Administration fédérale ou centrale	..	..	..	179	327	334	395	426	454	479
Administration d'un Etat/Länder	..	..	..	..	..	..	..	..	..	..
Administrations locales	..	..	..	174	294	350	347	374	395	414
Administrations de sécurite sociale	..	..	..	5	14	16	15	16	16	16
Total	**..**	**..**	**..**	**358**	**635**	**700**	**756**	**816**	**865**	**909**
3000 Impôts sur les salaires										
Administration fédérale ou centrale	..	..	..	..	..	..	..	..	..	..
Administration d'un Etat/Länder	..	..	..	..	..	..	..	..	..	..
Administrations locales	..	..	..	..	..	..	..	..	..	..
Administrations de sécurite sociale	..	..	..	..	..	..	..	..	..	..
Total	**..**	**..**	**..**	**0**	**0**	**0**	**0**	**0**	**0**	**0**
2000+3000 Total	**..**	**..**	**..**	**358**	**635**	**700**	**756**	**816**	**865**	**909**
Luxembourg, millions EUR										
2000 Cotisations de sécurité sociale										
Administration fédérale ou centrale	..	..	257	273	413	491	548	651	684	725
Administration d'un Etat/Länder	..	..	..	..	..	..	..	..	..	..
Administrations locales	..	..	2	4	4	4	4	4	4	4
Administrations de sécurite sociale	..	..	7	11	12	12	15	17	18	20
Total	**..**	**..**	**267**	**287**	**429**	**507**	**567**	**671**	**706**	**749**
3000 Impôts sur les salaires										
Administration fédérale ou centrale	..	..	..	..	..	..	..	..	..	..
Administration d'un Etat/Länder	..	..	..	..	..	..	..	..	..	..
Administrations locales	..	..	..	..	..	..	..	..	..	..
Administrations de sécurite sociale	..	..	..	..	..	..	..	..	..	..
Total	**..**	**..**	**0**	**0**	**0**	**0**	**0**	**0**	**0**	**0**
2000+3000 Total	**..**	**..**	**267**	**287**	**429**	**507**	**567**	**671**	**706**	**749**
Mexique, millions MXN										
2000 Cotisations de sécurité sociale										
Administration fédérale ou centrale	..	25	2 952	44 879	94 251	103 440	126 518	145 329	150 386	159 491
Administration d'un Etat/Länder	..	0	0	0	0	0	0	0	0	0
Administrations locales	..	0	0	0	0	0	0	0	0	0
Administrations de sécurite sociale	..	0	0	0	0	0	0	0	0	0
Total	**..**	**25**	**2 952**	**44 879**	**94 251**	**103 440**	**126 518**	**145 329**	**150 386**	**159 491**
3000 Impôts sur les salaires										
Administration fédérale ou centrale	..	..	..	..	..	..	..	..	..	..
Administration d'un Etat/Länder	..	..	..	..	..	..	..	..	..	..
Administrations locales	..	..	..	..	..	..	..	..	..	..
Administrations de sécurite sociale	..	..	..	..	..	..	..	..	..	..
Total	**..**	**0**	**0**	**0**	**0**	**0**	**0**	**0**	**0**	**0**
2000+3000 Total	**..**	**25**	**2 952**	**44 879**	**94 251**	**103 440**	**126 518**	**145 329**	**150 386**	**159 491**
Pays-Bas, millions EUR										
2000 Cotisations de sécurité sociale										
Administration fédérale ou centrale	63	1 366	286	..	..	..	..	..	..	..
Administration d'un Etat/Länder	..	..	..	..	..	..	..	..	..	..
Administrations locales	0	0	0	..	..	..	..	..	..	..
Administrations de sécurite sociale	7	91	59	..	..	..	..	..	..	..
Total	**70**	**1 457**	**345**	**2 006**	**4 310**	**..**	**..**	**..**	**..**	**..**
3000 Impôts sur les salaires										
Administration fédérale ou centrale	..	..	..	..	..	..	..	..	..	..
Administration d'un Etat/Länder	..	..	..	..	..	..	..	..	..	..
Administrations locales	..	..	..	..	..	..	..	..	..	..
Administrations de sécurite sociale	..	..	..	..	..	..	..	..	..	..
Total	**0**	**0**	**0**	**0**	**0**	**0**	**0**	**0**	**0**	**0**
2000+3000 Total	**70**	**1 457**	**345**	**2 006**	**4 310**	**0**	**0**	**0**	**0**	**0**

	1965	1980	1990	2000	2007	2010	2013	2015	2016	2017
Nouvelle-Zélande, millions NZD										
2000 Cotisations de sécurité sociale										
Administration fédérale ou centrale	..	..	..	..	..	..	..	..	..	..
Administration d'un Etat/Länder	..	..	..	..	..	..	..	..	..	..
Administrations locales	..	..	..	..	..	..	..	..	..	..
Administrations de sécurite sociale	..	..	..	..	..	..	..	..	..	..
Total	**0**	**0**	**0**	**0**	**0**	**0**	**0**	**0**	**0**	**0**
3000 Impôts sur les salaires										
Administration fédérale ou centrale	..	..	..	..	..	..	..	..	..	..
Administration d'un Etat/Länder	..	..	..	..	..	..	..	..	..	..
Administrations locales	..	..	..	..	..	..	..	..	..	..
Administrations de sécurite sociale	..	..	..	..	..	..	..	..	..	..
Total	**0**	**0**	**0**	**0**	**0**	**0**	**0**	**0**	**0**	**0**
2000+3000 Total	**0**	**0**	**0**	**0**	**0**	**0**	**0**	**0**	**0**	**0**
Norvège, millions NOK										
2000 Cotisations de sécurité sociale										
Administration fédérale ou centrale	..	1 242	2 859	11 895	30 530	36 609	44 540	52 914	51 886	54 686
Administration d'un Etat/Länder	..	..	..	..	..	..	..	..	..	..
Administrations locales	..	4 538	11 964	24 831	32 096	40 979	53 062	59 454	61 195	63 628
Administrations de sécurite sociale	..	1 222	3 064	0	0	0	0	0	0	0
Total	**..**	**7 002**	**17 887**	**36 726**	**62 626**	**77 588**	**97 602**	**112 368**	**113 081**	**118 314**
3000 Impôts sur les salaires										
Administration fédérale ou centrale	..	..	..	..	..	..	..	..	..	..
Administration d'un Etat/Länder	..	..	..	..	..	..	..	..	..	..
Administrations locales	..	..	..	..	..	..	..	..	..	..
Administrations de sécurite sociale	..	..	..	..	..	..	..	..	..	..
Total	**..**	**0**	**0**	**0**	**0**	**0**	**0**	**0**	**0**	**0**
2000+3000 Total	**..**	**7 002**	**17 887**	**36 726**	**62 626**	**77 588**	**97 602**	**112 368**	**113 081**	**118 314**
Pologne, millions PLN										
2000 Cotisations de sécurité sociale										
Administration fédérale ou centrale	..	..	..	4 566	6 023	6 643	8 231	9 839	10 597	11 096
Administration d'un Etat/Länder	..	..	..	..	..	..	..	..	..	..
Administrations locales	..	..	..	6 756	9 856	11 411	13 638	14 384	15 210	16 009
Administrations de sécurite sociale	..	..	..	279	426	499	514	517	550	590
Total	**..**	**..**	**..**	**11 601**	**16 305**	**18 553**	**22 383**	**24 740**	**26 357**	**27 695**
3000 Impôts sur les salaires										
Administration fédérale ou centrale	..	..	..	..	..	..	..	..	..	..
Administration d'un Etat/Länder	..	..	..	..	..	..	..	..	..	..
Administrations locales	..	..	..	..	..	..	..	..	..	..
Administrations de sécurite sociale	..	..	..	..	..	..	..	..	..	..
Total	**..**	**..**	**..**	**0**	**0**	**0**	**0**	**0**	**0**	**0**
2000+3000 Total	**..**	**..**	**..**	**11 601**	**16 305**	**18 553**	**22 383**	**24 740**	**26 357**	**27 695**
Portugal, millions EUR										
2000 Cotisations de sécurité sociale										
Administration fédérale ou centrale	..	0	0	0	..	..	..	..	..	..
Administration d'un Etat/Länder	..	..	..	..	..	..	..	..	..	..
Administrations locales	..	0	33	197	..	..	..	..	..	..
Administrations de sécurite sociale	..	4	0	0	..	..	..	..	..	..
Total	**..**	**4**	**33**	**197**	**0**	**0**	**0**	**0**	**0**	**0**
3000 Impôts sur les salaires										
Administration fédérale ou centrale	..	..	..	..	..	..	..	..	..	..
Administration d'un Etat/Länder	..	..	..	..	..	..	..	..	..	..
Administrations locales	..	..	..	..	..	..	..	..	..	..
Administrations de sécurite sociale	..	..	..	..	..	..	..	..	..	..
Total	**..**	**0**	**0**	**0**	**0**	**0**	**0**	**0**	**0**	**0**
2000+3000 Total	**..**	**4**	**33**	**197**	**0**	**0**	**0**	**0**	**0**	**0**

	1965	1980	1990	2000	2007	2010	2013	2015	2016	2017
République slovaque, millions EUR										
2000 Cotisations de sécurité sociale										
Administration fédérale ou centrale	..	..	..	489	602	785	936	1 033	1 069	1 120
Administration d'un Etat/Länder	..	..	..	..	..	..	..	..	..	..
Administrations locales	..	..	..	130	427	493	562	650	691	739
Administrations de sécurite sociale	..	..	..	22	26	44	32	36	38	40
Total	..	..	..	**642**	**1 055**	**1 322**	**1 530**	**1 719**	**1 798**	**1 899**
3000 Impôts sur les salaires										
Administration fédérale ou centrale	..	..	..	..	..	..	..	..	..	..
Administration d'un Etat/Länder	..	..	..	..	..	..	..	..	..	..
Administrations locales	..	..	..	..	..	..	..	..	..	..
Administrations de sécurite sociale	..	..	..	..	..	..	..	..	..	..
Total	..	..	..	**0**	**0**	**0**	**0**	**0**	**0**	**0**
2000+3000 Total	..	..	..	**642**	**1 055**	**1 322**	**1 530**	**1 719**	**1 798**	**1 899**
Slovénie, millions EUR										
2000 Cotisations de sécurité sociale										
Administration fédérale ou centrale	..	..	..	161	333	402	402	375	402	422
Administration d'un Etat/Länder	..	..	..	..	..	..	..	..	..	..
Administrations locales	..	..	..	86	175	195	197	189	203	212
Administrations de sécurite sociale	..	..	..	3	7	8	7	6	7	7
Total	..	..	..	**250**	**515**	**604**	**606**	**571**	**612**	**641**
3000 Impôts sur les salaires										
Administration fédérale ou centrale	..	..	..	55	76	6	7	7	7	7
Administration d'un Etat/Länder	..	..	..	..	..	..	..	..	..	..
Administrations locales	..	..	..	29	36	3	4	4	4	4
Administrations de sécurite sociale	..	..	..	1	2	0	0	0	0	0
Total	..	..	..	**85**	**114**	**9**	**11**	**11**	**11**	**11**
2000+3000 Total	..	..	..	**335**	**629**	**613**	**617**	**582**	**623**	**652**
Espagne, millions EUR										
2000 Cotisations de sécurité sociale										
Administration fédérale ou centrale	..	387	989	1 401	1 960	2 196	2 008	2 228	2 268	2 325
Administration d'un Etat/Länder	..	2	0	4 411	9 426	11 002	10 218	11 243	11 689	12 464
Administrations locales	..	252	1 819	2 524	4 098	4 781	4 617	4 797	4 779	4 802
Administrations de sécurite sociale	..	396	1 202	1 284	484	527	498	496	496	491
Total	..	**1 037**	**4 010**	**9 620**	**15 968**	**18 506**	**17 341**	**18 764**	**19 232**	**20 082**
3000 Impôts sur les salaires										
Administration fédérale ou centrale	..	..	..	..	..	..	..	..	..	..
Administration d'un Etat/Länder	..	..	..	..	..	..	..	..	..	..
Administrations locales	..	..	..	..	..	..	..	..	..	..
Administrations de sécurite sociale	..	..	..	..	..	..	..	..	..	..
Total	..	**0**	**0**	**0**	**0**	**0**	**0**	**0**	**0**	**0**
2000+3000 Total	..	**1 037**	**4 010**	**9 620**	**15 968**	**18 506**	**17 341**	**18 764**	**19 232**	**20 082**
Suède, millions SEK										
2000 Cotisations de sécurité sociale										
Administration fédérale ou centrale	..	7 543	12 430	21 153	25 164	24 729	24 595	25 707	27 582	27 612
Administration d'un Etat/Länder	..	..	..	..	..	..	..	..	..	..
Administrations locales	..	18 149	49 298	66 215	83 877	82 141	78 774	85 373	93 760	95 132
Administrations de sécurite sociale	..	0	0	0	0	0	0	0	0	0
Total	..	**25 692**	**61 728**	**87 367**	**109 040**	**106 870**	**103 370**	**111 079**	**121 342**	**122 744**
3000 Impôts sur les salaires										
Administration fédérale ou centrale	..	..	1 527	3 453	5 394	6 912	11 242	12 326	12 785	14 531
Administration d'un Etat/Länder	..	..	..	..	..	..	..	..	..	..
Administrations locales	..	..	6 060	10 808	17 980	22 958	36 005	40 935	43 461	50 064
Administrations de sécurite sociale	..	..	0	0	0	0	0	0	0	0
Total	..	**0**	**7 587**	**14 261**	**23 374**	**29 870**	**47 247**	**53 261**	**56 246**	**64 596**
2000+3000 Total	..	**25 692**	**69 315**	**101 628**	**132 414**	**136 740**	**150 616**	**164 340**	**177 588**	**187 340**

	1965	1980	1990	2000	2007	2010	2013	2015	2016	2017
Suisse, millions CHF										
2000 Cotisations de sécurité sociale										
Administration fédérale ou centrale	13	91	224	293	375	439	485	489	504	522
Administration d'un Etat/Länder	34	380	770	971	1 296	1 524	1 699	1 767	1 797	1 858
Administrations locales	22	270	460	595	745	823	867	911	940	952
Administrations de sécurite sociale	2	21	4	14	18	23	25	26	26	26
Total	**71**	**762**	**1 458**	**1 873**	**2 434**	**2 809**	**3 075**	**3 193**	**3 266**	**3 359**
3000 Impôts sur les salaires										
Administration fédérale ou centrale	..	..	..	..	..	..	..	..	..	..
Administration d'un Etat/Länder	..	..	..	..	..	..	..	..	..	..
Administrations locales	..	..	..	..	..	..	..	..	..	..
Administrations de sécurite sociale	..	..	..	..	..	..	..	..	..	..
Total	**0**	**0**	**0**	**0**	**0**	**0**	**0**	**0**	**0**	**0**
2000+3000 Total	**71**	**762**	**1 458**	**1 873**	**2 434**	**2 809**	**3 075**	**3 193**	**3 266**	**3 359**
Turquie, millions TRY										
2000 Cotisations de sécurité sociale										
Administration fédérale ou centrale	..	..	9	3 619	20 442	39 363	71 184	95 067	107 905	128 331
Administration d'un Etat/Länder	..	..	..	..	..	..	..	..	..	..
Administrations locales	..	..	0	0	0	0	0	0	0	0
Administrations de sécurite sociale	..	..	0	0	0	0	0	0	0	0
Total	**..**	**..**	**9**	**3 619**	**20 442**	**39 363**	**71 184**	**95 067**	**107 905**	**128 331**
3000 Impôts sur les salaires										
Administration fédérale ou centrale	..	..	..	..	..	..	..	..	..	..
Administration d'un Etat/Länder	..	..	..	..	..	..	..	..	..	..
Administrations locales	..	..	..	..	..	..	..	..	..	..
Administrations de sécurite sociale	..	..	..	..	..	..	..	..	..	..
Total	**..**	**..**	**0**	**0**	**0**	**0**	**0**	**0**	**0**	**0**
2000+3000 Total	**..**	**..**	**9**	**3 619**	**20 442**	**39 363**	**71 184**	**95 067**	**107 905**	**128 331**
Royaume-Uni, millions GBP										
2000 Cotisations de sécurité sociale										
Administration fédérale ou centrale	87	920	2 134	3 122	5 897	6 421	7 054	7 824	8 546	9 301
Administration d'un Etat/Länder	..	..	..	..	..	..	..	..	..	..
Administrations locales	83	926	1 957	2 913	4 908	5 311	4 669	4 542	4 669	4 785
Administrations de sécurite sociale	0	0	0	0	0	0	0	0	0	0
Total	**170**	**1 846**	**4 091**	**6 035**	**10 805**	**11 732**	**11 723**	**12 366**	**13 215**	**14 086**
3000 Impôts sur les salaires										
Administration fédérale ou centrale	..	360	..	..	..	..	..	..	..	..
Administration d'un Etat/Länder	..	..	..	..	..	..	..	..	..	..
Administrations locales	..	410	..	..	..	..	..	..	..	..
Administrations de sécurite sociale	..	0	..	..	..	..	..	..	..	..
Total	**0**	**770**	**0**	**0**	**0**	**0**	**0**	**0**	**0**	**0**
2000+3000 Total	**170**	**2 616**	**4 091**	**6 035**	**10 805**	**11 732**	**11 723**	**12 366**	**13 215**	**14 086**
État-Unis, millions USD										
2000 Cotisations de sécurité sociale										
Administration fédérale ou centrale	301	2 053	9 059	11 323	19 628	25 434	25 938	26 722	26 852	27 616
Administration d'un Etat/Länder	699	7 585	19 802	32 814	44 061	45 936	46 832	49 359	50 802	52 250
Administrations locales	0	0	0	0	0	0	0	0	0	0
Administrations de sécurite sociale	0	0	0	0	0	0	0	0	0	0
Total	**1 000**	**9 638**	**28 861**	**44 137**	**63 689**	**71 370**	**72 770**	**76 081**	**77 654**	**79 866**
3000 Impôts sur les salaires										
Administration fédérale ou centrale	..	..	..	..	..	..	..	..	..	..
Administration d'un Etat/Länder	..	..	..	..	..	..	..	..	..	..
Administrations locales	..	..	..	..	..	..	..	..	..	..
Administrations de sécurite sociale	..	..	..	..	..	..	..	..	..	..
Total	**0**	**0**	**0**	**0**	**0**	**0**	**0**	**0**	**0**	**0**
2000+3000 Total	**1 000**	**9 638**	**28 861**	**44 137**	**63 689**	**71 370**	**72 770**	**76 081**	**77 654**	**79 866**

.. Non disponible

1. Le secteur multi-juridictionnel contient des unités où la juridiction est partagée entre deux administrations publiques au moins, ou contient des unités dont le classement dans une juridiction n'est pas clair. Les universités publiques sont le principal type d'unités appartenant actuellement à cette catégorie.

2. Il y a une rupture dans les séries en 1990. À partir de cette année, les données se fondent sur le SEC 2010.

StatLink https://doi.org/10.1787/888934061333

6 Recettes fiscales par sous-secteur d'administration

Le Chapitre 6 fournit des tableaux comparables sur les recettes fiscales par sous-secteur d'administration ainsi que des aperçus pour chaque pays membre de l'OCDE.

Tableaux comparatifs 1975, 1995, 2000 et 2017

Cette partie du rapport présente des données comparatives relatives aux recettes fiscales par niveau d'administration. Les données ont été réparties entre les sous-secteurs d'administration identifiés dans la section A.12 du Guide d'interprétation (voir Annexe A) et les critères d'attribution utilisés sont ceux indiqués dans cette annexe.

La colonne "supranationale" indique les droits de douane collectés par les vingt-trois pays membres pour le compte de l'Union Européenne.

Tableau 6.1. Recettes fiscales des sous-secteurs de l'administration en % du total des recettes fiscales (Pays fédéraux/régionaux)

	Total				Supranationale			
	1975	1995	2005	2017	1975	1995	2005	2017
Pays fédéraux								
Allemagne	100.0	100.0	100.0	100.0	1.2	0.6	0.5	0.6
Australie	100.0	100.0	100.0	100.0	..	..	..	..
Autriche	100.0	100.0	100.0	100.0	..	0.4	0.4	0.4
Belgique	100.0	100.0	100.0	100.0	1.4	1.0	0.9	1.0
Canada	100.0	100.0	100.0	100.0	..	..	..	..
États-Unis	100.0	100.0	100.0	100.0	..	..	..	..
Mexique	..	100.0	100.0	100.0	..	..	..	..
Suisse[1]	100.0	100.0	100.0	100.0	..	..	..	..
Moyenne non pondérée	100.0	100.0	100.0	100.0	1.3	0.7	0.6	0.7
Pays régional								
Espagne[1, 2]	100.0	100.0	100.0	100.0	..	0.5	0.4	0.7

	Administration centrale				Administration d'un État/Région			
	1975	1995	2005	2017	1975	1995	2005	2017
Pays fédéraux								
Allemagne	33.5	31.4	30.5	29.5	22.3	21.6	21.5	23.5
Australie	80.1	77.5	82.2	80.6	15.7	19.0	14.9	16.0
Autriche	51.7	64.7	67.2	65.8	10.6	1.8	1.6	1.6
Belgique	65.3	60.1	58.3	51.4	..	1.8	5.1	10.8
Canada	47.6	39.1	44.5	40.9	32.5	37.1	37.9	39.8
États-Unis	45.4	41.4	40.9	44.5	19.5	20.0	20.1	18.3
Mexique	..	73.9	76.1	81.1	..	2.8	3.2	4.1
Suisse[1]	30.7	31.2	35.2	36.5	27.0	24.3	25.3	24.6
Moyenne non pondérée	50.6	52.4	54.4	53.8	21.3	16.1	16.2	17.3
Pays régional								
Espagne[1, 2]	48.2	51.5	44.9	41.3	..	4.7	14.0	15.2

	Administrations locales				Administrations de sécurité sociale			
	1975	1995	2005	2017	1975	1995	2005	2017
Pays fédéraux								
Allemagne	9.0	7.4	7.8	8.6	34.0	39.0	39.8	37.9
Australie	4.2	3.4	2.9	3.4	0.0	0.0	0.0	0.0
Autriche	12.4	4.1	3.1	3.0	25.3	29.0	27.7	29.2
Belgique	4.4	4.8	4.8	4.9	28.8	32.2	30.9	32.0
Canada	9.9	9.8	9.2	10.3	10.0	14.0	8.4	9.1
États-Unis	14.7	13.3	14.6	14.2	20.5	25.2	24.4	23.0
Mexique	..	1.5	1.6	1.6	..	21.8	19.0	13.3
Suisse[1]	20.3	17.7	15.9	15.3	22.0	26.8	23.7	23.6
Moyenne non pondérée	10.7	7.8	7.5	7.7	20.1	23.5	21.7	21.0
Pays régional								
Espagne[1, 2]	4.3	8.6	8.2	9.7	47.5	34.7	32.5	33.1

.. Non disponible

1. Le total des recettes fiscales a été diminué du montant de tout transfert en capital représentant les impôts non perçus. Le transfert en capital a été réparti entre les différentes rubriques en proportion des recettes fiscales.

2. L'Espagne est constitutionnellement un pays non fédéral mais avec une structure politique très décentralisée.

StatLink https://doi.org/10.1787/888934061352

Tableau 6.2. Recettes fiscales des sous-secteurs de l'administration en % du total des recettes fiscales (Pays unitaires)

	Supranationale				Administration centrale			
	1975	1995	2005	2017	1975	1995	2005	2017
Chili	..	..	..	..	..	89.9	89.0	86.3
Corée	..	..	..	..	89.0	69.2	61.5	57.0
Danemark[1]	1.0	0.5	0.4	0.3	69.1	68.4	69.2	73.2
Estonie	..	..	0.7	0.6	..	84.3	83.0	82.0
Finlande	..	0.4	0.2	0.3	56.0	46.6	51.8	48.4
France[1]	0.7	0.4	0.2	0.4	51.2	42.6	39.7	34.2
Grèce	..	0.6	0.4	0.5	67.1	66.4	64.5	67.4
Hongrie	..	..	0.3	0.3	..	63.8	62.7	62.4
Irlande	2.3	1.5	0.5	0.6	77.4	83.1	84.9	82.5
Islande	..	..	..	..	81.3	79.2	77.1	73.5
Israël	..	..	..	..	..	79.6	76.3	76.2
Italie	..	0.4	0.3	0.6	53.2	62.7	52.3	53.6
Japon	..	..	..	..	45.5	41.2	37.9	37.4
Lettonie	..	..	0.7	0.6	..	43.5	54.2	53.2
Lituanie[1]	..	..	0.7	0.9	..	71.7	67.5	56.4
Luxembourg	0.8	0.4	0.2	0.6	63.6	66.5	68.2	67.5
Norvège	..	..	..	..	50.6	58.4	86.7	84.1
Nouvelle-Zélande	..	..	..	..	92.3	94.7	94.7	93.4
Pays-Bas	1.5	1.3	0.9	1.1	58.9	56.0	60.6	60.2
Pologne	..	..	0.4	0.5	..	61.2	50.1	49.2
Portugal	..	0.8	0.3	0.5	65.4	72.3	68.6	72.9
République slovaque	..	..	0.5	0.5	..	62.5	58.6	55.0
République tchèque	..	..	0.5	0.5	..	57.7	55.6	55.4
Royaume-Uni	1.0	1.0	0.5	0.5	70.5	77.5	76.2	75.5
Slovénie	..	..	0.3	0.4	..	51.8	55.9	50.7
Suède	..	0.4	0.3	0.3	51.3	46.9	56.4	52.4
Turquie	..	..	..	..	..	75.1	69.9	61.2
Moyenne non pondérée	1.2	0.7	0.4	0.5	65.2	65.7	65.7	63.8
	Administrations locales				**Administrations de sécurité sociale**			
	1975	1995	2005	2017	1975	1995	2005	2017
Chili	..	6.5	6.5	7.8	..	3.6	4.5	5.9
Corée	10.1	18.7	17.4	17.3	0.9	12.1	21.2	25.7
Danemark[1]	29.8	31.1	30.4	26.4	0.1	0.0	0.1	0.0
Estonie	..	0.8	1.2	0.9	..	14.9	15.1	16.6
Finlande	23.5	22.3	20.7	23.5	20.4	30.8	27.2	27.8
France[1]	7.6	10.9	11.4	13.3	40.6	46.0	48.6	52.1
Grèce	3.4	2.0	2.2	2.4	29.5	31.1	32.9	29.6
Hongrie	..	2.5	6.2	5.8	..	33.6	30.7	31.5
Irlande	7.3	2.7	2.2	2.2	13.1	12.7	12.4	14.7
Islande	18.7	20.8	22.9	26.5	0.0	0.0	0.0	0.0
Israël	..	6.4	7.6	7.6	..	14.0	16.1	16.2
Italie	0.9	5.4	16.6	15.5	45.9	31.5	30.8	30.3
Japon	25.6	25.2	25.2	22.7	29.0	33.6	36.9	39.9
Lettonie	..	19.5	16.7	19.2	..	36.9	28.4	26.9
Lituanie[1]	..	2.3	1.5	1.2	..	26.1	30.3	41.5
Luxembourg	6.7	6.5	4.5	4.1	29.0	26.6	27.2	27.9
Norvège	22.4	19.6	13.3	15.9	27.0	22.0	0.0	0.0
Nouvelle-Zélande	7.7	5.3	5.3	6.6	0.0	0.0	0.0	0.0
Pays-Bas	1.2	3.1	4.0	3.0	38.4	39.5	34.5	35.7
Pologne	..	8.5	12.7	12.7	..	30.3	36.9	37.5
Portugal	0.0	5.4	6.7	7.1	34.6	21.5	24.4	19.5
République slovaque	..	1.3	2.6	1.9	..	36.2	38.3	42.5
République tchèque	..	0.9	1.1	1.1	..	41.4	42.8	43.0
Royaume-Uni	11.1	3.7	4.7	4.9	17.5	17.8	18.6	19.2
Slovénie	..	6.3	7.4	9.4	..	41.9	36.4	39.6
Suède	29.2	30.9	32.1	35.3	19.5	21.8	11.1	12.1
Turquie	..	12.8	7.6	9.5	..	12.1	22.4	29.3
Moyenne non pondérée	12.8	10.4	10.8	11.2	21.6	23.6	23.3	24.6

.. Non disponible

1. Le total des recettes fiscales a été diminué du montant de tout transfert en capital représentant les impôts non perçus. Le transfert en capital a été réparti entre les différentes rubriques en proportion des recettes fiscales.

StatLink https://doi.org/10.1787/888934061371

Tableau 6.3. Principales recettes fiscales de l'administration centrale en % du PIB aux prix du marché (Pays fédéraux/régionaux)

	1000 Revenu & bénéfices			2000+3000 Sécurité sociale & salaires[3]			4000 Patrimoine		
	1975	1995	2017	1975	1995	2017	1975	1995	2017
Pays fédéraux									
Allemagne	4.9	4.8	5.0	0.0	0.0	0.0	0.2	0.0	0.0
Australie	14.2	15.7	16.8	0.1	0.6	0.1	0.1	0.0	0.1
Autriche	6.0	10.4	11.5	3.1	4.3	4.0	0.6	0.4	0.3
Belgique	14.2	14.6	12.9	0.5	0.6	0.0	1.0	0.6	0.5
Canada	10.3	9.8	9.7	0.0	0.0	1.0	0.0	0.0	0.0
États-Unis	9.7	9.8	9.9	0.0	0.0	0.0	0.3	0.2	1.4
Mexique	..	3.3	7.2	..	0.0	0.0	..	0.0	0.0
Suisse[1]	2.1	2.6	4.6	0.0	0.0	0.0	0.3	0.4	0.3
Moyenne non pondérée	8.8	8.9	9.7	0.5	0.7	0.6	0.3	0.2	0.3
Pays régional									
Espagne[1, 2]	3.5	8.5	5.6	0.0	0.4	0.3	1.1	0.1	0.0

	5110 Impôts généraux			5120 Biens et services déterminés			Autres impôts		
	1975	1995	2017	1975	1995	2017	1975	1995	2017
Pays fédéraux									
Allemagne	3.4	3.5	3.5	3.1	3.1	2.5	0.0	0.0	0.1
Australie	1.7	2.5	3.6	4.2	3.2	2.1	0.0	0.1	0.4
Autriche	5.0	7.6	7.7	3.9	2.9	3.0	0.1	1.0	1.0
Belgique	6.3	6.5	6.8	3.0	2.8	2.6	0.4	0.6	0.0
Canada	1.9	2.3	1.9	2.5	1.4	0.8	0.1	0.0	0.0
États-Unis	0.0	0.0	0.0	1.2	1.0	0.7	0.0	0.0	0.0
Mexique	..	2.2	3.7	..	1.6	2.0	..	0.4	0.2
Suisse[1]	2.0	3.1	3.5	2.6	1.8	1.5	0.0	0.1	0.5
Moyenne non pondérée	2.9	3.5	3.8	2.9	2.2	1.9	0.1	0.3	0.3
Pays régional									
Espagne[1, 2]	2.5	4.4	5.7	1.5	2.6	2.1	0.0	0.0	0.1

.. Non disponible

Note: Sont exclues les cotisations de sécurité sociale versées aux administrations de sécurité sociale.

1. Le total des recettes fiscales a été diminué du montant de tout transfert en capital représentant les impôts non perçus. Le transfert en capital a été réparti entre les différentes rubriques en proportion des recettes fiscales.
2. L'Espagne est constitutionnellement un pays non fédéral mais avec une structure politique très décentralisée.
3. Ne sont incluses que les cotisations de sécurité sociale versées à l'administration centrale.

StatLink https://doi.org/10.1787/888934061390

Tableau 6.4. Principales recettes fiscales de l'administration centrale en % du PIB aux prix du marché (Pays unitaires)

	1000 Revenu & bénéfices			2000+3000 Sécurité sociale & salaires			4000 Patrimoine		
	1975	1995	2017	1975	1995	2017	1975	1995	2017
Chili	..	4.6	6.9	..	0.5	0.3	..	0.6	0.4
Corée	3.3	5.4	7.8	0.0	0.0	0.0	0.6	0.6	1.0
Danemark[1]	12.2	15.8	18.2	0.1	0.3	0.3	0.8	0.7	0.5
Estonie	..	10.8	7.2	..	6.9	5.7	..	0.1	0.0
Finlande	7.1	6.6	6.0	0.8	0.0	0.0	0.7	0.5	0.8
France[1]	5.6	5.6	5.8	0.7	1.1	0.5	0.6	0.8	1.1
Grèce	2.4	5.9	8.9	0.0	0.4	0.0	1.8	1.1	2.2
Hongrie	..	8.5	7.2	..	1.3	1.6	..	0.2	0.6
Irlande	8.4	12.8	9.8	0.2	0.5	0.7	0.7	0.7	0.8
Islande	3.1	5.9	10.5	2.0	2.5	3.7	0.7	1.6	0.4
Israël	..	12.4	11.6	..	1.7	1.2	..	1.4	0.9
Italie	5.1	13.0	11.4	0.0	0.1	0.0	0.8	1.4	1.4
Japon	6.2	6.4	6.2	0.0	0.0	..	0.6	1.1	0.6
Lettonie	..	1.7	3.1	..	0.0	0.0	..	0.1	0.2
Lituanie[1]	..	8.3	5.4	..	0.0	0.0	..	0.0	0.0
Luxembourg	12.0	11.9	12.9	0.1	0.1	0.3	1.4	2.4	3.6
Norvège	3.8	7.0	9.8	0.8	0.6	10.4	0.4	0.4	0.5
Nouvelle-Zélande	20.0	21.8	17.8	0.0	0.0	0.0	0.7	0.2	0.0
Pays-Bas	13.1	10.2	11.6	0.0	0.0	0.0	0.7	0.9	0.8
Pologne	..	9.5	4.2	..	0.2	0.2	..	0.0	0.0
Portugal	3.3	7.4	9.1	0.5	1.8	3.0	0.5	0.3	0.2
République slovaque	..	10.1	7.0	..	0.4	0.5	..	0.1	0.0
République tchèque	..	8.7	7.7	..	0.0	0.0	..	0.2	0.3
Royaume-Uni	15.3	10.9	11.9	0.0	0.0	0.1	0.6	1.9	2.6
Slovénie	..	4.5	4.4	..	0.5	0.2	..	0.0	0.0
Suède	8.3	3.8	0.8	1.7	3.6	9.4	0.4	1.2	0.6
Turquie	..	4.1	4.7	..	0.0	0.0	..	0.5	0.8
Moyenne non pondérée	8.1	8.7	8.4	0.4	0.8	1.5	0.7	0.7	0.8

	5110 Impôts généraux			5120 Biens et services déterminés			Autres impôts		
	1975	1995	2017	1975	1995	2017	1975	1995	2017
Chili	..	7.4	8.4	..	3.3	1.7	..	-0.1	-0.4
Corée	1.9	3.4	3.9	6.9	3.4	2.4	0.6	0.5	0.3
Danemark[1]	6.4	9.1	9.5	5.2	5.3	3.9	0.7	0.7	1.2
Estonie	..	9.6	9.1	..	2.8	4.4	..	0.2	0.4
Finlande	5.6	7.7	9.1	5.8	5.4	4.5	0.1	0.4	0.6
France[1]	8.1	7.3	6.6	2.8	3.0	1.7	0.2	0.2	0.1
Grèce	3.4	5.9	8.2	4.3	4.7	4.5	0.7	0.7	2.4
Hongrie	..	7.3	9.9	..	8.5	4.1	..	0.2	0.4
Irlande	4.1	6.7	4.4	7.6	5.0	2.2	0.6	0.6	0.7
Islande	8.4	9.2	8.9	9.5	4.3	3.0	0.2	0.9	1.1
Israël	..	10.6	8.7	..	1.5	1.8	..	0.7	0.7
Italie	3.5	5.3	5.8	3.4	4.0	3.7	0.3	0.4	0.3
Japon	0.0	1.4	3.2	2.3	1.5	1.6	0.2	0.2	0.1
Lettonie	..	8.4	9.0	..	2.7	3.6	..	0.0	0.7
Lituanie[1]	..	8.2	7.9	..	3.0	3.3	..	0.3	0.1
Luxembourg	3.8	4.3	6.2	2.4	4.3	2.9	0.2	0.2	0.2
Norvège	8.0	8.5	8.6	6.2	6.2	2.8	0.5	0.7	0.5
Nouvelle-Zélande	2.7	8.1	9.7	4.0	3.0	1.8	0.3	0.6	0.6
Pays-Bas	5.4	6.0	6.8	2.5	3.0	3.2	0.6	0.8	0.9
Pologne	..	6.1	7.8	..	6.3	4.4	..	0.2	0.2
Portugal	2.1	6.2	7.9	5.5	5.3	4.1	0.5	0.3	0.8
République slovaque	..	8.2	7.0	..	4.9	3.1	..	0.9	0.7
République tchèque	..	5.8	7.7	..	4.5	3.3	..	0.9	0.4
Royaume-Uni	3.2	5.6	6.9	4.6	4.0	3.3	0.4	0.5	0.4
Slovénie	..	11.3	8.1	..	3.2	4.8	..	0.3	0.9
Suède	4.7	8.8	9.3	4.1	3.6	2.6	0.7	0.3	0.5
Turquie	..	4.4	4.4	..	0.9	4.9	..	2.5	0.4
Moyenne non pondérée	4.5	7.1	7.5	4.8	4.0	3.2	0.4	0.5	0.6

.. Non disponible

Note: Sont exclues les cotisations de sécurité sociale versées aux administrations de sécurité sociale.

1. Le total des recettes fiscales a été diminué du montant de tout transfert en capital représentant les impôts non perçus. Le transfert en capital a été réparti entre les différentes rubriques en proportion des recettes fiscales.

StatLink https://doi.org/10.1787/888934061409

Tableau 6.5. Principales recettes de l'administration centrale en % du total des recettes fiscales de l'administration centrale (Pays fédéraux/régionaux)

	1000 Revenu & bénéfices			1100 Personnes physiques			1200 Sociétés			2000+3000 Sécurité sociale & salaires		
	1975	1995	2017	1975	1995	2017	1975	1995	2017	1975	1995	2017
Pays fédéraux												
Allemagne	42.3	41.9	45.1	37.0	38.7	39.8	5.2	3.2	5.3	0.0	0.0	0.0
Australie	69.9	71.4	73.0	54.5	52.4	50.0	15.5	19.0	23.0	0.3	2.6	0.3
Autriche	32.2	39.2	41.9	25.0	31.1	32.0	6.9	4.8	8.8	16.5	16.2	14.6
Belgique	56.0	57.0	56.6	45.5	47.9	38.5	10.5	9.0	18.1	2.0	2.2	0.1
Canada	69.4	72.5	72.6	46.7	57.7	52.6	20.9	13.0	17.3	0.0	0.0	7.3
États-Unis	86.5	89.2	82.6	64.9	70.7	70.4	21.6	18.5	12.2	0.0	0.0	0.0
Mexique	..	44.1	55.0	..	..	26.4	..	..	26.9	..	0.0	0.0
Suisse[1]	30.2	32.3	44.2	24.0	17.6	15.2	6.3	8.3	15.1	0.0	0.0	0.0
Moyenne non pondérée	55.2	56.0	58.9	42.5	45.1	40.6	12.4	10.8	15.8	2.7	2.6	2.8
Pays régional												
Espagne[1, 2]	40.6	52.8	40.0	26.3	42.3	24.3	14.3	10.5	15.7	0.0	2.7	2.1

	4000 Patrimoine			5110 Impôts généraux			5120 Biens et services déterminés			Autres impôts		
	1975	1995	2017	1975	1995	2017	1975	1995	2017	1975	1995	2017
Pays fédéraux												
Allemagne	1.9	0.1	0.1	29.1	31.1	31.6	26.7	26.9	22.1	0.0	0.0	1.1
Australie	0.6	0.0	0.4	8.3	11.2	15.5	20.8	14.4	9.2	0.1	0.3	1.7
Autriche	3.0	1.4	1.2	26.7	28.5	27.8	20.9	10.9	10.7	0.7	3.8	3.8
Belgique	3.8	2.5	2.1	24.8	25.3	29.7	11.7	10.8	11.6	1.7	2.2	0.0
Canada	0.0	0.0	0.0	12.8	16.9	14.0	17.0	10.6	6.2	0.7	0.0	0.0
États-Unis	2.4	1.8	11.7	0.0	0.0	0.0	10.8	9.0	5.6	0.2	0.0	0.0
Mexique	..	0.0	0.0	..	30.0	28.5	..	21.2	15.3	..	4.8	1.2
Suisse[1]	4.1	5.3	2.5	28.3	38.3	33.4	37.3	22.6	14.9	0.0	1.5	5.0
Moyenne non pondérée	2.3	1.4	2.2	18.6	22.7	22.6	20.8	15.8	12.0	0.5	1.6	1.6
Pays régional												
Espagne[1, 2]	12.3	0.5	0.3	29.0	27.5	41.3	17.8	16.3	15.4	0.3	0.2	1.0

.. Non disponible

Note: Sont exclues les cotisations de sécurité sociale versées aux administrations de sécurité sociale.

1. Le total des recettes fiscales a été diminué du montant de tout transfert en capital représentant les impôts non perçus. Le transfert en capital a été réparti entre les différentes rubriques en proportion des recettes fiscales.
2. L'Espagne est constitutionnellement un pays non fédéral mais avec une structure politique très décentralisée.

StatLink https://doi.org/10.1787/888934061428

Tableau 6.6. Principales recettes de l'administration centrale en % du total des recettes fiscales de l'administration centrale (Pays unitaires)

	1000 Revenu & bénéfices			1100 Personnes physiques			1200 Sociétés			2000+3000 Sécurité sociale & salaires		
	1975	1995	2017	1975	1995	2017	1975	1995	2017	1975	1995	2017
Chili	..	28.1	40.0	..	5.8	11.2	..	17.3	24.5	..	3.2	1.6
Corée	24.7	40.5	50.8	9.6	24.2	28.3	10.0	15.8	22.4	0.0	0.0	0.0
Danemark[1]	48.1	49.8	54.3	43.4	37.6	40.1	4.7	7.2	9.8	0.2	0.9	0.8
Estonie	..	35.6	27.0	..	27.7	21.2	..	7.9	5.8	..	22.6	21.4
Finlande	35.3	32.0	28.6	31.0	26.0	19.6	4.3	6.0	9.0	4.1	0.1	0.0
France[1]	31.0	31.3	36.6	20.7	19.9	21.9	10.1	11.4	14.8	3.8	6.4	3.3
Grèce	18.9	31.2	33.7	12.7	17.2	23.7	5.0	11.8	7.4	0.3	2.2	0.2
Hongrie	..	32.8	30.1	..	25.3	21.4	..	7.0	8.7	..	4.9	6.7
Irlande	38.8	48.6	52.7	32.5	38.5	37.8	6.2	10.1	14.9	0.9	2.0	3.5
Islande	13.1	24.2	38.0	10.6	20.4	22.9	2.5	3.8	11.1	8.6	10.2	13.5
Israël	..	43.9	46.6	..	33.3	27.1	..	10.0	13.3	..	5.9	4.8
Italie	39.0	53.9	50.7	27.7	41.4	39.9	11.3	13.8	8.9	0.0	0.5	0.0
Japon	67.2	60.5	52.6	37.8	35.5	30.0	29.4	25.0	22.6	0.0	0.0	..
Lettonie	..	12.9	18.6	..	0.0	9.1	..	12.9	9.5	..	0.0	0.1
Lituanie[1]	..	42.0	32.1	..	31.6	23.1	..	10.4	9.0	..	0.0	0.0
Luxembourg	60.0	51.3	49.6	43.2	33.2	35.0	16.8	18.0	14.5	0.7	0.6	1.1
Norvège	19.2	30.0	30.1	16.1	16.9	15.2	3.2	13.0	14.9	4.0	2.7	31.9
Nouvelle-Zélande	72.1	64.7	59.5	58.8	47.5	40.4	12.8	12.5	15.7	0.0	0.0	0.0
Pays-Bas	58.7	48.7	49.9	45.6	34.2	35.8	13.1	14.5	14.1	0.0	0.0	0.0
Pologne	..	42.5	25.0	..	31.0	16.0	..	11.4	9.0	..	1.1	1.3
Portugal	26.7	34.8	36.2	..	24.9	24.3	..	9.9	11.9	3.8	8.3	12.1
République slovaque	..	40.9	38.6	..	14.3	18.5	..	23.9	18.9	..	1.7	2.5
République tchèque	..	43.3	40.0	..	22.1	20.7	..	21.2	19.3	..	0.0	0.0
Royaume-Uni	63.5	47.7	47.2	56.8	37.2	36.1	8.8	10.4	11.2	0.0	0.0	0.4
Slovénie	..	22.9	23.8	..	19.8	14.1	..	2.6	9.7	..	2.5	1.1
Suède	41.7	17.9	3.5	37.9	5.6	-8.6	3.8	12.4	12.1	8.5	17.0	40.5
Turquie	..	32.9	30.7	..	25.1	20.9	..	7.8	9.8	..	0.0	0.0
Moyenne non pondérée	41.1	38.7	38.0	32.3	25.8	23.9	9.5	12.2	13.1	2.2	3.4	5.6

	4000 Patrimoine			5110 Impôts généraux			5120 Biens et services déterminés			Autres impôts		
	1975	1995	2017	1975	1995	2017	1975	1995	2017	1975	1995	2017
Chili	..	3.7	2.4	..	45.1	48.2	..	20.3	9.9	..	-0.4	-2.1
Corée	4.7	4.4	6.4	14.2	25.8	25.3	51.8	25.6	15.9	4.6	3.7	1.7
Danemark[1]	3.0	2.1	1.5	25.4	28.5	28.2	20.5	16.6	11.7	2.8	2.2	3.5
Estonie	..	0.3	0.0	..	31.5	33.9	..	9.3	16.2	..	0.6	1.6
Finlande	3.4	2.6	3.6	27.9	37.3	43.5	28.5	26.0	21.4	0.7	1.9	2.9
France[1]	3.2	4.2	7.0	45.1	40.6	41.6	15.5	16.7	10.6	1.4	0.8	0.8
Grèce	14.1	6.1	8.4	26.9	31.5	31.3	33.9	25.2	17.2	5.9	3.8	9.2
Hongrie	..	0.8	2.7	..	27.9	41.5	..	32.6	17.3	..	0.9	1.7
Irlande	3.2	2.6	4.5	19.0	25.4	23.8	35.4	19.1	11.9	2.8	2.4	3.7
Islande	2.8	6.4	1.5	35.1	37.8	32.4	39.5	17.6	10.7	1.0	3.8	3.8
Israël	..	4.8	3.6	..	37.5	35.2	..	5.5	7.1	..	2.4	2.7
Italie	5.9	5.7	6.2	26.9	22.0	25.6	26.2	16.5	16.2	2.0	1.5	1.3
Japon	6.0	10.1	5.2	0.0	13.2	27.2	24.7	14.3	14.0	2.1	1.9	1.0
Lettonie	..	0.8	1.0	..	65.3	54.5	..	21.0	21.7	..	0.1	4.1
Lituanie[1]	..	0.0	0.0	..	41.3	47.4	..	15.2	19.6	..	1.5	0.9
Luxembourg	7.1	10.2	13.9	19.1	18.6	23.6	11.9	18.6	11.1	1.2	0.8	0.8
Norvège	2.3	1.6	1.5	40.5	36.3	26.4	31.7	26.5	8.5	2.4	3.0	1.6
Nouvelle-Zélande	2.6	0.7	0.1	9.8	24.0	32.3	14.4	8.9	6.0	1.2	1.7	2.1
Pays-Bas	3.0	4.2	3.6	24.4	28.8	29.0	11.1	14.4	13.6	2.8	3.9	3.9
Pologne	..	0.0	0.0	..	27.3	46.3	..	28.3	26.5	..	0.9	1.0
Portugal	3.8	1.2	0.7	17.1	29.1	31.4	44.3	25.0	16.4	4.4	1.6	3.2
République slovaque	..	0.5	0.0	..	33.2	38.3	..	20.0	17.0	..	3.6	3.7
République tchèque	..	1.2	1.3	..	28.8	39.7	..	22.4	16.8	..	4.2	2.1
Royaume-Uni	2.4	8.1	10.2	13.4	24.6	27.5	19.0	17.4	13.2	1.8	2.2	1.5
Slovénie	..	0.2	0.0	..	57.0	44.1	..	15.9	26.3	..	1.5	4.7
Suède	2.2	5.8	2.7	23.4	41.3	40.2	20.7	16.6	11.0	3.6	1.4	2.1
Turquie	..	3.7	5.2	..	36.1	29.0	..	7.0	32.2	..	20.3	2.9
Moyenne non pondérée	4.4	3.4	3.5	23.0	33.2	35.1	26.8	18.6	15.6	2.5	2.7	2.4

.. Non disponible

Note: Sont exclues les cotisations de sécurité sociale versées aux administrations de sécurité sociale.

1. Le total des recettes fiscales a été diminué du montant de tout transfert en capital représentant les impôts non perçus. Le transfert en capital a été réparti entre les différentes rubriques en proportion des recettes fiscales.

StatLink https://doi.org/10.1787/888934061447

Tableau 6.7. Principales recettes fiscales des administrations d'états en % du PIB aux prix du marché (Pays fédéraux/régionaux)

	1000 Revenu & bénéfices			2000 Sécurité sociale			3000 Salaires			4000 Patrimoine		
	1975	1995	2017	1975	1995	2017	1975	1995	2017	1975	1995	2017
Pays fédéraux												
Allemagne[1]	4.8	4.1	4.7	0.0	0.0	0.0	0.0	0.0	0.0	0.5	0.5	0.6
Australie	0.0	0.0	0.0	0.0	0.0	0.0	1.4	1.4	1.3	1.1	1.5	1.9
Autriche	1.7	0.3	0.3	0.1	0.2	0.1	0.0	0.1	0.1	0.1	0.0	0.0
Belgique[1]	..	0.0	2.3	..	0.0	0.1	..	0.0	0.0	..	0.6	1.7
Canada	4.4	6.3	6.1	0.0	0.0	0.7	0.0	0.8	0.7	0.2	0.8	0.6
États-Unis	1.5	2.1	2.0	0.0	0.0	0.0	0.0	0.0	0.0	0.2	0.2	0.2
Mexique	..	0.0	0.0	..	0.0	0.0	..	0.1	0.4	..	0.1	0.1
Suisse[2]	4.7	4.8	5.3	0.0	0.0	0.0	0.0	0.0	0.0	0.9	1.0	1.2
Moyenne non pondérée	2.9	2.2	2.6	0.0	0.0	0.1	0.2	0.3	0.3	0.5	0.6	0.8
Pays régional												
Espagne[1, 2, 3]	..	0.1	3.6	..	0.0	0.0	..	0.0	0.0	..	0.9	1.0

	5110 Impôts généraux			5120 Biens et services déterminés			5200 Impôts sur utilisation des biens			6000 Autres impôts		
	1975	1995	2017	1975	1995	2017	1975	1995	2017	1975	1995	2017
Pays fédéraux												
Allemagne[1]	1.7	2.8	3.2	0.2	0.1	0.1	0.5	0.4	0.2	0.0	0.0	0.0
Australie	0.0	0.0	0.0	0.6	0.9	0.7	0.9	1.6	0.7	0.0	0.0	0.0
Autriche	1.3	0.0	0.0	0.5	0.1	0.1	0.2	0.0	0.1	0.0	0.0	0.0
Belgique[1]	..	0.0	0.0	..	0.0	0.2	..	0.2	0.6	..	0.0	0.0
Canada	2.0	2.5	2.8	1.7	2.0	1.7	1.8	0.5	0.5	0.0	0.0	0.0
États-Unis	1.5	1.8	1.6	1.1	0.9	0.8	0.5	0.4	0.3	0.0	0.0	0.0
Mexique	..	0.0	..	..	0.0	0.0	..	0.0	0.1	..	0.0	0.0
Suisse[2]	0.0	0.0	0.0	0.1	0.1	0.1	0.4	0.4	0.4	0.0	0.0	0.0
Moyenne non pondérée	1.1	0.9	1.1	0.7	0.5	0.5	0.7	0.4	0.4	0.0	0.0	0.0
Pays régional												
Espagne[1, 2, 3]	..	0.1	0.2	..	0.3	0.3	..	0.0	0.0	..	0.0	0.0

.. Non disponible

1. Les versements à L'Union européenne ne sont pas retenus dans ces comparaisons.

2. Le total des recettes fiscales a été diminué du montant de tout transfert en capital représentant les impôts non perçus. Le transfert en capital a été réparti entre les différentes rubriques en proportion des recettes fiscales.

3. L'Espagne est constitutionnellement un pays non fédéral mais avec une structure politique très décentralisée.

StatLink https://doi.org/10.1787/888934061466

Tableau 6.8. Principales recettes fiscales des administrations locales en % du PIB aux prix du marché (Pays fédéraux/régionaux)

	1000 Revenu & bénéfices			2000 Sécurité sociale			3000 Salaires			4000 Patrimoine		
	1975	1995	2017	1975	1995	2017	1975	1995	2017	1975	1995	2017
Pays fédéraux												
Allemagne[1]	2.1	2.1	2.6	0.0	0.0	0.0	0.3	0.0	0.0	0.6	0.5	0.4
Australie	0.0	0.0	0.0	0.0	0.0	0.0	0.0	0.0	0.0	1.1	1.0	1.0
Autriche	1.7	0.0	0.0	0.1	0.1	0.1	0.5	0.8	0.9	0.5	0.2	0.2
Belgique[1]	1.1	1.4	0.8	0.0	0.0	0.0	0.0	0.0	0.0	0.3	0.4	1.2
Canada	0.0	0.0	0.0	0.0	0.0	0.0	0.0	0.0	0.0	2.7	2.9	3.3
États-Unis	0.2	0.2	0.2	0.0	0.0	0.0	0.0	0.0	0.0	3.0	2.6	2.7
Mexique	..	0.0	0.0	..	0.0	0.0	..	0.0	0.0	..	0.1	0.2
Suisse[2]	3.9	3.8	3.5	0.0	0.0	0.0	0.0	0.0	0.0	0.7	0.6	0.7
Moyenne non pondérée	1.3	1.0	0.9	0.0	0.0	0.0	0.1	0.1	0.1	1.3	1.0	1.2
Pays régional												
Espagne[1, 2, 3]	0.4	0.5	0.5	0.0	0.0	0.0	0.0	0.0	0.0	0.1	0.8	1.5

	5110 Impôts généraux			5120 Biens et services déterminés			5200 Impôts sur utilisation des biens			6000 Autres impôts		
	1975	1995	2017	1975	1995	2017	1975	1995	2017	1975	1995	2017
Pays fédéraux												
Allemagne[1]	0.0	0.0	0.2	0.0	0.0	0.0	0.0	0.0	0.0	0.0	0.0	0.0
Australie	0.0	0.0	0.0	0.0	0.0	0.0	0.0	0.0	..	0.0	0.0	0.0
Autriche	0.9	0.0	0.0	0.6	0.3	0.0	0.0	0.1	0.1	0.1	0.0	0.0
Belgique[1]	0.0	0.0	0.0	0.3	0.1	0.1	0.0	0.0	0.0	0.0	0.0	0.0
Canada	0.0	0.0	0.0	0.0	0.0	0.0	0.1	0.0	0.0	0.3	0.4	0.0
États-Unis	0.3	0.4	0.5	0.1	0.2	0.2	0.1	0.2	0.2	0.0	0.0	0.0
Mexique	..	0.0	..	..	0.0	0.0	..	0.0	0.0	..	0.0	0.1
Suisse[2]	0.0	0.0	0.0	0.0	0.0	0.0	0.0	0.0	0.0	0.0	0.0	0.1
Moyenne non pondérée	0.2	0.0	0.1	0.1	0.1	0.0	0.0	0.0	0.0	0.1	0.1	0.0
Pays régional												
Espagne[1, 2, 3]	0.2	0.4	0.5	0.0	0.1	0.2	0.0	0.9	0.6	0.0	0.0	0.0

.. Non disponible

1. Les versements à L'Union européenne ne sont pas retenus dans ces comparaisons.
2. Le total des recettes fiscales a été diminué du montant de tout transfert en capital représentant les impôts non perçus. Le transfert en capital a été réparti entre les différentes rubriques en proportion des recettes fiscales.
3. L'Espagne est constitutionnellement un pays non fédéral mais avec une structure politique très décentralisée.

StatLink https://doi.org/10.1787/888934061485

Tableau 6.9. Principaux impôts des administrations d'états en % du total des recettes fiscales des administrations d'états (Pays fédéraux/régionaux)

	1000 Revenu & bénéfices			2000 Sécurité sociale			3000 Salaires			4000 Patrimoine		
	1975	1995	2017	1975	1995	2017	1975	1995	2017	1975	1995	2017
Pays fédéraux												
Allemagne[1]	62.8	51.9	52.9	0.0	0.0	0.0	0.0	0.0	0.0	6.2	6.1	6.7
Australie	0.0	0.0	0.0	0.0	0.0	0.0	35.3	25.1	29.0	26.6	28.1	41.4
Autriche	44.2	42.3	47.1	1.8	24.0	19.8	0.0	10.2	8.5	1.8	2.4	2.1
Belgique[1]	..	4.7	47.3	..	0.0	1.1	..	0.0	0.0	..	70.4	36.0
Canada	43.6	48.7	46.7	0.0	0.0	5.3	0.0	6.0	5.1	2.3	6.0	4.9
États-Unis	31.6	38.8	41.6	0.0	0.0	0.0	0.0	0.0	0.2	4.1	4.2	3.3
Mexique	..	0.0	0.0	..	0.0	0.0	..	45.3	58.3	..	44.5	18.1
Suisse[2]	77.7	76.9	76.1	0.0	0.0	0.0	0.0	0.0	0.0	14.3	16.3	16.9
Moyenne non pondérée	43.3	32.9	39.0	0.3	3.0	3.3	5.9	10.8	12.6	9.2	22.3	16.2
Pays régional												
Espagne[1, 2, 3]	..	8.6	69.4	..	0.0	0.0	..	0.0	0.0	..	58.9	20.0

	5110 Impôts généraux			5120 Biens et services déterminés			5200 Impôts sur utilisation des biens			6000 Autres impôts		
	1975	1995	2017	1975	1995	2017	1975	1995	2017	1975	1995	2017
Pays fédéraux												
Allemagne[1]	21.8	35.4	36.6	2.8	1.8	1.1	6.4	4.7	2.8	0.0	0.0	0.0
Australie	0.0	0.0	0.0	16.0	17.3	14.7	22.0	29.5	14.9	0.0	0.0	0.0
Autriche	33.9	0.0	0.0	13.5	12.2	10.7	4.4	5.0	7.6	0.4	3.9	4.2
Belgique[1]	..	0.0	0.0	..	3.5	3.7	..	21.4	11.9	..	0.0	0.0
Canada	19.6	19.9	21.3	16.8	15.5	12.9	17.8	3.8	3.8	0.0	0.0	0.0
États-Unis	30.8	33.2	31.7	23.6	16.1	16.3	10.0	7.8	6.9	0.0	0.0	0.0
Mexique	..	0.0	..	..	0.3	5.0	..	6.4	13.6	..	3.5	5.0
Suisse[2]	0.0	0.0	0.0	1.5	0.9	1.3	6.4	5.7	5.0	0.0	0.1	0.7
Moyenne non pondérée	17.7	11.1	12.8	12.4	8.5	8.2	11.2	10.5	8.3	0.1	0.9	1.2
Pays régional												
Espagne[1, 2, 3]	..	9.2	3.3	..	20.9	6.3	..	2.5	0.9	..	0.0	0.0

.. Non disponible

1. Les versements à L'Union européenne ne sont pas retenus dans ces comparaisons.

2. Le total des recettes fiscales a été diminué du montant de tout transfert en capital représentant les impôts non perçus. Le transfert en capital a été réparti entre les différentes rubriques en proportion des recettes fiscales.

3. L'Espagne est constitutionnellement un pays non fédéral mais avec une structure politique très décentralisée.

StatLink https://doi.org/10.1787/888934061504

Tableau 6.10. Principaux impôts locaux en % du total des recettes fiscales des administrations locales (Pays fédéraux/régionaux)

	1000 Revenu & bénéfices			2000 Sécurité sociale			3000 Salaires			4000 Patrimoine		
	1975	1995	2017	1975	1995	2017	1975	1995	2017	1975	1995	2017
Pays fédéraux												
Allemagne[1]	69.4	79.5	79.4	0.0	0.0	0.0	9.0	0.0	0.0	20.3	19.3	13.2
Australie	0.0	0.0	0.0	0.0	0.0	0.0	0.0	0.0	0.0	100.0	100.0	100.0
Autriche	38.9	1.5	0.0	1.3	8.6	5.5	11.5	49.9	68.5	11.2	13.2	15.1
Belgique[1]	66.3	71.3	35.4	2.6	1.9	0.2	0.0	0.0	0.0	15.0	19.0	57.6
Canada	0.0	0.0	0.0	0.0	0.0	0.0	0.0	0.0	0.0	88.3	85.7	97.3
États-Unis	4.3	5.8	5.8	0.0	0.0	0.0	0.0	0.0	0.0	81.9	72.9	72.0
Mexique	..	0.5	0.0	..	0.0	0.0	..	0.2	0.0	..	77.5	74.6
Suisse[2]	85.5	84.4	81.2	0.0	0.0	0.0	0.0	0.0	0.0	14.3	14.2	16.3
Moyenne non pondérée	37.8	30.4	25.2	0.5	1.3	0.7	2.9	6.3	9.8	47.3	50.2	55.8
Pays régional												
Espagne[1, 2, 3]	57.3	19.8	16.3	0.0	0.0	0.0	0.0	0.0	0.0	8.5	29.7	44.7

	5110 Impôts généraux			5120 Biens et services déterminés			5200 Impôts sur utilisation des biens			6000 Autres impôts		
	1975	1995	2017	1975	1995	2017	1975	1995	2017	1975	1995	2017
Pays fédéraux												
Allemagne[1]	0.0	0.0	5.8	0.5	0.5	1.0	0.4	0.3	0.3	0.4	0.3	0.2
Australie	0.0	0.0	0.0	0.0	0.0	0.0	0.0	0.0	..	0.0	0.0	0.0
Autriche	19.7	0.0	0.0	14.1	19.5	2.0	1.0	5.2	5.9	2.4	2.0	3.0
Belgique[1]	0.0	0.0	0.0	14.6	6.9	6.6	1.5	0.9	0.2	0.0	0.0	0.0
Canada	0.2	0.1	0.1	0.2	0.0	0.1	2.1	1.2	1.4	9.2	12.9	1.0
États-Unis	7.1	10.8	12.6	3.6	4.8	4.7	3.1	5.6	5.0	0.0	0.0	0.0
Mexique	..	0.0	..	..	16.4	2.5	..	0.2	0.0	..	5.1	22.9
Suisse[2]	0.0	0.0	0.0	0.2	0.2	0.1	0.1	0.2	0.3	0.0	0.9	1.9
Moyenne non pondérée	3.8	1.4	2.6	4.7	6.0	2.1	1.2	1.7	1.9	1.7	2.6	3.6
Pays régional												
Espagne[1, 2, 3]	31.0	15.5	16.6	3.2	2.6	5.0	0.0	32.3	17.3	0.0	0.1	0.1

.. Non disponible

1. Les versements à L'Union européenne ne sont pas retenus dans ces comparaisons.

2. Le total des recettes fiscales a été diminué du montant de tout transfert en capital représentant les impôts non perçus. Le transfert en capital a été réparti entre les différentes rubriques en proportion des recettes fiscales.

3. L'Espagne est constitutionnellement un pays non fédéral mais avec une structure politique très décentralisée.

StatLink https://doi.org/10.1787/888934061523

Tableau 6.11. Principaux impôts locaux en % du PIB aux prix du marché (Pays unitaires)

	1000 Revenu & bénéfices			4000 Patrimoine			5110 Impôts généraux		
	1975	1995	2017	1975	1995	2017	1975	1995	2017
Chili	..	0.0	0.0	..	0.5	0.7	..	0.0	0.0
Corée	0.3	0.4	0.9	0.8	2.1	2.2	0.0	0.0	0.4
Danemark[1, 2]	9.5	13.5	10.8	1.5	1.0	1.3	0.0	0.0	0.0
Estonie[2]	..	0.0	0.0	..	0.3	0.2	..	0.0	0.0
Finlande[2]	8.5	9.5	9.4	0.0	0.4	0.8	0.0	0.0	0.0
France[1, 2]	0.0	0.0	0.0	1.2	2.2	3.3	0.0	0.0	0.0
Grèce	0.1	0.0	0.0	0.0	0.5	0.9	0.1	0.0	0.0
Hongrie[2]	..	0.0	0.0	..	0.3	0.4	..	0.7	1.7
Irlande[2]	0.0	0.0	0.0	2.0	0.7	0.5	0.0	..	..
Islande	3.6	4.6	7.9	0.8	1.2	1.7	0.0	0.6	0.0
Israël	..	0.0	0.0	..	2.1	2.4	..	0.0	0.0
Italie[2]	0.2	0.6	1.9	0.0	0.8	1.2	..	0.0	0.5
Japon	2.8	3.4	3.4	1.3	2.1	2.0	0.0	0.0	0.9
Lettonie	..	4.9	5.1	..	0.9	0.8	..	0.0	0.0
Lituanie[1]	..	0.0	0.0	..	0.3	0.3	..	..	0.0
Luxembourg[2]	1.6	2.1	1.5	0.2	0.1	0.1	0.0	0.0	0.0
Norvège	8.0	7.1	5.3	0.4	0.8	0.8	0.0	0.0	0.0
Nouvelle-Zélande	0.0	0.0	0.0	2.1	1.7	1.9	0.0	0.0	0.0
Pays-Bas[2]	0.1	0.0	0.0	0.2	0.7	0.7	0.0	0.0	0.0
Pologne[2]	..	1.4	2.7	..	1.3	1.4	..	0.0	..
Portugal[2]	0.0	0.3	0.6	0.0	0.7	1.2	0.0	0.4	0.3
République slovaque[2]	..	0.0	0.0	..	0.4	0.4	..	0.0	0.0
République tchèque[2]	..	0.0	0.0	..	0.2	0.2	..	0.0	0.0
Royaume-Uni[2]	0.0	0.0	0.0	3.8	1.1	1.6	0.0	0.0	0.0
Slovénie[2]	..	1.8	2.5	..	0.5	0.6	..	0.0	0.0
Suède[2]	11.3	14.1	15.3	0.0	0.0	0.4	0.0	0.0	0.0
Turquie	..	0.6	0.6	..	0.0	0.3	..	0.6	0.6
Moyenne non pondérée	2.9	2.4	2.5	0.9	0.9	1.0	0.0	0.1	0.2

	5120 Biens et services déterminés			5200 Impôts sur utilisation des biens			Autres impôts		
	1975	1995	2017	1975	1995	2017	1975	1995	2017
Chili	..	0.2	0.2	..	0.5	0.7	..	0.0	0.0
Corée	0.2	0.6	0.3	0.2	0.4	0.4	0.0	0.1	0.5
Danemark[1, 2]	0.0	0.0	0.0	..	..	..	0.0	0.0	0.0
Estonie[2]	..	0.0	0.0	..	0.0	0.0	..	0.0	0.0
Finlande[2]	0.0	0.0	0.0	0.0	0.0	0.0	0.0	0.0	0.0
France[1, 2]	0.1	0.3	1.2	0.1	0.3	0.2	1.2	1.8	1.5
Grèce	0.2	0.1	0.1	0.1	0.0	0.0	0.1	0.0	0.0
Hongrie[2]	..	0.0	0.0	..	0.0	0.1	..	0.0	0.0
Irlande[2]	0.0	..	..	0.0	..	..	0.0	0.1	0.0
Islande	0.4	0.0	0.0	0.0	0.0	0.3	0.6	0.0	0.0
Israël	..	0.0	0.0	..	0.1	0.1	..	0.0	0.0
Italie[2]	..	0.2	0.5	0.0	0.3	0.5	0.0	0.3	1.9
Japon	0.8	0.6	0.4	0.3	0.3	0.3	0.0	0.1	0.1
Lettonie	..	0.0	0.0	..	0.0	0.0	..	0.0	0.0
Lituanie[1]	..	..	0.0	..	0.3	0.0	..	0.0	0.0
Luxembourg[2]	0.0	0.0	0.0	0.0	0.0	0.0	0.3	0.0	0.0
Norvège	0.0	0.0	0.0	0.0	0.0	0.1	0.3	0.0	0.0
Nouvelle-Zélande	0.2	0.0	0.0	0.1	0.2	0.2	0.0	0.0	0.0
Pays-Bas[2]	0.0	0.0	0.0	0.1	0.4	0.4	0.0	0.0	0.0
Pologne[2]	..	0.0	..	..	0.4	0.2	..	0.0	0.1
Portugal[2]	0.0	0.1	0.2	0.0	0.1	0.1	0.0	0.0	0.0
République slovaque[2]	..	0.1	0.0	..	0.0	0.0	..	0.0	0.2
République tchèque[2]	..	0.0	0.0	..	0.1	0.2	..	0.0	0.0
Royaume-Uni[2]	0.0	0.0	0.0	0.0	..	..	0.0	0.0	0.0
Slovénie[2]	..	0.1	0.1	..	0.0	0.1	..	0.0	0.0
Suède[2]	0.0	0.0	0.0	0.0	0.0	0.0	0.0	0.0	0.0
Turquie	..	0.1	0.5	..	0.0	0.1	..	0.7	0.2
Moyenne non pondérée	0.1	0.1	0.1	0.1	0.1	0.2	0.2	0.1	0.2

.. Non disponible

1. Le total des recettes fiscales a été diminué du montant de tout transfert en capital représentant les impôts non perçus. Le transfert en capital a été réparti entre les différentes rubriques en proportion des recettes fiscales.
2. Les versements à l'Union européenne ne sont pas retenus dans ces comparaisons.

StatLink https://doi.org/10.1787/888934061542

Tableau 6.12. Principaux impôts locaux en % du total des recettes fiscales des administrations locales (Pays unitaires)

	1000 Revenu & bénéfices			1100 Personnes physiques			1200 Sociétés			4000 Patrimoine		
	1975	1995	2017	1975	1995	2017	1975	1995	2017	1975	1995	2017
Chili	..	0.0	0.0	..	0.0	0.0	..	0.0	0.0	..	45.0	42.6
Corée	23.0	11.1	18.3	0.0	7.4	9.9	0.0	3.7	8.4	54.5	58.5	46.6
Danemark[1, 2]	86.3	93.3	89.3	86.3	93.3	89.3	0.0	0.0	0.0	13.7	6.7	10.7
Estonie[2]	..	0.0	0.0	..	0.0	0.0	..	0.0	0.0	..	90.5	81.9
Finlande[2]	99.8	95.4	92.1	89.9	85.2	83.9	9.9	10.2	8.3	0.0	4.5	7.8
France[1, 2]	0.0	0.0	0.0	0.0	0.0	0.0	0.0	0.0	0.0	46.0	47.8	53.2
Grèce	16.5	0.0	0.0	11.0	0.0	0.0	0.0	0.0	0.0	6.6	83.4	93.2
Hongrie[2]	..	0.0	0.0	..	0.0	0.0	..	0.0	0.0	..	28.9	19.3
Irlande[2]	0.0	0.0	0.0	0.0	..	..	0.0	..	..	100.0	87.9	93.1
Islande	65.1	71.9	80.1	62.0	71.9	80.1	3.1	0.0	0.0	15.3	19.3	16.6
Israël	..	0.0	0.0	..	0.0	0.0	..	0.0	0.0	..	94.1	95.2
Italie[2]	80.0	27.6	29.4	48.0	0.7	27.7	32.0	0.5	1.5	17.5	38.6	18.4
Japon	54.8	52.7	48.5	26.3	30.5	33.5	28.5	22.2	15.0	24.9	31.6	27.6
Lettonie	..	83.8	84.8	..	83.8	84.8	..	0.0	0.0	..	15.5	14.1
Lituanie[1]	..	0.0	0.0	..	..	..	..	..	..	..	51.6	86.5
Luxembourg[2]	74.6	92.8	92.1	0.0	0.0	0.0	74.6	92.8	92.1	9.3	5.9	6.7
Norvège	91.9	89.7	86.0	86.3	81.6	86.0	5.7	8.2	0.0	5.2	9.7	12.9
Nouvelle-Zélande	0.0	0.0	0.0	0.0	0.0	0.0	0.0	0.0	0.0	89.1	89.9	89.4
Pays-Bas[2]	15.4	0.0	0.0	15.4	0.0	0.0	0.0	0.0	0.0	54.2	59.9	61.9
Pologne[2]	..	45.5	62.7	..	41.1	52.9	..	4.4	9.8	..	40.6	31.4
Portugal[2]	50.0	21.8	25.3	..	11.1	16.0	..	10.7	9.4	0.0	42.5	48.3
République slovaque[2]	..	0.0	0.0	..	0.0	0.0	..	0.0	..	..	83.3	66.6
République tchèque[2]	..	0.0	0.0	..	0.0	0.0	..	0.0	0.0	..	76.7	57.2
Royaume-Uni[2]	0.0	0.0	0.0	0.0	0.0	0.0	0.0	0.0	0.0	100.0	100.0	100.0
Slovénie[2]	..	75.8	75.0	..	74.9	75.0	..	0.0	0.0	..	20.7	18.8
Suède[2]	99.6	99.7	97.6	91.5	99.7	97.6	8.2	0.0	0.0	0.0	0.0	2.4
Turquie	..	28.1	27.2	..	21.4	18.3	..	6.7	8.9	..	2.0	13.9
Moyenne non pondérée	47.3	32.9	33.6	34.4	28.1	30.2	10.8	6.4	6.4	33.5	45.7	45.0
	5110 Impôts généraux			5120 Biens et services déterminés			5200 Impôts sur utilisation des biens			>Autres impôts		
	1975	1995	2017	1975	1995	2017	1975	1995	2017	1975	1995	2017
Chili	..	0.0	0.0	..	15.1	14.8	..	40.0	42.5	..	0.0	0.0
Corée	0.0	0.0	9.0	11.7	16.1	5.8	10.8	11.5	9.7	0.0	2.8	10.6
Danemark[1, 2]	0.0	0.0	0.0	0.0	0.0	0.0	..	..	..	0.0	0.0	0.0
Estonie[2]	..	2.0	0.0	..	0.9	8.5	..	6.7	9.5	..	0.0	0.0
Finlande[2]	0.0	0.0	0.0	0.1	0.0	0.0	0.1	0.1	0.0	0.0	0.0	0.1
France[1, 2]	0.0	0.0	0.0	4.8	7.4	19.7	3.2	6.9	3.2	46.0	37.9	23.8
Grèce	9.0	6.0	0.6	32.9	10.3	5.3	18.7	0.4	0.9	16.3	0.0	0.0
Hongrie[2]	..	63.5	75.5	..	1.3	1.6	..	4.5	3.6	..	1.8	0.0
Irlande[2]	0.0	..	..	0.0	..	..	0.0	..	..	0.0	12.1	6.9
Islande	0.0	8.8	0.0	7.9	0.0	0.0	0.0	0.0	3.3	11.7	0.0	0.0
Israël	..	0.0	0.0	..	0.0	0.0	..	5.9	4.8	..	0.0	0.0
Italie[2]	..	0.0	7.2	..	7.3	7.3	2.5	13.8	8.2	0.0	12.7	29.5
Japon	0.0	0.0	12.2	15.1	9.6	6.0	4.9	5.0	4.6	0.2	1.0	1.1
Lettonie	..	0.0	0.0	..	0.0	0.5	..	0.7	0.6	..	0.0	0.0
Lituanie[1]	..	..	0.0	..	..	0.0	..	48.4	13.5	..	0.0	0.0
Luxembourg[2]	0.0	0.0	0.0	0.9	0.9	0.9	0.0	0.2	0.2	15.2	0.2	0.2
Norvège	0.0	0.0	0.0	0.0	0.0	0.0	0.0	0.6	1.1	2.9	0.0	0.0
Nouvelle-Zélande	0.0	0.0	0.0	6.7	1.8	0.5	4.2	8.3	10.1	0.0	0.0	0.0
Pays-Bas[2]	0.0	0.2	0.7	2.7	1.4	2.9	27.7	38.6	34.4	0.0	0.0	0.0
Pologne[2]	..	0.0	..	..	0.0	..	..	12.4	4.7	..	1.5	1.1
Portugal[2]	0.0	22.5	13.9	0.0	8.8	6.3	50.0	4.0	5.6	0.0	0.4	0.6
République slovaque[2]	..	0.0	0.0	..	10.3	2.8	..	1.0	1.1	..	5.4	29.5
République tchèque[2]	..	0.0	0.0	..	2.5	1.8	..	20.8	40.9	..	0.0	0.0
Royaume-Uni[2]	0.0	0.0	0.0	0.0	0.0	0.0	0.0	..	..	0.0	0.0	0.0
Slovénie[2]	..	0.0	0.0	..	2.8	3.7	..	0.0	2.4	..	0.8	0.0
Suède[2]	0.0	0.0	0.0	0.3	0.3	0.0	0.1	0.0	0.0	0.0	0.0	0.0
Turquie	..	30.8	25.2	..	6.0	22.8	..	0.5	2.1	..	32.7	8.7
Moyenne non pondérée	0.6	5.4	5.8	5.5	4.1	4.5	8.1	9.6	8.6	5.8	4.0	4.2

.. Non disponible

1. Le total des recettes fiscales a été diminué du montant de tout transfert en capital représentant les impôts non perçus. Le transfert en capital a été réparti entre les différentes rubriques en proportion des recettes fiscales.
2. Les versements à L'Union européenne ne sont pas retenus dans ces comparaisons.

StatLink https://doi.org/10.1787/888934061561

Tableaux par pays 1975, 1985, 1995, 2005 et 2017

Cette partie du rapport présente pour chaque pays des informations détaillées sur les recettes fiscales par niveau d'administration. Les données ont été réparties entre les sous-secteurs d'administration identifiés dans la section A.12 du Guide d'interprétation (voir Annexe A) et les critères d'attribution utilisés sont ceux indiqués dans cette annexe.

Tableau 6.13. Australie, recettes fiscales par sous-secteurs d'administration

Millions AUD

	Administration fédérale					Administration d'État/Régions				
	1975	1995	2005	2015	2017	1975	1995	2005	2015	2017
1000 Impôts sur revenu, bénéfices et gains en capital	**11 831**	**82 615**	**175 695**	**262 357**	**310 041**	**0**	**0**	**0**	**0**	**0**
1100 Des personnes physiques	9 213	60 602	118 239	191 747	212 520	..	..	..	..	..
1200 Des sociétés	2 618	22 013	57 456	70 610	97 521	..	..	..	..	..
1300 Non-ventilables entre 1100 et 1200	0	0	0	0	0	0	0	0	0	0
2000 Cotisations de sécurité sociale	**0**	**0**	**0**	**0**	**0**	**0**	**0**	**0**	**0**	**0**
2100 A la charge des salariés	0	0	0	0	0	0	0	0	0	0
2200 A la charge des employeurs	0	0	0	0	0	0	0	0	0	0
2300 A charge des travailleurs indép. ou sans emploi	0	0	0	0	0	0	0	0	0	0
2400 Non-ventilables entre 2100, 2200 et 2300	0	0	0	0	0	0	0	0	0	0
3000 Sur salaires ou main d'oeuvre	**54**	**3 065**	**369**	**670**	**1 107**	**1 171**	**7 120**	**13 095**	**22 684**	**24 413**
4000 Impôts sur le patrimoine	**103**	**8**	**14**	**15**	**1 542**	**883**	**7 988**	**16 940**	**33 006**	**34 869**
4100 Impôts périodiques sur la propriété immobilière	12	0	0	0	..	217	1 840	4 559	10 473	12 222
4200 Impôts périodiques sur l'actif net	0	0	0	0	0	0	0	0	0	0
4300 Impôts sur mut. par décès, succ. et donations	87	0	0	0	0	227	0	0	0	0
4400 Impôts sur transact. mobilières et immob.	4	8	14	15	1 542	439	6 148	12 381	22 533	22 647
4500 Impôts non-périodiques	0	0	0	0	0	0	0	0	0	0
4600 Autres impôts périodiques sur patrimoine	0	0	0	0	0	0	0	0	0	0
5000 Impôts sur les biens et services	**4 932**	**30 004**	**69 360**	**104 590**	**112 113**	**1 262**	**13 295**	**14 479**	**23 408**	**24 978**
5100 Impôts sur production, vente, transfert, etc.	4 919	29 613	67 822	98 301	104 950	532	4 923	8 188	11 884	12 390
5110 Impôts généraux	1 408	12 970	40 086	61 815	65 700	0	0	0	0	0
5120 Impôts sur biens et services déterminés	3 511	16 643	27 736	36 486	39 250	532	4 923	8 188	11 884	12 390
5130 Non-ventilables entre 5110 et 5120	0	0	0	0	0	0	0	0	0	0
5200 Impôts sur utilisation des biens et exerc. activites	13	391	1 538	6 289	7 163	730	8 372	6 291	11 524	12 588
5300 Non-ventilables entre 5100 et 5200	0	0	0	0	0	0	0	0	0	0
6000 Autres impôts	**0**	**0**	**0**	**0**	**0**	**0**	**0**	**0**	**0**	**0**
6100 A la charge exclusive des entreprises	..	..	..	..	..	..	..	..	..	..
6200 A la charge d'autres agents	..	..	..	..	..	..	..	..	..	..
Recettes fiscales totales	**16 920**	**115 692**	**245 438**	**367 632**	**424 803**	**3 316**	**28 403**	**44 514**	**79 098**	**84 260**

	Administrations locales					Administrations de sécurite sociale				
	1975	1995	2005	2015	2017	1975	1995	2005	2015	2017
1000 Impôts sur revenu, bénéfices et gains en capital	**0**	**0**	**0**	**0**	**0**	**0**	**0**	**0**	**0**	**0**
1100 Des personnes physiques	..	..	..	..	..	..	..	..	..	..
1200 Des sociétés	..	..	..	..	..	..	..	..	..	..
1300 Non-ventilables entre 1100 et 1200	0	0	0	0	0	0	0	0	0	0
2000 Cotisations de sécurité sociale	**0**	**0**	**0**	**0**	**0**	**0**	**0**	**0**	**0**	**0**
2100 A la charge des salariés	0	0	0	0	0	0	0	0	0	0
2200 A la charge des employeurs	0	0	0	0	0	0	0	0	0	0
2300 A charge des travailleurs indép. ou sans emploi	0	0	0	0	0	0	0	0	0	0
2400 Non-ventilables entre 2100, 2200 et 2300	0	0	0	0	0	0	0	0	0	0
3000 Sur salaires ou main d'oeuvre	**0**	**0**	**0**	**0**	**0**	**0**	**0**	**0**	**0**	**0**
4000 Impôts sur le patrimoine	**883**	**5 134**	**8 726**	**16 620**	**18 122**	**0**	**0**	**0**	**0**	**0**
4100 Impôts périodiques sur la propriété immobilière	883	5 134	8 726	16 620	18 122	..	..	..	..	..
4200 Impôts périodiques sur l'actif net	0	0	0	0	0	..	..	..	..	..
4300 Impôts sur mut. par décès, succ. et donations	0	0	0	0	0	..	..	..	..	..
4400 Impôts sur transact. mobilières et immob.	0	0	0	0	0	..	..	..	..	..
4500 Impôts non-périodiques	0	0	0	0	0	..	..	..	..	..
4600 Autres impôts périodiques sur patrimoine	0	0	0	0	0	..	..	..	..	..
5000 Impôts sur les biens et services	**0**	**0**	**0**	**0**	**0**	**0**	**0**	**0**	**0**	**0**
5100 Impôts sur production, vente, transfert, etc.	0	0	0	0	0	0	0	0	0	0
5110 Impôts généraux	0	0	0	0	0	0	0	0	0	0
5120 Impôts sur biens et services déterminés	0	0	0	0	0	0	0	0	0	0
5130 Non-ventilables entre 5110 et 5120	0	0	0	0	..	0	0	0	0	..
5200 Impôts sur utilisation des biens et exerc. activites	0	0	0	0	0	0	0	0	0	0
5300 Non-ventilables entre 5100 et 5200	0	0	0	0	..	0	0	0	0	..
6000 Autres impôts	**0**	**0**	**0**	**0**	**0**	**0**	**0**	**0**	**0**	**0**
6100 A la charge exclusive des entreprises	..	..	..	..	..	..	..	..	..	..
6200 A la charge d'autres agents	..	..	..	..	..	..	..	..	..	..
Recettes fiscales totales	**883**	**5 134**	**8 726**	**16 620**	**18 122**	**0**	**0**	**0**	**0**	**0**

.. Non disponible

StatLink https://doi.org/10.1787/888934061580

Tableau 6.14. Autriche, recettes fiscales par sous-secteurs d'administration

Millions EUR

	Administration fédérale					Administration d'État/Régions				
	1975	1995	2005	2015	2017	1975	1995	2005	2015	2017
1000 Impôts sur revenu, bénéfices et gains en capital	**3 064**	**18 452**	**28 781**	**43 419**	**42 572**	**865**	**547**	**742**	**1 081**	**1 157**
1100 Des personnes physiques	2 381	14 649	22 126	34 606	32 510	834	459	637	941	1 011
1200 Des sociétés	655	2 267	5 341	7 519	8 971	31	88	104	141	146
1300 Non-ventilables entre 1100 et 1200	27	1 536	1 313	1 295	1 091	0	0	0	0	0
2000 Cotisations de sécurité sociale	**352**	**4 243**	**5 720**	**7 547**	**8 038**	**34**	**311**	**409**	**496**	**487**
2100 A la charge des salariés	225	2 379	2 978	3 911	4 161	34	310	395	465	456
2200 A la charge des employeurs	127	1 830	2 498	3 350	3 597	0	0	0	0	0
2300 A charge des travailleurs indép. ou sans emploi	0	34	243	286	280	0	1	14	31	31
2400 Non-ventilables entre 2100, 2200 et 2300	0	0	0	0	0	0	0	0	0	0
3000 Sur salaires ou main d'oeuvre	**1 217**	**3 394**	**4 384**	**6 861**	**6 836**	**0**	**132**	**156**	**203**	**210**
4000 Impôts sur le patrimoine	**282**	**655**	**801**	**1 247**	**1 188**	**35**	**31**	**36**	**44**	**51**
4100 Impôts périodiques sur la propriété immobilière	18	32	32	43	51	15	31	36	44	51
4200 Impôts périodiques sur l'actif net	226	58	0	0	0	10	0	0	0	0
4300 Impôts sur mut. par décès, succ. et donations	24	82	140	12	1	10	0	0	0	0
4400 Impôts sur transact. mobilières et immob.	14	483	629	1 116	1 110	0	0	0	0	0
4500 Impôts non-périodiques	0	0	0	76	27	0	0	0	0	0
4600 Autres impôts périodiques sur patrimoine	0	0	0	0	0	0	0	0	0	0
5000 Impôts sur les biens et services	**4 554**	**19 894**	**29 646**	**39 720**	**42 514**	**1 013**	**222**	**234**	**362**	**448**
5100 Impôts sur production, vente, transfert, etc.	4 549	18 639	27 613	36 693	39 245	926	158	139	216	262
5110 Impôts généraux	2 545	13 436	19 421	26 282	28 312	662	0	0	0	0
5120 Impôts sur biens et services déterminés	1 991	5 159	8 148	10 408	10 929	264	158	139	216	262
5130 Non-ventilables entre 5110 et 5120	14	44	45	4	4	0	0	0	0	0
5200 Impôts sur utilisation des biens et exerc. activites	5	1 255	2 033	3 027	3 269	87	64	95	146	186
5300 Non-ventilables entre 5100 et 5200	0	0	0	0	0	0	0	0	0	0
6000 Autres impôts	**52**	**486**	**699**	**517**	**551**	**8**	**50**	**61**	**93**	**103**
6100 A la charge exclusive des entreprises	..	..	..	..	..	..	..	..	..	..
6200 A la charge d'autres agents	..	..	..	..	..	..	..	..	..	..
Recettes fiscales totales	**9 521**	**47 124**	**70 031**	**99 311**	**101 699**	**1 955**	**1 294**	**1 638**	**2 279**	**2 456**

	Administrations locales					Administrations de sécurite sociale				
	1975	1995	2005	2015	2017	1975	1995	2005	2015	2017
1000 Impôts sur revenu, bénéfices et gains en capital	**887**	**46**	**0**	**0**	**0**	**0**	**0**	**0**	**0**	**0**
1100 Des personnes physiques	771	19	0	0	0	..	..	..	..	..
1200 Des sociétés	115	26	0	0	0	..	..	..	..	..
1300 Non-ventilables entre 1100 et 1200	0	0	0	0	0	..	..	..	..	..
2000 Cotisations de sécurité sociale	**29**	**258**	**267**	**266**	**258**	**4 667**	**21 173**	**28 912**	**41 557**	**45 134**
2100 A la charge des salariés	29	207	240	241	234	1 840	8 110	10 751	15 499	16 867
2200 A la charge des employeurs	0	50	27	26	24	2 375	10 912	14 037	19 906	21 665
2300 A charge des travailleurs indép. ou sans emploi	0	0	0	0	0	453	2 151	4 125	6 153	6 602
2400 Non-ventilables entre 2100, 2200 et 2300	0	0	0	0	0	0	0	0	0	0
3000 Sur salaires ou main d'oeuvre	**262**	**1 492**	**2 035**	**2 977**	**3 192**	**0**	**0**	**0**	**0**	**0**
4000 Impôts sur le patrimoine	**254**	**395**	**539**	**675**	**703**	**0**	**0**	**0**	**0**	**0**
4100 Impôts périodiques sur la propriété immobilière	139	395	539	675	703	..	..	..	..	..
4200 Impôts périodiques sur l'actif net	35	0	0	0	0	..	..	..	..	..
4300 Impôts sur mut. par décès, succ. et donations	0	0	0	0	0	..	..	..	..	..
4400 Impôts sur transact. mobilières et immob.	81	0	0	0	0	..	..	..	..	..
4500 Impôts non-périodiques	0	0	0	0	0	..	..	..	..	..
4600 Autres impôts périodiques sur patrimoine	0	0	0	0	0	..	..	..	..	..
5000 Impôts sur les biens et services	**792**	**738**	**302**	**353**	**366**	**0**	**0**	**0**	**0**	**0**
5100 Impôts sur production, vente, transfert, etc.	769	582	134	96	91	..	..	..	..	..
5110 Impôts généraux	448	0	0	0	0	..	..	..	..	..
5120 Impôts sur biens et services déterminés	321	582	134	96	91	..	..	..	..	..
5130 Non-ventilables entre 5110 et 5120	0	0	0	0	0	..	..	..	..	..
5200 Impôts sur utilisation des biens et exerc. activites	24	155	168	258	275	..	..	..	..	..
5300 Non-ventilables entre 5100 et 5200	0	0	0	0	0	..	..	..	..	..
6000 Autres impôts	**55**	**60**	**103**	**127**	**142**	**0**	**0**	**0**	**0**	**0**
6100 A la charge exclusive des entreprises	..	..	..	..	..	..	..	..	..	..
6200 A la charge d'autres agents	..	..	..	..	..	..	..	..	..	..
Recettes fiscales totales	**2 279**	**2 987**	**3 246**	**4 398**	**4 661**	**4 667**	**21 173**	**28 912**	**41 557**	**45 134**

.. Non disponible

Note: À l'exclusion des droits de douane perçus pour le compte de l'Union européenne.

StatLink https://doi.org/10.1787/888934061599

Tableau 6.15. Belgique, recettes fiscales par sous-secteurs d'administration

Millions EUR

	Administration fédérale					Administration d'État/Régions				
	1975	1995	2005	2015	2017	1975	1995	2005	2015	2017
1000 Impôts sur revenu, bénéfices et gains en capital	**8 534**	**30 899**	**45 809**	**57 132**	**56 809**	**..**	**79**	**0**	**4 283**	**9 947**
1100 Des personnes physiques	6 929	25 973	35 956	43 438	38 619	..	79	..	4 283	9 947
1200 Des sociétés	1 596	4 885	9 811	13 643	18 127	..	0	..	0	0
1300 Non-ventilables entre 1100 et 1200	10	41	42	51	63	..	0	..	0	0
2000 Cotisations de sécurité sociale	**299**	**1 181**	**1 904**	**2 334**	**67**	**..**	**0**	**38**	**11**	**230**
2100 A la charge des salariés	264	854	1 125	1 372	0	..	..	10	3	220
2200 A la charge des employeurs	36	228	608	713	67	..	..	27	8	10
2300 A charge des travailleurs indép. ou sans emploi	0	99	171	249	0	..	..	0	0	0
2400 Non-ventilables entre 2100, 2200 et 2300	0	0	0	0	0	..	..	0	0	0
3000 Sur salaires ou main d'oeuvre	**0**	**0**	**0**	**0**	**0**	**..**	**0**	**0**	**0**	**0**
4000 Impôts sur le patrimoine	**583**	**1 340**	**873**	**1 861**	**2 063**	**..**	**1 168**	**4 669**	**7 086**	**7 580**
4100 Impôts périodiques sur la propriété immobilière	12	25	41	41	45	..	83	192	249	252
4200 Impôts périodiques sur l'actif net	0	8	189	661	929	..	0	0	0	0
4300 Impôts sur mut. par décès, succ. et donations	178	42	0	0	0	..	647	1 749	3 002	3 131
4400 Impôts sur transact. mobilières et immob.	393	1 193	521	596	602	..	438	2 728	3 763	4 198
4500 Impôts non-périodiques	0	73	123	563	487	..	0	0	72	0
4600 Autres impôts périodiques sur patrimoine	0	0	0	0	0	..	0	0	0	0
5000 Impôts sur les biens et services	**5 813**	**20 791**	**29 790**	**38 631**	**41 388**	**..**	**412**	**2 044**	**2 678**	**3 289**
5100 Impôts sur production, vente, transfert, etc.	5 562	19 607	29 548	38 611	41 363	..	58	76	227	781
5110 Impôts généraux	3 776	13 734	21 340	27 578	29 763	..	0	0	0	0
5120 Impôts sur biens et services déterminés	1 785	5 872	8 208	11 034	11 601	..	58	76	227	781
5130 Non-ventilables entre 5110 et 5120	0	0	0	0	0	..	0	0	0	0
5200 Impôts sur utilisation des biens et exerc. activites	249	1 178	234	10	10	..	355	1 968	2 451	2 508
5300 Non-ventilables entre 5100 et 5200	3	6	8	9	15	..	0	0	0	0
6000 Autres impôts	**0**	**0**	**0**	**0**	**0**	**..**	**0**	**68**	**40**	**0**
6100 A la charge exclusive des entreprises	..	..	..	..	..	..	..	0	0	0
6200 A la charge d'autres agents	..	..	..	..	..	..	..	68	40	0
Recettes fiscales totales	**15 230**	**54 211**	**78 376**	**99 958**	**100 327**	**..**	**1 659**	**6 819**	**14 097**	**21 046**

	Administrations locales					Administrations de sécurite sociale				
	1975	1995	2005	2015	2017	1975	1995	2005	2015	2017
1000 Impôts sur revenu, bénéfices et gains en capital	**683**	**3 058**	**2 249**	**3 052**	**3 355**	**0**	**335**	**825**	**1 106**	**1 209**
1100 Des personnes physiques	675	3 058	2 249	3 052	3 355	..	335	825	1 106	1 209
1200 Des sociétés	8	0	0	0	0	..	0	0	0	0
1300 Non-ventilables entre 1100 et 1200	0	0	0	0	0	..	0	0	0	0
2000 Cotisations de sécurité sociale	**27**	**81**	**23**	**26**	**20**	**6 709**	**28 289**	**39 256**	**56 257**	**59 277**
2100 A la charge des salariés	27	81	20	19	20	1 749	8 268	11 558	15 568	17 502
2200 A la charge des employeurs	0	0	3	6	0	4 347	17 556	24 332	35 479	35 944
2300 A charge des travailleurs indép. ou sans emploi	0	0	0	0	0	612	2 465	3 366	5 211	5 831
2400 Non-ventilables entre 2100, 2200 et 2300	0	0	0	0	0	0	0	0	0	0
3000 Sur salaires ou main d'oeuvre	**0**	**0**	**0**	**0**	**0**	**0**	**0**	**5**	**8**	**8**
4000 Impôts sur le patrimoine	**154**	**815**	**3 599**	**5 142**	**5 458**	**0**	**121**	**229**	**318**	**293**
4100 Impôts périodiques sur la propriété immobilière	154	815	3 599	5 142	5 458	..	0	0	0	0
4200 Impôts périodiques sur l'actif net	0	0	0	0	0	..	0	0	0	0
4300 Impôts sur mut. par décès, succ. et donations	0	0	0	0	0	..	0	0	0	0
4400 Impôts sur transact. mobilières et immob.	0	0	0	0	0	..	0	0	0	0
4500 Impôts non-périodiques	0	0	0	0	0	..	0	0	0	0
4600 Autres impôts périodiques sur patrimoine	0	0	0	0	0	..	121	229	318	293
5000 Impôts sur les biens et services	**166**	**332**	**523**	**715**	**644**	**14**	**330**	**1 237**	**1 575**	**1 728**
5100 Impôts sur production, vente, transfert, etc.	150	295	437	694	622	14	330	1 237	1 575	1 728
5110 Impôts généraux	0	0	0	0	0	0	29	373	219	194
5120 Impôts sur biens et services déterminés	150	295	437	694	622	14	301	865	1 356	1 534
5130 Non-ventilables entre 5110 et 5120	0	0	0	0	0	0	0	0	0	0
5200 Impôts sur utilisation des biens et exerc. activites	16	37	87	22	22	0	0	0	0	0
5300 Non-ventilables entre 5100 et 5200	0	0	0	0	0	0	0	0	0	0
6000 Autres impôts	**0**	**0**	**0**	**0**	**0**	**0**	**0**	**0**	**0**	**0**
6100 A la charge exclusive des entreprises	..	..	..	..	..	..	..	..	..	..
6200 A la charge d'autres agents	..	..	..	..	..	..	..	..	..	..
Recettes fiscales totales	**1 029**	**4 286**	**6 394**	**8 935**	**9 477**	**6 723**	**29 075**	**41 552**	**59 264**	**62 514**

.. Non disponible

Note: À l'exclusion des droits de douane perçus pour le compte de l'Union européenne.

StatLink https://doi.org/10.1787/888934061618

Tableau 6.16. Canada, recettes fiscales par sous-secteurs d'administration

Millions CAD

	Administration fédérale					Administration d'État/Régions				
	1975	1995	2005	2015	2017	1975	1995	2005	2015	2017
1000 Impôts sur revenu, bénéfices et gains en capital	**19 047**	**82 237**	**140 013**	**191 684**	**208 461**	**8 165**	**52 373**	**78 331**	**123 157**	**130 405**
1100 Des personnes physiques	12 822	65 384	102 366	143 315	150 989	6 074	43 428	62 435	96 989	100 103
1200 Des sociétés	5 741	14 739	32 197	41 726	49 769	2 091	8 944	15 896	26 168	30 302
1300 Non-ventilables entre 1100 et 1200	484	2 114	5 450	6 643	7 703	0	0	0	0	0
2000 Cotisations de sécurité sociale	**0**	**0**	**17 936**	**23 603**	**20 851**	**0**	**0**	**11 759**	**13 892**	**14 900**
2100 A la charge des salariés	..	..	7 429	9 772	8 623	..	..	1 858	1 128	1 278
2200 A la charge des employeurs	..	..	10 507	13 831	12 228	..	..	9 901	12 764	13 622
2300 A charge des travailleurs indép. ou sans emploi	..	..	0	0	0	..	..	0	0	0
2400 Non-ventilables entre 2100, 2200 et 2300	..	..	0	0	0	..	..	0	0	0
3000 Sur salaires ou main d'oeuvre	**0**	**0**	**0**	**0**	**0**	**0**	**6 498**	**9 230**	**13 256**	**14 331**
4000 Impôts sur le patrimoine	**13**	**0**	**0**	**0**	**0**	**428**	**6 492**	**9 298**	**11 809**	**13 647**
4100 Impôts périodiques sur la propriété immobilière	0	..	..	0	0	85	2 960	2 934	5 410	5 838
4200 Impôts périodiques sur l'actif net	0	..	..	..	..	200	2 914	3 456	372	440
4300 Impôts sur mut. par décès, succ. et donations	13	..	..	..	..	143	3	0	268	304
4400 Impôts sur transact. mobilières et immob.	0	..	..	..	..	0	0	1 965	3 912	5 693
4500 Impôts non-périodiques	0	..	..	..	..	0	615	943	1 847	1 372
4600 Autres impôts périodiques sur patrimoine	0	..	..	..	..	0	0	0	0	0
5000 Impôts sur les biens et services	**8 180**	**31 160**	**48 551**	**53 837**	**57 991**	**10 128**	**42 076**	**67 537**	**95 284**	**106 215**
5100 Impôts sur production, vente, transfert, etc.	8 180	31 136	48 506	53 797	57 953	6 800	37 961	61 316	86 822	95 607
5110 Impôts généraux	3 504	19 167	35 069	36 958	40 222	3 664	21 328	33 353	53 572	59 646
5120 Impôts sur biens et services déterminés	4 676	11 969	13 437	16 839	17 731	3 136	16 633	27 963	33 250	35 961
5130 Non-ventilables entre 5110 et 5120	0	0	0	0	0	0	0	0	..	..
5200 Impôts sur utilisation des biens et exerc. activites	0	24	45	40	38	3 328	4 115	6 221	8 462	10 608
5300 Non-ventilables entre 5100 et 5200	0	0	0	0	0	0	0	0	0	0
6000 Autres impôts	**198**	**0**	**0**	**0**	**0**	**0**	**0**	**0**	**0**	**0**
6100 A la charge exclusive des entreprises	0	..	..	0	0	..	..	..	0	0
6200 A la charge d'autres agents	198	..	..	0	0	..	..	..	0	0
Recettes fiscales totales	**27 438**	**113 397**	**206 500**	**269 124**	**287 303**	**18 721**	**107 439**	**176 156**	**257 398**	**279 498**

	Administrations locales					Administrations de sécurite sociale				
	1975	1995	2005	2015	2017	1975	1995	2005	2015	2017
1000 Impôts sur revenu, bénéfices et gains en capital	**0**	**0**	**0**	**0**	**0**	**0**	**0**	**0**	**0**	**0**
1100 Des personnes physiques	..	..	..	0	0	..	..	..	0	0
1200 Des sociétés	..	..	..	0	0	..	..	..	0	0
1300 Non-ventilables entre 1100 et 1200	..	..	..	..	..	..	..	..	..	..
2000 Cotisations de sécurité sociale	**0**	**0**	**0**	**0**	**0**	**5 787**	**40 559**	**38 834**	**58 876**	**63 595**
2100 A la charge des salariés	..	..	..	..	..	2 142	15 028	18 328	27 785	30 016
2200 A la charge des employeurs	..	..	..	..	..	3 527	24 765	18 328	27 785	30 016
2300 A charge des travailleurs indép. ou sans emploi	..	..	..	..	..	118	766	2 177	3 307	3 563
2400 Non-ventilables entre 2100, 2200 et 2300	..	..	..	..	..	0	0	0	0	0
3000 Sur salaires ou main d'oeuvre	**0**	**0**	**0**	**0**	**0**	**0**	**0**	**0**	**0**	**0**
4000 Impôts sur le patrimoine	**5 018**	**24 415**	**40 495**	**65 969**	**70 374**	**0**	**0**	**0**	**0**	**0**
4100 Impôts périodiques sur la propriété immobilière	4 770	23 150	37 409	57 241	61 001	..	..	..	0	0
4200 Impôts périodiques sur l'actif net	0	0	0	0	0	..	..	..	..	..
4300 Impôts sur mut. par décès, succ. et donations	0	0	0	0	0	..	..	..	..	..
4400 Impôts sur transact. mobilières et immob.	0	0	375	1 063	1 246	..	..	..	..	..
4500 Impôts non-périodiques	248	1 265	2 711	7 665	8 127	..	..	..	..	..
4600 Autres impôts périodiques sur patrimoine	0	0	0	0	0	..	..	..	..	..
5000 Impôts sur les biens et services	**142**	**406**	**833**	**1 149**	**1 189**	**0**	**0**	**0**	**0**	**0**
5100 Impôts sur production, vente, transfert, etc.	22	51	104	126	161	..	..	..	..	..
5110 Impôts généraux	10	40	88	63	70	..	..	..	..	..
5120 Impôts sur biens et services déterminés	12	11	16	63	91	..	..	..	..	..
5130 Non-ventilables entre 5110 et 5120	0	0	0	0	0	..	..	..	..	..
5200 Impôts sur utilisation des biens et exerc. activites	120	355	729	1 023	1 028	..	..	..	0	0
5300 Non-ventilables entre 5100 et 5200	0	0	0	0	0	..	..	..	0	0
6000 Autres impôts	**525**	**3 662**	**1 483**	**748**	**745**	**0**	**0**	**0**	**0**	**0**
6100 A la charge exclusive des entreprises	437	2 946	541	0	0	..	..	..	0	0
6200 A la charge d'autres agents	88	716	942	748	745	..	..	..	0	0
Recettes fiscales totales	**5 685**	**28 483**	**42 811**	**67 866**	**72 308**	**5 787**	**40 559**	**38 834**	**58 876**	**63 595**

.. Non disponible

StatLink https://doi.org/10.1787/888934061637

Tableau 6.17. Chili, recettes fiscales par sous-secteurs d'administration

Millions CLP

	Administration centrale					Administration d'État/Régions				
	1975	1995	2005	2015	2017	1975	1995	2005	2015	2017
1000 Impôts sur revenu, bénéfices et gains en capital	..	**1 359 694**	**5 171 293**	**11 840 521**	**12 516 154**	..	..	..	..	..
1100 Des personnes physiques	..	281 293	738 620	3 199 876	3 500 023	..	..	..	..	..
1200 Des sociétés	..	836 725	3 155 480	6 839 133	7 658 420	..	..	..	..	..
1300 Non-ventilables entre 1100 et 1200	..	241 676	1 277 193	1 801 512	1 357 711	..	..	..	..	..
2000 Cotisations de sécurité sociale	..	**155 855**	**287 422**	**434 658**	**506 019**	..	..	..	..	..
2100 A la charge des salariés	..	142 001	249 526	370 744	432 377	..	..	..	..	..
2200 A la charge des employeurs	..	13 854	37 896	63 914	73 643	..	..	..	..	..
2300 A charge des travailleurs indép. ou sans emploi	..	0	0	0	0	..	..	..	..	..
2400 Non-ventilables entre 2100, 2200 et 2300	..	0	0	0	0	..	..	..	..	..
3000 Sur salaires ou main d'oeuvre	..	**0**	**0**	**0**	**0**	..	..	..	..	..
4000 Impôts sur le patrimoine	..	**181 432**	**490 120**	**379 603**	**738 311**	..	..	..	..	..
4100 Impôts périodiques sur la propriété immobilière	..	13 044	4 909	15 249	17 289	..	..	..	..	..
4200 Impôts périodiques sur l'actif net	..	0	0	0	0	..	..	..	..	..
4300 Impôts sur mut. par décès, succ. et donations	..	13 245	23 184	92 236	202 376	..	..	..	..	..
4400 Impôts sur transact. mobilières et immob.	..	155 143	462 027	272 118	518 645	..	..	..	..	..
4500 Impôts non-périodiques	..	0	0	0	0	..	..	..	..	..
4600 Autres impôts périodiques sur patrimoine	..	0	0	0	0	..	..	..	..	..
5000 Impôts sur les biens et services	..	**3 179 304**	**6 831 482**	**16 181 720**	**18 227 989**	..	..	..	..	..
5100 Impôts sur production, vente, transfert, etc.	..	3 169 645	6 811 389	16 129 953	18 175 736	..	..	..	..	..
5110 Impôts généraux	..	2 187 602	5 391 285	13 273 958	15 069 540	..	..	..	..	..
5120 Impôts sur biens et services déterminés	..	982 043	1 420 104	2 855 995	3 106 196	..	..	..	..	..
5130 Non-ventilables entre 5110 et 5120	..	0	0	0	0	..	..	..	..	..
5200 Impôts sur utilisation des biens et exerc. activites	..	9 659	20 094	51 767	52 254	..	..	..	..	..
5300 Non-ventilables entre 5100 et 5200	..	0	0	0	0	..	..	..	..	..
6000 Autres impôts	..	**-29 554**	**-85 954**	**-579 308**	**-714 253**	..	..	..	..	..
6100 A la charge exclusive des entreprises	..	0	0	0	0	..	..	..	..	..
6200 A la charge d'autres agents	..	-29 554	-85 954	-579 308	-714 253	..	..	..	..	..
Recettes fiscales totales	..	**4 846 730**	**12 694 362**	**28 257 194**	**31 274 220**	..	..	..	..	..

	Administrations locales					Administrations de sécurite sociale				
	1975	1995	2005	2015	2017	1975	1995	2005	2015	2017
1000 Impôts sur revenu, bénéfices et gains en capital	..	**0**	**0**	**0**	**0**	..	**0**	**0**	**0**	**0**
1100 Des personnes physiques	..	0	0	0	0	..	0	0	0	0
1200 Des sociétés	..	0	0	0	0	..	0	0	0	0
1300 Non-ventilables entre 1100 et 1200	..	0	0	0	0	..	0	0	0	0
2000 Cotisations de sécurité sociale	..	**0**	**0**	**0**	**0**	..	**193 269**	**644 295**	**1 817 831**	**2 121 539**
2100 A la charge des salariés	..	..	..	..	..	..	193 269	644 295	1 817 831	2 121 539
2200 A la charge des employeurs	..	..	..	..	..	..	0	0	0	0
2300 A charge des travailleurs indép. ou sans emploi	..	..	..	..	..	..	0	0	0	0
2400 Non-ventilables entre 2100, 2200 et 2300	..	..	..	..	..	..	0	0	0	0
3000 Sur salaires ou main d'oeuvre	..	**0**	**0**	**0**	**0**	..	**0**	**0**	**0**	**0**
4000 Impôts sur le patrimoine	..	**157 193**	**411 656**	**1 041 671**	**1 211 906**	..	**0**	**0**	**0**	**0**
4100 Impôts périodiques sur la propriété immobilière	..	157 193	411 656	1 041 671	1 211 906	..	..	..	..	..
4200 Impôts périodiques sur l'actif net	..	0	0	0	0	..	..	..	..	..
4300 Impôts sur mut. par décès, succ. et donations	..	0	0	0	0	..	..	..	..	..
4400 Impôts sur transact. mobilières et immob.	..	0	0	0	0	..	..	..	..	..
4500 Impôts non-périodiques	..	0	0	0	0	..	..	..	..	..
4600 Autres impôts périodiques sur patrimoine	..	0	0	0	0	..	..	..	..	..
5000 Impôts sur les biens et services	..	**192 325**	**514 952**	**1 415 658**	**1 630 892**	..	**0**	**0**	**0**	**0**
5100 Impôts sur production, vente, transfert, etc.	..	52 690	140 703	385 532	421 444	..	..	..	..	..
5110 Impôts généraux	..	0	0	0	0	..	..	..	..	..
5120 Impôts sur biens et services déterminés	..	52 690	140 703	385 532	421 444	..	..	..	..	..
5130 Non-ventilables entre 5110 et 5120	..	0	0	0	0	..	..	..	..	..
5200 Impôts sur utilisation des biens et exerc. activites	..	139 635	374 249	1 030 126	1 209 448	..	..	..	..	..
5300 Non-ventilables entre 5100 et 5200	..	0	0	0	0	..	..	..	..	..
6000 Autres impôts	..	**0**	**0**	**0**	**0**	..	**0**	**0**	**0**	**0**
6100 A la charge exclusive des entreprises	..	..	..	..	..	..	..	..	..	..
6200 A la charge d'autres agents	..	..	..	..	..	..	..	..	..	..
Recettes fiscales totales	..	**349 518**	**926 608**	**2 457 329**	**2 842 798**	..	**193 269**	**644 295**	**1 817 831**	**2 121 539**

.. Non disponible

StatLink https://doi.org/10.1787/888934061656

Tableau 6.18. République tchèque, recettes fiscales par sous-secteurs d'administration

Millions CZK

	Administration centrale[1]					Administration d'État/Régions				
	1975	1995	2005	2015	2017	1975	1995	2005	2015	2017
1000 Impôts sur revenu, bénéfices et gains en capital	**..**	**137 616**	**273 549**	**329 768**	**390 566**	**..**	**..**	**..**	**..**	**..**
1100 Des personnes physiques	..	70 361	137 937	164 678	202 244	..	..	..	..	..
1200 Des sociétés	..	67 255	135 611	165 090	188 322	..	..	..	..	..
1300 Non-ventilables entre 1100 et 1200	..	0	0	0	0	..	..	..	..	..
2000 Cotisations de sécurité sociale	**..**	**0**	**0**	**0**	**0**	**..**	**..**	**..**	**..**	**..**
2100 A la charge des salariés	..	..	..	..	..	..	..	..	..	..
2200 A la charge des employeurs	..	..	..	..	..	..	..	..	..	..
2300 A charge des travailleurs indép. ou sans emploi	..	..	..	..	..	..	..	..	..	..
2400 Non-ventilables entre 2100, 2200 et 2300	..	..	..	..	..	..	..	..	..	..
3000 Sur salaires ou main d'oeuvre	**..**	**0**	**0**	**0**	**0**	**..**	**..**	**..**	**..**	**..**
4000 Impôts sur le patrimoine	**..**	**3 857**	**8 050**	**11 607**	**13 092**	**..**	**..**	**..**	**..**	**..**
4100 Impôts périodiques sur la propriété immobilière	..	0	5	20	25	..	..	..	..	..
4200 Impôts périodiques sur l'actif net	..	0	0	0	0	..	..	..	..	..
4300 Impôts sur mut. par décès, succ. et donations	..	393	728	20	13	..	..	..	..	..
4400 Impôts sur transact. mobilières et immob.	..	3 464	7 317	11 566	13 054	..	..	..	..	..
4500 Impôts non-périodiques	..	0	0	0	0	..	..	..	..	..
4600 Autres impôts périodiques sur patrimoine	..	0	0	0	0	..	..	..	..	..
5000 Impôts sur les biens et services	**..**	**175 869**	**343 554**	**505 085**	**571 225**	**..**	**..**	**..**	**..**	**..**
5100 Impôts sur production, vente, transfert, etc.	..	162 913	325 662	487 086	551 685	..	..	..	..	..
5110 Impôts généraux	..	91 673	215 118	333 274	387 537	..	..	..	..	..
5120 Impôts sur biens et services déterminés	..	71 240	110 544	153 812	164 148	..	..	..	..	..
5130 Non-ventilables entre 5110 et 5120	..	0	0	0	0	..	..	..	..	..
5200 Impôts sur utilisation des biens et exerc. activites	..	12 956	17 892	17 999	19 540	..	..	..	..	..
5300 Non-ventilables entre 5100 et 5200	..	0	0	0	0	..	..	..	..	..
6000 Autres impôts	**..**	**545**	**55**	**387**	**904**	**..**	**..**	**..**	**..**	**..**
6100 A la charge exclusive des entreprises	..	0	0	0	0	..	..	..	..	..
6200 A la charge d'autres agents	..	545	55	387	904	..	..	..	..	..
Recettes fiscales totales	**..**	**317 887**	**625 207**	**846 847**	**975 787**	**..**	**..**	**..**	**..**	**..**

	Administrations locales					Administrations de sécurite sociale				
	1975	1995	2005	2015	2017	1975	1995	2005	2015	2017
1000 Impôts sur revenu, bénéfices et gains en capital	**..**	**0**	**0**	**0**	**0**	**..**	**0**	**0**	**0**	**0**
1100 Des personnes physiques	..	0	0	0	0	..	0	0	0	0
1200 Des sociétés	..	0	0	0	0	..	0	0	0	0
1300 Non-ventilables entre 1100 et 1200	..	0	0	0	..	..	0	0	0	..
2000 Cotisations de sécurité sociale	**..**	**0**	**0**	**0**	**0**	**..**	**227 871**	**481 626**	**659 743**	**757 183**
2100 A la charge des salariés	..	..	..	..	..	..	54 536	108 316	133 878	155 827
2200 A la charge des employeurs	..	..	..	..	..	..	148 342	307 618	417 778	483 437
2300 A charge des travailleurs indép. ou sans emploi	..	..	..	..	..	..	24 993	65 692	108 088	117 919
2400 Non-ventilables entre 2100, 2200 et 2300	..	..	..	..	..	..	0	0	0	0
3000 Sur salaires ou main d'oeuvre	**..**	**0**	**0**	**0**	**0**	**..**	**0**	**0**	**0**	**0**
4000 Impôts sur le patrimoine	**..**	**3 778**	**4 987**	**10 313**	**10 758**	**..**	**0**	**0**	**0**	**0**
4100 Impôts périodiques sur la propriété immobilière	..	3 778	4 987	10 313	10 758	..	..	..	..	..
4200 Impôts périodiques sur l'actif net	..	0	0	0	0	..	..	..	..	..
4300 Impôts sur mut. par décès, succ. et donations	..	0	0	0	0	..	..	..	..	..
4400 Impôts sur transact. mobilières et immob.	..	0	0	0	0	..	..	..	..	..
4500 Impôts non-périodiques	..	0	0	0	0	..	..	..	..	..
4600 Autres impôts périodiques sur patrimoine	..	0	0	0	0	..	..	..	..	..
5000 Impôts sur les biens et services	**..**	**1 150**	**7 395**	**7 749**	**8 048**	**..**	**0**	**0**	**0**	**0**
5100 Impôts sur production, vente, transfert, etc.	..	124	199	292	348	..	..	..	..	..
5110 Impôts généraux	..	0	0	0	0	..	..	..	..	..
5120 Impôts sur biens et services déterminés	..	124	199	292	348	..	..	..	..	..
5130 Non-ventilables entre 5110 et 5120	..	0	0	0	0	..	..	..	..	..
5200 Impôts sur utilisation des biens et exerc. activites	..	1 026	7 196	7 457	7 701	..	..	..	..	..
5300 Non-ventilables entre 5100 et 5200	..	0	0	0	0	..	..	..	..	..
6000 Autres impôts	**..**	**0**	**0**	**0**	**0**	**..**	**0**	**0**	**0**	**0**
6100 A la charge exclusive des entreprises	..	..	..	..	..	..	..	..	..	..
6200 A la charge d'autres agents	..	..	..	..	..	..	..	..	..	..
Recettes fiscales totales	**..**	**4 928**	**12 382**	**18 063**	**18 806**	**..**	**227 871**	**481 626**	**659 743**	**757 183**

.. Non disponible

Note: À l'exclusion des droits de douane perçus pour le compte de l'Union européenne.

1. Tax revenues of the regions are reported under the heading of central government up to and including 1995 and under local government thereafter.

StatLink https://doi.org/10.1787/888934061675

Tableau 6.19. Danemark, recettes fiscales par sous-secteurs d'administration

Millions DKK

	Administration centrale					Administration d'État/Régions				
	1975	1995	2005	2015	2017	1975	1995	2005	2015	2017
1000 Impôts sur revenu, bénéfices et gains en capital	**28 694**	**164 962**	**258 922**	**384 883**	**399 164**	**..**	**..**	**..**	**..**	**..**
1100 Des personnes physiques	25 904	124 613	167 082	304 329	294 952	..	..	..	..	..
1200 Des sociétés	2 790	23 803	54 597	57 723	71 928	..	..	..	..	..
1300 Non-ventilables entre 1100 et 1200	0	16 546	37 244	22 832	32 284	..	..	..	..	..
2000 Cotisations de sécurité sociale	**143**	**562**	**1 180**	**836**	**737**	**..**	**..**	**..**	**..**	**..**
2100 A la charge des salariés	0	559	1 177	826	729	..	..	..	..	..
2200 A la charge des employeurs	142	3	3	10	8	..	..	..	..	..
2300 A charge des travailleurs indép. ou sans emploi	0	0	0	0	0	..	..	..	..	..
2400 Non-ventilables entre 2100, 2200 et 2300	0	0	0	0	0	..	..	..	..	..
3000 Sur salaires ou main d'oeuvre	**0**	**2 262**	**2 907**	**5 894**	**5 494**	**..**	**..**	**..**	**..**	**..**
4000 Impôts sur le patrimoine	**1 779**	**7 094**	**11 801**	**11 084**	**10 793**	**..**	**..**	**..**	**..**	**..**
4100 Impôts périodiques sur la propriété immobilière	16	170	0	0	0	..	..	..	..	..
4200 Impôts périodiques sur l'actif net	414	930	0	0	0	..	..	..	..	..
4300 Impôts sur mut. par décès, succ. et donations	336	2 372	3 154	5 177	4 368	..	..	..	..	..
4400 Impôts sur transact. mobilières et immob.	936	3 584	8 613	5 907	6 426	..	..	..	..	..
4500 Impôts non-périodiques	77	38	34	0	0	..	..	..	..	..
4600 Autres impôts périodiques sur patrimoine	0	0	0	0	0	..	..	..	..	..
5000 Impôts sur les biens et services	**29 014**	**156 578**	**253 352**	**301 504**	**319 205**	**..**	**..**	**..**	**..**	**..**
5100 Impôts sur production, vente, transfert, etc.	27 338	149 393	239 951	277 791	293 774	..	..	..	..	..
5110 Impôts généraux	15 117	94 368	154 654	191 479	207 768	..	..	..	..	..
5120 Impôts sur biens et services déterminés	12 221	55 026	85 298	86 312	86 006	..	..	..	..	..
5130 Non-ventilables entre 5110 et 5120	0	0	0	..	..	..	..	..	..	..
5200 Impôts sur utilisation des biens et exerc. activites	1 676	4 739	9 379	16 537	16 895	..	..	..	..	..
5300 Non-ventilables entre 5100 et 5200	0	2 446	4 021	7 177	8 536	..	..	..	..	..
6000 Autres impôts	**0**	**0**	**203**	**320**	**272**	**..**	**..**	**..**	**..**	**..**
6100 A la charge exclusive des entreprises	..	..	203	320	272	..	..	..	..	..
6200 A la charge d'autres agents	..	..	0	0	0	..	..	..	..	..
Recettes fiscales totales	**59 630**	**331 457**	**528 366**	**704 520**	**735 664**	**..**	**..**	**..**	**..**	**..**

	Administrations locales					Administrations de sécurite sociale				
	1975	1995	2005	2015	2017	1975	1995	2005	2015	2017
1000 Impôts sur revenu, bénéfices et gains en capital	**22 171**	**140 762**	**214 581**	**220 815**	**236 796**	**0**	**0**	**0**	**0**	**0**
1100 Des personnes physiques	22 170	140 758	214 581	220 815	236 796	..	..	..	..	..
1200 Des sociétés	1	5	0	0	0	..	..	..	..	..
1300 Non-ventilables entre 1100 et 1200	0	0	0	0	0	..	..	..	..	..
2000 Cotisations de sécurité sociale	**0**	**0**	**0**	**0**	**0**	**58**	**0**	**529**	**542**	**323**
2100 A la charge des salariés	..	..	..	0	0	0	..	0	0	0
2200 A la charge des employeurs	..	..	..	0	0	58	..	529	542	323
2300 A charge des travailleurs indép. ou sans emploi	..	..	..	0	0	0	..	0	0	0
2400 Non-ventilables entre 2100, 2200 et 2300	..	..	..	0	0	0	..	0	0	0
3000 Sur salaires ou main d'oeuvre	**0**	**0**	**0**	**0**	**0**	**0**	**0**	**0**	**0**	**0**
4000 Impôts sur le patrimoine	**3 518**	**10 155**	**17 466**	**28 085**	**28 465**	**0**	**0**	**0**	**0**	**0**
4100 Impôts périodiques sur la propriété immobilière	3 518	10 155	17 466	28 085	28 465	..	..	..	..	..
4200 Impôts périodiques sur l'actif net	0	0	0	0	0	..	..	..	..	..
4300 Impôts sur mut. par décès, succ. et donations	0	0	0	0	0	..	..	..	..	..
4400 Impôts sur transact. mobilières et immob.	0	0	0	0	0	..	..	..	..	..
4500 Impôts non-périodiques	0	0	0	0	0	..	..	..	..	..
4600 Autres impôts périodiques sur patrimoine	0	0	0	0	0	..	..	..	..	..
5000 Impôts sur les biens et services	**0**	**0**	**0**	**0**	**0**	**0**	**0**	**0**	**0**	**0**
5100 Impôts sur production, vente, transfert, etc.	0	..	..	..	..	..	..	..	..	..
5110 Impôts généraux	0	..	..	..	..	..	..	..	..	..
5120 Impôts sur biens et services déterminés	0	..	..	..	..	..	..	..	..	..
5130 Non-ventilables entre 5110 et 5120	0	0	0	..	..	..	..	..	..	..
5200 Impôts sur utilisation des biens et exerc. activites	..	..	..	..	..	..	..	..	..	..
5300 Non-ventilables entre 5100 et 5200	0	0	0	0	0	..	..	..	..	..
6000 Autres impôts	**0**	**0**	**0**	**0**	**0**	**0**	**0**	**0**	**0**	**0**
6100 A la charge exclusive des entreprises	..	..	..	..	..	..	..	..	..	..
6200 A la charge d'autres agents	..	..	..	..	..	..	..	..	..	..
Recettes fiscales totales	**25 689**	**150 918**	**232 047**	**248 900**	**265 260**	**58**	**0**	**529**	**542**	**323**

.. Non disponible

Note: À l'exclusion des droits de douane perçus pour le compte de l'Union européenne.

StatLink https://doi.org/10.1787/888934061694

Tableau 6.20. Estonie, recettes fiscales par sous-secteurs d'administration

Millions EUR

	Administration centrale					Administration d'État/Régions				
	1975	1995	2005	2015	2017	1975	1995	2005	2015	2017
1000 Impôts sur revenu, bénéfices et gains en capital	**..**	**301**	**782**	**1 607**	**1 710**	**..**	**..**	**..**	**..**	**..**
1100 Des personnes physiques	..	234	622	1 182	1 344	..	..	..	..	..
1200 Des sociétés	..	67	160	424	366	..	..	..	..	..
1300 Non-ventilables entre 1100 et 1200	..	0	0	0	0	..	..	..	..	..
2000 Cotisations de sécurité sociale	**..**	**191**	**636**	**1 181**	**1 354**	**..**	**..**	**..**	**..**	**..**
2100 A la charge des salariés	..	0	0	0	0	..	..	..	..	..
2200 A la charge des employeurs	..	191	636	1 169	1 342	..	..	..	..	..
2300 A charge des travailleurs indép. ou sans emploi	..	0	0	12	13	..	..	..	..	..
2400 Non-ventilables entre 2100, 2200 et 2300	..	0	0	0	0	..	..	..	..	..
3000 Sur salaires ou main d'oeuvre	**..**	**0**	**0**	**0**	**0**	**..**	**..**	**..**	**..**	**..**
4000 Impôts sur le patrimoine	**..**	**3**	**0**	**0**	**0**	**..**	**..**	**..**	**..**	**..**
4100 Impôts périodiques sur la propriété immobilière	..	3	..	..	..	..	..	..	..	..
4200 Impôts périodiques sur l'actif net	..	0	..	..	..	..	..	..	..	..
4300 Impôts sur mut. par décès, succ. et donations	..	0	..	..	..	..	..	..	..	..
4400 Impôts sur transact. mobilières et immob.	..	0	..	..	..	..	..	..	..	..
4500 Impôts non-périodiques	..	0	..	..	..	..	..	..	..	..
4600 Autres impôts périodiques sur patrimoine	..	0	..	..	..	..	..	..	..	..
5000 Impôts sur les biens et services	**..**	**350**	**1 385**	**2 864**	**3 279**	**..**	**..**	**..**	**..**	**..**
5100 Impôts sur production, vente, transfert, etc.	..	345	1 348	2 790	3 178	..	..	..	..	..
5110 Impôts généraux	..	266	908	1 872	2 148	..	..	..	..	..
5120 Impôts sur biens et services déterminés	..	79	440	918	1 030	..	..	..	..	..
5130 Non-ventilables entre 5110 et 5120	..	0	0	0	0	..	..	..	..	..
5200 Impôts sur utilisation des biens et exerc. activites	..	5	37	74	100	..	..	..	..	..
5300 Non-ventilables entre 5100 et 5200	..	0	0	0	0	..	..	..	..	..
6000 Autres impôts	**..**	**0**	**0**	**0**	**0**	**..**	**..**	**..**	**..**	**..**
6100 A la charge exclusive des entreprises	..	..	..	..	..	..	..	..	..	..
6200 A la charge d'autres agents	..	..	..	..	..	..	..	..	..	..
Recettes fiscales totales	**..**	**845**	**2 803**	**5 651**	**6 343**	**..**	**..**	**..**	**..**	**..**

	Administrations locales					Administrations de sécurite sociale				
	1975	1995	2005	2015	2017	1975	1995	2005	2015	2017
1000 Impôts sur revenu, bénéfices et gains en capital	**..**	**0**	**0**	**0**	**0**	**..**	**0**	**0**	**0**	**0**
1100 Des personnes physiques	..	0	0	0	0	..	0	0	0	0
1200 Des sociétés	..	0	0	0	0	..	0	0	0	0
1300 Non-ventilables entre 1100 et 1200	..	0	0	0	0	..	0	0	0	0
2000 Cotisations de sécurité sociale	**..**	**0**	**0**	**0**	**0**	**..**	**149**	**511**	**1 110**	**1 282**
2100 A la charge des salariés	..	..	..	..	..	..	0	31	99	112
2200 A la charge des employeurs	..	..	..	..	..	..	143	466	1 002	1 161
2300 A charge des travailleurs indép. ou sans emploi	..	..	..	..	..	..	6	14	8	8
2400 Non-ventilables entre 2100, 2200 et 2300	..	..	..	..	..	..	0	0	0	0
3000 Sur salaires ou main d'oeuvre	**..**	**0**	**0**	**0**	**0**	**..**	**0**	**0**	**0**	**0**
4000 Impôts sur le patrimoine	**..**	**7**	**32**	**58**	**58**	**..**	**0**	**0**	**0**	**0**
4100 Impôts périodiques sur la propriété immobilière	..	7	32	58	58	..	..	..	..	..
4200 Impôts périodiques sur l'actif net	..	0	0	0	0	..	..	..	..	..
4300 Impôts sur mut. par décès, succ. et donations	..	0	0	0	0	..	..	..	..	..
4400 Impôts sur transact. mobilières et immob.	..	0	0	0	0	..	..	..	..	..
4500 Impôts non-périodiques	..	0	0	0	0	..	..	..	..	..
4600 Autres impôts périodiques sur patrimoine	..	0	0	0	0	..	..	..	..	..
5000 Impôts sur les biens et services	**..**	**1**	**7**	**11**	**13**	**..**	**0**	**0**	**0**	**0**
5100 Impôts sur production, vente, transfert, etc.	..	0	2	4	6	..	..	..	..	..
5110 Impôts généraux	..	0	0	0	0	..	..	..	..	..
5120 Impôts sur biens et services déterminés	..	0	2	4	6	..	..	..	..	..
5130 Non-ventilables entre 5110 et 5120	..	0	0	0	0	..	..	..	..	..
5200 Impôts sur utilisation des biens et exerc. activites	..	1	5	7	7	..	..	..	..	..
5300 Non-ventilables entre 5100 et 5200	..	0	0	0	0	..	..	..	..	..
6000 Autres impôts	**..**	**0**	**0**	**0**	**0**	**..**	**0**	**0**	**0**	**0**
6100 A la charge exclusive des entreprises	..	..	..	..	..	..	..	..	..	..
6200 A la charge d'autres agents	..	..	..	..	..	..	..	..	..	..
Recettes fiscales totales	**..**	**8**	**40**	**69**	**70**	**..**	**149**	**511**	**1 110**	**1 282**

.. Non disponible

Note: À l'exclusion des droits de douane perçus pour le compte de l'Union européenne.

StatLink https://doi.org/10.1787/888934061713

Tableau 6.21. Finlande, recettes fiscales par sous-secteurs d'administration

Millions EUR

	Administration centrale					Administration d'État/Régions				
	1975	1995	2005	2015	2017	1975	1995	2005	2015	2017
1000 Impôts sur revenu, bénéfices et gains en capital	**1 304**	**6 538**	**12 885**	**12 127**	**13 413**	..	..	..	..	..
1100 Des personnes physiques	1 146	5 320	8 791	9 248	9 175	..	..	..	..	..
1200 Des sociétés	157	1 219	4 094	2 879	4 238	..	..	..	..	..
1300 Non-ventilables entre 1100 et 1200	0	0	0	0	0	..	..	..	..	..
2000 Cotisations de sécurité sociale	**0**	**25**	**0**	**0**	**0**	..	..	..	..	..
2100 A la charge des salariés	..	0	..	..	..	..	..	..	..	..
2200 A la charge des employeurs	..	25	..	..	..	..	..	..	..	..
2300 A charge des travailleurs indép. ou sans emploi	..	0	..	..	..	..	..	..	..	..
2400 Non-ventilables entre 2100, 2200 et 2300	..	0	..	..	..	..	..	..	..	..
3000 Sur salaires ou main d'oeuvre	**153**	**0**	**0**	**0**	**0**	..	..	..	..	..
4000 Impôts sur le patrimoine	**127**	**534**	**1 169**	**1 414**	**1 685**	..	..	..	..	..
4100 Impôts périodiques sur la propriété immobilière	0	0	0	0	0	..	..	..	..	..
4200 Impôts périodiques sur l'actif net	33	35	129	0	0	..	..	..	..	..
4300 Impôts sur mut. par décès, succ. et donations	14	167	486	631	909	..	..	..	..	..
4400 Impôts sur transact. mobilières et immob.	80	331	554	783	776	..	..	..	..	..
4500 Impôts non-périodiques	0	0	0	0	0	..	..	..	..	..
4600 Autres impôts périodiques sur patrimoine	0	0	0	0	0	..	..	..	..	..
5000 Impôts sur les biens et services	**2 099**	**13 239**	**21 768**	**29 722**	**31 762**	..	..	..	..	..
5100 Impôts sur production, vente, transfert, etc.	2 082	12 936	21 178	28 666	30 453	..	..	..	..	..
5110 Impôts généraux	1 030	7 621	13 748	18 974	20 404	..	..	..	..	..
5120 Impôts sur biens et services déterminés	1 052	5 314	7 430	9 692	10 049	..	..	..	..	..
5130 Non-ventilables entre 5110 et 5120	0	0	0	0	0	..	..	..	..	..
5200 Impôts sur utilisation des biens et exerc. activites	16	304	590	1 056	1 309	..	..	..	..	..
5300 Non-ventilables entre 5100 et 5200	0	0	0	0	0	..	..	..	..	..
6000 Autres impôts	**10**	**91**	**68**	**81**	**61**	..	..	..	..	..
6100 A la charge exclusive des entreprises	0	0	0	0	0	..	..	..	..	..
6200 A la charge d'autres agents	10	91	68	81	61	..	..	..	..	..
Recettes fiscales totales	**3 693**	**20 427**	**35 890**	**43 344**	**46 921**	..	..	..	..	..

	Administrations locales					Administrations de sécurite sociale				
	1975	1995	2005	2015	2017	1975	1995	2005	2015	2017
1000 Impôts sur revenu, bénéfices et gains en capital	**1 547**	**9 313**	**13 574**	**20 244**	**20 991**	**0**	**0**	**0**	**0**	**0**
1100 Des personnes physiques	1 393	8 320	12 420	18 576	19 102	..	..	..	..	..
1200 Des sociétés	154	994	1 154	1 668	1 889	..	..	..	..	..
1300 Non-ventilables entre 1100 et 1200	0	0	0	0	0	..	..	..	..	..
2000 Cotisations de sécurité sociale	**0**	**0**	**23**	**15**	**14**	**1 347**	**13 492**	**18 856**	**26 624**	**26 986**
2100 A la charge des salariés	..	..	4	4	4	278	2 536	3 460	6 360	7 463
2200 A la charge des employeurs	..	..	19	11	10	990	9 447	14 108	18 221	17 575
2300 A charge des travailleurs indép. ou sans emploi	..	..	0	0	0	79	1 509	1 288	2 043	1 948
2400 Non-ventilables entre 2100, 2200 et 2300	..	..	0	0	0	0	0	0	0	0
3000 Sur salaires ou main d'oeuvre	**0**	**0**	**0**	**0**	**0**	**0**	**0**	**0**	**0**	**0**
4000 Impôts sur le patrimoine	**0**	**441**	**725**	**1 603**	**1 774**	**0**	**0**	**0**	**0**	**0**
4100 Impôts périodiques sur la propriété immobilière	0	441	725	1 603	1 774	..	..	..	..	..
4200 Impôts périodiques sur l'actif net	0	0	0	0	0	..	..	..	..	..
4300 Impôts sur mut. par décès, succ. et donations	0	0	0	0	0	..	..	..	..	..
4400 Impôts sur transact. mobilières et immob.	0	0	0	0	0	..	..	..	..	..
4500 Impôts non-périodiques	0	0	0	0	0	..	..	..	..	..
4600 Autres impôts périodiques sur patrimoine	0	0	0	0	0	..	..	..	..	..
5000 Impôts sur les biens et services	**3**	**7**	**8**	**2**	**2**	**0**	**0**	**0**	**0**	**0**
5100 Impôts sur production, vente, transfert, etc.	1	1	4	1	1	..	..	..	..	..
5110 Impôts généraux	0	0	0	0	0	..	..	..	..	..
5120 Impôts sur biens et services déterminés	1	1	4	1	1	..	..	..	..	..
5130 Non-ventilables entre 5110 et 5120	0	0	0	0	0	..	..	..	..	..
5200 Impôts sur utilisation des biens et exerc. activites	2	6	4	1	1	..	..	..	..	..
5300 Non-ventilables entre 5100 et 5200	0	0	0	0	0	..	..	..	..	..
6000 Autres impôts	**0**	**0**	**0**	**0**	**0**	**0**	**0**	**0**	**0**	**0**
6100 A la charge exclusive des entreprises	..	..	..	..	..	..	..	..	..	..
6200 A la charge d'autres agents	..	..	..	..	..	..	..	..	..	..
Recettes fiscales totales	**1 550**	**9 761**	**14 330**	**21 864**	**22 781**	**1 347**	**13 492**	**18 856**	**26 624**	**26 986**

.. Non disponible

Note: À l'exclusion des droits de douane perçus pour le compte de l'Union européenne.

StatLink https://doi.org/10.1787/888934061732

Tableau 6.22. France, recettes fiscales par sous-secteurs d'administration

Millions EUR

	Administration centrale					Administration d'État/Régions				
	1975	1995	2005	2015	2017	1975	1995	2005	2015	2017
1000 Impôts sur revenu, bénéfices et gains en capital	**13 106**	**69 134**	**98 623**	**121 529**	**133 516**	..	..	..	..	..
1100 Des personnes physiques	8 743	43 963	56 862	75 366	79 725	..	..	..	..	..
1200 Des sociétés	4 282	25 172	41 761	46 163	53 791	..	..	..	..	..
1300 Non-ventilables entre 1100 et 1200	80	0	0	0	0	..	..	..	..	..
2000 Cotisations de sécurité sociale	**419**	**3 733**	**5 796**	**7 941**	**8 336**	..	..	..	..	..
2100 A la charge des salariés	419	3 733	4 812	6 048	6 699	..	..	..	..	..
2200 A la charge des employeurs	0	0	984	1 893	1 637	..	..	..	..	..
2300 A charge des travailleurs indép. ou sans emploi	0	0	0	0	0	..	..	..	..	..
2400 Non-ventilables entre 2100, 2200 et 2300	0	0	0	0	0	..	..	..	..	..
3000 Sur salaires ou main d'oeuvre	**1 194**	**10 299**	**13 117**	**4 796**	**3 707**	..	..	..	..	..
4000 Impôts sur le patrimoine	**1 372**	**9 196**	**16 021**	**23 374**	**25 611**	..	..	..	..	..
4100 Impôts périodiques sur la propriété immobilière	26	1 849	2 106	3 112	3 310	..	..	..	..	..
4200 Impôts périodiques sur l'actif net	0	1 309	3 053	5 224	5 068	..	..	..	..	..
4300 Impôts sur mut. par décès, succ. et donations	616	4 261	9 006	12 317	14 344	..	..	..	..	..
4400 Impôts sur transact. mobilières et immob.	731	1 777	1 856	2 721	2 889	..	..	..	..	..
4500 Impôts non-périodiques	0	0	0	0	0	..	..	..	..	..
4600 Autres impôts périodiques sur patrimoine	0	0	0	..	..	..	..	..	..	..
5000 Impôts sur les biens et services	**26 154**	**127 617**	**165 674**	**175 528**	**192 028**	..	..	..	..	..
5100 Impôts sur production, vente, transfert, etc.	25 618	126 699	163 729	173 782	190 084	..	..	..	..	..
5110 Impôts généraux	19 077	89 768	127 096	141 371	151 443	..	..	..	..	..
5120 Impôts sur biens et services déterminés	6 540	36 931	36 633	32 411	38 641	..	..	..	..	..
5130 Non-ventilables entre 5110 et 5120	0	0	0	..	..	..	..	..	..	..
5200 Impôts sur utilisation des biens et exerc. activites	536	918	1 945	1 746	1 944	..	..	..	..	..
5300 Non-ventilables entre 5100 et 5200	..	..	..	..	..	..	..	..	..	..
6000 Autres impôts	**49**	**924**	**3 522**	**1 898**	**1 113**	..	..	..	..	..
6100 A la charge exclusive des entreprises	32	871	3 502	1 892	1 107	..	..	..	..	..
6200 A la charge d'autres agents	17	53	21	6	6	..	..	..	..	..
Recettes fiscales totales	**42 294**	**220 903**	**302 753**	**335 066**	**364 311**	..	..	..	..	..

	Administrations locales					Administrations de sécurite sociale				
	1975	1995	2005	2015	2017	1975	1995	2005	2015	2017
1000 Impôts sur revenu, bénéfices et gains en capital	**0**	**0**	**0**	**20**	**18**	**0**	**14 997**	**80 173**	**112 983**	**118 174**
1100 Des personnes physiques	0	0	0	13	11	0	14 997	80 173	112 978	118 174
1200 Des sociétés	0	0	0	7	7	0	0	0	5	0
1300 Non-ventilables entre 1100 et 1200	0	0	0	0	0	0	0	0	0	0
2000 Cotisations de sécurité sociale	**0**	**0**	**0**	**0**	**0**	**33 089**	**217 995**	**275 433**	**362 434**	**379 107**
2100 A la charge des salariés	..	..	..	..	..	6 683	65 964	65 369	87 719	94 211
2200 A la charge des employeurs	..	..	..	..	..	24 236	135 892	190 090	246 280	257 054
2300 A charge des travailleurs indép. ou sans emploi	..	..	..	..	..	2 170	16 139	19 975	28 435	27 842
2400 Non-ventilables entre 2100, 2200 et 2300	..	..	..	..	..	0	0	0	0	0
3000 Sur salaires ou main d'oeuvre	**299**	**2 529**	**5 437**	**9 278**	**10 275**	**107**	**36**	**1 767**	**20 500**	**21 733**
4000 Impôts sur le patrimoine	**2 876**	**27 105**	**44 534**	**68 949**	**75 378**	**0**	**0**	**0**	**0**	**0**
4100 Impôts périodiques sur la propriété immobilière	2 626	23 117	35 989	57 331	60 842	..	..	..	..	..
4200 Impôts périodiques sur l'actif net	..	0	0	0	0	..	..	..	..	..
4300 Impôts sur mut. par décès, succ. et donations	0	0	0	0	0	..	..	..	..	..
4400 Impôts sur transact. mobilières et immob.	250	3 988	8 545	11 618	14 536	..	..	..	..	..
4500 Impôts non-périodiques	0	0	0	0	0	..	..	..	..	..
4600 Autres impôts périodiques sur patrimoine	..	..	..	..	..	..	..	..	..	..
5000 Impôts sur les biens et services	**496**	**8 056**	**14 708**	**31 014**	**32 502**	**301**	**5 708**	**12 776**	**36 159**	**35 940**
5100 Impôts sur production, vente, transfert, etc.	297	4 168	12 233	26 769	27 906	301	5 429	12 393	35 202	34 966
5110 Impôts généraux	0	0	0	0	0	248	1 810	4 271	15 569	14 911
5120 Impôts sur biens et services déterminés	297	4 168	12 233	26 769	27 906	53	3 620	8 122	19 633	20 055
5130 Non-ventilables entre 5110 et 5120	..	..	..	..	..	..	..	..	..	..
5200 Impôts sur utilisation des biens et exerc. activites	198	3 888	2 475	4 245	4 596	0	279	383	957	974
5300 Non-ventilables entre 5100 et 5200	..	..	..	..	..	..	..	..	..	..
6000 Autres impôts	**2 577**	**18 971**	**22 334**	**22 093**	**23 393**	**0**	**0**	**0**	**568**	**362**
6100 A la charge exclusive des entreprises	2 577	18 970	22 334	22 093	23 393	..	..	..	568	362
6200 A la charge d'autres agents	0	1	0	0	0	..	..	..	0	0
Recettes fiscales totales	**6 248**	**56 661**	**87 013**	**131 354**	**141 566**	**33 497**	**238 737**	**370 149**	**532 644**	**555 316**

.. Non disponible

Note: À l'exclusion des droits de douane perçus pour le compte de l'Union européenne.

StatLink https://doi.org/10.1787/888934061751

Tableau 6.23. Allemagne, recettes fiscales par sous-secteurs d'administration

Millions EUR

	Administration fédérale					Administration d'État/Régions				
	1975	1995	2005	2015	2017	1975	1995	2005	2015	2017
1000 Impôts sur revenu, bénéfices et gains en capital	**26 782**	**90 688**	**89 383**	**143 653**	**164 077**	**26 428**	**77 258**	**83 503**	**133 852**	**152 860**
1100 Des personnes physiques	23 469	83 710	77 468	129 712	144 796	23 267	71 598	70 916	118 806	132 616
1200 Des sociétés	3 314	6 978	11 915	13 941	19 281	3 160	5 659	12 587	15 046	20 244
1300 Non-ventilables entre 1100 et 1200	0	0	0	0	0	0	0	0	0	0
2000 Cotisations de sécurité sociale	**0**	**0**	**0**	**0**	**0**	**0**	**0**	**0**	**0**	**0**
2100 A la charge des salariés	..	..	..	..	..	..	..	..	..	..
2200 A la charge des employeurs	..	..	..	..	..	..	..	..	..	..
2300 A charge des travailleurs indép. ou sans emploi	..	..	..	..	..	..	..	..	..	..
2400 Non-ventilables entre 2100, 2200 et 2300	..	..	..	..	..	..	..	..	..	..
3000 Sur salaires ou main d'oeuvre	**0**	**0**	**0**	**0**	**0**	**0**	**0**	**0**	**0**	**0**
4000 Impôts sur le patrimoine	**1 225**	**175**	**0**	**324**	**382**	**2 606**	**9 080**	**8 985**	**17 537**	**19 253**
4100 Impôts périodiques sur la propriété immobilière	0	0	..	0	0	0	0	0	0	0
4200 Impôts périodiques sur l'actif net	920	147	..	324	382	1 993	4 163	97	-2	0
4300 Impôts sur mut. par décès, succ. et donations	0	0	..	0	0	271	1 815	4 097	6 290	6 114
4400 Impôts sur transact. mobilières et immob.	305	28	..	0	0	342	3 102	4 791	11 249	13 139
4500 Impôts non-périodiques	0	0	..	0	0	0	0	0	0	0
4600 Autres impôts périodiques sur patrimoine	0	0	..	0	0	0	0	0	0	0
5000 Impôts sur les biens et services	**35 370**	**125 377**	**147 967**	**199 426**	**199 130**	**13 082**	**62 564**	**75 007**	**107 912**	**116 891**
5100 Impôts sur production, vente, transfert, etc.	35 370	125 377	147 967	188 858	195 566	10 371	55 506	66 334	99 781	108 898
5110 Impôts généraux	18 458	67 178	74 361	110 451	115 002	9 194	52 783	62 851	96 751	105 765
5120 Impôts sur biens et services déterminés	16 913	58 200	73 170	78 115	80 280	1 177	2 723	3 483	3 030	3 133
5130 Non-ventilables entre 5110 et 5120	0	0	436	292	284	0	0	0	0	0
5200 Impôts sur utilisation des biens et exerc. activites	0	0	0	10 568	3 564	2 711	7 058	8 673	8 131	7 993
5300 Non-ventilables entre 5100 et 5200	0	0	0	0	0	0	0	0	0	0
6000 Autres impôts	**0**	**0**	**-1**	**0**	**1**	**0**	**0**	**0**	**0**	**0**
6100 A la charge exclusive des entreprises	..	..	0	..	0	..	..	..	..	..
6200 A la charge d'autres agents	..	..	-1	0	1	..	..	..	0	0
Recettes fiscales totales	**63 378**	**216 240**	**237 349**	**343 403**	**363 590**	**42 116**	**148 902**	**167 495**	**259 301**	**289 004**

	Administrations locales					Administrations de sécurite sociale				
	1975	1995	2005	2015	2017	1975	1995	2005	2015	2017
1000 Impôts sur revenu, bénéfices et gains en capital	**11 819**	**40 295**	**46 725**	**73 882**	**83 668**	**0**	**0**	**0**	**0**	**0**
1100 Des personnes physiques	9 931	33 761	31 261	50 328	56 657	..	..	..	..	..
1200 Des sociétés	1 888	6 534	15 464	23 554	27 011	..	..	..	..	..
1300 Non-ventilables entre 1100 et 1200	0	0	0	0	0	..	..	..	..	..
2000 Cotisations de sécurité sociale	**0**	**0**	**0**	**0**	**0**	**64 290**	**268 052**	**310 301**	**424 633**	**466 470**
2100 A la charge des salariés	..	..	..	..	..	28 106	117 916	135 775	188 972	209 593
2200 A la charge des employeurs	..	..	..	..	..	34 609	133 120	149 191	199 153	216 423
2300 A charge des travailleurs indép. ou sans emploi	..	..	..	..	..	1 575	17 016	25 335	36 508	40 454
2400 Non-ventilables entre 2100, 2200 et 2300	..	..	..	..	..	0	0	0	0	0
3000 Sur salaires ou main d'oeuvre	**1 533**	**0**	**0**	**0**	**0**	**0**	**0**	**0**	**0**	**0**
4000 Impôts sur le patrimoine	**3 461**	**9 794**	**10 247**	**13 215**	**13 965**	**0**	**0**	**0**	**0**	**0**
4100 Impôts périodiques sur la propriété immobilière	2 122	7 027	10 247	13 215	13 965	..	..	..	..	..
4200 Impôts périodiques sur l'actif net	911	2 615	0	0	0	..	..	..	..	..
4300 Impôts sur mut. par décès, succ. et donations	0	0	0	0	0	..	..	..	..	..
4400 Impôts sur transact. mobilières et immob.	428	151	0	0	0	..	..	..	..	..
4500 Impôts non-périodiques	0	0	0	0	0	..	..	..	..	..
4600 Autres impôts périodiques sur patrimoine	0	0	0	0	0	..	..	..	..	..
5000 Impôts sur les biens et services	**162**	**448**	**3 395**	**5 947**	**7 540**	**0**	**0**	**0**	**0**	**0**
5100 Impôts sur production, vente, transfert, etc.	94	271	3 136	5 615	7 182	..	..	..	..	..
5110 Impôts généraux	0	0	2 909	4 734	6 134	..	..	..	..	..
5120 Impôts sur biens et services déterminés	94	271	227	881	1 048	..	..	..	..	..
5130 Non-ventilables entre 5110 et 5120	0	0	0	0	0	..	..	..	..	..
5200 Impôts sur utilisation des biens et exerc. activites	68	176	259	332	358	..	..	..	..	..
5300 Non-ventilables entre 5100 et 5200	0	0	0	0	0	..	..	..	..	..
6000 Autres impôts	**67**	**130**	**79**	**216**	**251**	**0**	**0**	**0**	**0**	**0**
6100 A la charge exclusive des entreprises	0	0	0	0	0	..	..	..	..	..
6200 A la charge d'autres agents	67	130	79	216	251	..	..	..	..	..
Recettes fiscales totales	**17 042**	**50 666**	**60 446**	**93 260**	**105 424**	**64 290**	**268 052**	**310 301**	**424 633**	**466 470**

.. Non disponible

Note: À l'exclusion des droits de douane perçus pour le compte de l'Union européenne.

StatLink https://doi.org/10.1787/888934061770

Tableau 6.24. Grèce, recettes fiscales par sous-secteurs d'administration

Millions EUR

	Administration centrale					Administration d'État/Régions				
	1975	1995	2005	2015	2017	1975	1995	2005	2015	2017
1000 Impôts sur revenu, bénéfices et gains en capital	**64**	**5 456**	**16 101**	**14 895**	**15 956**	..	..	..	..	..
1100 Des personnes physiques	43	3 011	8 719	10 146	11 218	..	..	..	..	..
1200 Des sociétés	17	2 067	6 487	3 800	3 510	..	..	..	..	..
1300 Non-ventilables entre 1100 et 1200	4	378	895	949	1 228	..	..	..	..	..
2000 Cotisations de sécurité sociale	**0**	**380**	**1 048**	**745**	**71**	..	..	..	..	..
2100 A la charge des salariés	..	380	1 031	744	71	..	..	..	..	..
2200 A la charge des employeurs	..	0	17	1	0	..	..	..	..	..
2300 A charge des travailleurs indép. ou sans emploi	..	0	0	0	0	..	..	..	..	..
2400 Non-ventilables entre 2100, 2200 et 2300	..	0	0	0	0	..	..	..	..	..
3000 Sur salaires ou main d'oeuvre	**1**	**0**	**0**	**0**	**0**	..	..	..	..	..
4000 Impôts sur le patrimoine	**47**	**1 060**	**2 263**	**3 931**	**3 979**	..	..	..	..	..
4100 Impôts périodiques sur la propriété immobilière	1	0	0	3 046	3 057	..	..	..	..	..
4200 Impôts périodiques sur l'actif net	0	138	284	180	182	..	..	..	..	..
4300 Impôts sur mut. par décès, succ. et donations	5	274	258	134	154	..	..	..	..	..
4400 Impôts sur transact. mobilières et immob.	41	641	1 469	509	577	..	..	..	..	..
4500 Impôts non-périodiques	0	0	73	0	0	..	..	..	..	..
4600 Autres impôts périodiques sur patrimoine	0	7	179	62	9	..	..	..	..	..
5000 Impôts sur les biens et services	**224**	**10 586**	**21 526**	**25 292**	**27 286**	..	..	..	..	..
5100 Impôts sur production, vente, transfert, etc.	205	9 953	19 454	21 011	23 068	..	..	..	..	..
5110 Impôts généraux	90	5 504	13 605	13 017	14 815	..	..	..	..	..
5120 Impôts sur biens et services déterminés	114	4 413	5 772	7 901	8 133	..	..	..	..	..
5130 Non-ventilables entre 5110 et 5120	0	36	77	93	120	..	..	..	..	..
5200 Impôts sur utilisation des biens et exerc. activites	20	385	1 780	3 187	3 426	..	..	..	..	..
5300 Non-ventilables entre 5100 et 5200	0	248	292	1 094	792	..	..	..	..	..
6000 Autres impôts	**0**	**0**	**0**	**0**	**0**	..	..	..	..	..
6100 A la charge exclusive des entreprises	..	..	..	..	..	..	..	..	..	..
6200 A la charge d'autres agents	..	..	..	..	..	..	..	..	..	..
Recettes fiscales totales	**337**	**17 482**	**40 938**	**44 863**	**47 292**	..	..	..	..	..

	Administrations locales					Administrations de sécurite sociale				
	1975	1995	2005	2015	2017	1975	1995	2005	2015	2017
1000 Impôts sur revenu, bénéfices et gains en capital	**3**	**0**	**0**	**0**	**0**	**0**	**0**	**0**	**9**	**9**
1100 Des personnes physiques	2	..	..	..	..	0	0	0	9	9
1200 Des sociétés	0	0	0	0	0	0	0	0	0	0
1300 Non-ventilables entre 1100 et 1200	1	0	0	0	0	0	0	0	0	0
2000 Cotisations de sécurité sociale	**0**	**0**	**0**	**0**	**0**	**148**	**7 991**	**20 288**	**18 062**	**20 675**
2100 A la charge des salariés	..	..	..	..	..	62	4 181	10 206	10 351	12 130
2200 A la charge des employeurs	..	..	..	..	..	62	3 810	10 082	7 711	8 545
2300 A charge des travailleurs indép. ou sans emploi	..	..	..	..	..	0	0	0	0	0
2400 Non-ventilables entre 2100, 2200 et 2300	..	..	..	..	..	24	0	0	0	0
3000 Sur salaires ou main d'oeuvre	**0**	**0**	**0**	**0**	**0**	**0**	**0**	**0**	**0**	**0**
4000 Impôts sur le patrimoine	**1**	**447**	**1 208**	**1 449**	**1 580**	**0**	**66**	**361**	**38**	**0**
4100 Impôts périodiques sur la propriété immobilière	0	180	420	546	596	..	32	83	0	0
4200 Impôts périodiques sur l'actif net	0	267	788	903	984	..	0	0	0	0
4300 Impôts sur mut. par décès, succ. et donations	0	0	0	0	0	..	0	0	0	0
4400 Impôts sur transact. mobilières et immob.	0	0	0	0	0	..	34	278	38	0
4500 Impôts non-périodiques	0	0	0	0	0	..	0	0	0	0
4600 Autres impôts périodiques sur patrimoine	0	0	0	0	0	..	0	0	0	0
5000 Impôts sur les biens et services	**10**	**89**	**197**	**96**	**116**	**0**	**124**	**248**	**240**	**99**
5100 Impôts sur production, vente, transfert, etc.	7	87	185	82	101	..	102	195	224	96
5110 Impôts généraux	2	32	26	3	11	..	86	85	170	79
5120 Impôts sur biens et services déterminés	6	55	159	79	90	..	16	110	47	1
5130 Non-ventilables entre 5110 et 5120	0	0	0	0	0	..	0	0	7	16
5200 Impôts sur utilisation des biens et exerc. activites	3	2	12	14	15	..	22	53	16	3
5300 Non-ventilables entre 5100 et 5200	0	0	0	0	0	..	0	0	0	0
6000 Autres impôts	**0**	**0**	**0**	**0**	**0**	**0**	**0**	**0**	**0**	**0**
6100 A la charge exclusive des entreprises	..	..	..	..	..	..	..	..	..	..
6200 A la charge d'autres agents	..	..	..	..	..	..	..	..	..	..
Recettes fiscales totales	**17**	**536**	**1 405**	**1 545**	**1 696**	**148**	**8 181**	**20 897**	**18 349**	**20 783**

.. Non disponible

Note: À l'exclusion des droits de douane perçus pour le compte de l'Union européenne.

StatLink https://doi.org/10.1787/888934061789

Tableau 6.25. Hongrie, recettes fiscales par sous-secteurs d'administration

Millions HUF

	Administration centrale					Administration d'État/Régions				
	1975	1995	2005	2015	2017	1975	1995	2005	2015	2017
1000 Impôts sur revenu, bénéfices et gains en capital	**..**	**498 608**	**1 915 178**	**2 311 932**	**2 750 166**	**..**	**..**	**..**	**..**	**..**
1100 Des personnes physiques	..	383 744	1 449 552	1 698 410	1 951 837	..	..	..	..	..
1200 Des sociétés	..	106 259	465 626	613 522	798 329	..	..	..	..	..
1300 Non-ventilables entre 1100 et 1200	..	8 605	0	0	0	..	..	..	..	..
2000 Cotisations de sécurité sociale	**..**	**69 554**	**235 148**	**148 044**	**353 194**	**..**	**..**	**..**	**..**	**..**
2100 A la charge des salariés	..	18 468	53 611	144 868	351 991	..	..	..	..	..
2200 A la charge des employeurs	..	51 086	175 013	3 176	1 203	..	..	..	..	..
2300 A charge des travailleurs indép. ou sans emploi	..	0	0	0	0	..	..	..	..	..
2400 Non-ventilables entre 2100, 2200 et 2300	..	0	6 524	0	0	..	..	..	..	..
3000 Sur salaires ou main d'oeuvre	**..**	**5 474**	**39 459**	**189 051**	**262 886**	**..**	**..**	**..**	**..**	**..**
4000 Impôts sur le patrimoine	**..**	**11 463**	**63 007**	**292 950**	**247 658**	**..**	**..**	**..**	**..**	**..**
4100 Impôts périodiques sur la propriété immobilière	..	0	0	55 906	55 042	..	..	..	..	..
4200 Impôts périodiques sur l'actif net	..	0	0	136 282	53 392	..	..	..	..	..
4300 Impôts sur mut. par décès, succ. et donations	..	1 364	7 678	7 373	9 393	..	..	..	..	..
4400 Impôts sur transact. mobilières et immob.	..	10 099	55 329	93 389	129 831	..	..	..	..	..
4500 Impôts non-périodiques	..	0	0	0	0	..	..	..	..	..
4600 Autres impôts périodiques sur patrimoine	..	0	0	0	0	..	..	..	..	..
5000 Impôts sur les biens et services	**..**	**924 906**	**2 869 329**	**5 104 320**	**5 483 307**	**..**	**..**	**..**	**..**	**..**
5100 Impôts sur production, vente, transfert, etc.	..	919 500	2 853 878	4 996 899	5 364 857	..	..	..	..	..
5110 Impôts généraux	..	423 954	1 972 998	3 483 251	3 787 356	..	..	..	..	..
5120 Impôts sur biens et services déterminés	..	495 546	880 880	1 513 648	1 577 501	..	..	..	..	..
5130 Non-ventilables entre 5110 et 5120	..	0	0	0	0	..	..	..	..	..
5200 Impôts sur utilisation des biens et exerc. activites	..	5 406	15 451	107 421	118 450	..	..	..	..	..
5300 Non-ventilables entre 5100 et 5200	..	0	0	0	0	..	..	..	..	..
6000 Autres impôts	**..**	**8 901**	**44 873**	**42 803**	**37 690**	**..**	**..**	**..**	**..**	**..**
6100 A la charge exclusive des entreprises	..	..	23 710	21 294	22 798	..	..	..	..	..
6200 A la charge d'autres agents	..	..	0	0	0	..	..	..	..	..
Recettes fiscales totales	**..**	**1 518 905**	**5 166 993**	**8 089 100**	**9 134 901**	**..**	**..**	**..**	**..**	**..**

	Administrations locales					Administrations de sécurite sociale				
	1975	1995	2005	2015	2017	1975	1995	2005	2015	2017
1000 Impôts sur revenu, bénéfices et gains en capital	**..**	**0**	**173**	**45**	**35**	**..**	**0**	**26 307**	**116 453**	**123 376**
1100 Des personnes physiques	..	0	173	45	35	..	0	26 307	116 453	123 376
1200 Des sociétés	..	0	0	0	0	..	0	0	0	0
1300 Non-ventilables entre 1100 et 1200	..	0	0	0	0	..	0	0	0	0
2000 Cotisations de sécurité sociale	**..**	**0**	**0**	**0**	**0**	**..**	**778 467**	**2 452 562**	**4 145 687**	**4 350 907**
2100 A la charge des salariés	..	..	..	..	..	..	116 824	530 098	1 639 617	1 992 717
2200 A la charge des employeurs	..	..	..	..	..	..	632 478	1 894 306	2 476 925	2 327 797
2300 A charge des travailleurs indép. ou sans emploi	..	..	..	..	..	..	27 466	2 080	0	0
2400 Non-ventilables entre 2100, 2200 et 2300	..	..	..	..	..	..	1 699	26 078	29 145	30 393
3000 Sur salaires ou main d'oeuvre	**..**	**1 075**	**1 153**	**0**	**0**	**..**	**0**	**44 397**	**10 283**	**12 757**
4000 Impôts sur le patrimoine	**..**	**17 531**	**123 929**	**145 002**	**163 016**	**..**	**0**	**0**	**0**	**0**
4100 Impôts périodiques sur la propriété immobilière	..	6 068	58 836	145 002	163 016	..	..	..	..	..
4200 Impôts périodiques sur l'actif net	..	0	0	0	0	..	..	..	..	..
4300 Impôts sur mut. par décès, succ. et donations	..	1 364	7 932	0	0	..	..	..	..	..
4400 Impôts sur transact. mobilières et immob.	..	10 099	57 162	0	0	..	..	..	..	..
4500 Impôts non-périodiques	..	0	0	0	0	..	..	..	..	..
4600 Autres impôts périodiques sur patrimoine	..	0	0	0	0	..	..	..	..	..
5000 Impôts sur les biens et services	**..**	**41 970**	**388 385**	**625 570**	**683 177**	**..**	**0**	**0**	**103 105**	**118 015**
5100 Impôts sur production, vente, transfert, etc.	..	39 240	337 935	594 855	652 333	..	..	..	103 105	118 015
5110 Impôts généraux	..	38 472	334 077	584 380	638 731	..	..	..	29 882	34 171
5120 Impôts sur biens et services déterminés	..	768	3 858	10 475	13 602	..	..	..	73 223	83 844
5130 Non-ventilables entre 5110 et 5120	..	0	0	0	0	..	..	..	0	0
5200 Impôts sur utilisation des biens et exerc. activites	..	2 730	50 450	30 715	30 844	..	..	..	0	0
5300 Non-ventilables entre 5100 et 5200	..	0	0	0	0	..	..	..	0	0
6000 Autres impôts	**..**	**0**	**0**	**0**	**0**	**..**	**21 605**	**9 616**	**14 021**	**9 891**
6100 A la charge exclusive des entreprises	..	..	..	..	..	..	..	..	..	..
6200 A la charge d'autres agents	..	..	..	..	..	..	..	..	..	..
Recettes fiscales totales	**..**	**60 576**	**513 641**	**770 617**	**846 228**	**..**	**800 072**	**2 532 882**	**4 389 549**	**4 614 946**

.. Non disponible

Note: À l'exclusion des droits de douane perçus pour le compte de l'Union européenne.

StatLink https://doi.org/10.1787/888934061808

Tableau 6.26. Islande, recettes fiscales par sous-secteurs d'administration

Millions ISK

	Administration centrale					Administration d'État/Régions				
	1975	1995	2005	2015	2017	1975	1995	2005	2015	2017
1000 Impôts sur revenu, bénéfices et gains en capital	**68**	**27 156**	**105 705**	**210 536**	**274 572**	..	..	..	..	..
1100 Des personnes physiques	55	22 914	70 944	127 535	165 012	..	..	..	..	..
1200 Des sociétés	13	4 242	20 297	52 544	79 993	..	..	..	..	..
1300 Non-ventilables entre 1100 et 1200	0	0	14 464	30 457	29 566	..	..	..	..	..
2000 Cotisations de sécurité sociale	**17**	**11 452**	**32 777**	**79 707**	**89 649**	..	..	..	..	..
2100 A la charge des salariés	0	460	..	..	..	..	..	..	..	..
2200 A la charge des employeurs	17	10 992	..	..	..	..	..	..	..	..
2300 A charge des travailleurs indép. ou sans emploi	0	0	..	..	..	..	..	..	..	..
2400 Non-ventilables entre 2100, 2200 et 2300	0	0	32 777	79 707	89 649	..	..	..	..	..
3000 Sur salaires ou main d'oeuvre	**27**	**0**	**324**	**6 638**	**7 946**	..	..	..	..	..
4000 Impôts sur le patrimoine	**15**	**7 198**	**13 340**	**8 786**	**10 784**	..	..	..	..	..
4100 Impôts périodiques sur la propriété immobilière	0	47	0	178	190	..	..	..	..	..
4200 Impôts périodiques sur l'actif net	5	3 191	2 887	657	346	..	..	..	..	..
4300 Impôts sur mut. par décès, succ. et donations	0	389	866	2 919	4 268	..	..	..	..	..
4400 Impôts sur transact. mobilières et immob.	9	3 571	9 073	4 327	4 581	..	..	..	..	..
4500 Impôts non-périodiques	0	0	248	362	528	..	..	..	..	..
4600 Autres impôts périodiques sur patrimoine	0	0	266	343	871	..	..	..	..	..
5000 Impôts sur les biens et services	**392**	**66 356**	**168 295**	**259 996**	**322 292**	..	..	..	..	..
5100 Impôts sur production, vente, transfert, etc.	387	62 140	157 941	250 095	311 200	..	..	..	..	..
5110 Impôts généraux	182	42 358	113 897	183 674	233 951	..	..	..	..	..
5120 Impôts sur biens et services déterminés	205	19 782	44 044	66 421	77 249	..	..	..	..	..
5130 Non-ventilables entre 5110 et 5120	0	0	0	0	0	..	..	..	..	..
5200 Impôts sur utilisation des biens et exerc. activites	5	4 216	10 354	9 901	11 092	..	..	..	..	..
5300 Non-ventilables entre 5100 et 5200	0	0	0	0	0	..	..	..	..	..
6000 Autres impôts	**0**	**0**	**1 504**	**38 364**	**16 448**	..	..	..	..	..
6100 A la charge exclusive des entreprises	..	..	565	32 477	10 331	..	..	..	..	..
6200 A la charge d'autres agents	..	..	939	5 887	6 117	..	..	..	..	..
Recettes fiscales totales	**519**	**112 162**	**321 944**	**604 026**	**721 691**	..	..	..	..	..
	Administrations locales					Administrations de sécurite sociale				
	1975	1995	2005	2015	2017	1975	1995	2005	2015	2017
1000 Impôts sur revenu, bénéfices et gains en capital	**78**	**21 170**	**74 455**	**170 443**	**207 996**	**0**	**0**	**0**	**0**	**0**
1100 Des personnes physiques	74	21 170	74 455	170 443	207 996	..	..	..	..	..
1200 Des sociétés	4	0	0	0	0	..	..	..	..	..
1300 Non-ventilables entre 1100 et 1200	0	0	0	0	0	..	..	..	..	..
2000 Cotisations de sécurité sociale	**0**	**0**	**0**	**0**	**0**	**0**	**0**	**0**	**0**	**0**
2100 A la charge des salariés	..	..	..	..	..	..	..	..	..	..
2200 A la charge des employeurs	..	..	..	..	..	..	..	..	..	..
2300 A charge des travailleurs indép. ou sans emploi	..	..	..	..	..	..	..	..	..	..
2400 Non-ventilables entre 2100, 2200 et 2300	..	..	..	..	..	..	..	..	..	..
3000 Sur salaires ou main d'oeuvre	**0**	**0**	**0**	**0**	**0**	**0**	**0**	**0**	..	..
4000 Impôts sur le patrimoine	**18**	**5 674**	**13 931**	**34 701**	**43 174**	**0**	**0**	**0**	**0**	**0**
4100 Impôts périodiques sur la propriété immobilière	18	5 674	13 931	34 701	43 174	..	..	..	..	..
4200 Impôts périodiques sur l'actif net	0	0	0	0	0	..	..	..	..	..
4300 Impôts sur mut. par décès, succ. et donations	0	0	0	0	0	..	..	..	..	..
4400 Impôts sur transact. mobilières et immob.	0	0	0	0	0	..	..	..	..	..
4500 Impôts non-périodiques	0	0	0	0	0	..	..	..	..	..
4600 Autres impôts périodiques sur patrimoine	0	0	0	0	0	..	..	..	..	..
5000 Impôts sur les biens et services	**9**	**2 585**	**6 904**	**2 832**	**8 503**	**0**	**0**	**0**	**0**	**0**
5100 Impôts sur production, vente, transfert, etc.	9	2 585	0	0	0	..	..	..	..	..
5110 Impôts généraux	0	2 585	0	0	0	..	..	..	..	..
5120 Impôts sur biens et services déterminés	9	0	0	0	0	..	..	..	..	..
5130 Non-ventilables entre 5110 et 5120	0	0	0	0	0	..	0	0	0	0
5200 Impôts sur utilisation des biens et exerc. activites	0	0	6 904	2 832	8 503	..	0	0	0	0
5300 Non-ventilables entre 5100 et 5200	0	0	0	0	0	..	..	..	..	..
6000 Autres impôts	**14**	**0**	**93**	**0**	**0**	**0**	**0**	**0**	**0**	**0**
6100 A la charge exclusive des entreprises	14	..	93	0	0	..	..	0	0	0
6200 A la charge d'autres agents	0	..	0	0	0	..	..	0	0	0
Recettes fiscales totales	**119**	**29 429**	**95 383**	**207 976**	**259 673**	**0**	**0**	**0**	**0**	**0**

.. Non disponible

StatLink https://doi.org/10.1787/888934061827

Tableau 6.27. Irlande, recettes fiscales par sous-secteurs d'administration

Millions EUR

	Administration centrale					Administration d'État/Régions				
	1975	1995	2005	2015	2017	1975	1995	2005	2015	2017
1000 Impôts sur revenu, bénéfices et gains en capital	**456**	**7 022**	**20 080**	**26 044**	**29 078**	..	..	..	..	..
1100 Des personnes physiques	382	5 563	14 568	19 167	20 876	..	..	..	..	..
1200 Des sociétés	73	1 458	5 511	6 873	8 198	..	..	..	..	..
1300 Non-ventilables entre 1100 et 1200	0	0	0	4	4	..	..	..	..	..
2000 Cotisations de sécurité sociale	**11**	**87**	**217**	**1 568**	**1 502**	..	..	..	..	..
2100 A la charge des salariés	10	87	217	1 568	1 502	..	..	..	..	..
2200 A la charge des employeurs	0	0	0	0	0	..	..	..	..	..
2300 A charge des travailleurs indép. ou sans emploi	1	0	0	0	0	..	..	..	..	..
2400 Non-ventilables entre 2100, 2200 et 2300	0	0	0	0	0	..	..	..	..	..
3000 Sur salaires ou main d'oeuvre	**0**	**209**	**332**	**357**	**431**	..	..	..	..	..
4000 Impôts sur le patrimoine	**37**	**370**	**2 741**	**2 530**	**2 473**	..	..	..	..	..
4100 Impôts périodiques sur la propriété immobilière	0	15	0	475	477	..	..	..	..	..
4200 Impôts périodiques sur l'actif net	5	0	0	169	0	..	..	..	..	..
4300 Impôts sur mut. par décès, succ. et donations	17	76	255	401	448	..	..	..	..	..
4400 Impôts sur transact. mobilières et immob.	15	279	2 486	1 484	1 547	..	..	..	..	..
4500 Impôts non-périodiques	0	0	0	0	0	..	..	..	..	..
4600 Autres impôts périodiques sur patrimoine	0	0	0	0	0	..	..	..	..	..
5000 Impôts sur les biens et services	**671**	**6 763**	**19 122**	**19 781**	**21 706**	..	..	..	..	..
5100 Impôts sur production, vente, transfert, etc.	639	6 419	18 106	17 834	19 697	..	..	..	..	..
5110 Impôts généraux	223	3 666	12 373	11 956	13 111	..	..	..	..	..
5120 Impôts sur biens et services déterminés	416	2 753	5 733	5 878	6 585	..	..	..	..	..
5130 Non-ventilables entre 5110 et 5120	0	0	0	0	0	..	..	..	..	..
5200 Impôts sur utilisation des biens et exerc. activites	33	344	1 015	1 947	2 009	..	..	..	..	..
5300 Non-ventilables entre 5100 et 5200	0	0	0	0	0	..	..	..	..	..
6000 Autres impôts	**0**	**0**	**0**	**12**	**8**	..	..	..	..	..
6100 A la charge exclusive des entreprises	..	..	..	0	0	..	..	..	..	..
6200 A la charge d'autres agents	..	..	0	12	8	..	..	..	..	..
Recettes fiscales totales	**1 175**	**14 451**	**42 492**	**50 292**	**55 198**	..	..	..	..	..

	Administrations locales					Administrations de sécurite sociale				
	1975	1995	2005	2015	2017	1975	1995	2005	2015	2017
1000 Impôts sur revenu, bénéfices et gains en capital	**0**	**0**	**0**	**0**	**0**	**0**	**0**	**0**	**0**	**0**
1100 Des personnes physiques	..	..	..	..	..	..	..	..	..	..
1200 Des sociétés	..	..	..	..	..	..	..	..	..	..
1300 Non-ventilables entre 1100 et 1200	0	..	..	..	..	0	..	..	..	..
2000 Cotisations de sécurité sociale	**0**	**56**	**90**	**126**	**100**	**198**	**2 215**	**6 212**	**8 524**	**9 836**
2100 A la charge des salariés	..	56	90	126	100	73	576	1 397	1 853	2 138
2200 A la charge des employeurs	..	0	0	0	0	125	1 528	4 427	6 211	7 177
2300 A charge des travailleurs indép. ou sans emploi	..	0	0	0	0	0	111	388	460	522
2400 Non-ventilables entre 2100, 2200 et 2300	..	0	0	0	0	0	0	0	0	0
3000 Sur salaires ou main d'oeuvre	**0**	**0**	**0**	**0**	**0**	**0**	**0**	**0**	**0**	**0**
4000 Impôts sur le patrimoine	**110**	**408**	**1 020**	**1 389**	**1 349**	..	**0**	**0**	**0**	**0**
4100 Impôts périodiques sur la propriété immobilière	110	408	1 020	1 389	1 349	..	..	..	..	..
4200 Impôts périodiques sur l'actif net	0	0	0	0	0	..	..	..	..	..
4300 Impôts sur mut. par décès, succ. et donations	0	0	0	0	0	..	..	..	..	..
4400 Impôts sur transact. mobilières et immob.	0	0	0	0	0	..	..	..	..	..
4500 Impôts non-périodiques	0	0	0	0	0	..	..	..	..	..
4600 Autres impôts périodiques sur patrimoine	0	0	0	0	0	..	..	..	..	..
5000 Impôts sur les biens et services	**0**	**0**	**0**	**0**	**0**	**0**	**0**	**0**	**0**	**0**
5100 Impôts sur production, vente, transfert, etc.	..	..	..	..	..	0	..	..	..	..
5110 Impôts généraux	..	..	..	..	..	0	0	0	0	0
5120 Impôts sur biens et services déterminés	..	..	..	..	..	0	..	..	..	..
5130 Non-ventilables entre 5110 et 5120	0	0	0	0	0	0	0	0	0	0
5200 Impôts sur utilisation des biens et exerc. activites	..	..	..	..	..	0	0	0	0	0
5300 Non-ventilables entre 5100 et 5200	0	..	..	..	..	0	..	..	..	..
6000 Autres impôts	**0**	**0**	**0**	**0**	**0**	**0**	**0**	**0**	**0**	**0**
6100 A la charge exclusive des entreprises	..	..	..	..	..	..	..	..	..	..
6200 A la charge d'autres agents	..	..	..	..	..	..	..	..	..	..
Recettes fiscales totales	**110**	**464**	**1 110**	**1 515**	**1 449**	**198**	**2 215**	**6 212**	**8 524**	**9 836**

.. Non disponible

Note: À l'exclusion des droits de douane perçus pour le compte de l'Union européenne. The personal income tax data shown for the country table for Ireland is different to the ESA2010 presentation as the expenditure component of the payable tax credits are excluded in accordance with the OECD Interpretative Guide.

StatLink https://doi.org/10.1787/888934061846

Tableau 6.28. Israël, recettes fiscales par sous-secteurs d'administration

Millions ILS

	Administration centrale					Administration d'État/Régions				
	1975	1995	2005	2015	2017	1975	1995	2005	2015	2017
1000 Impôts sur revenu, bénéfices et gains en capital	..	**37 422**	**73 082**	**113 841**	**146 948**	..	..	..	..	..
1100 Des personnes physiques	..	28 399	47 062	70 760	85 410	..	..	..	..	..
1200 Des sociétés	..	8 514	21 909	34 676	41 909	..	..	..	..	..
1300 Non-ventilables entre 1100 et 1200	..	509	4 111	8 405	19 629	..	..	..	..	..
2000 Cotisations de sécurité sociale	..	**0**	**0**	**0**	**0**	..	..	..	..	..
2100 A la charge des salariés	..	..	..	..	..	..	..	..	..	..
2200 A la charge des employeurs	..	..	..	..	..	..	..	..	..	..
2300 A charge des travailleurs indép. ou sans emploi	..	..	..	..	..	..	..	..	..	..
2400 Non-ventilables entre 2100, 2200 et 2300	..	..	..	..	..	..	..	..	..	..
3000 Sur salaires ou main d'oeuvre	..	**5 007**	**9 920**	**13 770**	**15 196**	..	..	..	..	..
4000 Impôts sur le patrimoine	..	**4 122**	**5 547**	**10 593**	**11 276**	..	..	..	..	..
4100 Impôts périodiques sur la propriété immobilière	..	786	322	44	21	..	..	..	..	..
4200 Impôts périodiques sur l'actif net	..	0	0	0	0	..	..	..	..	..
4300 Impôts sur mut. par décès, succ. et donations	..	0	0	0	0	..	..	..	..	..
4400 Impôts sur transact. mobilières et immob.	..	2 049	3 591	6 732	6 642	..	..	..	..	..
4500 Impôts non-périodiques	..	1 287	1 634	3 817	4 613	..	..	..	..	..
4600 Autres impôts périodiques sur patrimoine	..	0	0	0	0	..	..	..	..	..
5000 Impôts sur les biens et services	..	**38 673**	**75 932**	**136 829**	**141 703**	..	..	..	..	..
5100 Impôts sur production, vente, transfert, etc.	..	36 637	70 741	128 277	133 293	..	..	..	..	..
5110 Impôts généraux	..	31 975	59 374	107 765	110 971	..	..	..	..	..
5120 Impôts sur biens et services déterminés	..	4 662	11 367	20 512	22 322	..	..	..	..	..
5130 Non-ventilables entre 5110 et 5120	..	0	0	0	0	..	..	..	..	..
5200 Impôts sur utilisation des biens et exerc. activites	..	2 036	5 191	8 552	8 410	..	..	..	..	..
5300 Non-ventilables entre 5100 et 5200	..	0	0	0	0	..	..	..	..	..
6000 Autres impôts	..	**0**	**0**	**0**	**0**	..	..	..	..	..
6100 A la charge exclusive des entreprises	..	..	..	..	..	..	..	..	..	..
6200 A la charge d'autres agents	..	..	..	..	..	..	..	..	..	..
Recettes fiscales totales	..	**85 224**	**164 481**	**275 033**	**315 123**	..	..	..	..	..

	Administrations locales					Administrations de sécurite sociale				
	1975	1995	2005	2015	2017	1975	1995	2005	2015	2017
1000 Impôts sur revenu, bénéfices et gains en capital	..	**0**	**0**	**0**	**0**	..	**0**	**0**	**0**	**0**
1100 Des personnes physiques	..	0	0	0	0	..	0	0	0	0
1200 Des sociétés	..	0	0	0	0	..	0	0	0	0
1300 Non-ventilables entre 1100 et 1200	..	0	0	0	0	..	0	0	0	0
2000 Cotisations de sécurité sociale	..	**0**	**0**	**0**	**0**	..	**14 958**	**34 597**	**59 561**	**66 783**
2100 A la charge des salariés	..	..	..	..	..	..	7 953	19 720	34 692	37 884
2200 A la charge des employeurs	..	..	..	..	..	..	4 672	10 679	17 247	20 596
2300 A charge des travailleurs indép. ou sans emploi	..	..	..	..	..	..	2 334	4 198	7 622	8 303
2400 Non-ventilables entre 2100, 2200 et 2300	..	..	..	..	..	..	0	0	0	0
3000 Sur salaires ou main d'oeuvre	..	**0**	**0**	**0**	**0**	..	**0**	**0**	**0**	**0**
4000 Impôts sur le patrimoine	..	**6 445**	**15 689**	**28 210**	**30 003**	..	**0**	**0**	**0**	**0**
4100 Impôts périodiques sur la propriété immobilière	..	5 489	13 962	23 721	24 853	..	..	..	..	..
4200 Impôts périodiques sur l'actif net	..	0	0	0	0	..	..	..	..	..
4300 Impôts sur mut. par décès, succ. et donations	..	0	0	0	0	..	..	..	..	..
4400 Impôts sur transact. mobilières et immob.	..	0	0	0	0	..	..	..	..	..
4500 Impôts non-périodiques	..	956	1 727	4 490	5 150	..	..	..	..	..
4600 Autres impôts périodiques sur patrimoine	..	0	0	0	0	..	..	..	..	..
5000 Impôts sur les biens et services	..	**401**	**763**	**1 445**	**1 524**	..	**0**	**0**	**0**	**0**
5100 Impôts sur production, vente, transfert, etc.	..	0	0	0	0	..	..	..	..	..
5110 Impôts généraux	..	0	0	0	0	..	..	..	..	..
5120 Impôts sur biens et services déterminés	..	0	0	0	0	..	..	..	..	..
5130 Non-ventilables entre 5110 et 5120	..	0	0	0	0	..	..	..	..	..
5200 Impôts sur utilisation des biens et exerc. activites	..	401	763	1 445	1 524	..	..	..	..	..
5300 Non-ventilables entre 5100 et 5200	..	0	0	0	0	..	..	..	..	..
6000 Autres impôts	..	**0**	**0**	**0**	**0**	..	**0**	**0**	**0**	**0**
6100 A la charge exclusive des entreprises	..	..	..	..	..	..	..	..	..	..
6200 A la charge d'autres agents	..	..	..	..	..	..	..	..	..	..
Recettes fiscales totales	..	**6 846**	**16 452**	**29 656**	**31 527**	..	**14 958**	**34 597**	**59 561**	**66 783**

.. Non disponible

Note: Les données statistiques concernant Israël sont fournies par et sous la responsabilité des autorités israéliennes compétentes. L'utilisation de ces données par l'OCDE est sans préjudice du statut des hauteurs du Golan, de Jérusalem Est et des colonies de peuplement israéliennes en Cisjordanie aux termes du droit international.

StatLink https://doi.org/10.1787/888934061865

Tableau 6.29. Italie, recettes fiscales par sous-secteurs d'administration

Millions EUR

	Administration centrale					Administration d'État/Régions				
	1975	1995	2005	2015	2017	1975	1995	2005	2015	2017
1000 Impôts sur revenu, bénéfices et gains en capital	**3 897**	**128 458**	**165 580**	**195 451**	**197 740**	..	..	..	..	..
1100 Des personnes physiques	2 767	98 695	131 047	156 320	155 673	..	..	..	..	..
1200 Des sociétés	1 131	32 890	31 969	31 421	34 703	..	..	..	..	..
1300 Non-ventilables entre 1100 et 1200	0	-3 127	2 564	7 710	7 364	..	..	..	..	..
2000 Cotisations de sécurité sociale	**0**	**0**	**0**	**0**	**0**	..	..	..	..	..
2100 A la charge des salariés	..	..	..	..	..	..	..	..	..	..
2200 A la charge des employeurs	..	..	..	..	..	..	..	..	..	..
2300 A charge des travailleurs indép. ou sans emploi	..	..	..	..	..	..	..	..	..	..
2400 Non-ventilables entre 2100, 2200 et 2300	..	..	..	..	..	..	..	..	..	..
3000 Sur salaires ou main d'oeuvre	**0**	**1 136**	**0**	**0**	**0**	..	..	..	..	..
4000 Impôts sur le patrimoine	**587**	**13 546**	**15 717**	**22 226**	**24 104**	..	..	..	..	..
4100 Impôts périodiques sur la propriété immobilière	4	0	0	3 892	3 775	..	..	..	..	..
4200 Impôts périodiques sur l'actif net	0	4 494	0	231	355	..	..	..	..	..
4300 Impôts sur mut. par décès, succ. et donations	39	587	56	638	778	..	..	..	..	..
4400 Impôts sur transact. mobilières et immob.	544	8 464	13 794	16 310	16 652	..	..	..	..	..
4500 Impôts non-périodiques	0	0	1 322	303	1 076	..	..	..	..	..
4600 Autres impôts périodiques sur patrimoine	0	0	545	852	1 468	..	..	..	..	..
5000 Impôts sur les biens et services	**5 506**	**95 323**	**123 870**	**157 330**	**168 011**	..	..	..	..	..
5100 Impôts sur production, vente, transfert, etc.	5 306	92 042	121 824	154 713	162 948	..	..	..	..	..
5110 Impôts généraux	2 685	52 531	80 619	93 282	99 812	..	..	..	..	..
5120 Impôts sur biens et services déterminés	2 621	39 245	41 205	61 431	63 136	..	..	..	..	..
5130 Non-ventilables entre 5110 et 5120	0	323	0	0	0	..	..	..	..	..
5200 Impôts sur utilisation des biens et exerc. activites	200	2 802	1 535	2 191	3 886	..	..	..	..	..
5300 Non-ventilables entre 5100 et 5200	0	479	511	426	1 177	..	..	..	..	..
6000 Autres impôts	**1**	**0**	**0**	**0**	**0**	..	..	..	..	..
6100 A la charge exclusive des entreprises	0	..	..	..	..	..	..	..	..	..
6200 A la charge d'autres agents	1	..	..	..	..	..	..	..	..	..
Recettes fiscales totales	**9 991**	**238 462**	**305 167**	**375 007**	**389 855**	..	..	..	..	..

	Administrations locales					Administrations de sécurite sociale				
	1975	1995	2005	2015	2017	1975	1995	2005	2015	2017
1000 Impôts sur revenu, bénéfices et gains en capital	**134**	**5 658**	**18 494**	**30 483**	**33 128**	**0**	**0**	**0**	**0**	**0**
1100 Des personnes physiques	81	145	16 995	28 302	31 280	..	..	..	..	..
1200 Des sociétés	54	97	1 491	2 109	1 641	..	..	..	..	..
1300 Non-ventilables entre 1100 et 1200	0	5 416	8	72	207	..	..	..	..	..
2000 Cotisations de sécurité sociale	**0**	**0**	**0**	**0**	**0**	**8 607**	**119 612**	**179 362**	**214 376**	**220 622**
2100 A la charge des salariés	..	..	..	..	..	1 692	23 036	31 998	39 805	40 872
2200 A la charge des employeurs	..	..	..	..	..	6 915	79 716	125 099	143 273	147 305
2300 A charge des travailleurs indép. ou sans emploi	..	..	..	..	..	0	16 860	22 265	31 298	32 445
2400 Non-ventilables entre 2100, 2200 et 2300	..	..	..	..	..	0	0	0	0	0
3000 Sur salaires ou main d'oeuvre	**0**	**0**	**0**	**0**	**0**	**0**	**0**	**0**	**0**	**0**
4000 Impôts sur le patrimoine	**29**	**7 915**	**13 484**	**24 033**	**20 760**	**0**	**0**	**0**	**0**	**0**
4100 Impôts périodiques sur la propriété immobilière	29	7 449	11 736	21 666	18 294	..	..	..	..	..
4200 Impôts périodiques sur l'actif net	0	0	0	0	0	..	..	..	..	..
4300 Impôts sur mut. par décès, succ. et donations	0	0	5	36	37	..	..	..	..	..
4400 Impôts sur transact. mobilières et immob.	0	466	904	935	1 038	..	..	..	..	..
4500 Impôts non-périodiques	0	0	481	6	72	..	..	..	..	..
4600 Autres impôts périodiques sur patrimoine	0	0	358	1 390	1 319	..	..	..	..	..
5000 Impôts sur les biens et services	**4**	**6 941**	**30 231**	**34 551**	**36 595**	**0**	**0**	**0**	**0**	**0**
5100 Impôts sur production, vente, transfert, etc.	0	1 505	17 114	15 138	16 263	..	..	..	..	..
5110 Impôts généraux	..	0	4 698	7 410	8 089	..	..	..	..	..
5120 Impôts sur biens et services déterminés	..	1 505	12 416	7 728	8 174	..	..	..	..	..
5130 Non-ventilables entre 5110 et 5120	..	0	0	0	0	..	..	..	..	..
5200 Impôts sur utilisation des biens et exerc. activites	4	2 838	7 512	8 939	9 285	..	..	..	..	..
5300 Non-ventilables entre 5100 et 5200	0	2 597	5 605	10 474	11 047	..	..	..	..	..
6000 Autres impôts	**0**	**0**	**34 690**	**28 072**	**22 262**	**0**	**0**	**0**	**0**	**0**
6100 A la charge exclusive des entreprises	..	..	34 690	28 072	22 262	..	..	..	..	..
6200 A la charge d'autres agents	..	..	0	0	0	..	..	..	..	..
Recettes fiscales totales	**168**	**20 514**	**96 899**	**117 139**	**112 745**	**8 607**	**119 612**	**179 362**	**214 376**	**220 622**

.. Non disponible

Note: À l'exclusion des droits de douane perçus pour le compte de l'Union européenne.

StatLink https://doi.org/10.1787/888934061884

Tableau 6.30. Japon, recettes fiscales par sous-secteurs d'administration

Milliards JPY

	Administration centrale					Administration d'État/Régions				
	1975	1995	2005	2015	2017	1975	1995	2005	2015	2017
1000 Impôts sur revenu, bénéfices et gains en capital	**9 747**	**33 255**	**29 975**	**31 607**	**33 783**	..	..	..	..	..
1100 Des personnes physiques	5 482	19 515	16 702	18 178	19 276	..	..	..	..	..
1200 Des sociétés	4 265	13 740	13 274	13 429	14 507	..	..	..	..	..
1300 Non-ventilables entre 1100 et 1200	0	0	0	0	0	..	..	..	..	..
2000 Cotisations de sécurité sociale	**0**	**0**	**0**	**0**	**0**	..	..	..	..	..
2100 A la charge des salariés	..	..	..	..	..	..	..	..	..	..
2200 A la charge des employeurs	..	..	..	..	..	..	..	..	..	..
2300 A charge des travailleurs indép. ou sans emploi	..	..	..	..	..	..	..	..	..	..
2400 Non-ventilables entre 2100, 2200 et 2300	..	..	..	..	..	..	..	..	..	..
3000 Sur salaires ou main d'oeuvre	**0**	**0**	**0**	**0**	**0**	..	..	..	..	..
4000 Impôts sur le patrimoine	**871**	**5 561**	**2 735**	**3 018**	**3 344**	..	..	..	..	..
4100 Impôts périodiques sur la propriété immobilière	0	406	0	0	..	..	..	..	..	..
4200 Impôts périodiques sur l'actif net	0	0	0	0	0	..	..	..	..	..
4300 Impôts sur mut. par décès, succ. et donations	310	2 690	1 566	1 968	2 292	..	..	..	..	..
4400 Impôts sur transact. mobilières et immob.	561	2 464	1 169	1 050	1 052	..	..	..	..	..
4500 Impôts non-périodiques	0	0	0	0	0	..	..	..	..	..
4600 Autres impôts périodiques sur patrimoine	0	0	0	0	0	..	..	..	..	..
5000 Impôts sur les biens et services	**3 888**	**16 147**	**19 580**	**25 345**	**27 158**	..	..	..	..	..
5100 Impôts sur production, vente, transfert, etc.	3 579	15 083	18 424	24 673	26 499	..	..	..	..	..
5110 Impôts généraux	0	7 238	10 583	17 426	17 514	..	..	..	..	..
5120 Impôts sur biens et services déterminés	3 579	7 845	7 840	7 247	8 985	..	..	..	..	..
5130 Non-ventilables entre 5110 et 5120	0	0	0	0	0	..	..	..	..	..
5200 Impôts sur utilisation des biens et exerc. activites	309	1 065	1 157	671	659	..	..	..	..	..
5300 Non-ventilables entre 5100 et 5200	0	0	0	0	0	..	..	..	..	..
6000 Autres impôts	**0**	**0**	**0**	**0**	**0**	..	..	..	..	..
6100 A la charge exclusive des entreprises	..	..	..	..	0	..	..	..	..	..
6200 A la charge d'autres agents	..	..	..	..	0	..	..	..	..	..
Recettes fiscales totales	**14 506**	**54 963**	**52 290**	**59 969**	**64 284**	..	..	..	..	..
	Administrations locales					**Administrations de sécurite sociale**				
	1975	1995	2005	2015	2017	1975	1995	2005	2015	2017
1000 Impôts sur revenu, bénéfices et gains en capital	**4 472**	**17 752**	**16 655**	**19 362**	**18 875**	**0**	**0**	**0**	**0**	**0**
1100 Des personnes physiques	2 147	10 283	8 520	12 669	13 049	..	..	..	..	..
1200 Des sociétés	2 325	7 470	8 135	6 693	5 826	..	..	..	..	..
1300 Non-ventilables entre 1100 et 1200	0	0	0	0	0	..	..	..	..	..
2000 Cotisations de sécurité sociale	**0**	**0**	**0**	**0**	**0**	**9 253**	**44 794**	**50 848**	**64 465**	**68 562**
2100 A la charge des salariés	..	..	..	..	..	3 436	18 404	20 982	28 224	30 340
2200 A la charge des employeurs	..	..	..	..	..	4 825	21 432	23 154	29 479	31 637
2300 A charge des travailleurs indép. ou sans emploi	..	..	..	..	..	992	4 958	6 712	6 763	6 585
2400 Non-ventilables entre 2100, 2200 et 2300	..	..	..	..	..	0	0	0	0	0
3000 Sur salaires ou main d'oeuvre	**0**	**0**	**0**	**0**	**0**	**0**	**0**	**0**	**0**	**0**
4000 Impôts sur le patrimoine	**2 029**	**10 653**	**10 593**	**10 382**	**10 730**	**0**	**0**	**0**	**0**	**0**
4100 Impôts périodiques sur la propriété immobilière	1 848	9 865	10 116	10 005	10 323	..	..	..	..	..
4200 Impôts périodiques sur l'actif net	0	0	0	0	0	..	..	..	..	..
4300 Impôts sur mut. par décès, succ. et donations	0	0	0	0	0	..	..	..	..	..
4400 Impôts sur transact. mobilières et immob.	181	788	477	377	407	..	..	..	..	..
4500 Impôts non-périodiques	0	0	0	0	0	..	..	..	..	..
4600 Autres impôts périodiques sur patrimoine	0	0	0	0	0	..	..	..	..	..
5000 Impôts sur les biens et services	**1 636**	**4 941**	**7 206**	**8 942**	**8 873**	**0**	**0**	**0**	**0**	**0**
5100 Impôts sur production, vente, transfert, etc.	1 234	3 245	5 299	7 198	7 083	..	..	..	..	..
5110 Impôts généraux	0	0	2 551	4 974	4 735	..	..	..	..	..
5120 Impôts sur biens et services déterminés	1 234	3 245	2 747	2 223	2 348	..	..	..	..	..
5130 Non-ventilables entre 5110 et 5120	0	0	0	0	0	..	..	..	..	..
5200 Impôts sur utilisation des biens et exerc. activites	402	1 697	1 907	1 744	1 790	..	..	..	..	..
5300 Non-ventilables entre 5100 et 5200	0	0	0	0	0	..	..	..	..	..
6000 Autres impôts	**20**	**329**	**351**	**413**	**427**	**0**	**0**	**0**	**0**	**0**
6100 A la charge exclusive des entreprises	15	307	297	361	371	..	..	..	..	..
6200 A la charge d'autres agents	5	22	54	52	56	..	..	..	..	..
Recettes fiscales totales	**8 157**	**33 675**	**34 805**	**39 099**	**38 906**	**9 253**	**44 794**	**50 848**	**64 465**	**68 562**

.. Non disponible

StatLink https://doi.org/10.1787/888934061903

Tableau 6.31. Corée, recettes fiscales par sous-secteurs d'administration

Milliards KRW

	Administration centrale					Administration d'État/Régions				
	1975	1995	2005	2015	2017	1975	1995	2005	2015	2017
1000 Impôts sur revenu, bénéfices et gains en capital	**344**	**23 000**	**55 109**	**106 162**	**134 685**	**..**	**..**	**..**	**..**	**..**
1100 Des personnes physiques	134	13 713	24 766	60 828	75 171	..	..	..	..	..
1200 Des sociétés	139	8 988	30 343	45 334	59 514	..	..	..	..	..
1300 Non-ventilables entre 1100 et 1200	71	300	0	0	0	..	..	..	..	..
2000 Cotisations de sécurité sociale	**0**	**0**	**0**	**0**	**0**	**..**	**..**	**..**	**..**	**..**
2100 A la charge des salariés	..	..	..	..	..	..	..	..	..	..
2200 A la charge des employeurs	..	..	..	..	..	..	..	..	..	..
2300 A charge des travailleurs indép. ou sans emploi	..	..	..	..	..	..	..	..	..	..
2400 Non-ventilables entre 2100, 2200 et 2300	..	..	..	..	..	..	..	..	..	..
3000 Sur salaires ou main d'oeuvre	**0**	**0**	**0**	**0**	**0**	**..**	**..**	**..**	**..**	**..**
4000 Impôts sur le patrimoine	**65**	**2 482**	**6 769**	**15 164**	**16 946**	**..**	**..**	**..**	**..**	**..**
4100 Impôts périodiques sur la propriété immobilière	0	106	535	1 666	1 954	..	..	..	..	..
4200 Impôts périodiques sur l'actif net	0	0	0	0	0	..	..	..	..	..
4300 Impôts sur mut. par décès, succ. et donations	11	1 029	1 873	5 044	6 785	..	..	..	..	..
4400 Impôts sur transact. mobilières et immob.	49	1 258	4 363	8 454	8 207	..	..	..	..	..
4500 Impôts non-périodiques	5	89	-2	0	0	..	..	..	..	..
4600 Autres impôts périodiques sur patrimoine	0	0	0	0	0	..	..	..	..	..
5000 Impôts sur les biens et services	**920**	**29 170**	**63 480**	**93 127**	**109 365**	**..**	**..**	**..**	**..**	**..**
5100 Impôts sur production, vente, transfert, etc.	920	29 170	63 480	93 127	109 365	..	..	..	..	..
5110 Impôts généraux	198	14 637	36 118	54 159	67 087	..	..	..	..	..
5120 Impôts sur biens et services déterminés	722	14 533	27 362	38 968	42 278	..	..	..	..	..
5130 Non-ventilables entre 5110 et 5120	0	0	0	0	0	..	..	..	..	..
5200 Impôts sur utilisation des biens et exerc. activites	0	0	0	0	0	..	..	..	..	..
5300 Non-ventilables entre 5100 et 5200	0	0	0	0	0	..	..	..	..	..
6000 Autres impôts	**64**	**2 121**	**2 108**	**3 435**	**4 389**	**..**	**..**	**..**	**..**	**..**
6100 A la charge exclusive des entreprises	0	0	0	0	0	..	..	..	..	..
6200 A la charge d'autres agents	64	2 121	2 108	3 435	4 389	..	..	..	..	..
Recettes fiscales totales	**1 393**	**56 774**	**127 466**	**217 888**	**265 385**	**..**	**..**	**..**	**..**	**..**

	Administrations locales					Administrations de sécurite sociale				
	1975	1995	2005	2015	2017	1975	1995	2005	2015	2017
1000 Impôts sur revenu, bénéfices et gains en capital	**36**	**1 704**	**5 500**	**12 989**	**14 735**	**0**	**0**	**0**	**0**	**0**
1100 Des personnes physiques	0	1 137	2 804	6 772	7 950	..	..	..	..	..
1200 Des sociétés	0	565	2 696	6 217	6 785	..	..	..	..	..
1300 Non-ventilables entre 1100 et 1200	36	3	0	0	0	..	..	..	..	..
2000 Cotisations de sécurité sociale	**0**	**0**	**0**	**0**	**0**	**13**	**9 913**	**43 902**	**104 693**	**119 676**
2100 A la charge des salariés	..	..	..	..	..	0	4 539	17 632	44 281	51 125
2200 A la charge des employeurs	..	..	..	..	..	13	3 918	18 486	47 846	54 063
2300 A charge des travailleurs indép. ou sans emploi	..	..	..	..	..	0	1 456	7 784	12 566	14 488
2400 Non-ventilables entre 2100, 2200 et 2300	..	..	..	..	..	0	0	0	0	0
3000 Sur salaires ou main d'oeuvre	**0**	**237**	**514**	**1 122**	**1 376**	**0**	**0**	**0**	**0**	**0**
4000 Impôts sur le patrimoine	**87**	**8 960**	**17 928**	**33 461**	**37 460**	**0**	**0**	**0**	**0**	**0**
4100 Impôts périodiques sur la propriété immobilière	45	2 636	4 495	10 820	12 365	..	..	..	..	..
4200 Impôts périodiques sur l'actif net	0	0	0	0	0	..	..	..	..	..
4300 Impôts sur mut. par décès, succ. et donations	0	0	0	0	0	..	..	..	..	..
4400 Impôts sur transact. mobilières et immob.	42	6 324	13 433	22 641	25 095	..	..	..	..	..
4500 Impôts non-périodiques	0	0	0	0	0	..	..	..	..	..
4600 Autres impôts périodiques sur patrimoine	0	0	0	0	0	..	..	..	..	..
5000 Impôts sur les biens et services	**36**	**4 218**	**7 561**	**17 199**	**19 700**	**0**	**0**	**0**	**0**	**0**
5100 Impôts sur production, vente, transfert, etc.	19	2 464	5 589	10 127	11 928	..	..	..	..	..
5110 Impôts généraux	0	0	0	6 003	7 274	..	..	..	..	..
5120 Impôts sur biens et services déterminés	19	2 464	5 589	4 124	4 654	..	..	..	..	..
5130 Non-ventilables entre 5110 et 5120	0	0	0	0	0	..	..	..	..	..
5200 Impôts sur utilisation des biens et exerc. activites	17	1 754	1 972	7 072	7 772	..	..	..	..	..
5300 Non-ventilables entre 5100 et 5200	0	0	0	0	0	..	..	..	..	..
6000 Autres impôts	**0**	**198**	**4 474**	**6 207**	**7 138**	**0**	**0**	**0**	**0**	**0**
6100 A la charge exclusive des entreprises	..	0	0	0	0	..	..	..	..	..
6200 A la charge d'autres agents	..	198	4 474	6 207	7 138	..	..	..	..	..
Recettes fiscales totales	**159**	**15 316**	**35 977**	**70 978**	**80 409**	**13**	**9 913**	**43 902**	**104 693**	**119 676**

.. Non disponible

StatLink https://doi.org/10.1787/888934061922

Tableau 6.32. Lettonie, recettes fiscales par sous-secteurs d'administration

Millions EUR

	Administration centrale					Administration d'État/Régions				
	1975	1995	2005	2015	2017	1975	1995	2005	2015	2017
1000 Impôts sur revenu, bénéfices et gains en capital	..	**68**	**453**	**677**	**833**	..	..	..	..	..
1100 Des personnes physiques	..	0	195	289	405	..	..	..	..	..
1200 Des sociétés	..	68	258	389	427	..	..	..	..	..
1300 Non-ventilables entre 1100 et 1200	..	0	0	0	..	..	..	..	..	..
2000 Cotisations de sécurité sociale	..	**0**	**0**	**0**	**0**	..	..	..	..	..
2100 A la charge des salariés	..	..	..	..	..	..	..	..	..	..
2200 A la charge des employeurs	..	..	..	..	..	..	..	..	..	..
2300 A charge des travailleurs indép. ou sans emploi	..	..	..	..	..	..	..	..	..	..
2400 Non-ventilables entre 2100, 2200 et 2300	..	..	..	..	..	..	..	..	..	..
3000 Sur salaires ou main d'oeuvre	..	**0**	**4**	**3**	**3**	..	..	..	..	..
4000 Impôts sur le patrimoine	..	**4**	**48**	**44**	**44**	..	..	..	..	..
4100 Impôts périodiques sur la propriété immobilière	..	0	0	0	0	..	..	..	..	..
4200 Impôts périodiques sur l'actif net	..	0	0	0	0	..	..	..	..	..
4300 Impôts sur mut. par décès, succ. et donations	..	0	0	3	3	..	..	..	..	..
4400 Impôts sur transact. mobilières et immob.	..	4	48	42	41	..	..	..	..	..
4500 Impôts non-périodiques	..	0	0	0	0	..	..	..	..	..
4600 Autres impôts périodiques sur patrimoine	..	0	0	0	..	..	..	..	..	..
5000 Impôts sur les biens et services	..	**453**	**1 553**	**3 156**	**3 596**	..	..	..	..	..
5100 Impôts sur production, vente, transfert, etc.	..	453	1 510	2 997	3 413	..	..	..	..	..
5110 Impôts généraux	..	343	1 002	2 130	2 440	..	..	..	..	..
5120 Impôts sur biens et services déterminés	..	110	508	867	973	..	..	..	..	..
5130 Non-ventilables entre 5110 et 5120	..	0	0	0	..	..	..	..	..	..
5200 Impôts sur utilisation des biens et exerc. activites	..	1	43	159	184	..	..	..	..	..
5300 Non-ventilables entre 5100 et 5200	..	0	0	0	0	..	..	..	..	..
6000 Autres impôts	..	**0**	**0**	**0**	**0**	..	..	..	..	..
6100 A la charge exclusive des entreprises	..	..	..	..	..	..	..	..	..	..
6200 A la charge d'autres agents	..	..	..	..	..	..	..	..	..	..
Recettes fiscales totales	..	**525**	**2 058**	**3 881**	**4 476**	..	..	..	..	..

	Administrations locales					Administrations de sécurite sociale				
	1975	1995	2005	2015	2017	1975	1995	2005	2015	2017
1000 Impôts sur revenu, bénéfices et gains en capital	..	**197**	**538**	**1 156**	**1 372**	..	**0**	**0**	**0**	**0**
1100 Des personnes physiques	..	197	538	1 156	1 372	..	..	..	..	..
1200 Des sociétés	..	0	0	0	0	..	..	..	..	..
1300 Non-ventilables entre 1100 et 1200	..	0	0	0	0	..	..	..	..	..
2000 Cotisations de sécurité sociale	..	**0**	**0**	**0**	**0**	..	**445**	**1 079**	**2 030**	**2 259**
2100 A la charge des salariés	..	..	..	..	..	..	12	292	585	627
2200 A la charge des employeurs	..	..	..	..	..	..	433	781	1 432	1 618
2300 A charge des travailleurs indép. ou sans emploi	..	..	..	..	..	..	1	7	12	15
2400 Non-ventilables entre 2100, 2200 et 2300	..	..	..	..	..	..	0	0	0	0
3000 Sur salaires ou main d'oeuvre	..	**0**	**0**	**0**	**0**	..	**0**	**0**	**0**	**0**
4000 Impôts sur le patrimoine	..	**37**	**88**	**197**	**228**	..	**0**	**0**	**4**	**6**
4100 Impôts périodiques sur la propriété immobilière	..	37	88	197	228	..	..	..	..	..
4200 Impôts périodiques sur l'actif net	..	0	0	0	0	..	..	..	..	..
4300 Impôts sur mut. par décès, succ. et donations	..	0	0	0	0	..	..	0	4	6
4400 Impôts sur transact. mobilières et immob.	..	0	0	0	0	..	..	..	..	..
4500 Impôts non-périodiques	..	0	0	0	0	..	..	..	..	..
4600 Autres impôts périodiques sur patrimoine	..	0	0	0	0	..	..	..	..	..
5000 Impôts sur les biens et services	..	**2**	**8**	**18**	**18**	..	**0**	**0**	**0**	**0**
5100 Impôts sur production, vente, transfert, etc.	..	0	5	7	8	..	..	..	..	..
5110 Impôts généraux	..	0	0	0	0	..	..	..	..	..
5120 Impôts sur biens et services déterminés	..	0	5	7	8	..	..	..	..	..
5130 Non-ventilables entre 5110 et 5120	..	0	0	0	..	..	..	..	..	..
5200 Impôts sur utilisation des biens et exerc. activites	..	2	3	11	9	..	..	..	..	..
5300 Non-ventilables entre 5100 et 5200	..	0	0	0	0	..	..	..	..	..
6000 Autres impôts	..	**0**	**0**	**0**	**0**	..	**0**	**0**	**0**	**0**
6100 A la charge exclusive des entreprises	..	..	..	..	..	..	..	..	..	..
6200 A la charge d'autres agents	..	..	..	..	..	..	..	..	..	..
Recettes fiscales totales	..	**236**	**634**	**1 371**	**1 617**	..	**445**	**1 079**	**2 034**	**2 266**

.. Non disponible

Note: À l'exclusion des droits de douane perçus pour le compte de l'Union européenne.

StatLink https://doi.org/10.1787/888934061941

Tableau 6.33. Lituanie, recettes fiscales par sous-secteurs d'administration

Millions EUR

	Administration centrale					Administration d'État/Régions				
	1975	1995	2005	2015	2017	1975	1995	2005	2015	2017
1000 Impôts sur revenu, bénéfices et gains en capital	..	**646**	**1 871**	**2 013**	**2 258**	..	..	..	..	..
1100 Des personnes physiques	..	487	1 435	1 440	1 627	..	..	..	..	..
1200 Des sociétés	..	160	437	574	631	..	..	..	..	..
1300 Non-ventilables entre 1100 et 1200	..	0	0	0	0	..	..	..	..	..
2000 Cotisations de sécurité sociale	..	**0**	**0**	**0**	**0**	..	..	..	..	..
2100 A la charge des salariés	..	..	..	..	..	..	..	..	..	..
2200 A la charge des employeurs	..	..	..	..	..	..	..	..	..	..
2300 A charge des travailleurs indép. ou sans emploi	..	..	..	..	..	..	..	..	..	..
2400 Non-ventilables entre 2100, 2200 et 2300	..	..	..	..	..	..	..	..	..	..
3000 Sur salaires ou main d'oeuvre	..	**0**	**0**	**0**	**0**	..	..	..	..	..
4000 Impôts sur le patrimoine	..	**0**	**0**	**1**	**1**	..	..	..	..	..
4100 Impôts périodiques sur la propriété immobilière	..	..	..	1	1	..	..	..	..	..
4200 Impôts périodiques sur l'actif net	..	..	..	0	0	..	..	..	..	..
4300 Impôts sur mut. par décès, succ. et donations	..	..	..	0	0	..	..	..	..	..
4400 Impôts sur transact. mobilières et immob.	..	..	..	0	0	..	..	..	..	..
4500 Impôts non-périodiques	..	..	..	0	0	..	..	..	..	..
4600 Autres impôts périodiques sur patrimoine	..	..	..	0	..	..	..	..	..	..
5000 Impôts sur les biens et services	..	**892**	**2 273**	**4 220**	**4 775**	..	..	..	..	..
5100 Impôts sur production, vente, transfert, etc.	..	869	2 235	4 164	4 714	..	..	..	..	..
5110 Impôts généraux	..	635	1 584	2 913	3 336	..	..	..	..	..
5120 Impôts sur biens et services déterminés	..	234	651	1 252	1 377	..	..	..	..	..
5130 Non-ventilables entre 5110 et 5120	..	0	0	0	0	..	..	..	..	..
5200 Impôts sur utilisation des biens et exerc. activites	..	24	38	56	61	..	..	..	..	..
5300 Non-ventilables entre 5100 et 5200	..	0	0	0	0	..	..	..	..	..
6000 Autres impôts	..	**0**	**0**	**0**	**0**	..	..	..	..	..
6100 A la charge exclusive des entreprises	..	..	..	..	..	..	..	..	..	..
6200 A la charge d'autres agents	..	..	..	..	..	..	..	..	..	..
Recettes fiscales totales	..	**1 539**	**4 145**	**6 235**	**7 034**	..	..	..	..	..

	Administrations locales					Administrations de sécurite sociale				
	1975	1995	2005	2015	2017	1975	1995	2005	2015	2017
1000 Impôts sur revenu, bénéfices et gains en capital	..	**0**	**0**	**0**	**0**	..	**0**	**0**	**0**	**0**
1100 Des personnes physiques	..	..	..	..	..	..	..	..	..	..
1200 Des sociétés	..	..	..	..	..	..	..	..	..	..
1300 Non-ventilables entre 1100 et 1200	..	..	..	..	..	..	..	..	..	..
2000 Cotisations de sécurité sociale	..	**0**	**0**	**0**	**0**	..	**559**	**1 864**	**4 338**	**5 170**
2100 A la charge des salariés	..	..	..	..	..	..	17	154	873	1 071
2200 A la charge des employeurs	..	..	..	..	..	..	537	1 522	2 916	3 512
2300 A charge des travailleurs indép. ou sans emploi	..	..	..	..	..	..	4	188	549	587
2400 Non-ventilables entre 2100, 2200 et 2300	..	..	..	..	..	..	0	0	0	0
3000 Sur salaires ou main d'oeuvre	..	**0**	**0**	**0**	**0**	..	**0**	**0**	**0**	**0**
4000 Impôts sur le patrimoine	..	**25**	**72**	**125**	**128**	..	**0**	**0**	**0**	**0**
4100 Impôts périodiques sur la propriété immobilière	..	25	71	124	126	..	..	..	..	..
4200 Impôts périodiques sur l'actif net	..	0	0	0	0	..	..	..	..	..
4300 Impôts sur mut. par décès, succ. et donations	..	0	1	1	2	..	..	..	..	..
4400 Impôts sur transact. mobilières et immob.	..	0	0	0	0	..	..	..	..	..
4500 Impôts non-périodiques	..	0	0	0	0	..	..	..	..	..
4600 Autres impôts périodiques sur patrimoine	..	0	0	0	0	..	..	..	..	..
5000 Impôts sur les biens et services	..	**23**	**17**	**18**	**20**	..	**0**	**0**	**0**	**0**
5100 Impôts sur production, vente, transfert, etc.	..	0	0	0	0	..	..	..	..	..
5110 Impôts généraux	..	..	..	..	..	..	..	..	..	..
5120 Impôts sur biens et services déterminés	..	..	..	..	..	..	..	..	..	..
5130 Non-ventilables entre 5110 et 5120	..	..	..	..	..	..	..	..	..	..
5200 Impôts sur utilisation des biens et exerc. activites	..	23	17	18	20	..	..	..	..	..
5300 Non-ventilables entre 5100 et 5200	..	0	0	0	0	..	..	..	..	..
6000 Autres impôts	..	**0**	**0**	**0**	**0**	..	**0**	**0**	**0**	**0**
6100 A la charge exclusive des entreprises	..	..	..	..	..	..	..	..	..	..
6200 A la charge d'autres agents	..	..	..	..	..	..	..	..	..	..
Recettes fiscales totales	..	**48**	**89**	**143**	**148**	..	**559**	**1 864**	**4 338**	**5 170**

.. Non disponible

Note : À l'exclusion des droits de douane perçus pour le compte de l'Union européenne.

StatLink https://doi.org/10.1787/888934061960

Tableau 6.34. Luxembourg, recettes fiscales par sous-secteurs d'administration

Millions EUR

	Administration centrale					Administration d'État/Régions				
	1975	1995	2005	2015	2017	1975	1995	2005	2015	2017
1000 Impôts sur revenu, bénéfices et gains en capital	**353**	**1 873**	**3 454**	**6 405**	**7 156**	..	..	..	..	..
1100 Des personnes physiques	254	1 214	2 162	4 716	5 056	..	..	..	..	..
1200 Des sociétés	99	659	1 293	1 689	2 100	..	..	..	..	..
1300 Non-ventilables entre 1100 et 1200	0	0	0	0	0	..	..	..	..	..
2000 Cotisations de sécurité sociale	**4**	**20**	**89**	**150**	**159**	..	..	..	..	..
2100 A la charge des salariés	3	15	89	150	159	..	..	..	..	..
2200 A la charge des employeurs	0	0	0	0	0	..	..	..	..	..
2300 A charge des travailleurs indép. ou sans emploi	1	5	0	0	0	..	..	..	..	..
2400 Non-ventilables entre 2100, 2200 et 2300	0	0	0	0	0	..	..	..	..	..
3000 Sur salaires ou main d'oeuvre	**0**	**0**	**0**	**0**	**0**	..	..	..	..	..
4000 Impôts sur le patrimoine	**42**	**371**	**928**	**1 661**	**2 007**	..	..	..	..	..
4100 Impôts périodiques sur la propriété immobilière	0	0	0	0	0	..	..	..	..	..
4200 Impôts périodiques sur l'actif net	21	268	698	1 318	1 513	..	..	..	..	..
4300 Impôts sur mut. par décès, succ. et donations	3	15	44	74	111	..	..	..	..	..
4400 Impôts sur transact. mobilières et immob.	18	88	186	269	384	..	..	..	..	..
4500 Impôts non-périodiques	0	0	0	0	0	..	..	..	..	..
4600 Autres impôts périodiques sur patrimoine	0	0	0	0	0	..	..	..	..	..
5000 Impôts sur les biens et services	**189**	**1 384**	**3 255**	**4 909**	**5 095**	..	..	..	..	..
5100 Impôts sur production, vente, transfert, etc.	182	1 361	3 216	4 824	5 011	..	..	..	..	..
5110 Impôts généraux	112	680	1 826	3 389	3 403	..	..	..	..	..
5120 Impôts sur biens et services déterminés	70	680	1 390	1 435	1 608	..	..	..	..	..
5130 Non-ventilables entre 5110 et 5120	0	0	0	0	0	..	..	..	..	..
5200 Impôts sur utilisation des biens et exerc. activites	7	23	39	85	84	..	..	..	..	..
5300 Non-ventilables entre 5100 et 5200	0	0	0	0	0	..	..	..	..	..
6000 Autres impôts	**0**	**6**	**11**	**27**	**25**	..	..	..	..	..
6100 A la charge exclusive des entreprises	..	6	10	27	25	..	..	..	..	..
6200 A la charge d'autres agents	..	0	0	0	0	..	..	..	..	..
Recettes fiscales totales	**588**	**3 655**	**7 737**	**13 151**	**14 442**	..	..	..	..	..

	Administrations locales					Administrations de sécurite sociale				
	1975	1995	2005	2015	2017	1975	1995	2005	2015	2017
1000 Impôts sur revenu, bénéfices et gains en capital	**46**	**331**	**460**	**606**	**802**	**0**	**0**	**0**	**0**	**0**
1100 Des personnes physiques	0	0	0	0	0	..	..	..	..	..
1200 Des sociétés	46	331	460	606	802	..	..	..	..	..
1300 Non-ventilables entre 1100 et 1200	0	0	0	0	0	..	..	..	..	..
2000 Cotisations de sécurité sociale	**0**	**0**	**0**	**0**	**0**	**268**	**1 464**	**3 084**	**5 396**	**5 966**
2100 A la charge des salariés	..	..	..	..	..	102	578	1 321	2 347	2 618
2200 A la charge des employeurs	..	..	..	..	..	150	685	1 375	2 334	2 555
2300 A charge des travailleurs indép. ou sans emploi	..	..	..	..	..	16	200	388	715	793
2400 Non-ventilables entre 2100, 2200 et 2300	..	..	..	..	..	0	0	0	0	0
3000 Sur salaires ou main d'oeuvre	**9**	**0**	**0**	**0**	**0**	**0**	**0**	**0**	**0**	**0**
4000 Impôts sur le patrimoine	**6**	**21**	**35**	**54**	**58**	**0**	**0**	**0**	**0**	**0**
4100 Impôts périodiques sur la propriété immobilière	6	17	26	36	38	..	..	..	..	..
4200 Impôts périodiques sur l'actif net	0	0	0	0	0	..	..	..	..	..
4300 Impôts sur mut. par décès, succ. et donations	0	0	0	0	0	..	..	..	..	..
4400 Impôts sur transact. mobilières et immob.	0	4	10	18	20	..	..	..	..	..
4500 Impôts non-périodiques	0	0	0	0	0	..	..	..	..	..
4600 Autres impôts périodiques sur patrimoine	0	0	0	0	0	..	..	..	..	..
5000 Impôts sur les biens et services	**1**	**4**	**8**	**10**	**10**	**0**	**0**	**0**	**0**	**0**
5100 Impôts sur production, vente, transfert, etc.	1	3	7	8	8	..	..	..	..	..
5110 Impôts généraux	0	0	0	0	0	..	..	..	..	..
5120 Impôts sur biens et services déterminés	1	3	7	8	8	..	..	..	..	..
5130 Non-ventilables entre 5110 et 5120	0	0	0	0	0	..	..	..	..	..
5200 Impôts sur utilisation des biens et exerc. activites	0	1	1	1	1	..	..	..	..	..
5300 Non-ventilables entre 5100 et 5200	0	0	0	0	0	..	..	..	..	..
6000 Autres impôts	**0**	**1**	**2**	**1**	**1**	**0**	**0**	**0**	**0**	**0**
6100 A la charge exclusive des entreprises	..	1	2	1	1	..	..	..	..	..
6200 A la charge d'autres agents	..	0	0	0	0	..	..	..	..	..
Recettes fiscales totales	**62**	**357**	**505**	**671**	**871**	**268**	**1 464**	**3 084**	**5 396**	**5 966**

.. Non disponible

Note: À l'exclusion des droits de douane perçus pour le compte de l'Union européenne.

StatLink https://doi.org/10.1787/888934061979

Tableau 6.35. Mexique, recettes fiscales par sous-secteurs d'administration

Millions MXN

	Administration fédérale					Administration d'État/Régions				
	1975	1995	2005	2015	2017	1975	1995	2005	2015	2017
1000 Impôts sur revenu, bénéfices et gains en capital	**..**	**76 148**	**402 036**	**1 230 555**	**1 571 954**	**..**	**1**	**0**	**0**	**0**
1100 Des personnes physiques	..	..	195 869	609 384	754 109	..	..	..	..	..
1200 Des sociétés	..	..	135 840	592 443	769 193	..	..	..	..	..
1300 Non-ventilables entre 1100 et 1200	..	76 148	70 327	28 728	48 652	..	1	..	..	..
2000 Cotisations de sécurité sociale	**..**	**0**	**0**	**0**	**0**	**..**	**0**	**0**	**0**	**0**
2100 A la charge des salariés	..	..	..	..	..	..	..	..	..	..
2200 A la charge des employeurs	..	..	..	..	..	..	..	..	..	..
2300 A charge des travailleurs indép. ou sans emploi	..	..	..	..	..	..	..	..	..	..
2400 Non-ventilables entre 2100, 2200 et 2300	..	..	..	..	..	..	..	..	..	..
3000 Sur salaires ou main d'oeuvre	**..**	**0**	**0**	**0**	**0**	**..**	**2 976**	**20 429**	**70 221**	**84 099**
4000 Impôts sur le patrimoine	**..**	**0**	**0**	**0**	**0**	**..**	**2 927**	**10 905**	**22 481**	**26 068**
4100 Impôts périodiques sur la propriété immobilière	..	..	..	..	..	..	2 198	6 544	14 245	15 567
4200 Impôts périodiques sur l'actif net	..	..	..	..	..	..	0	0	0	0
4300 Impôts sur mut. par décès, succ. et donations	..	..	..	..	..	..	2	0	0	0
4400 Impôts sur transact. mobilières et immob.	..	..	..	..	..	..	727	4 361	8 235	10 501
4500 Impôts non-périodiques	..	..	..	..	..	..	0	0	0	0
4600 Autres impôts périodiques sur patrimoine	..	..	..	..	..	..	0	0	0	0
5000 Impôts sur les biens et services	**..**	**91 452**	**416 533**	**1 116 026**	**1 254 879**	**..**	**441**	**2 124**	**24 355**	**26 786**
5100 Impôts sur production, vente, transfert, etc.	..	88 372	401 580	1 115 525	1 254 253	..	22	1 364	4 357	7 141
5110 Impôts généraux	..	51 785	318 432	707 213	816 048	..	0	0	0	..
5120 Impôts sur biens et services déterminés	..	36 587	83 148	408 312	438 205	..	22	1 364	4 357	7 141
5130 Non-ventilables entre 5110 et 5120	..	0	0	0	0	..	0	0	0	0
5200 Impôts sur utilisation des biens et exerc. activites	..	3 080	14 954	501	626	..	419	760	19 998	19 646
5300 Non-ventilables entre 5100 et 5200	..	0	0	0	0	..	0	0	0	0
6000 Autres impôts	**..**	**5 149**	**8 616**	**27 379**	**32 433**	**..**	**228**	**1 537**	**6 489**	**7 209**
6100 A la charge exclusive des entreprises	..	0	0	0	0	..	0	0	0	0
6200 A la charge d'autres agents	..	5 149	8 616	27 379	32 433	..	228	1 537	6 489	7 209
Recettes fiscales totales (collecting government)	**..**	**172 749**	**827 186**	**2 373 960**	**2 859 266**	**..**	**6 573**	**34 995**	**123 545**	**144 162**
Adjustment[1]	**..**	**-49 115**	**-278 892**	**-629 130**	**-772 418**	**..**	**39 225**	**218 291**	**494 239**	**608 485**
Recettes fiscales totales (beneficiary government)	**..**	**123 634**	**548 294**	**1 744 830**	**2 086 849**	**..**	**45 798**	**253 286**	**617 784**	**752 647**

	Administrations locales					Administrations de sécurite sociale				
	1975	1995	2005	2015	2017	1975	1995	2005	2015	2017
1000 Impôts sur revenu, bénéfices et gains en capital	**..**	**16**	**0**	**0**	**0**	**..**	**0**	**0**	**0**	**0**
1100 Des personnes physiques	..	..	..	..	..	..	..	..	..	..
1200 Des sociétés	..	..	..	..	..	..	..	..	..	..
1300 Non-ventilables entre 1100 et 1200	..	16	..	..	..	..	..	..	..	..
2000 Cotisations de sécurité sociale	**..**	**0**	**0**	**0**	**0**	**..**	**50 871**	**206 551**	**409 249**	**467 710**
2100 A la charge des salariés	..	..	..	..	..	..	..	..	..	..
2200 A la charge des employeurs	..	..	..	..	..	..	..	..	..	..
2300 A charge des travailleurs indép. ou sans emploi	..	..	..	..	..	..	..	..	..	..
2400 Non-ventilables entre 2100, 2200 et 2300	..	..	..	..	..	..	50 871	206 551	409 249	467 710
3000 Sur salaires ou main d'oeuvre	**..**	**6**	**32**	**1**	**0**	**..**	**0**	**0**	**0**	**0**
4000 Impôts sur le patrimoine	**..**	**2 702**	**15 891**	**35 193**	**41 768**	**..**	**0**	**0**	**0**	**0**
4100 Impôts périodiques sur la propriété immobilière	..	1 854	10 098	23 715	29 113	..	..	..	..	..
4200 Impôts périodiques sur l'actif net	..	0	0	0	0	..	..	..	..	..
4300 Impôts sur mut. par décès, succ. et donations	..	0	0	0	0	..	..	..	..	..
4400 Impôts sur transact. mobilières et immob.	..	848	5 793	11 477	12 655	..	..	..	..	..
4500 Impôts non-périodiques	..	0	0	0	0	..	..	..	..	..
4600 Autres impôts périodiques sur patrimoine	..	0	0	0	0	..	..	..	..	..
5000 Impôts sur les biens et services	**..**	**582**	**288**	**789**	**1 384**	**..**	**0**	**0**	**0**	**0**
5100 Impôts sur production, vente, transfert, etc.	..	575	214	728	1 376	..	..	..	..	..
5110 Impôts généraux	..	0	0	0	..	..	..	..	..	..
5120 Impôts sur biens et services déterminés	..	572	214	728	1 376	..	..	..	..	..
5130 Non-ventilables entre 5110 et 5120	..	3	0	0	0	..	..	..	..	..
5200 Impôts sur utilisation des biens et exerc. activites	..	7	74	61	7	..	..	..	..	..
5300 Non-ventilables entre 5100 et 5200	..	0	0	0	0	..	..	..	..	..
6000 Autres impôts	**..**	**179**	**1 539**	**10 743**	**12 833**	**..**	**0**	**0**	**0**	**0**
6100 A la charge exclusive des entreprises	..	0	0	0	0	..	..	..	..	..
6200 A la charge d'autres agents	..	179	1 539	10 743	12 833	..	..	..	..	..
Recettes fiscales totales (collecting government)	**..**	**3 485**	**17 750**	**46 726**	**55 985**	**..**	**50 871**	**206 551**	**409 249**	**467 710**
Adjustment[1]	**..**	**9 890**	**60 601**	**134 892**	**163 933**	**..**	**0**	**0**	**0**	**0**
Recettes fiscales totales (beneficiary government)	**..**	**13 375**	**78 351**	**181 617**	**219 918**	**..**	**50 871**	**206 551**	**409 249**	**467 710**

.. Non disponible

1. This adjustment is for taxes collected by Federal government in which States and Local governments have a share. Sub-central government's shares cannot be identified by type of tax.

StatLink https://doi.org/10.1787/888934061998

Tableau 6.36. Pays-Bas, recettes fiscales par sous-secteurs d'administration

Millions EUR

	Administration centrale					Administration d'État/Régions				
	1975	1995	2005	2015	2017	1975	1995	2005	2015	2017
1000 Impôts sur revenu, bénéfices et gains en capital	**15 075**	**33 520**	**52 640**	**70 849**	**85 761**	**..**	**..**	**..**	**..**	**..**
1100 Des personnes physiques	11 713	23 557	33 905	52 405	61 571	..	..	..	..	..
1200 Des sociétés	3 361	9 963	18 735	18 444	24 190	..	..	..	..	..
1300 Non-ventilables entre 1100 et 1200	0	0	0	0	0	..	..	..	..	..
2000 Cotisations de sécurité sociale	**0**	**0**	**0**	**0**	**0**	**..**	**..**	**..**	**..**	**..**
2100 A la charge des salariés	..	..	..	..	..	..	..	..	..	..
2200 A la charge des employeurs	..	..	..	..	..	..	..	..	..	..
2300 A charge des travailleurs indép. ou sans emploi	..	..	..	..	..	..	..	..	..	..
2400 Non-ventilables entre 2100, 2200 et 2300	..	..	..	..	..	..	..	..	..	..
3000 Sur salaires ou main d'oeuvre	**0**	**0**	**0**	**0**	**0**	**..**	**..**	**..**	**..**	**..**
4000 Impôts sur le patrimoine	**767**	**2 880**	**6 235**	**4 731**	**6 186**	**..**	**..**	**..**	**..**	**..**
4100 Impôts périodiques sur la propriété immobilière	50	0	0	1 345	1 618	..	..	..	..	..
4200 Impôts périodiques sur l'actif net	231	671	60	0	0	..	..	..	..	..
4300 Impôts sur mut. par décès, succ. et donations	163	773	1 709	1 614	1 841	..	..	..	..	..
4400 Impôts sur transact. mobilières et immob.	323	1 436	4 466	1 772	2 727	..	..	..	..	..
4500 Impôts non-périodiques	0	0	0	0	0	..	..	..	..	..
4600 Autres impôts périodiques sur patrimoine	0	0	0	0	0	..	..	..	..	..
5000 Impôts sur les biens et services	**9 716**	**31 892**	**57 116**	**70 161**	**79 185**	**..**	**..**	**..**	**..**	**..**
5100 Impôts sur production, vente, transfert, etc.	9 113	29 728	54 658	65 990	73 299	..	..	..	..	..
5110 Impôts généraux	6 257	19 832	36 950	44 879	49 833	..	..	..	..	..
5120 Impôts sur biens et services déterminés	2 856	9 896	17 708	21 111	23 466	..	..	..	..	..
5130 Non-ventilables entre 5110 et 5120	0	0	0	0	0	..	..	..	..	..
5200 Impôts sur utilisation des biens et exerc. activites	604	2 164	2 458	4 171	5 886	..	..	..	..	..
5300 Non-ventilables entre 5100 et 5200	0	0	0	0	0	..	..	..	..	..
6000 Autres impôts	**109**	**491**	**989**	**416**	**857**	**..**	**..**	**..**	**..**	**..**
6100 A la charge exclusive des entreprises	109	448	372	0	0	..	..	..	..	..
6200 A la charge d'autres agents	0	43	617	416	857	..	..	..	..	..
Recettes fiscales totales	**25 667**	**68 783**	**116 980**	**146 157**	**171 989**	**..**	**..**	**..**	**..**	**..**

	Administrations locales					Administrations de sécurite sociale				
	1975	1995	2005	2015	2017	1975	1995	2005	2015	2017
1000 Impôts sur revenu, bénéfices et gains en capital	**77**	**0**	**0**	**0**	**0**	**0**	**0**	**0**	**0**	**0**
1100 Des personnes physiques	77	0	0	0	0	0	0	0	0	0
1200 Des sociétés	0	0	0	0	0	0	0	0	0	0
1300 Non-ventilables entre 1100 et 1200	0	0	0	0	0	0	0	0	0	0
2000 Cotisations de sécurité sociale	**0**	**0**	**0**	**0**	**0**	**16 732**	**48 532**	**66 547**	**96 426**	**101 913**
2100 A la charge des salariés	..	..	..	..	..	7 139	32 795	35 383	48 213	39 578
2200 A la charge des employeurs	..	..	..	..	..	7 687	5 941	20 595	34 614	37 720
2300 A charge des travailleurs indép. ou sans emploi	..	..	..	..	..	1 905	9 796	10 569	13 599	24 615
2400 Non-ventilables entre 2100, 2200 et 2300	..	..	..	..	..	0	0	0	0	0
3000 Sur salaires ou main d'oeuvre	**0**	**0**	**0**	**0**	**0**	**0**	**0**	**0**	**0**	**0**
4000 Impôts sur le patrimoine	**272**	**2 287**	**4 341**	**5 037**	**5 301**	**0**	**0**	**0**	**0**	**0**
4100 Impôts périodiques sur la propriété immobilière	272	2 287	4 341	5 037	5 301	..	..	..	..	..
4200 Impôts périodiques sur l'actif net	0	0	0	0	0	..	..	..	..	..
4300 Impôts sur mut. par décès, succ. et donations	0	0	0	0	0	..	..	..	..	..
4400 Impôts sur transact. mobilières et immob.	0	0	0	0	0	..	..	..	..	..
4500 Impôts non-périodiques	0	0	0	0	0	..	..	..	..	..
4600 Autres impôts périodiques sur patrimoine	0	0	0	0	0	..	..	..	..	..
5000 Impôts sur les biens et services	**153**	**1 533**	**3 330**	**4 652**	**3 259**	**0**	**0**	**0**	**0**	**0**
5100 Impôts sur production, vente, transfert, etc.	14	59	118	249	312	..	..	..	..	..
5110 Impôts généraux	0	6	10	43	60	..	..	..	..	..
5120 Impôts sur biens et services déterminés	14	53	108	206	252	..	..	..	..	..
5130 Non-ventilables entre 5110 et 5120	0	0	0	0	0	..	..	..	..	..
5200 Impôts sur utilisation des biens et exerc. activites	139	1 474	3 212	4 403	2 947	..	..	..	..	..
5300 Non-ventilables entre 5100 et 5200	0	0	0	0	0	..	..	..	..	..
6000 Autres impôts	**0**	**0**	**0**	**0**	**0**	**0**	**0**	**0**	**0**	**0**
6100 A la charge exclusive des entreprises	..	..	..	..	..	..	..	..	..	..
6200 A la charge d'autres agents	..	..	..	..	..	..	..	..	..	..
Recettes fiscales totales	**502**	**3 820**	**7 671**	**9 689**	**8 560**	**16 732**	**48 532**	**66 547**	**96 426**	**101 913**

.. Non disponible

Note: À l'exclusion des droits de douane perçus pour le compte de l'Union européenne.

StatLink https://doi.org/10.1787/888934062017

Tableau 6.37. Nouvelle-Zélande, recettes fiscales par sous-secteurs d'administration

Millions NZD

	Administration centrale					Administration d'État/Régions				
	1975	1995	2005	2015	2017	1975	1995	2005	2015	2017
1000 Impôts sur revenu, bénéfices et gains en capital	**2 296**	**21 253**	**37 379**	**44 724**	**51 505**	**..**	**..**	**..**	**..**	**..**
1100 Des personnes physiques	1 874	15 626	24 373	30 298	35 020	..	..	..	..	..
1200 Des sociétés	407	4 122	9 957	11 407	13 584	..	..	..	..	..
1300 Non-ventilables entre 1100 et 1200	16	1 505	3 049	3 019	2 901	..	..	..	..	..
2000 Cotisations de sécurité sociale	**0**	**0**	**0**	**0**	**0**	**..**	**..**	**..**	**..**	**..**
2100 A la charge des salariés	..	..	..	..	..	..	..	..	..	..
2200 A la charge des employeurs	..	..	..	..	..	..	..	..	..	..
2300 A charge des travailleurs indép. ou sans emploi	..	..	..	..	..	..	..	..	..	..
2400 Non-ventilables entre 2100, 2200 et 2300	..	..	..	..	..	..	..	..	..	..
3000 Sur salaires ou main d'oeuvre	**0**	**0**	**0**	**0**	**0**	**..**	**..**	**..**	**..**	**..**
4000 Impôts sur le patrimoine	**83**	**218**	**86**	**84**	**107**	**..**	**..**	**..**	**..**	**..**
4100 Impôts périodiques sur la propriété immobilière	3	-1	0	0	0	..	..	..	..	..
4200 Impôts périodiques sur l'actif net	0	0	0	0	0	..	..	..	..	..
4300 Impôts sur mut. par décès, succ. et donations	54	3	3	0	0	..	..	..	..	..
4400 Impôts sur transact. mobilières et immob.	25	216	83	84	107	..	..	..	..	..
4500 Impôts non-périodiques	0	0	0	0	0	..	..	..	..	..
4600 Autres impôts périodiques sur patrimoine	0	0	0	0	0	..	..	..	..	..
5000 Impôts sur les biens et services	**807**	**11 395**	**18 744**	**31 146**	**34 965**	**..**	**..**	**..**	**..**	**..**
5100 Impôts sur production, vente, transfert, etc.	770	10 833	17 792	29 551	33 187	..	..	..	..	..
5110 Impôts généraux	311	7 895	14 133	24 587	27 951	..	..	..	..	..
5120 Impôts sur biens et services déterminés	459	2 938	3 659	4 964	5 236	..	..	..	..	..
5130 Non-ventilables entre 5110 et 5120	0	0	0	0	0	..	..	..	..	..
5200 Impôts sur utilisation des biens et exerc. activites	37	562	952	1 595	1 778	..	..	..	..	..
5300 Non-ventilables entre 5100 et 5200	0	0	0	0	0	..	..	..	..	..
6000 Autres impôts	**0**	**0**	**14**	**2**	**1**	**..**	**..**	**..**	**..**	**..**
6100 A la charge exclusive des entreprises	..	..	0	0	0	..	..	..	..	..
6200 A la charge d'autres agents	..	..	14	2	1	..	..	..	..	..
Recettes fiscales totales	**3 186**	**32 866**	**56 223**	**75 956**	**86 578**	**..**	**..**	**..**	**..**	**..**

	Administrations locales					Administrations de sécurite sociale				
	1975	1995	2005	2015	2017	1975	1995	2005	2015	2017
1000 Impôts sur revenu, bénéfices et gains en capital	**0**	**0**	**0**	**0**	**0**	**0**	**0**	**0**	**0**	**0**
1100 Des personnes physiques	0	0	0	0	0	0	0	0	0	0
1200 Des sociétés	0	0	0	0	0	0	0	0	0	0
1300 Non-ventilables entre 1100 et 1200	0	0	0	0	0	0	0	0	0	0
2000 Cotisations de sécurité sociale	**0**	**0**	**0**	**0**	**0**	**0**	**0**	**0**	**0**	**0**
2100 A la charge des salariés	..	..	..	..	..	..	..	..	..	..
2200 A la charge des employeurs	..	..	..	..	..	..	..	..	..	..
2300 A charge des travailleurs indép. ou sans emploi	..	..	..	..	..	..	..	..	..	..
2400 Non-ventilables entre 2100, 2200 et 2300	..	..	..	..	..	..	..	..	..	..
3000 Sur salaires ou main d'oeuvre	**0**	**0**	**0**	**0**	**0**	**0**	**0**	**0**	**0**	**0**
4000 Impôts sur le patrimoine	**237**	**1 646**	**2 825**	**4 962**	**5 436**	**0**	**0**	**0**	**0**	**0**
4100 Impôts périodiques sur la propriété immobilière	237	1 646	2 825	4 962	5 436	..	..	..	..	..
4200 Impôts périodiques sur l'actif net	0	0	0	0	0	..	..	..	..	..
4300 Impôts sur mut. par décès, succ. et donations	0	0	0	0	0	..	..	..	..	..
4400 Impôts sur transact. mobilières et immob.	0	0	0	0	0	..	..	..	..	..
4500 Impôts non-périodiques	0	0	0	0	0	..	..	..	..	..
4600 Autres impôts périodiques sur patrimoine	0	0	0	0	0	..	..	..	..	..
5000 Impôts sur les biens et services	**29**	**184**	**310**	**582**	**647**	**0**	**0**	**0**	**0**	**0**
5100 Impôts sur production, vente, transfert, etc.	18	33	30	33	33	..	..	..	..	..
5110 Impôts généraux	0	0	0	0	0	..	..	..	..	..
5120 Impôts sur biens et services déterminés	18	33	30	33	33	..	..	..	..	..
5130 Non-ventilables entre 5110 et 5120	0	0	0	0	0	..	..	..	..	..
5200 Impôts sur utilisation des biens et exerc. activites	11	151	280	549	614	..	..	..	..	..
5300 Non-ventilables entre 5100 et 5200	0	0	0	0	0	..	..	..	..	..
6000 Autres impôts	**0**	**0**	**0**	**0**	**0**	**0**	**0**	**0**	**0**	**0**
6100 A la charge exclusive des entreprises	..	..	..	..	..	..	..	..	..	..
6200 A la charge d'autres agents	..	..	..	..	..	..	..	..	..	..
Recettes fiscales totales	**266**	**1 830**	**3 135**	**5 544**	**6 083**	**0**	**0**	**0**	**0**	**0**

.. Non disponible

StatLink https://doi.org/10.1787/888934062036

Tableau 6.38. Norvège, recettes fiscales par sous-secteurs d'administration

Millions NOK

	Administration centrale[1]					Administration d'État/Régions				
	1975	1995	2005	2015	2017	1975	1995	2005	2015	2017
1000 Impôts sur revenu, bénéfices et gains en capital	**6 495**	**67 402**	**316 851**	**314 792**	**324 701**	..	..	..	..	..
1100 Des personnes physiques	5 424	38 059	87 503	174 617	164 082	..	..	..	..	..
1200 Des sociétés	1 071	29 343	229 348	140 175	160 619	..	..	..	..	..
1300 Non-ventilables entre 1100 et 1200	0	0	0	0	0	..	..	..	..	..
2000 Cotisations de sécurité sociale	**1 341**	**6 013**	**173 151**	**325 569**	**341 591**	..	..	..	..	..
2100 A la charge des salariés	331	1 233	58 320	112 662	119 273	..	..	..	..	..
2200 A la charge des employeurs	1 010	4 780	104 794	191 362	199 302	..	..	..	..	..
2300 A charge des travailleurs indép. ou sans emploi	0	0	10 037	21 545	23 016	..	..	..	..	..
2400 Non-ventilables entre 2100, 2200 et 2300	0	0	0	0	0	..	..	..	..	..
3000 Sur salaires ou main d'oeuvre	**0**	**0**	**0**	**0**	**1 891**	..	..	..	..	..
4000 Impôts sur le patrimoine	**771**	**3 497**	**11 406**	**13 760**	**16 542**	..	..	..	..	..
4100 Impôts périodiques sur la propriété immobilière	0	0	228	1 551	939	..	..	..	..	..
4200 Impôts périodiques sur l'actif net	490	1 172	4 741	3 488	6 267	..	..	..	..	..
4300 Impôts sur mut. par décès, succ. et donations	146	975	1 768	295	91	..	..	..	..	..
4400 Impôts sur transact. mobilières et immob.	135	1 350	4 669	8 426	9 245	..	..	..	..	..
4500 Impôts non-périodiques	0	0	0	0	0	..	..	..	..	..
4600 Autres impôts périodiques sur patrimoine	0	0	0	0	0	..	..	..	..	..
5000 Impôts sur les biens et services	**25 056**	**148 081**	**232 822**	**359 737**	**393 711**	..	..	..	..	..
5100 Impôts sur production, vente, transfert, etc.	24 367	141 401	220 898	342 432	376 576	..	..	..	..	..
5110 Impôts généraux	13 670	81 772	153 820	256 028	284 705	..	..	..	..	..
5120 Impôts sur biens et services déterminés	10 697	59 629	67 078	86 404	91 871	..	..	..	..	..
5130 Non-ventilables entre 5110 et 5120	0	0	0	0	0	..	..	..	..	..
5200 Impôts sur utilisation des biens et exerc. activites	689	6 680	11 924	17 305	17 135	..	..	..	..	..
5300 Non-ventilables entre 5100 et 5200	0	0	0	0	0	..	..	..	..	..
6000 Autres impôts	**130**	**15**	**0**	**0**	**0**	..	..	..	..	..
6100 A la charge exclusive des entreprises	124	1	..	..	..	..	..	..	..	..
6200 A la charge d'autres agents	6	14	..	..	..	..	..	..	..	..
Recettes fiscales totales	**33 793**	**225 008**	**734 230**	**1 013 858**	**1 078 436**	..	..	..	..	..

	Administrations locales					Administrations de sécurite sociale				
	1975	1995	2005	2015	2017	1975	1995	2005	2015	2017
1000 Impôts sur revenu, bénéfices et gains en capital	**13 725**	**67 978**	**100 512**	**160 582**	**174 994**	**2 728**	**0**	**0**	**0**	**0**
1100 Des personnes physiques	12 877	61 784	100 512	160 582	174 994	2 728	..	..	..	..
1200 Des sociétés	848	6 194	0	0	0	0	..	..	..	..
1300 Non-ventilables entre 1100 et 1200	0	0	0	0	0	0	..	..	..	..
2000 Cotisations de sécurité sociale	**0**	**0**	**0**	**0**	**0**	**15 224**	**84 563**	**0**	**0**	**0**
2100 A la charge des salariés	..	..	..	..	..	2 949	30 417	..	..	..
2200 A la charge des employeurs	..	..	..	..	..	11 315	48 396	..	..	..
2300 A charge des travailleurs indép. ou sans emploi	..	..	..	..	..	960	5 750	..	..	..
2400 Non-ventilables entre 2100, 2200 et 2300	..	..	..	..	..	0	0	..	..	..
3000 Sur salaires ou main d'oeuvre	**0**	**0**	**0**	**0**	**0**	**0**	**0**	**0**	**0**	**0**
4000 Impôts sur le patrimoine	**772**	**7 352**	**10 283**	**21 812**	**26 309**	**0**	**0**	**0**	**0**	**0**
4100 Impôts périodiques sur la propriété immobilière	278	2 792	4 324	11 177	13 611	..	..	..	..	..
4200 Impôts périodiques sur l'actif net	494	4 560	5 959	10 635	12 698	..	..	..	..	..
4300 Impôts sur mut. par décès, succ. et donations	0	0	0	0	0	..	..	..	..	..
4400 Impôts sur transact. mobilières et immob.	0	0	0	0	0	..	..	..	..	..
4500 Impôts non-périodiques	0	0	0	0	0	..	..	..	..	..
4600 Autres impôts périodiques sur patrimoine	0	0	0	0	0	..	..	..	..	..
5000 Impôts sur les biens et services	**0**	**431**	**2 281**	**1 980**	**2 227**	**51**	**267**	**0**	**0**	**0**
5100 Impôts sur production, vente, transfert, etc.	0	0	0	0	0	51	267	..	..	..
5110 Impôts généraux	0	0	0	0	0	0	0	..	..	..
5120 Impôts sur biens et services déterminés	0	0	0	0	0	51	267	..	..	..
5130 Non-ventilables entre 5110 et 5120	0	0	0	0	0	0	0	..	..	..
5200 Impôts sur utilisation des biens et exerc. activites	0	431	2 281	1 980	2 227	0	0	..	..	..
5300 Non-ventilables entre 5100 et 5200	0	0	0	0	0	0	0	..	..	..
6000 Autres impôts	**432**	**0**	**0**	**0**	**0**	**0**	**0**	**0**	**0**	**0**
6100 A la charge exclusive des entreprises	0	..	..	..	..	..	..	..	..	..
6200 A la charge d'autres agents	432	..	..	..	..	..	..	..	..	..
Recettes fiscales totales	**14 929**	**75 761**	**113 076**	**184 374**	**203 530**	**18 003**	**84 830**	**0**	**0**	**0**

.. Non disponible

1. The Norwegian National Insurance has been integrated into the Central government sector from the year 2000 onwards.

StatLink https://doi.org/10.1787/888934062055

Tableau 6.39. Pologne, recettes fiscales par sous-secteurs d'administration

Millions PLN

	Administration centrale					Administration d'État/Régions				
	1975	1995	2005	2015	2017	1975	1995	2005	2015	2017
1000 Impôts sur revenu, bénéfices et gains en capital	..	**32 774**	**40 398**	**71 381**	**83 426**	..	..	..	..	..
1100 Des personnes physiques	..	23 937	24 518	45 462	53 500	..	..	..	..	..
1200 Des sociétés	..	8 837	15 880	25 919	29 926	..	..	..	..	..
1300 Non-ventilables entre 1100 et 1200	..	0	0	0	0	..	..	..	..	..
2000 Cotisations de sécurité sociale	..	**0**	**0**	**0**	**0**	..	..	..	..	..
2100 A la charge des salariés	..	..	..	..	..	..	..	..	..	..
2200 A la charge des employeurs	..	..	..	..	..	..	..	..	..	..
2300 A charge des travailleurs indép. ou sans emploi	..	..	..	..	..	..	..	..	..	..
2400 Non-ventilables entre 2100, 2200 et 2300	..	..	..	..	..	..	..	..	..	..
3000 Sur salaires ou main d'oeuvre	..	**831**	**2 555**	**4 028**	**4 485**	..	..	..	..	..
4000 Impôts sur le patrimoine	..	**0**	**0**	**0**	**0**	..	..	..	..	..
4100 Impôts périodiques sur la propriété immobilière	..	..	..	..	..	..	..	..	..	..
4200 Impôts périodiques sur l'actif net	..	..	..	..	..	..	..	..	..	..
4300 Impôts sur mut. par décès, succ. et donations	..	..	..	..	..	..	..	..	..	..
4400 Impôts sur transact. mobilières et immob.	..	..	..	..	..	..	..	..	..	..
4500 Impôts non-périodiques	..	..	..	..	..	..	..	..	..	..
4600 Autres impôts périodiques sur patrimoine	..	..	..	..	..	..	..	..	..	..
5000 Impôts sur les biens et services	..	**43 483**	**120 438**	**205 456**	**246 414**	..	..	..	..	..
5100 Impôts sur production, vente, transfert, etc.	..	42 863	120 036	201 630	243 136	..	..	..	..	..
5110 Impôts généraux	..	21 051	75 783	125 836	154 656	..	..	..	..	..
5120 Impôts sur biens et services déterminés	..	21 812	44 253	75 794	88 480	..	..	..	..	..
5130 Non-ventilables entre 5110 et 5120	..	0	0	0	..	..	..	..	..	..
5200 Impôts sur utilisation des biens et exerc. activites	..	620	402	3 826	3 278	..	..	..	..	..
5300 Non-ventilables entre 5100 et 5200	..	0	0	0	0	..	..	..	..	..
6000 Autres impôts	..	**99**	**18**	**0**	**0**	..	..	..	..	..
6100 A la charge exclusive des entreprises	..	0	0	..	0	..	..	..	..	..
6200 A la charge d'autres agents	..	99	18	..	..	..	..	..	..	..
Recettes fiscales totales	..	**77 187**	**163 409**	**280 865**	**334 325**	..	..	..	..	..

	Administrations locales					Administrations de sécurite sociale				
	1975	1995	2005	2015	2017	1975	1995	2005	2015	2017
1000 Impôts sur revenu, bénéfices et gains en capital	..	**4 896**	**23 093**	**45 697**	**54 055**	..	**0**	**0**	**0**	**0**
1100 Des personnes physiques	..	4 427	17 916	38 512	45 621	..	..	..	..	..
1200 Des sociétés	..	469	5 177	7 185	8 434	..	..	..	..	..
1300 Non-ventilables entre 1100 et 1200	..	0	0	0	0	..	..	..	..	..
2000 Cotisations de sécurité sociale	..	**0**	**0**	**0**	**0**	..	**38 260**	**120 296**	**223 531**	**254 968**
2100 A la charge des salariés	..	..	..	..	..	..	16 486	49 644	88 557	105 817
2200 A la charge des employeurs	..	..	..	..	..	..	19 097	46 256	87 616	100 873
2300 A charge des travailleurs indép. ou sans emploi	..	..	..	..	..	..	2 677	24 396	47 358	48 278
2400 Non-ventilables entre 2100, 2200 et 2300	..	..	..	..	..	..	0	0	0	0
3000 Sur salaires ou main d'oeuvre	..	**0**	**0**	**0**	**0**	..	**0**	**0**	**0**	**0**
4000 Impôts sur le patrimoine	..	**4 370**	**14 723**	**24 637**	**27 101**	..	**0**	**0**	**0**	**0**
4100 Impôts périodiques sur la propriété immobilière	..	3 579	12 718	22 206	23 783	..	..	..	..	..
4200 Impôts périodiques sur l'actif net	..	0	0	0	0	..	..	..	..	..
4300 Impôts sur mut. par décès, succ. et donations	..	44	242	246	295	..	..	..	..	..
4400 Impôts sur transact. mobilières et immob.	..	747	1 763	2 185	3 023	..	..	..	..	..
4500 Impôts non-périodiques	..	0	0	0	0	..	..	..	..	..
4600 Autres impôts périodiques sur patrimoine	..	0	0	0	0	..	..	..	..	..
5000 Impôts sur les biens et services	..	**1 340**	**3 368**	**4 139**	**4 093**	..	**0**	**0**	**0**	**0**
5100 Impôts sur production, vente, transfert, etc.	..	0	0	0	0	..	..	..	..	..
5110 Impôts généraux	..	..	..	..	..	..	..	..	..	..
5120 Impôts sur biens et services déterminés	..	..	..	..	..	..	..	..	..	..
5130 Non-ventilables entre 5110 et 5120	..	..	..	..	..	..	..	..	..	..
5200 Impôts sur utilisation des biens et exerc. activites	..	1 340	3 368	4 139	4 093	..	..	..	..	..
5300 Non-ventilables entre 5100 et 5200	..	0	0	0	0	..	..	..	..	..
6000 Autres impôts	..	**158**	**278**	**647**	**986**	..	**0**	**0**	**0**	**0**
6100 A la charge exclusive des entreprises	..	0	0	0	0	..	..	..	..	..
6200 A la charge d'autres agents	..	158	278	647	986	..	..	..	..	..
Recettes fiscales totales	..	**10 764**	**41 462**	**75 120**	**86 235**	..	**38 260**	**120 296**	**223 531**	**254 968**

.. Non disponible

Note: À l'exclusion des droits de douane perçus pour le compte de l'Union européenne.

StatLink https://doi.org/10.1787/888934062074

Tableau 6.40. Portugal, recettes fiscales par sous-secteurs d'administration

Millions EUR

	Administration centrale					Administration d'État/Régions				
	1975	1995	2005	2015	2017	1975	1995	2005	2015	2017
1000 Impôts sur revenu, bénéfices et gains en capital	**81**	**6 557**	**11 506**	**17 516**	**17 688**	..	..	..	..	..
1100 Des personnes physiques	..	4 691	7 757	12 316	11 854	..	..	..	..	..
1200 Des sociétés	..	1 866	3 705	5 199	5 834	..	..	..	..	..
1300 Non-ventilables entre 1100 et 1200	81	0	43	0	0	..	..	..	..	..
2000 Cotisations de sécurité sociale	**0**	**1 560**	**1 887**	**5 304**	**5 901**	..	..	..	..	..
2100 A la charge des salariés	..	941	1 629	5 106	5 710	..	..	..	..	..
2200 A la charge des employeurs	..	619	259	198	191	..	..	..	..	..
2300 A charge des travailleurs indép. ou sans emploi	..	0	0	0	0	..	..	..	..	..
2400 Non-ventilables entre 2100, 2200 et 2300	..	0	0	0	0	..	..	..	..	..
3000 Sur salaires ou main d'oeuvre	**12**	**0**	**0**	**0**	**0**	..	..	..	..	..
4000 Impôts sur le patrimoine	**12**	**226**	**261**	**196**	**347**	..	..	..	..	..
4100 Impôts périodiques sur la propriété immobilière	0	0	0	0	131	..	..	..	..	..
4200 Impôts périodiques sur l'actif net	0	0	0	0	0	..	..	..	..	..
4300 Impôts sur mut. par décès, succ. et donations	4	57	25	0	0	..	..	..	..	..
4400 Impôts sur transact. mobilières et immob.	7	169	236	196	215	..	..	..	..	..
4500 Impôts non-périodiques	0	0	0	0	0	..	..	..	..	..
4600 Autres impôts périodiques sur patrimoine	0	0	0	0	0	..	..	..	..	..
5000 Impôts sur les biens et services	**198**	**10 402**	**19 638**	**21 618**	**24 390**	..	..	..	..	..
5100 Impôts sur production, vente, transfert, etc.	187	10 195	19 220	20 787	23 373	..	..	..	..	..
5110 Impôts généraux	52	5 481	11 846	13 745	15 352	..	..	..	..	..
5120 Impôts sur biens et services déterminés	135	4 714	7 374	7 043	8 021	..	..	..	..	..
5130 Non-ventilables entre 5110 et 5120	0	0	0	0	0	..	..	..	..	..
5200 Impôts sur utilisation des biens et exerc. activites	12	178	375	812	977	..	..	..	..	..
5300 Non-ventilables entre 5100 et 5200	0	30	43	18	40	..	..	..	..	..
6000 Autres impôts	**2**	**98**	**252**	**583**	**537**	..	..	..	..	..
6100 A la charge exclusive des entreprises	1	18	160	346	276	..	..	..	..	..
6200 A la charge d'autres agents	0	81	92	237	261	..	..	..	..	..
Recettes fiscales totales	**304**	**18 844**	**33 544**	**45 216**	**48 862**	..	..	..	..	..

	Administrations locales					Administrations de sécurite sociale				
	1975	1995	2005	2015	2017	1975	1995	2005	2015	2017
1000 Impôts sur revenu, bénéfices et gains en capital	**0**	**307**	**725**	**1 246**	**1 206**	**0**	**0**	**0**	**0**	**0**
1100 Des personnes physiques	..	156	298	832	759	..	..	..	..	..
1200 Des sociétés	..	151	427	414	447	..	..	..	..	..
1300 Non-ventilables entre 1100 et 1200	0	0	0	0	0	..	..	..	..	..
2000 Cotisations de sécurité sociale	**0**	**2**	**7**	**19**	**10**	**161**	**5 267**	**11 100**	**10 860**	**12 039**
2100 A la charge des salariés	..	2	7	19	10	62	2 100	4 053	1 867	1 899
2200 A la charge des employeurs	..	0	0	0	0	97	3 167	7 047	8 993	10 140
2300 A charge des travailleurs indép. ou sans emploi	..	0	0	0	0	2	0	0	0	0
2400 Non-ventilables entre 2100, 2200 et 2300	..	0	0	0	0	0	0	0	0	0
3000 Sur salaires ou main d'oeuvre	**0**	**0**	**0**	**0**	**0**	**0**	**0**	**0**	**0**	**0**
4000 Impôts sur le patrimoine	**0**	**599**	**1 532**	**2 107**	**2 297**	**0**	**0**	**0**	**0**	**0**
4100 Impôts périodiques sur la propriété immobilière	..	310	827	1 529	1 458	..	..	..	..	..
4200 Impôts périodiques sur l'actif net	..	0	0	0	0	..	..	..	..	..
4300 Impôts sur mut. par décès, succ. et donations	..	0	1	0	0	..	..	..	..	..
4400 Impôts sur transact. mobilières et immob.	..	289	704	578	839	..	..	..	..	..
4500 Impôts non-périodiques	..	0	0	0	0	..	..	..	..	..
4600 Autres impôts périodiques sur patrimoine	..	0	0	0	0	..	..	..	..	..
5000 Impôts sur les biens et services	**0**	**499**	**971**	**1 128**	**1 228**	**0**	**335**	**823**	**1 179**	**1 037**
5100 Impôts sur production, vente, transfert, etc.	0	442	837	872	961	..	335	823	1 179	1 031
5110 Impôts généraux	0	318	563	629	660	..	276	592	994	797
5120 Impôts sur biens et services déterminés	0	124	273	243	301	..	59	231	184	234
5130 Non-ventilables entre 5110 et 5120	0	0	0	0	0	..	0	0	0	0
5200 Impôts sur utilisation des biens et exerc. activites	0	57	133	256	267	..	0	0	0	6
5300 Non-ventilables entre 5100 et 5200	0	0	1	0	0	..	0	0	0	0
6000 Autres impôts	**0**	**3**	**28**	**11**	**18**	**0**	**1**	**3**	**14**	**12**
6100 A la charge exclusive des entreprises	..	0	25	9	9	..	0	0	0	0
6200 A la charge d'autres agents	..	3	3	3	9	..	1	3	14	12
Recettes fiscales totales	**0**	**1 410**	**3 262**	**4 511**	**4 760**	**161**	**5 603**	**11 926**	**12 053**	**13 088**

.. Non disponible

Note: À l'exclusion des droits de douane perçus pour le compte de l'Union européenne.

StatLink https://doi.org/10.1787/888934062093

Tableau 6.41. République slovaque, recettes fiscales par sous-secteurs d'administration

Millions EUR

	Administration centrale					Administration d'État/Régions				
	1975	1995	2005	2015	2017	1975	1995	2005	2015	2017
1000 Impôts sur revenu, bénéfices et gains en capital	..	**1 993**	**2 968**	**5 542**	**5 959**	..	..	..	..	..
1100 Des personnes physiques	..	695	1 496	2 464	2 855	..	..	..	..	..
1200 Des sociétés	..	1 166	1 345	2 917	2 925	..	..	..	..	..
1300 Non-ventilables entre 1100 et 1200	..	132	128	162	178	..	..	..	..	..
2000 Cotisations de sécurité sociale	..	**85**	**240**	**253**	**387**	..	..	..	..	..
2100 A la charge des salariés	..	10	104	58	91	..	..	..	..	..
2200 A la charge des employeurs	..	75	136	195	295	..	..	..	..	..
2300 A charge des travailleurs indép. ou sans emploi	..	0	0	0	1	..	..	..	..	..
2400 Non-ventilables entre 2100, 2200 et 2300	..	0	0	0	0	..	..	..	..	..
3000 Sur salaires ou main d'oeuvre	..	**0**	**0**	**0**	**0**	..	..	..	..	..
4000 Impôts sur le patrimoine	..	**27**	**28**	**0**	**0**	..	..	..	..	..
4100 Impôts périodiques sur la propriété immobilière	..	8	9	0	0	..	..	..	..	..
4200 Impôts périodiques sur l'actif net	..	0	0	0	0	..	..	..	..	..
4300 Impôts sur mut. par décès, succ. et donations	..	2	1	0	0	..	..	..	..	..
4400 Impôts sur transact. mobilières et immob.	..	16	18	0	0	..	..	..	..	..
4500 Impôts non-périodiques	..	0	0	0	0	..	..	..	..	..
4600 Autres impôts périodiques sur patrimoine	..	0	0	0	0	..	..	..	..	..
5000 Impôts sur les biens et services	..	**2 766**	**5 995**	**8 349**	**9 109**	..	..	..	..	..
5100 Impôts sur production, vente, transfert, etc.	..	2 589	5 749	7 829	8 540	..	..	..	..	..
5110 Impôts généraux	..	1 616	3 880	5 420	5 917	..	..	..	..	..
5120 Impôts sur biens et services déterminés	..	973	1 870	2 408	2 624	..	..	..	..	..
5130 Non-ventilables entre 5110 et 5120	..	0	0	0	0	..	..	..	..	..
5200 Impôts sur utilisation des biens et exerc. activites	..	177	244	521	569	..	..	..	..	..
5300 Non-ventilables entre 5100 et 5200	..	0	2	0	0	..	..	..	..	..
6000 Autres impôts	..	**0**	**0**	**0**	**0**	..	..	..	..	..
6100 A la charge exclusive des entreprises	..	..	..	..	..	..	..	..	..	..
6200 A la charge d'autres agents	..	..	..	..	..	..	..	..	..	..
Recettes fiscales totales	..	**4 870**	**9 231**	**14 145**	**15 456**	..	..	..	..	..

	Administrations locales					Administrations de sécurite sociale				
	1975	1995	2005	2015	2017	1975	1995	2005	2015	2017
1000 Impôts sur revenu, bénéfices et gains en capital	..	**0**	**0**	**0**	**0**	..	**0**	**0**	**0**	**0**
1100 Des personnes physiques	..	..	..	..	..	..	..	..	..	..
1200 Des sociétés	..	..	..	..	..	..	..	..	..	..
1300 Non-ventilables entre 1100 et 1200	..	..	..	..	..	..	..	..	..	..
2000 Cotisations de sécurité sociale	..	**0**	**0**	**0**	**0**	..	**2 817**	**6 037**	**10 607**	**11 938**
2100 A la charge des salariés	..	..	..	0	0	..	540	1 377	2 352	2 850
2200 A la charge des employeurs	..	..	..	0	0	..	1 774	3 356	6 087	6 904
2300 A charge des travailleurs indép. ou sans emploi	..	..	..	0	0	..	503	1 304	2 168	2 184
2400 Non-ventilables entre 2100, 2200 et 2300	..	..	..	0	0	..	0	0	0	0
3000 Sur salaires ou main d'oeuvre	..	**0**	**0**	**0**	**0**	..	**0**	**0**	**0**	**0**
4000 Impôts sur le patrimoine	..	**84**	**220**	**335**	**361**	..	**0**	**0**	**0**	**0**
4100 Impôts périodiques sur la propriété immobilière	..	72	220	335	361	..	..	..	..	..
4200 Impôts périodiques sur l'actif net	..	0	0	0	0	..	..	..	..	..
4300 Impôts sur mut. par décès, succ. et donations	..	0	0	0	0	..	..	..	..	..
4400 Impôts sur transact. mobilières et immob.	..	12	0	0	0	..	..	..	..	..
4500 Impôts non-périodiques	..	0	0	0	0	..	..	..	..	..
4600 Autres impôts périodiques sur patrimoine	..	0	0	0	0	..	..	..	..	..
5000 Impôts sur les biens et services	..	**17**	**198**	**182**	**181**	..	**0**	**0**	**0**	**0**
5100 Impôts sur production, vente, transfert, etc.	..	10	9	12	15	..	..	..	..	..
5110 Impôts généraux	..	0	0	0	0	..	..	..	..	..
5120 Impôts sur biens et services déterminés	..	10	9	12	15	..	..	..	..	..
5130 Non-ventilables entre 5110 et 5120	..	0	0	0	0	..	..	..	..	..
5200 Impôts sur utilisation des biens et exerc. activites	..	1	94	17	6	..	..	..	..	..
5300 Non-ventilables entre 5100 et 5200	..	6	95	153	160	..	..	..	..	..
6000 Autres impôts	..	**0**	**0**	**0**	**0**	..	**0**	**0**	**0**	**0**
6100 A la charge exclusive des entreprises	..	..	..	..	..	..	..	..	..	..
6200 A la charge d'autres agents	..	..	..	..	..	..	..	..	..	..
Recettes fiscales totales	..	**101**	**418**	**517**	**542**	..	**2 817**	**6 037**	**10 607**	**11 938**

.. Non disponible

Note: À l'exclusion des droits de douane perçus pour le compte de l'Union européenne.

StatLink https://doi.org/10.1787/888934062112

Tableau 6.42. Slovenie, recettes fiscales par sous-secteurs d'administration

Millions EUR

	Administration centrale					Administration d'État/Régions				
	1975	1995	2005	2015	2017	1975	1995	2005	2015	2017
1000 Impôts sur revenu, bénéfices et gains en capital	..	**479**	**1 828**	**1 528**	**1 884**	..	..	..	..	..
1100 Des personnes physiques	..	413	1 029	958	1 118	..	..	..	..	..
1200 Des sociétés	..	54	795	568	764	..	..	..	..	..
1300 Non-ventilables entre 1100 et 1200	..	12	5	2	3	..	..	..	..	..
2000 Cotisations de sécurité sociale	..	**38**	**42**	**59**	**67**	..	..	..	..	..
2100 A la charge des salariés	..	20	24	31	35	..	..	..	..	..
2200 A la charge des employeurs	..	17	15	23	26	..	..	..	..	..
2300 A charge des travailleurs indép. ou sans emploi	..	1	3	5	6	..	..	..	..	..
2400 Non-ventilables entre 2100, 2200 et 2300	..	0	0	0	0	..	..	..	..	..
3000 Sur salaires ou main d'oeuvre	..	**14**	**521**	**20**	**21**	..	..	..	..	..
4000 Impôts sur le patrimoine	..	**5**	**3**	**2**	**2**	..	..	..	..	..
4100 Impôts périodiques sur la propriété immobilière	..	0	0	0	0	..	..	..	..	..
4200 Impôts périodiques sur l'actif net	..	0	3	0	0	..	..	..	..	..
4300 Impôts sur mut. par décès, succ. et donations	..	0	0	0	0	..	..	..	..	..
4400 Impôts sur transact. mobilières et immob.	..	0	0	0	0	..	..	..	..	..
4500 Impôts non-périodiques	..	5	0	2	2	..	..	..	..	..
4600 Autres impôts périodiques sur patrimoine	..	0	0	0	0	..	..	..	..	..
5000 Impôts sur les biens et services	..	**1 554**	**3 805**	**5 541**	**5 927**	..	..	..	..	..
5100 Impôts sur production, vente, transfert, etc.	..	1 524	3 624	5 202	5 559	..	..	..	..	..
5110 Impôts généraux	..	1 192	2 467	3 221	3 483	..	..	..	..	..
5120 Impôts sur biens et services déterminés	..	332	1 156	1 981	2 076	..	..	..	..	..
5130 Non-ventilables entre 5110 et 5120	..	0	0	0	0	..	..	..	..	..
5200 Impôts sur utilisation des biens et exerc. activites	..	31	181	339	368	..	..	..	..	..
5300 Non-ventilables entre 5100 et 5200	..	0	0	0	0	..	..	..	..	..
6000 Autres impôts	..	**0**	**0**	**0**	**0**	..	..	..	..	..
6100 A la charge exclusive des entreprises	..	..	..	..	..	..	..	..	..	..
6200 A la charge d'autres agents	..	..	..	..	..	..	..	..	..	..
Recettes fiscales totales	..	**2 090**	**6 199**	**7 150**	**7 901**	..	..	..	..	..

	Administrations locales					Administrations de sécurite sociale				
	1975	1995	2005	2015	2017	1975	1995	2005	2015	2017
1000 Impôts sur revenu, bénéfices et gains en capital	..	**194**	**559**	**1 019**	**1 096**	..	**0**	**0**	**0**	**0**
1100 Des personnes physiques	..	192	556	1 019	1 096	..	..	..	..	..
1200 Des sociétés	..	0	0	0	0	..	..	..	..	..
1300 Non-ventilables entre 1100 et 1200	..	2	2	0	0	..	..	..	..	..
2000 Cotisations de sécurité sociale	..	**0**	**0**	**0**	**0**	..	**1 690**	**4 042**	**5 547**	**6 173**
2100 A la charge des salariés	..	..	..	..	..	..	810	2 122	2 879	3 212
2200 A la charge des employeurs	..	..	..	..	..	..	802	1 572	2 112	2 382
2300 A charge des travailleurs indép. ou sans emploi	..	..	..	..	..	..	78	348	556	579
2400 Non-ventilables entre 2100, 2200 et 2300	..	..	..	..	..	..	0	0	0	0
3000 Sur salaires ou main d'oeuvre	..	**2**	**0**	**0**	**0**	..	**0**	**0**	**0**	**0**
4000 Impôts sur le patrimoine	..	**53**	**167**	**239**	**275**	..	**0**	**0**	**0**	**0**
4100 Impôts périodiques sur la propriété immobilière	..	37	122	199	221	..	..	..	..	..
4200 Impôts périodiques sur l'actif net	..	0	0	0	0	..	..	..	..	..
4300 Impôts sur mut. par décès, succ. et donations	..	1	5	8	11	..	..	..	..	..
4400 Impôts sur transact. mobilières et immob.	..	12	40	29	41	..	..	..	..	..
4500 Impôts non-périodiques	..	3	0	3	2	..	..	..	..	..
4600 Autres impôts périodiques sur patrimoine	..	0	0	0	0	..	..	..	..	..
5000 Impôts sur les biens et services	..	**7**	**91**	**96**	**90**	..	**0**	**0**	**0**	**0**
5100 Impôts sur production, vente, transfert, etc.	..	7	43	57	55	..	..	..	..	..
5110 Impôts généraux	..	0	0	0	0	..	..	..	..	..
5120 Impôts sur biens et services déterminés	..	7	43	57	55	..	..	..	..	..
5130 Non-ventilables entre 5110 et 5120	..	0	0	0	0	..	..	..	..	..
5200 Impôts sur utilisation des biens et exerc. activites	..	0	48	39	35	..	..	..	..	..
5300 Non-ventilables entre 5100 et 5200	..	0	0	0	0	..	..	..	..	..
6000 Autres impôts	..	**0**	**0**	**0**	**0**	..	**0**	**0**	**0**	**0**
6100 A la charge exclusive des entreprises	..	..	..	..	..	..	..	..	..	..
6200 A la charge d'autres agents	..	..	..	..	..	..	..	..	..	..
Recettes fiscales totales	..	**256**	**817**	**1 354**	**1 461**	..	**1 690**	**4 042**	**5 547**	**6 173**

.. Non disponible

Note: À l'exclusion des droits de douane perçus pour le compte de l'Union européenne.

StatLink https://doi.org/10.1787/888934062131

Tableau 6.43. Espagne, recettes fiscales par sous-secteurs d'administration

Millions EUR

	Administration fédérale					Administration d'État/Régions				
	1975	1995	2005	2015	2017	1975	1995	2005	2015	2017
1000 Impôts sur revenu, bénéfices et gains en capital	**1 388**	**39 836**	**72 595**	**64 215**	**65 395**	**..**	**588**	**19 503**	**34 814**	**41 753**
1100 Des personnes physiques	897	31 927	38 102	39 436	39 712	..	457	19 104	34 600	41 464
1200 Des sociétés	490	7 909	34 493	24 779	25 683	..	131	399	214	289
1300 Non-ventilables entre 1100 et 1200	1	0	0	0	0	..	0	0	0	0
2000 Cotisations de sécurité sociale	**0**	**2 027**	**3 027**	**3 505**	**3 446**	**..**	**0**	**0**	**0**	**0**
2100 A la charge des salariés	..	1 017	1 369	1 541	1 465	..	..	..	..	..
2200 A la charge des employeurs	..	1 010	1 658	1 964	1 981	..	..	..	..	..
2300 A charge des travailleurs indép. ou sans emploi	..	0	0	0	0	..	..	..	..	..
2400 Non-ventilables entre 2100, 2200 et 2300	..	0	0	0	0	..	..	..	..	..
3000 Sur salaires ou main d'oeuvre	**0**	**0**	**0**	**0**	**0**	**..**	**0**	**0**	**0**	**0**
4000 Impôts sur le patrimoine	**421**	**404**	**78**	**1 186**	**438**	**..**	**4 050**	**19 273**	**10 597**	**12 034**
4100 Impôts périodiques sur la propriété immobilière	1	6	6	4	8	..	0	27	39	33
4200 Impôts périodiques sur l'actif net	0	167	37	32	56	..	419	1 251	1 001	1 147
4300 Impôts sur mut. par décès, succ. et donations	56	1	25	211	134	..	835	2 315	2 453	2 458
4400 Impôts sur transact. mobilières et immob.	364	230	10	6	6	..	2 796	15 680	7 104	8 396
4500 Impôts non-périodiques	0	0	0	933	234	..	0	0	0	0
4600 Autres impôts périodiques sur patrimoine	0	0	0	0	0	..	0	0	0	0
5000 Impôts sur les biens et services	**1 609**	**33 234**	**72 725**	**89 805**	**94 307**	**..**	**2 239**	**7 378**	**5 750**	**6 359**
5100 Impôts sur production, vente, transfert, etc.	1 599	33 047	72 078	88 306	92 809	..	2 070	7 056	5 214	5 807
5110 Impôts généraux	990	20 732	52 660	62 527	67 569	..	633	1 455	1 824	1 998
5120 Impôts sur biens et services déterminés	608	12 315	19 418	25 779	25 240	..	1 437	5 601	3 390	3 809
5130 Non-ventilables entre 5110 et 5120	0	0	0	0	0	..	0	0	0	0
5200 Impôts sur utilisation des biens et exerc. activites	10	187	647	1 499	1 498	..	169	322	536	552
5300 Non-ventilables entre 5100 et 5200	0	0	0	0	0	..	0	0	0	0
6000 Autres impôts	**0**	**0**	**0**	**101**	**60**	**..**	**0**	**1**	**19**	**26**
6100 A la charge exclusive des entreprises	0	..	..	0	0	..	..	0	0	0
6200 A la charge d'autres agents	0	..	..	101	60	..	..	1	19	26
Recettes fiscales totales	**3 418**	**75 501**	**148 425**	**158 812**	**163 646**	**..**	**6 877**	**46 155**	**51 180**	**60 172**

	Administrations locales					Administrations de sécurite sociale				
	1975	1995	2005	2015	2017	1975	1995	2005	2015	2017
1000 Impôts sur revenu, bénéfices et gains en capital	**175**	**2 514**	**4 892**	**5 633**	**6 269**	**0**	**0**	**0**	**0**	**0**
1100 Des personnes physiques	131	2 137	3 426	4 637	5 165	..	..	..	..	..
1200 Des sociétés	0	377	1 466	996	1 104	..	..	..	..	..
1300 Non-ventilables entre 1100 et 1200	44	0	0	0	0	..	..	..	..	..
2000 Cotisations de sécurité sociale	**0**	**0**	**0**	**0**	**0**	**3 367**	**50 834**	**107 626**	**119 965**	**131 252**
2100 A la charge des salariés	..	..	..	..	..	645	7 611	16 164	17 298	19 204
2200 A la charge des employeurs	..	..	..	..	..	2 722	35 702	78 557	86 418	95 900
2300 A charge des travailleurs indép. ou sans emploi	..	..	..	..	..	0	7 521	12 905	16 249	16 148
2400 Non-ventilables entre 2100, 2200 et 2300	..	..	..	..	..	0	0	0	0	0
3000 Sur salaires ou main d'oeuvre	**0**	**0**	**0**	**0**	**0**	**0**	**0**	**0**	**0**	**0**
4000 Impôts sur le patrimoine	**26**	**3 759**	**8 869**	**16 372**	**17 176**	**0**	**0**	**0**	**0**	**0**
4100 Impôts périodiques sur la propriété immobilière	26	2 754	6 038	12 581	13 120	..	0	0	0	0
4200 Impôts périodiques sur l'actif net	0	177	431	911	956	..	0	0	0	0
4300 Impôts sur mut. par décès, succ. et donations	0	19	79	114	118	..	0	0	0	0
4400 Impôts sur transact. mobilières et immob.	0	166	423	145	183	..	0	0	0	0
4500 Impôts non-périodiques	0	643	1 898	2 621	2 799	..	0	0	0	0
4600 Autres impôts périodiques sur patrimoine	0	0	0	0	0	..	0	0	0	0
5000 Impôts sur les biens et services	**104**	**6 389**	**13 440**	**13 895**	**14 899**	**0**	**0**	**0**	**0**	**0**
5100 Impôts sur production, vente, transfert, etc.	104	2 293	6 576	7 674	8 274	..	..	..	..	..
5110 Impôts généraux	95	1 958	4 718	5 815	6 366	..	..	..	..	..
5120 Impôts sur biens et services déterminés	10	335	1 858	1 859	1 908	..	..	..	..	..
5130 Non-ventilables entre 5110 et 5120	0	0	0	0	0	..	0	0	0	0
5200 Impôts sur utilisation des biens et exerc. activites	0	4 096	6 864	6 221	6 625	..	0	0	0	0
5300 Non-ventilables entre 5100 et 5200	0	0	0	0	0	..	0	0	0	0
6000 Autres impôts	**0**	**8**	**6**	**69**	**39**	**0**	**..**	**..**	**..**	**..**
6100 A la charge exclusive des entreprises	..	0	0	0	0	..	0	0	0	0
6200 A la charge d'autres agents	..	8	6	69	39	..	0	0	0	0
Recettes fiscales totales	**305**	**12 670**	**27 207**	**35 969**	**38 383**	**3 367**	**50 834**	**107 626**	**119 965**	**131 252**

.. Non disponible

Note: À l'exclusion des droits de douane perçus pour le compte de l'Union européenne.

StatLink https://doi.org/10.1787/888934062150

Tableau 6.44. Suède, recettes fiscales par sous-secteurs d'administration

Millions SEK

	Administration centrale					Administration d'État/Régions				
	1975	1995	2005	2015	2017	1975	1995	2005	2015	2017
1000 Impôts sur revenu, bénéfices et gains en capital	**28 216**	**72 342**	**94 015**	**14 061**	**36 871**	**..**	**..**	**..**	**..**	**..**
1100 Des personnes physiques	25 626	22 541	-7 974	-109 818	-91 750	..	..	..	..	..
1200 Des sociétés	2 590	49 801	101 989	123 878	128 621	..	..	..	..	..
1300 Non-ventilables entre 1100 et 1200	0	0	0	0	0	..	..	..	..	..
2000 Cotisations de sécurité sociale[1]	**0**	**50 560**	**212 964**	**180 723**	**198 078**	**..**	**..**	**..**	**..**	**..**
2100 A la charge des salariés	..	0	0	0	0	..	..	..	..	..
2200 A la charge des employeurs	..	49 222	209 370	179 056	197 212	..	..	..	..	..
2300 A charge des travailleurs indép. ou sans emploi	..	1 338	4 639	1 875	1 701	..	..	..	..	..
2400 Non-ventilables entre 2100, 2200 et 2300	..	0	-1 044	-209	-836	..	..	..	..	..
3000 Sur salaires ou main d'oeuvre	**5 723**	**17 800**	**62 432**	**194 121**	**233 192**	**..**	**..**	**..**	**..**	**..**
4000 Impôts sur le patrimoine	**1 469**	**23 260**	**40 116**	**27 917**	**28 534**	**..**	**..**	**..**	**..**	**..**
4100 Impôts périodiques sur la propriété immobilière	11	15 263	25 139	16 509	15 937	..	..	..	..	..
4200 Impôts périodiques sur l'actif net	647	3 583	4 998	0	0	..	..	..	..	..
4300 Impôts sur mut. par décès, succ. et donations	335	1 388	1 092	0	0	..	..	..	..	..
4400 Impôts sur transact. mobilières et immob.	476	3 026	8 887	11 408	12 596	..	..	..	..	..
4500 Impôts non-périodiques	0	0	0	0	0	..	..	..	..	..
4600 Autres impôts périodiques sur patrimoine	0	0	0	0	0	..	..	..	..	..
5000 Impôts sur les biens et services	**31 985**	**237 720**	**353 163**	**509 119**	**565 085**	**..**	**..**	**..**	**..**	**..**
5100 Impôts sur production, vente, transfert, etc.	29 820	233 671	342 144	490 367	545 161	..	..	..	..	..
5110 Impôts généraux	15 806	166 557	250 470	382 712	427 738	..	..	..	..	..
5120 Impôts sur biens et services déterminés	14 014	67 114	91 674	107 655	117 423	..	..	..	..	..
5130 Non-ventilables entre 5110 et 5120	0	0	0	0	0	..	..	..	..	..
5200 Impôts sur utilisation des biens et exerc. activites	2 165	4 049	11 019	18 752	19 924	..	..	..	..	..
5300 Non-ventilables entre 5100 et 5200	0	0	0	0	0	..	..	..	..	..
6000 Autres impôts	**260**	**1 438**	**1 347**	**1 356**	**2 257**	**..**	**..**	**..**	**..**	**..**
6100 A la charge exclusive des entreprises	0	0	0	0	..	..	..	..	..	..
6200 A la charge d'autres agents	260	1 438	1 347	1 356	2 257	..	..	..	..	..
Recettes fiscales totales	**67 653**	**403 120**	**764 039**	**927 296**	**1 064 017**	**..**	**..**	**..**	**..**	**..**

	Administrations locales					Administrations de sécurite sociale				
	1975	1995	2005	2015	2017	1975	1995	2005	2015	2017
1000 Impôts sur revenu, bénéfices et gains en capital	**38 415**	**265 068**	**435 577**	**635 719**	**700 078**	**0**	**0**	**0**	**0**	**0**
1100 Des personnes physiques	35 269	265 068	435 577	635 719	700 078	..	..	..	..	..
1200 Des sociétés	3 146	0	0	0	0	..	..	..	..	..
1300 Non-ventilables entre 1100 et 1200	0	0	0	0	0	..	..	..	..	..
2000 Cotisations de sécurité sociale[1]	**0**	**0**	**0**	**0**	**0**	**25 756**	**186 992**	**151 019**	**224 129**	**245 032**
2100 A la charge des salariés	..	..	..	..	..	0	28 989	74 178	108 356	118 740
2200 A la charge des employeurs	..	..	..	..	..	24 203	154 154	74 377	112 589	123 174
2300 A charge des travailleurs indép. ou sans emploi	..	..	..	..	..	1 553	3 849	2 464	3 183	3 118
2400 Non-ventilables entre 2100, 2200 et 2300	..	..	..	..	..	0	0	0	0	0
3000 Sur salaires ou main d'oeuvre	**0**	**0**	**0**	**0**	**0**	**0**	**0**	**0**	**0**	**0**
4000 Impôts sur le patrimoine	**0**	**0**	**0**	**15 935**	**16 939**	**0**	**0**	**0**	**0**	**0**
4100 Impôts périodiques sur la propriété immobilière	..	..	..	15 935	16 939	..	..	..	..	..
4200 Impôts périodiques sur l'actif net	..	..	..	0	0	..	..	..	..	..
4300 Impôts sur mut. par décès, succ. et donations	..	..	..	0	0	..	..	..	..	..
4400 Impôts sur transact. mobilières et immob.	..	..	..	0	0	..	..	..	..	..
4500 Impôts non-périodiques	..	..	..	0	0	..	..	..	..	..
4600 Autres impôts périodiques sur patrimoine	..	..	..	0	0	..	..	..	..	..
5000 Impôts sur les biens et services	**149**	**786**	**0**	**0**	**0**	**0**	**0**	**0**	**0**	**0**
5100 Impôts sur production, vente, transfert, etc.	119	732	0	0	0	..	..	..	..	..
5110 Impôts généraux	0	0	0	0	0	..	..	..	..	..
5120 Impôts sur biens et services déterminés	119	732	0	0	0	..	..	..	..	..
5130 Non-ventilables entre 5110 et 5120	0	0	0	0	0	..	..	..	..	..
5200 Impôts sur utilisation des biens et exerc. activites	30	54	0	0	0	..	..	..	..	..
5300 Non-ventilables entre 5100 et 5200	0	0	0	0	0	..	..	..	..	..
6000 Autres impôts	**0**	**0**	**0**	**0**	**0**	**0**	**0**	**0**	**0**	**0**
6100 A la charge exclusive des entreprises	..	..	..	..	..	..	..	..	..	..
6200 A la charge d'autres agents	..	..	..	..	..	..	..	..	..	..
Recettes fiscales totales	**38 564**	**265 854**	**435 577**	**651 654**	**717 017**	**25 756**	**186 992**	**151 019**	**224 129**	**245 032**

.. Non disponible

Note: À l'exclusion des droits de douane perçus pour le compte de l'Union européenne.

1. From 1985, social security contributions are classified using the SNA definition of Social security Funds which means that a proportion of these payments are shown under the heading of Central Government. Prior to that year, all such payments were classified under the heading of Social Security.

StatLink https://doi.org/10.1787/888934062169

Tableau 6.45. Suisse, recettes fiscales par sous-secteurs d'administration

Millions CHF

	Administration fédérale					Administration d'État/Régions				
	1975	1995	2005	2015	2017	1975	1995	2005	2015	2017
1000 Impôts sur revenu, bénéfices et gains en capital	**3 422**	**10 468**	**16 341**	**26 841**	**30 829**	**7 756**	**19 408**	**26 544**	**34 686**	**35 790**
1100 Des personnes physiques	2 712	5 699	7 823	10 567	10 572	6 342	16 182	21 289	27 185	28 070
1200 Des sociétés	710	2 678	4 519	9 731	10 547	1 414	2 628	4 627	6 294	6 454
1300 Non-ventilables entre 1100 et 1200	0	2 092	4 000	6 543	9 710	0	598	628	1 207	1 266
2000 Cotisations de sécurité sociale	**0**	**0**	**0**	**0**	**0**	**0**	**0**	**0**	**0**	**0**
2100 A la charge des salariés	..	..	..	..	..	..	..	..	..	..
2200 A la charge des employeurs	..	..	..	..	..	..	..	..	..	..
2300 A charge des travailleurs indép. ou sans emploi	..	..	..	..	..	..	..	..	..	..
2400 Non-ventilables entre 2100, 2200 et 2300	..	..	..	..	..	..	..	..	..	..
3000 Sur salaires ou main d'oeuvre	**0**	**0**	**0**	**0**	**0**	**0**	**0**	**0**	**0**	**0**
4000 Impôts sur le patrimoine	**463**	**1 703**	**2 703**	**1 674**	**1 722**	**1 428**	**4 116**	**5 523**	**7 191**	**7 941**
4100 Impôts périodiques sur la propriété immobilière	0	0	0	0	0	60	162	230	349	342
4200 Impôts périodiques sur l'actif net	89	0	0	0	0	988	2 467	3 683	4 992	5 601
4300 Impôts sur mut. par décès, succ. et donations	0	0	0	0	0	270	974	824	964	1 042
4400 Impôts sur transact. mobilières et immob.	374	1 703	2 703	1 674	1 722	110	103	157	177	191
4500 Impôts non-périodiques	0	0	0	0	0	0	0	0	0	0
4600 Autres impôts périodiques sur patrimoine	0	0	0	0	0	0	411	629	709	765
5000 Impôts sur les biens et services	**7 431**	**20 257**	**28 941**	**36 076**	**37 114**	**795**	**1 706**	**2 373**	**2 883**	**2 974**
5100 Impôts sur production, vente, transfert, etc.	7 431	19 763	27 114	33 093	33 692	154	266	447	604	621
5110 Impôts généraux	3 205	12 428	18 429	22 791	23 298	0	0	0	0	0
5120 Impôts sur biens et services déterminés	4 226	7 335	8 685	10 302	10 394	154	236	410	584	599
5130 Non-ventilables entre 5110 et 5120	0	0	0	0	0	0	29	37	20	22
5200 Impôts sur utilisation des biens et exerc. activites	0	494	1 827	2 983	3 422	641	1 440	1 927	2 280	2 353
5300 Non-ventilables entre 5100 et 5200	0	0	0	0	0	0	0	0	0	0
6000 Autres impôts	**0**	**0**	**0**	**0**	**75**	**0**	**19**	**23**	**230**	**322**
6100 A la charge exclusive des entreprises	..	..	..	..	0	..	6	7	64	64
6200 A la charge d'autres agents	..	..	..	..	75	..	13	16	165	258
Recettes fiscales totales	**11 316**	**32 428**	**47 986**	**64 590**	**69 740**	**9 979**	**25 249**	**34 462**	**44 990**	**47 027**

	Administrations locales					Administrations de sécurite sociale				
	1975	1995	2005	2015	2017	1975	1995	2005	2015	2017
1000 Impôts sur revenu, bénéfices et gains en capital	**6 403**	**15 575**	**18 091**	**22 849**	**23 775**	**0**	**0**	**0**	**0**	**0**
1100 Des personnes physiques	5 398	13 340	15 326	18 625	19 175	..	..	..	..	..
1200 Des sociétés	1 005	1 624	2 316	3 418	3 534	..	..	..	..	..
1300 Non-ventilables entre 1100 et 1200	0	611	450	806	1 066	..	..	..	..	..
2000 Cotisations de sécurité sociale	**0**	**0**	**0**	**0**	**0**	**8 111**	**27 831**	**32 318**	**44 073**	**44 998**
2100 A la charge des salariés	..	..	..	..	..	3 589	13 021	15 125	20 436	20 887
2200 A la charge des employeurs	..	..	..	..	..	3 618	13 032	15 139	20 468	20 922
2300 A charge des travailleurs indép. ou sans emploi	..	..	..	..	..	840	1 778	2 053	3 169	3 189
2400 Non-ventilables entre 2100, 2200 et 2300	..	..	..	..	..	64	0	0	0	0
3000 Sur salaires ou main d'oeuvre	**0**	**0**	**0**	**0**	**0**	**0**	**0**	**0**	**0**	**0**
4000 Impôts sur le patrimoine	**1 068**	**2 614**	**3 251**	**4 262**	**4 776**	**0**	**0**	**0**	**0**	**0**
4100 Impôts périodiques sur la propriété immobilière	182	443	588	789	927	..	..	..	..	..
4200 Impôts périodiques sur l'actif net	809	1 873	2 393	3 091	3 401	..	..	..	..	..
4300 Impôts sur mut. par décès, succ. et donations	27	89	79	124	149	..	..	..	..	..
4400 Impôts sur transact. mobilières et immob.	50	42	38	52	60	..	..	..	..	..
4500 Impôts non-périodiques	0	0	0	0	0	..	..	..	..	..
4600 Autres impôts périodiques sur patrimoine	0	168	153	206	240	..	..	..	..	..
5000 Impôts sur les biens et services	**22**	**97**	**78**	**133**	**155**	**0**	**0**	**0**	**0**	**0**
5100 Impôts sur production, vente, transfert, etc.	17	55	26	63	67	..	..	..	..	..
5110 Impôts généraux	0	0	0	0	0	..	..	..	..	..
5120 Impôts sur biens et services déterminés	17	29	20	15	18	..	..	..	..	..
5130 Non-ventilables entre 5110 et 5120	0	25	6	48	50	..	..	..	..	..
5200 Impôts sur utilisation des biens et exerc. activites	5	42	52	70	87	..	..	..	..	..
5300 Non-ventilables entre 5100 et 5200	0	0	0	0	0	..	..	..	..	..
6000 Autres impôts	**0**	**164**	**223**	**569**	**569**	**0**	**0**	**0**	**0**	**0**
6100 A la charge exclusive des entreprises	..	49	67	277	273	..	..	..	..	..
6200 A la charge d'autres agents	..	115	156	292	297	..	..	..	..	..
Recettes fiscales totales	**7 493**	**18 451**	**21 643**	**27 813**	**29 275**	**8 111**	**27 831**	**32 318**	**44 073**	**44 998**

.. Non disponible

StatLink https://doi.org/10.1787/888934062188

Tableau 6.46. Turquie, recettes fiscales par sous-secteurs d'administration

Millions TRY

	Administration centrale					Administration d'État/Régions				
	1975	1995	2005	2015	2017	1975	1995	2005	2015	2017
1000 Impôts sur revenu, bénéfices et gains en capital	..	**433**	**30 324**	**104 699**	**145 307**	..	..	..	..	..
1100 Des personnes physiques	..	330	20 458	75 426	98 935	..	..	..	..	..
1200 Des sociétés	..	103	9 866	29 272	46 372	..	..	..	..	..
1300 Non-ventilables entre 1100 et 1200	..	0	0	0	0	..	..	..	..	..
2000 Cotisations de sécurité sociale	..	**0**	**0**	**0**	**0**	..	..	..	..	..
2100 A la charge des salariés	..	..	..	..	..	..	..	..	..	..
2200 A la charge des employeurs	..	..	..	..	..	..	..	..	..	..
2300 A charge des travailleurs indép. ou sans emploi	..	..	..	..	..	..	..	..	..	..
2400 Non-ventilables entre 2100, 2200 et 2300	..	..	..	..	..	..	..	..	..	..
3000 Sur salaires ou main d'oeuvre	..	**0**	**0**	**0**	**0**	..	..	..	..	..
4000 Impôts sur le patrimoine	..	**49**	**3 626**	**20 211**	**24 620**	..	..	..	..	..
4100 Impôts périodiques sur la propriété immobilière	..	0	0	0	0	..	..	..	..	..
4200 Impôts périodiques sur l'actif net	..	0	0	0	0	..	..	..	..	..
4300 Impôts sur mut. par décès, succ. et donations	..	1	78	379	630	..	..	..	..	..
4400 Impôts sur transact. mobilières et immob.	..	29	3 548	19 832	23 990	..	..	..	..	..
4500 Impôts non-périodiques	..	19	0	0	0	..	..	..	..	..
4600 Autres impôts périodiques sur patrimoine	..	0	0	0	0	..	..	..	..	..
5000 Impôts sur les biens et services	..	**574**	**71 956**	**231 227**	**299 432**	..	..	..	..	..
5100 Impôts sur production, vente, transfert, etc.	..	567	69 266	222 702	289 671	..	..	..	..	..
5110 Impôts généraux	..	475	30 343	107 451	137 136	..	..	..	..	..
5120 Impôts sur biens et services déterminés	..	92	38 923	115 251	152 534	..	..	..	..	..
5130 Non-ventilables entre 5110 et 5120	..	0	0	0	0	..	..	..	..	..
5200 Impôts sur utilisation des biens et exerc. activites	..	8	2 691	8 526	9 761	..	..	..	..	..
5300 Non-ventilables entre 5100 et 5200	..	0	0	0	0	..	..	..	..	..
6000 Autres impôts	..	**259**	**4 181**	**3 779**	**3 838**	..	..	..	..	..
6100 A la charge exclusive des entreprises	..	0	0	0	0	..	..	..	..	..
6200 A la charge d'autres agents	..	259	4 181	3 779	3 838	..	..	..	..	..
Recettes fiscales totales	..	**1 316**	**110 088**	**359 915**	**473 197**	..	..	..	..	..

	Administrations locales					Administrations de sécurite sociale				
	1975	1995	2005	2015	2017	1975	1995	2005	2015	2017
1000 Impôts sur revenu, bénéfices et gains en capital	..	**63**	**4 011**	**14 445**	**19 999**	..	**0**	**0**	**0**	**0**
1100 Des personnes physiques	..	48	2 706	10 330	13 465	..	..	..	..	..
1200 Des sociétés	..	15	1 305	4 116	6 534	..	..	..	..	..
1300 Non-ventilables entre 1100 et 1200	..	0	0	0	0	..	..	..	..	..
2000 Cotisations de sécurité sociale	..	**0**	**0**	**0**	**0**	..	**212**	**35 321**	**170 282**	**226 720**
2100 A la charge des salariés	..	..	..	..	..	..	82	12 128	64 214	86 410
2200 A la charge des employeurs	..	..	..	..	..	..	110	16 132	95 067	128 331
2300 A charge des travailleurs indép. ou sans emploi	..	..	..	..	..	..	19	7 061	11 001	11 979
2400 Non-ventilables entre 2100, 2200 et 2300	..	..	..	..	..	..	0	0	0	0
3000 Sur salaires ou main d'oeuvre	..	**0**	**0**	**0**	**0**	..	**0**	**0**	**0**	**0**
4000 Impôts sur le patrimoine	..	**4**	**1 627**	**8 371**	**10 237**	..	**0**	**0**	**0**	**0**
4100 Impôts périodiques sur la propriété immobilière	..	0	1 148	5 882	6 809	..	..	..	..	..
4200 Impôts périodiques sur l'actif net	..	0	0	0	0	..	..	..	..	..
4300 Impôts sur mut. par décès, succ. et donations	..	0	10	56	88	..	..	..	..	..
4400 Impôts sur transact. mobilières et immob.	..	4	469	2 433	3 341	..	..	..	..	..
4500 Impôts non-périodiques	..	0	0	0	0	..	..	..	..	..
4600 Autres impôts périodiques sur patrimoine	..	0	0	0	0	..	..	..	..	..
5000 Impôts sur les biens et services	..	**84**	**5 649**	**28 737**	**36 825**	..	**0**	**0**	**0**	**0**
5100 Impôts sur production, vente, transfert, etc.	..	82	5 295	27 560	35 264	..	..	..	..	..
5110 Impôts généraux	..	69	4 014	13 619	18 543	..	..	..	..	..
5120 Impôts sur biens et services déterminés	..	13	1 281	13 940	16 721	..	..	..	..	..
5130 Non-ventilables entre 5110 et 5120	..	0	0	0	0	..	..	..	..	..
5200 Impôts sur utilisation des biens et exerc. activites	..	1	354	1 177	1 560	..	..	..	..	..
5300 Non-ventilables entre 5100 et 5200	..	0	0	0	0	..	..	..	..	..
6000 Autres impôts	..	**73**	**721**	**4 971**	**6 429**	..	**0**	**0**	**0**	**0**
6100 A la charge exclusive des entreprises	..	0	0	0	0	..	..	..	..	..
6200 A la charge d'autres agents	..	73	721	4 971	6 429	..	..	..	..	..
Recettes fiscales totales	..	**224**	**12 008**	**56 525**	**73 490**	..	**212**	**35 321**	**170 282**	**226 720**

.. Non disponible

StatLink https://doi.org/10.1787/888934062207

Tableau 6.47. Royaume-Uni, recettes fiscales par sous-secteurs d'administration

Millions GBP

	Administration centrale					Administration d'État/Régions				
	1975	1995	2005	2015	2017	1975	1995	2005	2015	2017
1000 Impôts sur revenu, bénéfices et gains en capital	**16 716**	**92 147**	**177 672**	**214 870**	**243 181**	..	..	..	..	..
1100 Des personnes physiques	14 936	71 973	130 135	168 873	185 560	..	..	..	..	..
1200 Des sociétés	2 310	20 174	47 537	45 997	57 621	..	..	..	..	..
1300 Non-ventilables entre 1100 et 1200	-530	0	0	0	0	..	..	..	..	..
2000 Cotisations de sécurité sociale	**0**	**0**	**0**	**0**	**0**	..	..	..	..	..
2100 A la charge des salariés	..	..	..	..	..	..	..	..	..	..
2200 A la charge des employeurs	..	..	..	..	..	..	..	..	..	..
2300 A charge des travailleurs indép. ou sans emploi	..	..	..	..	..	..	..	..	..	..
2400 Non-ventilables entre 2100, 2200 et 2300	..	..	..	..	..	..	..	..	..	..
3000 Sur salaires ou main d'oeuvre	**-1**	**0**	**0**	**0**	**1 842**	..	..	..	..	..
4000 Impôts sur le patrimoine	**619**	**15 730**	**32 583**	**46 620**	**52 423**	..	..	..	..	..
4100 Impôts périodiques sur la propriété immobilière	44	12 369	19 523	28 389	29 942	..	..	..	..	..
4200 Impôts périodiques sur l'actif net	0	0	0	0	0	..	..	..	..	..
4300 Impôts sur mut. par décès, succ. et donations	307	1 441	3 150	4 442	5 382	..	..	..	..	..
4400 Impôts sur transact. mobilières et immob.	266	1 920	9 910	13 789	17 099	..	..	..	..	..
4500 Impôts non-périodiques	2	0	0	0	0	..	..	..	..	..
4600 Autres impôts périodiques sur patrimoine	0	0	0	0	0	..	..	..	..	..
5000 Impôts sur les biens et services	**8 982**	**85 507**	**135 553**	**201 066**	**217 255**	..	..	..	..	..
5100 Impôts sur production, vente, transfert, etc.	8 502	81 175	130 157	193 623	209 473	..	..	..	..	..
5110 Impôts généraux	3 515	47 539	83 444	129 443	141 336	..	..	..	..	..
5120 Impôts sur biens et services déterminés	4 987	33 636	46 713	64 180	68 137	..	..	..	..	..
5130 Non-ventilables entre 5110 et 5120	0	0	..	..	..	..	..	..	..	..
5200 Impôts sur utilisation des biens et exerc. activites	698	4 332	5 396	7 443	7 782	..	..	..	..	..
5300 Non-ventilables entre 5100 et 5200	-218	0	0	0	0	..	..	..	..	..
6000 Autres impôts	**0**	**0**	**0**	**0**	**0**	..	..	..	..	..
6100 A la charge exclusive des entreprises	..	..	..	..	..	..	..	..	..	..
6200 A la charge d'autres agents	..	..	..	..	..	..	..	..	..	..
Recettes fiscales totales	**26 316**	**193 384**	**345 808**	**462 556**	**514 701**	..	..	..	..	..
	Administrations locales					**Administrations de sécurite sociale**				
	1975	1995	2005	2015	2017	1975	1995	2005	2015	2017
1000 Impôts sur revenu, bénéfices et gains en capital	**0**	**0**	**0**	**0**	**0**	**0**	**0**	**0**	**0**	**0**
1100 Des personnes physiques	0	0	0	0	0	0	0	0	0	0
1200 Des sociétés	0	0	0	0	0	0	0	0	0	0
1300 Non-ventilables entre 1100 et 1200	0	0	0	0	0	0	0	0	0	0
2000 Cotisations de sécurité sociale	**0**	**0**	**0**	**0**	**0**	**6 540**	**44 397**	**84 459**	**114 067**	**130 595**
2100 A la charge des salariés	..	..	..	..	..	2 562	18 646	35 159	44 454	50 411
2200 A la charge des employeurs	..	..	..	..	..	4 068	24 210	46 475	66 491	76 748
2300 A charge des travailleurs indép. ou sans emploi	..	..	..	..	..	195	1 541	2 825	3 122	3 436
2400 Non-ventilables entre 2100, 2200 et 2300	..	..	..	..	..	-285	0	0	0	0
3000 Sur salaires ou main d'oeuvre	**0**	**0**	**0**	**0**	**0**	**0**	**0**	**0**	**0**	**0**
4000 Impôts sur le patrimoine	**4 127**	**9 303**	**21 255**	**29 943**	**33 132**	**0**	**0**	**0**	**0**	**0**
4100 Impôts périodiques sur la propriété immobilière	3 978	9 303	21 255	29 796	32 857	..	..	..	..	..
4200 Impôts périodiques sur l'actif net	0	0	0	0	0	..	..	..	..	..
4300 Impôts sur mut. par décès, succ. et donations	0	0	0	0	0	..	..	..	..	..
4400 Impôts sur transact. mobilières et immob.	0	0	0	0	0	..	..	..	..	..
4500 Impôts non-périodiques	0	0	0	147	275	..	..	..	..	..
4600 Autres impôts périodiques sur patrimoine	149	0	0	0	0	..	..	..	..	..
5000 Impôts sur les biens et services	**0**	**0**	**0**	**0**	**0**	**0**	**0**	**0**	**0**	**0**
5100 Impôts sur production, vente, transfert, etc.	..	..	..	..	..	..	..	..	..	..
5110 Impôts généraux	..	..	..	..	..	..	..	..	..	..
5120 Impôts sur biens et services déterminés	..	..	..	..	..	..	..	..	..	..
5130 Non-ventilables entre 5110 et 5120	..	..	..	..	..	..	..	..	..	..
5200 Impôts sur utilisation des biens et exerc. activites	..	..	..	..	..	..	..	..	..	..
5300 Non-ventilables entre 5100 et 5200	..	..	..	..	..	..	..	..	..	..
6000 Autres impôts	**0**	**0**	**0**	**0**	**0**	**0**	**0**	**0**	**0**	**0**
6100 A la charge exclusive des entreprises	..	..	..	..	..	..	..	..	..	..
6200 A la charge d'autres agents	..	..	..	..	..	..	..	..	..	..
Recettes fiscales totales	**4 127**	**9 303**	**21 255**	**29 943**	**33 132**	**6 540**	**44 397**	**84 459**	**114 067**	**130 595**

.. Non disponible

Note: À l'exclusion des droits de douane perçus pour le compte de l'Union européenne.

StatLink https://doi.org/10.1787/888934062226

Tableau 6.48. États-Unis, recettes fiscales par sous-secteurs d'administration

Millions USD

	Administration fédérale					Administration d'État/Régions				
	1975	1995	2005	2015	2017	1975	1995	2005	2015	2017
1000 Impôts sur revenu, bénéfices et gains en capital	**163 072**	**750 144**	**1 268 412**	**1 880 845**	**1 923 455**	**25 509**	**157 598**	**275 728**	**390 538**	**396 851**
1100 Des personnes physiques	122 386	594 213	948 921	1 551 242	1 638 812	..	128 429	226 576	342 445	352 391
1200 Des sociétés	40 686	155 931	319 490	329 603	284 643	..	29 169	49 152	48 093	44 460
1300 Non-ventilables entre 1100 et 1200	0	0	0	0	0	..	0	0	0	0
2000 Cotisations de sécurité sociale	**0**	**0**	**0**	**0**	**0**	**0**	**0**	**0**	**0**	**0**
2100 A la charge des salariés	..	..	..	..	..	..	..	..	..	..
2200 A la charge des employeurs	..	..	..	..	..	..	..	..	..	..
2300 A charge des travailleurs indép. ou sans emploi	..	..	..	..	..	..	..	..	..	..
2400 Non-ventilables entre 2100, 2200 et 2300	..	..	..	..	..	..	..	..	..	..
3000 Sur salaires ou main d'oeuvre	**0**	**0**	**0**	**0**	**0**	**0**	**0**	**0**	**1 745**	**2 050**
4000 Impôts sur le patrimoine	**4 613**	**14 948**	**24 989**	**20 191**	**273 151**	**3 284**	**16 880**	**28 808**	**28 998**	**31 868**
4100 Impôts périodiques sur la propriété immobilière	0	0	0	0	0	1 451	7 240	9 037	12 040	13 127
4200 Impôts périodiques sur l'actif net	0	0	0	0	0	0	0	0	0	0
4300 Impôts sur mut. par décès, succ. et donations	4 611	14 948	24 989	20 191	23 151	1 418	5 061	5 322	5 065	4 867
4400 Impôts sur transact. mobilières et immob.	2	0	0	0	0	415	2 386	11 711	8 246	9 897
4500 Impôts non-périodiques	0	0	0	0	250 000	0	0	0	0	0
4600 Autres impôts périodiques sur patrimoine	0	0	0	0	0	0	2 193	2 738	3 647	3 977
5000 Impôts sur les biens et services	**20 773**	**75 553**	**99 411**	**140 371**	**131 464**	**52 032**	**232 033**	**377 795**	**499 671**	**524 112**
5100 Impôts sur production, vente, transfert, etc.	20 442	75 553	99 411	140 371	131 464	43 960	200 495	323 137	435 708	458 668
5110 Impôts généraux	0	0	0	0	0	24 916	135 132	218 917	287 573	302 626
5120 Impôts sur biens et services déterminés	20 442	75 553	99 411	140 371	131 464	19 044	65 363	104 220	148 135	156 042
5130 Non-ventilables entre 5110 et 5120	0	0	0	0	0	0	0	0	0	0
5200 Impôts sur utilisation des biens et exerc. activites	331	0	0	0	0	8 072	31 538	54 658	63 963	65 444
5300 Non-ventilables entre 5100 et 5200	0	0	0	0	0	0	0	0	0	0
6000 Autres impôts	**0**	**0**	**0**	**0**	**0**	**0**	**0**	**0**	**0**	**0**
6100 A la charge exclusive des entreprises	..	..	..	..	..	..	..	..	..	..
6200 A la charge d'autres agents	..	..	..	..	..	..	..	..	..	..
Recettes fiscales totales	**188 458**	**840 645**	**1 392 812**	**2 041 407**	**2 328 070**	**80 825**	**406 511**	**682 331**	**920 952**	**954 881**

	Administrations locales					Administrations de sécurite sociale				
	1975	1995	2005	2015	2017	1975	1995	2005	2015	2017
1000 Impôts sur revenu, bénéfices et gains en capital	**2 635**	**15 795**	**28 272**	**40 049**	**42 787**	**0**	**0**	**0**	**0**	**0**
1100 Des personnes physiques	..	13 308	22 481	31 841	34 315	..	..	..	..	..
1200 Des sociétés	..	2 487	5 791	8 208	8 472	..	..	..	..	..
1300 Non-ventilables entre 1100 et 1200	..	0	0	0	0	..	..	..	..	..
2000 Cotisations de sécurité sociale	**0**	**0**	**0**	**0**	**0**	**85 039**	**510 476**	**831 410**	**1 126 111**	**1 204 453**
2100 A la charge des salariés	..	..	..	..	..	36 382	221 800	362 829	502 663	542 924
2200 A la charge des employeurs	..	..	..	..	..	45 241	261 805	423 936	562 307	598 241
2300 A charge des travailleurs indép. ou sans emploi	..	..	..	..	..	3 416	26 871	44 645	61 141	63 288
2400 Non-ventilables entre 2100, 2200 et 2300	..	..	..	..	..	0	0	0	0	0
3000 Sur salaires ou main d'oeuvre	**0**	**0**	**0**	**0**	**0**	**0**	**0**	**0**	**0**	**0**
4000 Impôts sur le patrimoine	**50 040**	**197 392**	**359 344**	**486 957**	**532 699**	**0**	**0**	**0**	**0**	**0**
4100 Impôts périodiques sur la propriété immobilière	50 040	195 339	342 203	475 711	519 094	..	..	..	..	..
4200 Impôts périodiques sur l'actif net	0	0	0	0	0	..	..	..	..	..
4300 Impôts sur mut. par décès, succ. et donations	0	30	114	138	100	..	..	..	..	..
4400 Impôts sur transact. mobilières et immob.	0	50	13 570	6 303	8 262	..	..	..	..	..
4500 Impôts non-périodiques	0	0	0	0	0	..	..	..	..	..
4600 Autres impôts périodiques sur patrimoine	0	1 973	3 457	4 805	5 243	..	..	..	..	..
5000 Impôts sur les biens et services	**8 389**	**57 507**	**108 696**	**150 006**	**164 448**	**0**	**0**	**0**	**0**	**0**
5100 Impôts sur production, vente, transfert, etc.	6 518	42 269	76 976	117 029	127 685	..	..	..	..	..
5110 Impôts généraux	4 322	29 316	53 842	84 688	93 074	..	..	..	..	..
5120 Impôts sur biens et services déterminés	2 196	12 953	23 134	32 341	34 611	..	..	..	..	..
5130 Non-ventilables entre 5110 et 5120	0	0	0	0	0	..	..	..	..	..
5200 Impôts sur utilisation des biens et exerc. activites	1 871	15 238	31 720	32 977	36 763	..	..	..	..	..
5300 Non-ventilables entre 5100 et 5200	0	0	0	0	0	..	..	..	..	..
6000 Autres impôts	**0**	**0**	**0**	**0**	**0**	**0**	**0**	**0**	**0**	**0**
6100 A la charge exclusive des entreprises	..	..	..	..	..	..	..	..	..	..
6200 A la charge d'autres agents	..	..	..	..	..	..	..	..	..	..
Recettes fiscales totales	**61 064**	**270 695**	**496 313**	**677 012**	**739 934**	**85 039**	**510 476**	**831 410**	**1 126 111**	**1 204 453**

.. Non disponible

StatLink https://doi.org/10.1787/888934062245

Annex A. Classification des impôts de l'OCDE et Guide d'interprétation

Table des matières

A1. Classification des impôts de l'OCDE

1. 1000 Impôts sur le revenu, les bénéfices et les gains en capital

1100 Impôts sur le revenu, les bénéfices et les gains en capital des personnes physiques

1110 Sur le revenu et les bénéfices

1120 Sur les gains en capital

1200 Impôts sur le revenu, les bénéfices et les gains en capital des sociétés

1210 Sur le revenu et les bénéfices

1220 Sur les gains en capital

1300 Non ventilables entres les rubriques 110 et 1200

2. 2000 Cotisations de sécurité sociale

2100 A la charge des salariés

2110 Sur la base du salaire

2120 Sur la base de l'impôt sur le revenu

2200 A la charge des employeurs

2210 Sur la base du salaire

2220 Sur la base de l'impôt sur le revenu

2300 A la charge des travailleurs indépendants ou des personnes n'occupant pas d'emploi

2310 Sur la base du salaire

2320 Sur la base de l'impôt sur le revenu

2400 Non ventilables entre les rubriques 2100, 2200 et 2300

2410 Sur la base du salaire

2420 Sur la base de l'impôt sur le revenu

3. 3000 Impôts sur les salaires et la main-d'œuvre

4. 4000 Impôts sur le patrimoine

4100 Impôts périodiques sur la propriété immobilière

4110 Ménages

4120 Autres agents

4200 Impôts périodiques sur l'actif net

4210 Personnes physiques

4220 Sociétés

4300 Impôts sur les mutations par décès, les successions et les donations

4310 Impôts sur les mutations par décès et les successions

4320 Impôts sur les donations

4400 Impôts sur les transactions mobilières et immobilières

4500 Autres impôts non périodiques sur le patrimoine

4510 Impôts sur l'actif net

4520 Autres impôts non périodiques

4600 Autres impôts périodiques sur le patrimoine

5. 5000 Impôts sur les biens et services

5100 Impôts sur la production, la vente, le transfert, la location et la livraison des biens et la prestation de services

5110 Impôts généraux

5111 Taxes sur la valeur ajoutée

5112 Impôts sur les ventes

5113 Impôts sur le chiffre d'affaires et autres impôts généraux sur les biens et services

5120 Impôts sur des biens et des services déterminés

5121 Accises

5122 Bénéfices des monopoles fiscaux

5123 Droits de douane et autres droits à l'importation

5124 Taxes à l'exportation

5125 Impôts sur les biens d'équipement

5126 Impôts sur des services déterminés

5127 Autres impôts sur les transactions et les échanges internationaux

5128 Autres impôts sur des biens et services déterminés

5130 Non ventilables entre les rubriques 5110 et 5120

5200 Impôts sur l'utilisation des biens ou l'autorisation d'utiliser des biens ou d'exercer des activités

5210 Impôts périodiques

5211 A la charge des ménages au titre de véhicules à moteur

5212 A la charge d'autres agents au titre de véhicules à moteur

5213 Autres impôts périodiques

5220 Impôts non périodiques

5300 Non ventilables entre les rubriques 5100 et 5200

6. 6000 Autres impôts

6100 A la charge exclusive des entreprises

6200 A la charge d'autre agents que les entreprises ou non identifiables

A2. Champ couvert

Principes généraux

1. Dans la classification de l'OCDE, le terme « impôts » désigne uniquement les versements obligatoires effectués sans contrepartie au profit des administrations publiques. Les impôts n'ont pas de contrepartie en ce sens que, normalement, les prestations fournies par les administrations au contribuable ne sont pas proportionnelles à ses versements.

2. Le terme « impôts » ne couvre pas les amendes, les pénalités, ni les prêts obligatoires aux administrations. Les cas dans lesquels la délimitation entre recettes fiscales et non fiscales est délicate à tracer, pour certains droits et taxes d'utilisation, sont examinés dans les § 11 à 14.

3. Les administrations publiques comprennent l'administration centrale et les organismes dont les opérations sont sous son contrôle effectif, les administrations régionales et locales et leurs services, les organismes de sécurité sociale et les entités publiques autonomes, à l'exception des entreprises publiques. Cette définition des administrations est calquée sur celle du Système de comptabilité nationale 2008 (SCN)[1]. Dans cette publication, les administrations publiques et leurs sous-secteurs sont décrits dans le chapitre 4, paragraphes 4.117 à 4.165.

4. Les unités extrabudgétaires sont des composantes du système des administrations publiques. Il s'agit d'entités d'administration publique dotées de budgets distincts, qui ne sont pas intégralement financés par le budget central ou général. Ces organismes fonctionnent sous l'autorité ou le contrôle d'une administration centrale, d'un État fédéré ou d'une collectivité locale. Les entités extrabudgétaires peuvent disposer de leurs propres sources de recettes, qui peuvent être complétées par des dotations (transferts) provenant du budget général ou d'autres sources. Même si leurs budgets peuvent être soumis à l'approbation du corps législatif, comme les comptes budgétaires, elles disposent d'une certaine latitude quant au volume et à la composition de leurs dépenses. Ces entités peuvent être mises en place pour exercer des fonctions spécifiques des administrations publiques, telles que la construction de routes ou la production non marchande de services de santé ou d'éducation. Les dispositions budgétaires peuvent varier grandement suivant les pays, et différents termes sont utilisés pour décrire ces entités, mais elles sont souvent qualifiées de « fonds extrabudgétaires » ou d'« organismes autonomes ».

5. Les paiements obligatoires à des organismes supranationaux et aux organismes qui en dépendent ne sont plus compris depuis 1998 parmi les impôts sauf quelques exceptions. En effet, les droits de douane collectés par les États membres de l'Union européenne pour le compte de celle-ci sont toujours présentés à titre de rubrique « Pour mémoire » et compris dans le total des recettes fiscales, au chapitre 4, tableaux par pays (voir § 99). Dans les pays où les églises font partie des administrations publiques, les impôts sur les cultes sont inclus dans ces paiements, à condition qu'ils répondent aux critères énoncés au § 1 ci-dessus. Comme les données se réfèrent aux montants encaissés par les administrations publiques, les contributions versées à des organismes privés, aux organismes sociaux ou régimes de sécurité sociale extérieurs aux administrations publiques, aux syndicats ou aux associations professionnelles sont exclues, même si elles sont obligatoires. Sont toutefois inclus les versements obligatoires aux administrations publiques dont le montant est affecté à ces organismes, à condition que l'administration ne fasse pas simplement office d'agent collecteur[2]. On a distingué les bénéfices des monopoles fiscaux de ceux d'autres entreprises publiques et on les a considérés comme des impôts parce qu'ils reflètent l'exercice du pouvoir d'imposition de l'État par l'intermédiaire du monopole (voir § 65 à 67), comme le sont les bénéfices de l'État provenant de l'achat et de la vente de monnaies étrangères à des taux différents (voir § 74).

6. Les impôts payés par les administrations elles-mêmes (tels que les cotisations de sécurité sociale et les impôts sur les salaires payés par les administrations en tant qu'employeurs (2200 et 3000), les

impôts sur la consommation qu'elles acquittent à l'occasion de leurs achats ou les impôts sur leur patrimoine) sont inclus dans les données présentées. Toutefois, lorsqu'il est possible de les isoler, les montants provenant de ces impôts[3] sont indiqués dans le Tableau 5.38 de ce Rapport.

7. Les rapports entre cette classification et celle du Système de comptabilité nationale (SCN) sont indiqués dans les sections A.9 et A.11. À cause des différences qui existent entre les deux classifications, les statistiques de la comptabilité nationale ne sont pas toujours établies ou classées suivant la pratique adoptée dans le présent guide. Ces différences et d'autres encore sont mentionnées dans les cas appropriés (voir par exemple § 30), mais il est impossible de toutes les signaler. Il peut y avoir aussi certaines différences entre cette classification et celle utilisée par certaines administrations nationales (voir par exemple § 12), aussi les statistiques nationales et celles de l'OCDE ne peuvent pas toujours être compatibles ; ces différences, cependant, sont vraisemblablement très insignifiantes dans les montants des recettes en cause.

Cotisations de sécurité sociale

8. Les cotisations obligatoires de sécurité sociale, définies au § 39, qui sont versées aux administrations publiques, font partie des recettes fiscales. Elles sont évidemment assimilables à des impôts puisqu'il s'agit de versements obligatoires à des administrations publiques. Mais elles peuvent différer toutefois des autres impôts du fait que le paiement des prestations de sécurité sociale dépend dans la plupart des pays du versement des cotisations appropriées, encore qu'il n'y ait pas forcément un lien entre l'importance des prestations et le montant des cotisations. La comparabilité entre les pays sera meilleure si on considère les cotisations de sécurité sociale comme des impôts ; elles figurent cependant sous une rubrique distincte de façon à permettre un traitement séparé pour n'importe quelle analyse.

9. La distinction stricte entre les recettes fiscales (qui sont des paiements obligatoires sans contrepartie aux administrations publiques) et les prélèvements obligatoires non fiscaux (PONF) (qui sont soit des paiements avec contrepartie aux administrations publiques, soit des paiements destinés à d'autres organismes) est clairement définie. Néanmoins, dans la palette des divers prélèvements obligatoires destinés aux administrations publiques qui existent dans les différents pays, il n'est pas toujours évident de déterminer en pratique si tel ou tel prélèvement est un impôt ou un PONF. Ainsi, l'épargne-retraite obligatoire qui est placée sous le contrôle des administrations publiques et qui s'accumule sur un compte individuel rémunéré à un taux correspondant au rendement du marché ou destiné à compenser l'inflation semble, à première vue, constituer une forme de PONF, et non d'impôt. Toutefois, ces paiements peuvent encore être considérés comme « sans contrepartie » et, par conséquent, être classés dans les impôts et non dans les PONF (par exemple si cette épargne-retraite n'est pas remboursée au cas où le contribuable décède avant d'atteindre l'âge de la retraite, et si les fonds en question sont utilisés ensuite pour verser une pension minimale à tous les contribuables qui sont assurés). En conséquence, les chiffres relatifs aux recettes de sécurité sociale indiqués pour la plupart des pays reposent sur l'hypothèse que l'on considère que tous les types de prélèvements obligatoires destinés aux administrations publiques comportent, dans une certaine mesure, un élément redistributif. Il convient de noter que cette conclusion découle d'une interprétation généralement large du terme « sans contrepartie » dans la définition de l'impôt.

10. Les cotisations de sécurité sociale qui sont facultatives ou qui ne sont pas versées à des administrations publiques (voir § 1) ne sont pas considérées comme des impôts, bien que dans certains pays (comme il est indiqué dans les notes correspondantes), il soit difficile d'éliminer complètement les cotisations facultatives et certains versements obligatoires au secteur privé des statistiques relatives aux recettes publiques. Les cotisations de sécurité sociale imputées ne sont pas considérées comme des impôts.

Droits, taxes d'utilisation et droits de licence

11. Si l'on excepte les droits perçus sur les permis de circulation des véhicules à moteur, qui sont universellement considérés comme des impôts, il n'est pas facile de distinguer les droits et taxes d'utilisation qui doivent être traitées comme des impôts de celles qui ne doivent pas l'être. Si, en effet, un droit ou une taxe est perçu au titre d'un service ou d'une activité déterminée, le lien entre ce prélèvement et la prestation fournie peut être plus ou moins important, de même que la relation entre le montant du prélèvement et le coût de la prestation. Lorsque le bénéficiaire d'une prestation acquitte un droit dont le montant est clairement lié au coût de la prestation fournie, on peut considérer que le prélèvement comporte une contrepartie, et d'après la définition donnée au § 1, il ne sera pas traité comme un impôt. Toutefois, dans les cas suivants, les prélèvements seraient 'sans contrepartie':

a) lorsque le prélèvement est très supérieur au coût de la prestation fournie ;

b) lorsque le redevable de la contribution n'est pas le bénéficiaire de la prestation correspondante (par exemple, un droit perçu sur l'abattage du bétail pour financer un service qui est fourni aux agriculteurs) ;

c) lorsque l'État ne fournit pas un service déterminé en contrepartie du droit qu'il perçoit, même si un permis est délivré à celui qui acquitte le droit (par exemple, lorsque l'État délivre des permis de chasse, de pêche ou de port d'armes qui ne sont pas assortis du droit d'utiliser une parcelle déterminée de terres appartenant à l'État) ;

d) lorsque les bénéficiaires de la prestation sont les personnes qui ont acquitté le droit, mais que la prestation dont chacun bénéficie n'est pas nécessairement en rapport avec le montant de ses propres versements (par exemple, le droit de commercialisation du lait acquitté par les fermiers qui sert à promouvoir la consommation de lait.

12. Dans des cas limites, cependant, l'application des critères énoncés au § 1 peut être particulièrement difficile. La solution adoptée, dans un souci d'uniformité entre les pays et eu égard aux montants relativement faibles des recettes en cause, consiste à s'en tenir à la pratique prépondérante des administrations fiscales plutôt que de laisser chaque pays décider si ces prélèvements sont des impôts ou des recettes non fiscales[4].

13. On trouvera ci-après la liste des principaux droits et taxes en question et leur traitement normal[5] dans la présente publication :

Recettes non fiscales :	frais de justice ; droits de délivrance de permis de conduire ; droits portuaires ; redevances de passeport ; redevances de radio et de télévision lorsque le service est assuré par les pouvoirs publics.
Impôts du sous-groupe 5200:	autorisation d'exercer certaines activités telles que : distribution de films ; chasse, pêche et utilisation d'armes à feu ; organisation de spectacles ou de jeux et paris ; vente de boissons alcoolisées ou de tabacs ; autorisation de posséder des chiens et d'utiliser ou posséder des véhicules à moteur ou des armes à feu ; taxes d'extraction.

14. Dans la pratique, il se peut qu'il ne soit pas toujours possible d'isoler les recettes fiscales des recettes non fiscales quand elles sont enregistrées ensemble. Si l'on estime qu'il s'agit surtout de recettes non fiscales, l'ensemble sera traité comme tel ; dans le cas contraire, les recettes seront comptabilisées et classées conformément aux règles énoncées au § 32.

Redevances

15. La propriété des gisements prenant la forme de minéraux ou de combustibles fossiles (charbon, pétrole ou gaz naturel) dépend de la façon dont les droits de propriété sont définis par la loi, et aussi par les conventions internationales quand les gisements sont situés sous les eaux internationales. Dans

certains cas, soit le terrain sous lequel les gisements sont situés, soit les gisements eux-mêmes, soit les deux peuvent appartenir à une administration publique centrale ou locale.

16. Ces unités des administrations publiques peuvent alors consentir un bail à d'autres unités institutionnelles en les autorisant à exploiter ces gisements pendant une période déterminée, en contrepartie d'un paiement ou d'une série de paiements. Ces paiements sont souvent qualifiés de redevances (« royalties »), mais ils n'en constituent pas moins essentiellement des loyers, qui reviennent aux propriétaires des ressources naturelles considérées parce qu'ils mettent ces actifs à la disposition d'autres unités institutionnelles pour des durées déterminées. Ces loyers peuvent prendre la forme de versements périodiques d'un montant fixe, indépendant du rythme d'extraction ; plus vraisemblablement, ils peuvent être fonction de la quantité, du volume ou de la valeur des actifs extraits. Les entreprises engagées dans des activités de prospection sur des terrains publics peuvent effectuer des paiements aux unités de l'administration publique concernées, en contrepartie de l'autorisation de procéder à des forages d'essai ou de réaliser par d'autres moyens des recherches concernant l'existence et la localisation de gisements. Ces paiements sont également considérés comme des loyers, même en l'absence d'extraction. Ils sont donc classés dans les recettes non fiscales.

17. Les mêmes principes s'appliquent lorsque d'autres unités institutionnelles se voient consentir un bail leur permettant de couper du bois dans des forêts naturelles sur des terrains appartenant à des unités des administrations publiques. Ces paiements sont également classés dans les recettes non fiscales.

18. Ces loyers ou redevances versés aux administrations publiques ne doivent pas être confondus avec les impôts sur le revenu et les bénéfices, les taxes d'extraction, les taxes professionnelles ou d'autres impôts. Si ces paiements sont prélevés sur les bénéfices tirés des activités d'extraction, ils doivent être classés dans les impôts sur le revenu, les bénéfices et les gains en capital (1000). En outre, toute taxe d'extraction relative à des minéraux ou des combustibles fossiles extraits de réserves privées ou appartenant à d'autres administrations publiques doit être classée dans les impôts. Les paiements liés à la valeur brute de la production doivent être classés dans les autres impôts sur des biens et services déterminés (5128). Les paiements effectués en contrepartie d'une autorisation ou d'un permis d'extraction doivent être classés dans les impôts sur l'utilisation des biens ou l'autorisation d'utiliser des biens ou d'exercer des activités (5200).

Amendes et pénalités

19. En principe, les amendes et pénalités portant sur les impôts impayés ou les pénalités appliquées en cas de tentative d'évasion fiscale ne doivent pas être enregistrées comme des recettes fiscales. Cependant, il se peut qu'il ne soit pas possible de séparer le versement des amendes et pénalités des recettes correspondant aux impôts auxquels ces amendes et pénalités se rattachent. Dans ce cas, les amendes et pénalités associés à un impôt particulier sont enregistrées avec les recettes correspondant à cet impôt alors que les amendes et pénalités liées à des recettes correspondant à des impôts non-identifiés sont classées comme autres impôts dans la catégorie 6000. Les amendes qui ne concernent pas des infractions fiscales (comme les infractions au stationnement), ou qui ne sont pas identifiables en tant que telles, ne sont pas non plus considérées comme des recettes fiscales.

A3. Bases de comptabilisation

Droits constatés

20. Les données enregistrées dans cette publication pour les années récentes sont essentiellement indiquées en droits constatés, c'est-à-dire qu'elles sont enregistrées au moment du fait générateur de l'impôt. D'autres informations sont fournies dans les notes des tableaux par pays au chapitre 5 de ce Rapport.

21. Toutefois, les données des années antérieures sont encore principalement comptabilisées sur la base des décaissements, c'est-à-dire au moment où l'administration reçoit le versement. Ainsi, les impôts retenus à la source par les employeurs au cours d'un exercice, mais versés à l'administration au cours de l'exercice suivant, et les impôts dus au titre d'une année mais effectivement versés l'année suivante, figurent les uns et les autres dans les recettes du second exercice. Les restitutions, remboursements et retraits résultant d'opérations rectificatives sont déduits des recettes brutes de la période au cours de laquelle ces opérations sont effectuées.

22. Les données relatives aux recettes fiscales sont comptabilisées, sans déduction compensatoire des dépenses administratives liées au recouvrement de l'impôt. De même, lorsque le produit d'un impôt sert à subventionner certains membres de la collectivité, la subvention n'est pas déduite du rendement de l'impôt, encore que certains pays fassent figurer dans leurs données l'impôt après déduction des subventions.

23. Pour les monopoles fiscaux (sous-groupe 5122), seul le montant effectivement transféré à l'État est inclus dans les recettes publiques. Toutefois, les dépenses des monopoles fiscaux qui sont considérées comme des dépenses publiques (par exemple, des dépenses de caractère social engagées par les monopoles fiscaux à l'instigation de l'État) sont ajoutées après coup pour calculer le montant des recettes fiscales (voir § 65).

La distinction entre dispositions fiscales et dépenses directes[6]

24. Étant donné que la présente publication ne vise que les recettes publiques en faisant abstraction des dépenses, il convient de distinguer entre les dispositions fiscales et les dépenses directes. Normalement, cette distinction ne soulève aucune difficulté, car les dépenses directes sont effectuées en dehors du système fiscal et des comptes fiscaux et en vertu de dispositions législatives distinctes. Dans les cas limites, on recourt, pour établir la distinction, au principe de la comptabilisation sur la base des paiements. Dans la mesure où une disposition affecte le montant des paiements du contribuable à l'État, elle est considérée comme une disposition fiscale dont il est tenu compte dans les données figurant dans cette publication. Une disposition qui n'affecte pas ce montant est considérée comme une dépense directe dont il n'est pas tenu compte dans les données reproduites dans cette publication.

25. Il est clair que les abattements fiscaux, exonérations et déductions de l'assiette de l'impôt modifient le montant de l'impôt acquitté à l'État ; il s'agit donc de dispositions fiscales. Inversement, les formes d'aides qui ne sont pas imputables sur l'impôt et n'ont donc aucun lien avec le processus d'imposition, ne réduisent pas les recettes publiques qui sont consignées dans ce volume. Les crédits d'impôt sont des montants déductibles de l'impôt à acquitter (par opposition aux déductions, qui sont opérées sur l'assiette de l'impôt). On distingue deux catégories de crédits d'impôt : ceux (que l'on qualifiera ici de 'non récupérables') qui sont limités au montant de l'impôt à acquitter et ne peuvent donc donner lieu à un versement de l'administration au contribuable, et ceux (qualifiés ici de 'récupérables') qui n'ont pas cette limite, de sorte que l'excédent du crédit sur l'impôt peut être versé au contribuable[7]. Le crédit d'impôt non récupérable, comme un abattement fiscal, affecte évidemment le montant de l'impôt acquitté à l'État ; aussi est-il considéré comme une disposition fiscale. La solution adoptée pour les crédits d'impôts récupérables[8] consiste à distinguer l'élément de « dépense fiscale »[9], qui est la part du crédit utilisée pour réduire ou supprimer l'impôt dû par le contribuable, et l'« élément de transfert », qui correspond à la part excédant l'impôt dû par le contribuable et qui lui est reversée. Les recettes fiscales rapportées doivent être diminuées du montant de l'élément de dépense, mais non de l'élément de transfert. En outre, les montants de l'élément de dépense fiscale et de l'élément de transfert doivent être indiqués pour mémoire dans les tableaux par pays. Les pays qui ne sont pas en mesure de faire la distinction entre l'élément de dépense fiscale et l'élément de transfert doivent indiquer si leurs recettes fiscales ont été ou non diminuées du montant total de ces éléments, et fournir toutes les estimations dont ils disposent concernant les montants de ces deux éléments. Des informations complémentaires figurent dans le chapitre 1 de ce Rapport, qui

fait apparaître les effets des différents traitements possibles des crédits d'impôts récupérables sur les ratios impôt rapportant les impôts au PIB.

Année civile et année fiscale (exercice budgétaire)

26. Les autorités nationales dont l'exercice budgétaire ne correspond pas à l'année civile fournissent, autant que possible, leurs données sur la base de l'année civile afin de faciliter au maximum la comparaison avec les données des autres pays. Les données d'un petit nombre de pays se réfèrent à l'exercice budgétaire. Pour ceux-ci, les statistiques de PIB utilisées dans les tableaux comparatifs portent aussi sur les exercices budgétaires.

A4. Principes généraux de classification

Les fondements essentiels de la classification

27. Les recettes sont classées par groupes principaux (1000, 2000, 3000, 4000, 5000, 6000) suivant l'assiette de l'impôt : 1000 revenus, bénéfices et gains en capital ; 2000 et 3000 salaires et nombre d'employés ; 4000 patrimoine ; 5000 biens et services ; 6000 assiettes diverses, autres ou non identifiables. Lorsqu'un impôt est calculé en fonction de plusieurs assiettes, les recettes sont, chaque fois que c'est possible, réparties entre les divers groupes (voir § 32 et § 81). Les groupes 4000 et 5000 ne comprennent pas seulement les impôts ayant pour assiette le patrimoine, les biens ou les services eux-mêmes, mais aussi certains impôts connexes. Ainsi, les impôts sur les mutations du patrimoine sont classés dans le groupe 4400[10] et les impôts sur l'utilisation des biens, ou l'autorisation d'exercer une activité, dans le groupe 5200. Dans les groupes 4000 et 5000, une distinction est faite dans certains sous-groupes entre impôts périodiques et impôts non périodiques : on entend par impôts périodiques ceux qui sont perçus à intervalles réguliers (ordinairement tous les ans) et par impôts non périodiques ceux qui ne sont perçus qu'une seule fois (voir aussi les § 47 à 50, § 53, § 54, et § 79 pour une application particulière de cette distinction).

28. L'affectation spéciale de certaines recettes fiscales n'influe pas sur leur classification. Toutefois comme explicité au § 39 sur la classification des cotisations de sécurité sociale, l'octroi d'un droit aux prestations sociales est crucial dans la définition de la rubrique principale 2000.

29. La manière selon laquelle un impôt est perçu ou recouvré (par exemple, au moyen de timbres) n'affecte pas sa classification.

Classification des contribuables

30. Dans certains sous-groupes, des distinctions sont faites entre les différentes catégories de contribuables. Ces distinctions varient d'un impôt à l'autre :

a) Ventilation des impôts sur le revenu et sur l'actif net entre personnes physiques et sociétés

La distinction fondamentale entre les impôts sur le revenu des sociétés et les impôts sur le revenu des personnes physiques est que les premiers sont perçus sur la société en tant qu'entité et non sur les personnes physiques qui en sont propriétaires, donc sans tenir compte de la situation personnelle de celles-ci. La même distinction est applicable aux impôts sur l'actif net des sociétés et des personnes physiques. Les impôts perçus sur les bénéfices des sociétés de personnes et sur le revenu de certaines institutions comme les caisses d'assurance-vie ou de retraite, sont classés selon le même principe. Ils sont compris dans les impôts sur les sociétés (1200) lorsqu'ils sont perçus sur la société de personnes ou l'institution en tant qu'entité sans que la situation personnelle des propriétaires entre en ligne de compte ; dans les autres cas, ils sont considérés comme des impôts sur les personnes physiques (1100). Ordinairement, les impôts sur les sociétés et les impôts sur les personnes physiques sont régis par des dispositions législatives différentes[11]. La distinction qui est faite ici entre personnes physiques et sociétés ne reprend pas la classification par secteur (ménages, entreprises, etc.) adoptée dans les comptes de revenus et de dépenses du SCN. Cette dernière classification exclut du secteur des ménages certaines entreprises non constituées en sociétés[12] et les fait figurer parmi les entreprises non financières et les institutions financières. Toutefois, l'impôt sur les bénéfices de ces entreprises ne peut pas toujours être isolé de l'impôt sur les autres revenus des propriétaires de ces entreprises, ou ne peut l'être que d'une façon arbitraire. On n'a pas cherché ici à faire la distinction et l'impôt sur le revenu des personnes physiques figure globalement, quelle que soit la nature du revenu imposable.

a) Ventilation des impôts sur les biens immobiliers entre ménages et autres agents

En l'occurrence, la distinction est celle qui a été adoptée par le SCN dans les comptes de production et de consommation. On distingue, en effet, les ménages en tant que consommateurs d'une part (c'est-à-dire à l'exclusion des entreprises individuelles), et les producteurs d'autre part. Cependant, les impôts sur les logements occupés par les ménages, qu'ils soient à la charge des propriétaires qui les occupent, du locataire ou du propriétaire, sont classés comme étant à la charge des ménages. C'est la distinction faite habituellement entre les impôts sur les biens des personnes et les impôts sur les biens des entreprises. Toutefois, certains pays ne sont pas en mesure d'établir cette distinction.

b) Ventilation des permis de circuler des véhicules à moteur entre taxes à la charge des ménages et à la charge d'autres agents

On distingue ici les ménages en tant que consommateurs d'une part, et producteurs d'autre part, comme dans les comptes de production et de consommation du SCN.

c) Ventilation des autres impôts (6000) entre les entreprises et les autres agents

Il est fait la même distinction qu'au point (c) ci-dessus entre les producteurs, d'une part, et les ménages consommateurs d'autre part. Les impôts qui figurent dans le groupe 6000 parce qu'ils ne comportent pas une assiette unique ou parce que leur assiette ne relève d'aucune des catégories précédentes, mais qui ne sont manifestement perçus que sur les producteurs et non sur les ménages, sont classés comme étant 'à la charge des entreprises'. Les autres impôts du groupe 6000 figurent sous la rubrique 'à la charge d'autres agents' ou 'non identifiés'.

Surtaxes

31. Les recettes des surtaxes relatives à des impôts particuliers sont classées ordinairement avec les recettes de l'impôt correspondant, que la surtaxe ait ou non un caractère temporaire. Toutefois, si l'une des caractéristiques de la surtaxe permet de la classer sous une rubrique différente de la classification de l'OCDE, les recettes de cette surtaxe sont classées sous cette rubrique et non pas avec les recettes de l'impôt correspondant.

Recettes fiscales non identifiables et sous-groupes résiduels

32. Il arrive parfois qu'on ne puisse déterminer si des impôts relèvent entièrement d'un groupe ou d'un sous-groupe de la classification de l'OCDE ; dans ces cas on applique les méthodes suivantes :

- *a)* le groupe est connu, mais on ne sait pas comment répartir les recettes entre les sous-groupes ; les recettes sont alors classées dans le sous-groupe résiduel approprié (1300, 2400, 4520, 4600, 5130, 5300 ou 6200) ;
- *b)* on sait que l'ensemble des recettes d'un groupe d'impôts (ordinairement des impôts locaux) provient d'impôts relevant d'un groupe ou sous-groupe particulier, mais certains impôts du groupe, dont le montant ne peut être déterminé avec précision, peuvent être classés dans

d'autres groupes ou sous-groupes ; dans ce cas les recettes sont comptabilisées dans le groupe ou sous-groupe dont relève l'essentiel des recettes ;

c) il est impossible d'identifier le groupe ou le sous-groupe d'un impôt (ordinairement un impôt local) ; l'impôt est alors classé dans le groupe 6200, à moins qu'il ne s'agisse d'un impôt manifestement à la charge des entreprises, auquel cas il est classé dans le sous-groupe 6100.

A5. Commentaires sur les postes de la liste

1000 — Impôts sur le revenu, les bénéfices et les gains en capital

33. Ce groupe couvre les impôts prélevés sur le revenu ou le bénéfice net (c'est-à-dire le revenu brut déduction faite des abattements autorisés) des personnes physiques et des entreprises. Sont aussi couverts les impôts prélevés sur les gains en capital des personnes physiques et des entreprises et sur les gains provenant de jeux.

34. Ce groupe comprend :

a) les impôts perçus principalement sur les revenus ou les bénéfices, bien qu'ils puissent l'être partiellement sur d'autres bases. Les impôts qui ont une autre assiette principale que le revenu ou les bénéfices sont classés selon les principes énoncés aux § 32 et § 81 ;

b) les impôts sur la propriété immobilière, qui sont perçus sur la base d'un revenu présumé ou estimé faisant partie de l'assiette de l'impôt sur le revenu (voir aussi § 47 (a), (c) et (d)) ;

c) les versements obligatoires aux caisses de sécurité sociale qui sont prélevés sur les revenus mais ne donnent pas droit à des prestations sociales. Lorsque ces contributions donnent droit à des prestations sociales, elles figurent à la rubrique 2000 (voir § 39) ;

d) les recettes provenant d'impôts cédulaires sur le revenu intégrés dans le régime général qui sont globalement classés dans ce groupe, bien que certains de ces impôts soient sur le revenu brut et ne tiennent pas toujours compte de la situation personnelle du contribuable.

35. Les impôts figurant dans ce groupe sont subdivisés en deux grands sous-groupes, les impôts sur le revenu des personnes physiques (1100) et les impôts sur le revenu des sociétés (1200), une ventilation étant faite dans chacun d'eux entre les impôts sur le revenu et les bénéfices (1110 et 1210) et les impôts sur les gains en capital (1120 et 1220). Si certaines recettes ne peuvent être identifiées comme relevant soit du sous-groupe 1100, soit du sous-groupe 1200, ou si cette distinction ne peut être faite dans la pratique (parce qu'il n'y a pas de données fiables sur les bénéficiaires des paiements sur lesquels la retenue à la source est faite), elles sont classées dans le sous-groupe 1300 (non ventilables).

Traitement des crédits d'impôt dans les systèmes d'imputation

36. Dans les régimes d'imputation de l'impôt sur les bénéfices des sociétés, les actionnaires bénéficient d'une compensation totale ou partielle d'imposition sur les dividendes que la société leur a versés et pour lesquels elle a acquitté l'impôt sur le revenu des sociétés. Dans les pays qui appliquent un tel régime,[13] une fraction de l'impôt sur les bénéfices des sociétés sert à alléger l'impôt dû par l'actionnaire. Cet allégement prend la forme d'un crédit d'impôt, dont le montant peut être inférieur, égal ou supérieur au montant total de l'impôt dont il est redevable. Si le crédit d'impôt dépasse ce montant, l'excédent peut être versé à l'actionnaire. Comme ce type de crédit d'impôt fait partie intégrante des systèmes d'imputation de l'impôt sur le revenu des sociétés, tout paiement à l'actionnaire est considéré comme un remboursement d'impôt et non comme une dépense (se référer au traitement des autres crédits d'impôt exposé au § 25).

37. Puisque, dans les systèmes d'imputation, le crédit d'impôt (même lorsqu'il dépasse l'impôt dû) est censé être une disposition fiscale, on peut se demander s'il doit être déduit des recettes de l'impôt sur le revenu des personnes physiques (1110) ou de celles de l'impôt sur les bénéfices de sociétés (1210). Dans ce Rapport le montant intégral de l'impôt acquitté sur les bénéfices des sociétés figure sous le poste 1210 et aucun impôt imputé n'est inclus dans le poste 1110. Le montant total du crédit d'impôt réduit donc le montant des recettes du poste 1110, que ce crédit se traduise par une réduction de l'impôt dû sur le revenu des personnes physiques ou par un remboursement réel du fait que le crédit dépasse le montant de l'impôt. (Cependant, lorsque ces crédits sont déduits de l'impôt sur les sociétés au titre de dividendes versés à des sociétés, le montant est déduit des recettes du poste 1210).

1120 et 1220 — Impôts sur les gains en capital

38. Ces postes comprennent les impôts perçus sur les gains en capital, le sous-groupe 1120 comptabilisant les impôts prélevés sur les gains des personnes physiques et le sous-groupe 1220 ceux qui sont perçus sur les gains des entreprises constituées sous forme de sociétés, lorsque ces recettes peuvent être ventilées. Ce n'est pas le cas dans de nombreux pays et les recettes de ces impôts sont alors classées avec celles de l'impôt sur le revenu. Les impôts sur les gains provenant de jeux sont aussi classés sous le poste 1120.

2000 — Cotisations de sécurité sociale

39. Figurent dans ce groupe tous les versements obligatoires qui donnent le droit de bénéficier d'une prestation sociale future (éventuelle). Ces versements sont généralement affectés au financement de prestations sociales et souvent effectués au profit d'institutions ou d'administrations publiques qui fournissent de telles prestations. Cependant, cette affectation n'entre pas dans la définition des cotisations de sécurité sociale et n'est pas nécessaire pour qu'un impôt soit classé dans cette rubrique. Cependant, il faut qu'un impôt confère un droit pour être classé dans cette rubrique. Par conséquent, les prélèvements sur les revenus ou la masse salariale qui sont affectés aux caisses de sécurité sociale mais ne donnent aucun droit à des prestations sont exclus de cette rubrique et figurent à celle des impôts sur le revenu des personnes physiques (1100) ou des impôts sur les salaires et la main-d'œuvre (3000). Les impôts assis sur d'autres bases, telles que les biens et services, qui sont affectés à des prestations de sécurité sociale, ne sont pas indiqués ici, mais sont classés en fonction de leurs bases respectives parce qu'en général ils ne donnent pas droit à des prestations de sécurité sociale.

40. Seraient entre autres incluses les cotisations au titre des catégories suivantes de prestations de sécurité sociale : les allocations d'assurance-chômage et les compléments, les allocations pour accidents, blessures et maladie, les pensions de retraite, d'invalidité et de survivant, les allocations familiales, les remboursements de dépenses médicales et d'hospitalisation ou la fourniture de services médicaux ou hospitaliers. Les cotisations peuvent être collectées à la fois auprès des employés et des employeurs.

41. Les cotisations peuvent être assises sur les gains ou la masse salariale (« sur la base du salaire ») ou sur le revenu net après déductions et exemptions en fonction de la situation personnelle (« sur la base de l'impôt sur le revenu ») et les recettes correspondant à ces deux bases doivent être identifiées séparément si possible. Cependant, lorsque les cotisations à un régime général de sécurité sociale sont assises sur la masse salariale, mais que les cotisations de groupes particuliers (tels que les travailleurs indépendants) ne peuvent être évaluées sur cette base et que le revenu net est utilisé comme valeur rapprochée des gains bruts, les recettes peuvent encore être considérées comme assises sur la masse salariale. En principe, cette rubrique exclut les cotisations facultatives à des régimes de sécurité sociale. Lorsqu'elles peuvent être identifiées séparément, elles figurent pour mémoire dans le tableau indiquant le financement des prestations de sécurité sociale. Toutefois, en pratique, elles ne peuvent pas toujours être distinguées des cotisations facultatives, et dans ce cas elles figurent à cette rubrique.

42. Les cotisations à des régimes d'assurance sociale qui ne relèvent pas des pouvoirs publics et à d'autres régimes d'assurance ou de prévoyance, aux caisses de retraite, sociétés de secours mutuel ou autres systèmes d'épargne, ne sont pas considérées comme des cotisations de sécurité sociale. Les caisses de prévoyance résultant d'arrangements aux termes desquels les cotisations de chaque salarié et celles que l'employeur verse en son nom sont comptabilisées séparément dans un compte productif d'intérêts d'où elles peuvent être retirées dans des conditions biens déterminées. Les caisses de retraite sont des régimes autonomes organisés par négociations entre salariés et employeurs, qui comportent diverses contributions et prestations, parfois liées plus directement au salaire et à la durée d'activité que dans les régimes de sécurité sociale. Lorsque les cotisations à ces régimes sont obligatoires ou quasi obligatoires (par exemple en vertu d'un accord entre organisations professionnelles et syndicales), elles sont comptabilisées dans le poste pour mémoire (voir le Tableau 5.37 du Rapport).

43. Les cotisations versées par les agents des administrations et par les administrations au titre de leurs agents à des régimes de sécurité sociale relevant des pouvoirs publics sont incluses dans ce groupe. Sont aussi assimilées à des impôts les cotisations à des régimes particuliers réservés aux agents des administrations qui sont censés remplacer un régime général de la sécurité sociale[14]. Par contre, lorsqu'un régime distinct n'est pas censé remplacer un régime général et résulte de négociations entre l'administration, agissant en qualité d'employeur, et ses agents, il n'est pas considéré comme un régime de sécurité sociale et les cotisations à ce titre ne sont pas assimilées à des impôts, même si le régime a été institué par des dispositions législatives.

44. Cette rubrique ne comprend pas les cotisations 'imputées', qui correspondent aux prestations sociales versées directement par les employeurs à leurs salariés, ou anciens salariés, ou à leurs représentants (par exemple, lorsque des employeurs sont légalement tenus de verser des prestations maladies pendant une certaine période).

45. Le groupe comprend les cotisations à la charge des salariés (2100), à la charge des employeurs (2200), et à la charge des travailleurs indépendants ou des personnes n'occupant pas d'emploi (2300). À cet effet, on entend par salariés toutes les personnes qui exercent une activité dans des entreprises, des administrations, des institutions privées sans but lucratif, ou qui occupent d'autres emplois rémunérés, à l'exception des propriétaires et des membres de leur famille non rémunérés dans le cas d'entreprises individuelles. Sont également compris les membres des forces armées, quelle que soit la durée et la nature de leurs services, s'ils cotisent à un régime de sécurité sociale. Par cotisations à la charge des employeurs, on entend les versements qu'ils effectuent au régime de sécurité sociale pour le compte de leurs salariés. Si, en cas de chômage, les salariés ou employeurs sont tenus de continuer à effectuer ces versements, ces derniers doivent figurer respectivement dans les sous-groupes 2100 et 2200. En conséquence, le sous-groupe 2300 est réservé aux cotisations versées par les travailleurs indépendants et par ceux qui n'appartiennent pas à la population active (comme les handicapés ou les retraités).

3000 — Impôts sur les salaires et la main-d'œuvre

46. Il s'agit d'impôts que doivent acquitter les entreprises, déterminés en proportion des salaires et des traitements payés, ou d'après un montant fixe par personne employée. Ils ne comprennent pas les cotisations obligatoires de sécurité sociale payées par les employeurs, ni les impôts payés par les salariés sur leurs traitements et leurs salaires.

4000 — Impôts sur le patrimoine

47. Ce groupe couvre les impôts périodiques et non périodiques sur l'utilisation, la propriété ou la mutation des biens. Sont comptabilisés ici les impôts sur la propriété immobilière et sur l'actif net, les impôts sur les mutations par décès, les successions et les donations, et les impôts sur les transactions mobilières et immobilières. Sont exclus de ce groupe :

a) les impôts sur les gains en capital provenant de la vente d'un bien (1120 ou 1220) ;

b) les impôts sur l'utilisation des biens ou l'autorisation d'utiliser des biens ou d'exercer des activités (5200) [voir § 76] ;

c) les impôts immobiliers perçus sur la base d'un revenu net présumé qui tiennent compte de la situation personnelle du contribuable. Ces impôts sont classés dans le groupe 1100 en tant qu'impôts sur le revenu, avec les impôts sur le revenu et les gains en capital provenant des biens immobiliers ;

d) les impôts sur l'utilisation de biens immobiliers aux fins d'habitation qui sont à la charge du propriétaire ou du locataire et dont le montant est fonction de la situation personnelle de l'utilisateur (salaire, personnes à charge, etc.). Ils sont classés dans le groupe 1100 en tant qu'impôts sur le revenu ;

e) les impôts sur les constructions dépassant la densité autorisée, les impôts sur l'extension, la construction ou la modification de certains immeubles au-delà d'une valeur autorisée et les impôts sur la construction d'immeubles. Ces impôts sont classés dans le poste 5200 en tant qu'impôts sur l'autorisation d'exercer certaines activités ;

f) les impôts sur l'utilisation de biens immobiliers par le propriétaire à des fins commerciales particulières, comme la vente de boissons alcoolisées, de tabac, de viande, ou pour l'exploitation de sols ou terrains (par exemple aux États-Unis, les taxes d'extraction). Ils sont classés dans le poste 5200 en tant qu'impôts sur l'autorisation d'exercer certaines activités.

4100 — Impôts périodiques sur la propriété immobilière

48. Ce sous-groupe comprend les impôts prélevés régulièrement au titre de l'utilisation ou de la propriété de biens immobiliers.

- ces impôts sont prélevés sur les terrains et les bâtiments ;
- ces impôts sont calculés en pourcentage de la valeur du bien évalué d'après un revenu locatif fictif, le prix de vente ou le rendement capitalisé, ou en fonction d'autres caractéristiques du bien, comme sa dimension ou son emplacement, d'où l'on peut déduire une valeur locative présumée ou la valeur du capital.
- ces impôts sont à la charge du propriétaire, du locataire ou des deux. Ils peuvent également être payés par une administration à une autre administration au titre d'un bien relevant de la compétence de cette dernière.
- il n'est pas tenu compte des dettes pour la détermination de l'assiette de ces impôts, contrairement aux impôts sur l'actif net.

49. Les impôts sur la propriété immobilière sont en outre subdivisés en impôts acquittés par les ménages (4110) et impôts acquittés par d'autres agents (4120), suivant les critères exposés au § 30(*b*) ci-dessus.

4200 — Impôts périodiques sur l'actif net

50. Ce sous-groupe comprend les impôts prélevés régulièrement (dans la plupart des cas annuellement) sur l'actif net, c'est-à-dire les impôts perçus sur un large éventail de biens mobiliers et immobiliers, endettement déduit. Il est subdivisé en impôts acquittés par des personnes physiques (4210), et en impôts acquittés par des sociétés (4220) selon les critères exposés plus haut au § 30(a)[2]

4300 — Impôts sur les mutations par décès, les successions et les donations

51. Ce sous-groupe comprend les impôts sur les mutations par décès et les successions (4310) et les impôts sur les donations (4320).[15] Les impôts sur les mutations par décès sont calculés soit sur l'ensemble de la masse successorale, soit en fonction de la part de chacun des bénéficiaires (« part héréditaire ») ; en outre, ces derniers impôts peuvent tenir compte du degré de parenté entre chacun des bénéficiaires et le défunt.

4400 — Impôts sur les transactions mobilières et immobilières

52. Sont compris, entre autres, dans ce sous-groupe les impôts sur l'émission, le transfert, l'achat et la vente de valeurs mobilières, les impôts sur les chèques, ainsi que les droits perçus à l'occasion d'actes juridiques déterminés, comme la validation de contrats et la vente de biens immobiliers. Sont exclus :

- *a)* les impôts sur l'utilisation de biens, mobiliers ou immobiliers, ou l'autorisation d'exercer certaines activités (5200) ;
- *b)* les droits acquittés au titre de frais de justice, ou pour la délivrance de certificats de naissance, de mariage ou de décès, car ces droits sont considérés comme des recettes non fiscales (voir § 11) ;
- *c)* les impôts sur les gains en capital (1000) ;
- *d)* les impôts périodiques sur la propriété immobilière (4100) ;
- *e)* les impôts périodiques sur l'actif net (4200) ;
- *f)* les prélèvements sur le patrimoine ou sur l'actif net effectués une fois pour toutes (4500) ;

4500 — Autres impôts non périodiques sur le patrimoine

53. Ce sous-groupe comprend les prélèvements sur le patrimoine effectués une fois pour toutes (par opposition aux prélèvements périodiques). Il est subdivisé en impôts sur l'actif net (4510) et en autres impôts non périodiques sur le patrimoine (4520). Le poste 4510 inclurait les impôts perçus pour couvrir des dépenses exceptionnelles ou à des fins de redistribution. Le poste 4520 comprendrait les impôts prélevés pour tenir compte d'une plus-value prise par les terrains du fait que les administrations publiques ont autorisé l'extension ou l'aménagement d'installations locales, ainsi que les impôts sur la réévaluation du capital ou les impôts perçus une seule fois sur certains biens déterminés.

4600 — Autres impôts périodiques sur le patrimoine

54. Ils sont rares dans des pays Membres de l'OCDE ; ce sous-groupe comprendrait les impôts sur des biens tels que le cheptel, les bijoux, les fenêtres et les signes extérieurs de richesse.

5000 — Impôts sur les biens et services

55. Ce poste couvre tous les impôts et droits perçus sur la production, l'extraction, la vente, le transfert, la location ou la livraison de biens et la prestation de services (5100), ou sur l'utilisation ou l'autorisation d'utiliser des biens ou d'exercer des activités (5200). Ce groupe comprend donc :

- *a)* les taxes cumulatives en cascade ;
- *b)* les taxes générales sur les ventes — perçues au stade de la production ou de la fabrication, du gros ou du détail ;
- *c)* les taxes sur la valeur ajoutée ;

d) les accises ;

e) les taxes perçues à l'importation et à l'exportation de biens ;

f) les impôts perçus sur l'utilisation de biens et sur l'autorisation d'utiliser des biens ou d'exercer certaines activités ;

g) les impôts sur l'extraction, le traitement ou la production de minéraux et autres produits.

56. Les cas douteux de délimitation entre ce groupe et le groupe 4000 (impôts sur le patrimoine) et le sous-groupe 6100 (autres impôts à la charge des entreprises) sont examinés aux § 47, § 52 et § 78. Des postes résiduels (5300 et 5130) ont été prévus pour comptabiliser les recettes fiscales qui ne peuvent être ventilées respectivement entre les postes 5100 et 5200 et entre les postes 5110 et 5120 (voir § 32).

5100 — Impôts sur la production, la vente, le transfert, la location et la livraison de biens et la prestation de services

57. Ce sous-groupe comprend tous les impôts perçus sur les transactions afférentes à des biens ou services, en fonction de leurs caractéristiques propres (comme la valeur, le poids du tabac, le degré d'alcool, etc.), à la différence des impôts perçus au titre de l'utilisation ou de l'autorisation d'utiliser des biens ou d'exercer des activités, qui entrent dans le sous-groupe 5200.

5110 — Impôts généraux sur les biens et services

58. Ce sous-groupe comprend tous les impôts, autres que les droits à l'importation et à l'exportation (5123 et 5124), perçus sur la production, la location, le transfert, la livraison ou la vente d'une gamme de biens ou la prestation d'une gamme de services, qu'ils soient produits dans le pays ou importés, et quel que soit le stade de la production ou de la distribution aux quel ils sont perçus. Il couvre ainsi les taxes sur la valeur ajoutée, les taxes sur les ventes et les taxes de caractère cumulatif en cascade. On a ajouté aux recettes brutes de cette catégorie les recettes provenant de la compensation à la frontière de ces impôts lorsque les biens sont importés, et déduit les remboursements d'impôts effectués lorsque les marchandises sont exportées. Ces impôts sont ventilés en : taxes sur la valeur ajoutée (5111), impôts sur les ventes (5112), impôts sur le chiffre d'affaires et autres impôts généraux sur les biens et services (5113).

59. Certains cas se trouvent à la limite entre ce sous-groupe et celui des impôts sur des biens et services déterminés (5120) lorsque ces impôts sont perçus sur un grand nombre de biens, comme dans le cas de la « *purchase tax* » au Royaume-Uni (abrogée en 1973) et l'impôt japonais sur les biens marchands (abrogé en 1988). Conformément aux options nationales, la « *purchase tax* » britannique est classée impôt général (5112) et l'impôt japonais dans les accises (5121).

5111 — Taxes sur la valeur ajoutée

60. Sont classés dans ce sous-groupe tous les impôts généraux sur la consommation prélevée sur la valeur ajoutée, quels que soient le mode de déduction et les stades auxquels ils sont perçus. En pratique, tous les pays de l'OCDE où existe une taxe sur la valeur ajoutée autorisent normalement la déduction immédiate des taxes sur les achats par tous les redevables, à l'exception du consommateur final, et imposent la taxe à tous les stades. Dans certains pays, le poste peut inclure aussi certains impôts, comme les taxes sur les activités financières et les assurances, soit parce que les recettes correspondantes ne peuvent être dissociées de celles de la taxe sur la valeur ajoutée, soit parce qu'elles sont considérées comme faisant partie intégrante de la taxe sur la valeur ajoutée, même si les taxes similaires qui existent dans d'autres pays peuvent être classées autrement (par exemple, sous le poste 5126 comme impôts sur les services ou sous le poste 4400 comme impôts sur les transactions mobilières et immobilières).

5112 — Impôts sur les ventes

61. Sont classés ici tous les impôts perçus à un stade unique, que ce soit celui de la fabrication, de la production, du gros ou du détail.

5113 — Impôts sur le chiffre d'affaires et autres impôts généraux sur les biens et services

62. Il s'agit des taxes cumulatives en cascade et des taxes qui combinent des éléments de taxe sur la consommation et des taxes en cascade. Ces impôts sont prélevés sur chaque transaction sans déduction des taxes acquittées en amont. Les taxes en cascade peuvent être combinées avec des éléments de taxe sur la valeur ajoutée ou d'impôts sur les ventes.

5120 — Impôts sur des biens et des services déterminés

63. Ce sous-groupe couvre les accises, les bénéfices engendrés et transférés par les monopoles fiscaux, et les droits de douane et à l'importation, ainsi que les taxes à l'exportation, les opérations de change, les biens d'équipement et les paris, et aussi les impôts spéciaux sur les services qui ne font pas partie d'un impôt général du sous-groupe 5110.

5121 — Accises

64. Les accises sont des impôts spécifiques perçus par unité produite sur une gamme limitée de biens prédéfinie. Les accises sont généralement prélevées à des taux différenciés sur des biens non essentiels ou de luxe, les boissons alcoolisées, les produits à base de tabac et l'énergie. Les accises peuvent être perçues à un stade quelconque de la production ou de la distribution et sont calculées généralement sur la base d'un prélèvement spécifique par unité correspondant aux caractéristiques du produit considéré, par référence à sa valeur, son poids, son degré ou son volume. Cette subdivision couvre ainsi les impôts spéciaux sur certains produits tels que le sucre, la betterave, les allumettes et le chocolat ; les impôts prélevés à des taux variables sur une gamme déterminée de produits ; ainsi que les impôts perçus sur les produits à base de tabac, les boissons alcoolisées, les combustibles et les hydrocarbures. Si un impôt frappant principalement des produits importés doit ou devrait également être perçu sur des produits nationaux comparables, suivant la même législation, les recettes de cet impôt doivent alors être classées dans la catégorie des accises et non dans celle des droits à l'importation. Ce principe vaut également même s'il n'existe pas, ou ne peut exister, de production nationale comparable. Les impôts prélevés sur la consommation de services d'utilité publique (eau, électricité, gaz et autres formes d'énergie) sont considérés comme des accises, et non comme des impôts sur des services déterminés (5126). Ne sont pas inclus dans les accises les prélèvements entrant dans les catégories des impôts généraux sur les biens et services (5110), des bénéfices des monopoles fiscaux (5122), des droits de douane et autres droits à l'importation (5123) ou des taxes à l'exportation (5124).

5122 — Bénéfices des monopoles fiscaux

65. Ce sous-groupe couvre la fraction des bénéfices des monopoles fiscaux qui est transférée aux administrations publiques ou qui sert à financer des dépenses considérées comme dépenses publiques (voir § 23). Les montants sont comptabilisés lorsqu'ils sont transférés aux administrations publiques ou utilisés pour effectuer des dépenses considérées comme des dépenses publiques.

66. Les monopoles fiscaux reflètent l'exercice du pouvoir d'imposition de l'État par l'intermédiaire du monopole. Les monopoles fiscaux sont des entreprises publiques non financières, qui exercent dans la plupart des cas un monopole sur la production ou la distribution du tabac, des boissons alcoolisées, du sel, des allumettes, des cartes à jouer et des produits pétroliers ou agricoles (c'est-à-dire, sur le genre de

produits qui peuvent être soumis, principalement ou accessoirement, aux accises du poste 5121), pour procurer des recettes publiques qui, dans d'autres pays, sont obtenues par le biais d'impôts frappant les transactions sur ces produits d'entreprises privées. Le monopole d'État peut être exercé au stade de la production, ou au stade de la distribution comme dans le cas des magasins de vente de boissons alcoolisées qui appartiennent à l'État et sont contrôlés par lui.

67. Les monopoles fiscaux sont différents des services publics, comme les chemins de fer, l'électricité, les postes et autres moyens de communication, qui peuvent avoir une position de monopole ou de quasi-monopole, mais dont l'objet principal est, normalement, de fournir des services essentiels et non pas de procurer des recettes à l'État. Les transferts à l'administration de ces autres entreprises publiques sont considérés comme des recettes non fiscales. La notion traditionnelle de monopole fiscal n'a généralement pas été élargie pour inclure les loteries nationales, dont les bénéfices sont habituellement considérés comme des recettes non fiscales. Cependant, ces bénéfices peuvent être considérés comme des recettes fiscales quand la raison principale de la mise en œuvre de ces loteries est l'augmentation des recettes pour financer les dépenses publiques. On distingue les bénéfices des monopoles fiscaux des bénéfices des monopoles d'exportation et d'importation (5127), qui sont transférés des offices de commercialisation ou d'autres entreprises s'occupant du commerce international.

5123 — Droits de douane et autres droits à l'importation

68. Figurent ici les taxes, droits de timbre et surtaxes qui, selon la loi sont perçus exclusivement sur des produits importés. Sont aussi inclus dans ce poste les droits perçus sur l'importation de denrées agricoles dans les pays Membres de l'Union Européenne et les montants acquittés par certains de ces pays en vertu du Système de Montants Compensatoires[16]. À partir de 1998 les droits de douane collectés par les États membres de l'Union européenne pour le compte de l'Union européenne ne sont plus reportés sous cette rubrique dans les tableaux par pays (chapitre 5 de ce Rapport). Sont exclues ici les taxes perçues sur les importations au titre d'un impôt général sur les biens et les services ou d'une accise applicable aussi bien aux produits importés qu'aux produits fabriqués dans le pays.

5124 — Taxes à l'exportation

69. Pendant les années 70, les droits à l'exportation étaient perçus normalement en Australie, au Canada et au Portugal, et ils étaient utilisés en Finlande à des fins conjoncturelles. Certains pays Membres de l'Union Européenne acquittent, dans le cadre du système des montants compensatoires, une taxe sur les exportations (voir la note 16 du § 68). Lorsque ces montants sont identifiables, ils sont inclus dans ce poste. Ce dernier ne comprend pas les remboursements effectués au titre d'impôts généraux sur la consommation d'accises ou de droits de douane sur des biens exportés, qui doivent être déduits des recettes brutes comptabilisées, selon le cas, sous le poste 5110, 5121 ou 5123.

5125 — Impôts sur les biens d'équipement

70. Ce sous-groupe comprend les impôts perçus sur les biens d'équipement, comme les machines. Ils peuvent exister depuis un certain nombre d'années ou avoir un caractère temporaire et être prélevés à des fins conjoncturelles. Ne sont pas inclus les impôts sur les 'inputs' industriels qui frappent aussi les consommateurs (comme l'impôt suédois sur l'énergie qui est classé sous le poste 5121).

5126 — Impôts sur des services déterminés

71. Sous ce poste figurent tous les impôts calculés sur la rémunération de services spécifiques, comme les taxes sur les primes d'assurance, les taxes sur les services bancaires, sur les jeux et paris (par exemple : courses de chevaux, pronostics de football, billets de loterie nationale), les transports, les spectacles, les restaurants et la publicité. Les impôts prélevés sur le revenu brut des sociétés prestataires

d'un service (exemple : primes d'assurance brutes, mises de jeux encaissées par les sociétés) sont classés sous ce poste. Les recettes fiscales provenant des prélèvements sur les banques et des contributions aux mécanismes de garantie des dépôts et de stabilité financière sont provisoirement classés ici pour l'édition 2012. La classification détaillée est présentée au § 108.

72. Ne figurent pas sous ce poste :

a) les impôts sur les services qui font partie d'un impôt général sur les biens et services et sont classés sous le poste 5110 ;

b) les taxes sur l'électricité, le gaz et l'énergie (classées sous le poste 5121 en tant qu'accises) ;

c) les taxes sur les gains personnels tirés de jeux et paris (qui sont classées sous le poste 1120, en tant qu'impôts sur les gains en capital des personnes physiques et entreprises individuelles) et les montants forfaitaires perçus sur le transfert de loteries privées ou sur l'autorisation de créer des loteries (5200)[17] ;

d) les impôts sur les chèques et sur l'émission, le transfert ou le remboursement de valeurs mobilières, (qui sont classés sous le poste 4400, en tant qu'impôts sur les transactions mobilières et immobilières).

5127 — Autres impôts sur les transactions et les échanges internationaux

73. Ce sous-groupe couvre les recettes perçues par l'État sur l'achat et la vente de monnaies étrangères à des taux différents. Lorsque l'État exerce le privilège exclusif dont il dispose pour s'assurer une marge entre le prix d'achat et le prix de vente de devises qui ne se réduit pas à la simple couverture des frais administratifs, ce bénéfice représente un prélèvement obligatoire imposé dans des proportions indéterminées à l'acheteur et au vendeur des monnaies étrangères. Il équivaut normalement au droit à l'importation et au droit à l'exportation perçus dans un système de taux de change unique, ou à une taxe sur la vente ou l'achat de monnaies étrangères. Comme les bénéfices des monopoles fiscaux et des monopoles d'importation ou d'exportation transférés à l'État, il représente l'exercice d'un monopole aux fins d'imposition et est inclus dans les recettes fiscales.

74. Ce sous-groupe comprend aussi les bénéfices des monopoles d'exportation ou d'importation, bien qu'il n'en existe pas dans les pays de l'OCDE, les impôts sur l'achat ou la vente de devises et tous les autres impôts perçus spécifiquement sur les opérations ou les échanges internationaux.

5128 — Autres impôts sur des biens et services déterminés

75. Cette rubrique comprend les impôts sur l'extraction de minéraux, combustibles fossiles et autres ressources non renouvelables provenant de gisements privés ou détenus par une autre administration, ainsi que toute autre recette non ventilable provenant des impôts sur des biens et services déterminés. Les impôts sur l'extraction de ressources non renouvelables correspondent généralement à un montant forfaitaire par unité de qualité ou de poids, mais peuvent être calculés ad valorem. Les impôts sont comptabilisés à la date d'extraction des ressources. Les versements tirés de l'extraction de ressources non renouvelables issues de gisements appartenant à l'administration publique qui perçoit ces versements sont classés en tant que loyers.

5200 — Impôts sur l'utilisation des biens ou l'autorisation d'utiliser des biens ou d'exercer des activités

76. Ce sous-groupe comprend les taxes prélevées en raison de l'utilisation de biens, indépendamment des impôts frappant les biens eux-mêmes. Contrairement à ceux-ci (5100), les impôts du sous-groupe 5200 ne sont pas calculés d'après la valeur des biens, mais ordinairement d'après un montant forfaitaire.

Sont aussi couverts les impôts perçus au titre du droit d'utiliser des biens ou d'exercer des activités, comme les taxes sur la pollution qui ne reposent pas sur la valeur de biens déterminés. Il est parfois difficile de distinguer les taxes d'utilisation et droits de licence obligatoires, qui sont considérés comme des impôts, de ceux qui ne le sont pas parce qu'ils sont assimilés à des recettes non fiscales ; les critères appliqués sont ceux indiqués aux § 11 et 12.

77. Bien que le sous-groupe se réfère à l'utilisation des biens, le fait générateur de l'impôt peut être aussi bien l'enregistrement de la propriété, de sorte que les impôts relevant de ce sous-groupe peuvent viser la possession d'animaux ou de biens plutôt que leur utilisation (par exemple, les chevaux de course, les chiens, les véhicules à moteur) et même s'appliquer à des biens inutilisables (comme les véhicules à moteur ou les fusils inutilisables).

78. Les cas limites concernent :

a) les impôts sur l'autorisation d'exercer des activités commerciales, qui sont classés selon les règles exposées au § 81 lorsqu'ils ont une assiette mixte associant le revenu, les salaires versés ou le chiffre d'affaires ;

b) les impôts sur la propriété ou l'utilisation de la propriété de biens visés par les postes 4100, 4200 et 4600. Le poste 4100 ne vise que les impôts sur la propriété ou la location de biens immobiliers et, contrairement aux impôts du sous-groupe 5200, ils sont fonction de la valeur du bien. Les impôts sur l'actif net et les impôts sur les biens meubles des sous-groupes 4200 et 4600 visent la propriété et non pas l'utilisation des biens, couvrent un groupe d'actifs et non pas de biens particuliers et sont aussi fonction de la valeur du bien.

5210 — Impôts périodiques sur l'utilisation de biens ou sur l'autorisation d'utiliser des biens ou d'exercer certaines activités

79. Ces impôts ont pour principale caractéristique d'être perçus à intervalles réguliers et de représenter ordinairement des montants forfaitaires. Le poste le plus important, du point de vue du volume des recettes, est constitué par les permis de circulation des véhicules. Ce sous-groupe inclut aussi les taxes perçues lors de la délivrance de permis de chasse, de tir ou de pêche, ou l'autorisation de vendre certains produits, ainsi que les taxes sur la possession de chiens et sur la prestation de certains services à condition qu'elles répondent aux critères définis aux § 11 et 12. Les subdivisions du poste 5210 comprennent les taxes d'utilisation de véhicules à moteur à la charge des ménages (5211) et à la charge d'autres agents (5212). Le poste 5213 couvre les plaques de chiens et les taxes perçues pour l'autorisation d'exercer certaines activités, comme la vente de viande et d'alcool, lorsque les prélèvements ont un caractère périodique. Il couvre aussi les permis généraux de chasse, de port d'armes et de pêche, lorsque le droit d'exercer ces activités n'est pas accordé au titre d'une opération commerciale normale (par exemple, la délivrance du permis ne comporte pas le droit d'utiliser une parcelle déterminée de terrain appartenant à l'État).

5220 — Impôts non périodiques sur l'utilisation de biens ou sur l'autorisation d'utiliser des biens ou d'exercer certaines activités

80. Cette rubrique recouvre les taxes non périodiques perçues sur l'utilisation de biens ou sur l'autorisation d'utiliser des biens ou d'exercer certaines activités et celles qui sont prélevées chaque fois que des biens sont utilisés.

- Les impôts prélevés sur l'émission ou le rejet dans l'environnement de gaz toxiques, liquides nocifs ou autres substances dangereuses figurent ici. Les paiements au titre des permis d'émission négociables délivrés par les administrations publiques dans le cadre des dispositifs de plafonnement et d'échange doivent également être comptabilisés sous cette rubrique au moment où les émissions sont produites. Les permis délivrés gratuitement par les administrations ne donnent lieu à aucun enregistrement comptable de recettes.

- La comptabilisation en droits constatés implique un éventuel délai entre la date à laquelle l'administration perçoit le règlement des permis et la date à laquelle les émissions sont produites. Dans les comptes nationaux, ce délai se traduit pour l'administration par un engagement financier sur la période.
- Il convient d'exclure les paiements effectués au titre de la collecte et de l'élimination de déchets ou de substances nocives par les autorités publiques, étant donné qu'il s'agit là de vente de services aux entreprises.

81. D'autres impôts non périodiques qui relèvent du poste 5200 sont aussi classés dans cette rubrique. Ainsi figurent les paiements uniques effectués au titre de l'autorisation de vendre des boissons alcoolisées ou des tabacs ou d'ouvrir des guichets de « paris mutuels », à condition qu'ils répondent aux critères définis aux § 11 et 12.

6000 — Autres impôts

82. Ce groupe couvre les impôts prélevés sur une ou plusieurs assiettes différentes de celles qui sont indiquées pour les groupes 1000, 3000, 4000 et 5000, ou sur des assiettes qui ne peuvent être considérées comme liées à l'une de celles afférentes à ces groupes. Lorsque des impôts sont perçus sur plusieurs assiettes différentes, et qu'il est possible d'évaluer les recettes liées à chaque assiette, les montants correspondants sont inclus dans le groupe approprié. S'il est impossible d'évaluer le montant correspondant à chaque assiette, et si l'on sait que l'essentiel des recettes provient des impôts perçus sur une assiette donnée, la totalité des recettes est classée en fonction de cette assiette. Sinon, les impôts sont classés dans le présent groupe. Sont également inclus dans ce groupe les impôts forfaitaires non inclus ailleurs dans le système de classification, les impôts prélevés sur les personnes physiques sous la forme de taxe civique ou d'impôt de capitation, les droits de timbre qui ne sont pas liés à des transactions mobilières ou immobilières et qui n'entrent pas exclusivement dans une catégorie de transactions, les impôts sur les dépenses dès lors qu'ils s'accompagnent d'abattements et d'exonérations individuels, ainsi que les recettes fiscales non identifiables. Ce poste est divisé en impôts exclusivement ou principalement à la charge des entreprises (6100) et en impôts à la charge d'autres contribuables (6200).

A6. Conciliation avec les comptes nationaux

83. Cette section des tableaux permet de concilier les calculs des recettes fiscales totales de l'OCDE et l'ensemble des impôts et cotisations sociales versés aux administrations publiques qui sont enregistrés dans les comptes nationaux par pays. Lorsque le pays en question est membre de l'Union européenne (UE) la comparaison est effectuée entre les calculs des recettes fiscales totales des pays de l'OCDE et la somme des recettes fiscales et cotisations de sécurité sociale perçues par les administrations publiques et les institutions des secteurs de l'Union européenne des comptes nationaux.

A7. Poste pour mémoire relatif au financement des prestations de sécurité sociale

84. Le rapport entre les impôts et les cotisations de sécurité sociale étant variable, et en raison des problèmes évoqués aux § 39 à 45, on a réuni dans un poste pour mémoire l'ensemble des versements affectés à des prestations du type sécurité sociale, en dehors des versements facultatifs au secteur privé. Les données sont présentées de la façon suivante (voir le Tableau 5.37 du Rapport)

a) impôts du groupe 2000 ;

b) impôts affectés aux prestations de sécurité sociale ;

c) cotisations facultatives à l'administration ;

d) cotisations obligatoires au secteur privé.

Les § 39 à 45 ci-dessus contiennent des directives pour la ventilation entre ces quatre catégories

A8. Poste pour mémoire relatif aux impôts identifiables payés par les administrations

85. Les impôts effectivement payés par les administrations elles-mêmes et que l'on peut identifier sont indiqués dans un poste pour mémoire et classés suivant les grandes rubriques de la classification des impôts de l'OCDE. Dans la très grande majorité des pays, seuls peuvent être identifiées en l'occurrence les cotisations de sécurité sociale et les impôts sur les salaires, mais il s'agit là en général des impôts les plus importants acquittés par les administrations (voir le Tableau 5.38 du Rapport).

A9. Rapport de la classification des impôts de l'OCDE avec les systèmes nationaux de comptabilité nationale

86. Un système de comptabilité nationale (SCN) tend à fournir un cadre cohérent pour enregistrer et présenter les principaux flux relatifs à la production, à la consommation, à l'accumulation et aux transactions extérieures d'une zone économique donnée, d'ordinaire un pays ou une grande région d'un pays. Les recettes publiques sont une partie importante des transactions enregistrées dans le SCN. La version finale du SCN 2008 a été diffusée conjointement par cinq organisations internationales : les Nations Unies, le Fonds Monétaire International, l'Union européenne, l'Organisation de Coopération et de Développement Économiques et la Banque Mondiale, en août 2009. Le Système est un ensemble complet, cohérent et souple de comptes macro-économiques. Il est élaboré pour être utilisé dans les pays à économie de marché quel que soit leur niveau de développement économique ainsi que dans les pays en transition vers l'économie de marché. De larges extraits du cadre théorique ainsi que les définitions des divers secteurs de l'économie du SCN figurent dans la classification des impôts de l'OCDE.

87. Il existe cependant un certain nombre de différences entre la classification des impôts de l'OCDE et les concepts du SCN qui sont indiqués ci-dessous. Ils proviennent du fait que l'objectif de cette classification est de permettre une ventilation aussi large que possible des données statistiques pour ce que les administrations fiscales conviennent de considérer de manière générale comme des impôts.

a) l'OCDE inclut les cotisations obligatoires de sécurité sociale payées aux administrations publiques dans les recettes fiscales totales. Les cotisations sociales facultatives et imputées ainsi que celles versées aux caisses privées ne sont pas considérées comme des impôts (§ 8 et 10 ci-dessus) ;

b) les avis diffèrent sur la question de savoir s'il y a lieu de classer certains prélèvements et redevances dans les impôts (§ 11 et 12 ci-dessus) ;

c) l'OCDE exclut les impôts imputés ou les subventions résultant d'opérations de taux de change officiels multiples et ceux résultant du fait que la banque centrale paye un taux d'intérêt sur les réserves obligatoires différent des autres taux du marché ;

d) il existe des différences dans le traitement des crédits d'impôt récupérables.

88. Comme on l'a noté aux § 1 et 2, les groupes 1000 à 6000 de la classification de l'OCDE comprennent tous les versements sans contrepartie aux administrations publiques, à l'exclusion des prêts obligatoires et des amendes. On peut obtenir le total de ces versements sans contrepartie, amendes incluses, mais prêts obligatoires exclus, en additionnant les postes suivants du SCN 2008 :

- impôts du type valeur ajoutée (D.211) ;
- droits et taxes sur les importations à l'exclusion de la TVA (D.212) ;
- droits sur les exportations (D.213) ;
- taxes sur les produits, à l'exclusion de la TVA, des droits sur les importations et les exportations (D.214) ;
- autres impôts sur la production (D.29) ;
- impôts sur le revenu (D.51) ;
- autres impôts périodiques (D.59) ;
- cotisations de sécurité sociale (D.61) à l'exclusion des cotisations facultatives ;
- impôts sur le capital (D.91).

A10. La classification des impôts de l'OCDE et le système du Fonds monétaire international (SFP)

89. Le périmètre et l'évaluation des recettes fiscales dans le système de statistiques de finances publiques (SFP) et dans le système de comptabilité nationale de 2008 (SCN 2008) sont très proches. Par conséquent, les différences entre la classification de l'OCDE et celle du SCN 2008 (voir § 87 ci-dessus) sont également valables pour les SFP. En outre, le Fonds monétaire international subdivise le groupe 5000 de la classification de l'OCDE en une section iv (Taxes intérieures sur les biens et services) et une section v (Taxes sur les transactions et les échanges internationaux). Cela tient à ce que le rendement de ces dernières taxes représente généralement des sommes infimes dans les pays de l'OCDE ce qui n'est pas le cas dans beaucoup de pays non membres.

A11. Comparaison de la classification des impôts de l'OCDE et des autres classifications internationales des recettes publiques

90. Le tableau ci-dessous décrit point par point la comparaison entre la classification des impôts de l'OCDE et les classifications suivantes :

a) Système des comptes nationaux (SCN 2008) ;

b) Système européen des comptes (SEC 2010) ;

c) Manuel de statistiques des finances publiques du Fonds monétaire international (MSFP 2014).

91. Ces comparaisons correspondent à celles qui devraient s'appliquer dans la majorité des cas. Toutefois, en pratique il faut faire preuve d'une certaine souplesse dans leur application. En effet, dans certains cas, les pays peuvent adopter des méthodes diverses de classification des recettes dans les comptes nationaux.

			Classification de l'OCDE	SCN 2008	SEC 2010	MSFP 2014
1000			Impôts sur le revenu, les bénéfices et les gains en capital			
	1100		Personnes physiques			
		1110	Sur le revenu et les bénéfices	D51-8.61a	D51A	1111
		1120	Sur les gains en capital	D51-8.61c, d	D51C, D	1111
	1200		Sociétés			
		1210	Sur le revenu et les bénéfices	D51-8.61b	D51B	1112
		1220	Sur les gains en capital	D51-8.61c	D51C	1112
	1300		Non ventilables entre les rubriques 1100 et 1200			1113
2000			Cotisations de sécurité sociale			

	2100			Salariés	D613-8.85	D613	1211
	2200			Employeurs	D611-8.83	D611	1212
	2300			A la charge des travailleurs indépendants ou des personnes sans occupation	D613-8.85	D613	1213
	2400			Non ventilables entre les rubriques 2100, 2200 et 2300			1214
3000				Impôts sur les salaires et la main-d'œuvre	D29-7.97a	D29C	112
4000				Impôts sur le patrimoine			
	4100			Impôts périodiques sur la propriété immobilière			
		4110		Ménages	D59-8.63a	D59A	1131
		4120		Autres agents	D29-7.97b	D29A	1131
	4200			Impôts périodiques sur l'actif net			
		4210		Personnes physiques	D59-8.63b	D59A	1132
		4220		Sociétés	D59-8.63b	D59A	1132
	4300			Impôts sur les mutations par décès, les successions et les donations			
		4310		Impôts sur les mutations par décès et les successions	D91-10.207b	D91A	1133
		4320		Impôts sur les donations	D91-10.207b	D91A	1133
	4400			Impôts sur les transactions mobilières et immobilières	D59-7.96d; D29-7.97e	D214B, C	114114; 1161
	4500			Autres impôts non périodiques sur le patrimoine	D91-10.207a	D91B	1135
	4600			Autres impôts périodiques sur le patrimoine	D59-8.63c	D59A	1136
5000				Impôts sur les biens et services			
	5100			Impôts sur les biens et services			
		5110		Impôts généraux sur les biens et services			
			5111	Taxes sur la valeur ajoutée	D211-7.89	D211; D29G	11411
			5112	Impôts sur les ventes	D2122-7.94a; D214-7.96a	D21224; D214I	11412
			5113	Autres impôts généraux sur les biens et services	D214-7.96a	D214I	11413
		5120		Impôts sur des biens et services déterminés			
			5121	Accises	D2122-7.94b; D214-7.96b	D21223; D214A, B, D	1142
			5122	Bénéfices des monopoles fiscaux	D214-7.96e	D214J	1143
			5123	Droits de douane et autres droits à l'importation	D2121-7.93	D2121; D21221, 2	1151
			5124	Taxes à l'exportation	D213-7.95a	D214K	1152-4
			5125	Impôts sur les biens d'équipements			
			5126	Impôts sur les services déterminés	D2122-7.94c; D214-7.96c	D21225; D214E, F, G, H; D29F	1144; 1156
			5127	Autres impôts sur les transactions et les échanges internationaux	D2122-7.94d D29-7.95b D29-7.97g D59-8.64d	D21226; D29D; D59E	1153; 1155-6
			5128	Autres impôts sur des et services déterminés			1146
		5130		Non ventilable entre les rubriques 5110 et 5120			
	5200			Impôts sur l'utilisation des biens ou l'autorisation d'utiliser des biens ou d'exercer des activités			
		5210		Impôts périodiques sur l'utilisation des biens ou l'autorisation d'utiliser des biens ou d'exercer des activités			
			5211	A la charge des ménages au titre de véhicules à moteurs	D59-8.64c	D59D	11451
			5212	A la charge d'autres agents au titre de véhicules à moteurs	D29-7.97d	D214D; D29B	11451
			5213	Autres impôts périodiques sur l'utilisation des biens u l'autorisation d'utiliser des biens ou d'exercer des activités	D29-7.97c, d, f D59-8.64c	D29B, E, F; D59D	11452
		5220		Impôts non périodiques			11452

	5300	Non ventilable entre les rubriques 5100 et 5200			
6000		Autres impôts			
	6100	A la charge exclusive des entreprises			1161
	6200	A la charge d'autres agents que les entreprises ou non identifiables	D59-8.64a, b	D59B, C	1162

A12. Répartition des recettes fiscales par sous-secteurs d'administration publique

92. La classification de l'OCDE appelle une ventilation des recettes fiscales par sous-secteurs d'administration. On trouvera ci-après la définition de chaque sous-secteur et les critères à utiliser pour répartir entre eux les recettes fiscales. Ces définitions et critères suivent les orientations qui figurent dans le SCN 2008 et le MSFP 2014.

Sous-secteurs des administrations publiques à identifier

Administration centrale

93. Le sous-secteur des administrations centrales groupe tous les ministères, bureaux, établissements et autres organismes qui sont des services ou des moyens d'action du pouvoir central et dont la compétence s'étend à la totalité du territoire, à l'exception de l'administration des caisses de sécurité sociale. L'administration centrale a donc le pouvoir de prélever des impôts sur toutes les unités résidentes et non résidentes exerçant des activités économiques à l'intérieur du pays.

Administration d'un État fédéré, d'une province ou d'une région

94. Ce sous-secteur comprend les unités administratives intermédiaires et inclut toutes les unités administratives dont la compétence s'exerce indépendamment de l'Administration centrale sur une partie du territoire englobant un certain nombre de petites localités, à l'exception des caisses de sécurité sociale. Dans les pays unitaires, les administrations régionales peuvent être considérées comme dotées d'une existence distincte lorsqu'elles disposent d'une autonomie substantielle pour percevoir une part importante de leurs recettes de sources placées sous leur contrôle et lorsque leurs agents ne sont pas soumis à un contrôle administratif externe dans l'exercice des activités de l'unité.

95. Actuellement, les pays à structure fédérale représentent la majorité des cas dans lesquels les recettes attribuées aux unités administratives intermédiaires sont identifiées séparément. L'Espagne est le seul pays à structure unitaire qui se trouve dans cette situation. Dans les autres pays unitaires, les recettes des administrations régionales sont incluses dans celles des administrations locales.

Collectivités locales

96. Ce sous-secteur comprend toutes les autres unités administratives exerçant une compétence indépendante sur une partie du territoire d'un pays, à l'exception des administrations des caisses de sécurité sociale. Il englobe les diverses circonscriptions urbaines et/ou rurales (par exemple les collectivités locales, les municipalités, les villes, les bourgs ou les districts).

Caisses de sécurité sociale

97. Les caisses de sécurité sociale constituent un sous-secteur distinct des administrations publiques. Le sous-secteur de la sécurité sociale est défini dans le SCN de 2008 par les extraits suivants des paragraphes 4.124 à 4.126 et 4.147 :

> *« Les systèmes de sécurité sociale sont des systèmes d'assurance sociale qui couvrent l'ensemble de la collectivité ou d'importants sous-ensembles de la collectivité : ces systèmes sont imposés et contrôlés par les administrations publiques. Ces systèmes couvrent une grande variété de programmes qui consistent à fournir des prestations, en espèces ou en nature, au titre des circonstances suivantes : vieillesse, invalidité ou décès, survie, maladie et maternité, accident du travail, chômage, allocations familiales, soins de santé etc. Il n'existe pas nécessairement de lien direct entre le montant de la cotisation versée par un particulier et les prestations qu'il est susceptible de recevoir » (paragraphe 4.124).*

« Lorsque les systèmes de sécurité sociale ont une organisation distincte des autres activités des administrations publiques et détiennent des actifs et des engagements indépendamment de ces dernières et effectuent des opérations financières pour leur propre compte, ils peuvent être considérés comme des unités institutionnelles désignées sous le nom de caisses de sécurité sociale » (paragraphe 4.125).

« Il est possible de faire varier de façon discrétionnaire les montants prélevés et versés sous forme de cotisations de sécurité sociale et de prestations afin d'atteindre des objectifs de politique publique qui n'ont pas de lien direct avec la notion de sécurité sociale en tant que système visant à fournir des prestations à des membres de la collectivité. Ainsi, ces cotisations ou prestations peuvent être augmentées ou diminuées afin d'influer sur le niveau de la demande globale au sein de l'économie. Néanmoins, tant que ces caisses restent indépendantes, elles doivent être traitées comme des unités institutionnelles distinctes dans le SCN ». (paragraphe 4.126).

« Le sous-secteur des administrations de sécurité sociale comprend les administrations de sécurité sociale opérant à tous les niveaux des administrations publiques. Les administrations de sécurité sociale sont des systèmes couvrant l'ensemble de la collectivité ou d'importants sous-ensembles de la collectivité qui sont rendus obligatoires et contrôlés par des administrations publiques » (paragraphe 4.147).

98. Cette définition des administrations de sécurité sociale est suivie dans la classification de l'OCDE à l'exception des régimes suivants :

- Les régimes imposés par l'administration et exploités par des organismes extérieurs au secteur des administrations publiques, tel qu'il est défini au § 3 de ce manuel et
- Les régimes qui perçoivent des cotisations facultatives.

Autorités supranationales

99. Ce sous-secteur s'applique aux activités de collecte de recettes publiques des autorités supranationales sur le territoire d'un pays. En pratique, le seul cas d'autorité supranationale de la zone de l'OCDE est celui des institutions de l'Union européenne (UE). Depuis 1998, les autorités supranationales ne figurent plus dans les Statistiques des recettes publiques dans un souci de cohérence avec la définition du SCN des administrations publiques qui les exclut. Par exemple, les impôts sur le revenu et des contributions de sécurité sociale rassemblées par des Institutions européennes et payé par les fonctionnaires européens qui sont résidents de pays membres de l'Union européenne ne devraient pas être inclus. Toutefois, les prélèvements spécifiques versés par les États membres à l'Union européenne continuent à être inclus dans les recettes fiscales totales et ils sont indiqués sous cette rubrique.

Critères à utiliser pour l'attribution des recettes fiscales

100. Lorsqu'une administration collecte l'impôt et le reverse, en totalité ou en partie, à d'autres administrations, il est nécessaire de déterminer si ces recettes doivent être considérées comme étant celles de l'administration qui les perçoit et les répartit entre d'autres administrations ou celles des administrations bénéficiaires auxquelles l'administration qui les a perçues les a transférées en simple

qualité d'agent. Les critères à utiliser dans l'attribution des recettes sont indiqués aux § 101 à 104, qui reprennent les paragraphes 3.70 à 3.73 du SCN 2008.

101. En général, un impôt est attribué à l'Unité administrative qui :

a) exerce le pouvoir de percevoir l'impôt (soit en tant que détenteur de ce pouvoir soit par délégation de l'autorité qui le détient),

b) dispose du pouvoir discrétionnaire final de fixer et de faire varier le taux de l'impôt.

102. Lorsqu'une somme est collectée par une administration au profit d'une autre administration et en son nom, et que cette dernière a le pouvoir de percevoir l'impôt et de fixer et de faire varier son taux, la première intervient comme agent pour le compte de la dernière et l'impôt est réaffecté. Toute somme retenue par l'administration collectrice au titre des frais de recouvrement doit être considérée comme la rémunération d'un service rendu. Toute autre somme conservée par l'administration collectrice, notamment dans le cadre d'un accord de partage d'impôt, doit être considérée comme une subvention courante. Si l'administration collectrice s'est vu déléguer le pouvoir de fixer et de faire varier le taux, le montant recouvré doit être considéré comme une recette fiscale de cette administration.

103. Lorsque des administrations différentes fixent conjointement et sur un pied d'égalité la répartition du produit de cet impôt, aucune administration ne disposant d'un pouvoir prépondérant en dernier ressort, les recettes fiscales sont attribuées à chaque administration en fonction de sa part respective du produit de l'impôt. Si un accord permet à une unité administrative d'exercer un pouvoir prépondérant en dernier ressort, la totalité des recettes fiscales est attribuée à cette unité.

104. Dans certains cas aussi, un impôt est perçu dans le cadre des compétences d'une administration qui résulte de la constitution ou d'autres dispositions mais d'autres administrations fixent individuellement le taux d'imposition sur leurs territoires. Le produit de l'impôt généré sur les territoires respectifs de chaque administration est attribué à l'administration en question comme constituant ses recettes fiscales.

Versements effectués par les États membres de l'Union européenne

105. Les versements effectués par les États membres de l'Union européenne prennent la forme de prélèvements spécifiques qui comprennent :

a) les droits de douane et les prélèvements agricoles (5123),

b) les montants compensatoires monétaires bruts (5123 si relatifs aux importations et 5124 si relatifs aux exportations), et

c) les prélèvements de la CECA, les cotisations sucre et les taxes de coresponsabilité sur le lait (5128).

106. Les droits de douane collectés par les États membres pour le compte de l'Union européenne sont comptabilisés :

a) sur une base qui ne tient pas compte des droits d'encaissement,

b) en utilisant des chiffres corrigés de manière à exprimer les droits sur la base de la « destination finale » et non du « pays de première entrée » lorsque de telles corrections sont possibles. Ces corrections concernent en particulier les droits prélevés dans des ports (maritimes) importants. Bien que les droits de l'UE soient prélevés par les autorités du pays de première entrée, ces droits doivent être dans la mesure du possible déduits des recettes du pays qui les recouvre et inclus dans les recettes du pays de destination finale.

107. Ces droits de l'UE sont le plus clairement conformes au critère d'attribution décrit au § 99 ci-dessus. En conséquence, à partir de 1998, ces montants sont mentionnés dans une note de bas de page à titre de rubrique « Pour mémoire » dans les tableaux des États membres de l'UE (chapitre 5 du

Rapport) et ne figurent plus sous la rubrique 5123. Toutefois, ces montants sont inclus dans les grands totaux des recettes fiscales à la ligne supérieure pour toutes les années indiquées dans les tableaux.

A13. Classification provisoire des recettes provenant des prélèvements sur les banques et des contributions aux mécanismes de garantie des dépôts et de stabilité financière

108. L'OCDE a provisoirement adopté, depuis l'édition 2012 de ses *Statistiques des recettes publiques*, le principe suivant concernant l'enregistrement comptable des recettes issues des prélèvements sur les banques ainsi que des redevances acquittées au titre de la garantie des dépôts et de la stabilité financière. Il est recommandé que les montants concernés soient comptabilisés à la rubrique 5126.

- Les redevances de stabilité, les prélèvements sur les banques et les contributions à la garantie des dépôts, qu'il est obligatoire d'acquitter, doivent généralement être traitées comme des recettes fiscales lorsque les versements sont effectués au profit de l'administration publique et affectés au budget consolidé ou général des administrations de sorte que les pouvoirs publics soient libres d'utiliser les fonds sans délai aux fins qu'ils jugent opportunes. Ce principe s'appliquerait indépendamment du fait que l'administration promette ou non d'effectuer des versements pour garantir les dépôts des clients des établissements bancaires si la situation l'exigeait à l'avenir.
- Si les paiements obligatoires sont effectués au profit de l'administration publique et imputés à des budgets dont les ressources doivent être entièrement réaffectées au secteur de l'économie qui englobe les entreprises assujetties à ces paiements, ceux-ci seront toujours traités, en règle générale, comme des recettes fiscales étant donné que les fonds seraient disponibles pour l'administration et réduiraient son déficit budgétaire, que la redevance est sans contrepartie pour les entités individuelles et que les montants collectés pourraient être dissociés de tout versement en faveur des déposants ou de toute dépense visant à soutenir plus largement le secteur financier.
- Les contributions aux mécanismes traditionnels de moindre envergure destinés à garantir les dépôts de détail, contributions dont le montant est aligné sur le coût de la garantie, doivent être classées en tant que redevances pour services rendus.
- Tout versement au titre de la réalisation par une administration des actifs d'un établissement en faillite ou du recouvrement par cette administration d'une créance prioritaire sur les actifs de l'établissement en cours de liquidation, effectué en vue de financer l'indemnisation des clients ayant perdu leurs dépôts, serait traité comme une redevance par opposition aux recettes fiscales.

Les contributions obligatoires aux fonds administrés en-dehors du secteur public et aux organismes non étatiques bénéficiant du soutien des institutions collectrices de dépôts ainsi que toutes les contributions aux mécanismes facultatifs ne doivent pas être traitées comme des recettes fiscales.

Notes

1. Toutes les références au SCN concernent l'édition de 2008.

2. Se reporter à la section A.12 de ce manuel pour l'examen de cette notion.

3. Il est en général possible d'identifier les montants des cotisations de sécurité sociale et les impôts sur les salaires, mais pas les autres impôts payés par les administrations.

4. En revanche, si un ou plusieurs pays considèrent comme un impôt un droit que la plupart des pays font entrer dans les recettes non fiscales ou qui procure des recettes substantielles, les montants ainsi perçus figureront dans une note de renvoi à la fin des tableaux par pays correspondants, même s'ils ne sont pas inclus dans le total des recettes fiscales.

5. Les appellations peuvent cependant être souvent trompeuses. Ainsi, une redevance de passeport sera normalement considérée comme une recette non fiscale, alors qu'un prélèvement additionnel sur les passeports (comme c'est le cas au Portugal), qui a pour but de procurer un montant substantiel de recettes eu égard au coût de délivrance du passeport, sera considéré comme un impôt du sous-groupe 5200.

6. On trouvera des précisions sur cette distinction dans l'étude spéciale intitulée « L'information sur les recettes fiscales : problèmes actuels », de l'édition de 2001 des *Statistiques des recettes publiques*.

7. On utilise parfois les expressions « non remboursable » et « remboursable » mais il peut paraître illogique de parler de « remboursement » lorsque rien n'a été versé.

8. Toutefois, dans les systèmes d'imputation de l'impôt sur les sociétés, les crédits d'impôts récupérables sont traités différemment (§ 36 à 38).

9. Il ne s'agit pas d'une véritable dépense fiscale au sens strict. De telles dépenses fiscales supposent que l'on identifie un système fiscal de référence pour chaque pays ou, de préférence, une norme internationale commune. En pratique, il n'a pas été possible de parvenir à un accord sur une norme internationale commune.

10. Sauf s'ils sont calculés sur le bénéfice résultant de la vente, auquel cas ils seraient classés parmi les impôts sur les gains en capital dans le sous-groupe 1120 ou 1220.

11. Dans certains pays, la même législation est applicable aux personnes physiques et aux entreprises dans le cas d'impôts sur le revenu particulier. Cependant, les recettes procurées par ces impôts peuvent, en général, être ventilées et figurent donc dans les deux sous-groupes appropriés.

12. Ainsi, « celles qui sont suffisamment autonomes et indépendantes pour que leur fonctionnement soit comparable à celui d'une société… (y compris) la tenue de comptes complets » (2008 SCN section 4.44).

13 Au Canada - un pays également désigné comme ayant un système d'imputation - le crédit d'impôt (récupérable) pour l'actionnaire concerne l'impôt sur les sociétés national considéré comme payé, qu'un impôt sur les sociétés ait été créé ou non. Comme il n'existe pas de lien essentiel entre l'impôt sur les sociétés à payer et le crédit imputé sur l'impôt sur le revenu selon ces systèmes, ces crédits pour dividendes sont traités, avec d'autres crédits d'impôt, selon les lignes décrites au §25.

14. Il peut en être ainsi lorsqu'un régime en faveur des administrations existait avant l'instauration d'un régime général de sécurité sociale.

15 Dans le SCN 2008, ces transferts sont considérés comme des transferts de capital et non comme des impôts (voir section A.8).

16. Système selon lequel l'Union Européenne ajuste les effets des différences entre les taux de change utilisés pour fixer les prix des produits agricoles dans le cadre de la politique agricole commune, et le taux de change réel. Les paiements effectués selon ce système portent sur les importations ou

les exportations; lorsqu'ils sont identifiables, ces montants figurent dans la rubrique appropriée (5123 ou 5124). Dans ce guide, sont inclus les montants bruts, c'est-à-dire sans déduction d'aucune prime payée dans le cadre du système des montants compensatoires.

17. Les transferts de bénéfices de loteries d'État sont considérés comme des recettes non fiscales (voir aussi § 67).

www.ingramcontent.com/pod-product-compliance
Lightning Source LLC
LaVergne TN
LVHW080637011026
849160LV00014B/1241